Die 100 schönsten Märchen der Brüder Grimm

Die 100 schönsten Märchen der Brüder Grimm

Mit Illustrationen von Daniela Drescher

Urachhaus

1
Der Froschkönig oder der eiserne Heinrich

In den alten Zeiten, wo das Wünschen noch geholfen hat, lebte ein König, dessen Töchter waren alle schön, aber die jüngste war so schön, dass die Sonne selber, die doch so vieles gesehen hat, sich verwunderte, sooft sie ihr ins Gesicht schien. Nahe bei dem Schlosse des Königs lag ein großer dunkler Wald, und in dem Walde unter einer alten Linde war ein Brunnen; wenn nun der Tag sehr heiß war, so ging das Königskind hinaus in den Wald und setzte sich an den Rand des kühlen Brunnens; und wenn sie Langeweile hatte, so nahm sie eine goldene Kugel, warf sie in die Höhe und fing sie wieder; und das war ihr liebstes Spielwerk.

Nun trug es sich einmal zu, dass die goldene Kugel der Königstochter nicht in ihr Händchen fiel, das sie in die Höhe gehalten hatte, sondern vorbei auf die Erde schlug und geradezu ins Wasser hineinrollte. Die Königstochter folgte ihr mit den Augen nach, aber die Kugel verschwand, und der Brunnen war tief, so tief, dass man keinen Grund sah. Da fing sie an zu weinen und weinte immer lauter und konnte sich gar nicht trösten. Und wie sie so klagte, rief ihr jemand zu: »Was hast du vor, Königstochter, du schreist ja, dass sich ein Stein erbarmen möchte.« Sie sah sich um, woher die Stimme käme, da erblickte sie einen Frosch, der seinen dicken hässlichen Kopf aus dem Wasser streckte. »Ach, du bists, alter Wasserpatscher«, sagte sie, »ich weine über meine goldene Kugel, die mir in den Brunnen hinabgefallen ist.« – »Sei still und weine nicht«, antwortete der Frosch, »ich kann wohl Rat schaffen, aber was gibst du mir, wenn ich dein Spielwerk wieder heraufhole?« – »Was du haben willst, lieber Frosch«, sagte sie, »meine Kleider, meine Perlen und Edelsteine, auch noch die goldene Krone, die ich trage.« Der Frosch antwortete: »Deine Kleider, deine Perlen und Edelsteine und deine goldene Krone, die mag ich nicht. Aber wenn du mich lieb haben willst, und ich soll dein Geselle und Spielkamerad sein, an deinem Tischlein neben dir sitzen, von deinem goldenen Tellerlein essen, aus deinem Becherlein trinken, in deinem Bettlein schlafen – wenn du mir das versprichst, so will ich hinuntersteigen und dir die goldene Kugel wieder heraufholen.« – »Ach ja«, sagte sie, »ich verspreche dir alles, was du willst, wenn du mir nur die Kugel wiederbringst.« Sie dachte aber: »Was der einfältige Frosch schwätzt. Der sitzt im Wasser bei seinesgleichen und quakt, und kann keines Menschen Geselle sein.«

Der Frosch, als er die Zusage erhalten hatte, tauchte seinen Kopf unter, sank hinab, und über ein Weilchen kam er wieder heraufgerudert, hatte die Kugel im Maul und warf sie ins Gras. Die Königstochter war voll Freude, als sie ihr schönes Spielwerk wieder erblickte, hob es auf und sprang damit fort. »Warte, warte«, rief der Frosch, »nimm mich mit, ich kann nicht so laufen wie du.« Aber was half ihm, dass er ihr sein Quak, Quak so laut nachschrie, als er konnte! Sie hörte nicht darauf, eilte nach Haus und hatte bald den armen Frosch vergessen, der wieder in seinen Brunnen hinabsteigen musste.

Am andern Tage, als sie mit dem König und allen Hofleuten sich zur Tafel gesetzt hatte und von ihrem goldenen Tellerlein aß, da kam, plitsch platsch, plitsch platsch, etwas die Marmortreppe heraufgekrochen, und als es oben angelangt war, klopfte es an der Tür und rief: »Königstochter, jüngste, mach mir auf.« Sie lief und wollte sehen, wer draußen wäre; als sie aber aufmachte, so saß der Frosch davor. Da warf sie die Tür hastig zu, setzte sich wieder an den Tisch, und war ihr ganz angst. Der König sah wohl, dass ihr das Herz gewaltig klopfte, und sprach: »Mein Kind, was fürchtest du dich, steht etwa ein Riese vor der Tür und will dich holen?« – »Ach nein«, antwortete sie, »es ist kein Riese, sondern ein garstiger Frosch.« – »Was will der Frosch von dir?« – »Ach, lieber Vater, als ich gestern im Wald bei dem Brunnen saß und spielte, da fiel meine goldene Kugel ins Wasser. Und weil ich so weinte, hat sie der Frosch wieder heraufgeholt, und weil er es durchaus verlangte, so versprach ich ihm, er sollte mein Geselle werden, ich dachte aber nimmermehr, dass er aus seinem Wasser herauskönnte. Nun ist er draußen und will zu mir herein.« Indem klopfte es zum zweiten Mal und rief:

»Königstochter, jüngste,
mach mir auf,
weißt du nicht, was gestern
du zu mir gesagt
bei dem kühlen Brunnenwasser?
Königstochter, jüngste,
mach mir auf.«

Da sagte der König: »Was du versprochen hast, das musst du auch halten; geh nur und mach ihm auf.« Sie ging und öffnete die Türe, da hüpfte der Frosch herein, ihr immer auf dem Fuße nach, bis zu ihrem Stuhl. Da saß er und rief: »Heb mich herauf zu dir.« Sie zauderte, bis es endlich der König befahl. Als der Frosch erst auf dem Stuhl war, wollte er auf den Tisch, und als er da saß, sprach er: »Nun schieb mir dein goldenes Tellerlein näher, damit wir zusammen essen.« Das tat sie zwar, aber man sah wohl, dass sie's nicht gerne tat. Der Frosch ließ sichs gut schmecken, aber ihr blieb fast jedes Bisslein im Halse. Endlich sprach er: »Ich habe mich satt gegessen und bin müde, nun trag mich in dein Kämmerlein und mach dein seiden Bettlein zurecht, da wollen wir uns schlafen legen.« Die Königstochter fing an zu weinen und fürchtete sich vor dem kalten Frosch, den sie nicht anzurühren getraute, und der nun in ihrem schönen reinen Bettlein schlafen sollte. Der König aber ward zornig und sprach: »Wer dir geholfen hat, als du in der Not warst, den sollst du hernach nicht verachten.« Da packte sie ihn mit zwei Fingern, trug ihn hinauf und setzte ihn in eine Ecke. Als sie aber im Bette lag, kam er gekrochen und sprach: »Ich bin müde, ich will schlafen so gut wie du. Heb mich herauf, oder ich sags deinem Vater.« Da ward sie erst bitterböse, holte ihn herauf und warf ihn aus allen Kräften wider die Wand: »Nun wirst du Ruhe haben, du garstiger Frosch.« Als er aber herabfiel, war er kein Frosch, sondern ein Königssohn mit schönen, freundlichen Augen. Der war nun nach ihres Vaters Willen ihr lieber Geselle und Gemahl. Da erzählte er ihr, er wäre von einer bösen Hexe verwünscht worden, und niemand hätte ihn aus dem Brunnen erlösen können als sie allein, und morgen wollten sie zusammen in sein Reich gehen. Dann schliefen sie ein, und am andern Morgen, als die Sonne sie aufweckte, kam ein Wagen herangefahren, mit acht weißen Pferden bespannt, die hatten weiße Straußfedern auf dem Kopf und gingen in goldenen Ketten, und hinten stand der Diener des jungen Königs, das war der treue Heinrich. Der treue Heinrich hatte sich so betrübt, als sein Herr war in einen Frosch verwandelt worden, dass er drei eiserne Bande hatte um sein Herz legen lassen, damit es ihm nicht vor Weh und Traurigkeit zerspränge. Der Wagen aber sollte den jungen König in sein Reich abholen; der treue Heinrich hob beide hinein, stellte sich wieder hinten auf und

war voller Freude über die Erlösung. Und als sie ein Stück Wegs gefahren waren, hörte der Königssohn, dass es hinter ihm krachte, als wäre etwas zerbrochen. Da drehte er sich um und rief:

»Heinrich, der Wagen bricht.«
»Nein, Herr, der Wagen nicht,
es ist ein Band von meinem Herzen,
das da lag in großen Schmerzen,
als Ihr in dem Brunnen saßt,
als Ihr eine Fretsche (Frosch) wast (wart).«

Noch einmal und noch einmal krachte es auf dem Weg, und der Königssohn meinte immer, der Wagen bräche, und es waren doch nur die Bande, die vom Herzen des treuen Heinrich absprangen, weil sein Herr erlöst und glücklich war.

2
Katze und Maus in Gesellschaft

Eine Katze hatte Bekanntschaft mit einer Maus gemacht und ihr so viel von der großen Liebe und Freundschaft vorgesagt, die sie zu ihr trüge, dass die Maus endlich einwilligte, mit ihr zusammen in einem Hause zu wohnen und gemeinschaftliche Wirtschaft zu führen. »Aber für den Winter müssen wir Vorsorge tragen, sonst leiden wir Hunger«, sagte die Katze, »du, Mäuschen, kannst dich nicht überall hinwagen und gerätst mir am Ende in eine Falle.« Der gute Rat ward also befolgt und ein Töpfchen mit Fett angekauft. Sie wussten aber nicht, wo sie es hinstellen sollten; endlich nach langer Überlegung sprach die Katze: »Ich weiß keinen Ort, wo es besser aufgehoben wäre, als die Kirche, da getraut sich niemand, etwas wegzunehmen. Wir stellen es unter den Altar und rühren es nicht eher an, als bis wir es nötig haben.« Das Töpfchen ward also in Sicherheit gebracht, aber es dauerte nicht lange, so trug die Katze Gelüsten danach und sprach zur Maus: »Was ich dir sagen wollte, Mäuschen, ich bin von meiner Base zu Gevatter gebeten; sie hat ein Söhnchen zur Welt gebracht, weiß mit braunen Flecken, das soll ich über die Taufe halten. Lass mich heute ausgehen und besorge du das Haus allein.« – »Ja, ja«, antwortete die Maus, »geh in Gottes Namen; wenn du was Gutes issest, so denk an mich. Von dem süßen roten Kindbetterwein tränk ich auch gerne ein Tröpfchen.« Es war aber alles nicht wahr, die Katze hatte keine Base und war nicht zu Gevatter gebeten. Sie ging geradeswegs nach der Kirche, schlich zu dem Fetttöpfchen, fing an zu lecken und leckte die fette Haut ab. Dann machte sie einen Spaziergang auf den Dächern der Stadt, besah sich die Gelegenheit, streckte sich hernach in der Sonne aus und wischte sich den Bart, sooft sie an das Fettnäpfchen dachte. Erst als es Abend war, kam sie wieder nach Haus. »Nun, da bist du ja wieder«, sagte die Maus, »du hast gewiss einen lustigen Tag gehabt.« – »Es ging wohl an«, antwortete die Katze. »Was hat denn das Kind für einen Namen bekommen?«, fragte die Maus. »Hautab«, sagte die Katze ganz trocken. »Hautab«, rief die Maus, »das ist ja ein wunderlicher und seltsamer Name, ist der in eurer Familie gebräuchlich?« – »Was ist da weiter«, sagte die Katze, »er ist nicht schlechter als Bröseldieb, wie deine Paten heißen.«

Nicht lange danach überkam die Katze wieder ein Gelüsten. Sie sprach zur Maus: »Du musst mir den Gefallen tun und nochmals das Hauswesen allein besorgen, ich bin zum zweiten Mal zu Gevatter gebeten, und da das Kind einen weißen Ring um den Hals hat, so kann ichs nicht absagen.« Die gute Maus willigte ein, die Katze aber schlich hinter der Stadtmauer zu der Kirche und fraß den Fetttopf halb aus. »Es schmeckt nichts besser«, sagte sie, »als was man selber isst«, und war mit ihrem Tagewerk ganz zufrieden. Als sie heimkam, fragte die Maus: »Wie ist denn dieses Kind getauft worden?« – »Halbaus«, antwortete die Katze. »Halbaus! Was du sagst! Den Namen habe ich mein Lebtag noch nicht gehört, ich wette, der steht nicht in dem Kalender.«

Der Katze wässerte das Maul bald wieder nach dem Leckerwerk. »Aller guten Dinge sind drei«, sprach sie zu der Maus, »da soll ich wieder Gevatter stehen, das Kind ist ganz schwarz und hat bloß weiße Pfoten, sonst kein weißes Haar am ganzen Leib, das trifft sich alle paar Jahr nur einmal. Du lässest mich doch ausgehen?« – »Hautab! Halbaus!«, antwortete die Maus, »es sind so kuriose Namen, die machen mich so nachdenksam.« – »Da sitzest du daheim in deinem dunkelgrauen Flausrock und deinem langen Haarzopf«, sprach die Katze, »und fängst Grillen. Das kommt davon, wenn man bei Tage nicht ausgeht.« Die Maus räumte während der Abwesenheit der Katze auf und brachte das Haus in Ordnung, die naschhafte Katze aber fraß den Fetttopf rein aus. »Wenn erst alles aufgezehrt ist, so hat man Ruhe«, sagte sie zu sich selbst und kam satt und dick erst in der Nacht nach Haus. Die Maus fragte gleich nach dem Namen, den das dritte Kind bekommen hätte. »Er wird dir wohl auch nicht gefallen«, sagte die Katze, »er heißt Ganzaus.« – »Ganzaus!«, rief die Maus. »Das ist der allerbedenklichste Namen, gedruckt ist er mir noch nicht vorgekommen. Ganzaus! Was soll das bedeuten?« Sie schüttelte den Kopf, rollte sich zusammen und legte sich schlafen.

Von nun an wollte niemand mehr die Katze zu Gevatter bitten; als aber der Winter herangekommen und draußen nichts mehr zu finden war, gedachte die Maus ihres Vorrats und sprach: »Komm, Katze, wir wollen zu unserm Fetttopfe gehen, den wir uns aufgespart haben, der wird uns schmecken.« – »Jawohl«, antwortete die Katze, »der wird dir schmecken, als wenn du deine feine Zunge zum Fenster hinausstreckst.« Sie machten sich auf den Weg, und als sie anlangten, stand zwar der Fettopf noch an seinem Platz, er war aber leer. »Ach«, sagte die Maus, »jetzt merke ich, was geschehen ist, jetzt kommts an den Tag, du bist mir die wahre Freundin! Aufgefressen hast du alles, wie du zu Gevatter gestanden hast: erst Haut ab, dann halb aus, dann …« – »Willst du schweigen«, rief die Katze, »noch ein Wort, und ich fresse dich auf.« – »Ganz aus« hatte die arme Maus schon auf der Zunge; kaum war es heraus, so tat die Katze einen Satz nach ihr, packte sie und schluckte sie hinunter. Siehst du, so gehts in der Welt.

3 Märchen von einem, der auszog, das Fürchten zu lernen

Ein Vater hatte zwei Söhne, davon war der älteste klug und gescheit und wusste sich in alles wohl zu schicken, der jüngste aber war dumm, konnte nichts begreifen und lernen: Und wenn ihn die Leute sahen, sprachen sie: »Mit dem wird der Vater noch seine Last haben!« Wenn nun etwas zu tun war, so musste es der Älteste allzeit ausrichten. Hieß ihn aber der Vater noch spät oder gar in der Nacht etwas holen, und der Weg ging dabei über den Kirchhof oder sonst einen schaurigen Ort, so antwortete er wohl: »Ach nein, Vater, ich gehe nicht dahin, es gruselt mir!«, denn er fürchtete sich. Oder, wenn abends beim Feuer Geschichten erzählt wurden, wobei einem die Haut schaudert, so sprachen die Zuhörer manchmal: »Ach, es gruselt mir!« Der Jüngste saß in einer Ecke und hörte das mit an und konnte nicht begreifen, was es heißen sollte. »Immer sagen sie: Es gruselt mir! Es gruselt mir! Mir gruselts nicht; das wird wohl eine Kunst sein, von der ich auch nichts verstehe.«

Nun geschah es, dass der Vater einmal zu ihm sprach: »Hör, du, in der Ecke dort, du wirst groß und stark, du musst auch etwas lernen, womit du dein Brot verdienst. Siehst du, wie dein Bruder sich Mühe gibt, aber an dir ist Hopfen und Malz verloren.« – »Ei, Vater«, antwortete er, »ich will gerne was lernen; ja, wenns anginge, so möchte ich lernen, dass mirs gruselte; davon verstehe ich noch gar nichts.« Der Älteste lachte, als er das hörte, und dachte bei sich: »Du lieber Gott, was ist mein Bruder ein Dummbart, aus dem wird sein Lebtag nichts. Was ein Häkchen werden will, muss sich beizeiten krümmen.« Der Vater seufzte und antwortete ihm: »Das Gruseln, das sollst du schon lernen, aber dein Brot wirst du damit nicht verdienen.«

Bald danach kam der Küster zum Besuch ins Haus, da klagte ihm der Vater seine Not und erzählte, wie sein jüngster Sohn in allen Dingen so schlecht beschlagen wäre, er wüsste nichts und lernte nichts. »Denkt Euch, als ich ihn fragte, womit er sein Brot verdienen wollte, hat er gar verlangt, das Gruseln zu lernen.« – »Wenns weiter nichts ist«, antwortete der Küster, »das kann er bei mir lernen; tut ihn nur zu mir, ich werde ihn schon abhobeln.« Der Vater war es zufrieden, weil er dachte: »Der Junge wird doch ein wenig zugestutzt.« Der Küster nahm ihn also ins Haus, und er musste die Glocke läuten. Nach ein paar Tagen weckte er ihn um Mitternacht, hieß ihn aufstehen, in den Kirchturm steigen und läuten. »Du sollst schon lernen, was Gruseln ist«, dachte er, ging heimlich voraus, und als der Junge oben war und sich umdrehte und das Glockenseil fassen wollte, so sah er auf der Treppe, dem Schallloch gegenüber, eine weiße Gestalt stehen. »Wer da?«, rief er, aber die Gestalt gab keine Antwort, regte und bewegte sich nicht. »Gib Antwort«, rief der Junge, »oder mache, dass du fortkommst, du hast hier in der Nacht nichts zu schaffen.« Der Küster aber blieb unbeweglich stehen, damit der Junge glauben sollte, es wäre ein Gespenst. Der Junge rief zum zweiten Mal: »Was willst du hier? Sprich, wenn du ein ehrlicher Kerl bist, oder ich werfe dich die Treppe hinab.« Der Küster dachte: »Das wird so schlimm nicht gemeint sein«, gab keinen Laut von sich und stand, als wenn er von Stein wäre. Da rief ihn der Junge zum dritten Mal an, und als das auch vergeblich war, nahm er einen Anlauf und stieß das Gespenst die Treppe hinab, dass es zehn Stufen hinabfiel und in einer Ecke liegen blieb. Darauf läutete er die Glocke, ging heim, legte sich, ohne ein Wort zu sagen, ins Bett und schlief fort. Die Küsterfrau wartete lange Zeit auf ihren Mann, aber er wollte nicht wiederkommen. Da ward ihr endlich angst, sie weckte den Jungen und fragte: »Weißt du nicht, wo mein Mann geblieben ist? Er ist vor dir auf den Turm gestiegen.« – »Nein«, antwortete der Junge, »aber da hat einer dem Schallloch gegenüber auf der Treppe gestanden, und weil er keine Antwort geben und auch nicht weggehen wollte, so habe ich ihn für einen Spitzbuben gehalten und hinuntergestoßen. Geht nur hin, so werdet Ihr sehen, ob er's gewesen ist, es sollte mir leid tun.« Die Frau sprang fort und fand ihren Mann, der in einer Ecke lag und jammerte und ein Bein gebrochen hatte.

Sie trug ihn herab und eilte dann mit lautem Geschrei zu dem Vater des Jungen. »Euer Junge«, rief sie, »hat ein großes Unglück angerichtet, meinen Mann hat er die Treppe hinabgeworfen, dass er ein Bein gebrochen hat. Schafft den Taugenichts aus unserm Haus.« Der Vater erschrak, kam herbeigelaufen und schalt den Jungen aus. »Was sind das für gottlose Streiche, die muss dir der Böse eingegeben haben.« – »Vater«, antwortete er, »hört nur an, ich bin ganz unschuldig: Er stand da in der Nacht wie einer, der Böses im Sinne hat. Ich wusste nicht, wers war, und hab ihn dreimal ermahnt, zu reden oder wegzugehen.« – »Ach«, sprach der Vater, »mit dir erleb ich nur Unglück, geh mir aus den Augen, ich will dich nicht mehr ansehen.« – »Ja, Vater, recht gerne, wartet nur, bis Tag ist, da will ich ausgehen und das Gruseln lernen, so versteh ich doch eine Kunst, die mich ernähren kann.« – »Lerne, was du willst«, sprach der Vater, »mir ist alles einerlei. Da hast du fünfzig Taler, damit geh in die weite Welt und sage keinem Menschen, wo du her bist und wer dein Vater ist, denn ich muss mich deiner schämen.« – »Ja, Vater, wie Ihrs haben wollt; wenn Ihr nicht mehr verlangt, das kann ich leicht in Acht behalten.«

Als nun der Tag anbrach, steckte der Junge seine fünfzig Taler in die Tasche, ging hinaus auf die große Landstraße und sprach immer vor sich hin: »Wenn mirs nur gruselte! Wenn mirs nur gruselte!« Da kam ein Mann heran, der hörte das Gespräch, das der Junge mit sich selber führte, und als sie ein Stück weiter waren, dass man den Galgen sehen konnte, sagte der Mann zu ihm: »Siehst du, dort ist der Baum, wo siebene mit des Seilers Tochter Hochzeit gehalten haben und jetzt das Fliegen lernen. Setz dich darunter und warte, bis die Nacht kommt, so wirst du schon das Gruseln lernen.« – »Wenn weiter nichts dazu gehört«, antwortete der Junge, »das ist leicht getan; lerne ich aber so geschwind das Gruseln, so sollst du meine fünfzig Taler haben, komm nur morgen früh wieder zu mir.« Da ging der Junge zu dem Galgen, setzte sich darunter und wartete, bis der Abend kam. Und weil ihn fror, machte er sich ein Feuer an. Aber um Mitternacht ging der Wind so kalt, dass er trotz des Feuers nicht warm werden wollte. Und als der Wind die Gehenkten gegeneinanderstieß, dass sie sich hin- und herbewegten, so dachte er: »Du frierst unten bei dem Feuer, was mögen die da oben erst frieren und zappeln.« Und weil er mitleidig war, legte er die Leiter an, stieg hinauf, knüpfte einen nach dem andern los und holte sie alle siebene herab. Darauf schürte er das Feuer, blies es an und setzte sie ringsherum, dass sie sich wärmen sollten. Aber sie saßen da und regten sich nicht, und das Feuer ergriff ihre Kleider. Da sprach er: »Nehmt euch in Acht, sonst häng ich euch wieder hinauf.« Die Toten aber hörten nicht, schwiegen und ließen ihre Lumpen fortbrennen. Da ward er bös und sprach: »Wenn ihr nicht achtgeben wollt, so kann ich euch nicht helfen, ich will nicht mit euch verbrennen«, und hing sie nach der Reihe wieder hinauf. Nun setzte er sich zu seinem Feuer und schlief ein, und am andern Morgen, da kam der Mann zu ihm, wollte die fünfzig Taler haben und sprach: »Nun, weißt du, was Gruseln ist?« – »Nein«, antwortete er, »woher sollte ichs wissen? Die da droben haben das Maul nicht aufgetan und waren so dumm, dass sie die paar alten Lappen, die sie am Leibe haben, brennen ließen.« Da sah der Mann, dass er die fünfzig Taler heute nicht davontragen würde, ging fort und sprach: »So einer ist mir noch nicht vorgekommen.«

Der Junge ging auch seines Wegs und fing wieder an, vor sich hin zu reden: »Ach, wenn mirs nur gruselte! Ach, wenn mirs nur gruselte!« Das hörte ein Fuhrmann, der hinter ihm herschritt, und fragte: »Wer bist du?« – »Ich weiß nicht«, antwortete der Junge. Der Fuhrmann fragte weiter: »Wo bist du her?« – »Ich weiß nicht.« – »Wer ist dein Vater?« – »Das darf ich nicht sagen.« – »Was brummst du beständig in den Bart hinein?« – »Ei«, antwortete der Junge, »ich wollte, dass mirs gruselte, aber niemand kann michs lehren.« – »Lass dein dummes Geschwätz«, sprach der Fuhrmann, »komm, geh mit mir, ich will sehen, dass ich dich unterbringe.« Der Junge ging mit dem Fuhrmann, und abends gelangten sie zu einem Wirtshaus, wo sie übernachten wollten. Da sprach er beim Eintritt in die Stube wieder ganz laut: »Wenn mirs nur gruselte! Wenn mirs nur gruselte!« Der Wirt, der das hörte, lachte und sprach: »Wenn dich danach lüstet, dazu sollte hier wohl Gelegenheit sein.« – »Ach schweig stille«, sprach die Wirtsfrau, »so mancher Vorwitzige hat schon sein Leben eingebüßt, es wäre Jammer und Schade um die schönen Augen, wenn die das Tageslicht nicht wieder sehen sollten.« Der Junge aber sagte: »Wenns noch so schwer wäre, ich wills einmal lernen, deshalb bin ich ja ausgezogen.« Er ließ dem Wirt auch keine Ruhe, bis dieser erzählte, nicht weit davon stände ein verwünschtes Schloss, wo einer wohl lernen könnte, was Gruseln wäre, wenn er nur drei Nächte darin wachen wollte. Der König hätte dem, ders wagen sollte, seine Tochter zur Frau versprochen, und die wäre die schönste Jungfrau, welche die Sonne beschien. In dem Schlosse steckten auch große Schätze, von bösen Geistern bewacht, die würden dann frei und könnten einen Armen reich genug machen. Schon viele wären wohl hinein-, aber noch keiner wieder herausgekommen. Da ging der Junge am andern Morgen vor den König und sprach: »Wenns erlaubt wäre, so wollte ich wohl drei Nächte in dem verwünschten Schlosse wachen.« Der König sah ihn an, und weil er ihm gefiel, sprach er: »Du darfst dir noch dreierlei ausbitten, aber es müssen leblose Dinge sein, und das darfst du mit ins Schloss nehmen.« Da antwortete er: »So bitt ich um ein Feuer, eine Drehbank und eine Schnitzbank mit dem Messer.«

Der König ließ ihm das alles bei Tage in das Schloss tragen. Als es Nacht werden wollte, ging der Junge hinauf, machte sich in einer Kammer ein helles Feuer an, stellte die Schnitzbank mit dem Messer daneben und setzte sich auf die Drehbank. »Ach, wenn mirs nur gruselte!«, sprach er. »Aber hier werde ichs auch nicht lernen.« Gegen Mitternacht wollte er sich sein Feuer einmal aufschüren: Wie er so hineinblies, da schrie's plötzlich aus einer Ecke: »Au, miau! Was uns friert!« – »Ihr Narren«, rief er, »was schreit ihr? Wenn euch friert, kommt, setzt euch ans Feuer und wärmt euch.« Und wie er das gesagt hatte, kamen zwei große schwarze Katzen in einem gewaltigen Sprunge herbei, setzten sich ihm zu beiden Seiten und sahen ihn mit ihren feurigen Augen ganz wild an. Über ein Weilchen, als sie sich gewärmt hatten, sprachen sie: »Kamerad, wollen wir eins in der Karte spielen?« – »Warum nicht?«, antwortete er. »Aber zeigt einmal eure Pfoten her.« Da streckten sie die Krallen aus. »Ei«, sagte er, »was habt ihr lange Nägel! Wartet, die muss ich euch erst abschneiden.« Damit packte er sie beim Kragen, hob sie auf die Schnitzbank und schraubte ihnen die Pfoten fest. »Euch habe ich auf die Finger gesehen«, sprach er, »da vergeht mir die Lust zum Kartenspiel«, schlug sie tot und warf sie hinaus ins Wasser. Als er aber die zwei zur Ruhe gebracht hatte und sich wieder zu seinem Feuer setzen wollte, da kamen aus allen Ecken und Enden schwarze Katzen und schwarze Hunde an glühenden Ketten, immer mehr und mehr, dass er sich nicht mehr bergen konnte; die schrien greulich, traten ihm auf sein

Feuer, zerrten es auseinander und wollten es ausmachen. Das sah er ein Weilchen ruhig mit an, als es ihm aber zu arg ward, fasste er sein Schnitzmesser und rief: »Fort mit dir, du Gesindel«, und haute auf sie los. Ein Teil sprang weg, die andern schlug er tot und warf sie hinaus in den Teich. Als er wiedergekommen war, blies er aus den Funken sein Feuer frisch an und wärmte sich. Und als er so saß, wollten ihm die Augen nicht länger offen bleiben, und er bekam Lust zu schlafen. Da blickte er um sich und sah in der Ecke ein großes Bett. »Das ist mir eben recht«, sprach er und legte sich hinein. Als er aber die Augen zutun wollte, so fing das Bett von selbst an zu fahren, und fuhr im ganzen Schloss herum. »Recht so«, sprach er, »nur besser zu.« Da rollte das Bett fort, als wären sechs Pferde vorgespannt, über Schwellen und Treppen auf und ab – auf einmal hopp, hopp! warf es um, das Unterste zuoberst, dass es wie ein Berg auf ihm lag. Aber er schleuderte Decken und Kissen in die Höhe, stieg heraus und sagte: »Nun mag fahren, wer Lust hat«, legte sich an sein Feuer und schlief, bis es Tag war. Am Morgen kam der König, und als er ihn da auf der Erde liegen sah, meinte er, die Gespenster hätten ihn umgebracht und er wäre tot. Da sprach er: »Es ist doch schade um den schönen Menschen.« Das hörte der Junge, richtete sich auf und sprach: »So weit ists noch nicht!« Da verwunderte sich der König, freute sich aber und fragte, wie es ihm gegangen wäre. »Recht gut«, antwortete er, »eine Nacht wäre herum, die zwei andern werden auch herumgehen.« Als er zum Wirt kam, da machte der große Augen. »Ich dachte nicht«, sprach er, »dass ich dich wieder lebendig sehen würde; hast du nun gelernt, was Gruseln ist?« – »Nein«, sagte er, »es ist alles vergeblich. Wenn mirs nur einer sagen könnte!«

Die zweite Nacht ging er abermals hinauf ins alte Schloss, setzte sich zum Feuer und fing sein altes Lied wieder an: »Wenn mirs nur gruselte!« Wie Mitternacht herankam, ließ sich ein Lärm und Gepolter hören, erst sachte, dann immer stärker, dann wars ein bisschen still, endlich kam mit lautem Geschrei ein halber Mensch den Schornstein herab und fiel vor ihm hin. »Heda!«, rief er. »Noch ein halber gehört dazu, das ist zu wenig.« Da ging der Lärm von Frischem an, es tobte und heulte, und fiel die andere Hälfte auch herab. »Wart«, sprach er, »ich will dir erst das Feuer ein wenig anblasen.« Wie er das getan hatte und sich wieder umsah, da waren die beiden Stücke zusammengefahren, und saß da ein greulicher Mann auf seinem Platz. »So haben wir nicht gewettet«, sprach der Junge, »die Bank ist mein.« Der Mann wollte ihn wegdrängen, aber der Junge ließ sichs nicht gefallen, schob ihn mit Gewalt weg und setzte sich wieder auf seinen Platz. Da fielen noch mehr Männer herab, einer nach dem andern, die holten neun Totenbeine und zwei Totenköpfe, setzten auf und spielten Kegel. Der Junge bekam auch Lust und fragte: »Hört, ihr, kann ich mit sein?« – »Ja, wenn du Geld hast.« – »Geld genug«, antwortete er, »aber eure Kugeln sind nicht recht rund.« Da nahm er die Totenköpfe, setzte sie in die Drehbank und drehte sie rund. »So, jetzt werden sie besser schüppeln«, sprach er. »Heida! Nun gehts lustig!« Er spielte mit und verlor etwas von seinem Geld; als es aber zwölf schlug, war alles vor seinen Augen verschwunden. Er legte sich nieder und schlief ruhig ein. Am andern Morgen kam der König und wollte sich erkundigen. »Wie ist dirs diesmal ergangen?«, fragte er.

»Ich habe gekegelt«, antwortete er, »und ein paar Heller verloren.« – »Hat dir denn nicht gegruselt?« – »Ei was«, sprach er, »lustig hab ich mich gemacht. Wenn ich nur wüsste, was Gruseln wäre!«

In der dritten Nacht setzte er sich wieder auf seine Bank und sprach ganz verdrießlich: »Wenn es mir nur gruselte!« Als es spät ward, kamen sechs große Männer und brachten eine Totenlade hereingetragen. Da sprach er: »Ha, ha, das ist gewiss mein Vetterchen, das erst vor ein paar Tagen gestorben ist«, winkte mit dem Finger und rief: »Komm Vetterchen, komm!« Sie stellten den Sarg auf die Erde, er aber ging hinzu und nahm den Deckel ab; da lag ein toter Mann darin. Er fühlte ihm ans Gesicht, aber es war kalt wie Eis. »Wart«, sprach er, »ich will dich ein bisschen wärmen«, ging ans Feuer, wärmte seine Hand und legte sie ihm aufs Gesicht, aber der Tote blieb kalt. Nun nahm er ihn heraus, setzte sich ans Feuer und legte ihn auf seinen Schoß, und rieb ihm die Arme, damit das Blut wieder in Bewegung kommen sollte. Als auch das nichts helfen wollte, fiel ihm ein: »Wenn zwei zusammen im Bett liegen, so wärmen sie sich«, brachte ihn ins Bett, deckte ihn zu und legte sich neben ihn. Über ein Weilchen ward auch der Tote warm und fing an, sich zu regen. Da sprach der Junge: »Siehst du, Vetterchen, hätt ich dich nicht gewärmt!« Der Tote aber hub an und rief: »Jetzt will ich dich erwürgen.« – »Was«, sagte er, »ist das mein Dank? Gleich sollst du wieder in deinen Sarg«, hub ihn auf, warf ihn hinein und machte den Deckel zu; da kamen die sechs Männer und trugen ihn wieder fort. »Es will mir nicht gruseln«, sagte er, »hier lerne ichs mein Lebtag nicht.«

Da trat ein Mann herein, der war größer als alle anderen und sah fürchterlich aus; er war aber alt und hatte einen langen, weißen Bart. »O du Wicht«, rief er, »nun sollst du bald lernen, was Gruseln ist, denn du sollst sterben.« – »Nicht so schnell«, antwortete der Junge, »soll ich sterben, so muss ich auch dabei sein.« – »Dich will ich schon packen«, sprach der Unhold. »Sachte, sachte, mach dich nicht so breit; so stark wie du bin ich auch, und wohl noch stärker.« – »Das wollen wir sehn«, sprach der Alte, »bist du stärker als ich, so will ich dich gehn lassen; komm, wir wollens versuchen.« Da führte er ihn durch dunkle Gänge zu einem Schmiedefeuer, nahm eine Axt und schlug den einen Amboß mit einem Schlag in die Erde. »Das kann ich noch besser«, sprach der Junge und ging zu dem andern Amboß. Der Alte stellte sich neben hin und wollte zusehen, und sein weißer Bart hing herab. Da fasste der Junge die Axt, spaltete den Amboß auf einen Hieb und klemmte den Bart des Alten mit hinein. »Nun hab ich dich«, sprach der Junge, »jetzt ist das Sterben an dir.« Dann fasste er eine Eisenstange und schlug auf den Alten los, bis er wimmerte und bat, er möchte aufhören, er wollte ihm große Reichtümer geben. Der Junge zog die Axt raus und ließ ihn los. Der Alte führte ihn wieder ins Schloss zurück und zeigte ihm in einem Keller drei Kasten voll Gold. »Davon«, sprach er, »ist ein Teil den Armen, der andere dem König, der dritte dein.« Indem schlug es zwölfe, und der Geist verschwand, alsodass der Junge im Finstern stand. »Ich werde mir doch heraushelfen können«, sprach er, tappte herum, fand den Weg in die Kammer und schlief dort bei seinem Feuer ein. Am andern Morgen kam der König und sagte: »Nun wirst du gelernt haben, was Gruseln ist?« – »Nein«, antwortete er, »was ists nur? Mein toter Vetter war da, und ein bärtiger Mann ist gekommen, der hat mir da unten viel Geld gezeigt, aber was Gruseln ist, hat mir keiner gesagt.« Da sprach der König: »Du hast das Schloss erlöst und sollst meine Tochter heiraten.« – »Das ist all recht gut«, antwortete er, »aber ich weiß noch immer nicht, was Gruseln ist.«

Da ward das Gold heraufgebracht und die Hochzeit gefeiert, aber der junge König, so lieb er seine Gemahlin hatte und so vergnügt er war, sagte doch

immer: »Wenn mir nur gruselte, wenn mir nur gruselte.« Das verdroß sie endlich. Ihr Kammermädchen sprach: »Ich will Hilfe schaffen, das Gruseln soll er schon lernen.« Sie ging hinaus zum Bach, der durch den Garten floss, und ließ sich einen ganzen Eimer voll Gründlinge holen. Nachts, als der junge König schlief, musste seine Gemahlin ihm die Decke wegziehen und den Eimer voll kalt Wasser mit den Gründlingen über ihn herschütten, dass die kleinen Fische um ihn herumzappelten. Da wachte er auf und rief: »Ach was gruselt mir, was gruselt mir, liebe Frau! Ja, nun weiß ich, was Gruseln ist.«

4
Der Wolf und die sieben jungen Geißlein

Es war einmal eine alte Geiß, die hatte sieben junge Geißlein, und hatte sie lieb, wie eine Mutter ihre Kinder lieb hat. Eines Tages wollte sie in den Wald gehen und Futter holen, da rief sie alle sieben herbei und sprach: »Liebe Kinder, ich will hinaus in den Wald, seid auf eurer Hut vor dem Wolf, wenn er hereinkommt, so frisst er euch alle mit Haut und Haar. Der Bösewicht verstellt sich oft, aber an seiner rauen Stimme und an seinen schwarzen Füßen werdet ihr ihn gleich erkennen.« Die Geißlein sagten: »Liebe Mutter, wir wollen uns schon in Acht nehmen, Ihr könnt ohne Sorge fortgehen.« Da meckerte die Alte und machte sich getrost auf den Weg.

Es dauerte nicht lange, so klopfte jemand an die Haustür und rief: »Macht auf, ihr lieben Kinder, eure Mutter ist da und hat jedem von euch etwas mitgebracht.« Aber die Geißerchen hörten an der rauen Stimme, dass es der Wolf war. »Wir machen nicht auf«, riefen sie, »du bist unsere Mutter nicht, die hat eine feine und liebliche Stimme, aber deine Stimme ist rau; du bist der Wolf.« Da ging der Wolf fort zu einem Krämer und kaufte sich ein großes Stück Kreide; die aß er und machte damit seine Stimme fein. Dann kam er zurück, klopfte an die Haustür und rief: »Macht auf, ihr lieben Kinder, eure Mutter ist da und hat jedem von euch etwas mitgebracht.« Aber der Wolf hatte seine schwarze Pfote in das Fenster gelegt, das sahen die Kinder und riefen: »Wir machen nicht auf, unsere Mutter hat keinen schwarzen Fuß wie du: Du bist der Wolf.« Da lief der Wolf zu einem Bäcker und sprach: »Ich habe mich an den Fuß gestoßen, streich mir Teig darüber.« Und als ihm der Bäcker die Pfote bestrichen hatte, so lief er zum Müller und sprach: »Streu mir weißes Mehl auf meine Pfote.« Der Müller dachte: »Der Wolf will einen betrügen«, und weigerte sich, aber der Wolf sprach: »Wenn du es nicht tust, so fresse ich dich.« Da fürchtete sich der Müller und machte ihm die Pfote weiß. Ja, so sind die Menschen.

Nun ging der Bösewicht zum dritten Mal zu der Haustüre, klopfte an und sprach: »Macht mir auf, Kinder, euer liebes Mütterchen ist heimgekommen und hat jedem von euch etwas aus dem Walde mitgebracht.« Die Geißerchen riefen: »Zeig uns erst deine Pfote, damit wir wissen, dass du unser liebes Mütterchen bist.« Da legte er die Pfote ins Fenster, und als sie sahen, dass sie weiß war, so glaubten sie,

es wäre alles wahr, was er sagte, und machten die Türe auf. Wer aber hereinkam, das war der Wolf. Sie erschraken und wollten sich verstecken. Das eine sprang unter den Tisch, das zweite ins Bett, das dritte in den Ofen, das vierte in die Küche, das fünfte in den Schrank, das sechste unter die Waschschüssel, das siebente in den Kasten der Wanduhr. Aber der Wolf fand sie alle und machte nicht langes Federlesen: Eins nach dem andern schluckte er in seinen Rachen; nur das Jüngste in dem Uhrkasten, das fand er nicht. Als der Wolf seine Lust gebüßt hatte, trollte er sich fort, legte sich draußen auf der grünen Wiese unter einen Baum und fing an zu schlafen.

Nicht lange danach kam die alte Geiß aus dem Walde wieder heim. Ach, was musste sie da erblicken! Die Haustüre stand sperrweit auf: Tisch, Stühle und Bänke waren umgeworfen, die Waschschüssel lag in Scherben, Decke und Kissen waren aus dem Bett gezogen. Sie suchte ihre Kinder, aber nirgend waren sie zu finden. Sie rief sie nacheinander beim Namen, aber niemand antwortete. Endlich, als sie an das Jüngste kam, da rief eine feine Stimme: »Liebe Mutter, ich stecke im Uhrkasten.« Sie holte es heraus, und es erzählte ihr, dass der Wolf gekommen wäre und die andern alle gefressen hätte. Da könnt ihr denken, wie sie über ihre armen Kinder geweint hat.

Endlich ging sie in ihrem Jammer hinaus, und das jüngste Geißlein lief mit. Als sie auf die Wiese kam, so lag da der Wolf an dem Baum und schnarchte, dass die Äste zitterten. Sie betrachtete ihn von allen Seiten und sah, dass in seinem angefüllten Bauch sich etwas regte und zappelte. »Ach Gott«, dachte sie, »sollten meine armen Kinder, die er zum Abendbrot hinuntergewürgt hat, noch am Leben sein?« Da musste das Geißlein nach Haus laufen und Schere, Nadel und Zwirn holen. Dann schnitt sie dem Ungetüm den Wanst auf, und kaum hatte sie einen Schnitt getan, so streckte schon ein Geißlein den Kopf heraus, und als sie weiterschnitt, so sprangen nacheinander alle sechse heraus, und waren noch alle am Leben, und hatten nicht einmal Schaden gelitten, denn das Ungetüm hatte sie in der Gier ganz hinuntergeschluckt. Das war eine Freude! Da herzten sie ihre liebe Mutter und hüpften wie ein Schneider, der Hochzeit hält. Die Alte aber sagte: »Jetzt geht und sucht Wackersteine, damit wollen wir dem gottlosen Tier den Bauch füllen, solange es noch im Schlafe liegt.« Da schleppten die sieben Geißerchen in aller Eile die Steine herbei und steckten sie ihm in den Bauch, so viel sie hineinbringen konnten. Dann nähte ihn die Alte in aller Geschwindigkeit wieder zu, dass er nichts merkte und sich nicht einmal regte.

Als der Wolf endlich ausgeschlafen hatte, machte er sich auf die Beine, und weil ihm die Steine im Magen so großen Durst erregten, so wollte er zu einem Brunnen gehen und trinken. Als er aber anfing zu gehen und sich hin und her zu bewegen, so stießen die Steine in seinem Bauch aneinander und rappelten. Da rief er:

»Was rumpelt und pumpelt
in meinem Bauch herum?
ich meinte, es wären sechs Geißlein,
so sinds lauter Wackerstein.«

Und als er an den Brunnen kam und sich über das Wasser bückte und trinken wollte, da zogen ihn die schweren Steine hinein und er musste jämmerlich ersaufen. Als die sieben Geißlein das sahen, da kamen sie herbeigelaufen, riefen laut: »Der Wolf ist tot! Der Wolf ist tot!«, und tanzten mit ihrer Mutter vor Freude um den Brunnen herum.

5
Der treue Johannes

Es war einmal ein alter König, der war krank und dachte: »Es wird wohl das Totenbett sein, auf dem ich liege.« Da sprach er: »Lasst mir den getreuen Johannes kommen.« Der getreue Johannes war sein liebster Diener und hieß so, weil er ihm sein lebelang so treu gewesen war. Als er nun vor das Bett kam, sprach der König zu ihm: »Getreuester Johannes, ich fühle, dass mein Ende herannaht, und da habe ich keine andere Sorge als um meinen Sohn. Er ist noch in jungen Jahren, wo er sich nicht immer zu raten weiß, und wenn du mir nicht versprichst, ihn zu unterrichten in allem, was er wissen muss, und sein Pflegevater zu sein, so kann ich meine Augen nicht in Ruhe schließen.« Da antwortete der getreue Johannes: »Ich will ihn nicht verlassen und will ihm mit Treue dienen, wenns auch mein Leben kostet.« Da sagte der alte König: »So sterb ich getrost und in Frieden.« Und sprach dann weiter: »Nach meinem Tode sollst du ihm das ganze Schloss zeigen, alle Kammern, Säle und Gewölbe, und alle Schätze, die darin liegen; aber die letzte Kammer in dem langen Gange sollst du ihm nicht zeigen, worin das Bild der Königstochter vom goldenen Dache verborgen steht. Wenn er das Bild erblickt, wird er eine heftige Liebe zu ihr empfinden und wird in Ohnmacht niederfallen und wird ihretwegen in große Gefahren geraten; davor sollst du ihn hüten.« Und als der treue Johannes nochmals dem alten König die Hand darauf gegeben hatte, ward dieser still, legte sein Haupt auf das Kissen und starb.

Als der alte König zu Grabe getragen war, da erzählte der treue Johannes dem jungen König, was er seinem Vater auf dem Sterbelager versprochen hatte, und sagte: »Das will ich gewisslich halten und will dir treu sein, wie ich ihm gewesen bin, und sollte es mein Leben kosten.« Die Trauer ging vorüber, da sprach der treue Johannes zu ihm: »Es ist nun Zeit, dass du dein Erbe siehst. Ich will dir dein väterliches Schloss zeigen.« Da führte er ihn überall herum, auf und ab, und ließ ihn alle die Reichtümer und prächtigen Kammern sehen; nur die eine Kammer öffnete er nicht, worin das gefährliche Bild stand. Das Bild war aber so gestellt, dass, wenn die Türe aufging, man gerade darauf sah, und war so herrlich gemacht, dass man meinte, es leibte und lebte, und es gäbe nichts Lieblicheres und Schöneres auf der ganzen Welt. Der junge König aber merkte wohl, dass der getreue Johannes immer an einer Tür vorüberging, und sprach: »Warum schließest du mir diese niemals auf?« – »Es ist etwas darin«, antwortete er, »vor dem du erschrickst.« Aber der König antwortete: »Ich habe das ganze Schloss gesehen, so will ich auch wissen, was darin ist«, ging und wollte die Türe mit Gewalt öffnen. Da hielt ihn der getreue Johannes zurück und sagte: »Ich habe es deinem Vater vor seinem Tode versprochen, dass du nicht sehen sollst, was in der Kammer steht; es könnte dir und mir zu großem Unglück ausschlagen.« – »Ach nein«, antwortete der junge König, »wenn ich nicht hineinkomme, so ists mein sicheres Verderben. Ich würde Tag und Nacht keine Ruhe haben, bis ichs mit meinen Augen gesehen hätte. Nun gehe ich nicht von der Stelle, bis du aufgeschlossen hast.«

Da sah der getreue Johannes, dass es nicht mehr zu ändern war, und suchte mit schwerem Herzen und vielem Seufzen aus dem großen Bund den Schlüssel heraus. Als er die Türe geöffnet hatte, trat er zuerst hinein und dachte, er wolle das Bildnis bedecken, dass es der König vor ihm nicht sähe, aber was half das? Der König stellte sich auf die Fußspitzen und sah ihm über die Schulter. Und als er das Bildnis der Jungfrau erblickte, das so herrlich war und von Gold und Edelsteinen glänzte, da fiel er ohnmächtig zur Erde nieder. Der getreue Johannes hob ihn auf, trug ihn in sein Bett und dachte voll Sorgen: »Das Unglück ist geschehen, Herr Gott, was will daraus werden!« Dann stärkte er ihn mit Wein,

bis er wieder zu sich selbst kam. Das erste Wort, das er sprach, war: »Ach! Wer ist das schöne Bild?« – »Das ist die Königstochter vom goldenen Dache«, antwortete der treue Johannes. Da sprach der König weiter: »Meine Liebe zu ihr ist so groß – wenn alle Blätter an den Bäumen Zungen wären, sie könntens nicht aussagen; mein Leben setze ich daran, dass ich sie erlange. Du bist mein getreuester Johannes, du musst mir beistehen.«

Der treue Diener besann sich lange, wie die Sache anzufangen wäre, denn es hielt schwer, nur vor das Angesicht der Königstochter zu kommen. Endlich hatte er ein Mittel ausgedacht und sprach zu dem König: »Alles, was sie um sich hat, ist von Gold: Tische, Stühle, Schüsseln, Becher, Näpfe und alles Hausgerät. In deinem Schatze liegen fünf Tonnen Goldes; lass eine von den Goldschmieden des Reichs verarbeiten zu allerhand Gefäßen und Gerätschaften, zu allerhand Vögeln, Gewild und wunderbaren Tieren. Das wird ihr gefallen; wir wollen damit hinfahren und unser Glück versuchen.« Der König hieß alle Goldschmiede herbeiholen, die mussten Tag und Nacht arbeiten, bis endlich die herrlichsten Dinge fertig waren. Als alles auf ein Schiff geladen war, zog der getreue Johannes Kaufmannskleider an, und der König musste ein Gleiches tun, um sich ganz unkenntlich zu machen. Dann fuhren sie über das Meer und fuhren so lange, bis sie zu der Stadt kamen, worin die Königstochter vom goldenen Dache wohnte.

Der treue Johannes hieß den König auf dem Schiffe zurückbleiben und auf ihn warten. »Vielleicht«, sprach er, »bring ich die Königstochter mit, darum sorgt, dass alles in Ordnung ist, lasst die Goldgefäße aufstellen und das ganze Schiff ausschmücken.« Darauf suchte er sich in sein Schürzchen allerlei von den Goldsachen zusammen, stieg ans Land und ging gerade nach dem königlichen Schloss. Als er in den Schlosshof kam, stand da beim Brunnen ein schönes Mädchen, das hatte zwei goldene Eimer in der Hand und schöpfte damit. Und als es das blinkende Wasser forttragen wollte und sich umdrehte, sah es den fremden Mann und fragte, wer er wäre. Da antwortete er: »Ich bin ein Kaufmann«, und öffnete sein Schürzchen und ließ sie hineinschauen. Da rief sie: »Ei, was für schönes Goldzeug!«, setzte die Eimer nieder und betrachtete eins nach dem andern. Da sprach das Mädchen: »Das muss die Königstochter sehen, die hat so große Freude an den Goldsachen, dass sie Euch alles abkauft.« Es nahm ihn bei der Hand und führte ihn hinauf, denn es war die Kammerjungfer. Als die Königstochter die Ware sah, war sie ganz vergnügt und sprach: »Es ist so schön gearbeitet, dass ich dir alles abkaufen will.« Aber der getreue Johannes sprach: »Ich bin nur der Diener von einem reichen Kaufmann; was ich hier habe, ist nichts gegen das, was mein Herr auf seinem Schiff stehen hat, und das ist das Künstlichste und Köstlichste, was je in Gold gearbeitet worden.« Sie wollte alles heraufgebracht haben, aber er sprach: »Dazu gehören viele Tage, so groß ist die Menge, und so viel Säle, um es aufzustellen, dass Euer Haus nicht Raum dafür hat.« Da ward ihre Neugierde und Lust immer mehr angeregt, sodass sie endlich sagte: »Führe mich hin zu dem Schiff, ich will selbst hingehen und deines Herrn Schätze betrachten.«

Da führte sie der treue Johannes zu dem Schiffe hin und war ganz freudig, und der König, als er sie erblickte, sah, dass ihre Schönheit noch größer war, als das Bild sie dargestellt hatte, und meinte nicht anders, als das Herz wollte ihm zerspringen. Nun stieg sie in das Schiff, und der König führte sie hinein; der getreue Johannes aber blieb zurück bei dem Steuermann und hieß das Schiff abstoßen: »Spannt alle Segel auf, dass es fliegt wie ein Vogel in der Luft.« Der König aber zeigte ihr drinnen das goldene Geschirr, jedes einzeln, die Schüsseln, Becher, Näpfe, die Vögel, das Gewild und die wunderbaren Tiere. Viele Stunden gingen herum, während sie alles besah, und in ihrer Freude merkte sie nicht, dass das Schiff dahinfuhr. Nachdem sie das letzte betrachtet hatte, dankte sie dem Kaufmann und wollte heim. Als sie aber an des Schiffes Rand kam, sah sie, dass es fern vom Land auf hohem Meere ging und mit vollen Segeln forteilte. »Ach«, rief sie erschrocken, »ich bin betrogen, ich bin entführt und in die Gewalt eines Kaufmanns geraten; lieber wollt ich sterben!« Der König aber fasste sie bei der Hand und sprach: »Ein Kaufmann bin ich nicht, ich bin ein König und nicht geringer an Geburt, als du es bist. Aber dass ich dich mit List entführt habe, das ist aus übergroßer Liebe geschehen. Das erste Mal, als ich dein Bildnis gesehen habe, bin ich ohnmächtig zur Erde gefallen.« Als die Königstochter vom goldenen Dache das hörte, ward sie getröstet, und ihr Herz ward ihm geneigt, sodass sie gerne einwilligte, seine Gemahlin zu werden.

Es trug sich aber zu, während sie auf dem hohen Meere dahinfuhren, dass der treue Johannes, als er vorn auf dem Schiffe saß und Musik machte, in der Luft drei Raben erblickte, die dahergeflogen kamen. Da hörte er auf zu spielen und horchte, was sie miteinander sprachen, denn er verstand das wohl. Die eine rief: »Ei, da führt er die Königstochter vom goldenen Dache heim.« – »Ja«, antwortete die zweite, »er hat sie noch nicht.« Sprach die dritte: »Er hat sie doch, sie sitzt bei ihm im Schiffe.« Da fing die erste wieder an und rief: »Was hilft ihm das! Wenn sie ans Land kommen, wird ihm ein fuchsrotes Pferd entgegenspringen; da wird er sich aufschwingen wollen, und tut er das, so sprengt es mit ihm fort und in die Luft hinein, dass er nimmermehr seine Jungfrau wiedersieht.« Sprach die zweite: »Ist gar keine Rettung?« – »O ja, wenn ein anderer schnell aufsitzt, das Feuergewehr, das in den Halftern stecken muss, herausnimmt, und das Pferd damit totschießt, so ist der junge König gerettet. Aber wer weiß das! Und wers weiß und sagts ihm, der wird zu Stein von den Fußzehen bis zum Knie.« Da sprach die zweite: »Ich weiß noch mehr: Wenn das Pferd auch getötet wird, so behält der junge König doch nicht seine Braut. Wenn sie zusammen ins Schloss kommen, so liegt dort ein gemachtes Brauthemd in einer Schüssel und sieht aus, als wärs von Gold und Silber gewebt, ist aber nichts als Schwefel und Pech; wenn er's antut, verbrennt es ihn bis auf Mark und Knochen.« Sprach die dritte: »Ist da gar keine Rettung?« – »O ja«, antwortete die zweite, »wenn einer mit Handschuhen das Hemd packt und wirft es ins Feuer, dass es verbrennt, so ist der junge König gerettet. Aber was hilfts! Wers weiß und es ihm sagt, der wird halbes Leibes Stein vom Knie bis zum Herzen.« Da sprach die dritte: »Ich weiß noch mehr: Wird das Brauthemd auch verbrannt, so hat der junge König seine Braut doch noch nicht. Wenn nach der Hochzeit der Tanz anhebt und die junge Königin tanzt, wird sie plötzlich erbleichen und wie tot hinfallen, und hebt sie nicht einer auf und zieht aus ihrer rechten Brust drei Tropfen Blut und speit sie wieder aus, so stirbt sie. Aber verrät das einer, der es weiß, so wird er ganzen Leibes zu Stein vom Wirbel bis zur Fußzehe.« Als die Raben das miteinander gesprochen hatten, flogen sie weiter, und der getreue Johannes hatte alles wohl verstanden, aber von der Zeit an war er still und traurig; denn verschwieg er seinem Herrn, was er gehört hatte, so war dieser unglücklich; entdeckte er es ihm, so musste er selbst sein Leben hingeben. Endlich aber sprach er bei sich: »Meinen Herrn will ich retten, und sollte ich selbst darüber zugrunde gehen.« Als sie nun ans Land kamen, da geschah es, wie die Rabe vorhergesagt hatte, und es sprengte ein prächtiger fuchsroter Gaul daher. »Wohlan«, sprach der König, »der soll mich in mein Schloss tragen«, und wollte sich aufsetzen, doch der treue Johannes kam ihm zuvor, schwang sich schnell darauf, zog das Gewehr aus den Halftern und schoss den Gaul nieder. Da riefen die andern Diener des Königs, die dem treuen Johannes doch nicht gut waren: »Wie schändlich, das schöne Tier zu töten, das den König in sein Schloss tragen sollte!« Aber der König sprach: »Schweigt und lasst ihn gehen, es ist mein getreuester Johannes, wer weiß, wozu das gut ist!« Nun gingen sie ins Schloss, und da stand im Saal eine Schüssel, und das gemachte Brauthemd lag darin und sah aus nicht anders, als wäre es von Gold und Silber. Der junge König ging darauf zu und wollte es ergreifen, aber der treue Johannes schob ihn weg, packte es mit Handschuhen an, trug es schnell ins Feuer und ließ es verbrennen. Die anderen Diener fingen wieder an zu murren und sagten: »Seht, nun verbrennt er gar des Königs Brauthemd.« Aber der junge König sprach: »Wer weiß, wozu es gut ist, lasst ihn gehen, es ist mein getreuester Johannes.« Nun ward die Hochzeit gefeiert: Der Tanz hub an und die Braut trat auch hinein, da hatte der treue Johannes acht und schaute ihr ins Antlitz; auf einmal erbleichte sie und fiel wie tot zur Erde. Da sprang er eilends hinzu, hob sie auf und trug sie in eine Kammer, da legte er sie nieder, kniete und sog die drei Blutstropfen aus ihrer rechten Brust und speite sie aus. Alsbald atmete sie wieder und erholte sich, aber der junge König hatte es mit angesehen und wusste nicht, warum es der getreue Johannes getan hatte, ward zornig darüber und rief: »Werft ihn ins Gefängnis.« Am andern Morgen ward der getreue Johannes verurteilt und zum Galgen geführt, und als er oben stand und gerichtet werden sollte, sprach er: »Jeder, der sterben soll, darf vor seinem Ende noch einmal reden, soll ich das Recht auch haben?« – »Ja«, antwortete der König, »es soll dir vergönnt sein.« Da sprach der treue Johannes: »Ich bin mit Unrecht verurteilt und bin dir immer treu gewesen«, und erzählte wie er auf dem Meer das Gespräch der Raben gehört, und wie er, um seinen Herrn zu retten, das alles hätte tun müssen. Da rief der König: »O mein treuester Johannes, Gnade! Gnade! Führt ihn herunter.« Aber der treue Johannes war bei dem letzten Wort, das er geredet hatte, leblos herabgefallen und war ein Stein.

Darüber trug nun der König und die Königin großes Leid, und der König sprach: »Ach, was hab ich große Treue so übel belohnt!«, und ließ das steinerne Bild aufheben und in seine Schlafkammer neben sein Bett stellen. Sooft er es ansah, weinte er und sprach: »Ach, könnt ich dich wieder lebendig machen, mein getreuester Johannes.« Es ging eine Zeit herum, da gebar die Königin Zwillinge, zwei Söhnlein, die wuchsen heran und waren ihre Freude. Einmal, als die Königin in der Kirche war und die zwei Kinder bei dem Vater saßen und spielten, sah dieser wieder das steinerne Bildnis voller Trauer an, seufzte und rief: »Ach, könnt ich dich wieder lebendig machen, mein getreuester Johannes.« Da fing der Stein an zu reden und sprach: »Ja, du kannst mich wieder lebendig machen, wenn du dein Liebstes daran wenden willst.« Da rief der König: »Alles, was ich auf der Welt habe, will ich für dich hingeben.« Sprach der Stein weiter: »Wenn du mit deiner eigenen Hand deinen beiden Kindern den Kopf abhaust und mich mit ihrem Blute bestreichst, so erhalte ich das Leben wieder.« Der König erschrak, als er hörte, dass er seine liebsten Kinder selbst töten sollte, doch dachte er an die große Treue, und dass der getreue Johannes für ihn gestorben war, zog sein Schwert und hieb mit eigener Hand den Kindern den Kopf ab. Und als er mit ihrem Blute den Stein bestrichen hatte, so kehrte das Leben zurück, und der getreue Johannes stand wieder frisch und gesund vor ihm. Er sprach zum König: »Deine Treue soll nicht unbelohnt bleiben«, und nahm die Häupter der Kinder, setzte sie auf und bestrich die Wunde mit ihrem Blut. Davon wurden sie im Augenblick wieder heil, sprangen herum und spielten fort, als wäre ihnen nichts geschehen. Nun war der König voll Freude, und als er die Königin kommen sah, versteckte er den getreuen Johannes und die beiden Kinder in einen großen Schrank. Wie sie hereintrat, sprach er zu ihr: »Hast du gebetet in der Kirche?« – »Ja«, antwortete sie, »aber ich habe beständig an den treuen Johannes gedacht, dass er so unglücklich durch uns geworden ist.« Da sprach er: »Liebe Frau, wir können ihm das Leben wiedergeben, aber es kostet uns unsere beiden Söhnlein, die müssen wir opfern.« Die Königin ward bleich und erschrak im Herzen, doch sprach sie: »Wir sinds ihm schuldig wegen seiner großen Treue.« Da freute er sich, dass sie dachte, wie er gedacht hatte, ging hin und schloss den Schrank auf, holte die Kinder und den treuen Johannes heraus und sprach: »Gott sei gelobt, er ist erlöst, und unsere Söhnlein haben wir auch wieder«, und erzählte ihr, wie sich alles zugetragen hatte. Da lebten sie zusammen in Glückseligkeit bis an ihr Ende.

6
Die zwölf Brüder

Es war einmal ein König und eine Königin, die lebten in Frieden miteinander und hatten zwölf Kinder, das waren aber lauter Buben. Nun sprach der König zu seiner Frau: »Wenn das dreizehnte Kind, was du zur Welt bringst, ein Mädchen ist, so sollen die zwölf Buben sterben, damit sein Reichtum groß wird und das Königreich ihm allein zufällt.« Er ließ auch zwölf Särge machen, die waren schon mit Hobelspänen gefüllt, und in jedem lag das Totenkisschen, und ließ sie in eine verschlossene Stube bringen. Dann gab er der Königin den Schlüssel und gebot ihr, niemand etwas davon zu sagen.

Die Mutter aber saß nun den ganzen Tag und trauerte, sodass der kleinste Sohn, der immer bei ihr war, und den sie nach der Bibel Benjamin nannte, zu ihr sprach: »Liebe Mutter, warum bist du so traurig?« – »Liebstes Kind«, antwortete sie, »ich darf dirs nicht sagen.« Er ließ ihr aber keine Ruhe, bis sie ging und die Stube aufschloss und ihm die zwölf mit Hobelspänen schon gefüllten Totenladen zeigte. Darauf sprach sie: »Mein liebster Benjamin, diese Särge hat dein Vater für dich und deine elf Brüder machen lassen, denn wenn ich ein Mädchen zur Welt bringe, so sollt ihr allesamt getötet und darin begraben werden.« Und als sie weinte, während sie das sprach, so tröstete sie der Sohn und sagte: »Weine nicht, liebe Mutter, wir wollen uns schon helfen und wollen fortgehen.« Sie aber sprach: »Geh mit deinen elf Brüdern hinaus in den Wald, und einer setze sich immer auf den höchsten Baum, der zu finden ist, und halte Wacht und schaue nach dem Turm hier im Schloss. Gebär ich ein Söhnlein, so will ich eine weiße Fahne aufstecken, und dann dürft ihr wiederkommen; gebär ich ein Töchterlein, so will ich eine rote Fahne aufstecken, und dann flieht fort, so schnell ihr könnt, und der liebe Gott behüte euch. Alle Nacht will ich aufstehen und für euch beten, im Winter, dass ihr an einem Feuer euch wärmen könnt, im Sommer, dass ihr nicht in der Hitze schmachtet.«

Nachdem sie also ihre Söhne gesegnet hatte, gingen sie hinaus in den Wald. Einer hielt um den andern Wache, saß auf der höchsten Eiche und schaute nach dem Turm. Als elf Tage herum waren und die Reihe an Benjamin kam, da sah er, wie eine Fahne aufgesteckt wurde: Es war aber nicht die weiße, sondern die rote Blutfahne, die verkündete, dass sie alle sterben sollten. Wie die Brüder das hörten, wurden sie zornig und sprachen: »Sollten wir um eines Mädchens willen den Tod leiden! Wir schwören, dass wir uns rächen wollen: Wo wir ein Mädchen finden, soll sein rotes Blut fließen.«

Darauf gingen sie tiefer in den Wald hinein, und mittendrein, wo er am dunkelsten war, fanden sie ein kleines verwünschtes Häuschen, das leer stand. Da sprachen sie: »Hier wollen wir wohnen, und du, Benjamin, du bist der jüngste und schwächste, du sollst daheimbleiben und haushalten, wir andern wollen ausgehen und Essen holen.« Nun zogen sie in den Wald und schossen Hasen, wilde Rehe, Vögel und Täuberchen und was zu essen stand, das brachten sie dem Benjamin, der musste es ihnen zurechtmachen, damit sie ihren Hunger stillen konnten. In dem Häuschen lebten sie zehn Jahre zusammen, und die Zeit ward ihnen nicht lang.

Das Töchterchen, das ihre Mutter, die Königin, geboren hatte, war nun herangewachsen, war gut von Herzen und schön von Angesicht und hatte einen goldenen Stern auf der Stirne. Einmal, als große Wäsche war, sah es darunter zwölf Mannshemden und fragte seine Mutter: »Wem gehören diese zwölf Hemden, für den Vater sind sie doch viel zu klein?« Da antwortete sie mit schwerem Herzen: »Liebes Kind, die gehören deinen zwölf Brüdern.« Sprach das Mädchen: »Wo sind meine zwölf Brüder, ich habe noch niemals von ihnen gehört.« Sie antwortete: »Das weiß Gott, wo sie sind; sie irren in der Welt herum.« Da nahm sie das Mädchen und schloss ihm das Zimmer auf und zeigte ihm die zwölf Särge mit den Hobelspänen und den Totenkisschen. »Diese Särge«, sprach sie, »waren für deine Brüder bestimmt, aber sie sind heimlich fortgegangen, eh du geboren warst«, und erzählte ihm, wie sich alles zugetragen hatte. Da sagte das Mädchen: »Liebe Mutter, weine nicht, ich will gehen und meine Brüder suchen.«

Nun nahm es die zwölf Hemden und ging fort und geradezu in den großen Wald hinein. Es ging den ganzen Tag, und am Abend kam es zu dem verwünschten Häuschen. Da trat es hinein und fand einen jungen Knaben, der fragte: »Wo kommst du her und wo willst du hin?«, und erstaunte, dass sie so schön war, königliche Kleider trug und einen Stern auf der Stirne hatte. Da antwortete sie: »Ich bin eine Königstochter und suche meine zwölf Brüder und will gehen, so weit der Himmel blau ist, bis ich sie finde.« Sie zeigte ihm auch die zwölf Hemden, die ihnen gehörten. Da sah Benjamin, dass es seine Schwester war, und sprach: »Ich bin Benjamin, dein jüngster Bruder.« Und sie fing an zu weinen vor Freude, und Benjamin auch, und sie küssten und herzten einander vor großer Liebe. Hernach sprach er: »Liebe Schwester, es ist noch ein Vorbehalt da. Wir hatten verabredet, dass ein jedes Mädchen, das uns begegnete, sterben sollte, weil wir um ein Mädchen unser Königreich verlassen mussten.« Da sagte sie: »Ich will gerne sterben, wenn ich damit meine zwölf Brüder erlösen kann.« – »Nein«, antwortete er, »du sollst nicht sterben, setze dich unter diese Bütte, bis die elf Brüder kommen, dann will ich schon einig mit ihnen werden.« Also tat sie; und wie es Nacht ward, kamen die andern von der Jagd, und die Mahlzeit war bereit. Und als sie am Tische saßen und aßen, fragten sie: »Was

gibts Neues?« Sprach Benjamin: »Wisst ihr nichts?« – »Nein«, antworteten sie. Sprach er weiter: »Ihr seid im Walde gewesen, und ich bin daheim geblieben und weiß doch mehr als ihr.« – »So erzähle uns«, riefen sie. Antwortete er: »Versprecht ihr mir auch, dass das erste Mädchen, das uns begegnet, nicht soll getötet werden?« – »Ja«, riefen alle, »das soll Gnade haben, erzähl uns nur.« Da sprach er: »Unsere Schwester ist da«, und hub die Bütte auf, und die Königstochter kam hervor in ihren königlichen Kleidern mit dem goldenen Stern auf der Stirne, und war so schön, zart und fein. Da freuten sie sich alle, fielen ihr um den Hals und küssten sie und hatten sie von Herzen lieb.

Nun blieb sie bei Benjamin zu Haus und half ihm in der Arbeit. Die elfe zogen in den Wald, fingen Gewild, Rehe, Vögel und Täuberchen, damit sie zu essen hatten, und die Schwester und Benjamin sorgten, dass es zubereitet wurde. Sie suchte das Holz zum Kochen und die Kräuter zum Gemüs, und stellte die Töpfe ans Feuer, alsodass die Mahlzeit immer fertig war, wenn die elfe kamen. Sie hielt auch sonst Ordnung im Häuschen und deckte die Bettlein hübsch weiß und rein, und die Brüder waren immer zufrieden und lebten in großer Einigkeit mit ihr.

Auf eine Zeit hatten die beiden daheim eine schöne Kost zurechtgemacht, und wie sie nun alle beisammen waren, setzten sie sich, aßen und tranken und waren voller Freude. Es war aber ein kleines Gärtchen an dem verwünschten Häuschen, darin standen zwölf Lilienblumen, die man auch Studenten heißt; nun wollte sie ihren Brüdern ein Vergnügen machen, brach die zwölf Blumen ab und dachte jedem aufs Essen eine zu schenken. Wie sie aber die Blumen abgebrochen hatte, in demselben Augenblick waren die zwölf Brüder in zwölf Raben verwandelt und flogen über den Wald hin fort, und das Haus mit dem Garten war auch verschwunden. Da war nun das arme Mädchen allein in dem wilden Wald, und wie es sich umsah, so stand eine alte Frau neben ihm, die sprach: »Mein Kind, was hast du angefangen? Warum hast du die zwölf weißen Blumen nicht stehen lassen? Das waren deine Brüder, die sind nun auf immer in Raben verwandelt.« Das Mädchen sprach weinend: »Ist denn kein Mittel, sie zu erlösen?« – »Nein«, sagte die Alte, »es ist keins auf der ganzen Welt als eins, das ist aber so schwer, dass du sie damit nicht befreien wirst, denn du musst sieben Jahre stumm sein, darfst nicht sprechen und nicht lachen, und sprichst du ein einziges Wort, und es fehlt nur eine Stunde an den sieben Jahren, so ist alles umsonst, und deine Brüder werden von dem einen Wort getötet.«

Da sprach das Mädchen in seinem Herzen: »Ich weiß gewiss, dass ich meine Brüder erlöse«, und ging und suchte einen hohen Baum, setzte sich darauf und spann und sprach nicht und lachte nicht. Nun trugs sich zu, dass ein König in dem Walde jagte, der hatte einen großen Windhund, der lief zu dem Baum, wo das Mädchen darauf saß, sprang herum, schrie und bellte hinauf. Da kam der König herbei und sah die schöne Königstochter mit dem goldenen Stern auf der Stirne, und war so entzückt über ihre Schönheit, dass er ihr zurief, ob sie seine Gemahlin werden wollte. Sie gab keine Antwort, nickte aber ein wenig mit dem Kopf. Da stieg er selbst auf den Baum, trug sie herab, setzte sie auf sein Pferd und führte sie heim. Da ward die Hochzeit mit großer Pracht und Freude gefeiert, aber die Braut sprach nicht und lachte nicht. Als sie ein paar Jahre miteinander vergnügt gelebt hatten, fing die Mutter des Königs, die eine böse Frau war, an, die junge Königin zu verleumden und sprach zum König: »Es ist ein gemeines Bettelmädchen, das du dir mitgebracht hast, wer weiß, was für gottlose Streiche sie heimlich treibt. Wenn sie stumm ist und nicht sprechen kann, so könnte sie doch einmal lachen, aber wer nicht lacht, der hat ein böses Gewissen.« Der König wollte zuerst nicht daran glauben, aber die Alte trieb es so lange und beschuldigte sie so viel böser Dinge, dass der König sich endlich überreden ließ und sie zum Tod verurteilte.

Nun ward im Hof ein großes Feuer angezündet, darin sollte sie verbrannt werden, und der König stand oben am Fenster und sah mit weinenden Augen zu, weil er sie noch immer so lieb hatte. Und als sie schon an den Pfahl festgebunden war und das Feuer an ihren Kleidern mit roten Zungen leckte, da war eben der letzte Augenblick von den sieben Jahren verflossen. Da ließ sich in der Luft ein Geschwirr hören und zwölf Raben kamen hergezogen und senkten sich nieder. Und wie sie die Erde berührten, waren es ihre zwölf Brüder, die sie erlöst hatte. Sie rissen das Feuer auseinander, löschten die Flammen, machten ihre liebe Schwester frei und küssten und herzten sie. Nun aber, da sie ihren Mund auftun und reden durfte, erzählte sie dem Könige, warum sie stumm gewesen wäre und niemals gelacht hätte. Der König freute sich, als er hörte, dass sie unschuldig war, und sie lebten nun alle zusammen in Einigkeit bis an ihren Tod. Die böse Stiefmutter ward vor Gericht gestellt und in ein Fass gesteckt, das mit siedendem Öl und giftigen Schlangen angefüllt war, und starb eines bösen Todes.

7
Das Lumpengesindel

Hähnchen sprach zum Hühnchen: »Jetzt ist die Zeit, wo die Nüsse reif werden, da wollen wir zusammen auf den Berg gehen und uns einmal recht satt essen, ehe sie das Eichhorn alle wegholt.« – »Ja«, antwortete das Hühnchen, »komm, wir wollen uns eine Lust miteinander machen.« Da gingen sie zusammen fort auf den Berg, und weil es ein heller Tag war, blieben sie bis zum Abend. Nun weiß ich nicht, ob sie sich so dick gegessen hatten oder ob sie übermütig geworden waren, kurz, sie wollten nicht zu Fuß nach Hause gehen, und das Hähnchen musste einen kleinen Wagen von Nussschalen bauen. Als er fertig war, setzte sich Hühnchen hinein und sagte zum Hähnchen: »Du kannst dich nur immer vorspannen.« – »Du kommst mir recht«, sagte das Hähnchen, »lieber geh ich zu Fuß nach Haus, als dass ich mich vorspannen lasse. Nein, so haben wir nicht gewettet. Kutscher will ich wohl sein und auf dem Bock sitzen, aber selbst ziehen, das tu ich nicht.« Wie sie so stritten, schnatterte eine Ente daher: »Ihr Diebsvolk, wer hat euch geheißen in meinen Nussberg gehen? Wartet, das soll euch schlecht bekommen!«, ging also mit aufgesperrtem Schnabel auf das Hähnchen los. Aber Hähnchen war auch nicht faul und stieg der Ente tüchtig zu Leib, endlich hackte es mit seinen Sporn so gewaltig auf sie los, dass sie um Gnade bat und sich gern zur Strafe vor den Wagen spannen ließ. Hähnchen setzte sich nun auf den Bock und war Kutscher, und darauf ging es fort in einem Jagen: »Ente, lauf zu, was du kannst!« Als sie ein Stück Weges gefahren waren, begegneten sie zwei Fußgängern, einer Stecknadel und einer Nähnadel. Sie riefen: »Halt! Halt!« und sagten, es würde gleich stichdunkel werden, da könnten sie keinen Schritt weiter, auch wäre es so schmutzig auf der Straße, ob sie nicht ein wenig einsitzen könnten, sie wären auf der Schneiderherberge vor dem Tor gewesen und hätten sich beim Bier verspätet. Hähnchen, da es magere Leute waren, die nicht viel Platz einnahmen, ließ sie beide einsteigen, doch mussten sie versprechen, ihm und seinem Hühnchen nicht auf die Füße zu treten. Spät abends kamen sie zu einem Wirtshaus, und weil sie die Nacht nicht weiterfahren wollten, die Ente auch nicht gut zu Fuß war und von einer Seite auf die andere fiel, so kehrten sie ein. Der Wirt machte anfangs viel Einwendungen, sein Haus wäre schon voll, gedachte auch wohl, es möchte keine vornehme Herrschaft sein, endlich aber, da sie süße Reden führten, er sollte das Ei haben, welches das Hühnchen unterwegs gelegt hatte, auch die Ente behalten, die alle Tage eins legte, so sagte er endlich, sie möchten die Nacht über bleiben. Nun ließen sie wieder frisch auftragen und lebten in Saus und Braus. Frühmorgens, als es dämmerte und noch alles schlief, weckte Hähnchen das Hühnchen, holte das Ei, pickte es auf, und sie verzehrten es zusammen; die Schalen aber warfen sie auf den Feuerherd. Dann gingen sie zu der Nähnadel, die noch schlief, packten sie beim Kopf und steckten sie in das Sesselkissen des Wirts, die Stecknadel aber in sein Handtuch. Endlich flogen sie, mir nichts, dir nichts, über die Heide davon. Die Ente, die gern unter freiem Himmel schlief und im Hof geblieben war, hörte sie fortschnurren, machte sich munter und fand einen Bach, auf dem sie hinabschwamm; und das ging geschwinder als vor dem Wagen. Ein paar Stunden später machte sich erst der Wirt aus den Federn, wusch sich und wollte sich am Handtuch abtrocknen, da fuhr ihm die Stecknadel über das Gesicht und machte ihm einen roten Strich von einem Ohr zum andern; dann ging er in die Küche und wollte sich eine Pfeife anstecken, wie er aber an den Herd kam, sprangen ihm die Eierschalen in die Augen. »Heute Morgen will mir alles an meinen Kopf«, sagte er und ließ sich verdrießlich auf seinen Großvaterstuhl nieder; aber geschwind fuhr er wieder in die Höhe und schrie: »Auweh!«, denn die Nähnadel hatte ihn noch schlimmer, und nicht in den Kopf gestochen. Nun war er vollends böse und hatte Verdacht auf die Gäste, die so spät gestern Abend gekommen waren; und wie er ging und sich nach ihnen umsah, waren sie fort. Da tat er einen Schwur, kein Lumpengesindel mehr in sein Haus zu nehmen, das viel verzehrt, nichts bezahlt, und zum Dank noch obendrein Schabernack treibt.

8

Brüderchen und Schwesterchen

Brüderchen nahm sein Schwesterchen an der Hand und sprach: »Seit die Mutter tot ist, haben wir keine gute Stunde mehr; die Stiefmutter schlägt uns alle Tage, und wenn wir zu ihr kommen, stößt sie uns mit den Füßen fort. Die harten Brotkrusten, die übrig bleiben, sind unsere Speise, und dem Hündlein unter dem Tisch gehts besser: Dem wirft sie doch manchmal einen guten Bissen zu. Dass Gott erbarm, wenn das unsere Mutter wüsste! Komm, wir wollen miteinander in die weite Welt gehen.« Sie gingen den ganzen Tag über Wiesen, Felder und Steine, und wenn es regnete, sprach das Schwesterchen: »Gott und unsere Herzen, die weinen zusammen!« Abends kamen sie in einen großen Wald und waren so müde von Jammer, Hunger und dem langen Weg, dass sie sich in einen hohlen Baum setzten und einschliefen.

Am andern Morgen, als sie aufwachten, stand die Sonne schon hoch am Himmel und schien heiß in den Baum hinein. Da sprach das Brüderchen: »Schwesterchen, mich dürstet, wenn ich ein Brünnlein wüsste, ich ging und tränk einmal; ich mein, ich hört eins rauschen.« Brüderchen stand auf, nahm Schwesterchen an der Hand, und sie wollten das Brünnlein suchen. Die böse Stiefmutter aber war eine Hexe und hatte wohl gesehen, wie die beiden Kinder fortgegangen waren, war ihnen nachgeschlichen, heimlich, wie die Hexen schleichen, und hatte alle Brunnen im Walde verwünscht. Als sie nun ein Brünnlein fanden, das so glitzerig über die Steine sprang, wollte das Brüderchen daraus trinken. Aber das Schwesterchen hörte, wie es im Rauschen sprach: »Wer aus mir trinkt, wird ein Tiger, wer aus mir trinkt, wird ein Tiger.« Da rief das Schwesterchen: »Ich bitte dich, Brüderchen, trink nicht, sonst wirst du ein wildes Tier und zerreißest mich.« Das Brüderchen trank nicht, ob es gleich so großen Durst hatte, und sprach: »Ich will warten bis zur nächsten Quelle.« Als sie zum zweiten Brünnlein kamen, hörte das Schwesterchen, wie auch dieses sprach: »Wer aus mir trinkt, wird ein Wolf, wer aus mir trinkt, wird ein Wolf!« Da rief das Schwesterchen: »Brüderchen, ich bitte dich, trink nicht, sonst wirst du ein Wolf und frissest mich.« Das Brüderchen trank nicht und sprach: »Ich will warten, bis wir zur nächsten Quelle kommen, aber dann muss ich trinken, du magst sagen, was du willst, mein Durst ist gar zu groß.« Und als sie zum dritten Brünnlein kamen, hörte das Schwesterlein, wie es im Rauschen sprach: »Wer aus mir trinkt, wird ein Reh, wer aus mir trinkt, wird ein Reh.« Das Schwesterchen sprach: »Ach Brüderchen, ich bitte dich, trink nicht, sonst wirst du ein Reh und läufst mir fort.« Aber das Brüderchen hatte sich gleich beim Brünnlein niedergekniet, hinabgebeugt und von dem Wasser getrunken, und wie die ersten Tropfen auf seine Lippen gekommen waren, lag es da als ein Rehkälbchen.

Nun weinte das Schwesterchen über das arme verwünschte Brüderchen, und das Rehchen weinte auch und saß so traurig neben ihm. Da sprach das Mädchen endlich: »Sei still, liebes Rehchen, ich will dich ja nimmermehr verlassen.« Dann band es sein goldenes Strumpfband ab und tat es dem Rehchen um den Hals und rupfte Binsen und flocht ein weiches Seil daraus. Daran band es das Tierchen und führte es weiter und ging immer tiefer in den Wald hinein. Und als sie lange, lange gegangen waren, kamen sie endlich an ein kleines Haus, und das Mädchen schaute hinein, und weil es leer war, dachte es: »Hier können wir bleiben und wohnen.« Da suchte es dem Rehchen Laub und Moos zu einem weichen Lager, und jeden Morgen ging es aus und sammelte sich Wurzeln, Beeren und Nüsse, und für das Rehchen brachte es zartes Gras mit, das fraß es ihm aus der Hand, war vergnügt und spielte vor ihm herum. Abends, wenn Schwesterchen müde war und sein Gebet gesagt hatte, legte es seinen Kopf auf den Rücken des Rehkälbchens, das war sein Kissen, darauf es sanft einschlief. Und hätte das Brüderchen nur seine menschliche Gestalt gehabt, es wäre ein herrliches Leben gewesen.

Das dauerte eine Zeit lang, dass sie so allein in der Wildnis waren. Es trug sich aber zu, dass der König des Landes eine große Jagd in dem Wald hielt. Da schallte das Hörnerblasen, Hundegebell und das lustige Geschrei der Jäger durch die Bäume, und das Rehlein hörte es und wäre gar zu gerne dabei gewesen. »Ach«, sprach es zum Schwesterlein, »lass mich hinaus in die Jagd, ich kanns nicht länger mehr aushalten«, und bat so lange, bis es einwilligte. »Aber«, sprach es zu ihm, »komm mir ja abends wieder, vor den wilden Jägern schließ ich mein Türlein; und damit ich dich kenne, so klopf und sprich: ›Mein Schwesterlein, lass mich herein‹, und wenn du nicht so sprichst, so schließ ich mein Türlein nicht auf.« Nun sprang das Rehchen hinaus, und war ihm so wohl und war so lustig in freier Luft. Der König und seine Jäger sahen das schöne Tier und setzten ihm nach, aber sie konnten es nicht einholen, und wenn sie meinten, sie hätten es gewiss, da sprang es über das Gebüsch weg und war verschwunden. Als es dunkel ward, lief es zu dem Häuschen, klopfte und sprach: »Mein Schwesterlein, lass mich herein.« Da ward ihm die kleine Tür aufgetan, es sprang hinein und ruhete sich die ganze Nacht auf seinem weichen Lager aus. Am andern Morgen ging die Jagd von Neuem an, und als das Rehlein wieder das Hifthorn hörte und das Ho, Ho! der Jäger, da hatte es keine Ruhe und sprach: »Schwesterchen, mach mir auf, ich muss hinaus.« Das Schwesterchen öffnete ihm die Türe und sprach: »Aber zu Abend musst du wieder da sein und dein Sprüchlein sagen.« Als der König und seine Jäger das Rehlein mit dem goldenen Halsband wieder sahen, jagten sie ihm alle nach, aber es war ihnen zu schnell und behänd. Das währte den ganzen Tag, endlich aber hatten es die Jäger abends umzingelt und einer verwundete es ein wenig am Fuß, sodass es hinken musste und langsam fortlief. Da schlich ihm ein Jäger nach bis zu dem Häuschen und hörte, wie es rief: »Mein Schwesterlein, lass mich herein«, und sah, dass die Tür ihm aufgetan und alsbald wieder zugeschlossen ward. Der Jäger behielt das alles wohl im Sinn, ging zum König und erzählte ihm, was er gesehen und gehört hatte. Da sprach der König: »Morgen soll noch einmal gejagt werden.«

Das Schwesterchen aber erschrak gewaltig, als es sah, dass sein Rehkälbchen verwundet war. Es wusch ihm das Blut ab, legte Kräuter auf und sprach: »Geh auf dein Lager, lieb Rehchen, dass du wieder heil wirst.« Die Wunde aber war so gering, dass das Rehchen am Morgen nichts mehr davon spürte. Und als es die Jagdlust wieder draußen hörte, sprach es: »Ich kanns nicht aushalten, ich muss dabei sein; so bald soll mich keiner kriegen.« Das Schwesterchen weinte und sprach: »Nun werden sie dich töten, und ich bin hier allein im Wald und bin verlassen von aller Welt. Ich lass dich nicht hinaus.« – »So sterb ich dir hier vor Betrübnis«, antwortete das Rehchen. »Wenn ich das Hifthorn höre, so mein ich, ich müsst aus den Schuhen springen!« Da konnte das Schwesterchen nicht anders und schloss ihm mit schwerem Herzen die Tür auf, und das Rehchen sprang gesund und fröhlich in den Wald. Als es der König erblickte, sprach er zu seinen Jägern: »Nun jagt ihm nach den ganzen Tag bis in die Nacht, aber dass ihm keiner etwas zuleide tut.« Sobald die Sonne untergegangen war, sprach der König zum Jäger: »Nun komm und zeige mir das Waldhäuschen.« Und als er vor dem Türlein war, klopfte er an und rief: »Lieb Schwesterlein, lass mich herein.« Da ging die Tür auf und der König trat herein, und da stand ein Mädchen, das war so schön, wie er noch keins gesehen hatte. Das Mädchen erschrak, als es sah, dass nicht das Rehlein, sondern ein Mann hereinkam, der eine goldene Krone auf dem Haupt hatte. Aber der König sah es freundlich an, reichte ihm die Hand und sprach: »Willst du mit mir gehen auf mein Schloss und meine liebe Frau sein?« – »Ach ja«, antwortete das Mädchen, »aber das Rehchen muss auch mit, das verlass ich nicht.« Sprach der König: »Es soll bei dir bleiben, solange du lebst, und soll ihm an nichts fehlen.« Indem kam es hereingesprungen, da band es das Schwesterchen wieder an das Binsenseil, nahm es selbst in die Hand und ging mit ihm aus dem Waldhäuschen fort.

Der König nahm das schöne Mädchen auf sein Pferd und führte es in sein Schloss, wo die Hochzeit mit großer Pracht gefeiert wurde, und war es nun die Frau Königin, und lebten sie lange Zeit vergnügt zusammen; das Rehlein ward gehegt und gepflegt und sprang in dem Schlossgarten herum. Die böse

Stiefmutter aber, um derentwillen die Kinder in die Welt hineingegangen waren, die meinte nicht anders, als Schwesterchen wäre von den wilden Tieren im Walde zerrissen worden und Brüderchen als ein Rehkalb von den Jägern totgeschossen. Als sie nun hörte, dass sie so glücklich waren und es ihnen so wohl ging, da wurden Neid und Missgunst in ihrem Herzen rege und ließen ihr keine Ruhe, und sie hatte keinen andern Gedanken, als wie sie die beiden doch noch ins Unglück bringen könnte. Ihre rechte Tochter, die hässlich war wie die Nacht und nur ein Auge hatte, die machte ihr Vorwürfe und sprach: »Eine Königin zu werden, das Glück hätte mir gebührt.« – »Sei nur still«, sagte die Alte und sprach sie zufrieden: »Wenns Zeit ist, will ich schon bei der Hand sein.« Als nun die Zeit herangerückt war und die Königin ein schönes Knäblein zur Welt gebracht hatte und der König gerade auf der Jagd war, nahm die alte Hexe die Gestalt der Kammerfrau an, trat in die Stube, wo die Königin lag, und sprach zu der Kranken: »Kommt, das Bad ist fertig, das wird Euch wohltun und frische Kräfte geben – geschwind, eh es kalt wird.« Ihre Tochter war auch bei der Hand, sie trugen die schwache Königin in die Badstube und legten sie in die Wanne. Dann schlossen sie die Tür ab und liefen davon. In der Badstube aber hatten sie ein rechtes Höllenfeuer angemacht, dass die schöne junge Königin bald ersticken musste.

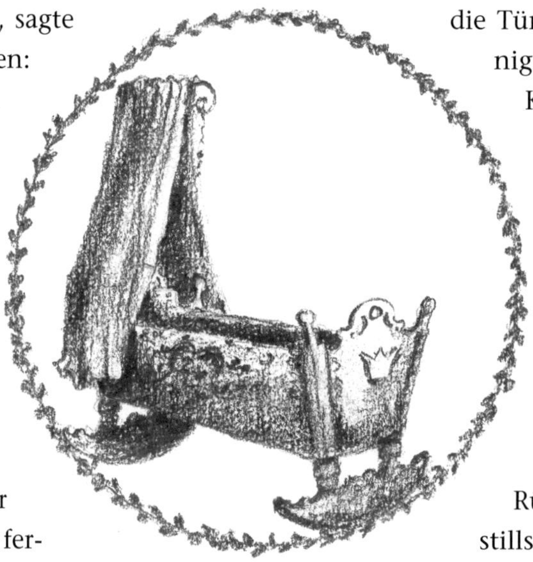

Als das vollbracht war, nahm die Alte ihre Tochter, setzte ihr eine Haube auf und legte sie ins Bett an der Königin Stelle. Sie gab ihr auch die Gestalt und das Ansehen der Königin, nur das verlorene Auge konnte sie ihr nicht wiedergeben. Damit es aber der König nicht merkte, musste sie sich auf die Seite legen, wo sie kein Auge hatte. Am Abend, als er heimkam und hörte, dass ihm ein Söhnlein geboren war, freute er sich herzlich und wollte ans Bett seiner lieben Frau gehen und sehen, was sie machte. Da rief die Alte geschwind: »Beileibe, lasst die Vorhänge zu, die Königin darf noch nicht ins Licht sehen und muss Ruhe haben.« Der König ging zurück und wusste nicht, dass eine falsche Königin im Bette lag.

Als es aber Mitternacht war und alles schlief, da sah die Kinderfrau, die in der Kinderstube neben der Wiege saß und allein noch wachte, wie die Türe aufging und die rechte Königin hereintrat. Sie nahm das Kind aus der Wiege, legte es in ihren Arm und gab ihm zu trinken. Dann schüttelte sie ihm sein Kisschen, legte es wieder hinein und deckte es mit dem Deckbettchen zu. Sie vergaß aber auch das Rehchen nicht, ging in die Ecke, wo es lag, und streichelte ihm über den Rücken. Darauf ging sie ganz stillschweigend wieder zur Türe hinaus, und die Kinderfrau fragte am anderen Morgen die Wächter, ob jemand während der Nacht ins Schloss gegangen wäre, aber sie antworteten: »Nein, wir haben niemand gesehen.« So kam sie viele Nächte und sprach niemals ein Wort dabei; die Kinderfrau sah sie immer, aber sie getraute sich nicht, jemand etwas davon zu sagen.

Als nun so eine Zeit verflossen war, da hub die Königin in der Nacht an zu reden und sprach:

»Was macht mein Kind? Was macht mein Reh?
Nun komm ich noch zweimal und dann
nimmermehr.«

Die Kinderfrau antwortete ihr nicht, aber als sie wieder verschwunden war, ging sie zum König und erzählte ihm alles. Sprach der König: »Ach Gott, was ist das! Ich will in der nächsten Nacht bei dem Kinde wachen.« Abends ging er in die Kinderstube, aber um Mitternacht erschien die Königin wieder und sprach:

»Was macht mein Kind, Was macht mein Reh?
Nun komm ich noch einmal und dann
nimmermehr.«

Und pflegte dann des Kindes, wie sie gewöhnlich tat, ehe sie verschwand. Der König getraute sich nicht, sie anzureden, aber er wachte auch in der folgenden Nacht. Sie sprach abermals:

»Was macht mein Kind? Was macht mein Reh?
Nun komm ich noch diesmal und dann
nimmermehr.«

Da konnte sich der König nicht zurückhalten, sprang zu ihr und sprach: »Du kannst niemand anders sein als meine liebe Frau.« Da antwortete sie: »Ja, ich bin deine liebe Frau«, und hatte in dem Augenblick durch Gottes Gnade das Leben wiedererhalten, war frisch, rot und gesund. Darauf erzählte sie dem König den Frevel, den die böse Hexe und ihre Tochter an ihr verübt hatten. Der König ließ beide vor Gericht führen, und es ward ihnen das Urteil gesprochen. Die Tochter ward in den Wald geführt, wo sie die wilden Tiere zerrissen, die Hexe aber ward ins Feuer gelegt und musste jammervoll verbrennen. Und wie sie zu Asche verbrannt war, verwandelte sich das Rehkälbchen und erhielt seine menschliche Gestalt wieder; Schwesterchen und Brüderchen aber lebten glücklich zusammen bis an ihr Ende.

9
Rapunzel

Es war einmal ein Mann und eine Frau, die wünschten sich schon lange vergeblich ein Kind. Endlich machte sich die Frau Hoffnung, der liebe Gott werde ihren Wunsch erfüllen. Die Leute hatten in ihrem Hinterhaus ein kleines Fenster, daraus konnte man in einen prächtigen Garten sehen, der voll der schönsten Blumen und Kräuter stand; er war aber von einer hohen Mauer umgeben, und niemand wagte hineinzugehen, weil er einer Zauberin gehörte, die große Macht hatte und von aller Welt gefürchtet ward. Eines Tages stand die Frau an diesem Fenster und sah in den Garten hinab, da erblickte sie ein Beet, das mit den schönsten Rapunzeln bepflanzt war; und sie sahen so frisch und grün aus, dass sie lüstern ward und das größte Verlangen empfand, von den Rapunzeln zu essen. Das Verlangen nahm jeden Tag zu, und da sie wusste, dass sie keine davon bekommen konnte, so fiel sie ganz ab, sah blass und elend aus. Da erschrak der Mann und fragte: »Was fehlt dir, liebe Frau?« – »Ach«, antwortete sie, »wenn ich keine Rapunzeln aus dem Garten hinter unserm Hause zu essen kriege, so sterbe ich.« Der Mann, der sie lieb hatte, dachte: »Eh du deine Frau sterben lässest, holst du ihr von den Rapunzeln, es mag kosten, was es will.« In der Abenddämmerung stieg er also über die Mauer in den Garten der Zauberin, stach in aller Eile eine Handvoll Rapunzeln und brachte sie seiner Frau. Sie machte sich sogleich Salat daraus und aß sie in voller Begierde auf. Sie hatten ihr aber so gut, so gut geschmeckt, dass sie den andern Tag noch dreimal so viel Lust bekam. Sollte sie Ruhe haben, so musste der Mann noch einmal in den Garten steigen. Er machte sich also in der Abenddämmerung wieder hinab; als er aber die Mauer herabgeklettert war, erschrak er gewaltig, denn er sah die Zauberin vor sich stehen. »Wie kannst du es wagen«, sprach sie mit zornigem Blick, »in meinen Garten zu steigen und wie ein Dieb mir meine Rapunzeln zu stehlen? Das soll dir schlecht bekommen.« – »Ach«, antwortete er, »lasst Gnade für Recht ergehen, ich habe mich nur aus Not dazu entschlossen: Meine Frau hat Eure Rapunzeln aus dem Fenster erblickt und empfindet ein so großes Gelüsten, dass sie sterben würde, wenn sie nicht davon zu essen bekäme.« Da ließ die Zauberin in ihrem Zorne nach und sprach zu ihm: »Verhält es sich so, wie du sagst, so will ich dir gestatten, Rapunzeln mitzunehmen, so viel du willst, allein ich mache eine Bedingung: Du musst mir das Kind geben, das deine Frau zur Welt bringen wird. Es soll ihm gut gehen und ich will für es sorgen wie eine Mutter.« Der Mann sagte in der Angst alles zu, und als die Frau in Wochen kam, so erschien sogleich die Zauberin, gab dem Kinde den Namen Rapunzel und nahm es mit sich fort.

Rapunzel ward das schönste Kind unter der Sonne. Als es zwölf Jahre alt war, schloss es die Zauberin in einen Turm, der in einem Walde lag und weder Treppe noch Türe hatte, nur ganz oben war ein kleines Fensterchen. Wenn die Zauberin hineinwollte, so stellte sie sich unten hin und rief:

»Rapunzel, Rapunzel,
lass mir dein Haar herunter.«

Rapunzel hatte lange, prächtige Haare, fein wie gesponnen Gold. Wenn sie nun die Stimme der Zauberin vernahm, so band sie ihre Zöpfe los, wickelte sie oben um einen Fensterhaken, und dann fielen die Haare zwanzig Ellen tief herunter und die Zauberin stieg daran hinauf.

Nach ein paar Jahren trug es sich zu, dass der Sohn des Königs durch den Wald ritt und an dem Turm vorüberkam. Da hörte er einen Gesang, der war so lieblich, dass er still hielt und horchte. Das war Rapunzel, die in ihrer Einsamkeit sich die Zeit damit vertrieb, ihre süße Stimme erschallen zu lassen. Der Königssohn wollte zu ihr hinaufsteigen und suchte nach einer Türe des Turms, aber es war keine zu finden. Er ritt heim, doch der Gesang hatte ihm so sehr das Herz gerührt, dass er jeden Tag hinaus in den Wald ging und zuhörte. Als er einmal so hinter einem Baum stand, sah er, dass eine Zauberin herankam, und hörte, wie sie hinaufrief:

»Rapunzel, Rapunzel,
lass dein Haar herunter.«

Da ließ Rapunzel die Haarflechten herab, und die Zauberin stieg zu ihr hinauf. »Ist das die Leiter, auf welcher man hinaufkommt, so will ich auch einmal mein Glück versuchen.« Und den folgenden Tag, als es anfing dunkel zu werden, ging er zu dem Turme und rief:

»Rapunzel, Rapunzel,
lass dein Haar herunter.«

Alsbald fielen die Haare herab, und der Königssohn stieg hinauf.

Anfangs erschrak Rapunzel gewaltig, als ein Mann zu ihr hereinkam, wie ihre Augen noch nie einen erblickt hatten, doch der Königssohn fing an ganz freundlich mit ihr zu reden und erzählte ihr, dass von ihrem Gesang sein Herz so sehr sei bewegt worden, dass es ihm keine Ruhe gelassen und er sie selbst habe sehen müssen. Da verlor Rapunzel ihre Angst, und als er sie fragte, ob sie ihn zum Mann nehmen wollte, und sie sah, dass er jung und schön war, so dachte sie: »Der wird mich lieber haben als die alte Frau Gotel«, und sagte Ja,

und legte ihre Hand in seine Hand. Sie sprach: »Ich will gerne mit dir gehen, aber ich weiß nicht, wie ich herabkommen kann. Wenn du kommst, so bringe jedes Mal einen Strang Seide mit, daraus will ich eine Leiter flechten, und wenn die fertig ist, so steige ich herunter und du nimmst mich auf dein Pferd.« Sie verabredeten, dass er bis dahin alle Abend zu ihr kommen sollte, denn bei Tag kam die Alte. Die Zauberin merkte auch nichts davon, bis einmal Rapunzel anfing und zu ihr sagte: »Sag Sie mir doch, Frau Gotel, wie kommt es nur, Sie wird mir viel schwerer heraufzuziehen als der junge Königssohn, der ist in einem Augenblick bei mir.« – »Ach du gottloses Kind«, rief die Zauberin, »was muss ich von dir hören, ich dachte, ich hätte dich von aller Welt geschieden, und du hast mich doch betrogen!« In ihrem Zorne packte sie die schönen Haare der Rapunzel, schlug sie ein paarmal um ihre linke Hand, griff eine Schere mit der rechten, und ritsch, ratsch waren sie abgeschnitten, und die schönen Flechten lagen auf der Erde. Und sie war so unbarmherzig, dass sie die arme Rapunzel in eine Wüstenei brachte, wo sie in großem Jammer und Elend leben musste.

Denselben Tag aber, wo sie Rapunzel verstoßen hatte, machte abends die Zauberin die abgeschnittenen Flechten oben am Fensterhaken fest, und als der Königssohn kam und rief:

»Rapunzel, Rapunzel,
lass dein Haar herunter«,

so ließ sie die Haare hinab. Der Königssohn stieg hinauf, aber er fand oben nicht seine liebste Rapunzel, sondern die Zauberin, die ihn mit bösen und giftigen Blicken ansah. »Aha«, rief sie höhnisch, »du willst die Frau Liebste holen, aber der schöne Vogel sitzt nicht mehr im Nest und singt nicht mehr, die Katze hat ihn geholt und wird dir auch noch die Augen auskratzen. Für dich ist Rapunzel verloren, du wirst sie nie wieder erblicken.« Der Königssohn geriet außer sich vor Schmerzen, und in der Verzweiflung sprang er den Turm herab. Das Leben brachte er davon, aber die Dornen, in die er fiel, zerstachen ihm die Augen. Da irrte er blind im Walde umher, aß nichts als Wurzeln und Beeren, und tat nichts als jammern und weinen über den Verlust seiner liebsten Frau. So wanderte er einige Jahre im Elend umher und geriet endlich in die Wüstenei, wo Rapunzel mit den Zwillingen, die sie geboren hatte, einem Knaben und Mädchen, kümmerlich lebte. Er vernahm eine Stimme und sie deuchte ihn so bekannt; da ging er darauf zu, und wie er herankam, erkannte ihn Rapunzel und fiel ihm um den Hals und weinte. Zwei von ihren Tränen aber benetzten seine Augen, da wurden sie wieder klar, und er konnte damit sehen wie sonst. Er führte sie in sein Reich, wo er mit Freude empfangen ward, und sie lebten noch lange glücklich und vergnügt.

10 Die drei Männlein im Walde

Es war ein Mann, dem starb seine Frau, und eine Frau, der starb ihr Mann; und der Mann hatte eine Tochter, und die Frau hatte auch eine Tochter. Die Mädchen waren miteinander bekannt und gingen zusammen spazieren und kamen hernach zu der Frau ins Haus. Da sprach sie zu des Mannes Tochter: »Hör, sag deinem Vater, ich wollt ihn heiraten, dann sollst du jeden Morgen dich in Milch waschen und Wein trinken, meine Tochter aber soll sich in Wasser waschen und Wasser trinken.« Das Mädchen ging nach Haus und erzählte seinem Vater, was die Frau gesagt hatte. Der Mann sprach: »Was soll ich tun? Das Heiraten ist eine Freude und ist auch eine Qual.« Endlich, weil er keinen Entschluss fassen konnte, zog er seinen Stiefel aus und sagte: »Nimm diesen Stiefel, der hat in der Sohle ein Loch, geh damit auf den Boden, häng ihn an den großen Nagel und gieß dann Wasser hinein. Hält er das Wasser, so will ich wieder eine Frau nehmen, läufts aber durch, so will ich nicht.« Das Mädchen tat, wie ihm geheißen war; aber das Wasser zog das Loch zusammen und der Stiefel ward voll bis obenhin. Es verkündete seinem Vater, wie's ausgefallen war. Da stieg er selbst hinauf, und als er sah, dass es seine Richtigkeit hatte, ging er zu der Witwe und freite sie, und die Hochzeit ward gehalten.

Am andern Morgen, als die beiden Mädchen sich aufmachten, da stand vor des Mannes Tochter Milch zum Waschen und Wein zum Trinken, vor der Frau Tochter aber stand Wasser zum Waschen und Wasser zum Trinken. Am zweiten Morgen stand Wasser zum Waschen und Wasser zum Trinken so gut vor des Mannes Tochter als vor der Frau Tochter. Und am dritten Morgen stand Wasser zum Waschen und Wasser zum Trinken vor des Mannes Tochter, und Milch zum Waschen und Wein zum Trinken vor der Frau Tochter, und dabei bliebs. Die Frau ward ihrer Stieftochter spinnefeind und wusste nicht, wie sie es ihr von einem Tag zum andern schlimmer machen sollte. Auch war sie neidisch, weil ihre Stieftochter schön und lieblich war, ihre rechte Tochter aber hässlich und widerlich.

Einmal im Winter, als es steinhart gefroren hatte und Berg und Tal vollgeschneit lag, machte die Frau ein Kleid von Papier, rief das Mädchen und sprach: »Da zieh das Kleid an, geh hinaus in den Wald und hol mir ein Körbchen voll Erdbeeren; ich habe Verlangen danach.« – »Du lieber Gott«, sagte das Mädchen, »im Winter wachsen ja keine Erdbeeren, die Erde ist gefroren und der Schnee hat auch alles zugedeckt. Und warum soll ich in dem Papierkleide gehen? Es ist draußen so kalt, dass einem der Atem friert. Da weht ja der Wind hindurch und die Dornen reißen mirs vom Leib.« – »Willst du mir noch widersprechen?«, sagte die Stiefmutter. »Mach, dass du fortkommst, und lass dich nicht eher wieder sehen, als bis du das Körbchen voll Erdbeeren hast.« Dann gab sie ihm noch ein Stückchen hartes Brot und sprach: »Davon kannst du den Tag über essen«, und dachte: »Draußen wirds erfrieren und verhungern und mir nimmermehr wieder vor die Augen kommen.«

Nun war das Mädchen gehorsam, tat das Papierkleid an und ging mit dem Körbchen hinaus. Da war nichts als Schnee die Weite und Breite, und war kein grünes Hälmchen zu merken. Als es in den Wald kam, sah es ein kleines Häuschen, daraus guckten drei kleine Haulemännerchen. Es wünschte ihnen die Tageszeit und klopfte bescheidentlich an die Tür. Sie riefen herein, und es trat in die Stube und setzte sich auf die Bank am Ofen, da wollte es sich wärmen und sein Frühstück essen. Die Haulemännerchen sprachen: »Gib uns auch etwas davon.« – »Gerne«, sprach es, teilte sein Stückchen Brot entzwei und gab ihnen die Hälfte. Sie fragten: »Was willst du zur Winterzeit in deinem dünnen Kleidchen hier im Wald?« – »Ach«, antwortete es, »ich soll ein Körbchen voll Erdbeeren suchen und darf nicht eher nach Hause kommen, als bis ich es mitbringe.« Als es sein Brot gegessen hatte, gaben sie ihm einen Besen und sprachen: »Kehre damit an der Hintertüre den Schnee weg.« Wie es aber draußen war, sprachen die drei Männerchen untereinander: »Was sollen wir ihm schenken, weil es so artig und gut ist und sein Brot mit uns geteilt hat?« Da sagte der Erste: »Ich schenk ihm, dass es jeden Tag schöner wird.« Der Zweite sprach: »Ich schenk ihm, dass Goldstücke ihm aus dem Mund fallen, sooft es ein Wort spricht.« Der Dritte sprach: »Ich schenk ihm, dass ein König kommt und es zu seiner Gemahlin nimmt.«

Das Mädchen aber tat, wie die Haulemännerchen gesagt hatten, kehrte mit dem Besen den Schnee hinter dem kleinen Hause weg, und was glaubt ihr wohl, dass es gefunden hat? Lauter reife Erdbeeren, die ganz dunkelrot aus dem Schnee hervorkamen. Da raffte es in seiner Freude sein Körbchen voll, dankte den kleinen Männern, gab jedem die Hand und lief nach Haus, und wollte der Stiefmutter das Verlangte bringen. Wie es eintrat und »Guten Abend« sagte, fiel ihm gleich ein Goldstück aus dem Mund. Darauf erzählte es, was ihm im Walde begegnet war, aber bei jedem Worte, das es sprach, fielen ihm die Goldstücke aus dem Mund, sodass bald die ganze Stube damit bedeckt ward. »Nun sehe einer den Übermut«, rief die Stiefschwester, »das Geld so hinzuwerfen«, aber heimlich war sie neidisch darüber und wollte auch hinaus in den Wald und Erdbeeren suchen. Die Mutter: »Nein, mein liebes Töchterchen, es ist zu kalt, du könntest mir erfrieren.« Weil sie ihr aber keine Ruhe ließ, gab sie endlich nach, nähte ihm einen prächtigen Pelzrock, den es anziehen musste, und gab ihm Butterbrot und Kuchen mit auf den Weg.

Das Mädchen ging in den Wald und gerade auf das kleine Häuschen zu. Die drei kleinen Haulemänner guckten wieder, aber es grüßte sie nicht, und ohne sich nach ihnen umzusehen und ohne sie zu grüßen, stolperte es in die Stube hinein, setzte sich an den Ofen und fing an, sein Butterbrot und seinen Kuchen zu essen. »Gib uns etwas davon«, riefen die Kleinen, aber es antwortete: »Es schickt mir selber nicht, wie kann ich andern noch davon abgeben?« Als es nun fertig war mit dem Essen, sprachen sie: »Da hast du einen Besen, kehr uns draußen vor der Hintertür rein.« – »Ei, kehrt euch selber«, antwortete es, »ich bin eure Magd nicht.« Wie es sah, dass sie ihm nichts schenken wollten, ging es zur Türe hinaus. Da sprachen die kleinen Männer untereinander: »Was sollen wir ihm schenken, weil es so unartig ist und ein böses, neidisches Herz hat, das niemand etwas gönnt?« Der Erste sprach: »Ich schenk ihm, dass es jeden Tag hässlicher wird.« Der Zweite sprach: »Ich schenk ihm, dass ihm bei jedem Wort, das es spricht, eine Kröte aus dem Munde springt.« Der Dritte sprach: »Ich schenk ihm, dass es eines unglücklichen Todes stirbt.« Das Mädchen suchte draußen nach Erdbeeren, als es aber keine fand, ging es verdrießlich nach Haus. Und wie es den Mund auftat und seiner Mutter erzählen wollte, was ihm im Walde begegnet war, da sprang ihm bei jedem Wort eine Kröte aus dem Mund, sodass alle einen Abscheu vor ihm bekamen.

Nun ärgerte sich die Stiefmutter noch viel mehr und dachte nur darauf, wie sie der Tochter des Mannes alles Herzeleid antun wollte, deren Schönheit doch alle Tage größer ward. Endlich nahm sie einen Kessel, setzte ihn zum Feuer und sott Garn darin. Als es gesotten war, hing sie es dem armen Mädchen auf die Schulter und gab ihm eine Axt dazu, damit sollte es auf den gefrorenen Fluss gehen, ein Eisloch hauen und das Garn schlittern. Es war gehorsam, ging hin und hackte ein Loch in das Eis, und als es mitten im Hacken war, kam ein prächtiger Wagen hergefahren, worin der König saß. Der Wagen hielt still und der König fragte: »Mein Kind, wer bist du und was machst du da?« – »Ich bin ein armes Mädchen und schlittere Garn.« Da fühlte der König Mitleiden, und als er sah, wie es so gar schön war, sprach er: »Willst du mit mir fahren?« – »Ach ja, von Herzen gern«, antwortete es, denn es war froh, dass es der Mutter und Schwester aus den Augen kommen sollte.

Also stieg es in den Wagen und fuhr mit dem König fort, und als sie auf sein Schloss gekommen waren, ward die Hochzeit mit großer Pracht gefeiert, wie es die kleinen Männlein dem Mädchen geschenkt hatten. Über ein Jahr gebar die junge Königin einen Sohn, und als die Stiefmutter von dem großen Glücke gehört hatte, so kam sie mit ihrer Tochter in das Schloss und tat, als wollte sie

einen Besuch machen. Als aber der König einmal hinausgegangen und sonst niemand zugegen war, packte das böse Weib die Königin am Kopf, und ihre Tochter packte sie an den Füßen, hoben sie aus dem Bett und warfen sie zum Fenster hinaus in den vorbeifließenden Strom. Darauf legte sich ihre hässliche Tochter ins Bett, und die Alte deckte sie zu bis über den Kopf. Als der König wieder zurückkam und mit seiner Frau sprechen wollte, rief die Alte: »Still, still, jetzt geht das nicht, sie liegt in starkem Schweiß, Ihr müsst sie heute ruhen lassen.« Der König dachte nichts Böses dabei und kam erst am andern Morgen wieder, und wie er mit seiner Frau sprach und sie ihm Antwort gab, sprang bei jedem Wort eine Kröte hervor, während sonst ein Goldstück herausgefallen war. Da fragte er, was das wäre, aber die Alte sprach, das hätte sie von dem starken Schweiß gekriegt und würde sich schon wieder verlieren.

In der Nacht aber sah der Küchenjunge, wie eine Ente durch die Gosse geschwommen kam, die sprach:

»König, was machst du,
schläfst du oder wachst du?«

Und als er keine Antwort gab, sprach sie:

»Was machen meine Gäste?«

Da antwortete der Küchenjunge:

»Sie schlafen feste!«

Fragte sie weiter:

»Was macht mein Kindelein?«

Antwortete er:

»Es schläft in der Wiege fein.«

Da ging sie in der Königin Gestalt hinauf, gab ihm zu trinken, schüttelte ihm sein Bettchen, deckte es zu und schwamm als Ente wieder durch die Gosse fort. So kam sie zwei Nächte, in der dritten sprach sie zu dem Küchenjungen: »Geh und sage dem König, dass er sein Schwert nimmt und auf der Schwelle dreimal über mir schwingt.« Da lief der Küchenjunge und sagte es dem König, der kam mit seinem Schwert und schwang es dreimal über dem Geist; und beim dritten Mal stand seine Gemahlin vor ihm, frisch, lebendig und gesund, wie sie vorher gewesen war.

Nun war der König in großer Freude, er hielt aber die Königin in einer Kammer verborgen bis auf den Sonntag, wo das Kind getauft werden sollte. Und als es getauft war, sprach er: »Was gehört einem Menschen, der den andern aus dem Bett trägt und ins Wasser wirft?« – »Nichts Besseres«, antwortete die Alte, »als dass man den Bösewicht in ein Fass steckt, das mit Nägeln ausgeschlagen ist, und den Berg hinab ins Wasser rollt.« Da sagte der König: »Du hast dein Urteil gesprochen«, ließ ein solches Fass holen und die Alte mit ihrer Tochter hineinstecken; dann ward der Boden zugehämmert und das Fass bergab gekullert, bis es in den Fluss rollte.

11
Die drei Spinnerinnen

Es war ein Mädchen faul und wollte nicht spinnen, und die Mutter mochte sagen, was sie wollte, sie konnte es nicht dazu bringen. Endlich überkam die Mutter einmal Zorn und Ungeduld, dass sie ihm Schläge gab, worüber es laut zu weinen anfing. Nun fuhr gerade die Königin vorbei, und als sie das Weinen hörte, ließ sie anhalten, trat in das Haus und fragte die Mutter, warum sie ihre Tochter schlüge, dass man draußen auf der Straße das Schreien hörte. Da schämte sich die Frau, dass sie die Faulheit ihrer Tochter offenbaren sollte, und sprach: »Ich kann sie nicht vom Spinnen abbringen, sie will immer und ewig spinnen, und ich bin arm und kann den Flachs nicht herbeischaffen.« Da antwortete die Königin: »Ich höre nichts lieber als spinnen und bin nicht vergnügter, als wenn die Räder schnurren. Gebt mir Eure Tochter mit ins Schloss, ich habe Flachs genug, da soll sie spinnen, so viel sie Lust hat.« Die Mutter wars von Herzen gerne zufrieden, und die Königin nahm das Mädchen mit. Als sie ins Schloss gekommen waren, führte sie es hinauf zu drei Kammern, die lagen von unten bis oben voll vom schönsten Flachs. »Nun spinn mir diesen Flachs«, sprach sie, »und wenn du es fertigbringst, so sollst du meinen ältesten Sohn zum Gemahl haben; bist du gleich arm, so acht ich nicht darauf, dein unverdrossner Fleiß ist Ausstattung genug.« Das Mädchen erschrak innerlich, denn es konnte den Flachs nicht spinnen, und wärs dreihundert Jahr alt geworden und hätte jeden Tag vom Morgen bis Abend dabei gesessen. Als es nun allein war, fing es an zu weinen und saß so drei Tage, ohne die Hand zu rühren. Am dritten Tage kam die Königin, und als sie sah, dass noch nichts gesponnen war, verwunderte sie sich, aber das Mädchen entschuldigte sich damit, dass es vor großer Betrübnis über die Entfernung aus seiner Mutter Hause noch nicht hätte anfangen können. Das ließ sich die Königin gefallen, sagte aber beim Weggehen: »Morgen musst du mir anfangen zu arbeiten.«

Als das Mädchen wieder allein war, wusste es sich nicht mehr zu raten und zu helfen und trat in seiner Betrübnis vor das Fenster. Da sah es drei Weiber herkommen, davon hatte die erste einen breiten Platschfuß, die zweite hatte eine so große Unterlippe, dass sie über das Kinn herunterhing, und die dritte hatte einen breiten Daumen. Die blieben vor dem Fenster stehen, schauten hinauf und fragten das Mädchen, was ihm fehlte. Es klagte ihnen seine Not, da trugen sie ihm ihre Hilfe an und sprachen: »Willst du uns zur Hochzeit einladen, dich unser nicht schämen und uns deine Basen heißen, auch an deinen Tisch setzen, so wollen wir dir den Flachs wegspinnen, und das in kurzer Zeit.« – »Von Herzen gern«, antwortete es, »kommt nur herein und fangt gleich die Arbeit an.« Da ließ es die drei seltsamen Weiber herein und machte in der ersten Kammer eine Lücke, wo sie sich hinsetzten und ihr Spinnen anhuben. Die eine zog den Faden und trat das Rad, die andere netzte den Faden, die dritte drehte ihn und schlug mit dem Finger auf den Tisch, und sooft sie schlug, fiel eine Zahl Garn zur Erde, und das war aufs Feinste gesponnen. Vor der Königin verbarg sie die drei Spinnerinnen und zeigte ihr, sooft sie kam, die Menge des gesponnenen Garns, dass diese des Lobes

kein Ende fand. Als die erste Kammer leer war, gings an die zweite, endlich an die dritte, und die war auch bald aufgeräumt. Nun nahmen die drei Weiber Abschied und sagten zum Mädchen: »Vergiss nicht, was du uns versprochen hast, es wird dein Glück sein.«

Als das Mädchen der Königin die leeren Kammern und den großen Haufen Garn zeigte, richtete sie die Hochzeit aus, und der Bräutigam freute sich, dass er eine so geschickte und fleißige Frau bekäme, und lobte sie gewaltig. »Ich habe drei Basen«, sprach das Mädchen, »und da sie mir viel Gutes getan haben, so wollte ich sie nicht gern in meinem Glück vergessen. Erlaubt doch, dass ich sie zu der Hochzeit einlade und dass sie mit an dem Tisch sitzen.« Die Königin und der Bräutigam sprachen: »Warum sollen wir das nicht erlauben?« Als nun das Fest anhub, traten die drei Jungfern in wunderlicher Tracht herein und die Braut sprach: »Seid willkommen, liebe Basen.« – »Ach«, sagte der Bräutigam, »wie kommst du zu der garstigen Freundschaft?« Darauf ging er zu der einen mit dem breiten Platschfuß und fragte: »Wovon habt Ihr einen solchen breiten Fuß?« – »Vom Treten«, antwortete sie, »vom Treten.« Da ging der Bräutigam zur Zweiten und sprach: »Wovon habt Ihr nur die herunterhängende Lippe?« – »Vom Lecken«, antwortete sie, »vom Lecken.« Da fragte er die Dritte: »Wovon habt Ihr den breiten Daumen?« – »Vom Fadendrehen«, antwortete sie, »vom Fadendrehen.« Da erschrak der Königssohn und sprach: »So soll mir nun und nimmermehr meine schöne Braut ein Spinnrad anrühren.« Damit war sie das böse Flachsspinnen los.

12
Hänsel und Gretel

Vor einem großen Walde wohnte ein armer Holzhacker mit seiner Frau und seinen zwei Kindern; das Bübchen hieß Hänsel und das Mädchen Gretel. Er hatte wenig zu beißen und zu brechen, und einmal, als große Teuerung ins Land kam, konnte er auch das tägliche Brot nicht mehr schaffen. Wie er sich nun abends im Bette Gedanken machte und sich vor Sorgen herumwälzte, seufzte er und sprach zu seiner Frau: »Was soll aus uns werden? Wie können wir unsere armen Kinder ernähren, da wir für uns selbst nichts mehr haben?« – »Weißt du was, Mann«, antwortete die Frau, »wir wollen morgen in aller Frühe die Kinder hinaus in den Wald führen, wo er am dicksten ist. Da machen wir ihnen ein Feuer an und geben jedem noch ein Stückchen Brot, dann gehen wir an unsere Arbeit und lassen sie allein. Sie finden den Weg nicht wieder nach Haus und wir sind sie los.« – »Nein, Frau«, sagte der Mann, »das tue ich nicht; wie sollt ichs übers Herz bringen, meine Kinder im Walde allein zu lassen, die wilden Tiere würden bald kommen und sie zerreißen.« – »O du Narr«, sagte sie, »dann müssen wir alle viere Hungers sterben, du kannst nur die Bretter für die Särge hobeln«, und ließ ihm keine Ruhe, bis er einwilligte. »Aber die armen Kinder dauern mich doch«, sagte der Mann.

Die zwei Kinder hatten vor Hunger auch nicht einschlafen können und hatten gehört, was die Stiefmutter zum Vater gesagt hatte. Gretel weinte bittere Tränen und sprach zu Hänsel: »Nun ists um uns geschehen.« – »Still, Gretel«, sprach Hänsel, »gräme dich nicht, ich will uns schon helfen.« Und als die Alten eingeschlafen waren, stand er auf, zog sein Röcklein an, machte die Untertüre auf und schlich sich hinaus. Da schien der Mond ganz helle, und die weißen Kieselsteine, die vor dem Haus lagen, glänzten wie lauter Batzen. Hänsel bückte sich und steckte so viel in sein Rocktäschlein, als nur hineinwollten. Dann ging er wieder zurück, sprach zu Gretel: »Sei getrost, liebes Schwesterchen, und schlaf nur ruhig ein, Gott wird uns nicht verlassen«, und legte sich wieder in sein Bett.

Als der Tag anbrach, noch ehe die Sonne aufgegangen war, kam schon die Frau und weckte die beiden Kinder: »Steht auf, ihr Faulenzer, wir wollen in den Wald gehen und Holz holen.« Dann gab sie jedem ein Stückchen Brot und sprach: »Da habt ihr etwas für den Mittag, aber essts nicht vorher auf, weiter kriegt ihr nichts.« Gretel nahm das Brot unter die Schürze, weil Hänsel die Steine in der Tasche hatte. Danach machten sie sich alle zusammen auf den Weg nach dem Wald. Als sie ein Weilchen gegangen waren, stand Hänsel still und guckte nach dem Haus zurück und tat das wieder und immer wieder. Der Vater sprach: »Hänsel, was guckst du da und bleibst zurück, hab acht und vergiss deine Beine nicht.« – »Ach, Vater«, sagte Hänsel, »ich sehe nach meinem weißen Kätzchen, das sitzt oben auf dem Dach und will mir Ade sagen.« Die Frau sprach: »Narr, das ist dein Kätzchen nicht, das ist die Morgensonne, die auf den Schornstein scheint.« Hänsel aber hatte nicht nach dem Kätzchen gesehen, sondern immer einen von den blanken Kieselsteinen aus seiner Tasche auf den Weg geworfen.

Als sie mitten in den Wald gekommen waren, sprach der Vater: »Nun sammelt Holz, ihr Kinder, ich will ein Feuer anmachen, damit ihr nicht friert.« Hänsel und Gretel trugen Reisig zusammen, einen kleinen Berg hoch. Das Reisig ward angezündet, und als die Flamme recht hoch brannte, sagte die Frau: »Nun legt euch ans Feuer, ihr Kinder, und ruht euch aus, wir gehen in den Wald und hauen Holz. Wenn wir fertig sind, kommen wir wieder und holen euch ab.«

Hänsel und Gretel saßen am Feuer, und als der Mittag kam, aß jedes sein Stücklein Brot. Und weil sie die Schläge der Holzaxt hörten, so glaubten sie, ihr Vater wäre in der Nähe. Es war aber nicht die Holzaxt, es war ein Ast, den er an einen dürren Baum gebunden hatte und den der Wind hin- und herschlug. Und als sie so lange gesessen hatten, fielen ihnen die Augen vor Müdigkeit zu und sie schliefen fest ein. Als sie endlich erwachten, war es schon finstere Nacht. Gretel fing an zu weinen und sprach: »Wie sollen wir nun aus dem Wald kommen!« Hänsel aber tröstete sie: »Wart nur ein Weilchen, bis der Mond aufgegangen ist, dann wollen wir den Weg schon finden.« Und als der volle Mond aufgestiegen war, so nahm Hänsel sein Schwesterchen an der Hand und ging den Kieselsteinen nach, die schimmerten wie neu geschlagene Batzen und zeigten ihnen den Weg. Sie gingen die ganze Nacht hindurch und kamen bei anbrechendem Tag wieder zu ihres Vaters Haus. Sie klopften an die Tür, und als die Frau aufmachte und sah, dass es Hänsel und Gretel war, sprach sie: »Ihr bösen Kinder, was habt ihr so lange im Walde geschlafen, wir haben geglaubt, ihr wolltet gar nicht wiederkommen.« Der Vater aber freute sich, denn es war ihm zu Herzen gegangen, dass er sie so allein zurückgelassen hatte.

Nicht lange danach war wieder Not in allen Ecken, und die Kinder hörten, wie die Mutter nachts im Bette zu dem Vater sprach: »Alles ist wieder aufgezehrt, wir haben noch einen halben Laib Brot, hernach hat das Lied ein Ende. Die Kinder müssen fort, wir wollen sie tiefer in den Wald hineinführen, damit sie den Weg nicht wieder herausfinden; es ist sonst keine Rettung für uns.« Dem Mann fiels schwer aufs Herz und er dachte: »Es wäre besser, dass du den letzten Bissen mit deinen Kindern teiltest.« Aber die Frau hörte auf nichts, was er sagte, schalt ihn und machte ihm Vorwürfe. Wer A sagt, muss auch B sagen, und weil er das erste Mal nachgegeben hatte, so musste er es auch zum zweiten Mal.

Die Kinder waren aber noch wach gewesen und hatten das Gespräch mit angehört. Als die Alten schliefen, stand Hänsel wieder auf, wollte hinaus und Kieselsteine auflesen wie das vorige Mal, aber die Frau hatte die Tür verschlossen, und Hänsel konnte nicht heraus. Aber er tröstete sein Schwesterchen und sprach: »Weine nicht, Gretel, und schlaf nur ruhig, der liebe Gott wird uns schon helfen.«

Am frühen Morgen kam die Frau und holte die Kinder aus dem Bette. Sie erhielten ihr Stückchen Brot, das war aber noch kleiner als das vorige Mal. Auf dem Wege nach dem Wald bröckelte es Hänsel in der Tasche, stand oft still und warf ein Bröcklein auf die Erde. »Hänsel, was stehst du und guckst dich um«, sagte der Vater, »geh deiner Wege.« – »Ich sehe nach meinem Täubchen, das sitzt auf dem Dache und will mir Ade sagen«, antwortete Hänsel. »Narr«, sagte die Frau, »das ist dein Täubchen nicht, das ist die Morgensonne, die auf den Schornstein oben scheint.« Hänsel aber warf nach und nach alle Bröcklein auf den Weg.

Die Frau führte die Kinder noch tiefer in den Wald, wo sie ihr Lebtag noch nicht gewesen waren. Da ward wieder ein großes Feuer angemacht und die Mutter sagte: »Bleibt nur da sitzen, ihr Kinder, und wenn ihr müde seid, könnt ihr ein wenig schlafen. Wir gehen in den Wald und hauen Holz, und abends, wenn wir fertig sind, kommen wir und holen euch ab.« Als es Mittag war, teilte Gretel ihr Brot mit Hänsel, der sein Stück auf den Weg gestreut hatte. Dann schliefen sie ein und der Abend verging, aber niemand kam zu den armen Kindern. Sie erwachten erst in der finsteren Nacht, und Hänsel tröstete sein Schwesterchen und sagte: »Wart nur, Gretel, bis der Mond aufgeht, dann werden wir die Brotbröcklein sehen, die ich ausgestreut habe, die zeigen uns den Weg nach Haus.« Als der Mond kam, machten sie sich auf, aber sie fanden kein Bröcklein mehr, denn die viel tausend Vögel, die im Walde und im Felde umherfliegen, die hatten sie weggepickt. Hänsel sagte zu Gretel: »Wir werden den Weg schon finden«, aber sie fanden ihn nicht. Sie gingen die ganze Nacht und noch einen Tag von Morgen bis Abend, aber sie kamen aus dem Wald nicht heraus und waren so hungrig, denn sie hatten nichts als die paar Beeren, die auf der Erde standen. Und weil sie so müde waren, dass die Beine sie nicht mehr tragen wollten, so legten sie sich unter einen Baum und schliefen ein.

Nun wars schon der dritte Morgen, dass sie ihres Vaters Haus verlassen hatten. Sie fingen wieder an zu gehen, aber sie gerieten immer tiefer in den Wald, und wenn nicht bald Hilfe kam, so mussten sie verschmachten. Als es Mittag war, sahen sie ein schönes, schneeweißes Vöglein auf einem Ast sitzen, das sang so schön, dass sie stehen blieben und ihm zuhörten. Und als es fertig war, schwang es seine Flügel und flog vor ihnen her, und sie gingen ihm nach, bis sie zu einem Häuschen gelangten, auf dessen Dach es sich setzte, und als sie ganz nah herankamen, so sahen sie, dass das Häuslein aus Brot gebaut war und mit Kuchen gedeckt, aber die Fenster waren von hellem Zucker. »Da wollen wir uns dranmachen«, sprach Hänsel, »und eine gesegnete Mahlzeit halten. Ich will ein Stück vom Dach essen, Gretel, du kannst vom Fenster essen, das schmeckt süß.« Hänsel reichte in die Höhe und brach sich ein wenig vom Dach ab, um zu versuchen, wie es schmeckte, und Gretel stellte sich an die Scheiben und knuperte daran. Da rief eine feine Stimme aus der Stube heraus:

»Knuper, knuper, kneischen,
wer knupert an meinem Häuschen?«

Die Kinder antworteten:

»Der Wind, der Wind,
das himmlische Kind«,

und aßen weiter, ohne sich irremachen zu lassen. Hänsel, dem das Dach sehr gut schmeckte, riss sich ein großes Stück davon herunter, und Gretel stieß eine ganze runde Fensterscheibe heraus, setzte sich nieder und tat sich wohl damit. Da ging auf einmal die Türe auf, und eine steinalte Frau, die sich auf eine Krücke stützte, kam herausgeschlichen. Hänsel und Gretel erschraken so gewaltig, dass sie fallen ließen, was sie in den Händen hielten. Die Alte aber wackelte mit dem Kopfe und sprach: »Ei, ihr lieben Kinder, wer hat euch hierhergebracht? Kommt nur herein und bleibt bei mir, es geschieht euch kein Leid.« Sie fasste beide an der Hand und führte sie in ihr Häuschen. Da ward gutes Essen aufgetragen, Milch und Pfannekuchen mit Zucker, Äpfel und Nüsse. Hernach wurden zwei schöne Bettlein weiß gedeckt, und Hänsel und Gretel legten sich hinein und meinten, sie wären im Himmel. Die Alte hatte sich nur so freundlich angestellt, sie war aber eine böse Hexe, die den Kindern auflauerte, und hatte das Brothäuslein bloß gebaut, um sie herbeizulocken. Wenn eins in ihre Gewalt kam, so machte sie es tot, kochte es und aß es, und das war ihr ein Festtag. Die Hexen haben rote Augen und können nicht weit sehen, aber sie haben eine feine Witterung wie die Tiere und merkens, wenn Menschen herankommen. Als Hänsel und Gretel in ihre Nähe kamen, da lachte sie boshaft und sprach höhnisch: »Die habe ich, die sollen mir nicht wieder entwischen.« Frühmorgens, ehe die Kinder erwacht waren, stand sie schon auf, und als sie beide so lieblich ruhen sah, mit den vollen roten Backen, so murmelte sie vor sich hin: »Das wird ein guter Bissen werden.« Da packte sie Hänsel mit ihrer dürren Hand und trug ihn in einen kleinen Stall und sperrte ihn mit einer Gittertüre ein; er mochte schreien, wie er wollte, es half ihm nichts. Dann ging sie zu Gretel, rüttelte sie wach und rief: »Steh auf, Faulenzerin, trag Wasser und koch deinem Bruder etwas Gutes, der sitzt draußen im Stall und soll fett werden. Wenn er fett ist, so will ich ihn essen.« Gretel fing an bitterlich zu weinen, aber es war alles vergeblich, sie musste tun, was die böse Hexe verlangte. Nun ward dem armen Hänsel das beste Essen gekocht, aber Gretel bekam nichts als Krebsschalen. Jeden Morgen schlich die Alte zu dem Ställchen und rief: »Hänsel, streck deine Finger heraus, damit ich fühle, ob du bald fett bist.« Hänsel streckte ihr aber ein Knöchlein heraus, und die Alte, die trübe Augen hatte, konnte es nicht sehen und meinte, es wären Hänsels Finger, und verwunderte sich, dass er gar nicht fett werden wollte. Als vier Wochen herum waren und Hänsel immer mager blieb, da überkam sie die Ungeduld, und sie wollte nicht länger warten. »Heda, Gretel«, rief sie dem Mädchen zu, »sei flink und trag Wasser: Hänsel mag fett oder mager sein, morgen will ich ihn schlachten und kochen.« Ach, wie jammerte das arme Schwesterchen, als es das Wasser tragen musste, und wie flossen ihm die Tränen über die Backen herunter! »Lieber Gott, hilf uns doch«, rief sie aus. »Hätten uns nur die wilden Tiere im Wald gefressen, so wären wir doch zusammen gestorben.« – »Spar nur dein Geblärre«, sagte die Alte, »es hilft dir alles nichts.« Frühmorgens musste Gretel heraus, den Kessel mit Wasser aufhängen und Feuer anzünden. »Erst wollen wir backen«, sagte die Alte, »ich habe den Backofen schon eingeheizt und den Teig geknetet!« Sie stieß das arme Gretel hinaus zu dem Backofen, aus dem die Feuerflammen schon herausschlugen. »Kriech hinein«, sagte die Hexe, »und sieh zu, ob recht eingeheizt ist, damit wir das Brot hineinschießen können.« Und wenn Gretel darin war, wollte sie den Ofen zumachen, und Gretel sollte darin braten, und dann wollte sie's auch aufessen. Aber Gretel merkte, was sie im Sinn hatte, und sprach: »Ich weiß nicht, wie ichs machen soll; wie komm ich da hinein?« – »Dumme Gans«, sagte die Alte, »die Öffnung ist groß genug, siehst du wohl, ich könnte selbst hinein«, krabbelte heran und steckte den Kopf in den Backofen. Da gab ihr Gretel einen Stoß, dass sie weit hineinfuhr, machte die eiserne Tür zu und schob den Riegel vor. Hu! Da fing sie an zu heulen, ganz grauselig; aber Gretel lief fort, und die gottlose Hexe musste elendiglich verbrennen. Gretel aber lief schnurstracks zum Hänsel, öffnete sein Ställchen und rief: »Hänsel, wir sind erlöst, die alte Hexe ist tot!« Da sprang Hänsel heraus wie ein Vogel aus dem Käfig, wenn ihm die Türe aufgemacht wird. Wie haben sie sich gefreut, sind sich um den Hals gefallen, sind herumgesprungen und haben sich geküsst! Und weil sie sich nicht mehr zu fürchten brauchten, so gingen sie in das Haus der Hexe hinein, da standen in allen Ecken Kasten mit Perlen und Edelsteinen. »Die sind noch besser als Kieselsteine«, sagte Hänsel und steckte in seine Taschen, was hineinwollte, und Gretel sagte: »Ich will auch etwas mit nach Haus bringen«, und füllte sich sein Schürzchen voll. »Aber jetzt wollen wir fort«, sagte Hänsel, »damit wir aus dem Hexenwald herauskommen.« Als sie aber ein paar Stunden gegangen waren, gelangten sie an ein großes Wasser. »Wir können nicht hinüber«, sprach Hänsel, »ich seh keinen Steg und keine Brücke.« – »Hier fährt auch kein Schiffchen«, antwortete Gretel, »aber da schwimmt eine weiße Ente, wenn ich die bitte, so hilft sie uns hinüber.« Da rief sie:

»Entchen, Entchen,
da steht Gretel und Hänsel.
Kein Steg und keine Brücke,
nimm uns auf deinen weißen Rücken.«

Das Entchen kam auch heran, und Hänsel setzte sich auf und bat sein Schwesterchen, sich zu ihm zu setzen. »Nein«, antwortete Gretel, »es wird dem Entchen zu schwer, es soll uns nacheinander hinüberbringen.« Das tat das gute Tierchen, und als sie glücklich drüben waren und ein Weilchen fortgingen, da kam ihnen der Wald immer bekannter und immer bekannter vor, und endlich erblickten sie von Weitem ihres Vaters Haus. Da fingen sie an zu laufen, stürzten in die Stube hinein und fielen ihrem Vater um den Hals. Der Mann hatte keine frohe Stunde gehabt, seitdem er die Kinder im Walde gelassen hatte, die Frau aber war gestorben. Gretel schüttete sein Schürzchen aus, dass die Perlen und Edelsteine in der Stube herumsprangen, und Hänsel warf eine Handvoll nach der anderen aus seiner Tasche dazu. Da hatten alle Sorgen ein Ende, und sie lebten in lauter Freude zusammen. Mein Märchen ist aus, dort läuft eine Maus, wer sie fängt, darf sich eine große, große Pelzkappe daraus machen.

13
Die weiße Schlange

Es ist nun schon lange her, da lebte ein König, dessen Weisheit im ganzen Lande berühmt war. Nichts blieb ihm unbekannt, und es war, als ob ihm Nachricht von den verborgensten Dingen durch die Luft zugetragen würde. Er hatte aber eine seltsame Sitte. Jeden Mittag, wenn von der Tafel alles abgetragen und niemand mehr zugegen war, musste ein vertrauter Diener noch eine Schüssel bringen. Sie war aber zugedeckt, und der Diener wusste selbst nicht, was darin lag, und kein Mensch wusste es, denn der König deckte sie nicht eher auf und aß nicht davon, bis er ganz allein war. Das hatte schon lange Zeit gedauert, da überkam eines Tages den Diener, der die Schüssel wieder wegtrug, die Neugierde, dass er nicht widerstehen konnte, sondern die Schüssel in seine Kammer brachte. Als er die Tür sorgfältig verschlossen hatte, hob er den Deckel auf, und da sah er, dass eine weiße Schlange darin lag. Bei ihrem Anblick konnte er die Lust nicht zurückhalten, sie zu kosten; er schnitt ein Stückchen davon ab und steckte es in den Mund. Kaum aber hatte es seine Zunge berührt, so hörte er vor seinem Fenster ein seltsames Gewisper von feinen Stimmen. Er ging hin und horchte, da merkte er, dass es die Sperlinge waren, die miteinander sprachen und sich allerlei erzählten, was sie im Felde und Walde gesehen hatten. Der Genuss der Schlange hatte ihm die Fähigkeit verliehen, die Sprache der Tiere zu verstehen.

Nun trug es sich zu, dass gerade an diesem Tage der Königin ihr schönster Ring fortkam und auf den vertrauten Diener, der überall Zugang hatte, der Verdacht fiel, er habe ihn gestohlen. Der König ließ ihn vor sich kommen und drohte ihm unter heftigen Scheltworten, wenn er bis morgen den Täter nicht zu nennen wüsste, so sollte er dafür angesehen und gerichtet werden. Es half nichts, dass er seine Unschuld beteuerte, er ward mit keinem besseren Bescheid entlassen. In seiner Unruhe und Angst ging er hinab auf den Hof und bedachte, wie er sich aus seiner Not helfen könne. Da saßen die Enten an einem fließenden Wasser friedlich nebeneinander und ruhten, sie putzten sich mit ihren Schnäbeln glatt und hielten ein vertrauliches Gespräch. Der Diener blieb stehen und hörte ihnen zu. Sie erzählten sich, wo sie heute Morgen all herumgewackelt wären, und was für ein gutes Futter sie gefunden hätten, da sagte eine verdrießlich: »Mir liegt etwas schwer im Magen, ich habe einen Ring, der unter der Königin Fenster lag, in der Hast mit hinuntergeschluckt.« Da packte sie der Diener gleich beim Kragen, trug sie in die Küche und sprach zum Koch: »Schlachte doch diese ab, sie ist wohlgenährt.« – »Ja«, sagte der Koch und wog sie in der Hand, »die hat keine Mühe gescheut, sich zu mästen, und schon lange darauf gewartet, gebraten zu werden.« Er schnitt ihr den Hals ab, und als sie ausgenommen ward, fand sich der Ring der Königin in ihrem Magen. Der Diener konnte nun leicht vor dem Königе seine Unschuld beweisen, und da dieser sein Unrecht wiedergutmachen wollte, erlaubte er ihm, sich eine Gnade auszubitten, und versprach ihm die größte Ehrenstelle, die er sich an seinem Hofe wünschte.

Der Diener schlug alles aus und bat nur um ein Pferd und Reisegeld, denn er hatte Lust, die Welt zu sehen und eine Weile darin herumzuziehen. Als seine Bitte erfüllt war, machte er sich auf den Weg und kam eines Tags an einem Teich vorbei, wo er drei Fische bemerkte, die sich im Rohr gefangen hatten und nach Wasser schnappten. Obgleich man sagt, die Fische wären stumm, so vernahm er doch ihre Klage, dass sie so elend umkommen müssten. Weil er ein mitleidiges Herz hatte, so stieg er vom Pferde ab und setzte die drei Gefangenen wieder ins Wasser. Sie zappelten vor Freude, streckten die Köpfe heraus und riefen ihm zu: »Wir wollen dirs gedenken und dirs vergelten, dass du uns errettet hast.« Er ritt weiter, und nach einem Weilchen kam es ihm vor, als hörte er zu seinen Füßen in dem Sand eine Stimme. Er horchte und vernahm, wie ein Ameisenkönig klagte: »Wenn uns nur die Menschen mit den ungeschickten Tieren vom Leib blieben! Da tritt mir das dumme Pferd mit seinen schweren Hufen meine Leute ohne Barmherzigkeit nieder!« Er lenkte auf einen Seitenweg ein, und der Ameisenkönig rief ihm zu: »Wir wollen dirs gedenken und dirs vergelten.« Der Weg führte ihn in einen Wald, und da sah er einen Rabenvater und eine Rabenmutter, die standen bei ihrem Nest und warfen ihre Jungen heraus. »Fort mit euch, ihr Galgenschwengel«, riefen sie, »wir können euch nicht mehr satt machen, ihr seid groß genug und könnt euch selbst ernähren.« Die armen Jungen lagen auf der Erde, flatterten und schlugen mit ihren Fittichen und schrien: »Wir hilflosen Kinder, wir sollen uns selbst ernähren und können noch nicht fliegen! Was bleibt uns übrig, als hier Hungers zu sterben!« Da stieg der gute Jüngling ab, tötete das Pferd mit seinem Degen und überließ es den jungen Raben zum Futter. Die kamen herbeigehüpft, sättigten sich und riefen: »Wir wollen dirs gedenken und dirs vergelten.«

Er musste jetzt seine eigenen Beine gebrauchen, und als er lange Wege gegangen war, kam er in eine große Stadt. Da war großer Lärm und Gedränge in den Straßen, und kam einer zu Pferde und machte bekannt, die Königstochter suche einen Gemahl, wer sich aber um sie bewerben wolle, der müsse eine schwere Aufgabe vollbringen, und könne er es nicht glücklich ausführen, so habe er sein Leben verwirkt. Viele hatten es schon versucht, aber vergeblich ihr Leben daran gesetzt. Der Jüngling, als er die Königstochter sah, ward er von ihrer großen Schönheit so verblendet, dass er alle Gefahr vergaß, vor den König trat und sich als Freier meldete.

Alsbald ward er hinaus ans Meer geführt und vor seinen Augen ein goldener Ring hineingeworfen. Dann hieß ihn der König, diesen Ring aus dem Meeresgrund wieder hervorzuholen, und fügte hinzu: »Wenn du ohne ihn wieder in die Höhe kommst, so wirst du immer aufs Neue hinabgestürzt, bis du in den Wellen umkommst.« Alle bedauerten den schönen Jüngling und ließen ihn dann einsam am Meere zurück. Er stand am Ufer und überlegte, was er wohl tun sollte, da sah er auf einmal drei Fische daherschwimmen, und es waren keine andern als jene, welchen er das Leben gerettet hatte. Der mittelste hielt eine Muschel im Munde, die er an den Strand zu den Füßen des Jünglings hinlegte, und als dieser sie aufhob und öffnete, so lag der Goldring darin. Voll Freude brachte er ihn dem Könige und erwartete, dass er ihm den verheißenen Lohn gewähren würde. Die stolze Königstochter aber, als sie vernahm, dass er ihr nicht ebenbürtig war, verschmähte ihn und verlangte, er sollte zuvor eine zweite Aufgabe lösen. Sie ging hinab in den Garten und streute selbst zehn Säcke voll Hirsen ins Gras. »Die muss er morgen, ehe die Sonne hervorkommt, aufgelesen haben«, sprach sie, »und darf kein Körnchen fehlen.« Der Jüngling setzte sich in den Garten und dachte nach, wie es möglich wäre, die Aufgabe zu lösen, aber er konnte nichts ersinnen, saß da ganz traurig und erwartete, bei Anbruch des Morgens zum Tode geführt zu werden. Als aber die ersten Sonnenstrahlen in den Garten fielen, so sah er die zehn Säcke alle wohl gefüllt nebeneinander stehen, und kein Körnchen fehlte darin. Der Ameisenkönig war mit seinen tausend und tausend Ameisen in der Nacht angekommen, und die dankbaren Tiere hatten den Hirsen mit großer Emsigkeit gelesen und in die Säcke gesammelt. Die Königstochter kam selbst in den Garten herab und sah mit Verwunderung, dass der Jüngling vollbracht hatte, was ihm aufgegeben war. Aber sie konnte ihr stolzes Herz noch nicht bezwingen und sprach: »Hat er auch die beiden Aufgaben gelöst, so soll er doch nicht eher mein Gemahl werden, bis er mir einen Apfel vom Baume des Lebens gebracht hat.« Der Jüngling wusste nicht, wo der Baum des Lebens stand, er machte sich auf und wollte immer zugehen, solange ihn seine Beine trügen, aber er hatte keine Hoffnung, ihn zu finden. Als er schon durch drei Königreiche gewandert war und abends in einen Wald kam, setzte er sich unter einen Baum und wollte schlafen: da hörte er in den Ästen ein Geräusch, und ein goldener Apfel fiel in seine Hand. Zugleich flogen drei Raben zu ihm herab, setzten sich auf seine Knie und sagten: »Wir sind die drei jungen Raben, die du vom Hungertod errettet hast; als wir groß geworden waren und hörten, dass du den goldenen Apfel suchtest, so sind wir über das Meer geflogen bis ans Ende der Welt, wo der Baum des Lebens steht, und haben dir den Apfel geholt.« Voll Freude machte sich der Jüngling auf den Heimweg und brachte der schönen Königstochter den goldenen Apfel, der nun keine Ausrede mehr übrig blieb. Sie teilten den Apfel des Lebens und aßen ihn zusammen: Da ward ihr Herz mit Liebe zu ihm erfüllt, und sie erreichten in ungestörtem Glück ein hohes Alter.

14 Strohhalm, Kohle und Bohne

In einem Dorfe wohnte eine arme alte Frau, die hatte ein Gericht Bohnen zusammengebracht und wollte sie kochen. Sie machte also auf ihrem Herd ein Feuer zurecht, und damit es desto schneller brennen sollte, zündete sie es mit einer Handvoll Stroh an. Als sie die Bohnen in den Topf schüttete, entfiel ihr unbemerkt eine, die auf dem Boden neben einen Strohhalm zu liegen kam; bald danach sprang auch eine glühende Kohle vom Herd zu den beiden herab. Da fing der Strohhalm an und sprach: »Liebe Freunde, von wannen kommt ihr her?« Die Kohle antwortete: »Ich bin zu gutem Glück dem Feuer entsprungen, und hätte ich das nicht mit Gewalt durchgesetzt, so war mir der Tod gewiss, ich wäre zu Asche verbrannt.« Die Bohne sagte: »Ich bin auch noch mit heiler Haut davongekommen, aber hätte mich die Alte in den Topf gebracht, ich wäre ohne Barmherzigkeit zu Brei gekocht worden wie meine Kameraden.« – »Wäre mir denn ein besser Schicksal zuteil geworden?«, sprach das Stroh. »Alle meine Brüder hat die Alte in Feuer und Rauch aufgehen lassen, sechzig hat sie auf einmal gepackt und ums Leben gebracht. Glücklicherweise bin ich ihr zwischen den Fingern durchgeschlüpft.« – »Was sollen wir aber nun anfangen?«, sprach die Kohle. »Ich meine«, antwortete die Bohne, »weil wir so glücklich dem Tode entronnen sind, so wollen wir uns als gute Gesellen zusammenhalten und, damit uns hier nicht wieder ein neues Unglück ereilt, gemeinschaftlich auswandern und in ein fremdes Land ziehen.«

Der Vorschlag gefiel den beiden andern, und sie machten sich miteinander auf den Weg. Bald aber kamen sie an einen kleinen Bach, und da keine Brücke oder Steg da war, so wussten sie nicht, wie sie hinüberkommen sollten. Der Strohhalm fand guten Rat und sprach: »Ich will mich querüber legen, so könnt ihr auf mir wie auf einer Brücke hinübergehen.« Der Strohhalm streckte sich also von einem Ufer zum andern, und die Kohle, die von hitziger Natur war, trippelte auch ganz keck auf die neu gebaute Brücke. Als sie aber in die Mitte gekommen war und unter ihr das Wasser rauschen hörte, ward ihr doch angst; sie blieb stehen und getraute sich nicht weiter. Der Strohhalm aber fing an zu brennen, zerbrach in zwei Stücke und fiel in den Bach; die Kohle rutschte nach, zischte, wie sie ins Wasser kam, und gab den Geist auf. Die Bohne, die vorsichtigerweise noch auf dem Ufer zurückgeblieben war, musste über die Geschichte lachen, konnte nicht aufhören und lachte so gewaltig, dass sie zerplatzte. Nun war es ebenfalls um sie geschehen, wenn nicht zu gutem Glück ein Schneider, der auf der Wanderschaft war, sich an dem Bach ausgeruht hätte. Weil er ein mitleidiges Herz hatte, so holte er Nadel und Zwirn heraus und nähte sie zusammen. Die Bohne bedankte sich bei ihm aufs Schönste, aber da er schwarzen Zwirn gebraucht hatte, so haben seit der Zeit alle Bohnen eine schwarze Naht.

15
Von dem Fischer und seiner Frau

Es war einmal ein Fischer und seine Frau, die wohnten zusammen in einem Topfe, dicht an der See, und der Fischer ging alle Tage hin und angelte; und er angelte und angelte. So saß er auch einst bei der Angel und sah immer in das klare Wasser hinein; und er saß und saß.

Da ging die Angel auf den Grund, tief hinunter, und als er sie heraufholte, zog er einen großen Butt heraus. Da sagte der Fisch zu ihm: »Hör einmal, Fischer, ich bitte dich, lass mich leben, ich bin kein rechter Fisch, ich bin ein verwünschter Prinz. Was hilft es dir, wenn du mich totmachst? Ich würde dir doch nicht recht schmecken; setze mich wieder ins Wasser und lass mich schwimmen.« – »Nun«, sagte der Mann, »du brauchst nicht so viele Worte zu machen; einen Fisch, der sprechen kann, hätte ich so schon schwimmen lassen.« Damit setzte er ihn wieder ins klare Wasser; da ging der Fisch auf den Grund und zog einen langen Streifen Blut nach sich. Nun stand der Fischer auf und ging zu seiner Frau in den Topf. »Mann«, sagte die Frau, »hast du heute nichts gefangen?« – »Nein«, sagte der Mann, »ich fing einen Fisch, der sagte, er wäre ein verwünschter Prinz, da hab ich ihn wieder schwimmen lassen.« – »Hast du dir denn nichts gewünscht?«, fragte die Frau. »Nein«, sagte der Mann, »was sollt' ich mir wünschen?« – »Ach«, sagte die Frau, »das ist doch schlimm, hier immer so im Topfe zu wohnen: Es ist eklig und stinkt. Du hättest uns doch eine kleine Hütte wünschen können. Geh noch einmal hin und rufe ihn; sag ihm, wir möchten gern eine Hütte haben, er tut es gewiss« – »Ach«, sagte der Mann, »was sollt' ich noch einmal hingehen?« – »Ei«, sagte die Frau, »du hättest ihn doch gefangen und hast ihn wieder schwimmen lassen, er tut es gewiss. Geh gleich hin.« Der Mann wollte nicht recht, wollte aber seiner Frau nicht zuwider sein und ging hin an die See. Als er dort ankam, war die See ganz grün und gelb und gar nicht mehr so klar. So stellte er sich hin und sagte:

»Manntje, Manntje, Timpe Te,
Buttje, Buttje in der See,
meine Frau, die Ilsebill,
will nicht so, wie ich gern will.«

Da kam der Fisch angeschwommen und sagte: »Na, was will sie denn?« – »Ach«, sagte der Mann, »ich hatte dich doch gefangen gehabt, und meine Frau sagt, ich hätte mir auch etwas wünschen sollen. Sie mag nicht mehr in einem Topfe wohnen, sie möchte gern eine Hütte haben.« – »Geh nur hin«, sagte der Fisch, »sie hat sie schon.«

Da ging der Mann hin, und seine Frau saß nicht mehr in einem Topfe, aber eine kleine Hütte stand da, und seine Frau saß vor der Tür auf einer Bank. Da nahm ihn seine Frau bei der Hand und sagte zu ihm: »Komm nur herein, sieh, nun ists doch viel besser.« Da gingen sie hinein, und in der Hütte war ein kleiner Vorplatz und eine herrliche Stube und Kammer, wo für jeden ein Bett stand, und Küche und Speisekammer, alles aufs Beste mit Gerätschaften und aufs Schönste aufgeputzt, Zinnzeug und Messing, was da hineingehört. Hinten war auch ein kleiner Hof mit Hühnern und Enten und ein kleiner Garten mit Gemüse und Obst. »Sieh«, sagte die Frau, »ist das nicht nett?« – »Ja«, sagte der Mann, »so solls bleiben, nun wollen wir recht vergnügt leben.« – »Das wollen wir uns bedenken«, sagte die Frau. Und dann aßen sie und gingen zu Bett.

So ging das wohl acht oder vierzehn Tage, da sagte die Frau: »Höre, Mann, die Hütte ist doch gar zu eng, und der Hof und der Garten sind gar so klein; der Fisch hätte uns auch wohl ein größeres Haus schenken können. Ich möchte gern in einem großen, steinernen Schlosse wohnen. Geh hin zum Fisch, er soll uns ein Schloss schenken.« – »Ach, Frau«, sagte der Mann, »die Hütte ist ja gut genug, was wollen wir in einem Schlosse wohnen!« – »Ei, was«, sagte die Frau, »geh du nur hin, der Fisch kann das tun.« – »Nein, Frau«, sagte der Mann, »der Fisch hat uns erst die Hütte gegeben, ich mag nun nicht schon wieder kommen, es möchte den Fisch verdrießen.« – »Geh nur«, sagte die Frau, »er kanns recht gut und tuts gern; geh du nur hin.« Dem Mann war sein Herz so schwer, und er wollte nicht; er sagte bei sich selber: »Das ist nicht recht«. Er ging aber doch hin.

Als er an die See kam, war das Wasser ganz violett und dunkelblau und grau und dick, und gar nicht mehr so grün und gelb, doch war es noch ruhig. Da stellte er sich hin und sagte:

»Manntje, Manntje, Timpe Te,
Buttje, Buttje in der See,
meine Frau, die Ilsebill,
will nicht so, wie ich gern will.«

»Na, was will sie denn?«, fragte der Fisch. »Ach«, sagte der Mann halb betrübt, »sie will in einem großen, steinernen Schlosse wohnen.« – »Geh nur hin, sie steht vor der Tür«, sagte der Fisch.

Da ging der Mann hin und dachte, er wolle nach Hause gehen, als er aber dort ankam, da stand dort ein großer, steinerner Palast, und seine Frau stand oben auf der Treppe und wollte hineingehen; da nahm sie ihn bei der Hand und sagte: »Komm nur herein.« Und so ging er mit ihr hinein, und in dem Schlosse war ein großer Flur mit marmornem Estrich, und da waren so viel Bediente, die rissen die großen Türen auf, und die Wände waren alle blank und mit schönen Tapeten, und kristallene Kronleuchter hingen von der Decke herab, und in all den Stuben und Kammern lagen Fußdecken, und Essen und die allerbesten Weine standen auf den Tischen, als wollten sie brechen. Und hinter dem Hause war auch ein großer Hof mit Pferde- und Kuhstall und Kutschen aufs Allerbeste, auch war dort ein großer, herrlicher Garten mit den schönsten Blumen und feinen Obstbäumen, und ein Lustwald, wohl eine halbe Meile lang, mit Hirschen und Rehen und Hasen darin und allem, was man sich wünschen mag. »Na«, sagte die Frau, »ist das nun nicht schön?« – »Ach ja«, sagte der Mann, »so soll es auch bleiben, nun wollen wir auch in dem schönen Schlosse wohnen und wollen zufrieden sein«, – »Das wollen wir uns bedenken«, sagte die Frau, »und wollens beschlafen.« Damit gingen sie zu Bett.

Am andern Morgen wachte die Frau zuerst auf, es war eben Tag geworden, und jeder sah von seinem Bett aus das herrliche Land vor sich liegen. Der Mann reckte sich noch, da stieß sie ihn mit

dem Ellbogen in die Seite und sagte: »Mann, steh auf und guck einmal aus dem Fenster! Sieh, können wir nicht König werden über all dies Land? Geh hin zum Fisch, wir wollen König sein.« – »Ach, Frau«, sagte der Mann, »was wollen wir König sein! Ich mag nicht König sein.« – »Ei«, sagte die Frau, »willst du nicht König sein, so will ich König sein. Geh hin zum Fisch, ich will König sein.« – »Ach, Frau«, sagte der Mann, »was willst du König sein, das mag ich ihm nicht sagen.« – »Warum nicht?«, sagte die Frau. »Geh sogleich hin, ich muss König sein.« Da ging der Mann hin und war ganz betrübt, dass seine Frau König werden wollte. »Das ist nicht recht und ist nicht recht«, dachte der Mann. Er wollte nicht hingehen, ging aber doch hin.

Und als er an die See kam, da war die See ganz schwarzgrau, und das Wasser gärte so von innen und roch ganz faul. Da stellte er sich hin und sagte:

»Manntje, Manntje, Timpe Te,
Buttje, Buttje in der See,
meine Frau, die Ilsebill,
will nicht so, wie ich gern will.«

»Nun, was will sie denn?«, fragte der Fisch. »Ach«, sagte der Mann, »sie will König werden.« – »Geh nur hin, sie ist es schon«, sagte der Fisch.

Da ging der Mann hin, und als er an den Palast kam, war das Schloss viel größer geworden, mit einem großen Turm und herrlichem Zierat daran, und die Schildwache stand vor dem Tor, und da waren so viele Soldaten mit Pauken und Trompeten. Und als er in das Haus kam, war alles von purem Marmor mit Gold und samtene Decken und große, goldene Quasten. Da gingen die Türen von dem Saal auf, wo der ganze Hofstaat war, und seine Frau saß auf einem hohen Thron von Gold und Diamant und hatte eine große, goldene Krone auf und das Zepter in der Hand, von purem Gold und Edelstein, und ihr zu beiden Seiten standen sechs Jungfrauen in einer Reihe, immer eine einen Kopf kleiner als die andere. Da stellte er sich hin und sagte: »Ach, Frau, bist du nun König?« – »Ja«, sagte die Frau, »nun bin ich König.« Da stand er und sah sie an, und als er sie eine Zeit lang angesehen hatte, sagte er: »Ach, Frau, was ist das schön, wenn du König bist! Nun wollen wir auch nichts mehr wünschen.« – »Nein, Mann«, sagte die Frau und ward ganz unruhig, »mir wurde die Zeit und Weile so lang, ich kann das nicht mehr aushalten. Geh hin zum Fisch, König bin ich, nun muss ich auch Kaiser werden.« – »Ach, Frau«, sagte der Mann, »was willst du Kaiser werden?« – »Mann«, sagte sie, »geh zum Fisch, ich will Kaiser werden.« – »Ach, Frau«, sagte der Mann, »Kaiser kann er nicht machen, ich mag dem Fisch das nicht sagen; ein Kaiser ist nur einmal im Reich. Kaiser kann ja der Fisch nicht machen, das kann und kann er nicht.« – »Was«, sagte die Frau, »ich bin König, und du bist nur mein Mann, willst du gleich hingehen? Geh gleich hin; kann er König machen, so kann er auch Kaiser machen, ich will nun Kaiser sein. Geh gleich hin!« Da musste er hingehen. Als der Mann aber hinging, war ihm ganz bange, und als er so ging, dachte er bei sich: »Das geht und geht nicht gut, Kaiser ist zu unverschämt, der Fisch wirds am Ende müd.«

Damit kam er an die See; da war die See noch ganz schwarz und dick und begann so von innen herauf zu gären, dass es nur so Blasen warf, und es ging ein Windstoß drüber hin, der sie aufwühlte, und den Mann kam ein Grausen an. Da stellte er sich hin und sagte:

»Manntje, Manntje, Timpe Te,
Buttje, Buttje in der See,
meine Frau, die Ilsebill,
will nicht so, wie ich gern will. «

»Nun, was will sie denn?«, fragte der Fisch. »Ach, Fisch«, sagte er, »meine Frau will Kaiser werden.« – »Geh nur hin«, sagte der Fisch, »sie ist es schon.«

Da ging der Mann hin, und als er dort ankam, war das ganze Schloss von poliertem Marmor mit alabasternen Figuren und goldenen Zieraten. Vor dem Tor marschierten die Soldaten, und sie bliesen Trompeten und schlugen Pauken und Trommeln. Aber in dem Hause, da gingen die Barone und Grafen und Herzoge nur so als Bediente herum, da machten sie ihm die Türen auf, die von lauter Gold waren. Und als er hineinkam, da saß seine Frau auf einem Thron, der war von einem Stück Gold und war sechs Ellen hoch, und sie hatte eine mächtige, große goldene Krone auf, die war mit Brillanten und Karfunkelsteinen besetzt. In der einen Hand hatte sie Zepter und in der andern Hand den Reichsapfel, und ihr zu beiden Seiten standen die Trabanten in zwei Reihen, immer einer kleiner als der andere, von dem allergrößten Riesen, der war über sechs Ellen hoch, bis zum allerkleinsten Zwerg, der war nur so groß wie mein kleiner Finger. Und vor ihr standen so viele Fürsten und Herzoge. Da stellte sich der Mann schüchtern hin und sagte: »Frau, bist du nun Kaiser?« – »Ja«, sagte sie, »ich bin Kaiser.« Da ging er näher hin und besah sie so recht, und als er sie eine Zeit lang so angesehen hatte, sagte er: »Ach, Frau, was ist das schön, wenn du Kaiser bist!« – »Mann«, sagte sie, »was stehst du dort? Ich bin nun Kaiser, nun will ich aber auch Papst werden; geh hin zum Fisch.« – »Ach, Frau, sagte der Mann, was willst du nicht alles! Papst kannst du nicht werden, Papst ist nur einmal in der Christenheit, das kann er doch nicht machen.« – »Mann«, sagte sie, »ich will Papst werden; geh gleich hin, ich muss heut noch Papst werden.« – »Nein, Frau«, sagte der Mann, »das mag ich nicht sagen, das geht nicht gut, das ist zu grob, zum Papst kann der Fisch nicht machen.« – »Mann, was für Schnack!«, sagte die Frau. »Kann er Kaiser machen, kann er auch Papst machen. Geh sofort hin, ich bin Kaiser, und du bist nur mein Mann. Willst du wohl hingehen!« Da wurde er bange und ging hin, es war ihm aber ganz elend zumute, er zitterte und bebte, und Knie und Waden schlotterten ihm. Und da strich ein Wind übers Land und die Wolken flogen, als es düster wurde gegen Abend. Die Blätter wehten von den Bäumen und das Wasser rauschte und brauste, als ob es kochte, und platschte an das Ufer, und in der Ferne sah er die Schiffe, die schossen in der Not und tanzten und sprangen auf den Wellen. Doch war der Himmel noch so ein bisschen blau in der Mitte, aber an den Seiten zog es herauf wie ein schweres Gewitter. Da stellte er sich in der Angst recht verzagt hin und sagte:

»Manntje, Manntje, Timpe Te,
Buttje, Buttje in der See,
meine Frau, die Ilsebill,
will nicht so, wie ich gern will.«

»Nun, was will sie denn?«, fragte der Fisch. »Ach«, sagte der Mann, »sie will Papst werden.« – »Geh nur hin, sie ist es schon.«

Da ging er hin, und als er dort ankam, war es wie eine große Kirche von lauter Palästen umgeben. Dort drängte er sich durch das Volk. Inwendig war aber alles mit tausend und abertausend Lichtern erleuchtet, und seine Frau war in lauter Gold gekleidet und saß auf einem noch viel höheren Thron und hatte drei große goldene Kronen auf und um sie her so viel vom geistlichen Staat, und zu ihren beiden Seiten standen zwei Reihen Lichter, das größte so dick wie der allergrößte Turm, bis zum allerkleinsten Küchenlicht; und alle die Kaiser und die Könige lagen vor ihr auf den Knien und küssten ihr den Pantoffel. »Frau«, fragte der Mann und sah sie so recht an, »bist du nun Papst?« – »Ja«, sagte sie, »ich bin Papst.« Da stellte er sich hin und sah sie so recht an, und das war, als wenn er in die helle

Sonne sähe. Als er sie eine Zeit lang so angesehen hatte, sagte er: »Ach, Frau, was ist das schön, wenn du Papst bist!« Sie saß aber ganz steif wie ein Klotz und rührte und regte sich nicht. Da sagte er: »Frau, nun sei zufrieden, jetzt bist du Papst, nun kannst du nichts mehr werden.« – »Das will ich mir bedenken«, sagte die Frau. Damit gingen sie beide zu Bett, aber sie war nicht zufrieden, und die Gier ließ sie nicht schlafen, sie dachte immer, was sie noch werden wollte.

Der Mann schlief recht gut und fest, er war den Tag viel gelaufen; die Frau aber konnte gar nicht einschlafen und warf sich die ganze Nacht von einer Seite auf die andere und dachte nur immer, was sie wohl noch werden könnte, und konnte sich doch auf nichts mehr besinnen. Mittlerweile wollte die Sonne aufgehen, und als sie das Morgenrot sah, richtete sie sich auf im Bett und sah dort hinein, und als sie aus dem Fenster die Sonne so heraufkommen sah – »ha«, dachte sie, »kann ich nicht auch die Sonne und den Mond aufgehen lassen?« – »Mann«, sagte sie und stieß ihn mit dem Ellbogen in die Rippen, »wach auf, geh hin zum Fisch, ich will werden wie der liebe Gott.« Der Mann war noch halb im Schlaf, aber er erschrak so sehr, dass er aus dem Bette fiel. Er meinte, er hätte sich verhört und rieb sich die Augen aus und fragte: »Ach, Frau, was sagtest du?« – »Mann«, sagte sie, »wenn ich nicht die Sonne und den Mond kann aufgehen lassen und muss das so mitansehen, dass die Sonne und der Mond aufgehen, ich kann das nicht aushalten und hab keine ruhige Stunde mehr, wenn ich sie nicht selbst aufgehen lassen kann.« Da sah sie ihn so recht groß an, dass ihn ein Schauder überlief. »Gleich geh hin, ich will werden wie der liebe Gott.« – »Ach, Frau«, sagte der Mann und fiel vor ihr auf die Knie, »das kann der Fisch nicht, Kaiser und Papst kann er machen; ich bitte dich, geh in dich und bleibe Papst.« Da kam sie in helle Wut, die Haare flogen ihr so wild um den Kopf, sie riss sich das Mieder auf, gab ihm eins mit dem Fuß und schrie: »Ich halts nicht aus, ich halts nicht länger aus. Willst du gleich hingehen.« Da schlüpfte er in seine Hosen und lief weg wie von Sinnen.

Draußen aber ging der Sturm und brauste, dass er kaum auf den Füßen stehen konnte. Die Häuser und die Bäume wurden umgeweht, und die Berge bebten, und die Felsen rollten in die See, und der Himmel war ganz pechschwarz, und es donnerte und blitzte, und die See ging in so hohen schwarzen Wellen wie Kirchtürme und wie Berge, und hatten oben alle eine weiße Krone von Schaum auf. Da schrie er und konnte sein eigen Wort nicht hören:

»Manntje, Manntje, Timpe Te,
Buttje, Buttje in der See,
meine Frau, die Ilsebill,
will nicht so, wie ich gern will.«

»Nun, was will sie denn?«, fragte der Fisch. »Ach«, sagte der Mann, »sie will werden wie der liebe Gott.« – »Geh nur hin, sie sitzt schon wieder im alten Topfe.« Dort sitzen sie noch beide bis auf den heutigen Tag.

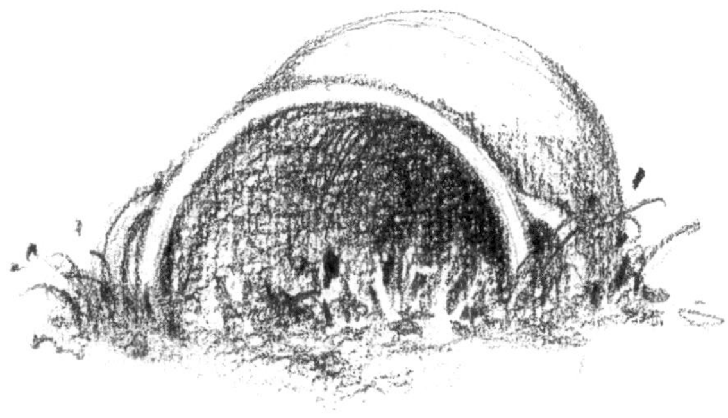

16
Das tapfere Schneiderlein

An einem Sommermorgen saß ein Schneiderlein auf seinem Tisch am Fenster, war guter Dinge und nähte aus Leibeskräften. Da kam eine Bauersfrau die Straße herab und rief: »Gut Mus feil! Gut Mus feil!« Das klang dem Schneiderlein lieblich in die Ohren, er steckte sein zartes Haupt zum Fenster hinaus und rief: »Hier herauf, liebe Frau, hier wird Sie ihre Ware los.« Die Frau stieg die drei Treppen mit ihrem schweren Korbe zu dem Schneider herauf und musste die Töpfe sämtlich vor ihm auspacken. Er besah sie alle, hob sie in die Höhe, hielt die Nase dran und sagte endlich: »Das Mus scheint mir gut, wieg sie mir doch vier Lot ab, liebe Frau, wenns auch ein Viertelpfund ist, kommt es mir nicht darauf an.« Die Frau, welche gehofft hatte, einen guten Absatz zu finden, gab ihm, was er verlangte, ging aber ganz ärgerlich und brummig fort. »Nun, das Mus soll mir Gott gesegnen«, rief das Schneiderlein, »und soll mir Kraft und Stärke geben«, holte das Brot aus dem Schrank, schnitt sich ein Stück über den ganzen Laib und strich das Mus darüber. »Das wird nicht bitter schmecken«, sprach er, »aber erst will ich den Wams fertig machen, eh ich anbeiße.« Er legte das Brot neben sich, nähte weiter und machte vor Freude immer größere Stiche. Indes stieg der Geruch von dem süßen Mus hinauf an die Wand, wo die Fliegen in großer Menge saßen, sodass sie herangelockt wurden und sich scharenweis darauf niederließen. »Ei, wer hat euch eingeladen?«, sprach das Schneiderlein und jagte die ungebetenen Gäste fort. Die Fliegen aber, die kein Deutsch verstanden, ließen sich nicht abweisen, sondern kamen in immer größerer Gesellschaft wieder. Da lief dem Schneiderlein endlich, wie man sagt, die Laus über die Leber, es langte aus seiner Hölle nach einem Tuchlappen, und – »Wart, ich will es euch geben!« – schlug es unbarmherzig drauf. Als es abzog und zählte, so lagen nicht weniger als sieben vor ihm tot und streckten die Beine. »Bist du so ein Kerl?«, sprach er und musste selbst seine Tapferkeit bewundern. »Das soll die ganze Stadt erfahren.« Und in der Hast schnitt sich das Schneiderlein einen Gürtel, nähte ihn und stickte mit großen Buchstaben darauf: »Siebene auf einen Streich!« – »Ei was, Stadt!«, sprach er weiter. »Die ganze Welt solls erfahren!« Und sein Herz wackelte ihm vor Freude wie ein Lämmerschwänzchen.

Der Schneider band sich den Gürtel um den Leib und wollte in die Welt hinaus, weil er meinte, die Werkstätte sei zu klein für seine Tapferkeit. Eh er abzog, suchte er im Haus herum, ob nichts da wäre, was er mitnehmen könnte, er fand aber nichts als einen alten Käs, den steckte er ein. Vor dem Tore bemerkte er einen Vogel, der sich im Gesträuch gefangen hatte, der musste zu dem Käse in die Tasche. Nun nahm er den Weg tapfer zwischen die Beine, und weil er leicht und behänd war, fühlte er keine Müdigkeit. Der Weg führte ihn auf einen Berg, und als er den höchsten Gipfel erreicht hatte, so saß da ein gewaltiger Riese und schaute sich ganz gemächlich um. Das Schneiderlein ging beherzt auf ihn zu, redete ihn an und sprach: »Guten Tag, Kamerad, gelt, du sitzest da und besiehst dir die weitläufige Welt? Ich bin eben auf dem Wege dahin und will mich versuchen. Hast du Lust mitzugehen?« Der Riese sah den Schneider verächtlich an und sprach: »Du Lump! Du miserabler Kerl!« – »Das wäre!«, antwortete das Schneiderlein, knöpfte den Rock auf und zeigte dem Riesen den Gürtel. »Da kannst du lesen, was ich für ein Mann bin.«

Der Riese las: »Siebene auf einen Streich«, meinte, das wären Menschen gewesen, die der Schneider erschlagen hätte, und kriegte ein wenig Respekt vor dem kleinen Kerl. Doch wollte er ihn erst prüfen, nahm einen Stein in die Hand und drückte ihn zusammen, dass das Wasser heraustropfte. »Das mach mir nach«, sprach der Riese, »wenn du Stärke hast.« – »Ists weiter nichts?«, sagte das Schneiderlein, »das ist bei unsereinem Spielwerk«, griff in die Tasche, holte den weichen Käs und drückte ihn, dass der Saft herauslief. »Gelt«, sprach er, »das war ein wenig besser?« Der Riese wusste nicht, was er sagen sollte, und konnte es von dem Männlein nicht glauben. Da hob der Riese einen Stein auf und warf ihn so hoch, dass man ihn mit Augen kaum noch sehen konnte: »Nun, du Erpelmännchen, das tu mir nach.« – »Gut geworfen«, sagte der Schneider, »aber der Stein hat doch wieder zur Erde herabfallen müssen, ich will dir einen werfen, der soll gar nicht wiederkommen«, griff in die Tasche, nahm den Vogel und warf ihn in die Luft. Der Vogel, froh über seine Freiheit, stieg auf, flog fort und kam nicht wieder. »Wie gefällt dir das Stückchen, Kamerad?«, fragte der Schneider. »Werfen kannst du wohl«, sagte der Riese, »aber nun wollen wir sehen, ob du imstande bist, etwas Ordentliches zu tragen.« Er führte das Schneiderlein zu einem mächtigen Eichbaum, der da gefällt auf dem Boden lag, und sagte: »Wenn du stark genug bist, so hilf mir den Baum aus dem Walde heraustragen.« – »Gerne«, antwortete der kleine Mann, »nimm du nur den Stamm auf deine Schulter, ich will die Äste mit dem Gezweig aufheben und tragen, das ist doch das Schwerste.« Der Riese nahm den Stamm auf die Schulter, der Schneider aber setzte sich auf einen Ast, und der Riese, der sich nicht umsehen konnte, musste den ganzen Baum und das Schneiderlein noch obendrein forttragen. Es war da hinten ganz lustig und guter Dinge, pfiff das Liedchen: »Es ritten drei Schneider zum Tore hinaus«, als wär das Baumtragen ein Kinderspiel. Der Riese, nachdem er ein Stück Wegs die schwere Last fortgeschleppt hatte, konnte nicht weiter und rief: »Hör, ich muss den Baum fallen lassen.« Der Schneider sprang behändiglich herab, fasste den Baum mit beiden Armen, als wenn er ihn getragen hätte, und sprach zum Riesen: »Du bist ein so großer Kerl und kannst den Baum nicht einmal tragen.«

Sie gingen zusammen weiter, und als sie an einem Kirschbaum vorbeigingen, fasste der Riese die Krone des Baums, wo die zeitigsten Früchte hingen, bog sie herab, gab sie dem Schneider in die Hand und hieß ihn essen. Das Schneiderlein aber war viel zu schwach, um den Baum zu halten, und als der Riese losließ, fuhr der Baum in die Höhe, und der Schneider ward mit in die Luft geschnellt. Als er wieder ohne Schaden herabgefallen war, sprach der Riese: »Was ist das, hast du nicht Kraft, die schwache Gerte zu halten?« – »An der Kraft fehlt es nicht«, antwortete das Schneiderlein, »meinst du, das wäre etwas für einen, der siebene mit einem Streich getroffen hat? Ich bin über den Baum gesprungen, weil die Jäger da unten in das Gebüsch schießen. Spring nach, wenn du's vermagst.« Der Riese machte den Versuch, konnte aber nicht über den Baum kommen, sondern blieb in den Ästen hängen, alsodass das Schneiderlein auch hier die Oberhand behielt.

Der Riese sprach: »Wenn du ein so tapferer Kerl bist, so komm mit in unsere Höhle und übernachte bei uns.« Das Schneiderlein war bereit und folgte ihm. Als sie in der Höhle anlangten, saßen da noch andere Riesen beim Feuer, und jeder hatte ein gebratenes Schaf in der Hand und aß davon. Das Schneiderlein sah sich um und dachte: »Es ist doch hier viel weitläuftiger als in meiner Werkstatt.« Der Riese wies ihm ein Bett an und sagte, er sollte sich hineinlegen und ausschlafen. Dem Schneiderlein war aber das Bett zu groß, er legte sich nicht hinein, sondern kroch in eine Ecke. Als es Mitternacht war und der Riese meinte, das Schneiderlein läge in tiefem Schlafe, so stand er auf, nahm eine große Eisenstange und schlug das Bett mit einem Schlag durch und meinte, er hätte dem Grashüpfer den Garaus gemacht. Mit dem frühsten Morgen gingen die Riesen in den Wald und hatten das Schneiderlein ganz vergessen, da kam es auf einmal ganz lustig und verwegen dahergeschritten. Die Riesen erschraken, fürchteten, es schlüge sie alle tot, und liefen in einer Hast fort.

Das Schneiderlein zog weiter, immer seiner spitzen Nase nach. Nachdem es lange gewandert war, kam es in den Hof eines königlichen Palastes, und da es Müdigkeit empfand, so legte es sich ins Gras und schlief ein. Während es dalag, kamen die Leute, betrachteten es von allen Seiten und lasen auf dem Gürtel: »Siebene auf einen Streich.« – »Ach«, sprachen sie, »was will der große Kriegsheld hier mitten im Frieden? Das muss ein mächtiger Herr sein.« Sie gingen und meldeten es dem König und meinten, wenn Krieg ausbrechen sollte, wäre das ein wichtiger und nützlicher Mann, den man um keinen Preis fortlassen dürfte. Dem König gefiel der Rat, und er schickte einen von seinen Hofleuten an das Schneiderlein ab, der sollte ihm, wenn es aufgewacht wäre, Kriegsdienste anbieten. Der Abgesandte blieb bei dem Schläfer stehen, wartete, bis er seine Glieder streckte und die Augen aufschlug, und brachte dann seinen Antrag vor. »Eben deshalb bin ich hierhergekommen«, antwortete er, »ich bin bereit, in des Königs Dienste zu treten.« Also ward er ehrenvoll empfangen und ihm eine besondere Wohnung angewiesen.

Die Kriegsleute aber waren dem Schneiderlein aufgesessen und wünschten, es wäre tausend Meilen weit weg. »Was soll daraus werden?«, sprachen sie untereinander. »Wenn wir Zank mit ihm kriegen und er haut zu, so fallen auf jeden Streich siebene. Da kann unsereiner nicht bestehen.« Also fassten sie einen Entschluss, begaben sich allesamt zum König und baten um ihren Abschied. »Wir sind nicht gemacht«, sprachen sie, »neben einem Mann auszuhalten, der siebene auf einen Streich schlägt.« Der König war traurig, dass er um des einen willen alle seine treuen Diener verlieren sollte, wünschte, dass seine Augen ihn nie gesehen hätten, und wäre ihn gerne wieder los gewesen. Aber er getrauete sich nicht, ihm den Abschied zu geben, weil er fürchtete, er möchte ihn samt seinem Volke totschlagen und sich auf den königlichen Thron setzen. Er sann lange hin und her, endlich fand er einen Rat. Er schickte zu dem Schneiderlein und ließ ihm sagen, weil er ein so großer Kriegsheld wäre, so wollte er ihm ein Anerbieten machen. In einem Walde seines Landes hausten zwei Riesen, die mit Rauben, Morden, Sengen und Brennen großen Schaden stifteten, niemand dürfte sich ihnen nahen, ohne sich in Lebensgefahr zu setzen. Wenn er diese beiden Riesen überwände und tötete, so wollte er ihm seine einzige Tochter zur Gemahlin geben und das halbe Königreich zur Ehesteuer; auch sollten hundert Reiter mitziehen und ihm Beistand leisten. »Das wäre so etwas für einen Mann, wie du bist«, dachte das Schneiderlein, »eine schöne Königstochter und ein halbes Königreich wird einem nicht alle Tage angeboten.« – »O ja«, gab er zur Antwort, »die Riesen will ich schon bändigen und habe die hundert Reiter dabei nicht nötig: Wer siebene auf einen Streich trifft, braucht sich vor zweien nicht zu fürchten.«

Das Schneiderlein zog aus, und die hundert Reiter folgten ihm. Als er zu dem Rand des Waldes kam, sprach er zu seinen Begleitern: »Bleibt hier nur halten, ich will schon allein mit den Riesen fertig werden.« Dann sprang er in den Wald hinein und schaute sich rechts und links um. Über ein Weilchen erblickte er beide Riesen: Sie lagen unter einem Baume und schliefen und schnarchten dabei, dass sich die Äste auf- und niederbogen. Das Schneiderlein, nicht faul, las beide Taschen voll

Steine und stieg damit auf den Baum. Als es in der Mitte war, rutschte es auf einen Ast, bis es gerade über die Schläfer zu sitzen kam, und ließ dem einen Riesen einen Stein nach dem andern auf die Brust fallen. Der Riese spürte lange nichts, doch endlich wachte er auf, stieß seinen Gesellen an und sprach: »Was schlägst du mich?« – »Du träumst«, sagte der andere, »ich schlage dich nicht.« Sie legten sich wieder zum Schlaf, da warf der Schneider auf den Zweiten einen Stein herab. »Was soll das?«, rief der andere, »warum wirfst du mich?« – »Ich werfe dich nicht«, antwortete der Erste und brummte. Sie zankten sich eine Weile herum, doch weil sie müde waren, ließen sie's gut sein, und die Augen fielen ihnen wieder zu. Das Schneiderlein fing sein Spiel von Neuem an, suchte den dicksten Stein aus und warf ihn dem ersten Riesen mit aller Gewalt auf die Brust. »Das ist zu arg!«, schrie er, sprang wie ein Unsinniger auf und stieß seinen Gesellen wider den Baum, dass dieser zitterte. Der andere zahlte mit gleicher Münze, und sie gerieten in solche Wut, dass sie Bäume ausrissen, aufeinander losschlugen, so lang, bis sie endlich beide zugleich tot auf die Erde fielen. Nun sprang das Schneiderlein herab. »Ein Glück nur«, sprach es, »dass sie den Baum, auf dem ich saß, nicht ausgerissen haben, sonst hätte ich wie ein Eichhörnchen auf einen andern springen müssen. Doch unsereiner ist flüchtig!« Es zog sein Schwert und versetzte jedem ein paar tüchtige Hiebe in die Brust, dann ging es hinaus zu den Reitern und sprach: »Die Arbeit ist getan, ich habe beiden den Garaus gemacht; aber hart ist es hergegangen, sie haben in der Not Bäume ausgerissen und sich gewehrt, doch das hilft alles nichts, wenn einer kommt wie ich, der siebene auf einen Streich schlägt.« – »Seid Ihr denn nicht verwundet?«, fragten die Reiter. »Das hat gute Wege«, antwortete der Schneider, »kein Haar haben sie mir gekrümmt.« Die Reiter wollten ihm keinen Glauben beimessen und ritten in den Wald hinein: Da fanden sie die Riesen in ihrem Blute schwimmend, und ringsherum lagen die ausgerissenen Bäume.

Das Schneiderlein verlangte von dem König die versprochene Belohnung, den aber reute sein Versprechen und er sann aufs Neue, wie er sich den Helden vom Halse schaffen könnte. »Ehe du meine Tochter und das halbe Reich erhältst«, sprach er zu ihm, »musst du noch eine Heldentat vollbringen. In dem Walde läuft ein Einhorn, das großen Schaden anrichtet, das musst du erst einfangen.« – »Vor einem Einhorne fürchte ich mich noch weniger als vor zwei Riesen; siebene auf einen Streich, das ist meine Sache.« Er nahm sich einen Strick und eine Axt mit, ging hinaus in den Wald, und hieß abermals die, welche ihm zugeordnet waren, außen warten. Er brauchte nicht lange zu suchen, das Einhorn kam bald daher und sprang geradezu auf den Schneider los, als wollte es ihn ohne Umstände aufspießen. »Sachte, sachte«, sprach er, »so geschwind geht das nicht«, blieb stehen und wartete, bis das Tier ganz nahe war, dann sprang er behändiglich hinter den Baum. Das Einhorn rannte mit aller Kraft gegen den Baum und spießte sein Horn so fest in den Stamm, dass es nicht Kraft genug hatte, es wieder heraus-

zuziehen, und so war es gefangen. »Jetzt hab ich das Vöglein«, sagte der Schneider, kam hinter dem Baum hervor, legte dem Einhorn den Strick erst um den Hals, dann hieb er mit der Axt das Horn aus dem Baum, und als alles in Ordnung war, führte er das Tier ab und brachte es dem König.

Der König wollte ihm den verheißenen Lohn noch nicht gewähren und machte eine dritte Forderung. Der Schneider sollte ihm vor der Hochzeit erst ein Wildschwein fangen, das in dem Wald großen Schaden tat; die Jäger sollten ihm Beistand leisten. »Gerne«, sprach der Schneider, »das ist ein Kinderspiel.« Die Jäger nahm er nicht mit in den Wald, und sie warens wohl zufrieden, denn das Wildschwein hatte sie schon mehrmals so empfangen, dass sie keine Lust hatten, ihm nachzustellen. Als das Schwein den Schneider erblickte, lief es mit schäumendem Munde und wetzenden Zähnen auf ihn zu und wollte ihn zur Erde werfen. Der flüchtige Held aber sprang in eine Kapelle, die in der Nähe war, und gleich oben zum Fenster in einem Satze wieder hinaus. Das Schwein war hinter ihm hergelaufen, er aber hüpfte außen herum und schlug die Türe hinter ihm zu; da war das wütende Tier gefangen, das viel zu schwer und unbehilflich war, um zu dem Fenster hinauszuspringen. Das Schneiderlein rief die Jäger herbei, die mussten den Gefangenen mit eigenen Augen sehen. Der Held aber begab sich zum Könige, der nun, er mochte wollen oder nicht, sein Versprechen halten musste und ihm seine Tochter und das halbe Königreich übergab. Hätte er gewusst, dass kein Kriegsheld, sondern ein Schneiderlein vor ihm stand, es wäre ihm noch mehr zu Herzen gegangen. Die Hochzeit ward also mit großer Pracht und kleiner Freude gehalten, und aus einem Schneider ein König gemacht.

Nach einiger Zeit hörte die junge Königin in der Nacht, wie ihr Gemahl im Traume sprach: »Junge, mach mir den Wams und flick mir die Hosen, oder ich will dir die Elle über die Ohren schlagen.« Da merkte sie, in welcher Gasse der junge Herr geboren war, klagte am andern Morgen ihrem Vater ihr Leid und bat, er möchte ihr von dem Manne helfen, der nichts anders als ein Schneider wäre. Der König sprach ihr Trost zu und sagte: »Lass in der nächsten Nacht deine Schlafkammer offen, meine Diener sollen außen stehen und, wenn er eingeschlafen ist, hineingehen, ihn binden und auf ein Schiff tragen, das ihn in die weite Welt führt.« Die Frau war damit zufrieden, des Königs Waffenträger aber, der alles mit angehört hatte, war dem jungen Herrn gewogen und hinterbrachte ihm den ganzen Anschlag. »Dem Ding will ich einen Riegel vorschieben«, sagte das Schneiderlein. Abends legte es sich zu gewöhnlicher Zeit mit seiner Frau zu Bett. Als sie glaubte, er sei eingeschlafen, stand sie auf, öffnete die Türe und legte sich wieder. Das Schneiderlein, das sich nur stellte, als wenn es schlief, fing an mit heller Stimme zu rufen: »Junge, mach den Wams und flick mir die Hosen, oder ich will dir die Elle über die Ohren schlagen! Ich habe siebene mit einem Streiche getroffen, zwei Riesen getötet, ein Einhorn fortgeführt und ein Wildschwein gefangen, und sollte mich vor denen fürchten, die draußen vor der Kammer stehen!« Als diese den Schneider so sprechen hörten, überkam sie eine große Furcht, sie liefen, als wenn das wilde Heer hinter ihnen wäre, und keiner wollte sich mehr an ihn wagen. Also war und blieb das Schneiderlein sein Lebtag König.

17
Aschenputtel

Einem reichen Manne, dem wurde seine Frau krank, und als sie fühlte, dass ihr Ende herankam, rief sie ihr einziges Töchterlein zu sich ans Bett und sprach: »Liebes Kind, bleibe fromm und gut, so wird dir der liebe Gott immer beistehen, und ich will vom Himmel auf dich herabblicken, und will um dich sein.« Darauf tat sie die Augen zu und verschied. Das Mädchen ging jeden Tag hinaus zu dem Grabe der Mutter und weinte und blieb fromm und gut. Als der Winter kam, deckte der Schnee ein weißes Tüchlein auf das Grab, und als die Sonne im Frühjahr es wieder herabgezogen hatte, nahm sich der Mann eine andere Frau.

Die Frau hatte zwei Töchter mit ins Haus gebracht, die schön und weiß von Angesicht waren, aber garstig und schwarz von Herzen. Da ging eine schlimme Zeit für das arme Stiefkind an. »Soll die dumme Gans bei uns in der Stube sitzen!«, sprachen sie. »Wer Brot essen will, muss es verdienen. Hinaus mit der Küchenmagd.« Sie nahmen ihm seine schönen Kleider weg, zogen ihm einen grauen alten Kittel an und gaben ihm hölzerne Schuhe. »Seht einmal die stolze Prinzessin, wie sie geputzt ist!«, riefen sie, lachten und führten es in die Küche. Da musste es von Morgen bis Abend schwere Arbeit tun, früh vor Tag aufstehn, Wasser tragen, Feuer anmachen, kochen und waschen. Obendrein taten ihm die Schwestern alles ersinnliche Herzeleid an, verspotteten es und schütteten ihm die Erbsen und Linsen in die Asche, sodass es sitzen und sie wieder auslesen musste. Abends, wenn es sich müde gearbeitet hatte, kam es in kein Bett, sondern musste sich neben den Herd in die Asche legen. Und weil es darum immer staubig und schmutzig aussah, nannten sie es Aschenputtel.

Es trug sich zu, dass der Vater einmal auf die Messe ziehen wollte, da fragte er die beiden Stieftöchter, was er ihnen mitbringen sollte. »Schöne Kleider«, sagte die eine, »Perlen und Edelsteine«, die zweite. »Aber du, Aschenputtel«, sprach er, »was willst du haben?« – »Vater, das erste Reis, das Euch auf Eurem Heimweg an den Hut stößt, das brecht für mich ab.« Er kaufte nun für die beiden Stiefschwestern schöne Kleider, Perlen und Edelsteine, und auf dem Rückweg, als er durch einen grünen Busch ritt, streifte ihn ein Haselreis und stieß ihm den Hut ab. Da brach er das Reis ab und nahm es mit. Als er nach Haus kam, gab er den Stieftöchtern, was sie sich gewünscht hatten, und dem Aschenputtel gab er das Reis von dem Haselbusch. Aschenputtel dankte ihm, ging zu seiner Mutter Grab und pflanzte das Reis darauf und weinte so sehr, dass die Tränen darauf niederfielen und es begossen. Es wuchs aber und ward ein schöner Baum. Aschenputtel ging alle Tage dreimal darunter, weinte und betete, und allemal kam ein weißes Vöglein auf den Baum, und wenn es einen Wunsch aussprach, so warf ihm das Vöglein herab, was es sich gewünscht hatte.

Es begab sich aber, dass der König ein Fest anstellte, das drei Tage dauern sollte und wozu alle schönen Jungfrauen im Lande eingeladen wurden, damit sich sein Sohn eine Braut aussuchen möchte. Die zwei Stiefschwestern, als sie hörten, dass sie auch dabei erscheinen sollten, waren guter Dinge, riefen Aschenputtel und sprachen: »Kämm uns die Haare, bürste uns die Schuhe und mache uns die Schnallen fest, wir gehen zur Hochzeit auf des Königs Schloss.« Aschenputtel gehorchte, weinte aber, weil es auch gern zum Tanz mitgegangen wäre, und bat die Stiefmutter, sie möchte es ihm erlauben. »Du, Aschenputtel«, sprach sie, »bist voll Staub und Schmutz und willst zur Hochzeit? Du hast keine

Kleider und Schuhe und willst tanzen!« Als es aber mit Bitten anhielt, sprach sie endlich: »Da habe ich dir eine Schüssel Linsen in die Asche geschüttet, wenn du die Linsen in zwei Stunden wieder ausgelesen hast, so sollst du mitgehen.« Das Mädchen ging durch die Hintertür nach dem Garten und rief: »Ihr zahmen Täubchen, ihr Turteltäubchen, all ihr Vöglein unter dem Himmel, kommt und helft mir lesen,

die guten ins Töpfchen,
die schlechten ins Kröpfchen.«

Da kamen zum Küchenfenster zwei weiße Täubchen herein, und danach die Turteltäubchen, und endlich schwirrten und schwärmten alle Vöglein unter dem Himmel herein und ließen sich um die Asche nieder. Und die Täubchen nickten mit den Köpfchen und fingen an: Pick, pick, pick, pick, und da fingen die übrigen auch an: Pick, pick, pick, pick, und lasen alle guten Körnlein in die Schüssel. Kaum war eine Stunde herum, so waren sie schon fertig und flogen alle wieder hinaus. Da brachte das Mädchen die Schüssel der Stiefmutter, freute sich und glaubte, es dürfte nun mit auf die Hochzeit gehen. Aber sie sprach: »Nein, Aschenputtel, du hast keine Kleider und kannst nicht tanzen, du wirst nur ausgelacht.« Als es nun weinte, sprach sie: »Wenn du mir zwei Schüsseln voll Linsen in einer Stunde aus der Asche reinlesen kannst, so sollst du mitgehen«, und dachte: »Das kann es ja nimmermehr.« Als sie die zwei Schüsseln Linsen in die Asche geschüttet hatte, ging das Mädchen durch die Hintertür nach dem Garten und rief: »Ihr zahmen Täubchen, ihr Turteltäubchen, all ihr Vöglein unter dem Himmel, kommt und helft mir lesen,

die guten ins Töpfchen,
die schlechten ins Kröpfchen.«

Da kamen zum Küchenfenster zwei weiße Täubchen herein und danach die Turteltäubchen, und endlich schwirrten und schwärmten alle Vögel unter dem Himmel herein und ließen sich um die Asche nieder. Und die Täubchen nickten mit ihren Köpfchen und fingen an: Pick, pick, pick, pick, und da fingen die übrigen auch an: Pick, pick, pick, pick, und lasen alle guten Körner in die Schüsseln. Und ehe eine halbe Stunde herum war, waren sie schon fertig und flogen alle wieder hinaus. Da trug das Mädchen die Schüsseln zu der Stiefmutter, freute sich und glaubte, nun dürfte es mit auf die Hochzeit gehen. Aber sie sprach: »Es hilft dir alles nichts: Du kommst nicht mit, denn du hast keine Kleider und kannst nicht tanzen; wir müssten uns deiner schämen.« Darauf kehrte sie ihm den Rücken zu und eilte mit ihren zwei stolzen Töchtern fort.

Als nun niemand mehr daheim war, ging Aschenputtel zu seiner Mutter Grab unter den Haselbaum und rief:

»Bäumchen, rüttel dich und schüttel dich,
wirf Gold und Silber über mich.«

Da warf ihm der Vogel ein golden und silbern Kleid herunter und mit Seide und Silber ausgestickte Pantoffeln. In aller Eile zog es das Kleid an und ging zur Hochzeit. Seine Schwestern aber und die Stiefmutter kannten es nicht und meinten, es müsse eine fremde Königstochter sein, so schön sah es in dem goldenen Kleide aus. An Aschenputtel dachten sie gar nicht und dachten, es säße daheim im Schmutz und suchte die Linsen aus der Asche. Der Königssohn kam ihm entgegen, nahm es bei der Hand und tanzte mit ihm. Er wollte auch sonst mit niemand tanzen, alsodass er ihm die Hand nicht losließ, und wenn ein anderer kam, es aufzufordern, sprach er: »Das ist meine Tänzerin.«

Es tanzte, bis es Abend war, da wollte es nach Haus gehen. Der Königssohn aber sprach: »Ich gehe mit und begleite dich«, denn er wollte sehen, wem das schöne Mädchen angehörte. Sie entwischte ihm aber und sprang in das Taubenhaus. Nun war-

tete der Königssohn, bis der Vater kam, und sagte ihm, das fremde Mädchen wär in das Taubenhaus gesprungen. Der Alte dachte: »Sollte es Aschenputtel sein?«, und sie mussten ihm Axt und Hacken bringen, damit er das Taubenhaus entzweischlagen konnte – aber es war niemand darin. Und als sie ins Haus kamen, lag Aschenputtel in seinen schmutzigen Kleidern in der Asche, und ein trübes Öllämpchen brannte im Schornstein; denn Aschenputtel war geschwind aus dem Taubenhaus hinten herabgesprungen, und war zu dem Haselbäumchen gelaufen. Da hatte es die schönen Kleider abgezogen und aufs Grab gelegt, und der Vogel hatte sie wieder weggenommen, und dann hatte es sich in seinem grauen Kittelchen in die Küche zur Asche gesetzt.

Am andern Tag, als das Fest von Neuem anhub und die Eltern und Stiefschwestern wieder fort waren, ging Aschenputtel zu dem Haselbaum und sprach:

»Bäumchen, rüttel dich und schüttel dich,
wirf Gold und Silber über mich.«

Da warf der Vogel ein noch viel stolzeres Kleid herab als am vorigen Tag. Und als es mit diesem Kleide auf der Hochzeit erschien, erstaunte jedermann über seine Schönheit. Der Königssohn aber hatte gewartet, bis es kam, nahm es gleich bei der Hand und tanzte nur allein mit ihm. Wenn die andern kamen und es aufforderten, sprach er: »Das ist meine Tänzerin.« Als es nun Abend war, wollte es fort, und der Königssohn ging ihm nach und wollte sehen, in welches Haus es ging; aber es sprang ihm fort und in den Garten hinter dem Haus. Darin stand ein schöner, großer Baum, an dem die herrlichsten Birnen hingen, es kletterte so behänd wie ein Eichhörnchen zwischen die Äste, und der Königssohn wusste nicht, wo es hingekommen war. Er wartete aber, bis der Vater kam, und sprach zu ihm: »Das fremde Mädchen ist mir entwischt, und ich glaube, es ist auf den Birnbaum gesprungen.« Der Vater dachte: »Sollte es Aschenputtel sein?«, ließ sich die Axt holen und hieb den Baum um, aber es war niemand darauf. Und als sie in die Küche kamen, lag Aschenputtel da in der Asche wie sonst auch, denn es war auf der andern Seite vom Baum herabgesprungen, hatte dem Vogel auf dem Haselbäumchen die schönen Kleider wiedergebracht und sein graues Kittelchen angezogen.

Am dritten Tag, als die Eltern und Schwestern fort waren, ging Aschenputtel wieder zu seiner Mutter Grab und sprach zu dem Bäumchen:

»Bäumchen, rüttel dich und schüttel dich,
wirf Gold und Silber über mich.«

Nun warf ihm der Vogel ein Kleid herab, das war so prächtig und glänzend, wie es noch keins gehabt hatte, und die Pantoffeln waren ganz golden. Als es in dem Kleid zu der Hochzeit kam, wussten sie alle nicht, was sie vor Verwunderung sagen sollten. Der Königssohn tanzte ganz allein mit ihm, und wenn es einer aufforderte, sprach er: »Das ist meine Tänzerin.«

Als es nun Abend war, wollte Aschenputtel fort, und der Königssohn wollte es begleiten, aber es entsprang ihm so geschwind, dass er nicht folgen konnte. Der Königssohn hatte aber eine List gebraucht und hatte die ganze Treppe mit Pech bestreichen lassen; da war, als es hinabsprang, der linke Pantoffel des Mädchens hängen geblieben. Der Königssohn hob ihn auf, und er war klein und zierlich und ganz golden. Am nächsten Morgen ging er damit zu dem Mann und sagte zu ihm: »Keine andere soll meine Gemahlin werden als die, an deren Fuß dieser goldene Schuh passt.« Da freuten sich die beiden Schwestern, denn sie hatten schöne Füße. Die Älteste ging mit dem Schuh in die Kammer und wollte ihn anprobieren, und die Mutter stand dabei. Aber sie konnte mit der großen Zehe nicht hineinkommen und der Schuh war ihr zu klein, da reichte ihr die Mutter ein Messer und sprach: »Hau die Zehe ab, wenn du Königin bist, so brauchst du nicht mehr zu Fuß zu gehen.« Das Mädchen hieb die Zehe ab, zwängte den Fuß in den Schuh, verbiss den Schmerz und ging heraus zum Königssohn. Da nahm er sie als seine Braut aufs Pferd und ritt mit ihr fort. Sie mussten aber an dem Grabe vorbei, da saßen die zwei Täubchen auf dem Haselbäumchen und riefen:

»Rucke di guck, rucke di guck,
Blut ist im Schuck (Schuh):
Der Schuck ist zu klein,
die rechte Braut sitzt noch daheim.«

Da blickte er auf ihren Fuß und sah, wie das Blut herausquoll. Er wendete sein Pferd um, brachte die falsche Braut wieder nach Hause und sagte, das wäre nicht die Rechte, die andere Schwester solle den Schuh anziehen. Da ging diese in die Kammer und kam mit den Zehen glücklich in den Schuh, aber die Ferse war zu groß. Da reichte ihr die Mutter ein Messer und sprach: »Hau ein Stück von der Ferse ab, wenn du Königin bist, brauchst du nicht mehr zu Fuß zu gehen.« Das Mädchen hieb ein Stück von der Ferse ab, zwängte den Fuß in den Schuh, verbiss den Schmerz und ging heraus zum Königssohn. Da nahm er sie als seine Braut aufs Pferd und ritt mit ihr fort. Als sie an dem Haselbäumchen vorbeikamen, saßen die zwei Täubchen darauf und riefen:

»Rucke di guck, rucke di guck,
Blut ist im Schuck (Schuh):
Der Schuck ist zu klein,
die rechte Braut sitzt noch daheim.«

Er blickte nieder auf ihren Fuß und sah, wie das Blut aus dem Schuh quoll und an den weißen Strümpfen ganz rot heraufgestiegen war. Da wendete er sein Pferd und brachte die falsche Braut wieder nach Haus. »Das ist auch nicht die Rechte«, sprach er, »habt ihr keine andere Tochter?« – »Nein«, sagte der Mann, »nur von meiner verstorbenen Frau ist noch ein kleines, verbuttetes Aschenputtel da; das kann unmöglich die Braut sein.« Der Königssohn sprach, er sollte es heraufschicken, die Mutter aber antwortete: »Ach nein, das ist viel zu schmutzig, das darf sich nicht sehen lassen.« Er wollte es aber durchaus haben, und Aschenputtel musste gerufen werden. Da wusch es sich erst Hände und Angesicht rein, ging dann hin und neigte sich vor dem Königssohn, der ihm den goldenen Schuh reichte. Dann setzte es sich auf einen Schemel, zog den Fuß aus dem schweren Holzschuh und steckte ihn in den Pantoffel, der war wie angegossen. Und als es sich in die Höhe richtete und der König ihm ins Gesicht sah, so erkannte er das schöne Mädchen, das mit ihm getanzt hatte, und rief: »Das ist die rechte Braut.« Die Stiefmutter und die beiden Schwestern erschraken und wurden bleich vor Ärger: Er aber nahm Aschenputtel aufs Pferd und ritt mit ihm fort. Als sie an dem Haselbäumchen vorbeikamen, riefen die zwei weißen Täubchen:

»Rucke di guck, rucke di guck,
kein Blut im Schuck:
Der Schuck ist nicht zu klein,
die rechte Braut, die führt er heim.«

Und als sie das gerufen hatten, kamen sie beide herabgeflogen und setzten sich dem Aschenputtel auf die Schultern, eine rechts, die andere links, und blieben da sitzen.

Als die Hochzeit mit dem Königssohn sollte gehalten werden, kamen die falschen Schwestern, wollten sich einschmeicheln und teil an seinem Glück nehmen. Als die Brautleute nun zur Kirche gingen, war die Älteste zur rechten, die Jüngste zur linken Seite: Da pickten die Tauben einer jeden das eine Auge aus. Hernach, als sie herausgingen, war die Älteste zur Linken und die Jüngste zur Rechten: Da pickten die Tauben einer jeden das andere Auge aus. Und waren sie also für ihre Bosheit und Falschheit mit Blindheit auf ihr Lebtag bestraft.

18
Von dem Mäuschen, Vögelchen und der Bratwurst

Es waren einmal ein Mäuschen, ein Vögelchen und eine Bratwurst in Gesellschaft geraten, hatten einen Haushalt geführt, lange wohl und köstlich im Frieden gelebt und trefflich an Gütern zugenommen. Des Vögelchens Arbeit war, dass es täglich im Wald fliegen und Holz beibringen müsste. Die Maus sollte Wasser tragen, Feuer anmachen und den Tisch decken, die Bratwurst aber sollte kochen.

Wem zu wohl ist, den gelüstet immer nach neuen Dingen! Also eines Tages stieß dem Vöglein unterwegs ein anderer Vogel auf, dem es seine treffliche Gelegenheit erzählte und rühmte. Derselbe andere Vogel schalt es aber einen armen Tropf, der große Arbeit, die beiden zu Haus aber gute Tage hätten. Denn wenn die Maus ihr Feuer angemacht und Wasser getragen hatte, so begab sie sich in ihr Kämmerlein zur Ruhe, bis man sie hieß den Tisch decken. Das Würstlein blieb beim Hafen, sah zu, dass die Speise wohl kochte, und wenn es bald Essenszeit war, schlingte es sich ein mal viere durch den Brei oder das Gemüs, so war es geschmalzen, gesalzen und bereitet. Kam dann das Vöglein heim und legte seine Bürde ab, so saßen sie zu Tisch, und nach gehabtem Mahl schliefen sie sich die Haut voll bis an den andern Morgen; und das war ein herrlich Leben.

Das Vöglein anderes Tages wollte aus Anstiftung nicht mehr ins Holz, sprechend, es wäre lang genug Knecht gewesen und hätte gleichsam ihr Narr sein müssen, sie sollten einmal umwechseln und es auf eine andere Weise auch versuchen. Und wiewohl die Maus und auch die Bratwurst heftig dafür bat, so war der Vogel doch Meister: Es musste gewagt sein, spieleten derowegen, und kam das Los auf die Bratwurst, die musste Holz tragen, die Maus ward Koch, und der Vogel sollte Wasser holen.

Was geschieht? Das Bratwürstchen zog fort gen Holz, das Vöglein machte Feuer an, die Maus stellte den Topf zu, und erwarteten allein, bis Bratwürstchen heimkäme und Holz für den andern Tag brächte. Es blieb aber das Würstlein so lang unterwegs, dass ihnen beiden nichts Gutes vorkam und das Vöglein ein Stück Luft hinaus entgegenflog. Unfern aber findet es einen Hund am Weg, der das arme Bratwürstlein als freie Beut angetroffen, angepackt und niedergemacht. Das Vöglein beschwerte sich auch dessen als eines offenbaren Raubes sehr gegen den Hund, aber es half kein Wort, denn, sprach der Hund, er hätte falsche Briefe bei der Bratwurst gefunden, deswegen wäre sie ihm des Lebens verfallen gewesen.

Das Vöglein, traurig, nahm das Holz auf sich, flog heim und erzählte, was es gesehn und gehöret. Sie waren sehr betrübt, verglichen sich aber, das Beste zu tun und beisammen zu bleiben. Derowegen so deckte das Vöglein den Tisch und die Maus rüstete das Essen und wollte anrichten, und in den Hafen, wie zuvor das Würstlein, durch das Gemüs schlingen und schlupfen, dasselbe zu schmälzen: Aber ehe sie in die Mitte kam, ward sie angehalten und musste Haut und Haar und dabei das Leben lassen.

Als das Vöglein kam und wollte das Essen auftragen, da war kein Koch vorhanden. Das Vöglein warf bestürzt das Holz hin und her, rufte und suchte, konnte aber seinen Koch nicht mehr finden. Aus

Unachtsamkeit kam das Feuer in das Holz, alsodass eine Brunst entstand. Das Vöglein eilte, Wasser zu langen, da entfiel ihm der Eimer in den Brunnen, und es mit hinab, dass es sich nicht mehr erholen konnte und da ersaufen musste.

19
Frau Holle

Eine Witwe hatte zwei Töchter, davon war die eine schön und fleißig, die andere hässlich und faul. Sie hatte aber die hässliche und faule, weil sie ihre rechte Tochter war, viel lieber, und die andere musste alle Arbeit tun und der Aschenputtel im Hause sein. Das arme Mädchen musste sich täglich auf die große Straße bei einem Brunnen setzen und musste so viel spinnen, dass ihm das Blut aus den Fingern sprang. Nun trug es sich zu, dass die Spule einmal ganz blutig war, da bückte es sich damit in den Brunnen und wollte sie abwaschen; sie sprang ihm aber aus der Hand und fiel hinab. Es weinte, lief zur Stiefmutter und erzählte ihr das Unglück. Sie schalt es aber so heftig und war so unbarmherzig, dass sie sprach: »Hast du die Spule hinunterfallen lassen, so hol sie auch wieder herauf.« Da ging das Mädchen zu dem Brunnen zurück und wusste nicht, was es anfangen sollte. Und in seiner Herzensangst sprang es in den Brunnen hinein, um die Spule zu holen. Es verlor die Besinnung, und als es erwachte und wieder zu sich selber kam, war es auf einer schönen Wiese, wo die Sonne schien und viel tausend Blumen standen. Auf dieser Wiese ging es fort und kam zu einem Backofen, der war voller Brot; das Brot aber rief: »Ach, zieh mich raus, zieh mich raus, sonst verbrenn ich. Ich bin schon längst ausgebacken.« Da trat es herzu und holte mit dem Brotschieber alles nacheinander heraus. Danach ging es weiter und kam zu einem Baum, der hing voll Äpfel und rief ihm zu: »Ach, schüttel mich, schüttel mich, wir Äpfel sind alle miteinander reif.« Da schüttelte es den Baum, dass die Äpfel fielen, als regneten sie, und schüttelte, bis keiner mehr oben war; und als es alle in einen Haufen zusammengelegt hatte, ging es wieder weiter. Endlich kam es zu einem kleinen Haus, daraus guckte eine alte Frau; weil sie aber so große Zähne hatte, ward ihm angst und es wollte fortlaufen. Die alte Frau aber rief ihm nach: »Was fürchtest du dich, liebes Kind? Bleib bei mir; wenn du alle Arbeit im Hause ordentlich tun willst, so soll dirs gut gehn. Du musst nur achtgeben, dass du mein Bett gut machst und es fleißig aufschüttelst, dass die Federn fliegen, dann schneit es in der Welt;* ich bin die Frau Holle.« Weil die Alte ihm so gut zusprach, so fasste sich das Mädchen ein Herz, willigte ein und begab sich in ihren Dienst. Es besorgte auch alles nach ihrer Zufriedenheit und schüttelte ihr das Bett immer gewaltig auf, dass die Federn wie Schneeflocken umherflogen; dafür hatte es auch ein gut Leben bei ihr, kein böses Wort, und alle Tage Gesottenes und Gebratenes. Nun war es eine Zeit lang bei der Frau Holle, da ward es traurig und wusste anfangs selbst nicht, was ihm fehlte. Endlich merkte es, dass es Heimweh war; ob es ihm hier gleich vieltausend Mal besser ging als zu Hause, so hatte es doch ein Verlangen dahin. Endlich sagte es zu ihr: »Ich habe den Jammer nach Haus kriegt, und wenn es mir auch noch so gut hier unten geht, so kann ich doch nicht länger bleiben, ich muss wieder hinauf zu den Meinigen.« Die Frau Holle sagte: »Es gefällt mir, dass du wieder nach Hause verlangst, und weil du mir so treu gedient

* Darum sagt man in Hessen, wenn es schneit, die Frau Holle macht ihr Bett.

hast, so will ich dich selbst wieder hinaufbringen.« Sie nahm es darauf bei der Hand und führte es vor ein großes Tor. Das Tor ward aufgetan, und wie das Mädchen gerade darunterstand, fiel ein gewaltiger Goldregen, und alles Gold blieb an ihm hängen, sodass es über und über davon bedeckt war. »Das sollst du haben, weil du so fleißig gewesen bist«, sprach die Frau Holle und gab ihm auch die Spule wieder, die ihm in den Brunnen gefallen war. Darauf ward das Tor verschlossen, und das Mädchen befand sich oben auf der Welt, nicht weit von seiner Mutter Haus. Und als es in den Hof kam, saß der Hahn auf dem Brunnen und rief:

»Kikeriki,
unsere goldene Jungfrau ist wieder hie.«

Da ging es hinein zu seiner Mutter, und weil es so mit Gold bedeckt ankam, ward es von ihr und der Schwester gut aufgenommen. Das Mädchen erzählte alles, was ihm begegnet war, und als die Mutter hörte, wie es zu dem großen Reichtum gekommen war, wollte sie der andern, hässlichen und faulen Tochter gerne dasselbe Glück verschaffen. Sie musste sich an den Brunnen setzen und spinnen; und damit ihre Spule blutig ward, stach sie sich in die Finger und stieß sich die Hand in die Dornhecke. Dann warf sie die Spule in den Brunnen und sprang selber hinein. Sie kam, wie die andere, auf die schöne Wiese und ging auf demselben Pfade weiter. Als sie zu dem Backofen gelangte, schrie das Brot wieder: »Ach, zieh mich raus, zieh mich raus, sonst verbrenn ich. Ich bin schon längst ausgebacken.« Die Faule aber antwortete: »Da hätt ich Lust, mich schmutzig zu machen«, und ging fort. Bald kam sie zu dem Apfelbaum, der rief: »Ach, schüttel mich, schüttel mich, wir Äpfel sind alle miteinander reif.« Sie antwortete aber: »Du kommst mir recht, es könnte mir einer auf den Kopf fallen«, und ging damit weiter. Als sie vor der Frau Holle Haus kam, fürchtete sie sich nicht, weil sie von ihren großen Zähnen schon gehört hatte, und verdingte sich gleich zu ihr. Am ersten Tag tat sie sich Gewalt an, war fleißig und folgte der Frau Holle, wenn sie ihr etwas sagte, denn sie dachte an das viele Gold, das sie ihr schenken würde; am zweiten Tag aber fing sie schon an zu faulenzen, am dritten noch mehr, da wollte sie morgens gar nicht aufstehen. Sie machte auch der Frau Holle das Bett nicht, wie sichs gebührte, und schüttelte es nicht, dass die Federn aufflogen. Das ward die Frau Holle bald müde und sagte ihr den Dienst auf. Die Faule war das wohl zufrieden und meinte, nun würde der Goldregen kommen. Die Frau Holle führte sie auch zu dem Tor; als sie aber darunterstand, ward statt des Goldes ein großer Kessel voll Pech ausgeschüttet. »Das ist zur Belohnung deiner Dienste«, sagte die Frau Holle und schloss das Tor zu. Da kam die Faule heim, aber sie war ganz mit Pech bedeckt, und der Hahn auf dem Brunnen, als er sie sah, rief:

»Kikeriki,
unsere schmutzige Jungfrau ist wieder hie.«

Das Pech aber blieb fest an ihr hängen und wollte, solange sie lebte, nicht abgehen.

20
Die sieben Raben

Ein Mann hatte sieben Söhne und immer noch kein Töchterchen, so sehr er sichs auch wünschte; endlich gab ihm seine Frau wieder gute Hoffnung zu einem Kinde, und wie's zur Welt kam, war es auch ein Mädchen. Die Freude war groß, aber das Kind war schmächtig und klein und sollte wegen seiner Schwachheit die Nottaufe haben. Der Vater schickte einen der Knaben eilends zur Quelle, Taufwasser zu holen; die andern sechs liefen mit, und weil jeder der Erste beim Schöpfen sein wollte, so fiel ihnen der Krug in den Brunnen. Da standen sie und wussten nicht, was sie tun sollten, und keiner getraute sich heim. Als sie immer nicht zurückkamen, ward der Vater ungeduldig und sprach: »Gewiss haben sie's wieder über ein Spiel vergessen, die gottlosen Jungen.« Es ward ihm angst, das Mädchen müsste ungetauft verscheiden, und im Ärger rief er: »Ich wollte, dass die Jungen alle zu Raben würden.« Kaum war das Wort ausgeredet, so hörte er ein Geschwirr über seinem Haupt in der Luft, blickte in die Höhe und sah sieben kohlschwarze Raben auf und davon fliegen.

Die Eltern konnten die Verwünschung nicht mehr zurücknehmen, und so traurig sie über den Verlust ihrer sieben Söhne waren, trösteten sie sich doch einigermaßen durch ihr liebes Töchterchen, das bald zu Kräften kam und mit jedem Tage schöner ward. Es wusste lange Zeit nicht einmal, dass es Geschwister gehabt hatte, denn die Eltern hüteten sich, ihrer zu erwähnen, bis es eines Tags von ungefähr die Leute von sich sprechen hörte, das Mädchen wäre wohl schön, aber doch eigentlich schuld an dem Unglück seiner sieben Brüder. Da ward es ganz betrübt, ging zu Vater und Mutter und fragte, ob es denn Brüder gehabt hätte und wo sie hingeraten wären. Nun durften die Eltern das Geheimnis nicht länger verschweigen, sagten jedoch, es sei so des Himmels Verhängnis und seine Geburt nur der unschuldige Anlass gewesen. Allein das Mädchen machte sich täglich ein Gewissen daraus und glaubte, es müsste seine Geschwister wieder erlösen. Es hatte nicht Ruhe und Rast, bis es sich heimlich aufmachte und in die weite Welt ging, seine Brüder irgendwo aufzuspüren und zu befreien, es möchte kosten, was es wollte. Es nahm nichts mit sich als ein Ringlein von seinen Eltern zum Andenken, einen Laib Brot für den Hunger, ein Krüglein Wasser für den Durst und ein Stühlchen für die Müdigkeit.

Nun ging es immerzu, weit, weit, bis an der Welt Ende. Da kam es zur Sonne, aber die war zu heiß und fürchterlich und fraß die kleinen Kinder. Eilig lief es weg und lief hin zu dem Mond, aber der war gar zu kalt und auch grausig und bös, und als er das Kind merkte, sprach er: »Ich rieche, rieche Menschenfleisch.« Da machte es sich geschwind fort und kam zu den Sternen, die waren ihm freundlich und gut, und jeder saß auf seinem besondern Stühlchen. Der Morgenstern aber stand auf, gab ihm ein Hinkelbeinchen und sprach: »Wenn du das Beinchen nicht hast, kannst du den Glasberg nicht aufschließen, und in dem Glasberg, da sind deine Brüder.«

Das Mädchen nahm das Beinchen, wickelte es wohl in ein Tüchlein und ging wieder fort, so lange, bis es an den Glasberg kam. Das Tor war verschlossen und es wollte das Beinchen hervorholen; aber wie es das Tüchlein aufmachte, so war es leer, und es hatte das Geschenk der guten Sterne verloren. Was sollte es nun anfangen? Seine Brüder wollte es erretten und hatte keinen Schlüssel zum Glasberg. Das gute Schwesterchen nahm ein Messer, schnitt sich ein kleines Fingerchen ab, steckte es in das Tor und schloss glücklich auf. Als es eingegangen war, kam ihm ein Zwerglein entgegen, das sprach:

»Mein Kind, was suchst du?« – »Ich suche meine Brüder, die sieben Raben«, antwortete es. Der Zwerg sprach: »Die Herren Raben sind nicht zu Haus, aber willst du hier so lang warten, bis sie kommen, so tritt ein.« Darauf trug das Zwerglein die Speise der Raben herein auf sieben Tellerchen und in sieben Becherchen, und von jedem Tellerchen aß das Schwesterchen ein Bröckchen, und aus jedem Becherchen trank es ein Schlückchen; in das letzte Becherchen aber ließ es das Ringlein fallen, das es mitgenommen hatte.

Auf einmal hörte es in der Luft ein Geschwirr und ein Geweh, da sprach das Zwerglein: »Jetzt kommen die Herren Raben heimgeflogen.« Da kamen sie, wollten essen und trinken und suchten ihre Tellerchen und Becherchen. Da sprach einer nach dem andern: »Wer hat von meinem Tellerchen gegessen? Wer hat aus meinem Becherchen getrunken? Das ist eines Menschen Mund gewesen.« Und wie der Siebente auf den Grund des Bechers kam, rollte ihm das Ringlein entgegen. Da sah er es an und erkannte, dass es ein Ring von Vater und Mutter war, und sprach: »Gott gebe, unser Schwesterlein wäre da, so wären wir erlöst.« Wie das Mädchen, das hinter der Türe stand und lauschte, den Wunsch hörte, so trat es hervor, und da bekamen alle die Raben ihre menschliche Gestalt wieder. Und sie herzten und küssten einander und zogen fröhlich heim.

21
Rotkäppchen

Es war einmal eine kleine, süße Dirne, die hatte jedermann lieb, der sie nur ansah, am allerliebsten aber ihre Großmutter, die wusste gar nicht, was sie alles dem Kinde geben sollte. Einmal schenkte sie ihm ein Käppchen von rotem Sammet, und weil ihm das so wohl stand und es nichts anders mehr tragen wollte, hieß es nur das Rotkäppchen. Eines Tages sprach seine Mutter zu ihm: »Komm, Rotkäppchen, da hast du ein Stück Kuchen und eine Flasche Wein, bring das der Großmutter hinaus; sie ist krank und schwach und wird sich daran laben. Mach dich auf, bevor es heiß wird, und wenn du hinauskommst, so geh hübsch sittsam und lauf nicht vom Weg ab, sonst fällst du und zerbrichst das Glas, und die Großmutter hat nichts. Und wenn du in ihre Stube kommst, so vergiss nicht, Guten Morgen zu sagen, und guck nicht erst in alle Ecken herum.«

»Ich will schon alles gut machen«, sagte Rotkäppchen zur Mutter und gab ihr die Hand darauf. Die Großmutter aber wohnte draußen im Wald, eine halbe Stunde vom Dorf. Wie nun Rotkäppchen in den Wald kam, begegnete ihm der Wolf. Rotkäppchen aber wusste nicht, was das für ein böses Tier war, und fürchtete sich nicht vor ihm. »Guten Tag, Rotkäppchen«, sprach er. »Schönen Dank, Wolf.« – »Wo hinaus so früh, Rotkäppchen?« – »Zur Großmutter.« – »Was trägst du unter der Schürze?« – »Kuchen und Wein: Gestern haben wir gebacken, da soll sich die kranke und schwache Großmutter etwas zugut tun und sich damit stärken.« – »Rotkäppchen, wo wohnt deine Großmutter?« – »Noch eine gute Viertelstunde weiter im Wald, unter den drei großen Eichbäumen, da steht ihr Haus, unten sind die Nusshecken, das wirst du ja wissen«, sagte Rotkäppchen.

Der Wolf dachte bei sich: »Das junge, zarte Ding, das ist ein fetter Bissen, der wird noch besser schmecken als die Alte: Du musst es listig anfangen, damit du beide erschnappst.« Da ging er ein Weilchen neben Rotkäppchen her, dann sprach er: »Rotkäppchen, sieh einmal die schönen Blumen, die ringsumher stehen, warum guckst du dich nicht um? Ich glaube, du hörst gar nicht, wie die Vöglein so lieblich singen? Du gehst ja für dich hin, als wenn du zur Schule gingst, und ist so lustig haußen in dem Wald«.

Rotkäppchen schlug die Augen auf, und als es sah, wie die Sonnenstrahlen durch die Bäume hin- und hertanzten und alles voll schöner Blumen stand, dachte es: »Wenn ich der Großmutter einen frischen Strauß mitbringe, der wird ihr auch Freude machen; es ist so früh am Tag, dass ich doch zu rechter Zeit ankomme«, lief vom Wege ab in den Wald hinein und suchte Blumen. Und wenn es eine gebrochen hatte, meinte es, weiter hinaus stände eine schönere, und lief darnach und geriet immer tiefer in den Wald hinein. Der Wolf aber ging geradeswegs nach dem Haus der Großmutter und klopfte an die Türe. »Wer ist draußen?« – »Rotkäppchen, das bringt Kuchen und Wein, mach auf.« – »Drück nur auf die Klinke«, rief die Großmutter, »ich bin zu schwach und kann nicht aufstehen.« Der Wolf drückte auf die Klinke, die Türe sprang auf und er ging, ohne ein Wort zu sprechen, gerade zum Bett der Großmutter und verschluckte sie. Dann tat er ihre Kleider an, setzte ihre Haube auf, legte sich in ihr Bett und zog die Vorhänge vor.

Rotkäppchen aber war nach den Blumen herumgelaufen, und als es so viel zusammen hatte, dass es keine mehr tragen konnte, fiel ihm die Großmutter wieder ein, und es machte sich auf den Weg zu ihr. Es wunderte sich, dass die Türe aufstand, und wie es in die Stube trat, so kam es ihm so seltsam darin vor, dass es dachte: »Ei, du mein Gott, wie ängstlich wird mirs heute zumut, und ich bin sonst so gerne bei der Großmutter!« Es rief »Guten Morgen«, bekam aber keine Antwort. Darauf ging es zum Bett und zog die Vorhänge zurück; da lag die Großmutter und hatte die Haube tief ins Gesicht gesetzt und sah so wunderlich aus. »Ei, Großmutter, was hast du für große Ohren!« – »Dass ich dich besser hören kann.« – »Ei, Großmutter, was hast du für große Augen!« – »Dass ich dich besser sehen kann.« – »Ei, Großmutter, was hast du für große Hände!« – »Dass ich dich besser packen kann.« – »Aber, Großmutter, was hast du für ein entsetzlich großes Maul!« – »Dass ich dich besser fressen kann.« Kaum hatte der Wolf das gesagt, so tat er einen Satz aus dem Bette und verschlang das arme Rotkäppchen.

Wie der Wolf sein Gelüsten gestillt hatte, legte er sich wieder ins Bett, schlief ein und fing an überlaut zu schnarchen. Der Jäger ging eben an dem Haus vorbei und dachte: »Wie die alte Frau schnarcht, du musst doch sehen, ob ihr etwas fehlt.« Da trat er in die Stube, und wie er vor das Bette kam, so sah er, dass der Wolf darin lag. »Finde ich dich hier, du alter Sünder«, sagte er, »ich habe dich lange gesucht.« Nun wollte er seine Büchse anlegen, da fiel ihm ein, der Wolf könnte die Großmutter gefressen haben und sie wäre noch zu retten, schoss nicht, sondern nahm eine Schere und fing an, dem schlafenden Wolf den Bauch aufzuschneiden. Wie er ein paar Schnitte getan hatte, da sah er das rote Käppchen leuchten, und noch ein paar Schnitte, da sprang das Mädchen heraus und rief: »Ach, wie war ich erschrocken, wie wars so dunkel in dem Wolf seinem Leib!« Und dann kam die alte Großmutter auch noch lebendig heraus und konnte kaum atmen. Rotkäppchen aber holte geschwind große Steine; damit füllten sie dem Wolf den Leib, und wie er aufwachte, wollte er fortspringen, aber die Steine waren so schwer, dass er gleich niedersank und sich totfiel.

Da waren alle drei vergnügt; der Jäger zog dem Wolf den Pelz ab und ging damit heim, die Großmutter aß den Kuchen und trank den Wein, den

Rotkäppchen gebracht hatte, und erholte sich wieder, Rotkäppchen aber dachte: »Du willst dein Lebtag nicht wieder allein vom Wege ab in den Wald laufen, wenn dirs die Mutter verboten hat.«

Es wird auch erzählt, dass einmal, als Rotkäppchen der alten Großmutter wieder Gebackenes brachte, ein anderer Wolf ihm zugesprochen und es vom Wege habe ableiten wollen. Rotkäppchen aber hütete sich und ging gerade fort seines Wegs und sagte der Großmutter, dass es dem Wolf begegnet wäre, der ihm Guten Tag gewünscht, aber so bös aus den Augen geguckt hätte: »Wenns nicht auf offner Straße gewesen wäre, er hätte mich gefressen.« – »Komm«, sagte die Großmutter, »wir wollen die Türe verschließen, dass er nicht herein kann.« Bald darnach klopfte der Wolf an und rief: »Mach auf, Großmutter, ich bin das Rotkäppchen, ich bring dir Gebackenes.« Sie schwiegen aber still und machten die Türe nicht auf. Da schlich der Graukopf etlichemal um das Haus, sprang endlich aufs Dach und wollte warten, bis Rotkäppchen abends nach Hause ginge, dann wollte er ihm nachschleichen und wollts in der Dunkelheit fressen. Aber die Großmutter merkte, was er im Sinn hatte. Nun stand vor dem Haus ein großer Steintrog, da sprach sie zu dem Kind: »Nimm den Eimer, Rotkäppchen, gestern hab ich Würste gekocht, da trag das Wasser, worin sie gekocht sind, in den Trog.« Rotkäppchen trug so lange, bis der große, große Trog ganz voll war. Da stieg der Geruch von den Würsten dem Wolf in die Nase, er schnupperte und guckte hinab, endlich machte er den Hals so lang, dass er sich nicht mehr halten konnte und anfing zu rutschen; so rutschte er vom Dach herab, gerade in den großen Trog hinein und ertrank. Rotkäppchen aber ging fröhlich nach Haus, und tat ihm niemand etwas zuleid.

22 Die Bremer Stadtmusikanten

Es hatte ein Mann einen Esel, der schon lange Jahre die Säcke unverdrossen zur Mühle getragen hatte, dessen Kräfte aber nun zu Ende gingen, sodass er zur Arbeit immer untauglicher ward. Da dachte der Herr daran, ihn aus dem Futter zu schaffen, aber der Esel merkte, dass kein guter Wind wehte, lief fort und machte sich auf den Weg nach Bremen: Dort, meinte er, könnte er ja Stadtmusikant werden. Als er ein Weilchen fortgegangen war, fand er einen Jagdhund auf dem Wege liegen, der jappte wie einer, der sich müde gelaufen hat. »Nun, was jappst du so, Packan?«, fragte der Esel. »Ach«, sagte der Hund, »weil ich alt bin und jeden Tag schwächer werde, auch auf der Jagd nicht mehr fort kann, hat mich mein Herr wollen totschlagen, da hab ich Reißaus genommen; aber womit soll ich nun mein Brot verdienen?« – »Weißt du was«, sprach der Esel, »ich gehe nach Bremen und werde dort Stadtmusikant, geh mit und lass dich auch bei der Musik annehmen. Ich spiele die Laute, und du schlägst die Pauken.« Der Hund wars zufrieden, und sie gingen weiter. Es dauerte nicht lange, so saß da eine Katze an dem Weg und machte ein Gesicht wie drei Tage Regenwetter. »Nun, was ist dir in die Quere gekommen, alter Bartputzer?«, sprach der Esel. »Wer kann da lustig sein, wenns einem an den Kragen geht«, antwortete die Katze. »Weil ich nun zu Jahren komme, meine Zähne stumpf werden und ich lieber hinter dem Ofen sitze und spinne, als nach Mäusen herumjage, hat mich meine Frau ersäufen wollen; ich habe mich zwar noch fortgemacht, aber nun ist guter Rat teuer: Wo soll ich hin?« – »Geh mit uns nach Bremen, du verstehst dich doch auf die Nachtmusik, da kannst du ein Stadtmusikant werden.« Die Katze hielt das für gut und ging mit. Darauf kamen die drei Landesflüchtigen an einem Hof vorbei, da saß auf dem Tor der Haushahn und schrie aus Leibeskräften. »Du schreist einem durch Mark und Bein«, sprach der Esel, »was hast du vor?« – »Da hab ich gut Wetter prophezeit«, sprach der Hahn, »weil unserer lieben Frauen Tag ist, wo sie dem Christkindlein die Hemdchen gewaschen hat und sie trocknen will; aber weil morgen zum Sonntag Gäste kommen, so hat die Hausfrau doch kein Erbarmen und hat der Köchin gesagt, sie wollte mich morgen in der Suppe essen, und da soll ich mir heute Abend den Kopf abschneiden lassen. Nun schrei ich aus vollem Hals, solang ich noch kann.« – »Ei was, du Rotkopf«, sagte der Esel, »zieh lieber mit uns fort, wir gehen nach Bremen, etwas Besseres als den Tod findest du überall; du hast eine gute Stimme, und wenn wir zusammen musizieren, so muss es eine Art haben.« Der Hahn ließ sich den Vorschlag gefallen, und sie gingen alle viere zusammen fort.

Sie konnten aber die Stadt Bremen in einem Tag nicht erreichen und kamen abends in einen Wald, wo sie übernachten wollten. Der Esel und der Hund legten sich unter einen großen Baum, die Katze und der Hahn machten sich in die Äste, der Hahn aber flog bis in die Spitze, wo es am sichersten für ihn war. Ehe er einschlief, sah er sich noch einmal nach allen vier Winden um, da deuchte ihn, er sähe in der Ferne ein Fünkchen brennen, und rief seinen Gesellen zu, es müsste nicht gar weit ein Haus sein, denn es scheine ein Licht. Sprach der Esel: »So müssen wir uns aufmachen und noch hingehen, denn hier ist die Herberge schlecht.« Der Hund meinte, ein paar Knochen und etwas Fleisch dran täten ihm auch gut. Also machten sie sich auf den Weg nach der Gegend, wo das Licht war, und sahen es bald heller schimmern, und es ward immer größer, bis sie vor ein hell erleuchtetes Räuberhaus kamen. Der Esel, als der Größte, näherte sich dem Fenster und schaute hinein. »Was siehst du, Grauschimmel?«, fragte der Hahn. »Was ich sehe?«, antwortete der Esel. »Einen gedeckten Tisch mit schönem Essen und Trinken, und Räuber sitzen daran und lassens sich wohl sein.« – »Das wäre was für uns«, sprach der Hahn. »Ja, ja, ach, wären wir da!«, sagte der Esel. Da ratschlagten die Tiere, wie sie es anfangen müssten, um die Räuber hinauszujagen, und fanden endlich ein Mittel. Der Esel musste sich mit den Vorderfüßen auf das Fenster stellen, der Hund auf des Esels Rücken springen, die Katze auf den Hund klettern, und endlich flog der Hahn hinauf und setzte sich der Katze auf den Kopf. Wie das geschehen war, fingen sie auf ein Zeichen insgesamt an, ihre Musik zu machen: Der Esel schrie, der Hund bellte, die Katze miaute und der Hahn krähte; dann stürzten sie durch das Fenster in die Stube hinein, dass die Scheiben klirrten. Die Räuber fuhren bei dem entsetzlichen Geschrei in die Höhe, meinten nicht anders, als ein Gespenst käme herein, und flohen in größter Furcht in den Wald hinaus. Nun setzten sich die vier Gesellen an den Tisch, nahmen mit dem vorlieb, was übrig geblieben war, und aßen, als wenn sie vier Wochen hungern sollten.

Wie die vier Spielleute fertig waren, löschten sie das Licht aus und suchten sich eine Schlafstätte, jeder nach seiner Natur und Bequemlichkeit. Der Esel legte sich auf den Mist, der Hund hinter die Türe, die Katze auf den Herd bei die warme Asche, und der Hahn setzte sich auf den Hahnenbalken; und weil sie müde waren von ihrem langen Weg, schliefen sie auch bald ein. Als Mitternacht vorbei war und die Räuber von Weitem sahen, dass kein Licht mehr im Haus brannte, auch alles ruhig schien, sprach der Hauptmann: »Wir hätten uns doch nicht sollen ins Bockshorn jagen lassen«, und hieß einen hingehen und das Haus untersuchen. Der Abgeschickte fand alles still, ging in die Küche, ein Licht anzuzünden, und weil er die glühenden, feurigen Augen der Katze für lebendige Kohlen ansah, hielt er ein Schwefelhölzchen daran, dass es Feuer fangen sollte. Aber die

Katze verstand keinen Spaß, sprang ihm ins Gesicht, spie und kratzte. Da erschrak er gewaltig, lief und wollte zur Hintertüre hinaus, aber der Hund, der da lag, sprang auf und biss ihn ins Bein. Und als er über den Hof an dem Miste vorbeirannte, gab ihm der Esel noch einen tüchtigen Schlag mit dem Hinterfuß; der Hahn aber, der vom Lärmen aus dem Schlaf geweckt und munter geworden war, rief vom Balken herab: »Kikeriki!« Da lief der Räuber, was er konnte, zu seinem Hauptmann zurück und sprach: »Ach, in dem Haus sitzt eine gräuliche Hexe, die hat mich angehaucht und mit ihren langen Fingern mir das Gesicht zerkratzt; und vor der Türe steht ein Mann mit einem Messer, der hat mich ins Bein gestochen; und auf dem Hof liegt ein schwarzes Ungetüm, das hat mit einer Holzkeule auf mich losgeschlagen; und oben auf dem Dache, da sitzt der Richter, der rief: ›Bringt mir den Schelm her.‹ Da machte ich, dass ich fortkam.« Von nun an getrauten sich die Räuber nicht weiter in das Haus; den vier Bremer Musikanten gefiels aber so wohl darin, dass sie nicht wieder herauswollten. Und der das zuletzt erzählt hat, dem ist der Mund noch warm.

23 Der Teufel mit den drei goldenen Haaren

Es war einmal eine arme Frau, die gebar ein Söhnlein, und weil es eine Glückshaut umhatte, als es zur Welt kam, so ward ihm geweissagt, es werde im vierzehnten Jahr die Tochter des Königs zur Frau haben. Es trug sich zu, dass der König bald darauf ins Dorf kam, und niemand wusste, dass es der König war, und als er die Leute fragte, was es Neues gäbe, so antworteten sie: »Es ist in diesen Tagen ein Kind mit einer Glückshaut geboren: Was so einer unternimmt, das schlägt ihm zum Glück aus. Es ist ihm auch vorausgesagt, in seinem vierzehnten Jahre solle er die Tochter des Königs zur Frau haben.« Der König, der ein böses Herz hatte und über die Weissagung sich ärgerte, ging zu den Eltern, tat ganz freundlich und sagte: »Ihr armen Leute, überlasst mir euer Kind, ich will es versorgen.« Anfangs weigerten sie sich; da aber der fremde Mann schweres Gold dafür bot und sie dachten: »Es ist ein Glückskind, es muss doch zu seinem Besten ausschlagen«, so willigten sie endlich ein und gaben ihm das Kind.

Der König legte es in eine Schachtel und ritt damit weiter, bis er zu einem tiefen Wasser kam; da warf er die Schachtel hinein und dachte: »Von dem unerwarteten Freier habe ich meine Tochter geholfen.« Die Schachtel aber ging nicht unter, sondern schwamm wie ein Schiffchen, und es drang auch kein Tröpfchen Wasser hinein. So schwamm sie bis zwei Meilen von des Königs Hauptstadt, wo eine Mühle war, an dessen Wehr sie hängen blieb. Ein Mahlbursche, der glücklicherweise dastand und sie bemerkte, zog sie mit einem Haken heran und meinte große Schätze zu finden; als er sie aber aufmachte, lag ein schöner Knabe darin, der ganz frisch und munter war. Er brachte ihn zu den Müllersleuten, und weil diese keine Kinder hatten, freuten sie sich und sprachen: »Gott hat es uns beschert.« Sie pflegten den Findling wohl, und er wuchs in allen Tugenden heran.

Es trug sich zu, dass der König einmal bei einem Gewitter in die Mühle trat und die Müllersleute fragte, ob der große Junge ihr Sohn wäre. »Nein«, antworteten sie, »es ist ein Findling, er ist vor vierzehn Jahren in einer Schachtel ans Wehr geschwommen, und der Mahlbursche hat ihn aus dem Wasser gezogen.« Da merkte der König, dass es niemand anders als das Glückskind war, das er ins Wasser geworfen hatte, und sprach: »Ihr guten Leute, könnte der Junge nicht einen Brief an die Frau Königin bringen, ich will ihm zwei Goldstücke zum Lohn geben?« – »Wie der Herr König gebietet«, antworteten die Leute und hießen den Jungen sich bereithalten. Da schrieb der König einen Brief an die Königin, worin stand: »Sobald der Knabe mit diesem Schreiben angelangt ist, soll er getötet und begraben werden, und das alles soll geschehen sein, ehe ich zurückkomme.«

Der Knabe machte sich mit diesem Briefe auf den Weg, verirrte sich aber und kam abends in einen großen Wald. In der Dunkelheit sah er ein kleines Licht, ging darauf zu und gelangte zu einem Häuschen. Als er hineintrat, saß eine alte Frau beim Feuer ganz allein. Sie erschrak, als sie den Knaben erblickte, und sprach: »Wo kommst du her und wo willst du hin?« – »Ich komme von der Mühle«, antwortete er, »und will zur Frau Königin, der ich einen Brief bringen soll. Weil ich mich aber in dem Walde verirrt habe, so wollte ich hier gerne übernachten.« – »Du armer Junge«, sprach die Frau, »du bist in ein Räuberhaus geraten, und wenn sie heimkommen, so bringen sie dich um.« – »Mag kommen, wer will«, sagte der Junge, »ich fürchte mich nicht. Ich bin aber so müde, dass ich nicht weiterkann«, streckte sich auf eine Bank und schlief ein. Bald hernach kamen die Räuber und fragten zornig, was da für ein fremder Knabe läge. »Ach«, sagte die Alte, »es ist ein unschuldiges Kind, es hat sich im Walde verirrt, und ich habe ihn aus Barmherzigkeit aufgenommen; er soll einen Brief an die Frau Königin bringen.« Die Räuber erbrachen den Brief und lasen ihn, und es stand darin, dass der Knabe sogleich, wie er ankäme, sollte ums Leben gebracht werden. Da empfanden die hartherzigen Räuber Mitleid, und der Anführer zerriss den Brief und schrieb einen andern, und es stand darin, sowie der Knabe ankäme, sollte er sogleich mit der Königstochter vermählt werden. Sie ließen ihn dann ruhig bis zum andern Morgen auf der Bank liegen, und als er aufgewacht war, gaben sie ihm den Brief und zeigten ihm den rechten Weg. Die Königin aber, als sie den Brief empfangen und gelesen hatte, tat, wie darin stand, hieß ein prächtiges Hochzeitsfest anstellen, und die Königstochter ward mit dem Glückskind vermählt; und da der Jüngling schön und freundlich war, so lebte sie vergnügt und zufrieden mit ihm.

Nach einiger Zeit kam der König wieder in sein Schloss und sah, dass die Weissagung erfüllt und das Glückskind mit seiner Tochter vermählt war. »Wie ist das zugegangen?«, sprach er. »Ich habe in meinem Brief einen ganz andern Befehl erteilt.« Da reichte ihm die Königin den Brief und sagte, er möchte selbst sehen, was darin stände. Der König las den Brief und merkte wohl, dass er mit einem andern war vertauscht worden. Er fragte den Jüngling, wie es mit dem anvertrauten Briefe zugegangen wäre, warum er einen andern dafür gebracht hätte. »Ich weiß von nichts«, antwortete er, »er muss mir in der Nacht vertauscht sein, als ich im Walde geschlafen habe.« Voll Zorn sprach der König: »So leicht soll es dir nicht werden. Wer meine Tochter haben will, der muss mir aus der Hölle drei goldene Haare von dem Haupte des Teufels holen; bringst du mir, was ich verlange, so sollst du meine Tochter behalten.« Damit hoffte der König ihn auf immer loszuwerden. Das Glückskind aber antwortete: »Die goldenen Haare will ich wohl holen, ich fürchte mich vor dem Teufel nicht.« Darauf nahm er Abschied und begann seine Wanderschaft.

Der Weg führte ihn zu einer großen Stadt, wo ihn der Wächter an dem Tore ausfragte, was für ein Gewerbe er verstände und was er wüsste. »Ich weiß alles«, antwortete das Glückskind. »So kannst du uns einen Gefallen tun«, sagte der Wächter, »wenn du uns sagst, warum unser Marktbrunnen, aus dem sonst Wein quoll, trocken geworden ist und nicht einmal mehr Wasser gibt.« – »Das sollt ihr erfahren«, antwortete er, »wartet nur, bis ich wiederkomme.« Da ging er weiter und kam vor eine andere Stadt, da fragte der Torwächter wiederum, was für ein Gewerb er verstünde und was er wüsste. »Ich weiß alles«, antwortete er. »So kannst du uns einen Gefallen tun und uns sagen, warum ein Baum in unserer Stadt, der sonst goldene Äpfel trug, jetzt nicht einmal Blätter hervortreibt.« – »Das sollt ihr erfahren«, antwortete er, »wartet nur, bis ich wiederkomme.« Da ging er weiter und kam an ein großes Wasser, über das er hinübermusste. Der Fährmann fragte ihn, was er für ein Gewerb verstände und was er wüsste. »Ich weiß alles«, antwortete er. »So kannst du mir einen Gefallen tun«, sprach der Fährmann, »und mir sagen, warum ich immer hin- und herfahren muss und niemals abgelöst werde.« – »Das sollst du erfahren«, antwortete er, »warte nur, bis ich wiederkomme.«

Als er über das Wasser hinüber war, so fand er den Eingang zur Hölle. Es war schwarz und rußig darin, und der Teufel war nicht zu Haus, aber seine Ellermutter saß da in einem breiten Sorgenstuhl. »Was willst du?«, sprach sie zu ihm, sah aber gar nicht so böse aus. »Ich wollte gerne drei goldene Haare von des Teufels Kopf«, antwortete er, »sonst kann ich meine Frau nicht behalten.« – »Das ist viel verlangt«, sagte sie. »Wenn der Teufel heimkommt und findet dich, so geht dirs an den Kragen; aber du dauerst mich, ich will sehen, ob ich dir helfen kann.« Sie verwandelte ihn in eine Ameise und sprach: »Kriech in meine Rockfalten, da bist du sicher.« – »Ja«, antwortete er, »das ist schon gut, aber drei Dinge möchte ich gerne noch wissen: warum ein Brunnen, aus dem sonst Wein quoll, trocken geworden ist, jetzt nicht einmal mehr Wasser gibt; warum ein Baum, der sonst goldene Äpfel trug, nicht einmal mehr Laub treibt; und warum ein Fährmann immer herüber- und hinüberfahren muss und nicht abgelöst wird.« – »Das sind schwere Fragen«, antwortete sie, »aber halte dich nur still und ruhig und hab acht, was der Teufel spricht, wenn ich ihm die drei goldenen Haare ausziehe.«

Als der Abend einbrach, kam der Teufel nach Haus. Kaum war er eingetreten, so merkte er, dass die Luft nicht rein war. »Ich rieche, rieche Menschenfleisch«, sagte er, »es ist hier nicht richtig.« Dann guckte er in alle Ecken und suchte, konnte aber nichts finden. Die Ellermutter schalt ihn aus: »Eben ist erst gekehrt«, sprach sie, »und alles in Ordnung gebracht, nun wirfst du mirs wieder untereinander; immer hast du Menschenfleisch in der Nase! Setze dich nieder und iss dein Abendbrot.« Als er gegessen und getrunken hatte, war er müde, legte der Ellermutter seinen Kopf in den Schoß und sagte, sie sollte ihn ein wenig lausen. Es dauerte nicht lange, so schlummerte er ein, blies und schnarchte. Da fasste die Alte ein goldenes Haar, riss es aus und legte es neben sich. »Autsch!«, schrie der Teufel. »Was hast du vor?« – »Ich habe einen schweren Traum gehabt«, antwortete die Ellermutter, »da hab ich dir in die Haare gefasst.« – »Was hat dir denn geträumt?«, fragte der Teufel. »Mir hat geträumt, ein Marktbrunnen, aus dem sonst Wein quoll, sei versiegt, und es habe nicht einmal Wasser daraus quellen wollen, was ist wohl schuld daran?« – »He, wenn sie's wüssten!«, antwortete der Teufel. »Es sitzt eine Kröte unter einem Stein im Brunnen; wenn sie die töten, so wird der Wein schon wieder fließen.« Die Ellermutter lauste ihn wieder, bis er einschlief und schnarchte, dass die Fenster zitterten. Da riss sie ihm das zweite Haar aus. »Hu! Was machst du?«, schrie der Teufel zornig. »Nimms nicht übel«, antwortete sie, »ich habe es im Traum getan.« – »Was hat dir wieder geträumt?«, fragte er. »Mir hat geträumt, in einem Königreiche ständ ein Obstbaum, der hätte sonst goldene Äpfel getragen und wollte jetzt nicht einmal Laub treiben. Was war wohl die Ursache davon?« – »He, wenn sie's wüssten!«, antwortete der Teufel. »An der Wurzel nagt eine Maus; wenn sie die töten, so wird er schon wieder goldene Äpfel tragen, nagt sie aber noch länger, so verdorrt der Baum gänzlich. Aber lass mich mit deinen Träumen in Ruhe; wenn du mich noch einmal im Schlafe störst, so kriegst du eine Ohrfeige.« Die Ellermutter sprach ihn zugut und lauste ihn wieder, bis er eingeschlafen war und schnarchte. Da fasste sie das dritte goldene Haar und riss es ihm aus. Der Teufel fuhr in die Höhe, schrie und wollte übel mit ihr wirtschaften, aber sie besänftigte ihn nochmals und sprach: »Wer kann für böse Träume!« – »Was hat dir denn geträumt?«, fragte er und war doch neugierig. »Mir hat von einem Fährmann geträumt, der sich beklagte, dass er immer hin- und herfahren müsste und nicht abgelöst würde. Was ist wohl schuld?« – »He, der Dummbart!«, antwortete der Teufel. »Wenn einer kommt und will überfahren, so muss er ihm die Stange in die Hand geben, dann muss der andere

überfahren und er ist frei.« Da die Ellermutter ihm die drei goldenen Haare ausgerissen hatte und die drei Fragen beantwortet waren, so ließ sie den alten Drachen in Ruhe, und er schlief, bis der Tag anbrach.

Als der Teufel wieder fortgezogen war, holte die Alte die Ameise aus der Rockfalte und gab dem Glückskind die menschliche Gestalt zurück. »Da hast du die drei goldenen Haare«, sprach sie. »Was der Teufel zu deinen drei Fragen gesagt hat, wirst du wohl gehört haben.« – »Ja«, antwortete er, »ich habe es gehört und wills wohl behalten.« – »So ist dir geholfen«, sagte sie, »und nun kannst du deiner Wege ziehen.« Er bedankte sich bei der Alten für die Hilfe in der Not, verließ die Hölle und war vergnügt, dass ihm alles so wohl geglückt war. Als er zu dem Fährmann kam, sollte er ihm die versprochene Antwort geben. »Fahr mich erst hinüber«, sprach das Glückskind, »so will ich dir sagen, wie du erlöst wirst«, und als er auf dem jenseitigen Ufer angelangt war, gab er ihm des Teufels Rat: »Wenn wieder einer kommt und will übergefahren sein, so gib ihm nur die Stange in die Hand.« Er ging weiter und kam zu der Stadt, worin der unfruchtbare Baum stand, und wo der Wächter auch Antwort haben wollte. Da sagte er ihm, wie er vom Teufel gehört hatte: »Tötet die Maus, die an seiner Wurzel nagt, so wird er wieder goldene Äpfel tragen.« Da dankte ihm der Wächter und gab ihm zur Belohnung zwei mit Gold beladene Esel, die mussten ihm nachfolgen. Zuletzt kam er zu der Stadt, deren Brunnen versiegt war. Da sprach er zu dem Wächter, wie der Teufel gesprochen hatte: »Es sitzt eine Kröte im Brunnen unter einem Stein, die müsst ihr aufsuchen und töten, so wird er wieder reichlich Wein geben.« Der Wächter dankte und gab ihm ebenfalls zwei mit Gold beladene Esel.

Endlich langte das Glückskind daheim bei seiner Frau an, die sich herzlich freute, als sie ihn wiedersah und hörte, wie wohl ihm alles gelungen war. Dem König brachte er, was er verlangt hatte, die drei goldenen Haare des Teufels, und als dieser die vier Esel mit dem Golde sah, ward er ganz vergnügt und sprach: »Nun sind alle Bedingungen erfüllt und du kannst meine Tochter behalten. Aber, lieber Schwiegersohn, sage mir doch, woher ist das viele Gold? Das sind ja gewaltige Schätze!« – »Ich bin über einen Fluss gefahren«, antwortete er, »und da habe ich es mitgenommen, es liegt dort statt des Sandes am Ufer.« – »Kann ich mir auch davon holen?«, sprach der König und war ganz begierig. »So viel Ihr nur wollt«, antwortete er. »Es ist ein Fährmann auf dem Fluss, von dem lasst Euch überfahren, so könnt Ihr drüben Eure Säcke füllen.« Der habsüchtige König machte sich in aller Eile auf den Weg, und als er zu dem Fluss kam, so winkte er dem Fährmann, der sollte ihn übersetzen. Der Fährmann kam und hieß ihn einsteigen, und als sie an das jenseitige Ufer kamen, gab er ihm die Ruderstange in die Hand und sprang davon. Der König aber musste von nun an fahren zur Strafe für seine Sünden.

»Fährt er wohl noch?« – »Was denn? Es wird ihm niemand die Stange abgenommen haben.«

24
Läuschen und Flöhchen

Ein Läuschen und ein Flöhchen, die lebten zusammen in einem Haushalte und brauten das Bier in einer Eierschale. Da fiel das Läuschen hinein und verbrannte sich. Darüber fing das Flöhchen an laut zu schreien. Da sprach die kleine Stubentüre: »Was schreist du, Flöhchen?« – »Weil Läuschen sich verbrannt hat.« Da fing das Türchen an zu knarren. Da sprach ein Besenchen in der Ecke: »Was knarrst du, Türchen?« – »Soll ich nicht knarren?

Läuschen hat sich verbrannt,
Flöhchen weint.«

Da fing das Besenchen an entsetzlich zu kehren. Da kam ein Wägelchen vorbei und sprach: »Was kehrst du, Besenchen?« – »Soll ich nicht kehren?

Läuschen hat sich verbrannt,
Flöhchen weint,
Türchen knarrt.«

Da sprach das Wägelchen: »So will ich rennen«, und fing an entsetzlich zu rennen. Da sprach das Mistchen, an dem es vorbeirannte: »Was rennst du, Wägelchen?« – »Soll ich nicht rennen?

Läuschen hat sich verbrannt,
Flöhchen weint,
Türchen knarrt,
Besenchen kehrt.«

Da sprach das Mistchen: »So will ich entsetzlich brennen«, und fing an in hellem Feuer zu brennen. Da stand ein Bäumchen neben dem Mistchen, das sprach: »Mistchen, warum brennst du?« – »Soll ich nicht brennen?

Läuschen hat sich verbrannt,
Flöhchen weint,
Türchen knarrt,
Besenchen kehrt,
Wägelchen rennt.«

Da sprach das Bäumchen: »So will ich mich schütteln«, und fing an sich zu schütteln, dass all seine Blätter abfielen. Das sah ein Mädchen, das mit seinem Wasserkrügelchen herankam und sprach: »Bäumchen, was schüttelst du dich?« – »Soll ich mich nicht schütteln?

Läuschen hat sich verbrannt,
Flöhchen weint,
Türchen knarrt,
Besenchen kehrt,
Wägelchen rennt,
Mistchen brennt.«

Da sprach das Mädchen: »So will ich mein Wasserkrügelchen zerbrechen«, und zerbrach das Wasserkrügelchen. Da sprach das Brünnlein, aus dem das Wasser quoll: »Mädchen, was zerbrichst du dein Wasserkrügelchen?« – »Soll ich mein Wasserkrügelchen nicht zerbrechen?

Läuschen hat sich verbrannt,
Flöhchen weint,
Türchen knarrt,
Besenchen kehrt,
Wägelchen rennt,
Mistchen brennt,
Bäumchen schüttelt sich.«

»Ei«, sagte das Brünnchen, »so will ich anfangen zu fließen«, und fing an entsetzlich zu fließen. Und in dem Wasser ist alles ertrunken, das Mädchen, das Bäumchen, das Mistchen, das Wägelchen, das Besenchen, das Türchen, das Flöhchen, das Läuschen, alles miteinander.

25
Das Mädchen ohne Hände

Ein Müller war nach und nach in Armut geraten und hatte nichts mehr als seine Mühle und einen großen Apfelbaum dahinter. Einmal war er in den Wald gegangen, Holz zu holen, da trat ein alter Mann zu ihm, den er noch niemals gesehen hatte, und sprach: »Was quälst du dich mit Holzhacken? Ich will dich reich machen, wenn du mir versprichst, was hinter deiner Mühle steht.« – »Was kann das anders sein als mein Apfelbaum?«, dachte der Müller, sagte »Ja« und verschrieb es dem fremden Manne. Der aber lachte höhnisch und sagte: »Nach drei Jahren will ich kommen und abholen, was mir gehört«, und ging fort. Als der Müller nach Haus kam, trat ihm seine Frau entgegen und sprach: »Sage mir, Müller, woher kommt der plötzliche Reichtum in unser Haus? Auf einmal sind alle Kisten und Kasten voll, kein Mensch hats hereingebracht und ich weiß nicht, wie es zugegangen ist.« Er antwortete: »Das kommt von einem fremden Manne, der mir im Walde begegnet ist und mir große Schätze verheißen hat; ich habe ihm dagegen verschrieben, was hinter der Mühle steht: Den großen Apfelbaum können wir wohl dafür geben.« – »Ach, Mann«, sagte die Frau erschrocken, »das ist der Teufel gewesen: Den Apfelbaum hat er nicht gemeint, sondern unsere Tochter, die stand hinter der Mühle und kehrte den Hof.«

Die Müllerstochter war ein schönes und frommes Mädchen und lebte die drei Jahre in Gottesfurcht und ohne Sünde. Als nun die Zeit herum war und der Tag kam, wo sie der Böse holen wollte, da wusch sie sich rein und machte mit Kreide einen Kranz um sich. Der Teufel erschien ganz frühe, aber er konnte ihr nicht nahe kommen. Zornig sprach er zum Müller: »Tu ihr alles Wasser weg, damit sie sich nicht mehr waschen kann, denn sonst habe ich keine Gewalt über sie.« Der Müller fürchtete sich und tat es. Am andern Morgen kam der Teufel wieder, aber sie hatte auf ihre Hände geweint und sie waren ganz rein. Da konnte er ihr wiederum nicht nahen und sprach wütend zu dem Müller: »Hau ihr die Hände ab, sonst kann ich ihr nichts anhaben.« Der Müller entsetzte sich und antwortete: »Wie könnt ich meinem eigenen Kinde die Hände abhauen!« Da drohte ihm der Böse und sprach: »Wo du es nicht tust, so bist du mein, und ich hole dich selber.« Dem Vater ward angst, und er versprach, ihm zu gehorchen. Da ging er zu dem Mädchen und sagte: »Mein Kind, wenn ich dir nicht beide Hände abhaue, so führt mich der Teufel fort, und in der Angst hab ich es ihm versprochen. Hilf mir doch in meiner Not und verzeihe mir, was ich Böses an dir tue.« Sie antwortete: »Lieber Vater, macht mit mir, was Ihr wollt, ich bin Euer Kind.« Darauf legte sie beide Hände hin und ließ sie sich abhauen. Der Teufel kam zum dritten Mal, aber sie hatte so lange und so viel auf die Stümpfe geweint, dass sie doch ganz rein waren. Da musste er weichen und hatte alles Recht auf sie verloren.

Der Müller sprach zu ihr: »Ich habe so großes Gut durch dich gewonnen, ich will dich zeitlebens aufs Köstlichste halten.« Sie antwortete aber: »Hier kann ich nicht bleiben, ich will fortgehen; mitleidige Menschen werden mir schon so viel geben, als ich brauche.« Darauf ließ sie sich die verstümmelten Arme auf den Rücken binden, und mit Sonnenaufgang machte sie sich auf den Weg und ging den ganzen Tag, bis es Nacht ward. Da kam sie zu einem königlichen Garten, und beim Mondschimmer sah sie, dass Bäume voll schöner Früchte darin standen; aber sie konnte nicht hinein, denn es war ein Wasser darum. Und weil sie den ganzen Tag gegangen war und keinen Bissen genossen hatte und der Hunger sie quälte, so dachte sie: »Ach, wäre ich darin, damit ich etwas von den Früchten äße, sonst muss ich verschmachten.« Da kniete sie nieder, rief Gott den Herrn an und betete. Auf einmal kam ein Engel daher, der machte eine Schleuse in dem Wasser zu, sodass der Graben trocken ward und sie hindurchgehen konnte. Nun ging sie in den Garten, und der Engel ging mit ihr. Sie sah einen Baum mit Obst, das waren schöne Birnen, aber sie waren alle gezählt. Da trat sie hinzu und aß eine mit dem Munde vom Baume ab, ihren Hunger zu stillen, aber nicht mehr. Der Gärtner sah es mit an, weil aber der Engel dabeistand, fürchtete er sich und meinte, das Mädchen wäre ein Geist, schwieg still und getraute nicht zu rufen oder den Geist anzureden. Als sie die Birne gegessen hatte, war sie gesättigt und ging und versteckte sich in das Gebüsch. Der König, dem der Garten gehörte, kam am andern Morgen herab, da zählte er und sah, dass eine der Birnen fehlte, und fragte den Gärtner, wo sie hingekommen wäre, sie läge nicht unter dem Baume und wäre doch weg. Da antwortete der Gärtner: »Vorige Nacht kam ein Geist herein, der hatte keine Hände und aß eine mit dem Munde ab.« Der König sprach: »Wie ist der Geist über das Wasser hereingekommen? Und wo ist er hingegangen, nachdem er die Birne gegessen hatte?« Der Gärtner antwortete: »Es kam jemand in schneeweißem Kleide vom Himmel, der hat die Schleuse zugemacht und das Wasser gehemmt, damit der Geist durch den Graben gehen konnte. Und weil es ein Engel muss gewesen sein, so habe ich mich gefürchtet, nicht gefragt und nicht gerufen. Als der Geist die Birne gegessen hatte, ist er wieder zurückgegangen.« Der König sprach: »Verhält es sich, wie du sagst, so will ich diese Nacht bei dir wachen.«

Als es dunkel ward, kam der König in den Garten und brachte einen Priester mit, der sollte den Geist anreden. Alle drei setzten sich unter den Baum und gaben acht. Um Mitternacht kam das Mädchen aus dem Gebüsch gekrochen, trat zu dem Baum und aß wieder mit dem Munde eine Birne ab; neben

ihr aber stand der Engel im weißen Kleide. Da ging der Priester hervor und sprach: »Bist du von Gott gekommen oder von der Welt? Bist du ein Geist oder ein Mensch?« Sie antwortete: »Ich bin kein

Geist, sondern ein armer Mensch, von allen verlassen, nur von Gott nicht.« Der König sprach: »Wenn du von aller Welt verlassen bist, so will ich dich nicht verlassen.« Er nahm sie mit sich in sein königliches Schloss, und weil sie so schön und fromm war, liebte er sie von Herzen, ließ ihr silberne Hände machen und nahm sie zu seiner Gemahlin.

Nach einem Jahre musste der König über Feld ziehen, da befahl er die junge Königin seiner Mutter und sprach: »Wenn sie ins Kindbett kommt, so haltet und verpflegt sie wohl und schreibt mirs gleich in einem Briefe.« Nun gebar sie einen schönen Sohn. Da schrieb es die alte Mutter eilig und meldete ihm die frohe Nachricht. Der Bote aber ruhte unterwegs an einem Bache, und da er von dem langen Wege ermüdet war, schlief er ein. Da kam der Teufel, welcher der frommen Königin immer zu schaden trachtete, und vertauschte den Brief mit einem andern, darin stand, dass die Königin einen Wechselbalg zur Welt gebracht hätte. Als der König den Brief las, erschrak er und betrübte sich sehr, doch schrieb er zur Antwort, sie sollten die Königin wohlhalten und pflegen bis zu seiner Ankunft. Der Bote ging mit dem Brief zurück, ruhte an der nämlichen Stelle und schlief wieder ein. Da kam der Teufel abermals und legte ihm einen andern Brief in die Tasche, darin stand, sie sollten die Königin mit ihrem Kinde töten. Die alte Mutter erschrak heftig, als sie den Brief erhielt, konnte es nicht glauben und schrieb dem Könige noch einmal, aber sie bekam keine andere Antwort, weil der Teufel dem Boten jedes Mal einen falschen Brief unterschob: Und in dem letzten Briefe stand noch, sie sollten zum Wahrzeichen Zunge und Augen der Königin aufheben.

Aber die alte Mutter weinte, dass so unschuldiges Blut sollte vergossen werden, ließ in der Nacht eine Hirschkuh holen, schnitt ihr Zunge und Augen aus und hob sie auf. Dann sprach sie zu der Königin: »Ich kann dich nicht töten lassen, wie der König befiehlt, aber länger darfst du nicht hierbleiben: Geh mit deinem Kinde in die weite Welt hinein und komm nie wieder zurück.« Sie band ihr das Kind auf den Rücken, und die arme Frau ging mit weiniglichen Augen fort. Sie kam in einen großen, wilden Wald, da setzte sie sich auf ihre Knie und betete zu Gott, und der Engel des Herrn erschien ihr und führte sie zu einem kleinen Haus, daran war ein Schildchen mit den Worten: »Hier wohnt ein jeder frei.« Aus dem Häuschen kam eine schneeweiße Jungfrau, die sprach: »Willkommen, Frau Königin«, und führte sie hinein. Da band sie ihr den kleinen Knaben von dem Rücken und hielt ihn an ihre Brust, damit er trank, und legte ihn dann auf ein schönes gemachtes Bettchen. Da sprach die arme Frau: »Woher weißt du, dass ich eine Königin war?« Die weiße Jungfrau antwortete: »Ich bin ein Engel, von Gott gesandt, dich und dein Kind zu verpflegen.« Da blieb sie in dem Hause sieben Jahre und war wohl verpflegt, und durch Gottes Gnade wegen ihrer Frömmigkeit wuchsen ihr die abgehauenen Hände wieder.

Der König kam endlich aus dem Felde wieder nach Haus, und sein Erstes war, dass er seine Frau mit dem Kinde sehen wollte. Da fing die alte Mutter an zu weinen und sprach: »Du böser Mann, was hast du mir geschrieben, dass ich zwei unschuldige Seelen ums Leben bringen sollte!«, und zeigte ihm die beiden Briefe, die der Böse verfälscht hatte, und sprach weiter: »Ich habe getan, wie du befohlen hast«, und wies ihm die Wahrzeichen, Zunge und Augen. Da fing der König an noch viel bitterlicher zu weinen über seine arme Frau und sein Söhnlein, dass es die alte Mutter erbarmte und sie zu ihm sprach: »Gib dich zufrieden, sie lebt noch. Ich habe eine Hirschkuh heimlich schlachten lassen und von dieser die Wahrzeichen genommen, deiner Frau aber habe ich ihr Kind auf den Rücken gebunden und sie geheißen, in die weite Welt zu gehen, und sie hat versprechen müssen, nie wieder hierher zu kommen, weil du so zornig über sie wärst.« Da sprach der König: »Ich will gehen, so weit der Himmel blau ist, und nicht essen und nicht trinken, bis ich meine liebe Frau und mein Kind wiedergefunden habe, wenn sie nicht in der Zeit umgekommen oder Hungers gestorben sind.«

Darauf zog der König umher, an die sieben Jahre lang, und suchte sie in allen Steinklippen und Felsenhöhlen, aber er fand sie nicht und dachte, sie wäre verschmachtet. Er aß nicht und trank nicht während dieser ganzen Zeit, aber Gott erhielt ihn. Endlich kam er in einen großen Wald und fand darin das kleine Häuschen, daran das Schildchen war mit den Worten: »Hier wohnt jeder frei.« Da kam die weiße Jungfrau heraus, nahm ihn bei der Hand, führte ihn hinein und sprach: »Seid willkommen, Herr König«, und fragte ihn, wo er herkäme. Er antwortete: »Ich bin bald sieben Jahre umhergezogen und suche meine Frau mit ihrem Kinde, ich kann sie aber nicht finden.« Der Engel bot ihm Essen und Trinken an, er nahm es aber nicht und wollte nur ein wenig ruhen. Da legte er sich schlafen und deckte ein Tuch über sein Gesicht.

Darauf ging der Engel in die Kammer, wo die Königin mit ihrem Sohne saß, den sie gewöhnlich Schmerzenreich nannte, und sprach zu ihr: »Geh heraus mitsamt deinem Kinde, dein Gemahl ist gekommen.« Da ging sie hin, wo er lag, und das Tuch fiel ihm vom Angesicht. Da sprach sie: »Schmerzenreich, heb deinem Vater das Tuch auf und decke ihm sein Gesicht wieder zu.« Das Kind hob es auf und deckte es wieder über sein Gesicht. Das hörte der König im Schlummer und ließ das Tuch noch einmal gerne fallen. Da ward das Knäbchen ungeduldig und sagte: »Liebe Mutter, wie kann ich meinem Vater das Gesicht zudecken, ich habe ja keinen Vater auf der Welt. Ich habe das Beten gelernt, »Unser Vater, der du bist im Himmel«, da hast du gesagt, mein Vater wär im Himmel und wäre der liebe Gott. Wie soll ich einen so wilden Mann kennen? Der ist mein Vater nicht.« Wie der König das hörte, richtete er sich auf und fragte, wer sie wäre. Da sagte sie: »Ich bin deine Frau, und das ist dein Sohn Schmerzenreich.« Und er sah ihre lebendigen Hände und sprach: »Meine Frau hatte silberne Hände.« Sie antwortete: »Die natürlichen Hände hat mir der gnädige Gott wieder wachsen lassen«; und der Engel ging in die Kammer, holte die silbernen Hände und zeigte sie ihm. Da sah er erst gewiss, dass es seine liebe Frau und sein liebes Kind war, und küsste sie und war froh und sagte: »Ein schwerer Stein ist von meinem Herzen gefallen.« Da speiste sie der Engel Gottes noch einmal zusammen, und dann gingen sie nach Haus zu seiner alten Mutter. Da war große Freude überall, und der König und die Königin hielten noch einmal Hochzeit, und sie lebten vergnügt bis an ihr seliges Ende.

26
Die drei Sprachen

In der Schweiz lebte einmal ein alter Graf, der hatte nur einen einzigen Sohn, aber er war dumm und konnte nichts lernen. Da sprach der Vater: »Höre, mein Sohn, ich bringe nichts in deinen Kopf, ich mag es anfangen, wie ich will. Du musst fort von hier, ich will dich einem berühmten Meister übergeben, der soll es mit dir versuchen.« Der Junge ward in eine fremde Stadt geschickt und blieb bei dem Meister ein ganzes Jahr. Nach Verlauf dieser Zeit kam er wieder heim, und der Vater fragte: »Nun mein Sohn, was hast du gelernt?« – »Vater, ich habe gelernt, was die Hunde bellen«, antwortete er. »Dass Gott erbarm«, rief der Vater aus, »ist das alles, was du gelernt hast? Ich will dich in eine andere Stadt zu einem andern Meister tun.« Der Junge ward hingebracht und blieb bei diesem Meister auch ein Jahr. Als er zurückkam, fragte der Vater wiederum: »Mein Sohn, was hast du gelernt?« Er antwortete: »Vater, ich habe gelernt, was die Vögli sprechen.« Da geriet der Vater in Zorn und sprach: »Oh du verlorner Mensch, hast die kostbare Zeit hingebracht und nichts gelernt und schämst dich nicht, mir unter die Augen zu treten? Ich will dich zu einem dritten Meister schicken, aber lernst du auch diesmal nichts, so will ich dein Vater nicht mehr sein.« Der Sohn blieb bei dem dritten Meister ebenfalls ein ganzes Jahr, und als er wieder nach Haus kam und der Vater fragte: »Mein Sohn, was hast du gelernt?«, so antwortete er: »Lieber Vater, ich habe dieses Jahr gelernt, was die Frösche quaken.« Da geriet der Vater in den höchsten Zorn, sprang auf, rief seine Leute herbei und sprach: »Dieser Mensch ist mein Sohn nicht mehr, ich stoße ihn aus und gebiete euch, dass ihr ihn hinaus in den Wald führt und ihm das Leben nehmt.« Sie führten ihn hinaus, aber als sie ihn töten sollten, konnten sie nicht vor Mitleiden und ließen ihn gehen. Sie schnitten einem Reh Augen und Zunge aus, damit sie dem Alten die Wahrzeichen bringen konnten.

Der Jüngling wanderte fort und kam nach einiger Zeit zu einer Burg, wo er um Nachtherberge bat. »Ja«, sagte der Burgherr, »wenn du da unten in dem alten Turm übernachten willst, so gehe hin, aber ich warne dich, es ist lebensgefährlich, denn er ist voll wilder Hunde, die bellen und heulen in einem fort, und zu gewissen Stunden müssen sie einen Menschen ausgeliefert haben, den sie auch gleich verzehren.« Die ganze Gegend war darüber in Trauer und Leid, und konnte doch niemand helfen. Der Jüngling aber war ohne Furcht und sprach: »Lasst mich nur hinab zu den bellenden Hunden, und gebt mir etwas, das ich ihnen vorwerfen kann; mir sollen sie nichts tun.« Weil er nun selber nicht anders wollte, so gaben sie ihm etwas Essen für die wilden Tiere und brachten ihn hinab zu dem Turm. Als er hineintrat, bellten ihn die Hunde nicht an, wedelten mit den Schwänzen ganz freundlich um ihn herum, fraßen, was er ihnen hinsetzte, und krümmten ihm kein Härchen. Am andern Morgen kam er zu jedermanns Erstaunen gesund und unversehrt wieder zum Vorschein und sagte zu dem Burgherrn: »Die Hunde haben mir in ihrer Sprache offenbart, warum sie da hausen und dem Lande Schaden bringen. Sie sind verwünscht und müssen einen großen Schatz hüten, der unten im Turme liegt, und kommen nicht eher zur Ruhe, als bis er gehoben ist, und wie dies geschehen muss, das habe ich ebenfalls aus ihren Reden vernommen.« Da freuten sich alle, die das hörten, und der Burgherr sagte, er wollte ihn an Sohnes statt annehmen, wenn er es glücklich vollbrächte. Er stieg wieder hinab, und weil er wusste, was er zu tun hatte, so vollführte er es und brachte eine mit Gold gefüllte Truhe herauf. Das Geheul der wilden Hunde ward von nun an nicht mehr gehört, sie waren verschwunden, und das Land war von der Plage befreit.

Über eine Zeit kam es ihm in den Sinn, er wollte nach Rom fahren. Auf dem Weg kam er an einem Sumpf vorbei, in welchem Frösche saßen und quakten. Er horchte auf, und als er vernahm, was sie sprachen, ward er ganz nachdenklich und traurig. Endlich langte er in Rom an, da war gerade der Papst gestorben und unter den Kardinälen großer Zweifel, wen sie zum Nachfolger bestimmen sollten. Sie wurden zuletzt einig, derjenige sollte zum Papst erwählt werden, an dem sich ein göttliches Wunderzeichen offenbaren würde. Und als das eben beschlossen war, in demselben Augenblick trat der junge Graf in die Kirche, und plötzlich flogen zwei schneeweiße Tauben auf seine beiden Schultern und blieben da sitzen. Die Geistlichkeit erkannte darin das Zeichen Gottes und fragte ihn auf der Stelle, ob er Papst werden wolle. Er war unschlüssig und wusste nicht, ob er dessen würdig wäre, aber die Tauben redeten ihm zu, dass er es tun möchte, und endlich sagte er Ja. Da wurde er gesalbt und geweiht, und damit war eingetroffen, was er von den Fröschen unterwegs gehört und was ihn so bestürzt gemacht hatte, dass er der heilige Papst werden sollte. Darauf musste er eine Messe singen und wusste kein Wort davon, aber die zwei Tauben saßen stets auf seinen Schultern und sagten ihm alles ins Ohr.

27
Der gestiefelte Kater

Ein Müller hatte drei Söhne, seine Mühle, einen Esel und einen Kater; die Söhne mussten mahlen, der Esel Getreide holen und Mehl forttragen und die Katz die Mäuse wegfangen. Als der Müller starb, teilten sich die drei Söhne in die Erbschaft, der älteste bekam die Mühle, der zweite den Esel, der dritte den Kater, weiter blieb nichts für ihn übrig. Da war er traurig und sprach zu sich selbst: »Ich hab es doch am allerschlimmsten kriegt, mein ältster Bruder kann mahlen, mein zweiter kann auf seinem Esel reiten, was kann ich mit dem Kater anfangen? Lass ich mir ein Paar Pelzhandschuhe aus seinem Fell machen, so ists vorbei.« – »Hör«, fing der Kater an, der alles verstanden hatte, was er gesagt, »du brauchst mich nicht zu töten, um ein Paar schlechte Handschuh aus meinem Pelz zu kriegen, lass mir nur ein Paar Stiefel machen, dass ich ausgehen kann und mich unter den Leuten sehen lassen, dann soll dir bald geholfen sein.« Der Müllerssohn verwunderte sich, dass der Kater so sprach, weil aber eben der Schuster vorbeiging, rief er ihn herein und ließ ihm ein Paar Stiefel anmessen. Als sie fertig waren, zog sie der Kater an, nahm einen Sack, machte den Boden desselben voll Korn, oben aber eine Schnur daran, womit man ihn zuziehen konnte, dann warf er ihn über den Rücken und ging auf zwei Beinen, wie ein Mensch, zur Tür hinaus.

Dazumal regierte ein König in dem Land, der aß die Rebhühner so gern; es war aber eine Not, dass keine zu kriegen waren. Der ganze Wald war voll, aber sie waren so scheu, dass kein Jäger sie erreichen konnte. Das wusste der Kater und gedacht seine Sache besser zu machen; als er in den Wald kam, tat er den Sack auf, breitete das Korn auseinander, die Schnur aber legte er ins Gras und leitete sie hinter eine Hecke. Da versteckte er sich selber, schlich herum und lauerte. Die Rebhühner kamen bald gelaufen, fanden das Korn, und eins nach dem andern hüpfte in den Sack hinein. Als eine gute Anzahl darin war, zog der Kater den Strick zu, lief herzu und drehte ihnen den Hals um; dann warf er den Sack auf den Rücken und ging geradeswegs nach des Königs Schloss. Die Wache rief: »Halt! Wohin.« – »Zu dem König«, antwortete der Kater kurzweg. – »Bist du toll, ein Kater zum König?« – »Lass ihn nur gehen, sagte ein anderer, der König hat doch oft Langeweil, vielleicht macht ihm der Kater mit seinem Brummen und Spinnen Vergnügen.« Als der Kater vor den König kam, machte er einen Reverenz und sagte: »Mein Herr, der Graf«, dabei nannte er einen langen und vornehmen Namen, »lässt sich dem Herrn König empfehlen und schickt ihm hier Rebhühner, die er eben in Schlingen gefangen hat.« Der König erstaunte über die schönen fetten Rebhühner, wusste sich vor Freude nicht zu lassen, und befahl dem Kater, so viel Gold aus der Schatz-

kammer in den Sack zu tun, als er tragen könne: »Das bring deinem Herrn und dank ihm noch vielmal für sein Geschenk.«

Der arme Müllerssohn aber saß zu Haus am Fenster, stützte den Kopf auf die Hand und dachte, dass er nun sein Letztes für die Stiefeln des Katers weggegeben, und was werde ihm der Großes dafür bringen können. Da trat der Kater herein, warf den Sack vom Rücken, schnürte ihn auf und schüttete das Gold vor den Müller hin: »Da hast du etwas vor die Stiefeln, der König lässt dich auch grüßen und dir viel Dank sagen.« Der Müller war froh über den Reichtum, ohne dass er noch recht begreifen konnte, wie es zugegangen war. Der Kater aber, während er seine Stiefel auszog, erzählte ihm alles, dann sagte er: »Du hast zwar jetzt Geld genug, aber dabei soll es nicht bleiben, morgen zieh ich meine Stiefel wieder an, du sollst noch reicher werden, dem König hab ich auch gesagt, dass du ein Graf bist.« Am andern Tag ging der Kater, wie er gesagt hatte, wohl gestiefelt wieder auf die Jagd und brachte dem König einen reichen Fang. So ging es alle Tage, und der Kater brachte alle Tage Gold heim und ward so beliebt wie einer bei dem König, dass er aus und ein gehen durfte und im Schloss herumstreichen, wo er wollte. Einmal stand der Kater in der Küche des Königs beim Herd und wärmte sich, da kam der Kutscher und fluchte: »Ich wünsch, der König mit der Prinzessin wär beim Henker! Ich wollt ins Wirtshaus gehen und einmal trinken und Karten spielen, da soll ich sie spazieren fahren an den See.« Wie der Kater das hörte, schlich er nach Haus und sagte zu seinem Herrn: »Wenn du willst ein Graf und reich werden, so komm mit mir hinaus an den See und bad dich darin.« Der Müller wusste nicht, was er dazu sagen sollte, doch folgte er dem Kater, ging mit ihm, zog sich splinternackend aus und sprang ins Wasser. Der Kater aber nahm seine Kleider, trug sie fort und versteckte sie. Kaum war er damit fertig, da kam der König dahergefahren; der Kater fing sogleich an, erbärmlich zu lamentieren: »Ach! Allergnädigster König! Mein Herr, der hat sich hier im See gebadet, da ist ein Dieb gekommen und hat ihm die Kleider gestohlen, die am Ufer lagen, nun ist der Herr Graf im Wasser und kann nicht heraus, und wenn er länger darin bleibt wird er sich verkälten und sterben.« Wie der König das hörte, ließ er haltmachen, und einer von seinen Leuten musste zurückjagen und von des Königs Kleidern holen. Der Herr Graf zog die prächtigsten Kleider an, und weil ihm ohnehin der König wegen der Rebhüner, die er meinte, von ihm empfangen zu haben, gewogen war, so musste er sich zu ihm in die Kutsche setzen. Die Prinzessin war auch nicht bös darüber, denn der Graf war jung und schön, und er gefiel ihr recht gut.

Der Kater aber war vorausgegangen und zu einer großen Wiese gekommen, wo über hundert Leute waren und Heu machten. »Wem ist die Wiese, ihr Leute?«, fragte der Kater. – »Dem großen Zauberer.« – »Hört, jetzt wird der König bald vorbeifahren, wenn der fragt, wem die Wiese gehört, so antwortet: dem Grafen; und wenn ihr das nicht tut, so werdet ihr alle totgeschlagen.« – Darauf ging der Kater weiter und kam an ein Kornfeld, so groß, dass es niemand übersehen konnte, da standen mehr als zweihundert Leute und schnitten das Korn. »Wem ist das Korn, ihr Leute?« – »Dem Zauberer.« – »Hört, jetzt wird der König vorbeifahren, wenn er fragt, wem das Korn gehört, so antwortet: dem Grafen; und wenn ihr das nicht tut, so werdet ihr alle totgeschlagen.« – Endlich kam der Kater an einen prächtigen Wald, da standen mehr als dreihundert Leute, fällten die großen Eichen und machten Holz. – »Wem ist der Wald, ihr Leute?« – »Dem Zauberer.« – »Hört, jetzt wird der König vorbeifahren, wenn er fragt, wem der Wald gehört, so antwortet: dem Grafen; und wenn ihr das nicht tut, so werdet ihr alle umgebracht.« Der Kater ging noch weiter, die Leute sahen ihm alle nach, und weil er so wunderlich aussah und wie ein Mensch im Stiefeln daherging, fürchteten sie sich vor ihm. Er kam bald an des Zauberers Schloss, trat kecklich hinein und vor ihn hin. Der Zauberer sah ihn verächtlich an und fragte ihn, was er wolle. Der Kater machte einen Reverenz und sagte: »Ich habe gehört, dass du in jedes Tier nach deinem Gefallen dich verwandeln könntest; was einen Hund, Fuchs oder auch Wolf betrifft, da will ich es wohl glauben, aber von einem Elefant, das scheint mir ganz unmöglich, und deshalb bin ich gekommen, um mich selbst zu überzeugen.« Der Zauberer sagte stolz: »Das ist mir eine Kleinigkeit«, und war in dem Augenblick in einen Elefant verwandelt. »Das ist viel, aber auch in einen Löwen?« – »Das ist auch nichts«, sagte der Zauberer und stand als ein Löwe vor dem Kater. Der Kater stellte sich erschrocken und rief: »Das ist unglaublich und unerhört, dergleichen hätt ich mir nicht im Traume in die Gedanken kommen lassen; aber noch mehr als alles andere wär es, wenn du dich auch in ein so kleines Tier, wie eine Maus ist, verwandeln könntest; du kannst gewiss mehr als irgendein Zauberer auf der Welt, aber das wird dir doch zu hoch sein.« Der Zauberer ward ganz freundlich von den süßen Worten und sagte: »Oh ja, liebes Kätzchen, das kann ich auch«, und sprang als eine Maus im Zimmer herum. Der Kater war hinter ihm her, fing die Maus mit einem Sprung und fraß sie auf.

Der König aber war mit dem Grafen und der Prinzessin weiter spazieren gefahren und kam zu der großen Wiese. »Wem gehört das Heu?«, fragte der König. – »Dem Herrn Grafen«, riefen alle, wie der Kater ihnen befohlen hatte. – »Ihr habt da ein schön Stück Land, Herr Graf«, sagte er. Darnach kamen sie an das große Kornfeld. »Wem gehört das Korn, ihr Leute?« – »Dem Herrn Grafen.« – »Ei! Herr Graf! Große, schöne Ländereien!« – Darauf zu dem Wald: »Wem gehört das Holz, ihr Leute?« – »Dem Herrn Grafen.« – Der König verwunderte sich noch mehr und sagte: »Ihr müsst ein reicher Mann sein, Herr Graf, ich glaube nicht, dass ich einen so prächtigen Wald habe.« Endlich kamen sie an das Schloss, der Kater stand oben an der Treppe, und als der Wagen unten hielt, sprang er herab, machte die Türe auf und sagte: »Herr König, Ihr gelangt hier in das Schloss meines Herrn, des Grafen, den diese Ehre für sein Lebtag glücklich machen wird.« Der König stieg aus und verwunderte sich über das prächtige Gebäude, das fast größer und schöner war als sein Schloss; der Graf aber führte die Prinzessin die Treppe hinauf in den Saal, der ganz von Gold und Edelsteinen flimmerte.

Da ward die Prinzessin mit dem Grafen versprochen, und als der König starb, ward er König, der gestiefelte Kater aber erster Minister.

28
Tischchen deck dich, Goldesel und Knüppel aus dem Sack

Vor Zeiten war ein Schneider, der drei Söhne hatte und nur eine einzige Ziege. Aber die Ziege, weil sie alle zusammen mit ihrer Milch ernährte, musste ihr gutes Futter haben und täglich hinaus auf die Weide geführt werden. Die Söhne taten das auch nach der Reihe. Einmal brachte sie der Älteste auf den Kirchhof, wo die schönsten Kräuter standen, ließ sie da fressen und herumspringen. Abends, als es Zeit war heimzugehen, fragte er: »Ziege, bist du satt?« Die Ziege antwortete:

»Ich bin so satt,
ich mag kein Blatt: Meh! Meh!«

»So komm nach Haus«, sprach der Junge, fasste sie am Strickchen, führte sie in den Stall und band sie fest. »Nun«, sagte der alte Schneider, »hat die Ziege ihr gehöriges Futter?« – »Oh«, antwortete der Sohn, »die ist so satt, sie mag kein Blatt.« Der Vater aber wollte sich selbst überzeugen, ging hinab in den Stall, streichelte das liebe Tier und fragte: »Ziege, bist du auch satt?« Die Ziege antwortete:

»Wovon sollt ich satt sein?
Ich sprang nur über Gräbelein,
und fand kein einzig Blättelein: Meh! Meh!«

»Was muss ich hören!«, rief der Schneider, lief hinauf und sprach zu dem Jungen: »Ei, du Lügner, sagst, die Ziege wäre satt, und hast sie hungern lassen?« Und in seinem Zorne nahm er die Elle von der Wand und jagte ihn mit Schlägen hinaus.

Am andern Tag war die Reihe am zweiten Sohn, der suchte an der Gartenhecke einen Platz aus, wo lauter gute Kräuter standen, und die Ziege fraß sie rein ab. Abends, als er heimwollte, fragte er: »Ziege, bist du satt?« Die Ziege antwortete:

»Ich bin so satt,
ich mag kein Blatt: Meh! Meh!«

»So komm nach Haus«, sprach der Junge, zog sie heim und band sie im Stall fest. »Nun«, sagte der alte Schneider, »hat die Ziege ihr gehöriges Futter?« – »Oh«, antwortete der Sohn, »die ist so satt, sie mag kein Blatt.« Der Schneider wollte sich darauf nicht verlassen, ging hinab in den Stall und fragte: »Ziege, bist du auch satt?« Die Ziege antwortete:

»Wovon sollt ich satt sein?
Ich sprang nur über Gräbelein,
und fand kein einzig Blättelein: Meh! Meh!«

»Der gottlose Bösewicht!«, schrie der Schneider, »so ein frommes Tier hungern zu lassen!«, lief hinauf und schlug mit der Elle den Jungen zur Haustüre hinaus.

Die Reihe kam jetzt an den dritten Sohn, der wollte seine Sache gut machen, suchte Buschwerk mit dem schönsten Laube aus und ließ die Ziege daran fressen. Abends, als er heimwollte, fragte er: »Ziege, bist du auch satt?« Die Ziege antwortete:

»Ich bin so satt,
ich mag kein Blatt: Meh! Meh!«

»So komm nach Haus«, sagte der Junge, führte sie in den Stall und band sie fest. »Nun«, sagte der alte Schneider, »hat die Ziege ihr gehöriges Futter?« – »Oh«, antwortete der Sohn, »die ist so satt, sie mag kein Blatt.« Der Schneider traute nicht, ging hinab und fragte: »Ziege, bist du auch satt?« Das boshafte Tier antwortete:

»Wovon sollt ich satt sein?
Ich sprang nur über Gräbelein,
und fand kein einzig Blättelein: Meh! Meh!«

»Oh die Lügenbrut!«, rief der Schneider. »Einer so gottlos und pflichtvergessen wie der andere! Ihr sollt mich nicht länger zum Narren haben!« Und vor Zorn ganz außer sich sprang er hinauf und gerbte dem armen Jungen mit der Elle den Rücken so gewaltig, dass er zum Haus hinaussprang.

Der alte Schneider war nun mit seiner Ziege allein. Am andern Morgen ging er hinab in den Stall, liebkoste die Ziege und sprach: »Komm, mein liebes Tierlein, ich will dich selbst zur Weide führen.« Er nahm sie am Strick und brachte sie zu grünen Hecken und unter Schafrippe und was sonst die Ziegen gerne fressen. »Da kannst du dich einmal nach Herzenslust sättigen«, sprach er zu ihr und ließ sie weiden bis zum Abend. Da fragte er: »Ziege, bist du satt?« Sie antwortete:

»Ich bin so satt,
ich mag kein Blatt: Meh! Meh!«

»So komm nach Haus«, sagte der Schneider, führte sie in den Stall und band sie fest. Als er wegging, kehrte er sich noch einmal um und sagte: »Nun bist du doch einmal satt!« Aber die Ziege machte es ihm nicht besser und rief:

»Wie sollt ich satt sein?
Ich sprang nur über Gräbelein,
und fand kein einzig Blättelein: Meh! Meh!«

Als der Schneider das hörte, stutzte er und sah wohl, dass er seine drei Söhne ohne Ursache verstoßen hatte. »Wart«, rief er, »du undankbares Geschöpf, dich fortzujagen ist noch zu wenig, ich will dich zeichnen, dass du dich unter ehrbaren Schneidern nicht mehr darfst sehen lassen.« In einer Hast sprang er hinauf, holte sein Bartmesser, seifte der Ziege den Kopf ein und schor sie so glatt wie seine flache Hand. Und weil die Elle zu ehrenvoll gewesen wäre, holte er die Peitsche und versetzte ihr solche Hiebe, dass sie in gewaltigen Sprüngen davonlief.

Der Schneider, als er so ganz einsam in seinem Hause saß, verfiel in große Traurigkeit und hätte seine Söhne gerne wiedergehabt, aber niemand wusste, wo sie hingeraten waren. Der Älteste war zu einem Schreiner in die Lehre gegangen, da lernte er fleißig und unverdrossen, und als seine Zeit herum war, dass er wandern sollte, schenkte ihm der Meister ein Tischchen, das gar kein besonderes Ansehen hatte und von gewöhnlichem Holz war: Aber es hatte eine gute Eigenschaft. Wenn man es hinstellte und sprach: »Tischchen, deck dich«, so war das gute Tischchen auf einmal mit einem saubern Tüchlein bedeckt, und stand da ein Teller, und Messer und Gabel daneben, und Schüsseln mit Gesottenem und Gebratenem, so viel Platz hatten, und ein großes Glas mit rotem Wein leuchtete, dass einem das Herz lachte. Der junge Gesell dachte: »Damit hast du genug für dein Lebtag«, zog guter Dinge in der Welt umher und bekümmerte sich gar nicht darum, ob ein Wirtshaus gut oder schlecht und ob etwas darin zu finden war oder nicht. Wenn es ihm gefiel, so kehrte er gar nicht ein, sondern im Felde, im Wald, auf einer Wiese, wo er Lust hatte, nahm er sein Tischchen vom Rücken, stellte es vor sich und sprach: »Deck dich«, so war alles da, was sein Herz begehrte. Endlich kam es ihm in den Sinn, er wollte zu seinem Vater zurückkehren, sein Zorn würde sich gelegt haben, und mit dem Tischchendeck-dich würde er ihn gerne wieder aufnehmen. Es trug sich zu, dass er auf dem Heimweg abends in ein Wirtshaus kam, das mit Gästen angefüllt war. Sie hießen ihn willkommen und luden ihn ein, sich zu ihnen zu setzen und mit ihnen zu essen, sonst würde er schwerlich noch etwas bekommen. »Nein«, antwortete der Schreiner, »die paar Bissen will ich euch nicht vor dem Munde nehmen, lieber sollt ihr meine Gäste sein.« Sie lachten und meinten, er triebe seinen Spaß mit ihnen. Er aber stellte sein hölzernes Tischchen mitten in die Stube und sprach: »Tischchen, deck dich.« Augenblicklich war es mit Speisen besetzt, so gut, wie sie der Wirt nicht hätte herbeischaffen können, und wovon der Geruch den Gästen lieblich in die Nase stieg. »Zugegriffen, liebe Freunde«, sprach der Schreiner, und die Gäste, als sie sahen, wie es gemeint war, ließen sich nicht zweimal bitten, rückten heran, zogen ihre Messer und griffen tapfer zu. Und was sie am meisten verwunderte: Wenn eine Schüssel leer geworden war, so stellte sich gleich von selbst eine volle an ihren Platz. Der Wirt stand in einer Ecke und sah dem Dinge zu; er wusste gar nicht, was er sagen sollte, dachte aber: »Einen solchen Koch könntest du in deiner Wirtschaft wohl brauchen.« Der Schreiner und seine Gesellschaft waren lustig bis in die späte Nacht, endlich legten sie sich schlafen, und der junge Geselle ging auch zu Bett und stellte sein Wünschtischchen an die Wand. Dem Wirte aber ließen seine Gedanken keine Ruhe; es fiel ihm ein, dass in seiner Rumpelkammer ein altes Tischchen stände, das gerade so aussähe; das holte er ganz sachte herbei und vertauschte es mit dem Wünschtischchen. Am andern Morgen zahlte der Schreiner sein Schlafgeld, packte sein Tischchen auf, dachte gar nicht daran, dass er ein falsches hätte, und ging seiner Wege. Zu Mittag kam er bei seinem Vater an, der ihn mit großer Freude empfing. »Nun, mein lieber Sohn, was hast du gelernt?«, sagte er zu ihm. »Vater, ich bin ein Schreiner geworden.« – »Ein gutes Handwerk«, erwiderte der Alte, »aber was hast du von deiner Wanderschaft mitgebracht?« – »Vater, das Beste, was ich mitgebracht habe, ist das Tischchen.« Der Schneider betrachtete es von allen Seiten und sagte: »Daran hast du kein Meisterstück gemacht, das ist ein altes und schlechtes Tischchen.« – »Aber es ist ein Tischchen-deck-dich«, antwortete der Sohn, »wenn ich es hinstelle und sage ihm, es solle sich decken, so stehen gleich die schönsten Gerichte darauf und ein Wein dabei, der das Herz erfreut. Ladet nur alle Verwandten und Freunde ein, die sollen sich einmal laben und erquicken, denn das Tischchen macht sie alle satt.« Als die Gesellschaft beisammen war, stellte er sein Tischchen mitten in die Stube und sprach: »Tischchen, deck dich.« Aber das Tischchen regte sich nicht und blieb so leer wie ein anderer Tisch, der die Sprache nicht versteht. Da merkte der arme Geselle, dass ihm das Tischchen vertauscht war, und schämte sich, dass er wie ein Lügner dastand. Die Verwandten aber lachten ihn aus und mussten ungetrunken und ungegessen wieder heimwandern. Der Vater holte seine Lappen wieder herbei und schneiderte fort, der Sohn aber ging bei einem Meister in die Arbeit.

Der zweite Sohn war zu einem Müller gekommen und bei ihm in die Lehre gegangen. Als er seine Jahre herum hatte, sprach der Meister: »Weil du dich so wohl gehalten hast, so schenke ich dir einen Esel von einer besondern Art, er zieht nicht am Wagen und trägt auch keine Säcke.« – »Wozu ist er denn nütze?«, fragte der junge Geselle. »Er speit Gold«, antwortete der Müller. »Wenn du ihn auf ein Tuch stellst und sprichst ›Bricklebrit‹, so speit dir das gute Tier Goldstücke aus, hinten und vorn.« – »Das ist eine schöne Sache«, sprach der Geselle, dankte dem Meister und zog in die Welt. Wenn er Gold nötig hatte, brauchte er nur zu seinem Esel »Bricklebrit« zu sagen, so regnete es Goldstücke und er hatte weiter keine Mühe, als sie von der Erde aufzuheben. Wo er hinkam, war ihm das Beste gut genug, und je teurer je lieber, denn er hatte immer einen vollen Beutel. Als er sich eine Zeit lang in der Welt umgesehen hatte, dachte er: »Du musst deinen Vater aufsuchen; wenn du mit dem Goldesel kommst, so wird er seinen Zorn vergessen und dich gut aufnehmen.« Es trug sich zu, dass er in dasselbe Wirtshaus geriet, in welchem seinem Bruder das Tischchen vertauscht war. Er führte seinen Esel an der Hand, und der Wirt wollte ihm das Tier abnehmen und anbinden. Der junge Geselle aber sprach: »Gebt Euch keine Mühe, meinen Grauschimmel führe ich selbst in den Stall und binde ihn auch selbst an, denn ich muss wissen, wo er steht.« Dem Wirt kam es wunderlich vor und er meinte, einer, der seinen Esel selbst besorgen müsste, hätte nicht viel zu verzehren. Als aber der Fremde in die Tasche griff, zwei

Goldstücke herausholte und sagte, er sollte nur etwas Gutes für ihn einkaufen, so machte er große Augen, lief und suchte das Beste, das er auftreiben konnte. Nach der Mahlzeit fragte der Gast, was er schuldig wäre; der Wirt wollte die doppelte Kreide nicht sparen und sagte, noch ein paar Goldstücke müsste er zulegen. Der Geselle griff in die Tasche, aber sein Gold war eben zu Ende. »Wartet einen Augenblick, Herr Wirt«, sprach er, »ich will nur gehen und Gold holen«, nahm aber das Tischtuch mit. Der Wirt wusste nicht, was das heißen sollte, war neugierig, schlich ihm nach, und da der Gast die Stalltüre zuriegelte, so guckte er durch ein Astloch. Der Fremde breitete unter dem Esel das Tuch aus, rief »Bricklebrit«, und augenblicklich fing das Tier an, Gold zu speien von hinten und vorn, dass es ordentlich auf die Erde herabregnete. »Ei der Tausend«, sagte der Wirt, »da sind die Dukaten bald geprägt! So ein Geldbeutel ist nicht übel!« Der Gast bezahlte seine Zeche und legte sich schlafen, der Wirt aber schlich in der Nacht herab in den Stall, führte den Münzmeister weg und band einen andern Esel an seine Stelle. Den folgenden Morgen in der Frühe zog der Geselle mit seinem Esel ab und meinte, er hätte seinen Goldesel. Mittags kam er bei seinem Vater an, der sich freute, als er ihn wiedersah, und ihn gerne aufnahm. »Was ist aus dir geworden, mein Sohn?«, fragte der Alte. »Ein Müller, lieber Vater«, antwortete er. »Was hast du von deiner Wanderschaft mitgebracht?« – »Weiter nichts als einen Esel.« – »Esel gibts hier genug«, sagte der Vater, »da wäre mir doch eine gute Ziege lieber gewesen.« – »Ja«, antwortete der Sohn, »aber es ist kein gemeiner Esel, sondern ein Goldesel: Wenn ich sage »Bricklebrit«, so speit Euch das gute Tier ein ganzes Tuch voll Goldstücke. Lasst nur alle Verwandten herbeirufen, ich mache sie alle zu reichen Leuten.« – »Das lass ich mir gefallen«, sagte der Schneider, »dann brauch ich mich mit der Nadel nicht weiter zu quälen«, sprang selbst fort und rief die Verwandten herbei. Sobald sie beisammen waren, hieß sie der Müller Platz machen, breitete sein Tuch aus und brachte den Esel in die Stube. »Jetzt gebt acht«, sagte er und rief »Bricklebrit«, aber es waren keine Goldstücke, was herabfiel, und es zeigte sich, dass das Tier nichts von der Kunst verstand, denn es bringts nicht jeder Esel so weit. Da machte der arme Müller ein langes Gesicht, sah, dass er betrogen war, und bat die Verwandten um Verzeihung, die so arm heimgingen, als sie gekommen waren. Es blieb nichts übrig, der Alte musste wieder nach der Nadel greifen und der Junge sich bei einem Müller verdingen.

Der dritte Bruder war zu einem Drechsler in die Lehre gegangen, und weil es ein kunstreiches Handwerk ist, musste er am längsten lernen. Seine Brüder aber meldeten ihm in einem Briefe, wie schlimm es ihnen ergangen wäre, und wie sie der Wirt noch am letzten Abende um ihre schönen Wünschdinge gebracht hätte. Als der Drechsler nun ausgelernt hatte und wandern sollte, so schenkte ihm sein Meister, weil er sich so wohl gehalten, einen Sack und sagte: »Es liegt ein Knüppel darin.« – »Den Sack kann ich umhängen und er kann mir gute Dienste leisten, aber was soll der Knüppel darin? Der macht ihn nur schwer.« – »Das will ich dir sagen«, antwortete der Meister, »hat dir jemand etwas zuleid getan, so sprich nur: ›Knüppel, aus dem Sack‹, so springt dir der Knüppel heraus unter die Leute und tanzt ihnen so lustig auf dem Rücken herum, dass sie sich acht Tage lang nicht regen und bewegen können; und eher lässt er nicht ab, als bis du sagst: ›Knüppel, in den Sack.‹« Der Gesell dankte ihm, hing den Sack um, und wenn ihm jemand zu nahe kam und auf den Leib wollte, so sprach er: »Knüppel, aus dem Sack«, alsbald sprang der Knüppel heraus und klopfte einem nach dem andern den Rock oder Wams gleich auf dem Rücken aus und wartete nicht erst, bis er ihn ausgezogen hatte; und das ging so geschwind, dass, eh sichs einer versah, die Reihe

schon an ihm war. Der junge Drechsler langte zur Abendzeit in dem Wirtshaus an, wo seine Brüder waren betrogen worden. Er legte seinen Ranzen vor sich auf den Tisch und fing an zu erzählen, was er alles Merkwürdiges in der Welt gesehen habe. »Ja«, sagte er, »man findet wohl ein Tischchen-deck-dich, einen Goldesel und dergleichen: lauter gute Dinge, die ich nicht verachte, aber das ist alles nichts gegen den Schatz, den ich mir erworben habe und mit mir da in meinem Sack führe.« Der Wirt spitzte die Ohren: »Was in aller Welt mag das sein?«, dachte er. »Der Sack ist wohl mit lauter Edelsteinen angefüllt; den sollte ich billig auch noch haben, denn aller guten Dinge sind drei.« Als Schlafenszeit war, streckte sich der Gast auf die Bank und legte seinen Sack als Kopfkissen unter. Der Wirt, als er meinte, der Gast läge in tiefem Schlaf, ging herbei, rückte und zog ganz sachte und vorsichtig an dem Sack, ob er ihn vielleicht wegziehen und einen andern unterlegen könnte. Der Drechsler aber hatte schon lange darauf gewartet; wie nun der Wirt eben einen herzhaften Ruck tun wollte, rief er: »Knüppel, aus dem Sack.« Alsbald fuhr das Knüppelchen heraus, dem Wirt auf den Leib, und rieb ihm die Nähte, dass es eine Art hatte. Der Wirt schrie zum Erbarmen, aber je lauter er schrie, desto kräftiger schlug der Knüppel ihm den Takt dazu auf dem Rücken, bis er endlich erschöpft zur Erde fiel. Da sprach der Drechsler: »Wo du das Tischchen-deck-dich und den Goldesel nicht wieder herausgibst, so soll der Tanz von Neuem angehen.« – »Ach nein«, rief der Wirt ganz kleinlaut, »ich gebe alles gerne wieder heraus, lasst nur den verwünschten Kobold wieder in den Sack kriechen.« Da sprach der Geselle: »Ich will Gnade für Recht ergehen lassen, aber hüte dich vor Schaden!« Dann rief er: »Knüppel, in den Sack!«, und ließ ihn ruhen.

Der Drechsler zog am andern Morgen mit dem Tischchen-deck-dich und dem Goldesel heim zu seinem Vater. Der Schneider freute sich, als er ihn wiedersah, und fragte auch ihn, was er in der Fremde gelernt hätte. »Lieber Vater«, antwortete er, »ich bin ein Drechsler geworden.« – »Ein kunstreiches Handwerk«, sagte der Vater, »was hast du von der Wanderschaft mitgebracht?« – »Ein kostbares Stück, lieber Vater«, antwortete der Sohn, »einen Knüppel in dem Sack.« – »Was!«, rief der Vater. »Einen Knüppel! Das ist der Mühe wert! Den kannst du dir von jedem Baume abhauen.« – »Aber einen solchen nicht, lieber Vater. Sage ich: ›Knüppel, aus dem Sack‹, so springt der Knüppel heraus und macht mit dem, der es nicht gut mit mir meint, einen schlimmen Tanz und lässt nicht eher nach, als bis er auf der Erde liegt und um gut Wetter bittet. Seht Ihr, mit diesem Knüppel habe ich das Tischchen-deck-dich und den Goldesel wieder herbeigeschafft, die der diebische Wirt meinen Brüdern abgenommen hatte. Jetzt lasst sie beide rufen und ladet alle Verwandten ein, ich will sie speisen und tränken und will ihnen die Taschen noch mit Gold füllen.« Der alte Schneider wollte nicht recht trauen, brachte aber doch die Verwandten zusammen. Da deckte der Drechsler ein Tuch in die Stube, führte den Goldesel herein und sagte zu seinem Bruder: »Nun, lieber Bruder, sprich mit ihm.« Der Müller sagte: »Bricklebrit«, und augenblicklich sprangen die Goldstücke auf das Tuch herab, als käme ein Platzregen, und der Esel hörte nicht eher auf, als bis alle so viel hatten, dass sie nicht mehr tragen konnten. (Ich sehe dirs an, du wärst auch gerne dabei gewesen.) Dann holte der Drechsler das Tischchen und sagte: »Lieber Bruder, nun sprich mit ihm.« Und kaum hatte der Schreiner »Tischchen, deck dich« gesagt, so war es gedeckt und mit den schönsten Schüsseln reichlich besetzt. Da ward eine Mahlzeit gehalten, wie der gute Schneider noch keine in seinem Hause erlebt hatte, und die ganze Verwandtschaft blieb beisammen bis in die Nacht, und waren alle lustig und vergnügt. Der Schneider verschloss Nadel und

Zwirn, Elle und Bügeleisen in einen Schrank und lebte mit seinen drei Söhnen in Freude und Herrlichkeit.

Wo ist aber die Ziege hingekommen, die schuld war, dass der Schneider seine drei Söhne fortjagte? Das will ich dir sagen. Sie schämte sich, dass sie einen kahlen Kopf hatte, lief in eine Fuchshöhle und verkroch sich hinein. Als der Fuchs nach Haus kam, funkelten ihm ein paar große Augen aus der Dunkelheit entgegen, dass er erschrak und wieder zurücklief. Der Bär begegnete ihm, und da der Fuchs ganz verstört aussah, so sprach er: »Was ist dir, Bruder Fuchs, was machst du für ein Gesicht?« – »Ach«, antwortete der Rote, »ein grimmig Tier sitzt in meiner Höhle und hat mich mit feurigen Augen angeglotzt.« – »Das wollen wir bald austreiben«, sprach der Bär, ging mit zu der Höhle und schaute hinein. Als er aber die feurigen Augen erblickte, wandelte ihn ebenfalls Furcht an; er wollte mit dem grimmigen Tiere nichts zu tun haben und nahm Reißaus. Die Biene begegnete ihm, und da sie merkte, dass es ihm in seiner Haut nicht wohl zumute war, sprach sie: »Bär, du machst ja ein gewaltig verdrießlich Gesicht, wo ist deine Lustigkeit geblieben?« – »Du hast gut reden«, antwortete der Bär, »es sitzt ein grimmiges Tier mit Glotzaugen in dem Hause des Roten, und wir können es nicht herausjagen.« Die Biene sprach: »Du dauerst mich, Bär, ich bin ein armes, schwaches Geschöpf, das ihr im Wege nicht anguckt, aber ich glaube doch, dass ich euch helfen kann.« Sie flog in die Fuchshöhle, setzte sich der Ziege auf den glatten, geschorenen Kopf und stach sie so gewaltig, dass sie aufsprang, »Meh! Meh!« schrie und wie toll in die Welt hineinlief; und weiß niemand auf diese Stunde, wo sie hingelaufen ist.

29 Daumesdick

Es war ein armer Bauersmann, der saß abends beim Herd und schürte das Feuer, und die Frau saß und spann. Da sprach er: »Wie ists so traurig, dass wir keine Kinder haben! Es ist so still bei uns, und in den andern Häusern ists so laut und lustig.« – »Ja«, antwortete die Frau und seufzte, »wenns nur ein einziges wäre, und wenns auch ganz klein wäre, nur Daumens groß, so wollte ich schon zufrieden sein; wir hättens doch von Herzen lieb.« Nun geschah es, dass die Frau kränklich ward und nach sieben Monaten ein Kind gebar, das zwar an allen Gliedern vollkommen, aber nicht länger als ein Daumen war. Da sprachen sie: »Es ist, wie wir es gewünscht haben, und es soll unser liebes Kind sein«, und nannten es nach seiner Gestalt Daumesdick. Sie ließens nicht an Nahrung fehlen, aber das Kind ward nicht größer, sondern blieb, wie es in der ersten Stunde gewesen war; doch schaute es verständig aus den Augen und zeigte sich bald als ein kluges und behändes Ding, dem alles glückte, was es anfing.

Der Bauer machte sich eines Tages fertig, in den Wald zu gehen und Holz zu fällen, da sprach er so vor sich hin: »Nun wollt ich, dass einer da wäre, der mir den Wagen nachbrächte.« – »Oh Vater«, rief Daumesdick, »den Wagen will ich schon bringen, verlasst Euch drauf, er soll zur bestimmten Zeit im Walde sein.« Da lachte der Mann und sprach: »Wie sollte das zugehen, du bist viel zu klein, um das Pferd mit dem Zügel zu leiten.« – »Das tut nichts, Vater, wenn nur die Mutter anspannen will, ich setze mich dem Pferd ins Ohr und rufe ihm zu, wie es gehen soll.« – »Nun«, antwortete der Vater, »einmal wollen wirs versuchen.« Als die Stunde kam, spannte die Mutter an und setzte Daumesdick ins

Ohr des Pferdes, und dann rief der Kleine, wie das Pferd gehen sollte: »Jüh und joh! Hott und har!« Da ging es ganz ordentlich als wie bei einem Meister, und der Wagen fuhr den rechten Weg nach dem Walde. Es trug sich zu, als er eben um eine Ecke bog und der Kleine »Har, har!« rief, dass zwei fremde Männer daherkamen. »Nein«, sprach der eine, »was ist das? Da fährt ein Wagen, und ein Fuhrmann ruft dem Pferde zu, und ist doch nicht zu sehen.« – »Das geht nicht mit rechten Dingen zu«, sagte der andere, »wir wollen dem Karren folgen und sehen, wo er anhält.« Der Wagen aber fuhr vollends in den Wald hinein und richtig zu dem Platze, wo das Holz gehauen ward. Als Daumesdick seinen Vater erblickte, rief er ihm zu: »Siehst du, Vater, da bin ich mit dem Wagen, nun hol mich runter.« Der Vater fasste das Pferd mit der Linken und holte mit der Rechten sein Söhnlein aus dem Ohr, das sich ganz lustig auf einen Strohhalm niedersetzte. Als die beiden fremden Männer den Daumesdick erblickten, wussten sie nicht, was sie vor Verwunderung sagen sollten. Da nahm der eine den andern beiseit und sprach: »Hör, der kleine Kerl könnte unser Glück machen, wenn wir ihn in einer großen Stadt für Geld sehen ließen: Wir wollen ihn kaufen.« Sie gingen zu dem Bauer und sprachen: »Verkauft uns den kleinen Mann, er solls gut bei uns haben.« – »Nein«, antwortete der Vater, »es ist mein Herzblatt und ist mir für alles Gold in der Welt nicht feil!« Daumesdick aber, als er von dem Handel gehört, war an den Rockfalten seines Vaters hinaufgekrochen, stellte sich ihm auf die Schulter und wisperte ihm ins Ohr: »Vater, gib mich nur hin, ich will schon wieder zurückkommen.« Da gab ihn der Vater für ein schönes Stück Geld den beiden Männern hin. »Wo willst du sitzen?«, sprachen sie zu ihm. »Ach, setzt mich nur auf den Rand von eurem Hut, da kann ich auf und ab spazieren und die Gegend betrachten, und falle doch nicht herunter.« Sie taten ihm den Willen, und als Daumesdick Abschied von seinem Vater genommen hatte, machten sie sich mit ihm fort. So gingen sie, bis es dämmrig ward, da sprach der Kleine: »Hebt mich einmal herunter, es ist nötig.« – »Bleib nur droben«, sprach der Mann, auf dessen Kopf er saß, »ich will mir nichts draus machen, die Vögel lassen mir auch manchmal was drauffallen.« – »Nein«, sprach Daumesdick, »ich weiß auch, was sich schickt. Hebt mich nur geschwind herab.« Der Mann nahm den Hut ab und setzte den Kleinen auf einen Acker am Weg, da sprang und kroch er ein wenig zwischen den Schollen hin und her, dann schlüpfte er plötzlich in ein Mausloch, das er sich ausgesucht hatte. »Guten Abend, ihr Herren, geht nur ohne mich heim«, rief er ihnen zu, und lachte sie aus. Sie liefen herbei und stachen mit Stöcken in das Mausloch, aber das war vergebliche Mühe: Daumesdick kroch immer weiter zurück, und da es bald ganz dunkel ward, so mussten sie mit Ärger und mit leerem Beutel wieder heimwandern.

Als Daumesdick merkte, dass sie fort waren, kroch er aus dem unterirdischen Gang wieder hervor. »Es ist auf dem Acker in der Finsternis so gefährlich gehen«, sprach er, »wie leicht bricht einer Hals und Bein.« Zum Glück stieß er an ein leeres Schneckenhaus. »Gottlob«, sagte er, »da kann ich die Nacht sicher zubringen«, und setzte sich hinein. Nicht lang, als er eben einschlafen wollte, so hörte er zwei Männer vorübergehen, davon sprach der eine: »Wie wirs nur anfangen, um dem reichen Pfarrer sein Geld und sein Silber zu holen?« – »Das könnt ich dir sagen«, rief Daumesdick dazwischen. »Was war das?«, sprach der eine Dieb erschrocken. »Ich hörte jemand sprechen.« Sie blieben stehen und horchten, da sprach Daumesdick wieder: »Nehmt mich mit, so will ich euch helfen.« – »Wo bist du denn?« – »Sucht nur auf der Erde und merkt, wo die Stimme herkommt«, antwortete er. Da fanden ihn endlich die Diebe und hoben ihn in die Höhe. »Du kleiner Wicht, was willst du uns helfen!«, sprachen sie. »Seht«, antwortete er, »ich krieche zwischen den Eisenstäben in die Kammer des Pfarrers und reiche euch heraus, was ihr haben wollt.« – »Wohlan«, sagten sie, »wir wollen sehen, was du kannst.« Als sie zu dem Pfarrhaus kamen, kroch Daumesdick in die Kammer, schrie aber gleich aus Leibeskräften: »Wollt ihr alles haben, was hier ist?« Die Diebe erschraken und sagten: »So sprich doch leise, damit niemand aufwacht.« Aber Daumesdick tat, als hätte er sie nicht verstanden, und schrie von Neuem: »Was wollt ihr? Wollt ihr alles haben, was hier ist?« Das hörte die Köchin, die in der Stube daran schlief, richtete sich im Bett auf und horchte. Die Diebe aber waren vor Schrecken ein Stück Wegs zurückgelaufen, endlich fassten sie wieder Mut und dachten: »Der kleine Kerl will uns necken.« Sie kamen zurück und flüsterten ihm zu: »Nun mach Ernst und reich uns etwas heraus.« Da schrie Daumesdick noch einmal, so laut er konnte: »Ich will euch ja alles geben, reicht nur die Hände herein.« Das hörte die horchende Magd ganz deutlich, sprang aus dem Bett und stolperte zur Tür herein. Die Diebe liefen fort und rannten, als wäre der wilde Jäger hinter ihnen; die Magd aber, als sie nichts bemerken konnte, ging ein Licht anzünden. Wie sie damit herbeikam, machte sich Daumesdick, ohne dass er gesehen wurde, hinaus in die Scheune. Die Magd aber, nachdem sie alle Winkel durchgesucht und nichts gefunden hatte, legte sich endlich wieder zu Bett und glaubte, sie hätte mit offenen Augen und Ohren doch nur geträumt.

Daumesdick war in den Heuhälmchen herumgeklettert und hatte einen schönen Platz zum Schlafen gefunden; da wollte er sich ausruhen, bis es Tag wäre, und dann zu seinen Eltern wieder heimgehen. Aber er musste andere Dinge erfahren! Ja, es gibt viel Trübsal und Not auf der Welt! Die Magd stieg, als der Tag graute, schon aus dem Bett, um das Vieh zu füttern. Ihr erster Gang war in die Scheune, wo sie einen Arm voll Heu packte, und gerade dasjenige, worin der arme Daumesdick lag und schlief. Er schlief aber so fest, dass er nichts gewahr ward und nicht eher aufwachte, als bis er in dem Maul der Kuh war, die ihn mit dem Heu aufgerafft hatte. »Ach Gott«, rief er, »wie bin ich in die Walkmühle geraten!«, merkte aber bald, wo er war. Da hieß es aufpassen, dass er nicht zwischen die Zähne kam und zermalmt ward, und hernach musste er doch mit in den Magen hinabrutschen. »In dem Stübchen sind die Fenster vergessen«, sprach er, »und scheint keine Sonne hinein. Ein Licht wird auch

nicht gebracht.« Überhaupt gefiel ihm das Quartier schlecht, und was das Schlimmste war, es kam immer mehr neues Heu zur Türe hinein, und der Platz ward immer enger. Da rief er endlich in der Angst, so laut er konnte: »Bringt mir kein frisch Futter mehr, bringt mir kein frisch Futter mehr.« Die Magd melkte gerade die Kuh, und als sie sprechen hörte, ohne jemand zu sehen, und es dieselbe Stimme war, die sie auch in der Nacht gehört hatte, erschrak sie so, dass sie von ihrem Stühlchen herabglitschte und die Milch verschüttete. Sie lief in der größten Hast zu ihrem Herrn und rief: »Ach Gott, Herr Pfarrer, die Kuh hat geredet.« – »Du bist verrückt«, antwortete der Pfarrer, ging aber doch selbst in den Stall und wollte nachsehen, was es da gäbe. Kaum aber hatte er den Fuß hineingesetzt, so rief Daumesdick aufs Neue: »Bringt mir kein frisch Futter mehr, bringt mir kein frisch Futter mehr.« Da erschrak der Pfarrer selbst, meinte, es wäre ein böser Geist in die Kuh gefahren, und hieß sie töten. Sie ward geschlachtet, der Magen aber, worin Daumesdick steckte, auf den Mist geworfen. Daumesdick hatte große Mühe, sich hindurchzuarbeiten, doch brachte er's so weit, dass er Platz bekam. Aber als er eben sein Haupt herausstrecken wollte, kam ein neues Unglück. Ein hungriger Wolf lief heran und verschlang den ganzen Magen mit einem Schluck. Daumesdick verlor den Mut nicht. »Vielleicht«, dachte er, »lässt der Wolf mit sich reden«, und rief ihm aus dem Wanste zu: »Lieber Wolf, ich weiß dir einen herrlichen Fraß.« – »Wo ist der zu holen?«, sprach der Wolf. »In dem und dem Haus, da musst du durch die Gosse hineinkriechen und wirst Kuchen, Speck und Wurst finden, so viel du essen willst«, und beschrieb ihm genau seines Vaters Haus. Der Wolf ließ sich das nicht zweimal sagen, drängte sich in der Nacht zur Gosse hinein und fraß in der Vorratskammer nach Herzenslust. Als er sich gesättigt hatte, wollte er wieder fort, aber er war so dick geworden, dass er denselben Weg nicht wieder hinauskonnte. Darauf hatte Daumesdick gerechnet und fing nun an, in dem Leib des Wolfes einen gewaltigen Lärm zu machen, tobte und schrie, was er konnte. »Willst du stille sein«, sprach der Wolf, »du weckst die Leute auf.« – »Ei was«, antwortete der Kleine, »du hast dich satt gefressen, ich will mich auch lustig machen«, und fing von Neuem an, aus allen Kräften zu schreien. Davon erwachte endlich sein Vater und seine Mutter, liefen an die Kammer und schauten durch die Spalte hinein. Wie sie sahen, dass ein Wolf darin hauste, liefen sie davon, und der Mann holte eine Axt und die Frau die Sense. »Bleib dahinten«, sprach der Mann, als sie in die Kammer traten, »wenn ich ihm einen Schlag gegeben habe und er davon noch nicht tot ist, so musst du auf ihn einhauen und ihm den Leib zerschneiden.« Da hörte Daumesdick die Stimme seines Vaters und rief: »Lieber Vater, ich bin hier, ich stecke im Leibe des Wolfs.« Sprach der Vater voll Freuden: »Gottlob, unser liebes Kind hat sich wiedergefunden«, und hieß die Frau die Sense wegtun, damit Daumesdick nicht beschädigt würde. Danach holte er aus und schlug dem Wolf einen Schlag auf den Kopf, dass er tot niederstürzte; dann suchten sie Messer und Schere, schnitten ihm den Leib auf und zogen den Kleinen wieder hervor. »Ach«, sprach der Vater, »was haben wir für Sorge um dich ausgestanden!« – »Ja, Vater, ich bin viel in der Welt herumgekommen; gottlob, dass ich wieder frische Luft schöpfe!« – »Wo bist du denn all gewesen?« – »Ach, Vater, ich war in einem Mauseloch, in einer Kuh Bauch und in eines Wolfes Wanst. Nun bleib ich bei euch.« – »Und wir verkaufen dich um alle Reichtümer der Welt nicht wieder«, sprachen die Eltern, herzten und küssten ihren lieben Daumesdick. Sie gaben ihm zu essen und trinken und ließen ihm neue Kleider machen, denn die seinigen waren ihm auf der Reise verdorben.

30
Der Gevatter Tod

Es hatte ein armer Mann zwölf Kinder und musste Tag und Nacht arbeiten, damit er ihnen nur Brot geben konnte. Als nun das dreizehnte zur Welt kam, wusste er sich seiner Not nicht zu helfen, lief hinaus auf die große Landstraße und wollte den Ersten, der ihm begegnete, zu Gevatter bitten. Der Erste, der ihm begegnete, das war der liebe Gott, der wusste schon, was er auf dem Herzen hatte, und sprach zu ihm: »Armer Mann, du dauerst mich, ich will dein Kind aus der Taufe heben, will für es sorgen und es glücklich machen auf Erden.« Der Mann sprach: »Wer bist du?« – »Ich bin der liebe Gott.« – »So begehr ich dich nicht zu Gevatter«, sagte der Mann, »du gibst dem Reichen und lässest den Armen hungern.« Das sprach der Mann, weil er nicht wusste, wie weislich Gott Reichtum und Armut verteilt. Also wendete er sich von dem Herrn und ging weiter. Da trat der Teufel zu ihm und sprach: »Was suchst du? Willst du mich zum Paten deines Kindes nehmen, so will ich ihm Gold die Hülle und Fülle und alle Lust der Welt dazu geben.« Der Mann fragte: »Wer bist du?« – »Ich bin der Teufel.« – »So begehr ich dich nicht zum Gevatter«, sprach der Mann, »du betrügst und verführst die Menschen.« Er ging weiter, da kam der dürrbeinige Tod auf ihn zugeschritten und sprach: »Nimm mich zu Gevatter.« Der Mann fragte: »Wer bist du?« – »Ich bin der Tod, der alle gleich macht.« Da sprach der Mann: »Du bist der Rechte, du holst den Reichen wie den Armen ohne Unterschied, du sollst mein Gevattersmann sein.« Der Tod antwortete: »Ich will dein Kind reich und berühmt machen, denn wer mich zum Freunde hat, dem kanns nicht fehlen.« Der Mann sprach: »Künftigen Sonntag ist die Taufe, da stelle dich zu rechter Zeit ein.« Der Tod erschien, wie er versprochen hatte, und stand ganz ordentlich Gevatter.

Als der Knabe zu Jahren gekommen war, trat zu einer Zeit der Pate ein und hieß ihn mitgehen. Er führte ihn hinaus in den Wald, zeigte ihm ein Kraut, das da wuchs, und sprach: »Jetzt sollst du dein Patengeschenk empfangen. Ich mache dich zu einem berühmten Arzt. Wenn du zu einem Kranken gerufen wirst, so will ich dir jedes Mal erscheinen: Steh ich zu Häupten des Kranken, so kannst du keck sprechen, du wolltest ihn wieder gesund machen, und gibst du ihm dann von jenem Kraut ein, so wird er genesen; steh ich aber zu Füßen des Kranken, so ist er mein, und du musst sagen, alle Hilfe sei umsonst, und kein Arzt in der Welt könne ihn retten. Aber hüte dich, dass du das Kraut nicht gegen meinen Willen gebrauchst, es könnte dir schlimm ergehen.«

Es dauerte nicht lange, so war der Jüngling der berühmteste Arzt auf der ganzen Welt. »Er braucht nur den Kranken anzusehen, so weiß er schon, wie es steht, ob er wieder gesund wird oder ob er sterben muss«, so hieß es von ihm, und weit und breit kamen die Leute herbei, holten ihn zu den Kranken und gaben ihm so viel Gold, dass er bald ein reicher Mann war. Nun trug es sich zu, dass der König erkrankte. Der Arzt ward berufen und sollte sagen, ob Genesung möglich wäre. Wie er aber zu dem Bette trat, so stand der Tod zu den Füßen des Kranken, und da war für ihn kein Kraut mehr gewachsen. »Wenn ich doch einmal den Tod überlisten könnte«, dachte der Arzt, »er wirds freilich übelnehmen, aber da ich sein Pate bin, so drückt er wohl ein Auge zu: Ich wills wagen.« Er fasste also den Kranken und legte ihn verkehrt, sodass der Tod zu Häupten desselben zu stehen kam. Dann gab er ihm von dem Kraute ein, und der König erholte sich und ward wieder gesund. Der Tod aber kam zu dem Arzte, machte ein böses und finsteres Gesicht, drohte mit dem Finger und sagte: »Du hast mich hinter das Licht geführt.

Diesmal will ich dirs nachsehen, weil du mein Pate bist, aber wagst du das noch einmal, so geht dirs an den Kragen, und ich nehme dich selbst mit fort.«

Bald hernach verfiel die Tochter des Königs in eine schwere Krankheit. Sie war sein einziges Kind, er weinte Tag und Nacht, dass ihm die Augen erblindeten, und ließ bekannt machen, wer sie vom Tode errettete, der sollte ihr Gemahl werden und die Krone erben. Der Arzt, als er zu dem Bette der Kranken kam, erblickte den Tod zu ihren Füßen. Er hätte sich der Warnung seines Paten erinnern sollen, aber die große Schönheit der Königstochter und das Glück, ihr Gemahl zu werden, betörten ihn so, dass er alle Gedanken in den Wind schlug. Er sah nicht, dass der Tod ihm zornige Blicke zuwarf, die Hand in die Höhe hob und mit der dürren Faust drohte; er hob die Kranke auf und legte ihr Haupt dahin, wo die Füße gelegen hatten. Dann gab er ihr das Kraut ein, und alsbald röteten sich ihre Wangen und das Leben regte sich von Neuem.

Der Tod, als er sich zum zweiten Mal um sein Eigentum betrogen sah, ging mit langen Schritten auf den Arzt zu und sprach: »Es ist aus mit dir und die Reihe kommt nun an dich«, packte ihn mit seiner eiskalten Hand so hart, dass er nicht widerstehen konnte, und führte ihn in eine unterirdische Höhle. Da sah er, wie tausend und tausend Lichter in unübersehbaren Reihen brannten, einige groß, andere halbgroß, andere klein. Jeden Augenblick verloschen einige, und andere brannten wieder auf, alsodass die Flämmchen in beständigem Wechsel hin- und herzuhüpfen schienen. »Siehst du«, sprach der Tod, »das sind die Lebenslichter der Menschen. Die großen gehören Kindern, die halbgroßen Eheleuten in ihren besten Jahren, die kleinen gehören Greisen. Doch auch Kinder und junge Leute haben oft nur ein kleines Lichtchen.« – »Zeige mir mein Lebenslicht«, sagte der Arzt und meinte, es wäre noch recht groß. Der Tod deutete auf ein kleines Endchen, das eben auszugehen drohte, und sagte: »Siehst du, da ist es.« – »Ach, lieber Pate«, sagte der erschrockene Arzt, »zündet mir ein neues an, tut mirs zuliebe, damit ich meines Lebens genießen kann, König werde und Gemahl der schönen Königstochter.« – »Ich kann nicht«, antwortete der Tod. »Erst muss eins verlöschen, eh ein neues anbrennt.« – »So setzt das alte auf ein neues, das gleich fortbrennt, wenn jenes zu Ende ist«, bat der Arzt. Der Tod stellte sich, als ob er seinen Wunsch erfüllen wollte, langte ein frisches großes Licht herbei, aber weil er sich rächen wollte, versah er's beim Umstecken absichtlich und das Stückchen fiel um und verlosch. Alsbald sank der Arzt zu Boden und war nun selbst in die Hand des Todes geraten.

31
Von dem Machandelbaum

Es ist schon lange her, wohl an die zweitausend Jahre, da lebte einmal ein reicher Mann, der hatte eine schöne, fromme Frau, und sie hatten sich beide sehr lieb, hatten aber keine Kinder. Sie wünschten sich aber sehr, sie hätten welche, und die Frau betete Tag und Nacht darum; aber sie kriegten und kriegten keine. Vor ihrem Hause war ein Hof, darauf stand ein Machandelbaum*. Unter dem stand einst im Winter die Frau und schälte sich einen Apfel; und als sie so den Apfel schälte, da schnitt sie sich in den Finger und das Blut fiel in den Schnee. »Ach«, sagte die Frau und seufzte tief, schaute das Blut vor sich und es ward ihr ganz wehmütig: »Hätte ich doch ein Kind, so rot wie Blut und so weiß wie Schnee.« Und als sie das sagte, da

* Wacholderbaum

ward ihr ganz fröhlich zumute: Es war ihr, als würde es etwas werden. Dann ging sie nach Hause, und es ging ein Monat dahin, da verging der Schnee; und nach zwei Monaten, da wurde alles grün; nach drei Monaten, da kamen die Blumen aus der Erde; und nach vier Monaten, da schossen alle Bäume ins Holz, und die grünen Zweige waren alle miteinander verwachsen. Da sangen die Vöglein, dass der ganze Wald erschallte, und die Blüten fielen von den Bäumen, da war der fünfte Monat vorüber, und sie stand unter dem Machandelbaum, der roch so schön. Da hüpfte ihr das Herz vor Freude, und sie fiel auf die Knie und konnte sich gar nicht lassen. Und als der sechste Monat vorbei war, da wurden die Früchte dick und stark und sie wurde ganz still. Und im siebten Monat, da griff sie nach den Machandelbeeren und aß sie mit großer Begierde; und da wurde sie traurig und krank. Da ging der achte Monat hin, und sie rief ihren Mann und weinte und sagte: »Wenn ich sterbe, so begrabe mich unter dem Machandelbaum.« Da wurde sie ganz getrost und freute sich, bis der neunte Monat vorbei war: Da bekam sie ein Kind, das war so weiß wie der Schnee und so rot wie Blut, und als sie es sah, da freute sie sich so, dass sie starb.

Da begrub ihr Mann sie unter dem Machandelbaum, und er begann sehr zu weinen; das ging so eine Zeit lang, dann flossen die Tränen schon spärlicher, und als er noch etwas geweint hatte, da hörte er auf, und nach einer gewissen Zeit nahm er sich wieder eine Frau.

Mit der zweiten Frau bekam er eine Tochter; doch das Kind der ersten Frau war ein kleiner Sohn, der war so rot wie Blut und so weiß wie Schnee. Wenn die Frau ihre Tochter ansah, so hatte sie sie sehr lieb; aber dann sah sie den kleinen Jungen an, und es ging ihr wie ein Stich durchs Herz und es dünkte sie, als stünde er ihr überall im Wege, und sie musste immer daran denken, wie sie ihrer Tochter das ganze Vermögen zuwenden könnte, und der Böse gab ihr ein, dass sie dem kleinen Jungen ganz gram wurde, und sie stieß ihn aus einer Ecke in die andere und puffte ihn hier und knuffte ihn dort, sodass das arme Kind immer in Angst war. Wenn er dann aus der Schule kam, so hatte er keine ruhige Stätte.

Einmal war die Frau in die Speisekammer gegangen, da kam die kleine Tochter auch herzu und sagte: »Mutter, gib mir einen Apfel.« – »Ja, mein Kind«, sagte die Frau und gab ihr einen schönen Apfel aus der Truhe; die Truhe aber hatte einen großen, schweren Deckel mit einem großen, scharfen, eisernen Schloss. »Mutter«, sagte die kleine Tochter, »soll der Bruder nicht auch einen haben?« Das verdross die Frau, doch sie sagte: »Ja, wenn er aus der Schule kommt.« Und als sie ihn vom Fenster aus erblickte, da war es, als ob der Böse in sie gefahren wäre, und sie griff zu und nahm ihrer Tochter den Apfel wieder weg und sagte: »Du sollst ihn nicht eher haben als der Bruder.« Da warf sie den Apfel in die Truhe und machte den Deckel zu. Und als der kleine Junge zur Tür hereinkam, da gab ihr der Böse ein, dass sie freundlich zu ihm sagte: »Mein Sohn, willst du einen Apfel haben?«, und sah ihn ganz feindselig an. »Mutter«, sagte der kleine Junge, »was siehst du so grausig aus! Ja, gib mir einen Apfel!« Da war ihr, als sollte sie ihm zureden. »Komm mit«, sagte sie und machte den Deckel auf, »hol dir einen Apfel heraus!« Und als der kleine Junge sich hineinbückte, da half ihr der Böse, und bratsch! schlug sie den Deckel zu, sodass der Kopf abfiel und zwischen die roten Äpfel rollte. Da überkam sie die Angst und sie dachte: »Könnt' ich das nur ungeschehen machen!« Da ging sie hinauf in ihre Stube zu ihrer Kommode und holte aus der obersten Schublade ein weißes Tuch und setzte den Kopf wieder auf den Hals und band das Halstuch so um, dass man nichts sehen konnte und setzte ihn vor die Türe auf einen Stuhl und gab ihm den Apfel in die Hand.

Danach kam Marleenken zu ihrer Mutter in die Küche. Die stand beim Feuer und hatte einen Topf mit heißem Wasser vor sich, das rührte sie immer um. »Mutter«, sagte Marleenken, »der Bruder sitzt vor der Türe und sieht ganz weiß aus und hat einen Apfel in der Hand. Ich hab ihn gebeten, er soll mir den Apfel geben, aber er antwortet mir nicht; da wurde mir ganz unheimlich.« – »Geh noch einmal hin«, sagte die Mutter, »und wenn er dir nicht antwortet, dann gib ihm eins hinter die Ohren.« Da ging Marleenken hin und sagte: »Bruder, gib mir den Apfel!« Aber er schwieg still; da gab sie ihm eins hinter die Ohren. Da fiel der Kopf herunter; darüber erschrak sie und fing an zu weinen und zu klagen und lief zu ihrer Mutter und sagte: »Ach, Mutter, ich hab meinem Bruder den Kopf abgeschlagen«, und weinte und weinte und wollte sich gar nicht beruhigen. »Marleenken«, sagte die Mutter, »was hast du getan! Aber schweig nur still, dass es kein Mensch merkt; es ist nun doch nicht mehr zu ändern, wir wollen ihn in einer Blutsuppe kochen.« Da nahm die Mutter den kleinen Jungen und hackte ihn in Stücke, tat sie in den Topf und kochte ihn in einer Blutsuppe. Marleenken aber stand dabei und weinte und weinte, und die Tränen fielen alle in den Topf, und sie brauchten kein Salz.

Da kam der Vater nach Hause und setzte sich zu Tisch und sagte: »Wo ist denn mein Sohn?« Da trug die Mutter eine riesengroße Schüssel mit Schwarzsauer auf, und Marleenken weinte und konnte sich nicht halten. Da sagte der Vater wieder: »Wo ist denn mein Sohn?« – »Ach«, sagte die Mutter, »er ist übers Land gegangen, zu den Verwandten seiner Mutter; er wollte dort eine Weile bleiben.« – »Was tut er denn dort? Er hat mir nicht einmal Lebewohl gesagt!« – »Oh, er wollte so gern hin und bat mich, ob er dort nicht sechs Wochen bleiben könnte; er ist da sicher gut aufgehoben.« – »Ach«, sagte der Mann, »mir ist ganz traurig zumute; das ist einfach nicht recht, er hätte mir doch Lebewohl sagen müssen.« Unterdessen fing er an zu essen und sagte: »Marleenken, warum weinst du? Der Bruder wird schon wiederkommen. – Ach Frau«, sagte er dann, »was schmeckt mir das Essen gut! Gib mir noch mehr davon!« Und je mehr er aß, umso mehr wollte er haben und sagte: »Gebt mir mehr, ihr sollt nichts davon aufheben, mir ist, als ob das alles nur für mich wäre.« Und er aß und aß, und die Knochen warf er alle unter den Tisch, bis er alles aufgegessen hatte. Marleenken aber ging zu ihrer Kommode und nahm aus der untersten Schublade ihr bestes seidenes Tuch und holte all die Beinchen und Knochen unter dem Tisch hervor und band sie in das seidene Tuch und trug sie vor die Tür und weinte blutige Tränen. Dort legte sie sie unter den Machandelbaum in das grüne Gras, und als sie sie dahin gelegt hatte, da ward ihr auf einmal ganz leicht ums Herz, und sie weinte nicht mehr. Da fing der Machandelbaum an, sich zu bewegen, und die Zweige gingen immer auseinander und wieder zusammen, so wie es einer mit den Händen macht, wenn er sich von Herzen freut. Dabei ging ein Nebel von dem Baum aus, und mitten in dem Nebel, da brannte es wie Feuer, und aus dem Feuer flog ein wunderschöner Vogel heraus, der sang ganz herrlich und flog hoch in die Luft, und als er weg war, da war der Machandelbaum, wie er vorher gewesen war, und das Tuch mit den Knochen war verschwunden. Marleenken aber war leicht und vergnügt zumute, so, als ob ihr Bruder noch lebte. Da ging sie ganz heiter wieder nach Hause, setzte sich zu Tisch und aß. Der Vogel aber flog davon und setzte sich auf das Haus eines Goldschmieds und fing an zu singen:

»Mein Mutter, der mich schlacht',
mein Vater, der mich aß,
mein Schwester, der Marlenichen,
sucht alle meine Benichen,
bind't sie in ein seiden Tuch,
legt's unter den Machandelbaum.
Kywitt, kywitt, wat vör'n schöön Vagel bün ik!«

Der Goldschmied saß in seiner Werkstatt und machte eine goldene Kette; da hörte er den Vogel, der auf seinem Dach saß und sang, und das dünkte ihn so schön. Da stand er auf, und als er über die Türschwelle ging, verlor er einen Pantoffel. Er ging aber geradewegs mitten auf die Straße, mit nur einem Pantoffel und einer Socke; er hatte seine Schürze umgebunden, und in der einen Hand hielt er die goldene Kette und in der anderen die Zange; und die Sonne schien hell auf die Straße. Da stellte er sich hin und sah den Vogel an. »Vogel«, sagte er, »wie schön kannst du singen! Sing mir das Stück noch mal!« – »Nein«, sagte der Vogel, »zweimal sing ich nicht umsonst. Gib mir die goldene Kette, so will ich dir's noch einmal singen.« – »Da«, sagte der Goldschmied, »hast du die goldene Kette; nun sing es mir noch einmal!« Da kam der Vogel und nahm die goldene Kette in die rechte Kralle, setzte sich vor den Goldschmied hin und sang:

»Mein Mutter, der mich schlacht',
mein Vater, der mich aß,
mein Schwester, der Marlenichen,
sucht alle meine Benichen,
bind't sie in ein seiden Tuch,
legt's unter den Machandelbaum.
Kywitt, kywitt, wat vör'n schöön Vagel bün ik!«

Da flog der Vogel fort zu einem Schuster und setzte sich auf sein Dach und sang:

»Mein Mutter, der mich schlacht',
mein Vater, der mich aß,
mein Schwester, der Marlenichen,
sucht alle meine Benichen,
bind't sie in ein seiden Tuch,
legt's unter den Machandelbaum.
Kywitt, kywitt, wat vör'n schöön Vagel bün ik!«

Der Schuster hörte es und lief in Hemdsärmeln vor seine Tür und sah zu seinem Dach hinauf und musste die Hand vor die Augen halten, damit die Sonne ihn nicht blendete. »Vogel«, sagte er, »was kannst du schön singen.« Da rief er zur Tür hinein: »Frau, komm mal heraus, da ist ein Vogel; sieh dir den Vogel an, der kann wirklich schön singen!« Dann rief er noch seine Tochter und die Kinder und die Gesellen, die Lehrjungen und die Mägde, und sie kamen alle auf die Straße und schauten sich den Vogel an, wie schön er war; und er hatte schöne rote und grüne Federn, und um den Hals war er wie lauter Gold, und die Augen strahlten wie Sterne in seinem Kopf. »Vogel«, sagte der Schuster, »nun sing mir das Stück noch einmal!« – »Nein«, sagte der Vogel, »zweimal sing ich nicht umsonst, du musst mir etwas schenken.« – »Frau«, sagte der Mann, »geh auf den Boden, auf dem obersten Wandbrett, da stehen ein paar rote Schuhe, die bring einmal her!« Da ging die Frau hin und holte die Schuhe. »Da, Vogel«, sagte der Mann, »nun sing mir das Lied noch einmal!« Da kam der Vogel und nahm die Schuhe in die linke Kralle und flog wieder auf das Dach und sang:

»Mein Mutter, der mich schlacht',
mein Vater, der mich aß,
mein Schwester, der Marlenichen,
sucht alle meine Benichen,
bind't sie in ein seiden Tuch,
legt's unter den Machandelbaum.
Kywitt, kywitt, wat vör'n schöön Vagel bün ik!«

Und als er ausgesungen hatte, da flog er weg; die Kette hatte er in der rechten und die Schuhe in der linken Kralle, und er flog weit fort, bis zu einer Mühle, und die Mühle machte: »Klippe-klappe, klippe-klappe, klippe-klappe«. Und in der Mühle saßen zwanzig Mühlenknappen, die behauten einen Stein und hackten: »Hick-hack, hick-hack, hick-hack«; und die Mühle machte: »Klippe-klappe, klippe-klappe, klippe-klappe«. Da setzte sich der Vogel auf einen Lindenbaum, der vor der Mühle stand und sang:

»Mein Mutter, der mich schlacht'«,
da hörte einer auf;
»mein Vater, der mich aß«,
da hörten zwei andere auf und hörten zu;
»mein Schwester, der Marlenichen«,
da hörten wieder vier auf;
»sucht alle meine Benichen,
bind't sie in ein seiden Tuch«,
nun hackten nur noch acht;
»legt's unter«,
nun nur noch fünf;
»den Machandelbaum« –
nun nur noch einer;
»Kywitt, kywitt, wat vör'n schöön Vagel bün ik!«

Da hörte auch der Letzte auf, der hatte gerade noch den Schluss gehört. »Vogel«, sagte er, »was singst du schön! Lass mich das auch hören, sing' es mir noch einmal!« – »Nein«, sagte der Vogel, »zweimal sing ich nicht umsonst; gib mir den Mühlenstein, so will ich es noch einmal singen.« – »Ja«, sagte er, »wenn er mir allein gehörte, so solltest du ihn haben.« – »Ja«, sagten die anderen, »wenn er noch einmal singt, so soll er ihn haben!« Da kam der Vogel herbei, und alle zwanzig Müllerburschen kamen mit Baumpfählen daher und hoben den Stein an: »Hu-uh-uhp, hu-uh-uhp, hu-uh-uhp!« Da steckte der Vogel den Hals durch das Loch, sodass der Stein wie ein Kragen um ihn lag, flog wieder auf den Baum und sang:

»Mein Mutter, der mich schlacht',
mein Vater, der mich aß,
mein Schwester, der Marlenichen,
sucht alle meine Benichen,
bind't sie in ein seiden Tuch,
legt's unter den Machandelbaum.
Kywitt, kywitt, wat vör'n schöön Vagel bün ik!«

Und als er ausgesungen hatte, da tat er die Flügel auseinander und hatte in der rechten Kralle die Kette und in der linken die Schuhe und um den Hals den Mühlenstein und flog weit weg, zu seines Vaters Haus.

In der Stube saßen der Vater, die Mutter und Marleenken bei Tisch, und der Vater sagte: »Ach, was wird mir so leicht, mir ist ganz wohl zumute.» – »Nein«, sagte die Mutter, »mir ist richtig bange, so, als käme ein schweres Gewitter heran.« Marleenken aber saß da und weinte und weinte. Da kam der Vogel angeflogen, und als er sich auf das Dach setzte, da sagte der Vater: »Ach, mir ist so freudig zumute, und die Sonne scheint so schön, mir ist ganz, als sollte ich einen alten Bekannten wiedersehen!« – »Nein«, sagte die Frau, »mir ist angst und bange, die Zähne klappern mir, und mir ist, als hätte ich Feuer in den Adern.« Und sie riss sich ihr Kleid auf, um Luft zu kriegen. Aber Marleenken saß in der Ecke und weinte und hielt sich ihre Schürze vor die Augen und weinte die Schürze ganz und gar nass.

Da setzte sich der Vogel auf den Machandelbaum und sang:

»Meine Mutter, der mich schlacht'«,

da hielt sich die Mutter die Ohren zu und kniff die Augen zu und wollte nichts sehen und hören, aber es brauste ihr in den Ohren wie der allerstärkste Sturm, und die Augen brannten und zuckten ihr wie Blitze.

»Mein Vater der mich aß«,

»Ach, Mutter«, sagt der Mann, »da ist ein schöner Vogel, der singt so herrlich und die Sonne scheint so warm, und es riecht wie lauter Zimt.«

»Mein Schwester, der Marlenichen«,

da legte Marleenken den Kopf auf die Knie und weinte in einem fort. Der Mann aber sagte: »Ich gehe hinaus; ich muss den Vogel aus der Nähe sehen.« – »Ach, geh nicht«, sagte die Frau, »mir ist, als ob das ganze Haus bebte und in Flammen stünde.« Aber der Mann ging hinaus und sah sich den Vogel an.

»Sucht alle meine Benichen,
bind't sie in ein seiden Tuch,
legt's unter den Machandelbaum.
Kywitt, kywitt, wat vör'n schöön Vagel bün ik!«

Dabei ließ der Vogel die goldene Kette fallen, und sie fiel dem Mann gerade um den Hals, sodass sie ihm ganz wunderschön passte. Da ging er hinein und sagte: »Schau nur, was für ein schöner Vogel; hat mir so eine schöne goldene Kette geschenkt und sieht so schön aus!« Der Frau aber ward so angst, dass sie der Länge nach hinfiel und ihr die Mütze vom Kopf fiel. Da sang der Vogel wieder:

»Mein Mutter, der mich schlacht'«,

»Ach, dass ich tausend Klafter unter der Erde läge, sodass ich das nicht zu hören brauchte!«

»Mein Vater der mich aß«,

da fiel die Frau wie tot nieder.

»Mein Schwester der Marlenichen«,

»Ach«, sagte Marleenken, »ich will auch hinausgehen und sehen, ob mir der Vogel etwas schenkt?« Da ging sie hinaus.

»Sucht alle meine Benichen,
bind't sie in ein seiden Tuch«,

da warf er ihr die Schuhe herunter.

»Legt's unter den Machandelbaum.
Kywitt, kywitt, wat vör'n schöön Vagel bün ik!«

Da ward es ihr so leicht und fröhlich. Sie zog sich die neuen roten Schuhe an und tanzte und sprang in ihnen herum. »Ach«, sagte sie, »ich war so traurig, als ich hinausging, und nun ist mir so leicht. Das ist mir ein herrlicher Vogel; hat mir ein Paar rote Schuhe geschenkt!« – »Nein«, sagte die Frau und sprang auf, und die Haare standen ihr zu Berge wie Feuerflammen, »mir ist, als sollte die Welt untergehen; ich will auch hinaus, damit mir leichter wird.« Und als sie aus der Tür kam, bratsch!, warf ihr der Vogel den Mühlstein auf den Kopf, sodass sie ganz zerquetscht wurde. Der Vater und Marleenken hörten es und gingen hinaus. Da stiegen Dampf und Flammen und Feuer von der Stelle auf, und als das vorüber war, stand der kleine Bruder vor ihnen, und er nahm seinen Vater und Marleenken bei der Hand, und sie waren alle drei ganz vergnügt und gingen ins Haus, setzten sich an den Tisch und aßen.

32
Die sechs Schwäne

Es jagte einmal ein König in einem großen Wald und jagte einem Wild so eifrig nach, dass ihm niemand von seinen Leuten folgen konnte. Als der Abend herankam, hielt er still und blickte um sich; da sah er, dass er sich verirrt hatte. Er suchte einen Ausgang, konnte aber keinen finden. Da sah er eine alte Frau mit wackelndem Kopfe, die auf ihn zukam; das war aber eine Hexe. »Liebe Frau«, sprach er zu ihr, »könnt Ihr mir nicht den Weg durch den Wald zeigen?« – »O ja, Herr König«, antwortete sie, »das kann ich wohl, aber es ist eine Bedingung dabei, wenn Ihr die nicht erfüllt, so kommt Ihr nimmermehr aus dem Wald und müsst darin Hungers sterben.« – »Was ist das für eine Bedingung?«, fragte der König. »Ich habe eine Tochter«, sagte die Alte, »die so schön ist, wie Ihr eine auf der Welt finden könnt, und wohl verdient, Eure Gemahlin zu werden; wollt Ihr die zur Frau Königin machen, so zeige ich Euch den Weg aus dem Walde.« Der König in der Angst seines Herzens willigte ein, und die Alte führte ihn zu ihrem Häuschen, wo ihre Tochter beim Feuer saß. Sie empfing den König, als wenn sie ihn erwartet hätte, und er sah wohl, dass sie sehr schön war, aber sie gefiel ihm doch nicht, und er konnte sie ohne heimliches Grausen nicht ansehen. Nachdem er das Mädchen zu sich aufs Pferd gehoben hatte, zeigte ihm die Alte den Weg, und der König gelangte wieder in sein königliches Schloss, wo die Hochzeit gefeiert wurde.

Der König war schon einmal verheiratet gewesen und hatte von seiner ersten Gemahlin sieben Kinder, sechs Knaben und ein Mädchen, die er über alles auf der Welt liebte. Weil er nun fürchtete, die Stiefmutter möchte sie nicht gut behandeln und ihnen gar ein Leid antun, so brachte er sie in ein einsames Schloss, das mitten in einem Walde stand. Es lag so verborgen und der Weg war so schwer zu finden, dass er ihn selbst nicht gefunden hätte, wenn ihm nicht eine weise Frau ein Knäuel Garn von wunderbarer Eigenschaft geschenkt hätte; wenn er das vor sich hinwarf, so wickelte es sich von selbst los und zeigte ihm den Weg. Der König ging aber so oft hinaus zu seinen lieben Kindern, dass der Königin seine Abwesenheit auffiel; sie war neugierig und wollte wissen, was er draußen ganz allein in dem Walde zu schaffen habe. Sie gab seinen Dienern viel Geld, und die verrieten ihr das Geheimnis und sagten ihr auch von dem Knäuel, das allein den Weg zeigen könnte. Nun hatte sie keine Ruhe, bis sie herausgebracht hatte, wo der König das Knäuel aufbewahrte, und dann machte sie kleine weißseidene Hemdchen, und da sie von ihrer Mutter die Hexenkünste gelernt hatte, so nähete sie einen Zauber hinein. Und als der König einmal auf die Jagd geritten war, nahm sie die Hemdchen und ging in den Wald, und das Knäuel zeigte ihr den Weg. Die Kinder, die aus der Ferne jemand kommen sahen, meinten, ihr lieber Vater käme zu ihnen, und sprangen ihm voll Freude entgegen. Da warf sie über ein jedes eins von den Hemdchen, und wie das ihren Leib berührt hatte, verwandelten sie sich in Schwäne und flogen über den Wald hinweg.

Die Königin ging ganz vergnügt nach Haus und glaubte, ihre Stiefkinder los zu sein, aber das Mädchen war ihr mit den Brüdern nicht entgegengelaufen, und sie wusste nichts von ihm. Andern Tags kam der König und wollte seine Kinder besuchen, er fand aber niemand als das Mädchen. »Wo sind

deine Brüder?«, fragte der König. »Ach, lieber Vater«, antwortete es, »die sind fort und haben mich allein zurückgelassen«, und erzählte ihm, dass es aus seinem Fensterlein mit angesehen habe, wie seine Brüder als Schwäne über den Wald weggeflogen wären, und zeigte ihm die Federn, die sie in dem Hof hatten fallen lassen, und die es aufgelesen hatte. Der König trauerte, aber er dachte nicht, dass die Königin die böse Tat vollbracht hätte, und weil er fürchtete, das Mädchen würde ihm auch geraubt, so wollte er es mit fortnehmen. Aber es hatte Angst vor der Stiefmutter und bat den König, dass es nur noch diese Nacht im Waldschloss bleiben dürfte.

Das arme Mädchen dachte: »Meines Bleibens ist nicht länger hier, ich will gehen und meine Brüder suchen.« Und als die Nacht kam, entfloh es und ging gerade in den Wald hinein. Es ging die ganze Nacht durch und auch den andern Tag in einem fort, bis es vor Müdigkeit nicht weiterkonnte. Da sah es eine Wildhütte, stieg hinauf und fand eine Stube mit sechs kleinen Betten, aber es getraute nicht sich in eins zu legen, sondern kroch unter eins, legte sich auf den harten Boden und wollte die Nacht da zubringen. Als aber die Sonne bald untergehen wollte, hörte es ein Rauschen und sah, dass sechs Schwäne zum Fenster hereingeflogen kamen. Sie setzten sich auf den Boden und bliesen einander an und bliesen sich alle Federn ab, und ihre Schwanenhaut streifte sich ab wie ein Hemd. Da sah sie das Mädchen an und erkannte ihre Brüder, freute sich und kroch unter dem Bett hervor. Die Brüder waren nicht weniger erfreut, als sie ihr Schwesterchen erblickten, aber ihre Freude war von kurzer Dauer. »Hier kann deines Bleibens nicht sein«, sprachen sie zu ihm, »das ist eine Herberge für Räuber; wenn die heimkommen und finden dich, so ermorden sie dich.« – »Könnt ihr mich denn nicht beschützen?«, fragte das Schwesterchen. »Nein«, antworteten sie, »denn wir können nur eine Viertelstunde lang jeden Abend unsere Schwanenhaut ablegen und haben in dieser Zeit unsere menschliche Gestalt, aber dann werden wir wieder in Schwäne verwandelt.« Das Schwesterchen weinte und sagte: »Könnt ihr denn nicht erlöst werden?« – »Ach nein«, antworteten sie, »die Bedingungen sind zu schwer. Du darfst sechs Jahre lang nicht sprechen und nicht lachen und musst in der Zeit sechs Hemdchen für uns aus Sternblumen zusammennähen. Kommt ein einziges Wort aus deinem Munde, so ist alle Arbeit verloren.« Und als die Brüder das gesprochen hatten, war die Viertelstunde herum und sie flogen als Schwäne wieder zum Fenster hinaus.

Das Mädchen aber fasste den festen Entschluss, seine Brüder zu erlösen, und wenn es auch sein Leben kostete. Es verließ die Wildhütte, ging mitten in den Wald und setzte sich auf einen Baum und brachte da die Nacht zu. Am andern Morgen ging es aus, sammelte Sternblumen und fing an zu nähen. Reden konnte es mit niemand, und zum Lachen hatte es keine Lust: Es saß da und sah nur auf seine Arbeit. Als es schon lange Zeit da zugebracht hatte, geschah es, dass der König des Landes in dem Wald jagte und seine Jäger zu dem Baum kamen, auf welchem das Mädchen saß. Sie riefen es an und sagten: »Wer bist du?« Es gab aber keine Antwort. »Komm herab zu uns«, sagten sie, »wir wollen dir nichts zuleid tun.« Es schüttelte bloß mit dem Kopf.

Als sie es weiter mit Fragen bedrängten, so warf es ihnen seine goldene Halskette herab und dachte sie damit zufrieden zu stellen. Sie ließen aber nicht ab, da warf es ihnen seinen Gürtel herab, und als auch das nichts half, seine Strumpfbänder und nach und nach alles, was es anhatte und entbehren konnte, sodass es nichts mehr als sein Hemdlein behielt. Die Jäger ließen sich aber damit nicht abweisen, stiegen auf den Baum, hoben das Mädchen herab und führten es vor den König. Der König fragte: »Wer bist du? Was machst du auf dem Baum?« Aber es antwortete nicht. Er fragte es in allen Sprachen, die er wusste, aber es blieb stumm wie ein Fisch. Weil es aber so schön war, so ward des Königs Herz gerührt, und er fasste eine große Liebe zu ihm. Er tat ihm seinen Mantel um, nahm es vor sich aufs Pferd und brachte es in sein Schloss. Da ließ er ihm reiche Kleider antun, und es strahlte in seiner Schönheit wie der helle Tag, aber es war kein Wort aus ihm herauszubringen. Er setzte es bei Tisch an seine Seite, und seine bescheidenen Mienen und seine Sittsamkeit gefielen ihm so sehr, dass er sprach: »Diese begehre ich zu heiraten und keine andere auf der Welt«, und nach einigen Tagen vermählte er sich mit ihr.

Der König aber hatte eine böse Mutter, die war unzufrieden mit dieser Heirat und sprach schlecht von der jungen Königin. »Wer weiß, wo die Dirne her ist«, sagte sie, »die nicht reden kann. Sie ist eines Königs nicht würdig.« Über ein Jahr, als die Königin das erste Kind zur Welt brachte, nahm es ihr die Alte weg und bestrich ihr im Schlafe den Mund mit Blut. Da ging sie zum König und klagte sie an, sie wäre eine Menschenfresserin. Der König wollte es nicht glauben und litt nicht, dass man ihr ein Leid antat. Sie saß aber beständig und nähete an den Hemdchen und achtete auf nichts anderes. Das nächste Mal, als sie wieder einen schönen Knaben gebar, übte die falsche Schwiegermutter denselben Betrug aus, aber der König konnte sich nicht entschließen, ihren Reden Glauben beizumessen. Er sprach: »Sie ist zu fromm und gut, als dass sie so etwas tun könnte. Wäre sie nicht stumm und könnte sie sich verteidigen, so würde ihre Unschuld an den Tag kommen.« Als aber das dritte Mal die Alte das neugeborne Kind raubte und die Königin anklagte, die kein Wort zu ihrer Verteidigung vorbrachte, so konnte der König nicht anders, er musste sie dem Gericht übergeben, und das verurteilte sie, den Tod durchs Feuer zu erleiden.

Als der Tag herankam, wo das Urteil sollte vollzogen werden, da war zugleich der letzte Tag von den sechs Jahren herum, in welchen sie nicht sprechen und nicht lachen durfte, und sie hatte ihre lieben Brüder aus der Macht des Zaubers befreit. Die sechs Hemden waren fertig geworden, nur dass an dem letzten der linke Ärmel noch fehlte. Als sie nun zum Scheiterhaufen geführt wurde, legte sie die Hemden auf ihren Arm, und als sie oben stand und das Feuer eben sollte angezündet werden, so schaute sie sich um. Da kamen sechs Schwäne durch die Luft dahergezogen. Da sah sie, dass ihre Erlösung nahte, und ihr Herz regte sich in Freude. Die Schwäne rauschten zu ihr her und senkten sich herab, sodass sie ihnen die Hemden überwerfen konnte: Und wie sie davon berührt wurden, fielen die Schwanenhäute ab und ihre Brüder standen leibhaftig vor ihr und waren frisch und schön; nur dem Jüngsten fehlte der linke Arm und er hatte dafür einen Schwanenflügel am Rücken. Sie herzten und küssten sich, und die Königin ging zu dem Könige, der ganz bestürzt war, und fing an zu reden und sagte: »Liebster Gemahl, nun darf ich sprechen und dir offenbaren, dass ich unschuldig bin und fälschlich angeklagt«, und erzählte ihm von dem Betrug der Alten, die ihre drei Kinder weggenommen und verborgen hätte. Da wurden sie zu großer Freude des Königs herbeigeholt, und die böse Schwiegermutter wurde zur Strafe auf den Scheiterhaufen gebunden und zu Asche verbrannt. Der König aber und die Königin mit ihren sechs Brüdern lebten lange Jahre in Glück und Frieden.

33 Dornröschen

Vor Zeiten war ein König und eine Königin, die sprachen jeden Tag: »Ach, wenn wir doch ein Kind hätten!«, und kriegten immer keins. Da trug sich zu, als die Königin einmal im Bade saß, dass ein Frosch aus dem Wasser ans Land kroch und zu ihr sprach: »Dein Wunsch wird erfüllt werden; ehe ein Jahr vergeht, wirst du eine Tochter zur Welt bringen.« Was der Frosch gesagt hatte, das geschah, und die Königin gebar ein Mädchen, das war so schön, dass der König vor Freude sich nicht zu lassen wusste und ein großes Fest anstellte. Er lud nicht bloß seine Verwandten, Freunde und Bekannten, sondern auch die weisen Frauen dazu ein, damit sie dem Kind hold und gewogen wären. Es waren ihrer dreizehn in seinem Reiche. Weil er aber nur zwölf goldene Teller hatte, von welchen sie essen sollten, so musste eine von ihnen daheimbleiben. Das Fest ward mit aller Pracht gefeiert, und als es zu Ende war, beschenkten die weisen Frauen das Kind mit ihren Wundergaben: die eine mit Tugend, die andere mit Schönheit, die dritte mit Reichtum, und so mit allem, was auf der Welt zu wünschen ist. Als elfe ihre Sprüche eben getan hatten, trat plötzlich die dreizehnte herein. Sie wollte sich dafür rächen, dass sie nicht eingeladen war, und ohne jemand zu grüßen oder nur anzusehen, rief sie mit lauter Stimme: »Die Königstochter soll sich in ihrem fünfzehnten Jahr an einer Spindel stechen und tot hinfallen.« Und ohne ein Wort weiter zu sprechen, kehrte sie sich um und verließ den Saal. Alle waren erschrocken, da trat die zwölfte hervor, die ihren Wunsch noch übrig hatte, und weil sie den bösen Spruch nicht aufheben, sondern nur ihn mildern konnte, so sagte sie: »Es soll aber kein Tod sein, sondern ein hundertjähriger tiefer Schlaf, in welchen die Königstochter fällt.« Der König, der sein liebes Kind vor dem Unglück gern bewahren wollte, ließ den Befehl ausgeben, dass alle Spindeln im ganzen Königreiche sollten verbrannt werden. An dem Mädchen aber wurden die Gaben der weisen Frauen sämtlich erfüllt, denn es war so schön, sittsam, freundlich und verständig, dass es jedermann, der es ansah, liebhaben musste. Es geschah, dass an dem Tage, wo es gerade fünfzehn Jahr alt ward, der König und die Königin nicht zu Haus waren, und das Mädchen ganz allein im Schloss zurückblieb. Da ging es allerorten herum, besah Stuben und Kammern, wie es Lust hatte, und kam endlich auch an einen alten Turm. Es stieg die enge Wendeltreppe hinauf und gelangte zu einer kleinen Türe. In dem Schloss steckte ein verrosteter Schlüssel, und als es umdrehte, sprang die Türe auf, und saß da in einem kleinen Stübchen eine alte Frau mit einer Spindel und spann emsig ihren Flachs. »Guten Tag, du altes Mütterchen«, sprach die Königstochter, »was machst du da?« – »Ich spinne«, sagte die Alte und nickte mit dem Kopf. »Was ist das für ein Ding, das so lustig herumspringt?«, sprach das Mädchen, nahm die Spindel und wollte auch spinnen. Kaum hatte sie aber die Spindel angerührt, so ging der Zauberspruch in Erfüllung, und sie stach sich damit in den Finger.

In dem Augenblick aber, wo sie den Stich empfand, fiel sie auf das Bett nieder, das da stand, und lag in einem tiefen Schlaf. Und dieser Schlaf verbreitete sich über das ganze Schloss: Der König und die Königin, die eben heimgekommen waren und in den Saal getreten waren, fingen an einzuschlafen, und der ganze Hofstaat mit ihnen. Da schliefen auch die Pferde im Stall, die Hunde im Hofe, die Tauben auf dem Dache, die Fliegen an der Wand, ja, das Feuer, das auf dem Herde flackerte, ward still und schlief ein, und der Braten hörte auf zu brutzeln, und der Koch, der den Küchenjungen, weil er etwas versehen hatte, an den Haaren ziehen wollte, ließ ihn los und schlief. Und der Wind legte sich, und auf den Bäumen vor dem Schloss regte sich kein Blättchen mehr.

Rings um das Schloss aber begann eine Dornenhecke zu wachsen, die jedes Jahr höher ward und endlich das ganze Schloss umzog und darüber hinauswuchs, dass gar nichts mehr davon zu sehen war, selbst nicht die Fahne auf dem Dach. Es ging aber die Sage in dem Land von dem schönen schlafenden Dornröschen, denn so ward die Königstochter genannt, alsodass von Zeit zu Zeit Königssöhne kamen und durch die Hecke in das Schloss dringen wollten. Es war ihnen aber nicht möglich, denn die Dornen, als hätten sie Hände, hielten fest zusammen, und die Jünglinge blieben darin hängen, konnten sich nicht wieder losmachen und starben eines jämmerlichen Todes.

Nach langen Jahren kam wieder einmal ein Königssohn in das Land und hörte, wie ein alter Mann von der Dornhecke erzählte, es sollte ein Schloss dahinter stehen, in welchem eine wunderschöne Königstochter, Dornröschen genannt, schon seit hundert Jahren schliefe, und mit ihr schliefe der König und die Königin und der ganze Hofstaat. Er wusste auch von seinem Großvater, dass schon viele Königssöhne gekommen wären und versucht hätten, durch die Dornenhecke zu dringen, aber sie wären darin hängen geblieben und eines traurigen Todes gestorben. Da sprach der Jüngling: »Ich fürchte mich nicht, ich will hinaus und das schöne Dornröschen sehen.« Der gute Alte mochte ihm abraten, wie er wollte, er hörte nicht auf seine Worte.

Nun waren aber gerade die hundert Jahre verflossen, und der Tag war gekommen, wo Dornröschen wieder erwachen sollte. Als der Königssohn sich der Dornenhecke näherte, waren es lauter große, schöne Blumen, die taten sich von selbst auseinander und ließen ihn unbeschädigt hindurch, und hinter ihm taten sie sich wieder als eine Hecke zusammen. Im Schlosshof sah er die Pferde und scheckigen Jagdhunde liegen und schlafen, auf dem Dache saßen die Tauben und hatten das Köpfchen unter den Flügel gesteckt. Und als er ins Haus kam, schliefen die Fliegen an der Wand, der Koch in der Küche hielt noch die Hand, als wollte er den Jungen anpacken, und die Magd saß vor dem schwarzen Huhn, das sollte gerupft werden. Da ging er weiter und sah im Saale den ganzen Hofstaat liegen und schlafen, und oben bei dem Throne lag der König und die Königin. Da ging er noch weiter, und alles war so still, dass einer seinen Atem hören konnte, und endlich kam er zu dem Turm und öffnete die Türe zu der kleinen Stube, in welcher Dornröschen schlief. Da lag es und war so schön, dass er die Augen nicht abwenden konnte, und er bückte sich und gab ihm einen Kuss. Wie er es mit dem Kuss berührt hatte, schlug Dornröschen die Augen auf, erwachte und blickte ihn ganz freundlich an. Da gingen sie zusammen herab, und der König erwachte und die Königin und der ganze Hofstaat, und sahen einander mit großen Augen an. Und die Pferde im Hof standen auf und rüttelten sich, die Jagdhunde sprangen und wedelten, die Tauben auf dem Dache zogen das Köpfchen unterm Flügel hervor, sahen umher und flogen ins Feld, die Fliegen an den Wänden krochen weiter, das Feuer in der

Küche erhob sich, flackerte und kochte das Essen, der Braten fing wieder an zu brutzeln, und der Koch gab dem Jungen eine Ohrfeige, dass er schrie, und die Magd rupfte das Huhn fertig. Und da wurde die Hochzeit des Königssohns mit dem Dornröschen in aller Pracht gefeiert, und sie lebten vergnügt bis an ihr Ende.

34
Fundevogel

Es war einmal ein Förster, der ging in den Wald auf die Jagd, und wie er in den Wald kam, hörte er schreien, als ob's ein kleines Kind wäre. Er ging dem Schreien nach und kam endlich zu einem hohen Baum, und oben darauf saß ein kleines Kind. Es war aber die Mutter mit dem Kinde unter dem Baum eingeschlafen, und ein Raubvogel hatte das Kind in ihrem Schoße gesehen; da war er hinzugeflogen, hatte es mit seinem Schnabel weggenommen und auf den hohen Baum gesetzt.

Der Förster stieg hinauf, holte das Kind herunter und dachte: »Du willst das Kind mit nach Haus nehmen und mit deinem Lenchen zusammen aufziehn.« Er brachte es also heim, und die zwei Kinder wuchsen miteinander auf. Das aber, das auf dem Baum gefunden worden war, und weil es ein Vogel weggetragen hatte, wurde Fundevogel geheißen. Fundevogel und Lenchen hatten sich so lieb, nein so lieb, dass, wenn eins das andere nicht sah, ward es traurig.

Der Förster hatte aber eine alte Köchin, die nahm eines Abends zwei Eimer und fing an Wasser zu schleppen, und ging nicht ein Mal, sondern viele Mal hinaus an den Brunnen. Lenchen sah es und sprach: »Hör einmal, alte Sanne, was trägst du denn so viel Wasser zu?« – »Wenn du's keinem Menschen wiedersagen willst, so will ich dirs wohl sagen.« Da sagte Lenchen Nein, sie wollte es keinem Menschen wiedersagen, so sprach die Köchin: »Morgen früh, wenn der Förster auf die Jagd ist, da koche ich das Wasser, und wenns im Kessel siedet, werfe ich den Fundevogel 'nein, und will ihn darin kochen.«

Des andern Morgens in aller Frühe stieg der Förster auf und ging auf die Jagd, und als er weg war, lagen die Kinder noch im Bett. Da sprach Lenchen zum Fundevogel: »Verlässt du mich nicht, so verlass ich dich auch nicht;« so sprach der Fundevogel: »Nun und nimmermehr.« Da sprach Lenchen: »Ich will es dir nur sagen, die alte Sanne schleppte gestern Abend so viel Eimer Wasser ins Haus, da fragte ich sie, warum sie das täte, so sagte sie, wenn ich es keinem Menschen sagen wollte, so wollte sie es mir wohl sagen. Sprach ich, ich wollte es gewiss keinem Menschen sagen; da sagte sie, morgen früh, wenn der Vater auf die Jagd wäre, wollte sie den Kessel voll Wasser sieden, dich hineinwerfen und

kochen. Wir wollen aber geschwind aufstehen, uns anziehen und zusammen fortgehen.«

Also standen die beiden Kinder auf, zogen sich geschwind an und gingen fort. Wie nun das Wasser im Kessel kochte, ging die Köchin in die Schlafkammer, wollte den Fundevogel holen und ihn hineinwerfen. Aber als sie hineinkam und zu den Betten trat, waren die Kinder alle beide fort. Da wurde ihr grausam angst, und sie sprach vor sich: »Was will ich nun sagen, wenn der Förster heimkommt und sieht, dass die Kinder weg sind? Geschwind hintennach, dass wir sie wiederkriegen.«

Da schickte die Köchin drei Knechte nach, die sollten laufen und die Kinder einfangen. Die Kinder aber saßen vor dem Wald, und als sie die drei Knechte von Weitem laufen sahen, sprach Lenchen zum Fundevogel: »Verlässt du mich nicht, so verlass ich dich auch nicht.« So sprach Fundevogel: »Nun und nimmermehr.« Da sagte Lenchen: »Werde du zum Rosenstöckchen und ich zum Röschen darauf.« Wie nun die drei Knechte vor den Wald kamen, so war nichts da als ein Rosenstrauch und ein Röschen obendrauf, die Kinder aber nirgend. Da sprachen sie: »Hier ist nichts zu machen«, und gingen heim und sagten der Köchin, sie hätten nichts in der Welt gesehen als nur ein Rosenstöckchen und ein Röschen oben darauf. Da schalt die alte Köchin: »Ihr Einfaltspinsel, ihr hättet das Rosenstöckchen sollen entzweischneiden und das Röschen abbrechen und mit nach Haus bringen, geschwind und tuts.« Sie mussten also zum zweiten Mal hinaus und suchen. Die Kinder sahen sie aber von Weitem kommen, da sprach Lenchen: »Fundevogel, verlässt du mich nicht, so verlass ich dich auch nicht.« Fundevogel sagte: »Nun und nimmermehr.« Sprach Lenchen: »So werde du eine Kirche und ich die Krone darin.« Wie nun die drei Knechte dahinkamen, war nichts da als eine Kirche und eine Krone darin. Sie sprachen also zueinander: »Was sollen wir hier machen, lasst uns nach Hause gehen.« Wie sie nach Haus kamen, fragte die Köchin, ob sie nichts gefunden hätten; so sagten sie Nein, sie hätten nichts gefunden als eine Kirche, da wäre eine Krone darin gewesen. »Ihr Narren«, schalt die Köchin, »warum habt ihr nicht die Kirche zerbrochen und die Krone mit heimgebracht?« Nun machte sich die alte Köchin selbst auf die Beine und ging mit den drei Knechten den Kindern nach. Die Kinder sahen aber die drei Knechte von Weitem kommen, und die Köchin wackelte hintennach. Da sprach Lenchen: »Fundevogel, verlässt du mich nicht, so verlass ich dich auch nicht.« Da sprach der Fundevogel: »Nun und nimmermehr.« Sprach Lenchen: »Werde zum Teich und ich die Ente drauf.« Die Köchin aber kam herzu, und als sie den Teich sah, legte sie sich drüberhin und wollte ihn aussaufen. Aber die Ente kam schnell geschwommen, fasste sie mit ihrem Schnabel beim Kopf und zog sie ins Wasser hinein: Da musste die alte Hexe ertrinken. Da gingen die Kinder zusammen nach Haus und waren herzlich froh; und wenn sie nicht gestorben sind, leben sie noch.

35 König Drosselbart

Ein König hatte eine Tochter, die war über alle Maßen schön, aber dabei so stolz und übermütig, dass ihr kein Freier gut genug war. Sie wies einen nach dem andern ab und trieb noch dazu Spott mit ihnen. Einmal ließ der König ein großes Fest anstellen und ladete dazu aus der Nähe

und Ferne die heiratslustigen Männer ein. Sie wurden alle in eine Reihe nach Rang und Stand geordnet; erst kamen die Könige, dann die Herzöge, die Fürsten, Grafen und Freiherrn, zuletzt die Edelleute. Nun ward die Königstochter durch die Reihen geführt, aber an jedem hatte sie etwas auszusetzen. Der eine war ihr zu dick: »Das Weinfass!«, sprach sie. Der andere zu lang: »Lang und schwank hat keinen Gang.« Der Dritte zu kurz: »Kurz und dick hat kein Geschick.« Der Vierte zu blass: »Der bleiche Tod!«, der Fünfte zu rot: »Der Zinshahn!«, der Sechste war nicht gerad genug: »Grünes Holz, hinterm Ofen getrocknet!« Und so hatte sie an einem jeden etwas auszusetzen, besonders aber machte sie sich über einen guten König lustig, der ganz oben stand und dem das Kinn ein wenig krumm gewachsen war. »Ei«, rief sie und lachte, »der hat ein Kinn, wie die Drossel einen Schnabel«; und seit der Zeit bekam er den Namen Drosselbart. Der alte König aber, als er sah, dass seine Tochter nichts tat als über die Leute spotten, und alle Freier, die da versammelt waren, verschmähte, ward er zornig und schwur, sie sollte den ersten besten Bettler zum Manne nehmen, der vor seine Türe käme. Ein paar Tage darauf hub ein Spielmann an unter dem Fenster zu singen, um damit ein geringes Almosen zu verdienen. Als es der König hörte, sprach er: »Lasst ihn heraufkommen.« Da trat der Spielmann in seinen schmutzigen, verlumpten Kleidern herein, sang vor dem König und seiner Tochter, und bat, als er fertig war, um eine milde Gabe. Der König sprach: »Dein Gesang hat mir so wohl gefallen, dass ich dir meine Tochter da zur Frau geben will.« Die Königstochter erschrak, aber der König sagte: »Ich habe den Eid getan, dich dem ersten besten Bettelmann zu geben, den will ich auch halten.« Es half keine Einrede, der Pfarrer ward geholt, und sie musste sich gleich mit dem Spielmann trauen lassen. Als das geschehen war, sprach der König: »Nun schickt sichs nicht, dass du als ein Bettelweib noch länger in meinem Schloss bleibst, du kannst nur mit deinem Manne fortziehen.«

Der Bettelmann führte sie an der Hand hinaus, und sie musste mit ihm zu Fuß fortgehen. Als sie in einen großen Wald kamen, da fragte sie:

»Ach, wem gehört der schöne Wald?«
»Der gehört dem König Drosselbart;
hättst du'n genommen, so wär er dein.«
»Ich arme Jungfer zart,
ach, hätt ich genommen den König Drosselbart!«

Darauf kamen sie über eine Wiese, da fragte sie wieder:

»Wem gehört die schöne grüne Wiese?«
»Sie gehört dem König Drosselbart;
hättst du'n genommen, so wär sie dein.«
»Ich arme Jungfer zart,
ach, hätt ich genommen den König Drosselbart!«

Dann kamen sie durch eine große Stadt, da fragte sie wieder:

»Wem gehört diese schöne große Stadt?«
»Sie gehört dem König Drosselbart;
hättst du'n genommen, so wär sie dein.«
»Ich arme Jungfer zart,
ach, hätt ich genommen den König Drosselbart!«

»Es gefällt mir gar nicht«, sprach der Spielmann, »dass du dir immer einen andern zum Mann wünschest. Bin ich dir nicht gut genug?« Endlich kamen sie an ein ganz kleines Häuschen, da sprach sie:

»Ach, Gott, was ist das Haus so klein!
Wem mag das elende winzige Häuschen sein?«

Der Spielmann antwortete: »Das ist mein und dein Haus, wo wir zusammen wohnen.« Sie musste sich bücken, damit sie zu der niedrigen Tür hineinkam. »Wo sind die Diener?«, sprach die Königstochter. »Was Diener!«, antwortete der Bettelmann. »Du musst selber tun, was du willst getan haben. Mach nur gleich Feuer an und stell Wasser auf, dass du mir mein Essen kochst; ich bin ganz müde.« Die Königstochter verstand aber nichts vom Feueranmachen und Kochen, und der Bettelmann musste selber mit Hand anlegen, dass es noch so leidlich ging. Als sie die schmale Kost verzehrt hatten, legten sie sich zu Bett, aber am Morgen trieb er sie schon ganz früh heraus, weil sie das Haus besorgen sollte. Ein paar Tage lebten sie auf diese Art schlecht und recht und zehrten ihren Vorrat auf. Da sprach der Mann: »Frau, so gehts nicht länger, dass wir hier zehren und nichts verdienen. Du sollst Körbe flechten.« Er ging aus, schnitt Weiden und brachte sie heim. Da fing sie an zu flechten, aber die harten Weiden stachen ihr die zarten Hände wund. »Ich sehe, das geht nicht«, sprach der Mann, »spinn lieber, vielleicht kannst du das besser.« Sie setzte sich hin und versuchte zu spinnen, aber der harte Faden schnitt ihr bald in die weichen Finger, dass das Blut daran herunterlief. »Siehst du«, sprach der Mann, »du taugst zu keiner Arbeit, mit dir bin ich schlimm angekommen. Nun will ichs versuchen und einen Handel mit Töpfen und irdenem Geschirr anfangen. Du sollst dich auf den Markt setzen und die Ware feil halten.« – »Ach«, dachte sie, »wenn auf den Markt Leute aus meines Vaters Reich kommen und sehen mich da sitzen und feil halten, wie werden sie mich verspotten!« Aber es half nichts, sie musste sich fügen, wenn sie nicht Hungers sterben wollten. Das erste Mal gings gut, denn die Leute kauften der Frau, weil sie schön war, gern ihre Ware ab, und bezahlten, was sie forderte, ja, viele gaben ihr das Geld und ließen ihr die Töpfe noch dazu. Nun lebten sie von dem Erworbenen, solange es dauerte, da handelte der Mann wieder eine Menge neues Geschirr ein. Sie setzte sich damit an eine Ecke des Marktes und stellte es um sich her und hielt feil. Da kam plötzlich ein trunkener Husar dahergejagt und ritt geradezu in die Töpfe hinein, dass alles in tausend Scherben zersprang. Sie fing an zu weinen und wusste vor Angst nicht, was sie anfangen sollte. »Ach, wie wird mirs ergehen!«, rief sie. »Was wird mein Mann dazu sagen!« Sie lief heim und erzählte ihm das Unglück. »Wer setzt sich auch an die Ecke des Marktes mit irdenem Geschirr!«, sprach der Mann. »Lass nur das Weinen, ich sehe wohl, du bist zu keiner ordentlichen Arbeit zu gebrauchen. Da bin ich in unseres Königs Schloss gewesen und habe gefragt, ob sie nicht eine Küchenmagd brauchen könnten, und sie haben mir versprochen, sie wollten dich dazu nehmen; dafür bekommst du freies Essen.«

Nun ward die Königstochter eine Küchenmagd, musste dem Koch zur Hand gehen und die sauerste Arbeit tun. Sie machte sich in beiden Taschen ein Töpfchen fest, darin brachte sie nach Haus, was ihr von dem Übriggebliebenen zuteil ward, und davon nährten sie sich. Es trug sich zu, dass die Hochzeit des ältesten Königssohnes sollte gefeiert werden, da ging die arme Frau hinauf, stellte sich vor die Saaltüre und wollte zusehen. Als nun die Lichter angezündet waren und immer einer schöner als der andere hereintrat und alles voll Pracht und Herrlichkeit war, da dachte sie mit betrübtem Herzen an ihr Schicksal und verwünschte ihren Stolz und Übermut, der sie erniedrigt und in so große Armut gestürzt hatte. Von den köstlichen Speisen, die da ein- und ausgetragen wurden, und von welchen der Geruch zu ihr aufstieg, warfen ihr Diener manchmal ein paar Brocken zu, die tat sie in ihr Töpfchen und wollte es heimtragen. Auf einmal trat der Königssohn herein, war in Samt und Seide gekleidet und hatte goldene Ketten um den Hals. Und als er die schöne Frau in der Türe stehen sah, ergriff er sie bei der Hand und wollte mit ihr tanzen, aber sie weigerte sich und erschrak, denn sie sah, dass es der König Drosselbart war, der um sie gefreit und den sie mit Spott abgewiesen hatte. Ihr Sträuben half nichts, er zog sie in den Saal. Da zerriss das Band, an welchem die Taschen hingen, und die Töpfe fielen heraus, dass die Suppe floss und die Brocken umhersprangen. Und wie das die Leute sahen, entstand ein allgemeines Gelächter und Spotten, und sie war so beschämt, dass sie sich lieber tausend Klafter unter die Erde gewünscht hätte. Sie sprang zur Türe hinaus und wollte entfliehen, aber auf der Treppe holte sie ein Mann ein und brachte sie zurück. Und wie sie ihn ansah, war es wieder der König Drosselbart. Er sprach ihr freundlich zu: »Fürchte dich nicht, ich und der Spielmann, der mit dir in dem elenden Häuschen gewohnt hat, sind eins. Dir zuliebe habe ich mich so verstellt, und der Husar, der dir die Töpfe entzweigeritten hat, bin ich auch gewesen. Das alles ist geschehen, um deinen stolzen Sinn zu beugen und dich für deinen Hochmut zu strafen, womit du mich verspottet hast.« Da weinte sie bitterlich und sagte: »Ich habe großes Unrecht gehabt und bin nicht wert, deine Frau zu sein.« Er aber sprach: »Tröste dich, die bösen Tage sind vorüber, jetzt wollen wir unsere Hochzeit feiern.« Da kamen die Kammerfrauen und taten ihr die prächtigsten Kleider an, und ihr Vater kam und der ganze Hof, und wünschten ihr Glück zu ihrer Vermählung mit dem König Drosselbart, und die rechte Freude fing jetzt erst an. Ich wollte, du und ich, wir wären auch dabei gewesen.

36
Sneewittchen

Es war einmal mitten im Winter, und die Schneeflocken fielen wie Federn vom Himmel herab, da saß eine Königin an einem Fenster, das einen Rahmen von schwarzem Ebenholz hatte, und nähte. Und wie sie so nähte und nach dem Schnee aufblickte, stach sie sich mit der Nadel in den Finger, und es fielen drei Tropfen Blut in den Schnee. Und weil das Rote im weißen Schnee so schön aussah, dachte sie bei sich: »Hätt ich ein Kind so weiß wie Schnee, so rot wie Blut und so schwarz wie das Holz an dem Rahmen.« Bald darauf bekam sie ein Töchterlein, das war so weiß wie Schnee, so rot wie Blut und so schwarzhaarig wie Ebenholz, und ward darum das Sneewittchen (Schneeweißchen) genannt. Und wie das Kind geboren war, starb die Königin.

Über ein Jahr nahm sich der König eine andere Gemahlin. Es war eine schöne Frau, aber sie war stolz und übermütig und konnte nicht leiden, dass

sie an Schönheit von jemand sollte übertroffen werden. Sie hatte einen wunderbaren Spiegel; wenn sie vor den trat und sich darin beschaute, sprach sie:

»Spieglein, Spieglein an der Wand,
wer ist die Schönste im ganzen Land?«

So antwortete der Spiegel:

»Frau Königin, Ihr seid die Schönste im Land.«

Da war sie zufrieden, denn sie wusste, dass der Spiegel die Wahrheit sagte.

Sneewittchen aber wuchs heran und wurde immer schöner, und als es sieben Jahre alt war, war es so schön wie der klare Tag und schöner als die Königin selbst. Als diese einmal ihren Spiegel fragte:

»Spieglein, Spieglein an der Wand,
wer ist die Schönste im ganzen Land?«,

so antwortete er:

»Frau Königin, Ihr seid die Schönste hier,
aber Sneewittchen ist tausendmal schöner
als Ihr.«

Da erschrak die Königin und ward gelb und grün vor Neid. Von Stund an, wenn sie Sneewittchen erblickte, kehrte sich ihr das Herz im Leibe herum, so hasste sie das Mädchen. Und der Neid und Hochmut wuchsen wie ein Unkraut in ihrem Herzen immer höher, dass sie Tag und Nacht keine Ruhe mehr hatte. Da rief sie einen Jäger und sprach: »Bring das Kind hinaus in den Wald, ich wills nicht mehr vor meinen Augen sehen. Du sollst es töten und mir Lunge und Leber zum Wahrzeichen mitbringen.« Der Jäger gehorchte und führte es hinaus, und als er den Hirschfänger gezogen hatte und Sneewittchens unschuldiges Herz durchbohren wollte, fing es an zu weinen und sprach: »Ach, lieber Jäger, lass mir mein Leben; ich will in den wilden Wald laufen und nimmermehr wieder heimkommen.« Und weil es so schön war, hatte der Jäger Mitleid und sprach: »So lauf hin, du armes Kind.« – »Die wilden Tiere werden dich bald gefressen haben«, dachte er, und doch wars ihm, als wär ein Stein von seinem Herzen gewälzt, weil er es nicht zu töten brauchte. Und als gerade ein junger Frischling dahergesprungen kam, stach er ihn ab, nahm Lunge und Leber heraus und brachte sie als Wahrzeichen der Königin mit. Der Koch musste sie in Salz kochen, und das boshafte Weib aß sie auf und meinte, sie hätte Sneewittchens Lunge und Leber gegessen.

Nun war das arme Kind in dem großen Wald mutterseelig allein, und ward ihm so angst, dass es alle Blätter an den Bäumen ansah und nicht wusste, wie es sich helfen sollte. Da fing es an zu laufen und lief über die spitzen Steine und durch die Dornen, und die wilden Tiere sprangen an ihm vorbei, aber sie taten ihm nichts. Es lief, solange nur die Füße noch fortkonnten, bis es bald Abend werden wollte, da sah es ein kleines Häuschen und ging hinein, sich zu ruhen. In dem Häuschen war alles klein, aber so zierlich und reinlich, dass es nicht zu sagen ist. Da stand ein weiß gedecktes Tischlein mit sieben kleinen Tellern, jedes Tellerlein mit seinem Löffelein, ferner sieben Messerlein und Gäblein und sieben Becherlein. An der Wand waren sieben Bettlein nebeneinander aufgestellt und schneeweiße Laken darüber gedeckt. Sneewittchen, weil es so hungrig und durstig war, aß von jedem Tellerlein ein wenig Gemüs und Brot und trank aus jedem Becherlein einen Tropfen Wein; denn es wollte nicht einem allein alles wegnehmen. Hernach, weil es so müde war, legte es sich in ein Bettchen, aber keins passte; das eine war zu lang, das andere zu kurz, bis endlich das siebente recht war: Und darin blieb es liegen, befahl sich Gott und schlief ein.

Als es ganz dunkel geworden war, kamen die Herren von dem Häuslein, das waren die sieben Zwerge, die in den Bergen nach Erz hackten und gruben. Sie zündeten ihre sieben Lichtlein an, und wie es nun hell im Häuslein ward, sahen sie, dass jemand darin gewesen war, denn es stand nicht alles so in der Ordnung, wie sie es verlassen hatten. Der Erste sprach: »Wer hat auf meinem Stühlchen gesessen?« Der Zweite: »Wer hat von meinem Tellerchen gegessen?« Der Dritte: »Wer hat von meinem Brötchen genommen?« Der Vierte: »Wer hat von meinem Gemüschen gegessen?« Der Fünfte: »Wer hat mit meinem Gäbelchen gestochen?« Der Sechste: »Wer hat mit meinem Messerchen geschnitten?« Der Siebente: »Wer hat aus meinem Becherlein getrunken?« Dann sah sich der Erste um und sah, dass auf seinem Bett eine kleine Delle war, da sprach er: »Wer hat in mein Bettchen getreten?« Die andern kamen gelaufen und riefen: »In meinem hat auch jemand gelegen.« Der Siebente aber, als er in sein Bett sah, erblickte Sneewittchen, das lag darin und schlief. Nun rief er die andern, die kamen herbeigelaufen und schrien vor Verwunderung, holten ihre sieben Lichtlein und beleuchteten Sneewittchen. »Ei, du mein Gott! Ei, du mein Gott!«, riefen sie, »was ist das Kind so schön!«, und hatten so große Freude, dass sie es nicht aufweckten, sondern im Bettlein fortschlafen ließen. Der siebente Zwerg aber schlief bei seinen Gesellen, bei jedem eine Stunde, da war die Nacht herum.

Als es Morgen war, erwachte Sneewittchen, und wie es die sieben Zwerge sah, erschrak es. Sie waren aber freundlich und fragten: »Wie heißt du?« – »Ich heiße Sneewittchen«, antwortete es. »Wie bist du in unser Haus gekommen?«, sprachen weiter die Zwerge. Da erzählte es ihnen, dass seine Stiefmutter es hätte wollen umbringen lassen, der Jäger hätte ihm aber das Leben geschenkt, und da wär es gelaufen den ganzen Tag, bis es endlich ihr Häuslein gefunden hätte. Die Zwerge sprachen: »Willst du unsern Haushalt versehen, kochen, betten, waschen, nähen und stricken, und willst du alles ordentlich und reinlich halten, so kannst du bei uns bleiben, und es soll dir an nichts fehlen.« – »Ja«, sagte Sneewittchen, »von Herzen gern«, und blieb bei ihnen. Es hielt ihnen das Haus in Ordnung: Morgens gingen sie in die Berge und suchten Erz und Gold, abends kamen sie wieder, und da musste ihr Essen bereit sein. Den Tag über war das Mädchen allein; da warnten es die guten Zwerglein und sprachen: »Hüte dich vor deiner Stiefmutter, die wird bald wissen, dass du hier bist; lass ja niemand herein.«

Die Königin aber, nachdem sie Sneewittchens Lunge und Leber glaubte gegessen zu haben, dachte nicht anders, als sie wäre wieder die Erste und Allerschönste, trat vor ihren Spiegel und sprach:

»Spieglein, Spieglein an der Wand,
wer ist die Schönste im ganzen Land?«

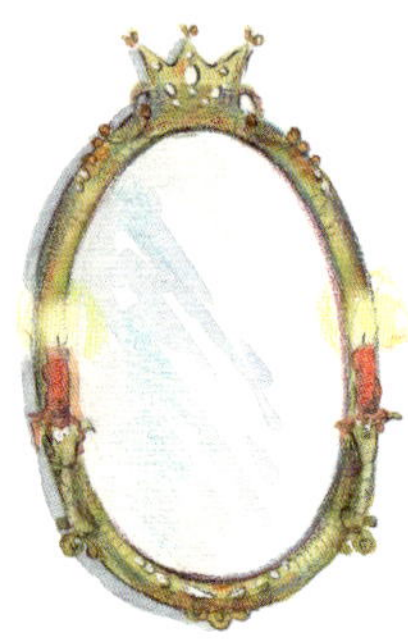

Da antwortete der Spiegel:

»Frau Königin, Ihr seid die Schönste hier,
aber Sneewittchen über den Bergen
bei den sieben Zwergen
ist noch tausendmal schöner als Ihr.«

Da erschrak sie, denn sie wusste, dass der Spiegel keine Unwahrheit sprach, und merkte, dass der Jäger sie betrogen hatte und Sneewittchen noch am Leben war. Und da sann und sann sie aufs Neue, wie sie es umbringen wollte; denn solange sie nicht die Schönste war im ganzen Land, ließ ihr der Neid keine Ruhe. Und als sie sich endlich etwas ausgedacht hatte, färbte sie sich das Gesicht und kleidete sich wie eine alte Krämerin und war ganz unkenntlich. In dieser Gestalt ging sie über die sieben Berge zu den sieben Zwergen, klopfte an die Türe und rief: »Schöne Ware feil, feil!« Sneewittchen guckte zum Fenster heraus und rief: »Guten Tag, liebe Frau, was habt Ihr zu verkaufen?« – »Gute Ware, schöne Ware«, antwortete sie, »Schnürriemen von allen Farben«, und holte einen hervor, der aus bunter Seide geflochten war. »Die ehrliche Frau kann ich hereinlassen«, dachte Sneewittchen, riegelte die Türe auf und kaufte sich den hübschen Schnürriemen. »Kind«, sprach die Alte, »wie du aussiehst! Komm, ich will dich einmal ordentlich schnüren.« Sneewittchen hatte kein Arg, stellte sich vor sie und ließ sich mit dem neuen Schnürriemen schnüren. Aber die Alte schnürte geschwind und schnürte so fest, dass dem Sneewittchen der Atem verging und es für tot hinfiel. »Nun bist du die Schönste gewesen«, sprach sie und eilte hinaus.

Nicht lange darauf, zur Abendzeit, kamen die sieben Zwerge nach Haus; aber wie erschraken sie, als sie ihr liebes Sneewittchen auf der Erde liegen sahen, und es regte und bewegte sich nicht, als wäre es tot. Sie hoben es in die Höhe, und weil sie sahen, dass es zu fest geschnürt war, schnitten sie den Schnürriemen entzwei – da fing es an, ein wenig zu atmen, und ward nach und nach wieder lebendig. Als die Zwerge hörten, was geschehen war, sprachen sie: »Die alte Krämerfrau war niemand als die gottlose Königin. Hüte dich und lass keinen Menschen herein, wenn wir nicht bei dir sind.«

Das böse Weib aber, als es nach Haus gekommen war, ging vor den Spiegel und fragte:

»Spieglein, Spieglein an der Wand,
wer ist die Schönste im ganzen Land?«

Da antwortete er wie sonst:

»Frau Königin, Ihr seid die Schönste hier,
aber Sneewittchen über den Bergen
bei den sieben Zwergen
ist noch tausendmal schöner als Ihr.«

Als sie das hörte, lief ihr alles Blut zum Herzen, so erschrak sie, denn sie sah wohl, dass Sneewittchen wieder lebendig geworden war. »Nun aber«, sprach sie, »will ich etwas aussinnen, das dich zugrunde richten soll«, und mit Hexenkünsten, die sie verstand, machte sie einen giftigen Kamm. Dann verkleidete sie sich und nahm die Gestalt eines andern alten Weibes an. So ging sie hin über die sieben Berge zu den sieben Zwergen, klopfte an die Türe und rief: »Gute Ware feil, feil!« Sneewittchen schaute heraus und sprach: »Geht nur weiter, ich darf niemand hereinlassen.« – »Das Ansehen wird dir doch erlaubt sein«, sprach die Alte, zog den giftigen Kamm heraus und hielt ihn in die Höhe. Da gefiel er dem Kinde so gut, dass es sich betören ließ und die Türe öffnete. Als sie des Kaufs einig waren, sprach die Alte: »Nun will ich dich einmal ordentlich kämmen.« Das arme Sneewittchen dachte an nichts und ließ die Alte gewähren; aber kaum hatte sie den Kamm in die Haare gesteckt, als das Gift darin wirkte und das Mädchen ohne Besinnung niederfiel. »Du Ausbund von Schönheit«, sprach das boshafte Weib, »jetzt ists um dich geschehen«, und ging fort. Zum Glück aber war es bald Abend, wo die sieben Zwerglein nach Haus kamen. Als sie Sneewittchen wie tot auf der Erde liegen sahen, hatten sie gleich die Stiefmutter in Verdacht, suchten nach und fanden den giftigen Kamm, und kaum hatten sie ihn herausgezogen, so kam Sneewittchen wieder zu sich und erzählte, was vorgegangen war. Da warnten sie es noch einmal, auf seiner Hut zu sein und niemand die Türe zu öffnen.

Die Königin stellte sich daheim vor den Spiegel und sprach:

»Spieglein, Spieglein an der Wand,
wer ist die Schönste im ganzen Land?«

Da antwortete er wie vorher:

»Frau Königin, Ihr seid die Schönste hier,
aber Sneewittchen über den Bergen
bei den sieben Zwergen
ist noch tausendmal schöner als Ihr.«

Als sie den Spiegel so reden hörte, zitterte und bebte sie vor Zorn. »Sneewittchen soll sterben«, rief sie, »und wenn es mein eignes Leben kostet.« Darauf ging sie in eine ganz verborgene einsame Kammer, wo niemand hinkam, und machte da einen giftigen, giftigen Apfel. Äußerlich sah er schön aus, weiß mit roten Backen, dass jeder, der ihn erblickte, Lust danach bekam; aber wer ein Stückchen davon aß, der musste sterben. Als der Apfel fertig war, färbte sie sich das Gesicht und verkleidete sich in eine Bauersfrau, und so ging sie über die sieben Berge zu den sieben Zwergen. Sie klopfte an, Sneewittchen streckte den Kopf zum Fenster heraus und sprach: »Ich darf keinen Menschen einlassen, die sieben Zwerge haben mirs verboten.« – »Mir auch recht«, antwortete die Bäuerin, »meine Äpfel will ich schon loswerden. Da, einen will ich dir schenken.« – »Nein«, sprach Sneewittchen, »ich darf nichts annehmen.« – »Fürchtest du dich vor Gift?«, sprach die Alte. »Siehst du, da schneide ich den Apfel in zwei Teile; den roten Backen iss du, den weißen will ich essen.« Der Apfel war aber so künstlich gemacht, dass der rote Backen allein vergiftet war. Sneewittchen lusterte den schönen Apfel an, und als es sah, dass die Bäuerin davon aß, so konnte es nicht länger widerstehen, streckte die Hand hinaus und nahm die giftige Hälfte. Kaum aber hatte es einen Bissen davon im Mund, so fiel es tot zur Erde nieder. Da betrachtete es die Königin mit grausigen Blicken und lachte überlaut und sprach: »Weiß wie Schnee, rot wie Blut, schwarz wie Ebenholz! Diesmal können dich die Zwerge nicht wieder erwecken.« Und als sie daheim den Spiegel befragte:

»Spieglein, Spieglein an der Wand,
wer ist die Schönste im ganzen Land?«,

so antwortete er endlich:

»Frau Königin, Ihr seid die Schönste im Land.«

Da hatte ihr neidisches Herz Ruhe, so gut ein neidisches Herz Ruhe haben kann. Die Zwerglein, wie sie abends nach Haus kamen, fanden Sneewittchen auf der Erde liegen, und es ging kein Atem mehr aus seinem Mund und es war tot. Sie hoben es auf, suchten, ob sie was Giftiges fänden, schnürten es auf, kämmten ihm die Haare, wuschen es mit Wasser und Wein, aber es half alles nichts; das liebe

Kind war tot und blieb tot. Sie legten es auf eine Bahre und setzten sich alle siebene daran und beweinten es und weinten drei Tage lang. Da wollten sie es begraben, aber es sah noch so frisch aus wie ein lebender Mensch und hatte noch seine schönen roten Backen. Sie sprachen: »Das können wir nicht in die schwarze Erde versenken«, und ließen einen durchsichtigen Sarg von Glas machen, dass man es von allen Seiten sehen konnte, legten es hinein und schrieben mit goldenen Buchstaben seinen Namen darauf und dass es eine Königstochter wäre. Dann setzten sie den Sarg hinaus auf den Berg, und einer von ihnen blieb immer dabei und bewachte ihn. Und die Tiere kamen auch und beweinten Sneewittchen, erst eine Eule, dann ein Rabe, zuletzt ein Täubchen.

Nun lag Sneewittchen lange, lange Zeit in dem Sarg und verweste nicht, sondern sah aus, als wenn es schliefe, denn es war noch so weiß als Schnee, so rot als Blut und so schwarzhaarig wie Ebenholz. Es geschah aber, dass ein Königssohn in den Wald geriet und zu dem Zwergenhaus kam, da zu übernachten. Er sah auf dem Berg den Sarg und das schöne Sneewittchen darin und las, was mit goldenen Buchstaben darauf geschrieben war. Da sprach er zu den Zwergen: »Lasst mir den Sarg, ich will euch geben, was ihr dafür haben wollt.« Aber die Zwerge antworteten: »Wir geben ihn nicht um alles Gold in der Welt.« Da sprach er: »So schenkt mir ihn, denn ich kann nicht leben, ohne Sneewittchen zu sehen, ich will es ehren und hochachten wie mein Liebstes.« Wie er so sprach, empfanden die guten Zwerglein Mitleiden mit ihm und gaben ihm den Sarg. Der Königssohn ließ ihn nun von seinen Dienern auf den Schultern forttragen. Da geschah es, dass sie über einen Strauch stolperten, und von dem Schüttern fuhr der giftige Apfelgrütz, den Sneewittchen abgebissen hatte, aus dem Hals. Und nicht lange, so öffnete es die Augen, hob den Deckel vom Sarg in die Höhe und richtete sich auf und war wieder lebendig. »Ach Gott, wo bin ich?«, rief es. Der Königssohn sagte voll Freude: »Du bist bei mir«, und erzählte, was sich zugetragen hatte, und sprach: »Ich habe dich lieber als alles auf der Welt; komm mit mir in meines Vaters Schloss, du sollst meine Gemahlin werden.« Da war ihm Sneewittchen gut und ging mit ihm, und ihre Hochzeit ward mit großer Pracht und Herrlichkeit angeordnet.

Zu dem Fest wurde aber auch Sneewittchens gottlose Stiefmutter eingeladen. Wie sie sich nun mit schönen Kleidern angetan hatte, trat sie vor den Spiegel und sprach:

»Spieglein, Spieglein an der Wand,
wer ist die Schönste im ganzen Land?«

Der Spiegel antwortete:

»Frau Königin, Ihr seid die Schönste hier,
aber die junge Königin ist tausendmal
schöner als Ihr.«

Da stieß das böse Weib einen Fluch aus, und ward ihr so angst, so angst, dass sie sich nicht zu lassen wusste. Sie wollte zuerst gar nicht auf die Hochzeit kommen, doch ließ es ihr keine Ruhe, sie musste fort und die junge Königin sehen. Und wie sie hineintrat, erkannte sie Sneewittchen, und vor Angst und Schrecken stand sie da und konnte sich nicht regen. Aber es waren schon eiserne Pantoffeln über Kohlenfeuer gestellt und wurden mit Zangen hereingetragen und vor sie hingestellt. Da musste sie in die rotglühenden Schuhe treten und so lange tanzen, bis sie tot zur Erde fiel.

37
Rumpelstilzchen

Es war einmal ein Müller, der war arm, aber er hatte eine schöne Tochter. Nun traf es sich, dass er mit dem König zu sprechen kam, und um sich ein Ansehen zu geben, sagte er zu ihm: »Ich habe eine Tochter, die kann Stroh zu Gold spinnen.« Der König sprach zum Müller: »Das ist eine Kunst, die mir wohl gefällt; wenn deine Tochter so geschickt ist, wie du sagst, so bring sie morgen in mein Schloss, da will ich sie auf die Probe stellen.« Als nun das Mädchen zu ihm gebracht ward, führte er es in eine Kammer, die ganz voll Stroh lag, gab ihr Rad und Haspel und sprach: »Jetzt mache dich an die Arbeit, und wenn du diese Nacht durch bis morgen früh dieses Stroh nicht zu Gold versponnen hast, so musst du sterben.« Darauf schloss er die Kammer selbst zu, und sie blieb allein darin.

Da saß nun die arme Müllerstochter und wusste um ihr Leben keinen Rat; sie verstand gar nichts davon, wie man Stroh zu Gold spinnen konnte, und ihre Angst ward immer größer, dass sie endlich zu weinen anfing. Da ging auf einmal die Türe auf, und trat ein kleines Männchen herein und sprach: »Guten Abend, Jungfer Müllerin, warum weint Sie so sehr?« – »Ach«, antwortete das Mädchen, »ich soll Stroh zu Gold spinnen und verstehe das nicht.« Sprach das Männchen: »Was gibst du mir, wenn ich dirs spinne?« – »Mein Halsband«, sagte das Mädchen. Das Männchen nahm das Halsband, setzte sich vor das Rädchen, und schnurr, schnurr, schnurr, dreimal gezogen, war die Spule voll. Dann steckte es eine andere auf, und schnurr, schnurr, schnurr, dreimal gezogen, war auch die zweite voll – und so gings fort bis zum Morgen, da war alles Stroh versponnen, und alle Spulen waren voll Gold. Bei Sonnenaufgang kam schon der König, und als er das Gold erblickte, erstaunte er und freute sich, aber sein Herz ward nur noch goldgieriger. Er ließ die Müllerstochter in eine andere Kammer voll Stroh bringen, die noch viel größer war, und befahl ihr, das auch in einer Nacht zu spinnen, wenn ihr das Leben lieb wäre. Das Mädchen wusste sich nicht zu helfen und weinte; da ging abermals die Türe auf und das kleine Männchen erschien und sprach: »Was gibst du mir, wenn ich dir das Stroh zu Gold spinne?« – »Meinen Ring von dem Finger«, antwortete das Mädchen. Das Männchen nahm den Ring, fing wieder an zu schnurren mit dem Rade und hatte bis zum Morgen alles Stroh zu glänzendem Gold gesponnen. Der König freute sich über die Maßen bei dem Anblick, war aber noch immer nicht Goldes satt, sondern ließ die Müllerstochter in eine noch größere Kammer voll Stroh bringen und sprach: »Die musst du noch in dieser Nacht verspinnen – gelingt dirs aber, so sollst du meine Gemahlin werden.« – »Wenns auch eine Müllerstochter ist«, dachte er, »eine reichere Frau finde ich in der ganzen Welt nicht.« Als das Mädchen allein war, kam das Männlein zum dritten Mal wieder und sprach: »Was gibst du mir, wenn ich dir noch diesmal das Stroh spinne?« – »Ich habe nichts mehr, das ich geben könnte«, antwortete das Mädchen. »So versprich mir, wenn du Königin wirst, dein erstes Kind.« – »Wer weiß, wie das noch geht«, dachte die Müllerstochter und wusste sich auch in der Not nicht anders zu helfen; sie versprach also dem Männchen, was es verlangte, und das Männchen spann dafür noch einmal das Stroh zu Gold. Und als am Morgen der König kam und alles fand, wie er gewünscht hatte, so hielt er Hochzeit mit ihr, und die schöne Müllerstochter ward eine Königin.

Über ein Jahr brachte sie ein schönes Kind zur Welt und dachte gar nicht mehr an das Männchen; da trat es plötzlich in ihre Kammer und sprach: »Nun gib mir, was du versprochen hast.« Die Königin erschrak und bot dem Männchen alle Reichtümer des Königreichs an, wenn es ihr das Kind lassen wollte. Aber das Männchen sprach: »Nein, etwas Lebendes ist mir lieber als alle Schätze der Welt.« Da fing die Königin so an zu jammern und zu weinen, dass das Männchen Mitleiden mit ihr hatte: »Drei Tage will ich dir Zeit lassen«, sprach er. »Wenn du bis dahin meinen Namen weißt, so sollst du dein Kind behalten.«

Nun besann sich die Königin die ganze Nacht über auf alle Namen, die sie jemals gehört hatte, und schickte einen Boten über Land, der sollte sich erkundigen weit und breit, was es sonst noch für Namen gäbe. Als am andern Tag das Männchen kam, fing sie an mit Kaspar, Melchior, Balzer, und sagte alle Namen, die sie wusste, nach der Reihe her, aber bei jedem sprach das Männlein: »So heiß ich nicht.« Den zweiten Tag ließ sie in der Nachbarschaft herumfragen, wie die Leute da genannt würden, und sagte dem Männlein die ungewöhnlichsten und seltsamsten Namen vor: »Heißt du vielleicht Rippenbiest oder Hammelswade oder Schnürbein?« Aber es antwortete immer: »So heiß ich nicht.« Den dritten Tag kam der Bote wieder zurück und erzählte: »Neue Namen habe ich keinen einzigen finden können, aber wie ich an einen hohen Berg um die Waldecke kam, wo Fuchs und Has' sich Gute Nacht sagen, so sah ich da ein kleines Haus, und vor dem Haus brannte ein Feuer, und um das Feuer sprang ein gar zu lächerliches Männchen, hüpfte auf einem Bein und schrie:

»Heute back ich, morgen brau ich,
übermorgen hol ich der Königin ihr Kind;
ach, wie gut ist, dass niemand weiß,
dass ich Rumpelstilzchen heiß!«

Da könnt ihr denken, wie die Königin froh war, als sie den Namen hörte, und als bald hernach das Männlein hereintrat und fragte: »Nun, Frau Königin, wie heiß ich?«, fragte sie erst: »Heißest du Kunz?« – »Nein.« – »Heißest du Heinz?« – »Nein.«

»Heißt du etwa Rumpelstilzchen?«

»Das hat dir der Teufel gesagt, das hat dir der Teufel gesagt«, schrie das Männlein und stieß mit dem rechten Fuß vor Zorn so tief in die Erde, dass es bis an den Leib hineinfuhr; dann packte es in seiner Wut den linken Fuß mit beiden Händen und riss sich selbst mitten entzwei.

38
Der goldene Vogel

Es war vor Zeiten ein König, der hatte einen schönen Lustgarten hinter seinem Schloss, darin stand ein Baum, der goldene Äpfel trug. Als die Äpfel reiften, wurden sie gezählt, aber gleich den nächsten Morgen fehlte einer. Das ward dem König gemeldet, und er befahl, dass alle Nächte unter dem Baume Wache sollte gehalten werden. Der König hatte drei Söhne, davon schickte er den ältesten bei einbrechender Nacht in den Garten; wie es aber Mitternacht war, konnte er sich des Schlafes nicht wehren, und am nächsten Morgen fehlte wieder ein Apfel. In der folgenden Nacht musste der zweite Sohn wachen, aber dem erging es nicht besser: Als es zwölf Uhr geschlagen hatte, schlief er ein, und morgens fehlte ein Apfel. Jetzt kam die Reihe zu wachen an den dritten Sohn; der war auch bereit, aber der König traute ihm nicht viel zu und meinte, er würde noch weniger ausrichten als seine Brüder. Endlich aber gestattete er es doch. Der Jüngling legte sich also unter den Baum, wachte und ließ den Schlaf nicht Herr werden. Als es zwölf schlug, so rauschte etwas durch die Luft, und er sah im Mondschein einen Vogel daherfliegen, dessen Gefieder ganz von Gold glänzte. Der Vogel ließ sich auf dem Baume nieder und hatte eben einen Apfel abgepickt, als der Jüngling einen Pfeil nach ihm abschoss. Der Vogel entflog, aber der Pfeil hatte sein Gefieder getroffen, und eine seiner goldenen Federn fiel herab. Der Jüngling hob sie auf, brachte sie am andern Morgen dem König und erzählte ihm, was er in der Nacht gesehen hatte. Der König versammelte seinen Rat, und jedermann erklärte, eine Feder wie diese sei mehr wert als das gesamte Königreich. »Ist die Feder so kostbar«, erklärte der König, »so hilft mir auch die eine nichts, sondern ich will und muss den ganzen Vogel haben.«

Der älteste Sohn machte sich auf den Weg, verließ sich auf seine Klugheit und meinte den goldenen Vogel schon zu finden. Wie er eine Strecke gegangen war, sah er an dem Rande eines Waldes einen Fuchs sitzen, legte seine Flinte an und zielte auf ihn. Der Fuchs rief: »Schieß mich nicht, ich will dir dafür einen guten Rat geben. Du bist auf dem Weg nach dem goldenen Vogel und wirst heut Abend in ein Dorf kommen, wo zwei Wirtshäuser einander gegenüberstehen. Eins ist hell erleuchtet und es geht darin lustig her: Da kehr aber nicht ein, sondern geh ins andere, wenn es dich auch schlecht ansieht.« – »Wie kann mir wohl so ein albernes Tier einen vernünftigen Rat erteilen!«, dachte der Königssohn und drückte los, aber er fehlte den Fuchs, der den Schwanz streckte und schnell in den Wald lief. Darauf setzte er seinen Weg fort und kam abends in das Dorf, wo die beiden Wirtshäuser standen: In dem einen ward gesungen und gesprungen, das andere hatte ein armseliges betrübtes Ansehen. »Ich wäre wohl ein Narr«, dachte er, »wenn ich in das lumpige Wirtshaus ginge und das schöne liegen ließ.« Also ging er in das lustige ein, lebte da in Saus und Braus und vergaß den Vogel, seinen Vater und alle guten Lehren.

Als eine Zeit verstrichen und der älteste Sohn immer und immer nicht nach Haus gekommen war, so machte sich der zweite auf den Weg und wollte den goldenen Vogel suchen. Wie dem Ältesten begegnete ihm der Fuchs und gab ihm den guten Rat, den er nicht achtete. Er kam zu den beiden Wirtshäusern, wo sein Bruder am Fenster des einen stand, aus dem der Jubel erschallte, und ihn anrief. Er konnte nicht widerstehen, ging hinein und lebte nur seinen Lüsten.

Wiederum verstrich eine Zeit, da wollte der jüngste Königssohn ausziehen und sein Heil versuchen; der Vater aber wollte es nicht zulassen. »Es ist vergeblich«, sprach er, »der wird den goldenen Vogel noch weniger finden als seine Brüder, und wenn ihm ein Unglück zustößt, so weiß er sich nicht zu helfen; es fehlt ihm am Besten.« Doch endlich, wie keine Ruhe mehr da war, ließ er ihn ziehen. Vor dem Walde saß wieder der Fuchs, bat um sein Leben und erteilte den guten Rat. Der Jüngling war gutmütig und sagte: »Sei ruhig, Füchslein, ich tue dir nichts zuleid.« – »Es soll dich nicht gereuen«, antwortete der Fuchs, »und damit du schneller fortkommst, so steig hinten auf meinen Schwanz.« Und kaum hatte er sich aufgesetzt, so fing der Fuchs an zu laufen, und da gings über Stock und Stein, dass die Haare im Winde pfiffen. Als sie zu dem Dorfe kamen, stieg der Jüngling ab, befolgte den guten Rat und kehrte, ohne sich umzusehen, in das geringe Wirtshaus ein, wo er ruhig übernachtete. Am andern Morgen, wie er auf das Feld kam, saß da schon der Fuchs und sagte: »Ich will dir weiter sagen, was du zu tun hast. Geh du immer geradeaus, endlich wirst du an ein Schloss kommen, vor dem eine ganze Schar Soldaten liegt; aber kümmre dich nicht darum, denn

sie werden alle schlafen und schnarchen. Geh mittendurch und geradeswegs in das Schloss hinein, und geh durch alle Stuben; zuletzt wirst du in eine Kammer kommen, wo ein goldener Vogel in einem hölzernen Käfig hängt. Nebenan steht ein leerer Goldkäfig zum Prunk, aber hüte dich, dass du den Vogel nicht aus seinem schlechten Käfig herausnimmst und in den prächtigen tust, sonst möchte es dir schlimm ergehen.« Nach diesen Worten streckte der Fuchs wieder seinen Schwanz aus, und der Königssohn setzte sich auf: Da gings über Stock und Stein, dass die Haare im Winde pfiffen. Als er bei dem Schloss angelangt war, fand er alles so, wie der Fuchs gesagt hatte. Der Königssohn kam in die Kammer, wo der goldene Vogel in einem hölzernen Käfig saß, und ein goldener stand daneben – die drei goldenen Äpfel aber lagen in der Stube umher. Da dachte er, es wäre lächerlich, wenn er den schönen Vogel in dem gemeinen und hässlichen Käfig lassen wollte, öffnete die Türe, packte ihn und setzte ihn in den goldenen. In dem Augenblick aber tat der Vogel einen durchdringenden Schrei. Die Soldaten erwachten, stürzten herein und führten ihn ins Gefängnis. Den andern Morgen wurde er vor ein Gericht gestellt und, da er alles bekannte, zum Tode verurteilt. Doch sagte der König, er wollte ihm unter einer Bedingung das Leben schenken, wenn er ihm nämlich das goldene Pferd brächte, welches noch schneller liefe als der Wind, und dann sollte er obendrein zur Belohnung den goldenen Vogel erhalten.

Der Königssohn machte sich auf den Weg, seufzte aber und war traurig, denn wo sollte er das goldene Pferd finden? Da sah er auf einmal seinen alten Freund, den Fuchs, an dem Wege sitzen. »Siehst du«, sprach der Fuchs, »so ist es gekommen, weil du nicht auf mich gehört hast. Doch sei gutes Mutes, ich will mich deiner annehmen und dir sagen, wie du zu dem goldenen Pferd gelangst. Du musst geradesweges fortgehen, so wirst du zu einem Schloss kommen, wo das Pferd im Stalle steht. Vor dem Stall werden die Stallknechte liegen, aber sie werden schlafen und schnarchen, und du kannst geruhig das goldene Pferd herausführen. Aber eins musst du in Acht nehmen: Leg ihm den schlechten Sattel von Holz und Leder auf und ja nicht den goldenen, der dabeihängt, sonst wird es dir schlimm ergehen.« Dann streckte der Fuchs seinen Schwanz aus, der Königssohn setzte sich auf, und es ging fort über Stock und Stein, dass die Haare im Winde pfiffen. Alles traf so ein, wie der Fuchs gesagt hatte; er kam in den Stall, wo das goldene Pferd stand; als er ihm aber den schlechten Sattel auflegen wollte, so dachte er: »Ein so schönes Tier wird verschändet, wenn ich ihm nicht den guten Sattel auflege, der ihm gebührt.« Kaum aber berührte der goldene Sattel das Pferd, so fing es an laut zu wiehern. Die Stallknechte erwachten, ergriffen den Jüngling und warfen ihn ins Gefängnis. Am andern Morgen wurde er vom Gerichte zum Tode verurteilt, doch versprach ihm der König das Leben zu schenken und dazu das goldene Pferd, wenn er die schöne Königstochter vom goldenen Schlosse herbeischaffen könnte.

Mit schwerem Herzen machte sich der Jüngling auf den Weg, doch zu seinem Glücke fand er bald den treuen Fuchs. »Ich sollte dich nur deinem Unglück überlassen«, sagte der Fuchs, »aber ich habe Mitleiden mit dir und will dir noch einmal aus deiner Not helfen. Dein Weg führt dich gerade zu dem goldenen Schlosse; abends wirst du anlangen, und nachts, wenn alles still ist, dann geht die schöne Königstochter ins Badehaus, um da zu baden. Und wenn sie hineingeht, so spring auf sie zu und gib ihr einen Kuss, dann folgt sie dir, und du kannst sie mit dir fortführen – nur dulde nicht, dass sie vorher von ihren Eltern Abschied nimmt, sonst kann es dir schlimm ergehen.« Dann streckte der Fuchs seinen Schwanz, der Königssohn setzte sich auf, und so ging es über Stock und Stein, dass die Haare im

Winde pfiffen. Als er beim goldenen Schloss ankam, war es so, wie der Fuchs gesagt hatte. Er wartete bis um Mitternacht, als alles in tiefem Schlaf lag und die schöne Jungfrau ins Badehaus ging; da sprang er hervor und gab ihr einen Kuss. Sie sagte, sie wollte gerne mit ihm gehen, bat ihn aber flehentlich und mit Tränen, er möchte ihr erlauben, vorher von ihren Eltern Abschied zu nehmen. Er widerstand anfänglich ihren Bitten; als sie aber immer mehr weinte und ihm zu Fuß fiel, so gab er endlich nach. Kaum aber war die Jungfrau zu dem Bette ihres Vaters getreten, so wachte er und alle anderen, die im Schloss waren, auf, und der Jüngling ward festgehalten und ins Gefängnis gesetzt.

Am andern Morgen sprach der König zu ihm: »Dein Leben ist verwirkt, und du kannst bloß Gnade finden, wenn du den Berg abträgst, der vor meinen Fenstern liegt, und über welchen ich nicht hinaussehen kann, und das musst du binnen acht Tagen zustande bringen. Gelingt dir das, so sollst du meine Tochter zur Belohnung haben.« Der Königssohn fing an, grub und schaufelte, ohne abzulassen; als er aber nach sieben Tagen sah, wie wenig er ausgerichtet hatte und alle seine Arbeit so gut wie nichts war, so fiel er in große Traurigkeit und gab alle Hoffnung auf. Am Abend des siebenten Tags aber erschien der Fuchs und sagte: »Du verdienst nicht, dass ich mich deiner annehme, aber geh nur hin und lege dich schlafen, ich will die Arbeit für dich tun.« Am andern Morgen, als er erwachte und zum Fenster hinaussah, so war der Berg verschwunden. Der Jüngling eilte vor Freude zum König und meldete ihm, dass die Bedingung erfüllt wäre, und der König mochte wollen oder nicht, er musste Wort halten und ihm seine Tochter geben.

Nun zogen die beiden zusammen fort, und es währte nicht lange, so kam der treue Fuchs zu ihnen. »Das Beste hast du zwar«, sagte er, »aber zu der Jungfrau aus dem goldenen Schloss gehört auch das goldene Pferd.« – »Wie soll ich das bekommen?«, fragte der Jüngling. »Das will ich dir sagen«, antwortete der Fuchs. »Zuerst bring dem Könige, der dich nach dem goldenen Schlosse geschickt hat, die schöne Jungfrau. Da wird unerhörte Freude sein, sie werden dir das goldene Pferd gerne geben und werden dirs vorführen. Setz dich alsbald auf und reiche allen zum Abschied die Hand herab, zuletzt der schönen Jungfrau, und, wenn du sie gefasst hast, so zieh sie mit einem Schwung hinauf und jage davon – und niemand ist imstande, dich einzuholen, denn das Pferd läuft schneller als der Wind.«

Alles wurde glücklich vollbracht, und der Königssohn führte die schöne Jungfrau auf dem goldenen Pferde fort. Der Fuchs blieb nicht zurück und sprach zu dem Jüngling: »Jetzt will ich dir auch zu dem goldenen Vogel verhelfen. Wenn du nahe bei dem Schlosse bist, wo sich der Vogel befindet, so lass die Jungfrau absitzen, und ich will sie in meine Obhut nehmen. Dann reit mit dem goldenen Pferd in den Schlosshof; bei dem Anblick wird große Freude sein, und sie werden dir den goldenen Vogel herausbringen. Wie du den Käfig in der Hand hast, so jage zu uns zurück und hole dir die Jungfrau wieder ab.« Als der Anschlag geglückt war und der Königssohn mit seinen Schätzen heimreiten wollte, so sagte der Fuchs: »Nun sollst du mich für meinen Beistand belohnen.« – »Was verlangst du dafür?«, fragte der Jüngling. »Wenn wir dort in den Wald kommen, so schieß mich tot und hau mir Kopf und Pfoten ab.« – »Das wäre eine schöne Dankbarkeit«, sagte der Königssohn, »das kann ich dir unmöglich gewähren.« Sprach der Fuchs: »Wenn du es nicht tun willst, so muss ich dich verlassen; ehe ich aber fortgehe, will ich dir noch einen guten Rat geben. Vor zwei Stücken hüte dich: Kauf kein Galgenfleisch und setze dich an keinen Brunnenrand.« Damit lief er in den Wald.

Der Jüngling dachte: »Das ist ein wunderliches Tier, das seltsame Grillen hat. Wer wird Galgenfleisch kaufen! Und die Lust, mich an einen Brunnenrand zu setzen, ist mir noch niemals gekommen.« Er ritt mit der schönen Jungfrau weiter, und sein Weg führte ihn wieder durch das Dorf, in welchem seine beiden Brüder geblieben waren. Da war großer Auflauf und Lärmen, und als er fragte, was da los wäre, hieß es, es sollten zwei Leute aufgehängt werden. Als er näher hinzukam, sah er, dass es seine Brüder waren, die allerhand schlimme Streiche verübt und all ihr Gut vertan hatten. Er fragte, ob sie nicht könnten freigemacht werden. »Wenn Ihr für sie bezahlen wollt«, antworteten die Leute. »Aber was wollt Ihr an die schlechten Menschen Euer Geld hängen und sie loskaufen.« Er besann sich aber nicht, zahlte für sie, und als sie freigegeben waren, so setzten sie die Reise gemeinschaftlich fort.

Sie kamen in den Wald, wo ihnen der Fuchs zuerst begegnet war, und da es darin kühl und lieblich war und die Sonne heiß brannte, so sagten die beiden Brüder: »Lasst uns hier an dem Brunnen ein wenig ausruhen, essen und trinken.« Er willigte ein, und während des Gesprächs vergaß er sich, setzte sich an den Brunnenrand und versah sich nichts Arges. Aber die beiden Brüder warfen ihn rückwärts in den Brunnen, nahmen die Jungfrau, das Pferd und den Vogel und zogen heim zu ihrem Vater. »Da bringen wir nicht bloß den goldenen Vogel«, sagten sie, »wir haben auch das goldene Pferd und die Jungfrau von dem goldenen Schlosse erbeutet.« Da war große Freude, aber das Pferd, das fraß nicht, der Vogel, der pfiff nicht, und die Jungfrau, die saß und weinte.

Der jüngste Bruder war aber nicht umgekommen. Der Brunnen war zum Glück trocken, und er fiel auf weiches Moos, ohne Schaden zu nehmen, konnte aber nicht wieder heraus. Auch in dieser Not verließ ihn der treue Fuchs nicht, kam zu ihm herabgesprungen und schalt ihn, dass er seinen Rat vergessen hätte. »Ich kanns aber doch nicht lassen«, sagte er, »ich will dir wieder an das Tageslicht helfen.« Er sagte ihm, er sollte seinen Schwanz anpacken und sich fest daran halten, und zog ihn dann in die Höhe. »Noch bist du nicht aus aller Gefahr«, sagte der Fuchs, »deine Brüder waren deines Todes nicht gewiss und haben den Wald mit Wächtern umstellt, die sollen dich töten, wenn du dich sehen ließest.« Da saß ein armer Mann am Weg, mit dem vertauschte der Jüngling die Kleider und gelangte auf diese Weise an des Königs Hof. Niemand erkannte ihn, aber der Vogel fing an zu pfeifen, das Pferd fing an zu fressen, und die schöne Jungfrau hörte Weinens auf. Der König fragte verwundert: »Was hat das zu bedeuten?« Da sprach die Jungfrau: »Ich weiß es nicht, aber ich war so traurig, und nun bin ich so fröhlich. Es ist mir, als wäre mein rechter Bräutigam gekommen.« Sie erzählte ihm alles, was geschehen war, obgleich die andern Brüder ihr den Tod angedroht hatten, wenn sie etwas verraten würde. Der König hieß alle Leute vor sich bringen, die in seinem Schloss waren; da kam auch der Jüngling als ein armer Mann in seinen Lumpenkleidern, aber die Jungfrau erkannte ihn gleich und fiel ihm um den Hals. Die gottlosen Brüder wurden ergriffen und hingerichtet, er aber ward mit der schönen Jungfrau vermählt und zum Erben des Königs bestimmt.

Aber wie ist es dem armen Fuchs ergangen? Lange danach ging der Königssohn einmal wieder in den Wald, da begegnete ihm der Fuchs und sagte: »Du hast nun alles, was du dir wünschen kannst, aber mit meinem Unglück will es kein Ende nehmen, und es steht doch in deiner Macht, mich zu erlösen«, und abermals bat er flehentlich, er möchte ihn totschießen und ihm Kopf und Pfoten abhauen. Also tat er's, und kaum war es geschehen, so verwandelte sich der Fuchs in einen Menschen und war niemand anders als der Bruder der schönen Königstochter, der endlich von dem Zauber, der auf ihm lag, erlöst war. Und nun fehlte nichts mehr zu ihrem Glück, solange sie lebten.

39
Die zwei Brüder

Es waren einmal zwei Brüder, ein reicher und ein armer. Der Reiche war ein Goldschmied und bös von Herzen, der Arme nährte sich davon, dass er Besen band, und war gut und redlich. Der Arme hatte zwei Kinder, das waren Zwillingsbrüder und sich so ähnlich wie ein Tropfen Wasser dem andern. Die zwei Knaben gingen in des Reichen Haus ab und zu und erhielten von dem Abfall manchmal etwas zu essen. Es trug sich zu, dass der arme Mann, als er in den Wald ging, Reisig zu holen, einen Vogel sah, der ganz golden war und so schön, wie ihm noch niemals einer vor Augen gekommen war. Da hob er ein Steinchen auf, warf nach ihm und traf ihn auch glücklich; es fiel aber nur eine goldene Feder herab, und der Vogel flog fort. Der Mann nahm die Feder und brachte sie seinem Bruder; der sah sie an und sprach: »Es ist eitel Gold«, und gab ihm viel Geld dafür. Am andern Tag stieg der Mann auf einen Birkenbaum und wollte ein paar Äste abhauen; da flog derselbe Vogel heraus, und als der Mann nachsuchte, fand er ein Nest, und ein Ei lag darin, das war von Gold. Er nahm das Ei mit heim und brachte es seinem Bruder; der sprach wiederum: »Es ist eitel Gold«, und gab ihm, was es wert war. Zuletzt sagte der Goldschmied: »Den Vogel selber möcht ich wohl haben.« Der Arme ging zum dritten Mal in den Wald und sah den Goldvogel wieder auf dem Baum sitzen: Da nahm er einen Stein und warf ihn herunter und brachte ihn seinem Bruder; der gab ihm einen großen Haufen Gold dafür. »Nun kann ich mir forthelfen«, dachte er und ging zufrieden nach Haus.

Der Goldschmied war klug und listig und wusste wohl, was das für ein Vogel war. Er rief seine Frau und sprach: »Brat mir den Goldvogel und sorge, dass nichts davon wegkommt; ich habe Lust, ihn ganz allein zu essen.« Der Vogel war aber kein gewöhnlicher, sondern so wunderbarer Art, dass, wer Herz und Leber von ihm aß, jeden Morgen ein Goldstück unter seinem Kopfkissen fand. Die Frau machte den Vogel zurecht, steckte ihn an einen Spieß und ließ ihn braten. Nun geschah es, dass während er am Feuer stand und die Frau anderer Arbeiten wegen notwendig aus der Küche gehen musste, die zwei Kinder des armen Besenbinders hereinliefen, sich vor den Spieß stellten und ihn ein paarmal herumdrehten. Und als da gerade zwei Stücklein aus dem Vogel in die Pfanne herabfielen, sprach der eine: »Die paar Bisschen wollen wir essen, ich bin so hungrig, es wirds ja niemand daran merken.« Da aßen sie beide die Stückchen auf; die Frau kam aber dazu, sah, dass sie etwas aßen, und sprach: »Was habt ihr gegessen?« – »Ein paar Stückchen, die aus dem Vogel herausgefallen sind«, antworteten sie. »Das ist Herz und Leber gewesen«, sprach die Frau ganz erschrocken, und damit ihr Mann nichts vermisste und nicht böse ward, schlachtete sie geschwind ein Hähnchen, nahm Herz und Leber heraus und legte es zu dem Goldvogel. Als er gar war, trug sie ihn dem Goldschmied auf, der ihn ganz allein verzehrte und nichts übrig ließ. Am andern Morgen aber, als er unter sein Kopfkissen griff und dachte, das Goldstück hervorzuholen, war so wenig wie sonst eins zu finden.

Die beiden Kinder aber wussten nicht, was ihnen für ein Glück zuteil geworden war. Am andern Morgen, wie sie aufstanden, fiel etwas auf die Erde und klingelte, und als sie es aufhoben, da warens zwei Goldstücke. Sie brachten sie ihrem Vater; der wunderte sich und sprach: »Wie sollte das zugegangen sein?« Als sie aber am andern Morgen wieder zwei fanden, und so jeden Tag, da ging er zu seinem Bruder und erzählte ihm die seltsame Geschichte. Der Goldschmied merkte gleich, wie es gekommen war, und dass die Kinder Herz und Leber von dem Goldvogel gegessen hatten, und um sich zu rächen und weil er neidisch und hartherzig war, sprach er zu dem Vater: »Deine Kinder sind mit dem Bösen im Spiel, nimm das Gold nicht und dulde sie nicht länger in deinem Haus, denn er hat Macht über sie und kann dich selbst noch ins Verderben bringen.« Der Vater fürchtete den Bösen, und so schwer es ihm ankam, führte er doch die Zwillinge hinaus in den Wald und verließ sie da mit traurigem Herzen.

Nun liefen die zwei Kinder im Wald umher und suchten den Weg nach Haus, konnten ihn aber nicht finden, sondern verirrten sich immer weiter. Endlich begegneten sie einem Jäger, der fragte: »Wem gehört ihr, Kinder?« – »Wir sind des armen Besenbinders Jungen«, antworteten sie und erzählten ihm, dass ihr Vater sie nicht länger im Hause hätte behalten wollen, weil alle Morgen ein Goldstück unter ihrem Kopfkissen läge. »Nun«, sagte der Jäger, »das ist gerade nichts Schlimmes, wenn ihr nur rechtschaffen dabei bleibt und euch nicht auf die faule Haut legt.« Der gute Mann, weil ihm die Kinder gefielen und er selbst keine hatte, so nahm er sie mit nach Haus und sprach: »Ich will euer Vater sein und euch großziehen.« Sie lernten da bei ihm die Jägerei, und das Goldstück, das ein jeder beim Aufstehen fand, das hob er ihnen auf, wenn sie's in Zukunft nötig hätten.

Als sie herangewachsen waren, nahm sie ihr Pflegevater eines Tages mit in den Wald und sprach: »Heute sollt ihr euern Probeschuss tun, damit ich euch freisprechen und zu Jägern machen kann.« Sie gingen mit ihm auf den Anstand und warteten lange, aber es kam kein Wild. Der Jäger sah über sich und sah eine Kette von Schneegänsen in der Gestalt eines Dreiecks fliegen, da sagte er zu dem einen: »Nun schieß von jeder Ecke eine herab.« Der tats und vollbrachte damit seinen Probeschuss. Bald darauf kam noch eine Kette angeflogen und hatte die Gestalt der Ziffer Zwei; da hieß der Jäger den andern gleichfalls von jeder Ecke eine herunterholen, und dem gelang sein Probeschuss auch. Nun sagte der Pflegevater: »Ich spreche euch frei, ihr seid ausgelernte Jäger.« Darauf gingen die zwei Brüder zusammen in den Wald, ratschlagten miteinander und verabredeten etwas. Und als sie abends sich zum Essen niedergesetzt hatten, sagten sie zu ihrem Pflegevater: »Wir rühren die Speise nicht an und nehmen keinen Bissen, bevor Ihr uns eine Bitte gewährt habt.« Sprach er: »Was ist denn eure Bitte?« Sie antworteten: »Wir haben nun ausgelernt, wir müssen uns auch in der Welt versuchen, so erlaubt, dass wir fortziehen und wandern.« Da sprach der Alte mit Freuden: »Ihr redet wie brave Jäger, was ihr begehrt, ist mein eigener Wunsch gewesen; zieht aus, es wird euch wohl ergehen.« Darauf aßen und tranken sie fröhlich zusammen.

Als der bestimmte Tag kam, schenkte der Pflegevater jedem eine gute Büchse und einen Hund und ließ jeden von seinen gesparten Goldstücken nehmen, so viel er wollte. Darauf begleitete er sie

ein Stück Wegs, und beim Abschied gab er ihnen noch ein blankes Messer und sprach: »Wann ihr euch einmal trennt, so stoßt dies Messer am Scheideweg in einen Baum, daran kann einer, wenn er zurückkommt, sehen, wie es seinem abwesenden Bruder ergangen ist, denn die Seite, nach welcher dieser ausgezogen ist, rostet, wann er stirbt; solange er aber lebt, bleibt sie blank.« Die zwei Brüder gingen immer weiter fort und kamen in einen Wald, so groß, dass sie unmöglich in einem Tag herauskonnten. Also blieben sie die Nacht darin und aßen, was sie in die Jägertasche gesteckt hatten; sie gingen aber auch noch den zweiten Tag und kamen nicht heraus. Da sie nichts zu essen hatten, so sprach der eine: »Wir müssen uns etwas schießen, sonst leiden wir Hunger«, lud seine Büchse und sah sich um. Und als ein alter Hase dahergelaufen kam, legte er an, aber der Hase rief:

»Lieber Jäger, lass mich leben,
ich will dir auch zwei Junge geben«,

sprang auch gleich ins Gebüsch und brachte zwei Junge; die Tierlein spielten aber so munter und waren so artig, dass die Jäger es nicht übers Herz bringen konnten, sie zu töten. Sie behielten sie also bei sich, und die kleinen Hasen folgten ihnen auf dem Fuße nach. Bald darauf schlich ein Fuchs vorbei, den wollten sie niederschießen, aber der Fuchs rief:

»Lieber Jäger, lass mich leben,
ich will dir auch zwei Junge geben.«

Er brachte auch zwei Füchslein, und die Jäger mochten sie auch nicht töten, gaben sie den Hasen zur Gesellschaft, und sie folgten ihnen nach. Nicht lange, so schritt ein Wolf aus dem Dickicht, die Jäger legten auf ihn an, aber der Wolf rief:

»Lieber Jäger, lass mich leben,
ich will dir auch zwei Junge geben.«

Die zwei jungen Wölfe taten die Jäger zu den anderen Tieren, und sie folgten ihnen nach. Darauf kam ein Bär, der wollte gern noch länger herumtraben und rief:

»Lieber Jäger, lass mich leben,
ich will dir auch zwei Junge geben.«

Die zwei jungen Bären wurden zu den andern gesellt, und waren ihrer schon acht. Endlich, wer kam? Ein Löwe kam und schüttelte seine Mähnen. Aber die Jäger ließen sich nicht schrecken und zielten auf ihn – aber der Löwe sprach gleichfalls:

»Lieber Jäger, lass mich leben,
ich will dir auch zwei Junge geben.«

Er holte auch seine Jungen herbei, und nun hatten die Jäger zwei Löwen, zwei Bären, zwei Wölfe, zwei Füchse und zwei Hasen, die ihnen nachzogen und dienten. Indessen war ihr Hunger damit nicht gestillt worden; da sprachen sie zu den Füchsen: »Hört, ihr Schleicher, schafft uns etwas zu essen, ihr seid ja listig und verschlagen.« Sie antworteten: »Nicht weit von hier liegt ein Dorf, wo wir schon manches Huhn geholt haben; den Weg dahin wollen wir euch zeigen.« Da gingen sie ins Dorf, kauften sich etwas zu essen und ließen auch ihren Tieren Futter geben, und zogen dann weiter. Die Füchse aber wussten guten Bescheid in der Gegend, wo die Hühnerhöfe waren, und konnten die Jäger überall zurechtweisen.

Nun zogen sie eine Weile herum, konnten aber keinen Dienst finden, wo sie zusammengeblieben wären; da sprachen sie: »Es geht nicht anders, wir müssen uns trennen.« Sie teilten die Tiere, sodass jeder einen Löwen, einen Bären, einen Wolf, einen Fuchs und einen Hasen bekam; dann nahmen sie Abschied, versprachen sich brüderliche Liebe bis in den Tod und stießen das Messer, das ihnen ihr Pflegevater mitgegeben, in einen Baum; worauf der eine nach Osten, der andere nach Westen zog.

Der Jüngste aber kam mit seinen Tieren in eine Stadt, die war ganz mit schwarzem Flor überzogen. Er ging in ein Wirtshaus und fragte den Wirt, ob er nicht seine Tiere beherbergen könnte. Der Wirt gab ihnen einen Stall, wo in der Wand ein Loch war; da kroch der Hase hinaus und holte sich ein Kohlhaupt, und der Fuchs holte sich ein Huhn, und als er das gefressen hatte, auch den Hahn dazu; der Wolf aber, der Bär und der Löwe, weil sie zu groß waren, konnten nicht hinaus.

Da ließ sie der Wirt hinbringen, wo eben eine Kuh auf dem Rasen lag, dass sie sich satt fraßen. Und als der Jäger für seine Tiere gesorgt hatte, fragte er erst den Wirt, warum die Stadt so mit Trauerflor ausgehängt wäre. Sprach der Wirt: »Weil morgen unseres Königs einzige Tochter sterben wird.« Fragte der Jäger: »Ist sie sterbenskrank?« – »Nein«, antwortete der Wirt, »sie ist frisch und gesund, aber sie muss doch sterben.« – »Wie geht das zu?«, fragte der Jäger. »Draußen vor der Stadt ist ein hoher Berg, darauf wohnt ein Drache, der muss alle Jahr eine reine Jungfrau haben, sonst verwüstet er das ganze Land. Nun sind schon alle Jungfrauen hingegeben, und ist niemand mehr übrig als die Königstochter, dennoch ist keine Gnade, sie muss ihm überliefert werden; und das soll morgen geschehen.« Sprach der Jäger: »Warum wird der Drache nicht getötet?« – »Ach«, antwortete der Wirt, »so viele Ritter habens versucht, aber allesamt ihr Leben eingebüßt; der König hat dem, der den Drachen besiegt, seine Tochter zur Frau versprochen, und er soll auch nach seinem Tode das Reich erben.«

Der Jäger sagte dazu weiter nichts, aber am andern Morgen nahm er seine Tiere und stieg mit ihnen auf den Drachenberg. Da stand oben eine kleine Kirche, und auf dem Altar standen drei gefüllte Becher, und dabei war die Schrift: »Wer die Becher austrinkt, wird der stärkste Mann auf Erden und wird das Schwert führen, das vor der Türschwelle vergraben liegt.« Der Jäger trank da nicht, ging hinaus und suchte das Schwert in der Erde, vermochte aber nicht, es von der Stelle zu bewegen. Da ging er hin und trank die Becher aus und war nun stark genug, das Schwert aufzunehmen, und seine Hand konnte es ganz leicht führen. Als die Stunde kam, wo die Jungfrau dem Drachen sollte ausgeliefert werden, begleitete sie der König, der Marschall und die Hofleute hinaus. Sie sah von Weitem den Jäger oben auf dem Drachenberg und meinte, der Drache stände da und erwartete sie, und wollte nicht hinaufgehen. Endlich aber, weil die ganze Stadt sonst wäre verloren gewesen, musste sie den schweren Gang tun. Der König und die Hofleute kehrten voll großer Trauer heim, des Königs Marschall aber sollte stehen bleiben und aus der Ferne alles mitansehen.

Als die Königstochter oben auf den Berg kam, stand da nicht der Drache, sondern der junge Jäger, der sprach ihr Trost ein und sagte, er wollte sie retten, führte sie in die Kirche und verschloss sie darin. Gar nicht lange, so kam mit großem Gebraus der siebenköpfige Drache dahergefahren. Als er den Jäger erblickte, verwunderte er sich und sprach: »Was hast du hier auf dem Berge zu schaffen?« Der Jäger antwortete: »Ich will mit dir kämpfen.« Sprach der Drache: »So mancher Rittersmann hat hier sein Leben gelassen, mit dir will ich auch fertig werden«, und atmete Feuer aus sieben Rachen. Das Feuer sollte das trockene Gras anzünden, und der Jäger sollte in der Glut und dem Dampf ersticken, aber die Tiere kamen herbeigelaufen und traten das Feuer aus. Da fuhr der Drache gegen den Jäger, aber er schwang sein Schwert, dass es in der Luft sang, und schlug ihm drei Köpfe ab. Da ward der Drache erst recht wütend, erhob sich in die Luft, spie die Feuerflammen über den Jäger aus und wollte sich auf ihn stürzen, aber der Jäger zückte nochmals sein Schwert und hieb ihm wieder drei Köpfe ab. Das Untier ward matt und sank nieder und wollte doch wieder auf den Jäger los, aber er schlug ihm mit der letzten Kraft den Schweif ab, und weil er nicht mehr kämpfen konnte, rief er seine Tiere herbei, die zerrissen es in Stücke. Als der Kampf zu Ende war, schloss der Jäger die Kirche auf und fand die Königstochter auf der Erde liegen, weil ihr die Sinne vor Angst und Schrecken während des Streites vergangen waren. Er trug sie heraus, und als sie wieder zu sich selbst kam und die Augen aufschlug, zeigte er ihr den zerrissenen Drachen und sagte ihr, dass sie nun erlöst wäre. Sie freute sich und sprach: »Nun wirst du mein liebster Gemahl werden, denn mein Vater hat mich demjenigen versprochen, der den Drachen tötet.« Darauf hing sie ihr Halsband von Korallen ab und verteilte es unter die Tiere, um sie zu belohnen, und der Löwe erhielt das goldene Schlösschen davon. Ihr Taschentuch aber, in dem ihr Name stand, schenkte sie dem Jäger; der ging hin und schnitt aus den sieben Drachenköpfen die Zungen aus, wickelte sie in das Tuch und verwahrte sie wohl.

Als das geschehen war, weil er von dem Feuer und dem Kampf so matt und müde war, sprach er zur Jungfrau: »Wir sind beide so matt und müde, wir wollen ein wenig schlafen.« Da sagte sie Ja, und sie ließen sich auf die Erde nieder, und der Jäger sprach zu dem Löwen: »Du sollst wachen, damit uns niemand im Schlaf überfällt«, und beide schliefen ein. Der Löwe legte sich neben sie, um zu wachen, aber er war vom Kampf auch müde, dass er den Bären rief und sprach: »Lege dich neben mich, ich muss ein wenig schlafen, und wenn was kommt, so wecke mich auf.« Da legte sich der Bär neben ihn, aber er war auch müde und rief den Wolf und sprach: »Lege dich neben mich, ich muss ein wenig schlafen, und wenn was kommt, so wecke mich auf.« Da legte sich der Wolf neben ihn, aber er war auch müde und rief den Fuchs und sprach: »Lege dich neben mich, ich muss ein wenig schlafen, und wenn was kommt, so wecke mich auf.« Da legte sich der Fuchs neben ihn, aber er war auch müde, rief den Hasen und sprach: »Lege dich neben mich, ich muss ein wenig schlafen, und wenn was kommt, so wecke mich auf.« Da setzte sich der Hase neben ihn, aber der arme Has war auch müde und hatte niemand, den er zur Wache herbeirufen konnte, und schlief ein. Da schlief nun die Königstochter, der Jäger, der Löwe, der Bär, der Wolf, der Fuchs und der Has, und schliefen alle einen festen Schlaf.

Der Marschall aber, der von Weitem hatte zuschauen sollen, als er den Drachen nicht mit der Jungfrau fortfliegen sah und alles auf dem Berg ruhig ward, nahm sich ein Herz und stieg hinauf. Da lag der Drache zerstückt und zerrissen auf der Erde und nicht weit davon die Königstochter und ein Jäger mit seinen Tieren, die waren alle in tiefen

Schlaf versunken. Und weil er bös und gottlos war, so nahm er sein Schwert und hieb dem Jäger das Haupt ab und fasste die Jungfrau auf den Arm und trug sie den Berg hinab. Da erwachte sie und erschrak, aber der Marschall sprach: »Du bist in meinen Händen, du sollst sagen, dass ich es gewesen bin, der den Drachen getötet hat.« – »Das kann ich nicht«, antwortete sie, »denn ein Jäger mit seinen Tieren hats getan.« Da zog er sein Schwert und drohte sie zu töten, wo sie ihm nicht gehorchte, und zwang sie damit, dass sie es versprach. Darauf brachte er sie vor den König, der sich vor Freude nicht zu lassen wusste, als er sein liebes Kind wieder lebend erblickte, das er von dem Untier zerrissen glaubte. Der Marschall sprach zu ihm: »Ich habe den Drachen getötet und die Jungfrau und das ganze Reich befreit, darum fordere ich sie zur Gemahlin, so wie es zugesagt ist.« Der König fragte die Jungfrau: »Ist das wahr, was er spricht?« – »Ach ja«, antwortete sie, »es muss wohl wahr sein: Aber ich halte mir aus, dass erst über Jahr und Tag die Hochzeit gefeiert wird«, denn sie dachte, in der Zeit etwas von ihrem lieben Jäger zu hören.

Auf dem Drachenberg aber lagen noch die Tiere neben ihrem toten Herrn und schliefen; da kam eine große Hummel und setzte sich dem Hasen auf die Nase, aber der Hase wischte sie mit der Pfote ab und schlief weiter. Die Hummel kam zum zweiten Mal, aber der Hase wischte sie wieder ab und schlief fort. Da kam sie zum dritten Mal und stach ihm in die Nase, dass der aufwachte. Sobald der Hase wach war, weckte er den Fuchs, und der Fuchs den Wolf, und der Wolf den Bär, und der Bär den Löwen. Und als der Löwe aufwachte und sah, dass die Jungfrau fort war und sein Herr tot, fing er an fürchterlich zu brüllen und rief: »Wer hat das vollbracht? Bär, warum hast du mich nicht geweckt?«; der Bär fragte den Wolf: »Warum hast du mich nicht geweckt?«, und der Wolf den Fuchs: »Warum hast du mich nicht geweckt?«, und der Fuchs den Hasen: »Warum hast du mich nicht geweckt?« Der arme Has wusste allein nichts zu antworten, und die Schuld blieb auf ihm hangen. Da wollten sie über ihn herfallen, aber er bat und sprach: »Bringt mich nicht um, ich will unsern Herrn wieder lebendig machen. Ich weiß einen Berg, da wächst eine Wurzel, wer die im Mund hat, der wird von aller Krankheit und allen Wunden geheilt. Aber der Berg liegt zweihundert Stunden von hier.« Sprach der Löwe: »In vierundzwanzig Stunden musst du hin- und hergelaufen sein und die Wurzel mitbringen.« Da sprang der Hase fort, und in vierundzwanzig Stunden war er zurück und brachte die Wurzel mit. Der Löwe setzte dem Jäger den Kopf wieder an, und der Hase steckte ihm die Wurzel in den Mund, alsbald fügte sich alles wieder zusammen, und das Herz schlug, und das Leben kehrte zurück. Da erwachte der Jäger und erschrak, als er die Jungfrau nicht mehr sah, und dachte: »Sie ist wohl fortgegangen, während ich schlief, um mich loszuwerden.« Der Löwe hatte in der großen Eile seinem Herrn den Kopf verkehrt aufgesetzt, der aber merkte es nicht bei seinen traurigen Gedanken an die Königstochter; erst zu Mittag, als er etwas essen wollte, da sah er, dass ihm der Kopf nach dem Rücken zu stand, konnte es nicht begreifen und fragte die Tiere, was ihm im Schlaf widerfahren wäre. Da erzählte ihm der Löwe, dass sie auch alle aus Müdigkeit eingeschlafen wären, und beim Erwachen hätten sie ihn tot gefunden mit abgeschlagenem Haupte, der Hase hätte die Lebenswurzel geholt, er aber in der Eil den Kopf verkehrt gehalten; doch wollte er seinen Fehler wiedergutmachen. Dann riss er dem Jäger den Kopf wieder ab, drehte ihn herum, und der Hase heilte ihn mit der Wurzel fest.

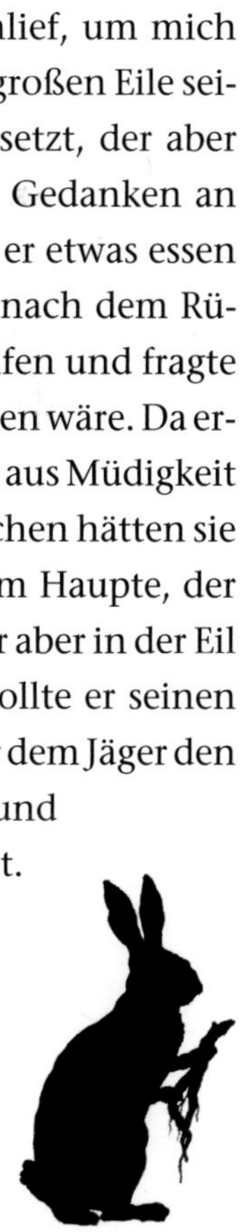

Der Jäger aber war traurig, zog in der Welt herum und ließ seine Tiere vor den Leuten tanzen. Es trug sich zu, dass er gerade nach Verlauf eines Jahres wieder in dieselbe Stadt kam, wo er die Königstochter vom Drachen erlöst hatte, und die Stadt war diesmal ganz mit rotem Scharlach ausgehängt. Da sprach er zum Wirt: »Was will das sagen? Vorm Jahr war die Stadt mit schwarzem Flor überzogen, was soll heute der rote Scharlach?« Der Wirt antwortete: »Vorm Jahr sollte unsers Königs Tochter dem Drachen ausgeliefert werden, aber der Marschall hat mit ihm gekämpft und ihn getötet, und da soll morgen ihre Vermählung gefeiert werden; darum war die Stadt damals mit schwarzem Flor zur Trauer, und ist heute mit rotem Scharlach zur Freude ausgehängt.«

Am andern Tag, wo die Hochzeit sein sollte, sprach der Jäger um Mittagszeit zum Wirt: »Glaubt Er wohl, Herr Wirt, dass ich heut Brot von des Königs Tisch hier bei Ihm essen will?« – »Ja«, sprach der Wirt, »da wollt ich doch noch hundert Goldstücke dran setzen, dass das nicht wahr ist.« Der Jäger nahm die Wette an und setzte einen Beutel mit ebenso viel Goldstücken dagegen. Dann rief er den Hasen und sprach: »Geh hin, lieber Springer, und hol mir von dem Brot, das der König isst.« Nun war das Häslein das Geringste und konnte es keinem andern wieder auftragen, sondern musste sich selbst auf die Beine machen. »Ei«, dachte es, »wann ich so allein durch die Straßen springe, da werden die Metzgerhunde hinter mir drein sein.« Wie es dachte, so geschah es auch, und die Hunde kamen hinter ihm drein und wollten ihm sein gutes Fell flicken. Es sprang aber, hast du nicht gesehen, und flüchtete sich in ein Schilderhaus, ohne dass es der Soldat gewahr wurde. Da kamen die Hunde und wollten es heraushaben, aber der Soldat verstand keinen Spaß und schlug mit dem Kolben drein, dass sie schreiend und heulend fortliefen. Als der Hase merkte, dass die Luft rein war, sprang er zum Schloss hinein und gerade zur Königstochter, setzte sich unter ihren Stuhl und kratzte sie am Fuß. Da sagte sie: »Willst du fort!«, und meinte, es wäre ihr Hund. Der Hase kratzte zum zweiten Mal am Fuß, da sagte sie wieder: »Willst du fort!«, und meinte, es wäre ihr Hund. Aber der Hase ließ sich nicht irre machen und kratzte zum dritten Mal, da guckte sie herab und erkannte den Hasen an seinem Halsband. Nun nahm sie ihn auf ihren Schoß, trug ihn in ihre Kammer und sprach: »Lieber Hase, was willst du?« Antwortete er: »Mein Herr, der den Drachen getötet hat, ist hier und schickt mich, ich soll um ein Brot bitten, wie es der König isst.« Da war sie voll Freude und ließ den Bäcker kommen und befahl ihm, ein Brot zu bringen, wie es der König aß. Sprach das Häslein: »Aber der Bäcker muss mirs auch hintragen, damit mir die Metzgerhunde nichts tun.« Der Bäcker trug es ihm bis an die Türe der Wirtsstube, da stellte sich der Hase auf die Hinterbeine, nahm alsbald das Brot in die Vorderpfoten und brachte es seinem Herrn. Da sprach der Jäger: »Sieht Er, Herr Wirt, die hundert Goldstücke sind mein.« Der Wirt wunderte sich, aber der Jäger sagte weiter: »Ja, Herr Wirt, das Brot hätt ich, nun will ich aber auch von des Königs Braten essen!« Der Wirt sagte: »Das möcht ich sehen«, aber wetten wollte er nicht mehr. Rief der Jäger den Fuchs und sprach: »Mein Füchslein, geh hin und hol mir Braten, wie ihn der König isst.« Der Rotfuchs wusste die Schliche besser, ging an den Ecken und durch die Winkel, ohne dass ihn ein Hund sah, setzte sich unter der Königstochter Stuhl und kratzte an ihrem Fuß. Da sah sie herab und erkannte den Fuchs am Halsband, nahm ihn mit in ihre Kammer und sprach: »Lieber Fuchs, was willst du?« Antwortete er: »Mein Herr, der den Drachen getötet hat, ist hier und schickt mich, ich soll bitten um einen Braten, wie ihn der König isst.« Da ließ sie den Koch kommen, der musste einen Braten, wie ihn der König aß, anrichten und dem Fuchs bis an die Türe tragen; da nahm ihm der Fuchs die

Schüssel ab, wedelte mit seinem Schwanz erst die Fliegen weg, die sich auf den Braten gesetzt hatten, und brachte ihn dann seinem Herrn. »Sieht Er, Herr Wirt«, sprach der Jäger, »Brot und Fleisch ist da, nun will ich auch Zugemüs essen, wie es der König isst.« Da rief er den Wolf und sprach: »Lieber Wolf, geh hin und hol mir Zugemüs, wie's der König isst.« Da ging der Wolf geradezu ins Schloss, weil er sich vor niemand fürchtete, und als er in der Königstochter Zimmer kam, da zupfte er sie hinten am Kleid, dass sie sich umschauen musste. Sie erkannte ihn am Halsband und nahm ihn mit in ihre Kammer und sprach: »Lieber Wolf, was willst du?« Antwortete er: »Mein Herr, der den Drachen getötet hat, ist hier; ich soll bitten um ein Zugemüs, wie es der König isst.« Da ließ sie den Koch kommen, der musste ein Zugemüs bereiten, wie es der König aß, und musste es dem Wolf bis vor die Türe tragen; da nahm ihm der Wolf die Schüssel ab und brachte sie seinem Herrn. »Sieht Er, Herr Wirt«, sprach der Jäger, »nun hab ich Brot, Fleisch und Zugemüs, aber ich will auch Zuckerwerk essen, wie es der König isst.« Rief er den Bären und sprach: »Lieber Bär, du leckst doch gern etwas Süßes, geh hin und hol mir Zuckerwerk, wie's der König isst.« Da trabte der Bär nach dem Schlosse, und ging ihm jedermann aus dem Wege: Als er aber zu der Wache kam, hielt sie die Flinten vor und wollte ihn nicht ins königliche Schloss lassen. Aber er hob sich in die Höhe und gab mit seinen Tatzen links und rechts ein paar Ohrfeigen, dass die ganze Wache zusammenfiel, und darauf ging er geradesweges zu der Königstochter, stellte sich hinter sie und brummte ein wenig. Da schaute sie rückwärts und erkannte den Bären, und hieß ihn mitgehen in ihre Kammer und sprach: »Lieber Bär, was willst du?« Antwortete er: »Mein Herr, der den Drachen getötet hat, ist hier, ich soll bitten um Zuckerwerk, wie's der König isst.« Da ließ sie den Zuckerbäcker kommen, der musste Zuckerwerk backen, wie's der König aß, und dem Bären vor die Türe tragen: Da leckte der Bär erst die Zuckererbsen auf, die heruntergerollt waren, dann stellte er sich aufrecht, nahm die Schüssel und brachte sie seinem Herrn. »Sieht Er, Herr Wirt«, sprach der Jäger, »nun habe ich Brot, Fleisch, Zugemüs und Zuckerwerk, aber ich will auch Wein trinken, wie ihn der König trinkt.« Er rief seinen Löwen herbei und sprach: »Lieber Löwe, du trinkst dir doch gerne einen Rausch, geh und hol mir Wein, wie ihn der König trinkt.« Da schritt der Löwe über die Straße, und die Leute liefen vor ihm, und als er an die Wache kam, wollte sie den Weg sperren, aber er brüllte nur einmal, so sprang alles fort. Nun ging der Löwe vor das königliche Zimmer und klopfte mit seinem Schweif an die Türe. Da kam die Königstochter heraus und wäre fast über den Löwen erschrocken, aber sie erkannte ihn an dem goldenen Schloss von ihrem Halsbande und hieß ihn mit in ihre Kammer gehen und sprach: »Lieber Löwe, was willst du?« Antwortete er: »Mein Herr, der den Drachen getötet hat, ist hier, ich soll bitten um Wein, wie ihn der König trinkt.« Da ließ sie den Mundschenk kommen, der sollte dem Löwen Wein geben, wie ihn der König tränke. Sprach der Löwe: »Ich will mitgehen und sehen, dass ich den rechten kriege.« Da ging er mit dem Mundschenk hinab, und als sie unten hinkamen, wollte ihm dieser von dem gewöhnlichen Wein zapfen, wie ihn des Königs Diener tranken, aber der Löwe sprach: »Halt! Ich will den Wein erst versuchen«,

zapfte sich ein halbes Maß und schluckte es auf einmal hinab. »Nein«, sagte er, »das ist nicht der rechte.« Der Mundschenk sah ihn schief an, ging aber und wollte ihm aus einem andern Fass geben, das für des Königs Marschall war. Sprach der Löwe: »Halt! Erst will ich den Wein versuchen«, zapfte sich ein halbes Maß und trank es. »Der ist besser, aber noch nicht der rechte.« Da ward der Mundschenk bös und sprach: »Was so ein dummes Vieh vom Wein verstehen will!« Aber der Löwe gab ihm einen Schlag hinter die Ohren, dass er unsanft zur Erde fiel, und als er sich wieder aufgemacht hatte, führte er den Löwen ganz stillschweigens in einen kleinen besonderen Keller, wo des Königs Wein lag, von dem sonst kein Mensch zu trinken bekam. Der Löwe zapfte sich erst ein halbes Maß und versuchte den Wein, dann sprach er: »Das kann von dem rechten sein«, und hieß den Mundschenk sechs Flaschen füllen. Nun stiegen sie herauf; wie der Löwe aber aus dem Keller ins Freie kam, schwankte er hin und her und war ein wenig trunken, und der Mundschenk musste ihm den Wein bis vor die Türe tragen; da nahm der Löwe den Henkelkorb in das Maul und brachte ihn seinem Herrn. Sprach der Jäger: »Sieht Er, Herr Wirt, da hab ich Brot, Fleisch, Zugemüs, Zuckerwerk und Wein, wie es der König hat, nun will ich mit meinen Tieren Mahlzeit halten«, und setzte sich hin, aß und trank, und gab dem Hasen, dem Fuchs, dem Wolf, dem Bär und dem Löwen auch davon zu essen und zu trinken, und war guter Dinge, denn er sah, dass ihn die Königstochter noch lieb hatte. Und als er Mahlzeit gehalten hatte, sprach er: »Herr Wirt, nun hab ich gegessen und getrunken, wie der König isst und trinkt, jetzt will ich an des Königs Hof gehen und die Königstochter heiraten.« Fragte der Wirt: »Wie soll das zugehen, da sie schon einen Bräutigam hat und heute die Vermählung gefeiert wird?« Da zog der Jäger das Taschentuch heraus, das ihm die Königstochter auf dem Drachenberg gegeben hatte und worin die sieben Zungen des Untiers eingewickelt waren, und sprach: »Dazu soll mir helfen, was ich da in der Hand halte.« Da sah der Wirt das Tuch an und sprach: »Wenn ich alles glaube, so glaube ich das nicht, und will wohl Haus und Hof dran setzen.« Der Jäger aber nahm einen Beutel mit tausend Goldstücken, stellte ihn auf den Tisch und sagte: »Das setze ich dagegen.«

Nun sprach der König an der königlichen Tafel zu seiner Tochter: »Was haben die wilden Tiere alle gewollt, die zu dir gekommen und in mein Schloss ein und aus gegangen sind?« Da antwortete sie: »Ich darfs nicht sagen, aber schickt hin und lasst den Herrn dieser Tiere holen, so werdet Ihr wohl tun.« Der König schickte einen Diener ins Wirtshaus und ließ den fremden Mann einladen, und der Diener kam gerade, wie der Jäger mit dem Wirt gewettet hatte. Da sprach er: »Sieht Er, Herr Wirt, da schickt der König einen Diener und lässt mich einladen, aber ich gehe so noch nicht.« Und zu dem Diener sagte er: »Ich lasse den Herrn König bitten, dass er mir königliche Kleider schickt, einen Wagen mit sechs Pferden und Diener, die mir aufwarten.« Als der König die Antwort hörte, sprach er zu seiner Tochter: »Was soll ich tun?« Sagte sie: »Lasst ihn holen, wie er's verlangt, so werdet Ihr wohl tun.« Da schickte der König königliche Kleider, einen Wagen mit sechs Pferden und Diener, die ihm aufwarten sollten. Als der Jäger sie kommen sah, sprach er: »Sieht Er, Herr Wirt, nun werde ich abgeholt, wie ich es verlangt habe«, und zog die königlichen Kleider an, nahm das Tuch mit den Drachenzungen und fuhr zum König. Als ihn der König kommen sah, sprach er zu seiner Tochter: »Wie soll ich ihn empfangen?« Antwortete sie: »Geht ihm entgegen, so werdet Ihr wohl tun.« Da ging ihm der König entgegen und führte ihn herauf, und seine Tiere folgten ihm nach. Der König wies ihm einen Platz an neben sich und seiner Tochter, der Marschall saß auf der andern Seite, als Bräutigam, aber der kannte ihn nicht mehr. Nun wurden gerade die sieben Häupter des Drachen zur Schau aufgetragen, und der König sprach: »Die sieben Häupter hat der Marschall dem Drachen abgeschlagen, darum geb ich ihm heute meine Tochter zur Gemahlin.« Da stand der Jäger auf, öffnete die sieben Rachen und sprach: »Wo sind die sieben Zungen des Drachen?« Da erschrak der Marschall, ward bleich und wusste nicht, was er antworten sollte; endlich sagte er in der Angst: »Drachen haben keine Zungen.« Sprach der Jäger: »Die Lügner sollten keine haben, aber die Drachenzungen sind das Wahrzeichen des Siegers«, und wickelte das Tuch auf, da lagen sie alle siebene darin, und dann steckte er jede Zunge in den Rachen, in den sie gehörte, und sie passte genau. Darauf nahm er das Tuch, in welches der Name der Königstochter gestickt war, und zeigte es der Jungfrau und fragte sie, wem sie es gegeben hätte. Da antwortete sie: »Dem, der den Drachen getötet hat.« Und dann rief er sein Getier, nahm jedem das Halsband und dem Löwen das goldene Schloss ab und zeigte es der Jungfrau und fragte, wem es angehörte. Antwortete sie: »Das Halsband und das goldene Schloss waren mein, ich habe es unter die Tiere verteilt, die den Drachen besiegen halfen.« Da sprach der Jäger: »Als ich müde von dem Kampf geruht und geschlafen habe, da ist der Marschall gekommen und hat mir den Kopf abgehauen. Dann hat er die Königstochter fortgetragen und vorgegeben, er sei es gewesen, der den Drachen getötet habe; und dass er gelogen hat, beweise ich mit den Zungen, dem Tuch und dem Halsband.« Und dann erzählte er, wie ihn seine Tiere durch eine wunderbare Wurzel geheilt hätten, und dass er ein Jahr lang mit ihnen herumgezogen und endlich wieder hierhergekommen wäre, wo er den Betrug des Marschalls durch die Erzählung des Wirtes erfahren hätte. Da fragte der König seine Tochter: »Ist es wahr, dass dieser den Drachen getötet hat?« Da antwortete sie: »Ja, es ist wahr; jetzt darf ich die Schandtat des Marschalls offenbaren, weil sie ohne mein Zutun an den Tag gekommen ist, denn er hat mir das Versprechen zu schweigen abgezwungen. Darum aber habe ich mir ausgehalten, dass erst in Jahr und Tag die Hochzeit sollte gefeiert werden.« Da ließ der König zwölf Ratsherren rufen, die sollten über den Marschall Urteil sprechen, und die urteilten, dass er müsste von vier Ochsen zerrissen werden. Also ward der Marschall gerichtet, der König aber übergab seine Tochter dem Jäger und ernannte ihn zu seinem Statthalter im ganzen Reich. Die Hochzeit ward mit großen Freuden gefeiert, und der junge König ließ seinen Vater und Pflegevater holen und überhäufte sie mit Schätzen. Den Wirt vergaß er auch nicht und ließ ihn kommen und sprach zu ihm: »Sieht Er, Herr Wirt, die Königstochter habe ich geheiratet, und sein Haus und Hof sind mein.« Sprach der Wirt: »Ja, das wäre nach dem Rechten.« Der junge König aber sagte: »Es soll nach Gnaden gehen: Haus und Hof soll er behalten, und die tausend Goldstücke schenke ich ihm noch dazu.«

Nun waren der junge König und die junge Königin guter Dinge und lebten vergnügt zusammen. Er zog oft hinaus auf die Jagd, weil das seine Freude war, und die treuen Tiere mussten ihn begleiten. Es lag aber in der Nähe ein Wald, von dem es hieß, er wäre nicht geheuer, und wäre einer erst darin, so käme er nicht leicht wieder heraus. Der junge König hatte aber große Lust, darin zu jagen, und ließ dem alten König keine Ruhe, bis er es ihm erlaubte. Nun ritt er mit einer großen Begleitung aus, und als er zu dem Wald kam, sah er eine schneeweiße Hirschkuh darin und sprach zu seinen Leuten: »Haltet hier, bis ich zurückkomme, ich will das schöne Wild jagen«, und ritt ihm nach in den Wald hinein, und nur seine Tiere folgten ihm. Die Leute hielten und warteten bis Abend, aber er kam nicht wieder; da ritten sie heim und erzählten der jungen Königin: »Der junge König ist im Zauberwald einer weißen Hirschkuh nachgejagt und ist nicht wiedergekommen.« Da war sie in großer Besorgnis um ihn. Er war aber dem schönen Wild immer nachgeritten und konnte es niemals einholen; wenn er meinte, es wäre schussrecht, so sah er es gleich wieder in weiter Ferne dahinspringen, und endlich verschwand es ganz. Nun merkte er, dass er tief in den Wald hineingeraten war, nahm sein Horn und blies, aber er bekam keine Antwort, denn seine Leute konntens nicht hören. Und da auch die Nacht einbrach, sah er, dass er diesen Tag nicht heimkommen könnte, stieg ab, machte sich bei einem Baum ein Feuer an und wollte dabei übernachten. Als er bei dem Feuer saß und seine Tiere sich auch neben ihn gelegt hatten, deuchte ihn, als hörte er eine menschliche Stimme. Er schaute umher, konnte aber nichts bemerken. Bald darauf hörte er wieder ein Ächzen wie von oben her; da blickte er in die Höhe und sah ein altes Weib auf dem Baum sitzen, das jammerte in einem fort: »Hu, hu, hu, was mich friert!« Sprach er: »Steig herab und wärme dich, wenn dich friert.« Sie aber sagte: »Nein, deine Tiere beißen mich.« Antwortete er: »Sie tun dir nichts, altes Mütterchen, komm nur herunter.« Sie war aber eine Hexe und sprach: »Ich will dir eine Rute von dem Baum herabwerfen; wenn du sie damit auf den Rücken schlägst, tun sie mir nichts.« Da warf sie ihm ein Rütlein herab, und er schlug sie damit: Alsbald lagen sie still und waren in Stein verwandelt. Und als die Hexe vor den Tieren sicher war, sprang sie herunter und rührte auch ihn mit einer Rute an und verwandelte ihn in Stein. Darauf lachte sie und schleppte ihn und die Tiere in einen Graben, wo schon mehr solcher Steine lagen.

Als aber der junge König gar nicht wiederkam, ward die Angst und Sorge der Königin immer größer. Nun trug sich zu, dass gerade in dieser Zeit der andere Bruder, der bei der Trennung gen Osten gewandelt war, in das Königreich kam. Er hatte einen Dienst gesucht und keinen gefunden, war dann herumgezogen hin und her, und hatte seine Tiere tanzen lassen. Da fiel ihm ein, er wollte einmal nach dem Messer sehen, das sie bei ihrer Trennung in einen Baumstamm gestoßen hatten, um zu erfahren, wie es seinem Bruder ginge. Wie er dahin kam, war seines Bruders Seite halb verrostet und halb war sie noch blank. Da erschrak er und dachte: »Meinem Bruder muss ein großes Unglück zugestoßen sein, doch kann ich ihn vielleicht noch retten, denn die Hälfte des Messers ist noch blank.« Er zog mit sei-

nen Tieren gen Westen, und als er in das Stadttor kam, trat ihm die Wache entgegen und fragte, ob sie ihn bei seiner Gemahlin melden sollte; die junge Königin wäre schon seit ein paar Tagen in großer Angst über sein Ausbleiben und fürchtete, er wäre im Zauberwald umgekommen. Die Wache nämlich glaubte nicht anders, als er wäre der junge König selbst, so ähnlich sah er ihm und hatte auch die wilden Tiere hinter sich laufen. Da merkte er, dass von seinem Bruder die Rede war, und dachte: »Es ist das Beste, ich gebe mich für ihn aus, so kann ich ihn wohl leichter erretten.« Also ließ er sich von der Wache ins Schloss begleiten und ward mit großen Freuden empfangen. Die junge Königin meinte nicht anders, als es wäre ihr Gemahl, und fragte ihn, warum er so lange ausgeblieben wäre. Er antwortete: »Ich hatte mich in einem Walde verirrt und konnte mich nicht eher wieder herausfinden.« Abends ward er in das königliche Bette gebracht, aber er legte ein zweischneidiges Schwert zwischen sich und die junge Königin; sie wusste nicht, was das heißen sollte, getraute aber nicht zu fragen.

Da blieb er ein paar Tage und erforschte derweil alles, wie es mit dem Zauberwald beschaffen war; endlich sprach er: »Ich muss noch einmal dort jagen.« Der König und die junge Königin wollten es ihm ausreden, aber er bestand darauf und zog mit großer Begleitung hinaus. Als er in den Wald gekommen war, erging es ihm wie seinem Bruder, er sah eine weiße Hirschkuh und sprach zu seinen Leuten: »Bleibt hier und wartet, bis ich wiederkomme, ich will das schöne Wild jagen«, ritt in den Wald hinein, und seine Tiere liefen ihm nach. Aber er konnte die Hirschkuh nicht einholen und geriet so tief in den Wald, dass er darin übernachten musste. Und als er ein Feuer angemacht hatte, hörte er über sich ächzen: »Hu, hu, hu, wie mich friert!« Da schaute er hinauf und es saß dieselbe Hexe oben im Baum. Sprach er: »Wenn dich friert, so komm herab, altes Mütterchen, und wärme dich.« Antwortete sie: »Nein, deine Tiere beißen mich.« Er aber sprach: »Sie tun dir nichts.« Da rief sie: »Ich will dir eine Rute hinabwerfen; wenn du sie damit schlägst, so tun sie mir nichts.« Wie der Jäger das hörte, traute er der Alten nicht und sprach: »Meine Tiere schlag ich nicht, komm du herunter, oder ich hol dich.« Da rief sie: »Was willst du wohl? Du tust mir noch nichts.« Er aber antwortete: »Kommst du nicht, so schieß ich dich herunter.« Sprach sie: »Schieß nur zu, vor deinen Kugeln fürchte ich mich nicht.« Da legte er an und schoss nach ihr, aber die Hexe war fest gegen alle Bleikugeln, lachte, dass es gellte, und rief: »Du sollst mich noch nicht treffen.« Der Jäger wusste Bescheid, riss sich drei silberne Knöpfe vom Rock und lud sie in die Büchse, denn dagegen war ihre Kunst umsonst, und als er losdrückte, stürzte sie gleich mit Geschrei herab. Da stellte er den Fuß auf sie und sprach: »Alte Hexe, wenn du nicht gleich gestehst, wo mein Bruder ist, so pack ich dich auf mit beiden Händen und werfe dich ins Feuer.« Sie war in großer Angst, bat um Gnade und sagte: »Er liegt mit seinen Tieren versteinert in einem Graben.« Da zwang er sie, mit hinzugehen, drohte ihr und sprach: »Alte Meerkatze, jetzt machst du meinen Bruder und alle Geschöpfe, die hier liegen, lebendig, oder du kommst ins Feuer.« Sie nahm eine Rute und rührte die Steine an, da wurde sein Bruder mit den Tieren wieder lebendig, und viele andere, Kaufleute, Handwerker, Hirten, standen auf, dankten für ihre Befreiung und zogen heim. Die Zwillingsbrüder aber, als sie sich wiedersahen, küssten sich und freuten sich von Herzen. Dann griffen sie die Hexe, banden sie und legten sie ins Feuer, und als sie verbrannt war, da tat sich der Wald von selbst auf und war licht und hell, und man konnte das königliche Schloss auf drei Stunden Wegs sehen.

Nun gingen die zwei Brüder zusammen nach Haus und erzählten einander auf dem Weg ihre

Schicksale. Und als der Jüngste sagte, er wäre an des Königs statt Herr im ganzen Lande, sprach der andere: »Das hab ich wohl gemerkt, denn als ich in die Stadt kam und für dich angesehen ward, da geschah mir alle königliche Ehre: Die junge Königin hielt mich für ihren Gemahl, und ich musste an ihrer Seite essen und in deinem Bett schlafen.« Wie das der andere hörte, ward er so eifersüchtig und zornig, dass er sein Schwert zog und seinem Bruder den Kopf abschlug. Als dieser aber tot dalag und er sein rotes Blut fließen sah, reute es ihn gewaltig: »Mein Bruder hat mich erlöst«, rief er aus, »und ich habe ihn dafür getötet!«, und jammerte laut. Da kam sein Hase und erbot sich, von der Lebenswurzel zu holen, sprang fort und brachte sie noch zu rechter Zeit – und der Tote ward wieder ins Leben gebracht und merkte gar nichts von der Wunde.

Darauf zogen sie weiter, und der Jüngste sprach: »Du siehst aus wie ich, hast königliche Kleider an wie ich, und die Tiere folgen dir nach wie mir: Wir wollen zu den entgegengesetzten Toren eingehen und von zwei Seiten zugleich beim alten König anlangen.« Also trennten sie sich, und bei dem alten König kam zu gleicher Zeit die Wache von dem einen und dem andern Tore und meldete, der junge König mit den Tieren wäre von der Jagd angelangt. Sprach der König: »Es ist nicht möglich, die Tore liegen eine Stunde weit auseinander.« Indem aber kamen von zwei Seiten die beiden Brüder in den Schlosshof hinein und stiegen beide herauf. Da sprach der König zu seiner Tochter: »Sag an, welcher ist dein Gemahl? Es sieht einer aus wie der andere, ich kanns nicht wissen.« Sie war da in großer Angst und konnte es nicht sagen, endlich fiel ihr das Halsband ein, das sie den Tieren gegeben hatte, suchte und fand an dem einen Löwen ihr goldenes Schlösschen. Da rief sie vergnügt: »Der, dem dieser Löwe nachfolgt, der ist mein rechter Gemahl.« Da lachte der junge König und sagte: »Ja, das ist der Rechte«, und sie setzten sich zusammen zu Tisch, aßen und tranken und waren fröhlich. Abends, als der junge König zu Bett ging, sprach seine Frau: »Warum hast du die vorigen Nächte immer ein zweischneidiges Schwert in unser Bett gelegt, ich habe geglaubt, du wolltest mich totschlagen.« Da erkannte er, wie treu sein Bruder gewesen war.

40
Die Bienenkönigin

Zwei Königssöhne gingen einmal auf Abenteuer und gerieten in ein wildes, wüstes Leben, sodass sie gar nicht wieder nach Haus kamen. Der Jüngste, welcher der Dummling hieß, machte sich auf und suchte seine Brüder: Aber wie er sie endlich fand, verspotteten sie ihn, dass er mit seiner Einfalt sich durch die Welt schlagen wollte, und sie zwei könnten nicht durchkommen und wären doch viel klüger. Sie zogen alle drei miteinander fort und kamen an einen Ameisenhaufen. Die zwei Ältesten wollten ihn aufwühlen und sehen, wie die kleinen Ameisen in der Angst herumkröchen und ihre Eier forttrügen, aber der Dummling sagte: »Lasst die Tiere in Frieden, ich leids nicht, dass ihr sie stört.« Da gingen sie weiter und kamen an einen See, auf dem schwammen viele, viele Enten. Die zwei Brüder wollten ein paar fangen und braten, aber der Dummling ließ es nicht zu und sprach: »Lasst die Tiere in Frieden, ich leids nicht, dass ihr sie tötet.« Endlich kamen sie an ein Bienennest, darin war so viel Honig, dass er am Stamm herunterlief. Die zwei wollten Feuer unter den Baum legen und die Bienen ersticken, damit sie den Honig wegnehmen könnten. Der Dummling hielt sie aber wieder ab und sprach: »Lasst die Tiere in Frieden, ich leids nicht, dass ihr sie verbrennt.« Endlich kamen die drei Brüder in ein Schloss, wo in den Ställen lauter steinerne Pferde standen, auch war kein Mensch zu sehen, und sie gingen durch alle Säle, bis sie vor eine Tür ganz am Ende kamen, davor hingen drei Schlösser; es war aber mitten in der Türe ein Lädlein, dadurch konnte man in die Stube sehen. Da sahen sie ein graues Männchen, das an einem Tisch saß. Sie riefen es an, einmal, zweimal, aber es hörte nicht; endlich riefen sie zum dritten Mal, da stand es auf, öffnete die Schlösser und kam heraus. Es sprach aber kein Wort, sondern führte sie zu einem reich besetzten Tisch; und als sie gegessen und getrunken hatten, brachte es einen jeglichen in sein eigenes Schlafgemach. Am andern Morgen kam das graue Männchen zu dem Ältesten, winkte und leitete ihn zu einer steinernen Tafel, darauf standen drei Aufgaben geschrieben, wodurch das Schloss erlöst werden könnte. Die erste war: In dem Wald unter dem Moos lagen die Perlen der Königstochter, tausend an der Zahl, die mussten aufgesucht werden, und wenn vor Sonnenuntergang noch eine einzige fehlte, so ward der, welcher gesucht hatte, zu Stein. Der Älteste ging hin und suchte den ganzen Tag, als aber der Tag zu Ende war, hatte er erst hundert gefunden; es geschah, wie auf der Tafel stand, er ward in Stein verwandelt. Am folgenden Tag unternahm der zweite Bruder das Abenteuer; es ging ihm aber nicht viel besser als dem Ältesten, er fand nicht mehr als zweihundert Perlen und ward zu Stein. Endlich kam auch an den Dummling die Reihe, der suchte im Moos, es war aber so schwer, die Perlen zu finden, und ging so langsam. Da setzte er sich auf einen Stein und weinte. Und wie er so saß, kam der Ameisenkönig, dem er einmal das Leben erhalten hatte, mit fünftausend Ameisen, und es währte gar nicht lange, so hatten die kleinen Tiere die Perlen miteinander gefunden und auf einen Haufen getragen. Die zweite Aufgabe aber war, den Schlüssel zu der Schlafkammer der Königstochter aus der See zu holen. Wie der Dummling zur See kam, schwammen die Enten, die er einmal gerettet hatte, heran, tauchten unter und holten den Schlüssel aus der Tiefe. Die dritte Aufgabe aber war die schwerste: Aus den drei schlafenden Töchtern des Königs sollte die jüngste und die liebste herausgesucht werden. Sie glichen sich aber vollkommen und waren durch nichts verschieden, als dass sie, bevor sie eingeschlafen waren, verschiedene Süßigkeiten gegessen hatten: die Älteste ein Stück Zucker, die Zweite ein wenig Sirup, die Jüngste einen Löffel voll Honig. Da kam die Bienenkönigin von den Bienen, die der Dummling vor dem Feuer geschützt hatte, und versuchte den Mund von allen dreien; zuletzt blieb sie auf dem Mund sitzen, der Honig gegessen hatte, und so erkannte der Königssohn die rechte. Da war der Zauber vorbei, alles war aus dem Schlaf erlöst, und wer von Stein war, erhielt seine menschliche Gestalt wieder. Und der Dummling vermählte sich mit der Jüngsten und Liebsten und ward König nach ihres Vaters Tod; seine zwei Brüder aber erhielten die beiden andern Schwestern.

41

Die drei Federn

Es war einmal ein König, der hatte drei Söhne, davon waren zwei klug und gescheit, aber der dritte sprach nicht viel, war einfältig und hieß nur der Dummling. Als der König alt und schwach ward und an sein Ende dachte, wusste er nicht, welcher von seinen Söhnen nach ihm das Reich erben sollte. Da sprach er zu ihnen: »Zieht aus, und wer mir den feinsten Teppich bringt, der soll nach meinem Tod König sein.« Und damit es keinen Streit unter ihnen gab, führte er sie vor sein Schloss, blies drei Federn in die Luft und sprach: »Wie die fliegen, so sollt ihr ziehen.« Die eine Feder flog nach Osten, die andere nach Westen, die dritte flog aber geradeaus und flog nicht weit, sondern fiel bald zur Erde. Nun ging der eine Bruder rechts, der andere ging links, und sie lachten den Dummling aus, der bei der dritten Feder, da, wo sie niedergefallen war, bleiben musste.

Der Dummling setzte sich nieder und war traurig. Da bemerkte er auf einmal, dass neben der Feder eine Falltüre lag. Er hob sie in die Höhe, fand eine Treppe und stieg hinab. Da kam er vor eine andere Türe, klopfte an und hörte, wie es inwendig rief:

»Jungfer grün und klein,
Hutzelbein,
Hutzelbeins Hündchen,
Hutzel hin und her,
lass geschwind sehen, wer draußen wär.«

Die Türe tat sich auf, und er sah eine große, dicke Itsche (Kröte) sitzen und rings um sie eine Menge kleiner Itschen. Die dicke Itsche fragte, was sein Begehren wäre. Er antwortete: »Ich hätte gerne den schönsten und feinsten Teppich.« Da rief sie eine junge und sprach:

»Jungfer grün und klein,
Hutzelbein,
Hutzelbeins Hündchen,
Hutzel hin und her,
bring mir die große Schachtel her.«

Die junge Itsche holte die Schachtel, und die dicke Itsche machte sie auf und gab dem Dummling einen Teppich daraus, so schön und so fein, wie oben auf der Erde keiner konnte gewebt werden. Da dankte er ihr und stieg wieder hinauf.

Die beiden andern hatten aber ihren jüngsten Bruder für so albern gehalten, dass sie glaubten, er würde gar nichts finden und aufbringen. »Was sollen wir uns mit Suchen groß Mühe geben«, sprachen sie, nahmen dem ersten besten Schäfersweib, das ihnen begegnete, die groben Tücher vom Leib und trugen sie dem König heim. Zu derselben Zeit kam auch der Dummling zurück und brachte seinen schönen Teppich, und als der König den sah, staunte er und sprach: »Wenn es dem Recht nach gehen soll, so gehört dem Jüngsten das Königreich.« Aber die zwei andern ließen dem Vater keine Ruhe und sprachen, unmöglich könnte der Dummling, dem es in allen Dingen an Verstand fehlte, König werden, und baten ihn, er möchte eine neue Bedingung machen. Da sagte der Vater: »Der soll das Reich erben, der mir den schönsten Ring bringt«, führte die drei Brüder hinaus und blies drei Federn in die Luft, denen sie nachgehen sollten. Die zwei ältesten zogen wieder nach Osten und Westen, und für den Dummling flog die Feder geradeaus und fiel neben der Erdtüre nieder. Da stieg er wieder hinab zu der dicken Itsche und sagte ihr, dass er den schönsten Ring brauchte. Sie ließ sich gleich ihre große Schachtel holen und gab ihm daraus einen Ring, der glänzte von Edelsteinen und war so schön, dass ihn kein Goldschmied auf der Erde hätte machen können. Die zwei Ältesten lachten über den Dummling, der einen goldenen Ring suchen wollte, gaben sich gar keine Mühe, sondern schlugen einem alten Wagenring die Nägel aus und brachten ihn dem König. Als aber der Dummling seinen goldenen Ring vorzeigte, so sprach der Vater abermals: »Ihm gehört das Reich.« Die zwei Ältesten ließen nicht ab, den König zu quälen, bis er noch eine dritte Bedingung machte und den Ausspruch tat, der sollte das Reich haben, der die schönste Frau heimbrächte. Die drei Federn blies er nochmals in die Luft, und sie flogen wie die vorigen Male.

Da ging der Dummling ohne Weiteres hinab zu der dicken Itsche und sprach: »Ich soll die schönste Frau heimbringen.« – »Ei«, antwortete die Itsche, »die schönste Frau! Die ist nicht gleich zur Hand, aber du sollst sie doch haben.« Sie gab ihm eine ausgehöhlte gelbe Rübe mit sechs Mäuschen bespannt. Da sprach der Dummling ganz traurig: »Was soll ich damit anfangen?« Die Itsche antwortete: »Setze nur eine von meinen kleinen Itschen hinein.« Da griff er auf Geratewohl eine aus dem Kreis und setzte sie in die gelbe Kutsche, aber kaum saß sie darin, so ward sie zu einem wunderschönen Fräulein, die Rübe zur Kutsche, und die sechs Mäuschen zu Pferden. Da küsste er sie, jagte mit den Pferden davon und brachte sie zu dem König. Seine Brüder kamen nach, die hatten sich gar keine Mühe gegeben, eine schöne Frau zu suchen, sondern die ersten besten Bauernweiber mitgenommen. Als der König sie erblickte, sprach er: »Dem Jüngsten gehört das Reich nach meinem Tod.« Aber die zwei Ältesten betäubten die Ohren des Königs aufs Neue mit ihrem Geschrei: »Wir könnens nicht zugeben, dass der Dummling König wird«, und verlangten, der sollte den Vorzug haben, dessen Frau durch einen Ring springen könnte, der da mitten in dem Saal hing. Sie dachten: »Die Bauernweiber können das wohl, die sind stark genug, aber das zarte Fräulein springt sich tot.« Der alte König gab das auch noch zu. Da sprangen die zwei Bauernweiber, sprangen auch durch den Ring, waren aber so plump, dass sie fielen und ihre groben Arme und Beine entzweibrachen. Darauf sprang das schöne Fräulein, das der Dummling mitgebracht hatte, und sprang so leicht hindurch wie ein Reh, und aller Widerspruch musste aufhören. Also erhielt er die Krone und hat lange in Weisheit geherrscht.

42
Die goldene Gans

Es war ein Mann, der hatte drei Söhne, davon hieß der jüngste der Dummling und wurde verachtet und verspottet und bei jeder Gelegenheit zurückgesetzt. Es geschah, dass der Älteste in den Wald gehen wollte, Holz hauen, und eh er ging, gab ihm noch seine Mutter einen schönen feinen Eierkuchen und eine Flasche Wein mit, damit er nicht Hunger und Durst erlitte. Als er in den Wald kam, begegnete ihm ein altes graues Männlein, das bot ihm einen guten Tag und sprach: »Gib mir doch ein Stück Kuchen aus deiner Tasche und lass mich einen Schluck von deinem Wein trinken, ich bin so hungrig und durstig.« Der kluge Sohn aber antwortete: »Geb ich dir meinen Kuchen und meinen Wein, so hab ich selber nichts, pack dich deiner Wege«, ließ das Männlein stehen und ging fort. Als er nun anfing einen Baum zu behauen, dauerte es nicht lange, so hieb er fehl, und die Axt fuhr ihm in den Arm, dass er musste heimgehen und sich verbinden lassen. Das war aber von dem grauen Männchen gekommen.

Darauf ging der zweite Sohn in den Wald, und die Mutter gab ihm, wie dem ältesten, einen Eierkuchen und eine Flasche Wein. Dem begegnete gleichfalls das alte graue Männchen und hielt um ein Stückchen Kuchen und einen Trunk Wein an. Aber der zweite Sohn sprach auch ganz verständig: »Was ich dir gebe, das geht mir selber ab, pack dich deiner Wege«, ließ das Männlein stehen und ging fort. Die Strafe blieb nicht aus: Als er ein paar Hiebe am Baum getan, hieb er sich ins Bein, dass er musste nach Haus getragen werden.

Da sagte der Dummling: »Vater, lass mich einmal hinausgehen und Holz hauen.« Antwortete der Vater: »Deine Brüder haben sich Schaden dabei getan, lass dich davon, du verstehst nichts davon.« Der Dummling aber bat so lange, bis er endlich sagte: »Geh nur hin, durch Schaden wirst du klug werden.« Die Mutter gab ihm einen Kuchen, der war mit Wasser in der Asche gebacken, und dazu eine Flasche saures Bier. Als er in den Wald kam, begegnete ihm gleichfalls das alte graue Männchen, grüßte ihn und sprach: »Gib mir ein Stück von deinem Kuchen und einen Trunk aus deiner Flasche, ich bin so hungrig und durstig.« Antwortete der Dummling: »Ich habe aber nur Aschenkuchen und saures Bier; wenn dir das recht ist, so wollen wir uns setzen und essen.« Da setzten sie sich, und als der Dummling seinen Aschenkuchen herausholte, so wars ein feiner Eierkuchen, und das saure Bier war ein guter Wein. Nun aßen und tranken sie, und danach sprach das Männlein: »Weil du ein gutes Herz hast und von dem Deinigen gerne mitteilst, so will ich dir Glück bescheren. Dort steht ein alter Baum, den hau ab, so wirst du in den Wurzeln etwas finden.« Darauf nahm das Männlein Abschied.

Der Dummling ging hin und hieb den Baum um, und wie er fiel, saß in den Wurzeln eine Gans, die hatte Federn von reinem Gold. Er hob sie heraus, nahm sie mit sich und ging in ein Wirtshaus, da wollte er übernachten. Der Wirt hatte aber drei Töchter, die sahen die Gans, waren neugierig, was das für ein wunderlicher Vogel wäre, und hätten gar gern eine von seinen goldenen Federn gehabt. Die Älteste dachte: »Es wird sich schon eine Gelegenheit finden, wo ich mir eine Feder ausziehen kann«, und als der Dummling einmal hinausgegangen war, fasste sie die Gans beim Flügel, aber Finger und Hand blieben ihr daran festhängen. Bald danach kam die Zweite und hatte keinen andern Gedanken, als sich eine goldene Feder zu holen: Kaum aber hatte sie ihre Schwester angerührt, so blieb sie festhängen. Endlich kam auch die Dritte in gleicher Absicht; da schrien die andern: »Bleib weg, ums Himmelswillen, bleib weg.« Aber sie begriff nicht, warum sie wegbleiben sollte, dachte: »Sind die dabei, so kann ich auch dabei sein«, und sprang herzu, und wie sie ihre Schwester angerührt hatte, so blieb sie an ihr hängen. So mussten sie die Nacht bei der Gans zubringen.

Am andern Morgen nahm der Dummling die Gans in den Arm, ging fort und bekümmerte sich nicht um die drei Mädchen, die daran hingen. Sie mussten immer hinter ihm dreinlaufen, links und rechts, wie's ihm in die Beine kam. Mitten auf dem Felde begegnete ihnen der Pfarrer, und als er den Aufzug sah, sprach er: »Schämt euch, ihr garstigen Mädchen, was lauft ihr dem jungen Bursch durchs Feld nach, schickt sich das?« Damit fasste er die Jüngste an die Hand und wollte sie zurückziehen; wie er sie aber anrührte, blieb er gleichfalls hängen und musste selber hinterdreinlaufen. Nicht lange, so kam der Küster daher und sah den Herrn Pfarrer, der drei Mädchen auf dem Fuß folgte. Da verwunderte er sich und rief: »Ei, Herr Pfarrer, wohinaus so geschwind? Vergesst nicht, dass wir heute noch eine Kindtaufe haben«, lief auf ihn zu und fasste ihn am Ärmel, blieb aber auch festhängen. Wie die fünf so hintereinander hertrabten, kamen zwei Bauern mit ihren Hacken vom Feld: Da rief der Pfarrer sie an und bat, sie möchten ihn und den Küster losmachen. Kaum aber hatten sie den Küster angerührt, so blieben sie hängen, und waren ihrer nun siebene, die dem Dummling mit der Gans nachliefen.

Er kam darauf in eine Stadt, da herrschte ein König, der hatte eine Tochter, die war so ernsthaft, dass sie niemand zum Lachen bringen konnte. Darum hatte er ein Gesetz gegeben, wer sie könnte zum Lachen bringen, der sollte sie heiraten. Der Dummling, als er das hörte, ging mit seiner Gans und ihrem Anhang vor die Königstochter, und als diese die sieben Menschen immer hintereinander herlaufen sah, fing sie überlaut an zu lachen und wollte gar nicht wieder aufhören. Da verlangte sie der Dummling zur Braut, aber dem König gefiel der Schwiegersohn nicht, er machte allerlei Einwendungen und sagte, er müsste ihm erst einen Mann bringen, der einen Keller voll Wein austrinken könnte. Der Dummling dachte an das graue Männchen, das könnte ihm wohl helfen, ging hinaus in den Wald, und auf der Stelle, wo er den Baum abgehauen hatte, sah er einen Mann sitzen, der machte ein ganz betrübtes Gesicht. Der Dummling fragte, was er sich so sehr zu Herzen nähme. Da antwortete er: »Ich habe so großen Durst und kann ihn nicht löschen, das kalte Wasser vertrage ich nicht, ein Fass Wein habe ich zwar ausgeleert, aber was ist ein Tropfen auf einem heißen Stein?« – »Da kann ich dir helfen«, sagte der Dummling, »komm nur mit mir, du sollst satt haben.« Er führte ihn darauf in des Königs Keller, und der Mann machte sich über die großen Fässer, trank und trank, dass ihm die Hüften wehtaten, und ehe ein Tag herum war, hatte er den ganzen Keller ausgetrunken. Der Dummling verlangte abermals seine Braut, der König aber ärgerte sich, dass ein schlechter Bursch, den jedermann einen Dummling nannte, seine Tochter davontragen sollte, und machte neue Bedingungen: Er müsste erst einen Mann schaffen, der einen Berg voll Brot aufessen könnte. Der Dummling besann sich nicht lange, sondern ging gleich hinaus in den Wald, da saß auf demselben Platz ein Mann, der schnürte sich den Leib mit einem Riemen zusammen, machte ein grämliches Gesicht und sagte: »Ich habe einen ganzen Backofen voll Raspelbrot gegessen, aber was hilft das, wenn man so großen Hunger hat wie ich: mein Magen bleibt leer, und ich muss mich nur zuschnüren, wenn ich nicht Hungers sterben soll.«

Der Dummling war froh darüber und sprach: »Mach dich auf und geh mit mir, du sollst dich satt essen.« Er führte ihn an den Hof des Königs, der hatte alles Mehl aus dem ganzen Reich zusammenfahren und einen ungeheuern Berg davon backen lassen: Der Mann aber aus dem Walde stellte sich davor, fing an zu essen, und in einem Tag war der ganze Berg verschwunden. Der Dummling forderte zum dritten Mal seine Braut, der König aber suchte noch einmal Ausflucht und verlangte ein Schiff, das zu Land und zu Wasser fahren könnte: »Sowie du aber damit angesegelt kommst«, sagte er, »so sollst du gleich meine Tochter zur Gemahlin haben.« Der Dummling ging geradeswegs in den Wald, da saß das alte graue Männchen, dem er seinen Kuchen gegeben hatte, und sagte: »Ich habe für dich getrunken und gegessen, ich will dir auch das Schiff geben; das alles tu ich, weil du barmherzig gegen mich gewesen bist.« Da gab er ihm das Schiff, das zu Land und zu Wasser fuhr, und als der König das sah, konnte er ihm seine Tochter nicht länger vorenthalten. Die Hochzeit ward gefeiert, nach des Königs Tod erbte der Dummling das Reich, und lebte lange Zeit vergnügt mit seiner Gemahlin.

43
Allerleirau

Es war einmal ein König, der hatte eine Frau mit goldenen Haaren, und sie war so schön, dass sich ihresgleichen nicht mehr auf Erden fand. Es geschah, dass sie krank lag, und als sie fühlte, dass sie bald sterben würde, rief sie den König und sprach: »Wenn du nach meinem Tode dich wieder vermählen willst, so nimm keine, die nicht ebenso schön ist, als ich bin, und die nicht solche goldene Haare hat, wie ich habe; das musst du mir versprechen.« Nachdem es ihr der König versprochen hatte, tat sie die Augen zu und starb.

Der König war lange Zeit nicht zu trösten und dachte nicht daran, eine zweite Frau zu nehmen. Endlich sprachen seine Räte: »Es geht nicht anders, der König muss sich wieder vermählen, damit wir eine Königin haben.« Nun wurden Boten weit und breit umhergeschickt, eine Braut zu suchen, die an Schönheit der verstorbenen Königin ganz gleichkäme. Es war aber keine in der ganzen Welt zu finden, und wenn man sie auch gefunden hätte, so war doch keine da, die solche goldene Haare gehabt hätte. Also kamen die Boten unverrichteter Sache wieder heim.

Nun hatte der König eine Tochter, die war gerade so schön wie ihre verstorbene Mutter und hatte auch solche goldene Haare. Als sie herangewachsen war, sah sie der König einmal an und sah, dass sie in allem seiner verstorbenen Gemahlin ähnlich war, und fühlte plötzlich eine heftige Liebe zu ihr. Da sprach er zu seinen Räten: »Ich will meine Tochter heiraten, denn sie ist das Ebenbild meiner verstorbenen Frau, und sonst kann ich doch keine Braut finden, die ihr gleicht.« Als die Räte das hörten, erschraken sie und sprachen: »Gott hat verboten, dass der Vater seine Tochter heirate, aus der Sünde kann nichts Gutes entspringen, und das Reich wird mit ins Verderben gezogen.« Die Tochter erschrak noch mehr, als sie den Entschluss ihres Vaters vernahm, hoffte aber, ihn von seinem Vorhaben noch abzubringen. Da sagte sie zu ihm: »Eh ich Euren Wunsch erfülle, muss ich erst drei Kleider haben, eins so golden wie die Sonne, eins so silbern wie der Mond und eins so glänzend wie die Sterne; ferner verlange ich einen Mantel von tausenderlei Pelz und Rauwerk zusammengesetzt, und ein jedes Tier in Eurem Reich muss ein Stück von seiner Haut dazu geben.« Sie dachte aber: »Das anzuschaffen ist

ganz unmöglich, und ich bringe damit meinen Vater von seinen bösen Gedanken ab.« Der König ließ aber nicht ab, und die geschicktesten Jungfrauen in seinem Reiche mussten die drei Kleider weben, eins so golden wie die Sonne, eins so silbern wie der Mond und eins so glänzend wie die Sterne; und seine Jäger mussten alle Tiere im ganzen Reiche auffangen und ihnen ein Stück von ihrer Haut abziehen; daraus ward ein Mantel von tausenderlei Rauwerk gemacht. Endlich, als alles fertig war, ließ der König den Mantel herbeiholen, breitete ihn vor ihr aus und sprach: »Morgen soll die Hochzeit sein.«

Als nun die Königstochter sah, dass keine Hoffnung mehr war, ihres Vaters Herz umzuwenden, so fasste sie den Entschluss zu entfliehen. In der Nacht, während alles schlief, stand sie auf und nahm von ihren Kostbarkeiten dreierlei, einen goldenen Ring, ein goldenes Spinnrädchen und ein goldenes Haspelchen; die drei Kleider von Sonne, Mond und Sternen tat sie in eine Nussschale, zog den Mantel von allerlei Rauwerk an und machte sich Gesicht und Hände mit Ruß schwarz. Dann befahl sie sich Gott und ging fort und ging die ganze Nacht, bis sie in einen großen Wald kam. Und weil sie müde war, setzte sie sich in einen hohlen Baum und schlief ein.

Die Sonne ging auf, und sie schlief fort und schlief noch immer, als es schon hoher Tag war. Da trug es sich zu, dass der König, dem dieser Wald gehörte, darin jagte. Als seine Hunde zu dem Baum kamen, schnupperten sie, liefen ringsherum und bellten. Sprach der König zu den Jägern: »Seht doch, was dort für ein Wild sich versteckt hat.« Die Jäger folgten dem Befehl, und als sie wiederkamen, sprachen sie: »In dem hohlen Baum liegt ein wunderliches Tier, wie wir noch niemals eins gesehen haben: An seiner Haut ist tausenderlei Pelz; es liegt aber und schläft.« Sprach der König: »Seht zu, ob ihrs lebendig fangen könnt, dann bindets auf den Wagen und nehmts mit.« Als die Jäger das Mädchen anfassten, erwachte es voll Schrecken und rief ihnen zu: »Ich bin ein armes Kind, von Vater und Mutter verlassen, erbarmt euch mein und nehmt mich mit.« Da sprachen sie: »Allerleirau, du bist gut für die Küche, komm nur mit, da kannst du die Asche zusammenkehren.« Also setzten sie es auf den Wagen und fuhren heim in das königliche Schloss. Dort wiesen sie ihm ein Ställchen an unter der Treppe, wo kein Tageslicht hinkam, und sagten: »Rautierchen, da kannst du wohnen und schlafen.« Dann ward es in die Küche geschickt, da trug es Holz und Wasser, schürte das Feuer, rupfte das Federvieh, belas das Gemüs, kehrte die Asche und tat alle schlechte Arbeit.

Da lebte Allerleirau lange Zeit recht armselig. Ach, du schöne Königstochter, wie solls mit dir noch werden! Es geschah aber einmal, dass ein Fest im Schloss gefeiert ward, da sprach sie zum Koch: »Darf ich ein wenig hinaufgehen und zusehen? Ich will mich außen vor die Türe stellen.« Antwortete der Koch: »Ja, geh nur hin, aber in einer halben Stunde musst du wieder hier sein und die Asche zusammentragen.« Da nahm sie ihr Öllämpchen, ging in ihr Ställchen, zog den Pelzrock aus und wusch sich den Ruß von dem Gesicht und den Händen ab, sodass ihre volle Schönheit wieder an den Tag kam. Dann machte sie die Nuss auf und holte ihr Kleid hervor, das wie die Sonne glänzte. Und wie das geschehen war, ging sie hinauf zum Fest, und alle traten ihr aus dem Weg, denn niemand kannte sie, und meinten nicht anders, als dass es eine Königstochter wäre. Der König aber kam ihr entgegen, reichte ihr die Hand und tanzte mit ihr und dachte in seinem Herzen: »So schön haben meine Augen noch keine gesehen.« Als der Tanz zu Ende war, verneigte sie sich, und wie sich der König umsah, war sie verschwunden, und niemand wusste, wohin. Die Wächter, die vor dem Schlosse standen, wurden gerufen und ausgefragt, aber niemand hatte sie erblickt.

Sie war aber in ihr Ställchen gelaufen, hatte geschwind ihr Kleid ausgezogen, Gesicht und Hände schwarz gemacht und den Pelzmantel umgetan, und war wieder Allerleirau. Als sie nun in die Küche kam und an ihre Arbeit gehen und die Asche zusammenkehren wollte, sprach der Koch: »Lass das gut sein bis morgen und koche mir da die Suppe für den König, ich will auch einmal ein bisschen oben zugucken; aber lass mir kein Haar hineinfallen, sonst kriegst du in Zukunft nichts mehr zu essen.« Da ging der Koch fort, und Allerleirau kochte die Suppe für den König, und kochte eine Brotsuppe, so gut es konnte; und wie sie fertig war, holte es in dem Ställchen seinen goldenen Ring und legte ihn in die Schüssel, in welche die Suppe angerichtet ward. Als der Tanz zu Ende war, ließ sich der König die Suppe bringen und aß sie, und sie schmeckte ihm so gut, dass er meinte, niemals eine bessere Suppe gegessen zu haben. Wie er aber auf den Grund kam, sah er da einen goldenen Ring liegen und konnte nicht begreifen, wie er dahin geraten war. Da befahl er, der Koch sollte vor ihn kommen. Der Koch erschrak, wie er den Befehl hörte, und sprach zu Allerleirau: »Gewiss hast du ein Haar in die Suppe fallen lassen; wenns wahr ist, so kriegst du Schläge.« Als er vor den König kam, fragte dieser, wer die Suppe gekocht hätte. Antwortete der Koch: »Ich habe sie gekocht.« Der König aber sprach: »Das ist nicht wahr, denn sie war auf andere Art und viel besser gekocht als sonst.« Antwortete er: »Ich muss es gestehen, dass ich sie nicht gekocht habe, sondern das Rautierchen.« Sprach der König: »Geh und lass es heraufkommen.«

Als Allerleirau kam, fragte der König: »Wer bist du?« – »Ich bin ein armes Kind, das keinen Vater und Mutter mehr hat.« Fragte er weiter: »Wozu bist du in meinem Schloss?« Antwortete es: »Ich bin zu nichts gut, als dass mir die Stiefeln um den Kopf geworfen werden.« Fragte er weiter: »Wo hast du den Ring her, der in der Suppe war?« Antwortete es: »Von dem Ring weiß ich nichts.« Also konnte der König nichts erfahren und musste es wieder fortschicken.

Über eine Zeit war wieder ein Fest, da bat Allerleirau den Koch wie voriges Mal um Erlaubnis, zusehen zu dürfen. Antwortete er: »Ja, aber komm in einer halben Stunde wieder und koch dem König die Brotsuppe, die er so gerne isst.« Da lief es in sein Ställchen, wusch sich geschwind und nahm aus der Nuss das Kleid, das so silbern war wie der Mond, und tat es an. Dann ging es hinauf und glich einer Königstochter; und der König trat ihr entgegen und freute sich, dass er sie wiedersah, und weil eben der Tanz anhub, so tanzten sie zusammen. Als aber der Tanz zu Ende war, verschwand sie wieder so schnell, dass der König nicht bemerken konnte, wo sie hinging. Sie sprang aber in ihr Ställchen und machte sich wieder zum Rautierchen und ging in die Küche, die Brotsuppe zu kochen. Als der Koch oben war, holte es das goldene Spinnrad und tat es in die Schüssel, sodass die Suppe darüber angerichtet wurde. Danach ward sie dem König gebracht, der aß sie, und sie schmeckte ihm so gut wie das vorige Mal, und ließ den Koch kommen, der musste auch diesmal gestehen, dass Allerleirau die Suppe gekocht hätte. Allerleirau kam da wieder vor den König, aber sie antwortete, dass sie nur dazu da wäre, dass ihr die Stiefeln an den Kopf geworfen würden, und dass sie von dem goldenen Spinnrädchen gar nichts wüsste.

Als der König zum dritten Mal ein Fest anstellte, da ging es nicht anders als die vorigen Male. Der Koch sprach zwar: »Du bist eine Hexe, Rautierchen, und tust immer etwas in die Suppe, davon sie so gut wird und dem König besser schmeckt, als was ich koche.« Doch weil es so bat, so ließ er es auf die bestimmte Zeit hingehen. Nun zog es ein Kleid an, das wie die Sterne glänzte, und trat damit in den Saal. Der König tanzte wieder mit der schönen Jungfrau und meinte, dass sie noch niemals so schön gewesen wäre. Und während er tanzte, steckte er ihr, ohne dass sie es merkte, einen goldenen Ring an den Finger, und hatte befohlen, dass der Tanz recht lang währen sollte. Wie er zu Ende war, wollte er sie an den Händen festhalten, aber sie riss sich los und sprang so geschwind unter die Leute, dass sie vor seinen Augen verschwand. Sie lief, was sie konnte, in ihr Ställchen unter der Treppe; weil sie aber zu lange und über eine halbe Stunde geblieben war, so konnte sie das schöne Kleid nicht ausziehen, sondern warf nur den Mantel von Pelz darüber, und in der Eile machte sie sich auch nicht ganz rußig, sondern ein Finger blieb weiß. Allerleirau lief nun in die Küche, kochte dem König die Brotsuppe und legte, wie der Koch fort war, den goldenen Haspel hinein. Der König, als er den Haspel auf dem Grunde fand, ließ Allerleirau rufen: Da erblickte er den weißen Finger und sah den Ring, den er im Tanze ihr angesteckt hatte. Da ergriff er sie an der Hand und hielt sie fest, und als sie sich losmachen und fortspringen wollte, tat sich der Pelzmantel ein wenig auf und das Sternenkleid schimmerte hervor. Der König fasste den Mantel und riss ihn ab. Da kamen die goldenen Haare hervor und sie stand da in voller Pracht und konnte sich nicht länger verbergen. Und als sie Ruß und Asche aus ihrem Gesicht gewischt hatte, da war sie schöner, als man noch jemand auf Erden gesehen hatte. Der König aber sprach: »Du bist meine liebe Braut, und wir scheiden nimmermehr voneinander.« Darauf ward die Hochzeit gefeiert, und sie lebten vergnügt bis an ihren Tod.

44
Jorinde und Joringel

Es war einmal ein altes Schloss mitten in einem großen dicken Wald, darinnen wohnte eine alte Frau ganz allein, das war eine Erzzauberin. Am Tage machte sie sich zur Katze oder zur Nachteule, des Abends aber wurde sie wieder ordentlich wie ein Mensch gestaltet. Sie konnte das Wild und die Vögel herbeilocken, und dann schlachtete sie's, kochte und briet es. Wenn jemand auf hundert Schritte dem Schloss nahekam, so musste er stillestehen und konnte sich nicht von der Stelle bewegen, bis sie ihn lossprach; wenn aber eine keusche Jungfrau in diesen Kreis kam, so verwandelte sie dieselbe in einen Vogel und sperrte sie dann in einen Korb ein und trug den Korb in eine Kammer des Schlosses. Sie hatte wohl siebentausend solcher Körbe mit so raren Vögeln im Schlosse.

Nun war einmal eine Jungfrau, die hieß Jorinde; sie war schöner als alle anderen Mädchen. Die und dann ein gar schöner Jüngling namens Joringel hatten sich zusammen versprochen. Sie waren in den Brauttagen, und sie hatten ihr größtes Vergnügen eins am andern. Damit sie nun einsmalen vertraut zusammen reden könnten, gingen sie in den Wald spazieren. »Hüte dich«, sagte Joringel, »dass du nicht so nahe ans Schloss kommst.« Es war ein schöner Abend, die Sonne schien zwischen den Stämmen der Bäume hell ins dunkle Grün des Waldes, und die Turteltaube sang kläglich auf den alten Maibuchen. Jorinde weinte zuweilen, setzte sich hin im Sonnenschein und klagte; Joringel klagte auch. Sie waren so bestürzt, als wenn sie hätten sterben sollen; sie sahen sich um, waren irre und wussten nicht, wohin sie nach Hause gehen sollten. Noch halb stand die Sonne über dem Berg,

und halb war sie unter. Joringel sah durchs Gebüsch und sah die alte Mauer des Schlosses nah bei sich; er erschrak und wurde todbang. Jorinde sang:

»Mein Vöglein mit dem Ringlein rot
singt Leide, Leide, Leide:
Es singt dem Täubelein seinen Tod,
singt Leide, Lei – zicküth, zicküth, zicküth.«

Joringel sah nach Jorinde. Jorinde war in eine Nachtigall verwandelt, die sang: »Zicküth, zicküth.« Eine Nachteule mit glühenden Augen flog dreimal um sie herum und schrie dreimal: »Schu, hu, hu, hu.« Joringel konnte sich nicht regen, er stand da wie ein Stein, konnte nicht weinen, nicht reden, nicht Hand noch Fuß regen. Nun war die Sonne unter; die Eule flog in einen Strauch, und gleich darauf kam eine alte krumme Frau aus diesem hervor, gelb und mager: große rote Augen, krumme Nase, die mit der Spitze ans Kinn reichte. Sie murmelte, fing die Nachtigall und trug sie auf der Hand fort. Joringel konnte nichts sagen, nicht von der Stelle kommen; die Nachtigall war fort. Endlich kam das Weib wieder und sagte mit dumpfer Stimme: »Grüß dich, Zachiel, wenns Möndel ins Körbel scheint, bind los, Zachiel, zu guter Stund.« Da wurde Joringel los. Er fiel vor dem Weib auf die Knie und bat, sie möchte ihm seine Jorinde wiedergeben, aber sie sagte, er sollte sie nie wiederhaben, und ging fort. Er rief, er weinte, er jammerte, aber alles umsonst. »Uu, was soll mir geschehen?« Joringel ging fort und kam endlich in ein fremdes Dorf; da hütete er die Schafe lange Zeit. Oft ging er rund um das Schloss herum, aber nicht zu nahe dabei. Endlich träumte er einmal des Nachts, er fände eine blutrote Blume, in deren Mitte eine schöne große Perle war. Die Blume brach er ab, ging damit zum Schlosse – alles, was er mit der Blume berührte, ward von der Zauberei frei; auch träumte er, er hätte seine Jorinde dadurch wiederbekommen. Des Morgens, als er erwachte, fing er an, durch Berg und Tal zu suchen, ob er eine solche Blume fände. Er suchte bis an den neunten Tag, da fand er die blutrote Blume am Morgen früh. In der Mitte war ein großer Tautropfe, so groß wie die schönste Perle. Diese Blume trug er Tag und Nacht bis zum Schloss. Wie er auf hundert Schritt nahe bis zum Schloss kam, da ward er nicht fest, sondern ging fort bis ans Tor. Joringel freute sich hoch, berührte die Pforte mit der Blume, und sie sprang auf. Er ging hinein, durch den Hof, horchte, wo er die vielen Vögel vernähme – endlich hörte ers. Er ging und fand den Saal, darauf war die Zauberin und fütterte die Vögel in den siebentausend Körben. Wie sie den Joringel sah, ward sie bös, sehr bös, schalt, spie Gift und Galle gegen ihn aus, aber sie konnte auf zwei Schritte nicht an ihn kommen. Er kehrte sich nicht an sie und ging, besah die Körbe mit den Vögeln; da waren aber viele hundert Nachtigallen, wie sollte er nun seine Jorinde wiederfinden? Indem er so zusah, merkte er, dass die Alte heimlich ein Körbchen mit einem Vogel wegnahm und damit nach der Türe ging. Flugs sprang er hinzu, berührte das Körbchen mit der Blume und auch das alte Weib; nun konnte sie nichts mehr zaubern, und Jorinde stand da, hatte ihn um den Hals gefasst, so schön, wie sie ehemals war. Da machte er auch alle die andern Vögel wieder zu Jungfrauen, und da ging er mit seiner Jorinde nach Hause, und sie lebten lange vergnügt zusammen.

45
Prinzessin Mäusehaut

Ein König hatte drei Töchter; da wollte er wissen, welche ihn am liebsten hätte, ließ sie vor sich kommen und fragte sie. Die Älteste sprach, sie habe ihn lieber als das ganze Königreich; die Zweite, als alle Edelsteine und Perlen auf der Welt; die Dritte aber sagte, sie habe ihn lieber als das Salz. Der König ward aufgebracht, dass sie ihre Liebe zu ihm mit einer so geringen Sache vergleiche, übergab sie einem Diener und befahl, er solle sie in den Wald führen und töten. Wie sie in den Wald gekommen waren, bat die Prinzessin den Diener um ihr Leben; dieser war ihr treu und würde sie doch nicht getötet haben, er sagte auch, er wolle mit ihr gehen und ganz nach ihren Befehlen tun. Die Prinzessin verlangte aber nichts als ein Kleid von Mausehaut, und als er ihr das geholt, wickelte sie sich hinein und ging fort. Sie ging geradezu an den Hof eines benachbarten Königs, gab sich für einen Mann aus und bat den König, dass er sie in seine Dienste nehme. Der König sagte es zu, und sie solle bei ihm die Aufwartung haben: Abends musste sie ihm die Stiefel ausziehen, die warf er ihr allemal an den Kopf. Einmal fragte er, woher sie sei. – »Aus dem Lande, wo man den Leuten die Stiefel nicht um den Kopf wirft.« Der König ward da aufmerksam; endlich brachten ihm die andern Diener einen Ring: Mausehaut habe ihn verloren, der sei zu kostbar, den müsse er gestohlen haben. Der König ließ Mausehaut vor sich kommen und fragte, woher der Ring sei. Da konnte sich Mausehaut nicht länger verbergen, sie wickelte sich von der Mausehaut los, ihre goldgelben Haare quollen hervor, und sie trat heraus so schön, aber auch so schön, dass der König gleich die Krone von seinem Kopf abnahm und ihr aufsetzte und sie für seine Gemahlin erklärte.

Zu der Hochzeit wurde auch der Vater der Mausehaut eingeladen, der glaubte, seine Tochter sei schon längst tot, und erkannte sie nicht wieder. Auf der Tafel aber waren alle Speisen, die ihm vorgesetzt wurden, ungesalzen; da ward er ärgerlich und sagte: »Ich will lieber nicht leben als solche Speise essen!« Wie er das Wort ausgesagt, sprach die Königin zu ihm: »Jetzt wollt ihr nicht leben ohne Salz, und doch habt ihr mich einmal wollen töten lassen, weil ich sagte, ich hätte euch lieber als Salz!« Da erkannt er seine Tochter und küsste sie und bat sie um Verzeihung, und es war ihm lieber als sein Königreich und alle Edelsteine der Welt, dass er sie wiedergefunden.

46 Die drei Glückskinder

Ein Vater ließ einmal seine drei Söhne vor sich kommen und schenkte dem ersten einen Hahn, dem zweiten eine Sense, dem dritten eine Katze. »Ich bin schon alt«, sagte er, »und mein Tod ist nah, da wollte ich euch vor meinem Ende noch versorgen. Geld hab ich nicht, und was ich euch jetzt gebe, scheint wenig wert, es kommt aber bloß darauf an, dass ihr es verständig anwendet: Sucht euch nur ein Land, wo dergleichen Dinge noch unbekannt sind, so ist euer Glück gemacht.« Nach dem Tode des Vaters ging der Älteste mit seinem Hahn aus, wo er aber hinkam, war der Hahn schon bekannt. In den Städten sah er ihn schon von Weitem auf den Türmen sitzen und sich mit dem Wind umdrehen, in den Dörfern hörte er mehr als einen krähen, und niemand wollte sich über das Tier wundern, sodass es nicht das Ansehen hatte, als würde er sein Glück damit machen. Endlich aber geriets ihm doch, dass er auf eine Insel kam, wo die Leute nichts von einem Hahn wussten, sogar ihre Zeit nicht einzuteilen verstanden. Sie wussten wohl, wenns Morgen oder Abend war, aber nachts, wenn sie's nicht verschliefen, wusste sich keiner aus der Zeit herauszufinden. »Seht«, sprach er, »was für ein stolzes Tier, es hat eine rubinrote Krone auf dem Kopf und trägt Sporn wie ein Ritter; es ruft euch des Nachts dreimal zu bestimmter Zeit an, und wenns das letzte Mal ruft, so geht die Sonne bald auf. Wenns aber bei hellem Tag ruft, so richtet euch darauf ein, dann gibts gewiss anderes Wetter.« Den Leuten gefiel das wohl, sie schliefen eine ganze Nacht nicht und hörten mit großer Freude, wie der Hahn um zwei, vier und sechs Uhr laut und vernehmlich die Zeit abrief. Sie fragten ihn, ob das Tier nicht feil wäre und wie viel er dafür verlangte. »Etwa so viel, als ein Esel Gold trägt«, antwortete er. »Ein Spottgeld für ein so kostbares Tier«, riefen sie insgesamt und gaben ihm gerne, was er gefordert hatte.

Als er mit dem Reichtum heimkam, verwunderten sich seine Brüder, und der zweite sprach: »So will ich mich doch aufmachen und sehen, ob ich meine Sense auch so gut losschlagen kann.« Es hatte aber nicht das Ansehen danach, denn überall begegneten ihm Bauern und hatten so gut eine Sense auf der Schulter als er. Doch zuletzt glückte es ihm auch auf einer Insel, wo die Leute nichts von einer Sense wussten. Wenn dort das Korn reif war, so fuhren sie Kanonen vor den Feldern auf und schossens herunter. Das war nun ein ungewisses Ding, mancher schoss darüber hinaus, ein anderer traf statt des Halms die Ähren und schoss sie fort, dabei ging viel zugrund, und obendrein gabs einen lästerlichen Lärm. Da stellte sich der Mann hin und mähte es so still und so geschwind nieder, dass die Leute Maul und Nase vor Verwunderung aufsperrten. Sie waren willig, ihm dafür zu geben, was er verlangte, und er bekam ein Pferd, dem war Gold aufgeladen, so viel es tragen konnte.

Nun wollte der dritte Bruder seine Katze auch an den rechten Mann bringen. Es ging ihm wie den andern: Solange er auf dem festen Lande blieb, war nichts auszurichten, es gab allerorten Katzen, und waren ihrer so viel, dass die neugebornen Jungen meist im Wasser ersäuft wurden. Endlich ließ er sich auf eine Insel überschiffen, und es traf sich glücklicherweise, dass dort noch niemals eine gesehen war und doch die Mäuse so überhand genommen hatten, dass sie auf den Tischen und Bänken tanzten, der Hausherr mochte daheim sein oder nicht. Die Leute jammerten gewaltig über die Plage, der König selbst wusste sich in seinem Schlosse nicht dagegen zu retten: In allen Ecken pfiffen Mäuse und zernagten, was sie mit ihren Zähnen nur packen konnten. Da fing nun die Katze ihre Jagd an und hatte bald ein paar Säle gereinigt, und die Leute baten den König, das Wundertier für sein Reich zu kaufen. Der König gab gerne, was gefordert wurde, das war ein mit Gold beladener Maulesel, und der dritte Bruder kam mit den allergrößten Schätzen heim.

Die Katze machte sich in dem königlichen Schlosse mit den Mäusen eine rechte Lust und biss so viele tot, dass sie nicht mehr zu zählen waren. Endlich ward ihr von der Arbeit heiß und sie bekam Durst; da blieb sie stehen, drehte den Kopf in die Höhe und schrie: »Miau, miau.« Der König samt allen seinen Leuten, als sie das seltsame Geschrei vernahmen, erschraken und liefen in ihrer Angst sämtlich zum Schloss hinaus. Unten hielt der König Rat, was zu tun das Beste wäre; zuletzt ward beschlossen, einen Herold an die Katze abzuschicken und sie aufzufordern, das Schloss zu verlassen, oder zu gewärtigen, dass Gewalt gegen sie gebraucht würde. Die Räte sagten: »Lieber wollen wir uns von den Mäusen plagen lassen, an das Übel sind wir gewöhnt, als unser Leben einem solchen Untier preisgeben.« Ein Edelknabe musste hinaufgehen und die Katze fragen, ob sie das Schloss gutwillig räumen wollte. Die Katze aber, deren Durst nur noch größer geworden war, antwortete bloß: »Miau, miau.« Der Edelknabe verstand: »Durchaus, durchaus nicht«, und überbrachte dem König die Antwort. »Nun«, sprachen die Räte, »soll sie der Gewalt weichen.« Es wurden Kanonen aufgeführt und das Haus in Brand geschossen. Als das Feuer in den Saal kam, wo die Katze saß, sprang sie glücklich zum Fenster hinaus; die Belagerer hörten aber nicht eher auf, als bis das ganze Schloss in Grund und Boden geschossen war.

47
Sechse kommen durch die ganze Welt

Es war einmal ein Mann, der verstand allerlei Künste; er diente im Krieg und hielt sich brav und tapfer, aber als der Krieg zu Ende war, bekam er den Abschied und drei Heller Zehrgeld auf den Weg. »Wart«, sprach er, »das lass ich mir nicht gefallen. Finde ich die rechten Leute, so soll mir der König noch die Schätze des ganzen Landes herausgeben.« Da ging er voll Zorn in den Wald und sah einen darin stehen, der hatte sechs Bäume ausgerupft, als wärens Kornhalme. Sprach er zu ihm: »Willst du mein Diener sein und mit mir ziehen?« – »Ja«, antwortete er, »aber erst will ich meiner Mutter das Wellchen Holz heimbringen«, und nahm einen von den Bäumen und wickelte ihn um die fünf andern, hob die Welle auf die Schulter und trug sie fort. Dann kam er wieder und ging mit seinem Herrn, der sprach: »Wir zwei sollten wohl durch die ganze Welt kommen.« Und als sie ein Weilchen gegangen waren, fanden sie einen Jäger, der lag auf den Knien, hatte die Büchse angelegt und zielte. Sprach der Herr zu ihm: »Jäger, was willst du schießen?« Er antwortete: »Zwei Meilen von hier sitzt eine Fliege auf dem Ast eines Eichbaums, der will ich das linke Auge herausschießen.« – »O, geh mit mir«, sprach der Mann, »wenn wir drei zusammen sind, sollten wir wohl durch die ganze Welt kommen.« Der Jäger war bereit und ging mit ihm, und sie kamen zu sieben Windmühlen, deren Flügel trieben ganz hastig herum, und ging doch links und rechts kein Wind und bewegte sich kein Blättchen. Da sprach der Mann: »Ich weiß nicht, was die Windmühlen treibt, es regt sich ja kein Lüftchen«, und ging mit seinen Dienern weiter, und als sie zwei Meilen fortgegangen waren, sahen sie einen auf einem Baum sitzen, der hielt das eine Nasenloch zu und blies aus dem andern. »Mein, was treibst du da oben?«, fragte der Mann. Er antwortete: »Zwei Meilen von hier stehen sieben Windmühlen, seht, die blase ich an, dass sie laufen.« – »O, geh mit mir«, sprach der Mann, »wenn wir vier zusammen sind, sollten wir wohl durch die ganze Welt kommen.« Da stieg der Bläser herab und ging mit, und über eine Zeit sahen sie einen, der stand da auf einem Bein und hatte das andere abgeschnallt und neben sich gelegt. Da sprach der Herr: »Du hast dirs ja bequem gemacht zum Ausruhen.« – »Ich bin ein Laufer«, antwortete er, »und damit ich nicht gar zu schnell springe, habe ich mir das eine Bein abgeschnallt; wenn ich mit zwei Beinen laufe, so gehts geschwinder, als ein Vogel fliegt.« – »O, geh mit mir, wenn wir fünf zusammen sind, sollten wir wohl durch die ganze Welt kommen.« Da ging er mit, und gar nicht lang, so begegneten sie einem, der hatte ein Hütchen auf, hatte es aber ganz auf dem einen Ohr sitzen. Da sprach der Herr zu ihm: »Manierlich, manierlich! Häng deinen Hut doch nicht auf ein Ohr, du siehst ja aus wie ein Hans Narr.« – »Ich darfs nicht tun«, sprach der andere, »denn setz ich meinen Hut gerad, so kommt ein gewaltiger Frost, und die Vögel unter dem Himmel erfrieren und fallen tot zur Erde.« – »O, geh mit mir«, sprach der Herr, »wenn wir sechs zusammen sind, sollten wir wohl durch die ganze Welt kommen.«

Nun gingen die sechse in eine Stadt, wo der König hatte bekannt machen lassen, wer mit seiner Tochter in die Wette laufen wollte und den Sieg davontrüge, der sollte ihr Gemahl werden; wer aber verlöre, müsste auch seinen Kopf hergeben. Da meldete sich der Mann und sprach: »Ich will aber meinen Diener für mich laufen lassen.« Der König antwortete: »Dann musst du auch noch dessen Leben zum Pfand setzen, alsodass sein und dein Kopf für den Sieg haften.« Als das verabredet und festgemacht war, schnallte der Mann dem Laufer das andere Bein an und sprach zu ihm: »Nun sei hurtig und hilf, dass wir siegen.« Es war aber bestimmt, dass, wer am Ersten Wasser aus einem weit abgelegenen Brunnen brächte, der sollte Sieger sein. Nun bekam der Laufer einen Krug und die Königstochter auch einen, und sie fingen zu gleicher Zeit zu laufen an: Aber in einem Augenblick, als die Königstochter erst eine kleine Strecke fort war, konnte den Lau-

fer schon kein Zuschauer mehr sehen, und es war nicht anders, als wäre der Wind vorbeigesaust. In kurzer Zeit langte er bei dem Brunnen an, schöpfte den Krug voll Wasser und kehrte wieder um. Mitten aber auf dem Heimweg überkam ihn eine Müdigkeit, da setzte er den Krug hin, legte sich nieder und schlief ein. Er hatte aber einen Pferdeschädel, der da auf der Erde lag, zum Kopfkissen gemacht, damit er hart läge und bald wieder erwachte. Indessen war die Königstochter, die auch gut laufen konnte, so gut es ein gewöhnlicher Mensch vermag, bei dem Brunnen angelangt und eilte mit ihrem Krug voll Wasser zurück; und als sie den Laufer da liegen und schlafen sah, war sie froh und sprach: »Der Feind ist in meine Hände gegeben«, leerte seinen Krug aus und sprang weiter. Nun wäre alles verloren gewesen, wenn nicht zu gutem Glück der Jäger mit seinen scharfen Augen oben auf dem Schloss gestanden und alles mit angesehen hätte. Da sprach er: »Die Königstochter soll doch gegen uns nicht aufkommen«, lud seine Büchse und schoss so geschickt, dass er dem Laufer den Pferdeschädel unter dem Kopf wegschoss, ohne ihm weh zu tun. Da erwachte der Laufer, sprang in die Höhe und sah, dass sein Krug leer und die Königstochter schon weit voraus war. Aber er verlor den Mut nicht, lief mit dem Krug wieder zum Brunnen zurück, schöpfte aufs Neue Wasser und war noch zehn Minuten eher als die Königstochter daheim. »Seht ihr«, sprach er, »jetzt hab ich erst die Beine aufgehoben, vorher wars gar kein Laufen zu nennen.«

Den König aber kränkte es, und seine Tochter noch mehr, dass sie so ein gemeiner abgedankter Soldat davontragen sollte; sie ratschlagten miteinander, wie sie ihn samt seinen Gesellen loswürden. Da sprach der König zu ihr: »Ich habe ein Mittel gefunden, lass dir nicht bang sein, sie sollen nicht wieder heimkommen.« Und sprach zu ihnen: »Ihr sollt euch nun zusammen lustig machen, essen und trinken«, und führte sie zu einer Stube, die hatte einen Boden von Eisen, und die Türen waren auch von Eisen, und die Fenster waren mit eisernen Stäben verwahrt. In der Stube war eine Tafel mit köstlichen Speisen besetzt, da sprach der König zu ihnen: »Geht hinein und lassts euch wohl sein.« Und wie sie darinnen waren, ließ er die Türe verschließen und verriegeln. Dann ließ er den Koch kommen und befahl ihm, ein Feuer so lang unter die Stube zu machen, bis das Eisen glühend würde. Das tat der Koch, und es fing an und ward den sechsen in der Stube, während sie an der Tafel saßen, ganz warm, und sie meinten, das käme vom Essen; als aber die Hitze immer größer ward und sie hinauswollten, Türe und Fenster aber verschlossen fanden, da merkten sie, dass der König Böses im Sinne gehabt hatte und sie ersticken wollte. »Es soll ihm aber nicht gelingen«, sprach der mit dem Hütchen, »ich will einen Frost kommen lassen, vor dem sich das Feuer schämen und verkriechen soll.« Da setzte er sein Hütchen gerade, und alsobald fiel ein Frost, dass alle Hitze verschwand und die Speisen auf den Schüsseln anfingen zu frieren. Als nun ein paar Stunden herum waren und der König glaubte, sie wären in der Hitze verschmachtet, ließ er die Türe öffnen und wollte selbst nach ihnen sehen. Aber wie die Türe aufging, standen sie alle sechs da, frisch und gesund, und sagten, es wäre ihnen lieb, dass sie herauskönnten, sich zu wärmen, denn bei der großen Kälte in der Stube frören die Speisen in den Schüsseln fest. Da ging der König voll Zorn hinab zu dem Koch, schalt ihn und fragte, warum er nicht getan hätte, was ihm wäre befohlen worden. Der Koch aber antwortete: »Es ist Glut genug da, seht nur selbst.« Da sah der König, dass ein gewaltiges Feuer unter der Eisenstube brannte, und merkte, dass er den sechsen auf diese Weise nichts anhaben könnte.

Nun sann der König aufs Neue, wie er der bösen Gäste loswürde, ließ den Meister kommen und sprach: »Willst du Gold nehmen und dein Recht auf meine Tochter aufgeben, so sollst du haben, so viel du willst.« – »O ja, Herr König«, antwortete er, »gebt mir so viel, als mein Diener tragen kann, so verlange ich Eure Tochter nicht.« Das war der König zufrieden, und jener sprach weiter: »So will ich in vierzehn Tagen kommen und es holen.« Darauf rief er alle Schneider aus dem ganzen Reich herbei, die mussten vierzehn Tage lang sitzen und einen Sack nähen. Und als er fertig war, musste der Starke, welcher Bäume ausrupfen konnte, den Sack auf die Schulter nehmen und mit ihm zu dem König gehen. Da sprach der König: »Was ist das für ein gewaltiger Kerl, der den hausgroßen Ballen Leinwand auf der Schulter trägt?«, erschrak und dachte: »Was wird der für Gold wegschleppen!« Da hieß er eine Tonne Gold herbringen, die mussten sechzehn der stärksten Männer tragen, aber der Starke packte sie mit einer Hand, steckte sie in den Sack und sprach: »Warum bringt ihr nicht gleich mehr, das deckt ja kaum den Boden.« Da ließ der König nach und nach seinen ganzen Schatz herbeitragen, den schob der Starke in den Sack hinein, und der Sack ward davon noch nicht zur Hälfte voll. »Schafft mehr herbei«, rief er, »die paar Brocken füllen nicht.« Da mussten noch siebentausend Wagen mit Gold in dem ganzen Reich zusammengefahren werden; die schob der Starke samt den vorgespannten Ochsen in seinen Sack. »Ich wills nicht lange besehen«, sprach er, »und nehmen, was kommt, damit der Sack nur voll wird.« Wie alles darin stak, ging doch noch viel hinein, da sprach er: »Ich will dem Ding nur ein Ende machen, man bindet wohl einmal einen Sack zu, wenn er auch noch nicht voll ist.« Dann huckte er ihn auf den Rücken und ging mit seinen Gesellen fort.

Als der König nun sah, wie der einzige Mann des ganzen Landes Reichtum forttrug, ward er zornig und ließ seine Reiterei aufsitzen, die sollten den sechsen nachjagen und hatten Befehl, dem Starken den Sack wieder abzunehmen. Zwei Regimenter holten sie bald ein und riefen ihnen zu: »Ihr seid Gefangene, legt den Sack mit dem Gold nieder oder ihr werdet zusammengehauen.« – »Was sagt ihr?«, sprach der Bläser. »Wir wären Gefangene? Eher sollt ihr sämtlich in der Luft herumtanzen«, hielt das eine Nasenloch zu und blies mit dem andern die beiden Regimenter an, da fuhren sie auseinander und in die blaue Luft über alle Berge weg, der eine hierhin, der andere dorthin. Ein Feldwebel rief um Gnade, er hätte neun Wunden und wäre ein braver Kerl, der den Schimpf nicht verdiente. Da ließ der Bläser ein wenig nach, sodass er ohne Schaden wieder herabkam, dann sprach er zu ihm: »Nun geh heim zum König und sag, er sollte nur noch mehr Reiterei schicken, ich wollte sie alle in die Luft blasen.« Der König, als er den Bescheid vernahm, sprach: »Lasst die Kerle gehen, die haben etwas an sich.« Da brachten die sechs den Reichtum heim, teilten ihn unter sich und lebten vergnügt bis an ihr Ende.

48
Der Wolf und der Fuchs

Der Wolf hatte den Fuchs bei sich, und was der Wolf wollte, das musste der Fuchs tun, weil er der schwächste war, und der Fuchs wäre gerne des Herrn los gewesen. Es trug sich zu, dass sie beide durch den Wald gingen, da sprach der Wolf: »Rotfuchs, schaff mir was zu fressen, oder ich fresse dich selber auf.« Da antwortete der Fuchs: »Ich weiß einen Bauernhof, wo ein paar junge Lämmlein sind; hast du Lust, so wollen wir eins holen.« Dem Wolf war das recht, sie gingen hin, und der Fuchs stahl das Lämmlein, brachte es dem Wolf und machte sich fort. Da fraß es der Wolf auf, war aber damit noch nicht zufrieden, sondern wollte das andere dazu haben und ging, es zu holen. Weil er es aber so ungeschickt machte, ward es die Mutter vom Lämmlein gewahr und fing an, entsetzlich zu schreien und zu bläen, dass die Bauern herbeigelaufen kamen. Da fanden sie den Wolf und schlugen ihn so erbärmlich, dass er hinkend und heulend bei dem Fuchs ankam. »Du hast mich schön angeführt«, sprach er, »ich wollte das andere Lamm holen, da haben mich die Bauern erwischt und haben mich weichgeschlagen.« Der Fuchs antwortete: »Warum bist du so ein Nimmersatt.«

Am andern Tag gingen sie wieder ins Feld, sprach der gierige Wolf abermals: »Rotfuchs, schaff mir was zu fressen, oder ich fresse dich selber auf.« Da antwortete der Fuchs: »Ich weiß ein Bauernhaus, da backt die Frau heut Abend Pfannkuchen, wir wollen uns davon holen.« Sie gingen hin, und der Fuchs schlich ums Haus herum, guckte und schnupperte so lange, bis er ausfindig machte, wo die Schüssel stand, zog dann sechs Pfannkuchen herab und brachte sie dem Wolf. »Da hast du zu fressen«, sprach er zu ihm und ging seiner Wege. Der Wolf hatte die Pfannkuchen in einem Augenblick hinuntergeschluckt und sprach: »Sie schmecken nach mehr«, ging hin und riss geradezu die ganze Schüssel herunter, dass sie in Stücke zersprang. Da gabs einen gewaltigen Lärm, dass die Frau herauskam, und als sie den Wolf sah, rief sie die Leute, die eilten herbei und schlugen ihn, was das Zeug wollte halten, dass er mit zwei lahmen Beinen laut heulend zum Fuchs in den Wald hinauskam. »Was hast du mich garstig angeführt!«, rief er. »Die Bauern haben mich erwischt und mir die Haut gegerbt.« Der Fuchs aber antwortete: »Warum bist du so ein Nimmersatt.«

Am dritten Tag, als sie beisammen draußen waren und der Wolf mit Mühe nur forthinkte, sprach er doch wieder: »Rotfuchs, schaff mir was zu fressen, oder ich fresse dich selber auf.« Der Fuchs antwortete: »Ich weiß einen Mann, der hat geschlachtet, und das gesalzene Fleisch liegt in einem Fass im Keller, das wollen wir holen.« Sprach der Wolf: »Aber ich will gleich mitgehen, damit du mir hilfst, wenn ich nicht fortkann.« – »Meinetwegen«, sprach der Fuchs und zeigte ihm die Schliche und Wege, auf welchen sie endlich in den Keller gelangten. Da war nun Fleisch im Überfluss, und der Wolf machte sich gleich daran und dachte: »Bis ich aufhöre, hats Zeit.« Der Fuchs ließ sichs auch gut schmecken, blickte überall herum, lief aber oft zu dem Loch, durch welches sie gekommen waren, und versuchte, ob sein Leib noch schmal genug wäre, durchzuschlüpfen. Sprach der Wolf: »Lieber Fuchs, sag mir, warum rennst du so hin und her, und springst hinaus und herein?« – »Ich muss doch sehen, ob niemand kommt«, antwortete der Listige, »friss nur nicht zu viel.« Da sagte der Wolf: »Ich gehe nicht eher fort, als bis das Fass leer ist.« Indem kam der Bauer, der den Lärm von des Fuchses Sprüngen gehört hatte, in den Keller. Der Fuchs, wie er ihn sah, war mit einem Satz zum Loch draußen, der Wolf wollte nach, aber er hatte sich so dick gefressen, dass er nicht mehr durchkonnte, sondern stecken blieb. Da kam der Bauer mit einem Knüppel und schlug ihn tot. Der Fuchs aber sprang in den Wald und war froh, dass er den alten Nimmersatt los war.

49
Bruder Lustig

Es war einmal ein großer Krieg, und als der Krieg zu Ende war, bekamen viele Soldaten ihren Abschied. Nun bekam der Bruder Lustig auch seinen Abschied und sonst nichts als ein kleines Laibchen Kommissbrot und vier Kreuzer an Geld; damit zog er fort. Der heilige Petrus aber hatte sich als ein armer Bettler an den Weg gesetzt, und wie der Bruder Lustig daherkam, bat er ihn um ein Almosen. Er antwortete: »Lieber Bettelmann, was soll ich dir geben? Ich bin Soldat gewesen und habe meinen Abschied bekommen und habe sonst nichts als das kleine Kommissbrot und vier Kreuzer Geld; wenn das all ist, muss ich betteln so gut wie du. Doch geben will ich dir was.« Darauf teilte er den Laib in vier Teile und gab davon dem Apostel einen und auch einen Kreuzer. Der heilige Petrus bedankte sich, ging weiter und setzte sich in einer andern Gestalt wieder als Bettelmann dem Soldaten an den Weg, und als er zu ihm kam, bat er ihn wie das vorige Mal um eine Gabe. Der Bruder Lustig sprach wie vorher und gab ihm wieder ein Viertel von dem Brot und einen Kreuzer. Der heilige Petrus bedankte sich und ging weiter, setzte sich aber zum dritten Mal in einer andern Gestalt als ein Bettler an den Weg und sprach den Bruder Lustig an. Der Bruder Lustig gab ihm auch das dritte Viertel Brot und den dritten Kreuzer. Der heilige Petrus bedankte sich, und der Bruder Lustig ging weiter und hatte nicht mehr als ein Viertel Brot und einen Kreuzer. Damit ging er in ein Wirtshaus, aß das Brot und ließ sich für den Kreuzer Bier dazu geben. Als er fertig war, zog er weiter, und da ging ihm der heilige Petrus gleichfalls in der Gestalt eines verabschiedeten Soldaten entgegen und redete ihn an: »Guten Tag, Kamerad, kannst du mir nicht ein Stück Brot geben und einen Kreuzer zu einem Trunk?« – »Wo soll ichs hernehmen«, antwortete der Bruder Lustig, »ich habe meinen Abschied und sonst nichts als einen Laib Kommissbrot und vier Kreuzer an Geld bekommen. Drei Bettler sind mir auf der Landstraße begegnet, davon hab ich jedem ein Viertel von meinem Brot und einen Kreuzer Geld gegeben. Das letzte Viertel habe ich im Wirtshaus gegessen und für den letzten Kreuzer dazu getrunken. Jetzt bin ich leer, und wenn du auch nichts mehr hast, so können wir miteinander betteln gehen.« – »Nein«, antwortete der heilige Petrus, »das wird just nicht nötig sein. Ich verstehe mich ein wenig auf die Doktorei, und damit will ich mir schon so viel verdienen, als ich brauche.« – »Ja«, sagte der Bruder Lustig, »davon verstehe ich nichts, also muss ich allein betteln gehen.« – »Nun komm nur mit«, sprach der heilige Petrus, »wenn ich was verdiene, sollst du die Hälfte davon haben.« – »Das ist mir wohl recht«, sagte der Bruder Lustig. Also zogen sie miteinander fort.

Nun kamen sie an ein Bauernhaus und hörten darin gewaltig jammern und schreien, da gingen sie hinein, so lag der Mann darin auf den Tod krank und war nah am Verscheiden, und die Frau heulte und weinte ganz laut. »Lasst Euer Heulen und Weinen«, sprach der heilige Petrus, »ich will den Mann wieder gesund machen«, nahm eine Salbe aus der Tasche und heilte den Kranken augenblicklich, sodass er aufstehen konnte und ganz gesund war. Sprachen Mann und Frau in großer Freude: »Wie können wir Euch lohnen? Was sollen wir Euch geben?« Der heilige Petrus aber wollte nichts nehmen, und je mehr ihn die Bauersleute baten, desto mehr weigerte er sich. Der Bruder Lustig aber stieß den heiligen Petrus an und sagte: »So nimm doch was, wir brauchens ja.« Endlich brachte die Bäuerin ein Lamm und sprach zu dem heiligen Petrus, das müsste er annehmen, aber er wollte es nicht. Da stieß ihn der Bruder Lustig in die Seite und sprach: »Nimms doch, dummer Teufel, wir brauchens ja.« Da sagte der heilige Petrus endlich: »Ja, das Lamm will ich nehmen, aber ich trags nicht; wenn du's willst, so musst du es tragen.« – »Das hat keine Not«, sprach der Bruder Lustig, »das will ich schon tragen«, und nahms auf die Schulter. Nun gingen sie fort und kamen in einen Wald, da war das Lamm dem Bruder Lustig schwer geworden, er aber war hungrig, also sprach er zu dem heiligen Petrus: »Schau, da ist ein schöner Platz, da könnten wir das Lamm kochen und verzehren.« – »Mir ists recht«, antwortete der heilige Petrus, »doch kann ich mit der Kocherei nicht umgehen. Willst du kochen, so hast du da einen Kessel, ich will derweil auf und ab gehen, bis es gar ist. Du musst aber nicht eher zu essen anfangen, als bis ich wieder zurück bin; ich will schon zu rechter Zeit kommen.« – »Geh nur«, sagte Bruder Lustig, »ich verstehe mich aufs Kochen, ich wills schon machen.« Da ging der heilige Petrus fort, und der Bruder Lustig schlachtete das Lamm, machte Feuer an, warf das Fleisch in den Kessel und kochte. Das Lamm war aber schon gar und der Apostel immer noch nicht zurück, da nahm es der Bruder Lustig aus dem Kessel, zerschnitt es und fand das Herz.

»Das soll das Beste sein«, sprach er und versuchte es, zuletzt aber aß er es ganz auf. Endlich kam der heilige Petrus zurück und sprach: »Du kannst das ganze Lamm allein essen, ich will nur das Herz davon, das gib mir.« Da nahm Bruder Lustig Messer und Gabel, tat, als suchte er eifrig in dem Lammfleisch herum, konnte aber das Herz nicht finden; endlich sagte er kurzweg: »Es ist keins da.« – »Nun, wo solls denn sein?«, sagte der Apostel. »Das weiß ich nicht«, antwortete der Bruder Lustig, »aber schau, was sind wir alle beide für Narren, suchen das Herz vom Lamm, und fällt keinem von uns ein, ein Lamm hat ja kein Herz!« – »Ei«, sprach der heilige Petrus, »das ist was ganz Neues, jedes Tier hat ja ein Herz, warum sollt ein Lamm kein Herz haben?« – »Nein, gewisslich, Bruder, ein Lamm hat kein Herz, denk nur recht nach, so wird dirs einfallen, es hat im Ernst keins.« – »Nun, es ist schon gut«, sagte der heilige Petrus, »ist kein Herz da, so brauch ich auch nichts vom Lamm, du kannsts allein essen.« – »Was ich halt nicht aufessen kann, das nehm ich mit in meinem Ranzen«, sprach der Bruder Lustig, aß das halbe Lamm und steckte das übrige in seinen Ranzen.

Sie gingen weiter, da machte der heilige Petrus, dass ein großes Wasser quer über den Weg floss und sie hindurchmussten. Sprach der heilige Petrus: »Geh du nur voran.« – »Nein«, antwortete der Bruder Lustig, »geh du voran«, und dachte: »Wenn dem das Wasser zu tief ist, so bleib ich zurück.« Da schritt der heilige Petrus hindurch, und das Wasser ging ihm nur bis ans Knie. Nun wollte Bruder Lustig auch hindurch, aber das Wasser wurde größer und stieg ihm an den Hals. Da rief er: »Bruder, hilf mir.« Sagte der heilige Petrus: »Willst du auch gestehen, dass du das Herz von dem Lamm gegessen hast?« – »Nein«, antwortete er, »ich hab es nicht gegessen.« Da ward das Wasser noch größer und stieg ihm bis an den Mund. »Hilf mir, Bruder«, rief der Soldat. Sprach der heilige Petrus noch einmal: »Willst du auch gestehen, dass du das Herz vom Lamm gegessen hast?« – »Nein«, antwortete er, »ich hab es nicht gegessen.« Der heilige Petrus wollte ihn doch nicht ertrinken lassen, ließ das Wasser wieder fallen und half ihm hinüber.

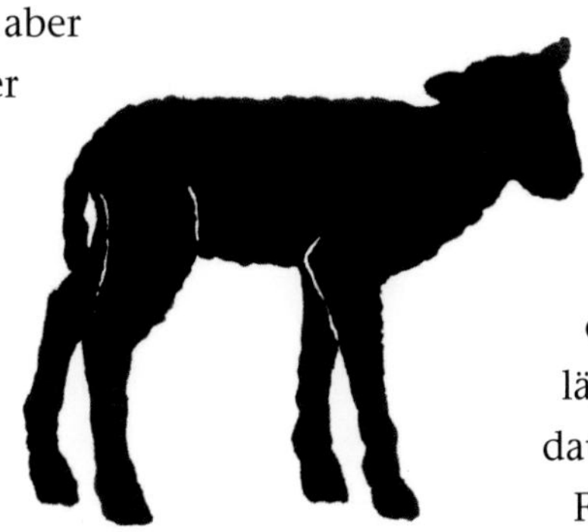

Nun zogen sie weiter und kamen in ein Reich, da hörten sie, dass die Königstochter todkrank läge. »Hallo, Bruder«, sprach der Soldat zum heiligen Petrus, »da ist ein Fang für uns, wenn wir die gesund machen, so ist uns auf ewige Zeiten geholfen.« Da war ihm der heilige Petrus nicht geschwind genug. »Nun, heb die Beine auf, Bruderherz«, sprach er zu ihm, »dass wir noch zu rechter Zeit hinkommen.« Der heilige Petrus ging aber immer langsamer, wie auch der Bruder Lustig ihn trieb und schob, bis sie endlich hörten, die Königstochter wäre gestorben. »Da haben wirs«, sprach der Bruder Lustig, »das kommt von deinem schläfrigen Gang.« – »Sei nur still«, antwortete der heilige Petrus, »ich kann noch mehr als Kranke gesund machen, ich kann auch Tote wieder ins Leben erwecken.« – »Nun, wenn das ist«, sagte der Bruder Lustig, »so lass ich mirs gefallen, das halbe Königreich musst du uns aber zum Wenigsten damit verdienen.« Darauf gingen sie in das königliche Schloss, wo alles in großer Trauer war; der heilige Petrus aber sagte zu dem König, er wolle die Tochter wieder lebendig machen. Da ward er zu ihr geführt, und dann sprach er: »Bringt mir einen Kessel mit Wasser«, und wie der gebracht war, hieß er jedermann hinausgehen, und nur der Bruder Lustig durfte bei ihm bleiben. Darauf schnitt er alle Glieder der Toten los und warf sie ins Wasser, machte Feuer unter den Kessel und ließ sie kochen. Und wie alles Fleisch von den Knochen herabgefallen war, nahm er das schöne weiße Gebein heraus und legte es auf eine Tafel und reihte und legte es nach seiner natürlichen Ordnung zusammen. Als das geschehen war, trat er davor und sprach dreimal: »Im Namen der allerheiligsten Dreifaltigkeit, Tote, steh auf.« Und beim dritten Mal erhob sich die Königstochter lebendig, gesund und schön. Nun war der König darüber in großer Freude und sprach zum heiligen Petrus: »Begehre deinen Lohn, und wenns mein halbes Königreich wäre, so will ich dirs geben.« Der heilige Petrus aber antwortete: »Ich verlange nichts dafür.« – »O, du Hans Narr!«, dachte der Bruder Lustig bei sich, stieß seinen Kameraden in die Seite und sprach: »Sei doch nicht so dumm, wenn du nichts willst, so brauch ich doch was.« Der heilige Petrus aber wollte nichts; doch weil der König sah, dass der andere gerne was wollte, ließ er ihm vom Schatzmeister seinen Ranzen mit Gold anfüllen.

Sie zogen darauf weiter, und wie sie in einen Wald kamen, sprach der heilige Petrus zum Bruder Lustig: »Jetzt wollen wir das Gold teilen.« – »Ja«, antwortete er, »das wollen wir tun.« Da teilte der heilige Petrus das Gold, und teilte es in drei Teile. Dachte der Bruder Lustig: »Was er wieder für einen Sparren im Kopf hat! Macht drei Teile, und unser sind zwei.« Der heilige Petrus aber sprach: »Nun habe ich genau geteilt, ein Teil für mich, ein Teil für dich, und ein Teil für den, der das Herz vom Lamm gegessen hat.« – »O, das hab ich gegessen«, antwortete der Bruder Lustig und strich geschwind das Gold ein, »das kannst du mir glauben.« – »Wie kann das wahr sein«, sprach der heilige Petrus, »ein Lamm hat ja kein Herz.« – »Ei was, Bruder, wo denkst du hin! ein Lamm hat ja ein Herz, so gut wie jedes Tier, warum sollte das allein keins haben?« – »Nun, es ist schon gut«, sagte der heilige Petrus, »behalt das Gold allein, aber ich bleibe nicht mehr bei dir und will meinen Weg allein gehen.« – »Wie du willst, Bruderherz«, antwortete der Soldat, »leb wohl.«

Da ging der heilige Petrus eine andere Straße, Bruder Lustig aber dachte: »Es ist gut, dass er abtrabt, es ist doch ein wunderlicher Heiliger.« Nun hatte er zwar Geld genug, wusste aber nicht mit umzugehen, vertats, verschenkts, und wie eine Zeit herum war, hatte er wieder nichts. Da kam er in ein Land, wo er hörte, dass die Königstochter gestorben wäre. »Holla!«, dachte er, »das kann gut werden, die will ich wieder lebendig machen und mirs bezahlen lassen, dass es eine Art hat.« Ging also zum König und bot ihm an, die Tote wieder zu erwecken. Nun hatte der König gehört, dass ein abgedankter Soldat herumziehe und die Gestorbenen wieder lebendig mache, und dachte, der Bruder Lustig wäre dieser Mann, doch weil er kein Vertrauen zu ihm hatte, fragte er erst seine Räte, die sagten aber, er könnte es wagen, da seine Tochter doch tot wäre. Nun ließ sich der Bruder Lustig Wasser im Kessel bringen, hieß jedermann hinausgehen, schnitt die Glieder ab, warf sie ins Wasser und machte Feuer darunter, gerade wie er es beim heiligen Petrus gesehen hatte. Das Wasser fing an zu kochen, und das Fleisch fiel herab, da nahm er das Gebein heraus und tat es auf die Tafel; er wusste aber nicht, in welcher Ordnung es liegen musste, und legte alles verkehrt durcheinander. Dann stellte er sich davor und sprach: »Im Namen der allerheiligsten Dreifaltigkeit, Tote, steh auf«, und sprachs dreimal, aber die Gebeine rührten sich nicht. Da sprach er es noch dreimal, aber gleichfalls umsonst. »Du Blitzmädel, steh auf«, rief er, »steh auf, oder es geht dir nicht gut.« Wie er das gesprochen, kam der heilige Petrus auf einmal in seiner vorigen Gestalt, als verabschiedeter Soldat, durchs Fenster hereingegangen und sprach: »Du gottloser Mensch, was treibst du da, wie kann die Tote auferstehen, da du ihr Gebein so untereinandergeworfen hast?« – »Bruderherz, ich habs gemacht, so gut ich konnte«, antwortete er. »Diesmal will ich dir aus der Not helfen, aber das sag ich dir, wo du noch einmal so etwas unternimmst, so bist du unglücklich, auch darfst du von dem König nicht das Geringste dafür begehren oder annehmen.« Darauf legte der heilige Petrus die Gebeine in ihre rechte Ordnung, sprach dreimal zu ihr: »Im Namen der allerheiligsten Dreifaltigkeit, Tote, steh auf«, und die Königstochter stand auf, war gesund und schön wie vorher. Nun ging der heilige Petrus wieder durchs Fenster hinaus; der Bruder Lustig war froh, dass es so gut abgelaufen war, ärgerte sich aber doch, dass er nichts dafür nehmen sollte. »Ich möchte nur wissen«, dachte er, »was der für Mucken im Kopf hat, denn was er mit der einen Hand gibt, das nimmt er mit der andern, da ist kein Verstand drin.« Nun bot der König dem Bruder Lustig an, was er haben wollte, er durfte aber nichts nehmen, doch brachte er es durch Anspielung und Listigkeit dahin, dass ihm der König seinen Ranzen mit Gold füllen ließ, und damit zog er ab. Als er hinauskam, stand vor dem Tor der heilige Petrus und sprach: »Schau, was du für ein Mensch bist; habe ich dir nicht verboten, etwas zu nehmen, und nun hast du den Ranzen doch voll Gold?« – »Was kann ich dafür«, antwortete Bruder Lustig, »wenn mirs hineingesteckt wird.« – »Das sag ich dir, dass du nicht zum zweiten Mal solche Dinge unternimmst, sonst soll es dir schlimm ergehen.« – »Ei, Bruder, sorg doch nicht, jetzt hab ich Gold, was soll ich mich da mit dem

Knochenwaschen abgeben.« – »Ja«, sprach der heilige Petrus, »das Gold wird lang dauern! Damit du aber hernach nicht wieder auf unerlaubten Wegen gehst, so will ich deinem Ranzen die Kraft geben, dass alles, was du dir hineinwünschest, auch darin sein soll. Leb wohl, du siehst mich nun nicht wieder.« – »Gott befohlen«, sprach der Bruder Lustig und dachte: »Ich bin froh, dass du fortgehst, du wunderlicher Kauz, ich will dir wohl nicht nachgehen.« An die Wunderkraft aber, die seinem Ranzen verliehen war, dachte er nicht weiter.

Bruder Lustig zog mit seinem Gold umher und vertats und verfumfeits wie das erste Mal. Als er nun nichts mehr als vier Kreuzer hatte, kam er an einem Wirtshaus vorbei und dachte: »Das Geld muss fort«, und ließ sich für drei Kreuzer Wein und einen Kreuzer Brot geben. Wie er da saß und trank, kam ihm der Geruch von gebratenen Gänsen in die Nase. Bruder Lustig schaute und guckte und sah, dass der Wirt zwei Gänse in der Ofenröhre stehen hatte. Da fiel ihm ein, dass ihm sein Kamerad gesagt hatte, was er sich in seinen Ranzen wünschte, das sollte darin sein. »Holla, das musst du mit den Gänsen versuchen!« Also ging er hinaus, und vor der Türe sprach er: »So wünsch ich die zwei gebratenen Gänse aus der Ofenröhre in meinen Ranzen.« Wie er das gesagt hatte, schnallte er ihn auf und schaute hinein, da lagen sie beide darin. »Ach, so ists recht«, sprach er, »nun bin ich ein gemachter Kerl«, ging fort auf eine Wiese und holte den Braten hervor. Wie er so im besten Essen war, kamen zwei Handwerksburschen daher und sahen die eine Gans, die noch nicht angerührt war, mit hungrigen Augen an. Dachte der Bruder Lustig: »Mit einer hast du genug«, rief die zwei Burschen herbei und sprach: »Da nehmt die Gans und verzehrt sie auf meine Gesundheit.« Sie bedankten sich, gingen damit ins Wirtshaus, ließen sich eine Halbe Wein und ein Brot geben, packten die geschenkte Gans aus und fingen an zu essen. Die Wirtin sah zu und sprach zu ihrem Mann: »Die zwei essen eine Gans, sieh doch nach, obs nicht eine von unsern aus der Ofenröhre ist.« Der Wirt lief hin, da war die Ofenröhre leer: »Was, ihr Diebsgesindel, so wohlfeil wollt ihr Gänse essen! Gleich bezahlt, oder ich will euch mit grünem Haselsaft waschen.« Die zwei sprachen: »Wir sind keine Diebe, ein abgedankter Soldat hat uns die Gans draußen auf der Wiese geschenkt.« – »Ihr sollt mir keine Nase drehen, der Soldat ist hier gewesen, aber als ein ehrlicher Kerl zur Tür hinausgegangen, auf den hab ich acht gehabt. Ihr seid die Diebe und sollt bezahlen.« Da sie aber nicht bezahlen konnten, nahm er den Stock und prügelte sie zur Türe hinaus.

Bruder Lustig ging seiner Wege und kam an einen Ort, da stand ein prächtiges Schloss und nicht weit davon ein schlechtes Wirtshaus. Er ging in das Wirtshaus und bat um ein Nachtlager, aber der Wirt wies ihn ab und sprach: »Es ist kein Platz mehr da, das Haus ist voll vornehmer Gäste.« – »Das nimmt mich wunder«, sprach der Bruder Lustig, »dass sie zu Euch kommen und nicht in das prächtige Schloss gehen.« – »Ja«, antwortete der Wirt, »es hat was an sich, dort eine Nacht zu liegen, wers noch versucht hat, ist nicht lebendig wieder herausgekommen.« – »Wenns andere versucht haben«, sagte der Bruder Lustig, »will ichs auch versuchen.« – »Das lasst nur bleiben«, sprach der Wirt, »es geht Euch an den Hals.« – »Es wird nicht gleich an den Hals gehen«, sagte der Bruder Lustig, »gebt mir nur die Schlüssel und brav Essen und Trinken mit.« Nun gab ihm der Wirt die Schlüssel und Essen und Trinken, und damit ging der Bruder Lustig ins Schloss, ließ sichs gut schmecken, und als er endlich schläfrig wurde, legte er sich auf die Erde, denn es war kein Bett da. Er schlief auch bald ein, in der Nacht aber wurde er von einem großen Lärm aufgeweckt, und wie er sich ermunterte, sah er neun hässliche Teufel in dem Zimmer, die hatten einen Kreis um ihn gemacht und tanzten um ihn herum.

Sprach der Bruder Lustig: »Nun tanzt, so lang ihr wollt, aber komm mir keiner zu nah.« Die Teufel aber drangen immer näher auf ihn ein und traten ihm mit ihren garstigen Füßen fast ins Gesicht. »Habt Ruh, ihr Teufelsgespenster«, sprach er, aber sie triebens immer ärger. Da ward der Bruder Lustig bös und rief: »Holla, ich will bald Ruhe stiften!«, kriegte ein Stuhlbein und schlug mitten hinein. Aber neun Teufel gegen einen Soldaten war doch zu viel, und wenn er auf den vordern zuschlug, so packten ihn die andern hinten bei den Haaren und rissen ihn erbärmlich. »Teufelspack«, rief er, »jetzt wird mirs zu arg, wartet aber! Alle neune in meinen Ranzen hinein!« Husch, steckten sie darin, und nun schnallte er ihn zu und warf ihn in eine Ecke. Da wars auf einmal still, und Bruder Lustig legte sich wieder hin und schlief bis an den hellen Morgen. Nun kamen der Wirt und der Edelmann, dem das Schloss gehörte, und wollten sehen, wie es ihm ergangen wäre; als sie ihn gesund und munter erblickten, erstaunten sie und fragten: »Haben Euch denn die Geister nichts getan?« – »Warum nicht gar«, antwortete Bruder Lustig, »ich habe sie alle neune in meinem Ranzen. Ihr könnt Euer Schloss wieder ganz ruhig bewohnen, es wird von nun an keiner mehr darin umgehen!« Da dankte ihm der Edelmann, beschenkte ihn reichlich und bat ihn, in seinen Diensten zu bleiben, er wollte ihn auf sein Lebtag versorgen. »Nein«, antwortete er, »ich bin an das Herumwandern gewöhnt, ich will weiterziehen.« Da ging der Bruder Lustig fort, trat in eine Schmiede und legte den Ranzen, worin die neun Teufel waren, auf den Amboss, und bat den Schmied und seine Gesellen zuzuschlagen. Die schlugen mit ihren großen Hämmern aus allen Kräften zu, dass die Teufel ein erbärmliches Gekreisch erhoben. Wie er danach den Ranzen aufmachte, waren achte tot, einer aber, der in einer Falte gesessen hatte, war noch lebendig, schlüpfte heraus und fuhr wieder in die Hölle.

Darauf zog der Bruder Lustig noch lange in der Welt herum, und wers wüsste, könnte viel davon erzählen. Endlich aber wurde er alt und dachte an sein Ende, da ging er zu einem Einsiedler, der als ein frommer Mann bekannt war, und sprach zu ihm: »Ich bin das Wandern müde und will nun trachten, in das Himmelreich zu kommen.« Der Einsiedler antwortete: »Es gibt zwei Wege, der eine ist breit und angenehm und führt zur Hölle, der andere ist eng und rau und führt zum Himmel.« – »Da müsst ich ein Narr sein«, dachte der Bruder Lustig, »wenn ich den engen und rauen Weg gehen sollte.« Machte sich auf und ging den breiten und angenehmen Weg, und kam endlich zu einem großen schwarzen Tor, und das war das Tor der Hölle. Bruder Lustig klopfte an, und der Torwächter guckte, wer da wäre. Wie er aber den Bruder Lustig sah, erschrak er, denn er war gerade der neunte Teufel, der mit in dem Ranzen gesteckt hatte und mit einem blauen Auge davongekommen war. Darum schob er den Riegel geschwind wieder vor, lief zum Obersten der Teufel und sprach: »Draußen ist ein Kerl mit einem Ranzen und will herein, aber lasst ihn beileibe nicht herein, er wünscht sonst die ganze Hölle in seinen Ranzen. Er hat mich einmal garstig darin hämmern lassen.« Also ward dem Bruder Lustig hinausgerufen, er sollte wieder abgehen, er käme nicht herein. »Wenn sie mich da nicht wollen«, dachte er, »will ich sehen, ob ich im Himmel ein Unterkommen finde, irgendwo muss ich doch bleiben.« Kehrte also um und zog weiter, bis er vor das Himmelstor kam, wo er auch anklopfte. Der heilige Petrus saß gerade dabei als Torwächter: Der Bruder Lustig erkannte ihn gleich und dachte: »Hier findest du einen alten Freund, da wirds besser gehen.« Aber der heilige Petrus sprach: »Ich glaube gar, du willst in den Himmel?« – »Lass mich doch ein, Bruder, ich muss doch wo einkehren; hätten sie mich in der Hölle aufgenommen, so wär ich nicht hierher gegangen.« – »Nein«, sagte der heilige Petrus, »du kommst nicht herein.« – »Nun, willst du mich nicht einlassen, so nimm auch deinen Ranzen wieder, dann will ich gar nichts von dir haben«, sprach der Bruder Lustig. »So gib ihn her«, sagte der heilige Petrus. Da reichte er den Ranzen durchs Gitter in den Himmel hinein, und der heilige Petrus nahm ihn und hing ihn neben seinen Sessel auf. Da sprach der Bruder Lustig: »Nun wünsch ich mich selbst in meinen Ranzen hinein.« Husch, war er darin, und saß nun im Himmel, und der heilige Petrus musste ihn darin lassen.

50
Hans im Glück

Hans hatte sieben Jahre bei seinem Herrn gedient, da sprach er zu ihm: »Herr, meine Zeit ist herum, nun wollte ich gerne wieder heim zu meiner Mutter, gebt mir meinen Lohn.« Der Herr antwortete: »Du hast mir treu und ehrlich gedient; wie der Dienst war, so soll der Lohn sein«, und gab ihm ein Stück Gold, das so groß als Hansens Kopf war. Hans zog ein Tüchlein aus der Tasche, wickelte den Klumpen hinein, setzte ihn auf die Schulter und machte sich auf den Weg nach Haus. Wie er so dahinging und immer ein Bein vor das andere setzte, kam ihm ein Reiter in die Augen, der frisch und fröhlich auf einem muntern Pferd vorbeitrabte. »Ach«, sprach Hans ganz laut, »was ist das Reiten ein schönes Ding! Da sitzt einer wie auf einem Stuhl, stößt sich an keinen Stein, spart die Schuh und kommt fort, er weiß nicht wie.« Der Reiter, der das gehört hatte, hielt an und rief: »Ei, Hans, warum laufst du auch zu Fuß?« – »Ich muss ja wohl«, antwortete er, »da habe ich einen Klumpen heimzutragen. Es ist zwar Gold, aber ich kann den Kopf dabei nicht geradhalten, auch drückt mirs auf die Schulter.« – »Weißt du was«, sagte der Reiter, »wir wollen tauschen: Ich gebe dir mein Pferd, und du gibst mir deinen Klumpen.« – »Von Herzen gern«, sprach Hans, »aber ich sage Euch, Ihr müsst Euch damit schleppen.« Der Reiter stieg ab, nahm das Gold und half dem Hans hinauf, gab ihm die Zügel fest in die Hände und sprach: »Wenns nun recht geschwind soll gehen, so musst du mit der Zunge schnalzen und hopp, hopp rufen.«

Hans war seelenfroh, als er auf dem Pferde saß und so frank und frei dahinritt. Über ein Weilchen fiels ihm ein, es sollte noch schneller gehen, und fing an mit der Zunge zu schnalzen und hopp, hopp zu rufen. Das Pferd setzte sich in starken Trab, und ehe sichs Hans versah, war er abgeworfen und lag in einem Graben, der die Äcker von der Landstraße trennte. Das Pferd wäre auch durchgegangen, wenn es nicht ein Bauer aufgehalten hätte, der des Weges kam und eine Kuh vor sich hertrieb. Hans suchte seine Glieder zusammen und machte sich wieder auf die Beine. Er war aber verdrießlich und sprach zu dem Bauer: »Es ist ein schlechter Spaß, das Reiten, zumal, wenn man auf so eine Mähre gerät wie diese, die stößt und einen herabwirft, dass man den Hals brechen kann; ich setze mich nun und nimmermehr wieder auf. Da lob ich mir Eure Kuh, da kann einer mit Gemächlichkeit hinterhergehen und hat obendrein seine Milch, Butter und

Käse jeden Tag gewiss. Was gäb ich darum, wenn ich so eine Kuh hätte!« – »Nun«, sprach der Bauer, »geschieht Euch so ein großer Gefallen, so will ich Euch wohl die Kuh für das Pferd vertauschen.« Hans willigte mit tausend Freuden ein; der Bauer schwang sich aufs Pferd und ritt eilig davon.

Hans trieb seine Kuh ruhig vor sich her und bedachte den glücklichen Handel. »Hab ich nur ein Stück Brot, und daran wird mirs noch nicht fehlen, so kann ich, sooft mirs beliebt, Butter und Käse dazu essen; hab ich Durst, so melk ich meine Kuh und trinke Milch. Herz, was verlangst du mehr?« Als er zu einem Wirtshaus kam, machte er halt, aß in der großen Freude alles, was er bei sich hatte, sein Mittags- und Abendbrot, rein auf, und ließ sich für seine letzten paar Heller ein halbes Glas Bier einschenken. Dann trieb er seine Kuh weiter, immer nach dem Dorfe seiner Mutter zu. Die Hitze ward drückender, je näher der Mittag kam, und Hans befand sich in einer Heide, die wohl noch eine Stunde dauerte. Da ward es ihm ganz heiß, sodass ihm vor Durst die Zunge am Gaumen klebte. »Dem Ding ist zu helfen«, dachte Hans, »jetzt will ich meine Kuh melken und mich an der Milch laben.« Er band sie an einen dürren Baum, und da er keinen Eimer hatte, so stellte er seine Ledermütze unter, aber wie er sich auch bemühte, es kam kein Tropfen Milch zum Vorschein. Und weil er sich ungeschickt dabei anstellte, so gab ihm das ungeduldige Tier endlich mit einem der Hinterfüße einen solchen Schlag vor den Kopf, dass er zu Boden taumelte und eine Zeit lang sich gar nicht besinnen konnte, wo er war. Glücklicherweise kam gerade ein Metzger des Weges, der auf einem Schubkarren ein junges Schwein liegen hatte. »Was sind das für Streiche!«, rief er und half dem guten Hans auf. Hans erzählte, was vorgefallen war. Der Metzger reichte ihm seine Flasche und sprach: »Da trinkt einmal und erholt Euch. Die Kuh will wohl keine Milch geben, das ist ein altes Tier, das höchstens noch zum Ziehen taugt oder zum Schlachten.« – »Ei, ei«, sprach Hans und strich sich die Haare über den Kopf, »wer hätte das gedacht! Es ist freilich gut, wenn man so ein Tier ins Haus abschlachten kann, was gibts für Fleisch! Aber ich mache mir aus dem Kuhfleisch nicht viel, es ist mir nicht saftig genug. Ja, wer so ein junges Schwein hätte! Das schmeckt anders, dabei noch die Würste.« – »Hört, Hans«, sprach da der Metzger, »Euch zuliebe will ich tauschen und will Euch das Schwein für die Kuh lassen.« – »Gott lohn Euch Eure Freundschaft«, sprach Hans, übergab ihm die Kuh, ließ sich das Schweinchen vom Karren losmachen und den Strick, woran es gebunden war, in die Hand geben.

Hans zog weiter und überdachte, wie ihm doch alles nach Wunsch ginge, begegnete ihm ja eine Verdrießlichkeit, so würde sie doch gleich wieder gutgemacht. Es gesellte sich danach ein Bursch zu ihm, der trug eine schöne weiße Gans unter dem Arm. Sie boten einander die Zeit, und Hans fing an, von seinem Glück zu erzählen, und wie er immer so vorteilhaft getauscht hätte. Der Bursch erzählte ihm, dass er die Gans zu einem Kindtaufschmaus brächte. »Hebt einmal«, fuhr er fort und packte sie bei den Flügeln, »wie schwer sie ist, die ist aber auch acht Wochen lang genudelt worden. Wer in den Braten beißt, muss sich das Fett von beiden Seiten abwischen.« – »Ja«, sprach Hans, und wog sie mit der einen Hand, »die hat ihr Gewicht, aber mein Schwein ist auch keine Sau.« Indessen sah sich der Bursch nach allen Seiten ganz bedenklich um, schüttelte auch wohl mit dem Kopf. »Hört«, fing er darauf an, »mit Eurem Schweine mags nicht ganz richtig sein. In dem Dorfe, durch das ich gekommen bin, ist eben dem Schulzen eins aus dem Stall gestohlen worden. Ich fürchte, ich fürchte, Ihr habts da in der Hand. Sie haben Leute ausgeschickt, und es wäre ein schlimmer Handel, wenn sie Euch mit dem Schwein erwischten: Das Geringste ist, dass Ihr ins finstere Loch gesteckt werdet.« Dem guten Hans ward bang: »Ach Gott«, sprach er, »helft mir aus der Not, Ihr wisst hier herum bessern Bescheid, nehmt mein Schwein da und lasst mir Eure Gans.« – »Ich muss schon etwas aufs Spiel setzen«, antwortete der Bursche, »aber ich will doch nicht schuld sein, dass Ihr ins Unglück geratet.« Er nahm also das Seil in die Hand und trieb das Schwein schnell auf einen Seitenweg fort; der gute Hans aber ging, seiner Sorgen entledigt, mit der Gans unter dem Arme der Heimat zu. »Wenn ichs recht überlege«, sprach er mit sich selbst, »habe ich noch Vorteil bei dem Tausch: erstlich den guten Braten, hernach die Menge von Fett, die herausträufeln wird, das gibt Gänsefettbrot auf ein Vierteljahr, und endlich die schönen weißen Federn, die lass ich mir in mein Kopfkissen stopfen, und darauf will ich wohl ungewiegt einschlafen. Was wird meine Mutter eine Freude haben!«

Als er durch das letzte Dorf gekommen war, stand da ein Scherenschleifer mit seinem Karren, sein Rad schnurrte, und er sang dazu:

»Ich schleife die Schere
und drehe geschwind,
und hänge mein Mäntelchen
nach dem Wind.«

Hans blieb stehen und sah ihm zu; endlich redete er ihn an und sprach: »Euch gehts wohl, weil Ihr so lustig bei Eurem Schleifen seid.« – »Ja«, antwortete der Scherenschleifer, »das Handwerk hat einen güldenen Boden. Ein rechter Schleifer ist ein Mann, der, sooft er in die Tasche greift, auch Geld darin findet. Aber wo habt Ihr die schöne Gans gekauft?« – »Die hab ich nicht gekauft, sondern für mein Schwein eingetauscht.« – »Und das Schwein?« – »Das hab ich für eine Kuh gekriegt.« – »Und die Kuh?« – »Die hab ich für ein Pferd bekommen.« – »Und das Pferd?« – »Dafür hab ich einen Klumpen Gold, so groß als mein Kopf, gegeben.« – »Und das Gold?« – »Ei, das war mein Lohn für sieben Jahre Dienst.« – »Ihr habt Euch jederzeit zu helfen gewusst«, sprach der Schleifer. »Könnt Ihrs nun dahin bringen, dass Ihr das Geld in der Tasche springen hört, wenn Ihr aufsteht, so habt Ihr Euer Glück gemacht.« – »Wie soll ich das anfangen?«, sprach Hans. »Ihr müsst ein Schleifer werden wie ich; dazu gehört eigentlich nichts als ein Wetzstein, das andere findet sich schon von selbst. Da hab ich einen, der ist zwar ein wenig schadhaft, dafür sollt Ihr mir aber auch weiter nichts als Eure Gans geben; wollt Ihr das?« – »Wie könnt Ihr noch fragen«, antwortete Hans, »ich werde ja zum glücklichsten Menschen auf Erden; habe ich Geld, sooft ich in die Tasche greife, was brauche ich da länger zu sorgen?«, reichte ihm die Gans hin und nahm den Wetzstein in Empfang. »Nun«, sprach der Schleifer und hob einen gewöhnlichen schweren Feldstein, der neben ihm lag, auf, »da habt Ihr noch einen tüchtigen Stein dazu, auf dem sichs gut schlagen lässt und Ihr Eure alten Nägel geradeklopfen könnt. Nehmt ihn und hebt ihn ordentlich auf.«

Hans lud den Stein auf und ging mit vergnügtem Herzen weiter; seine Augen leuchteten vor Freude. »Ich muss in einer Glückshaut geboren sein«, rief er aus. »Alles, was ich wünsche, trifft mir ein, wie einem Sonntagskind.« Indessen, weil er seit Tagesanbruch auf den Beinen gewesen war, begann er müde zu werden; auch plagte ihn der Hunger, da er allen Vorrat auf einmal in der Freude über die erhandelte Kuh aufgezehrt hatte. Er konnte endlich nur mit Mühe weitergehen und musste jeden Augenblick haltmachen; dabei drückten ihn die Steine ganz erbärmlich. Da konnte er sich des Gedankens nicht erwehren, wie gut es wäre, wenn er sie gerade jetzt nicht zu tragen brauchte. Wie eine Schnecke kam er zu einem Feldbrunnen geschlichen, wollte da ruhen und sich mit einem frischen Trunk laben. Damit er aber die Steine im Niedersitzen nicht beschädigte, legte er sie bedächtig neben sich auf den Rand des Brunnens. Darauf setzte er sich nieder und wollte sich zum Trinken bücken, da versah ers, stieß ein klein wenig an, und beide Steine plumpten hinab. Hans, als er sie mit seinen Augen in die Tiefe hatte versinken sehen, sprang vor Freuden auf, kniete dann nieder und dankte Gott mit Tränen in den Augen, dass er ihm auch diese Gnade noch erwiesen und ihn auf eine so gute Art, und ohne dass er sich einen Vorwurf zu machen brauchte, von den schweren Steinen befreit hätte, die ihm allein noch hinderlich gewesen wären. »So glücklich wie ich«, rief er aus, »gibt es keinen Menschen unter der Sonne.« Mit leichtem Herzen und frei von aller Last sprang er nun fort, bis er daheim bei seiner Mutter war.

51
Die Goldkinder

Es war ein armer Mann und eine arme Frau, die hatten nichts als eine kleine Hütte und nährten sich vom Fischfang, und es ging bei ihnen von Hand zu Mund. Es geschah aber, als der Mann eines Tages beim Wasser saß und sein Netz auswarf, dass er einen Fisch herauszog, der ganz golden war. Und als er den Fisch voll Verwunderung betrachtete, hub dieser an zu reden und sprach: »Hör, Fischer, wirfst du mich wieder hinab ins Wasser, so mach ich deine kleine Hütte zu einem prächtigen Schloss.« Da antwortete der Fischer: »Was hilft mir ein Schloss, wenn ich nichts zu essen habe?« Sprach der Goldfisch weiter: »Auch dafür soll gesorgt sein, es wird ein Schrank im Schloss sein, wenn du den aufschließest, so stehen Schüsseln darin mit den schönsten Speisen, so viel du dir wünschest.« – »Wenn das ist«, sprach der Mann, »so kann ich dir wohl den Gefallen tun.« – »Ja«, sagte der Fisch, »es ist aber die Bedingung dabei, dass du keinem Menschen auf der Welt, wer es auch immer sein mag, entdeckst, woher dein Glück gekommen ist; sprichst du ein einziges Wort, so ist alles vorbei.«

Nun warf der Mann den wunderbaren Fisch wieder ins Wasser und ging heim. Wo aber sonst seine Hütte gestanden hatte, da stand jetzt ein großes Schloss. Da machte er ein paar Augen, trat hinein und sah seine Frau, mit schönen Kleidern geputzt, in einer prächtigen Stube sitzen. Sie war ganz vergnügt und sprach »Mann, wie ist das auf einmal gekommen? Das gefällt mir wohl.« – »Ja«, sagte der Mann, »es gefällt mir auch, aber es hungert mich auch gewaltig, gib mir erst was zu essen.« Sprach die Frau: »Ich habe nichts und weiß in dem neuen Haus nichts zu finden.« – »Das hat keine Not«, sagte der Mann, »dort sehe ich einen großen Schrank, den schließ einmal auf.« Wie sie den Schrank aufschloss, stand da Kuchen, Fleisch, Obst, Wein, und lachte einen ordentlich an. Da rief die Frau voll Freude: »Herz, was begehrst du nun?«, und sie setzten sich nieder, aßen und tranken zusammen. Wie sie satt waren, fragte die Frau: »Aber, Mann, wo kommt all dieser Reichtum her?« – »Ach«, antwortete er, »frage mich nicht darum, ich darf dirs nicht sagen, wenn ichs jemand entdecke, so ist unser Glück wieder dahin.« – »Gut«, sprach sie »wenn ichs nicht wissen soll, so begehr ichs auch nicht zu wissen.« Das war aber ihr Ernst nicht, es ließ ihr keine Ruhe Tag und Nacht, und sie quälte und stachelte den Mann so lang, bis er in der Ungeduld heraussagte, es käme alles von einem wunderbaren goldenen Fisch, den er gefangen und dafür wieder in Freiheit gelassen hätte. Und wie's heraus war, da verschwand alsbald das schöne Schloss mit dem Schrank, und sie saßen wieder in der alten Fischerhütte.

Der Mann musste von vornen anfangen, seinem Gewerbe nachgehen und fischen. Das Glück wollte es aber, dass er den goldenen Fisch noch einmal herauszog. »Hör«, sprach der Fisch, »wenn du mich wieder ins Wasser wirfst, so will ich dir noch einmal das Schloss mit dem Schrank voll Gesottenem und Gebratenem zurückgeben; nur halt dich fest und verrat beileibe nicht, von wem du's hast, sonst gehts wieder verloren.« – »Ich will mich schon hüten«, antwortete der Fischer und warf den Fisch in sein Wasser hinab. Daheim war nun alles wieder in voriger Herrlichkeit, und die Frau war in einer Freude über das Glück; aber die Neugierde ließ ihr doch keine Ruhe, dass sie nach ein paar Tagen wieder zu fragen anhub, wie es zugegangen wäre und wie er es angefangen habe. Der Mann schwieg eine Zeit lang still dazu, endlich aber machte sie ihn so ärgerlich, dass er herausplatzte und das Geheimnis verriet. In dem Augenblick verschwand das Schloss, und sie saßen wieder in der alten Hütte. »Nun hast du's«, sagte der Mann, »jetzt können wir wieder am Hungertuch nagen.« – »Ach«, sprach die Frau »ich will den Reichtum lieber nicht, wenn ich nicht weiß, von wem er kommt; sonst habe ich doch keine Ruhe.«

Der Mann ging wieder fischen, und über eine Zeit, so wars nicht anders, er holte den Goldfisch zum dritten Mal heraus. »Hör«, sprach der Fisch, »ich sehe wohl, ich soll immer wieder in deine Hände fallen, nimm mich mit nach Haus und zerschneid mich in sechs Stücke, zwei davon gib deiner Frau zu essen, zwei deinem Pferd und zwei leg in die Erde, so wirst du Segen davon haben.« Der Mann nahm den Fisch mit nach Haus und tat, wie er ihm gesagt hatte. Es geschah aber, dass aus den zwei Stücken, die in die Erde gelegt waren, zwei goldene Lilien aufwuchsen, und dass das Pferd zwei goldene Füllen bekam und des Fischers Frau zwei Kinder gebar, die ganz golden waren.

Die Kinder wuchsen heran, wurden groß und schön, und die Lilien und Pferde wuchsen mit ihnen. Da sprachen sie: »Vater, wir wollen uns auf unsere goldenen Rosse setzen und in die Welt ausziehen.« Er aber antwortete betrübt: »Wie will ichs aushalten, wenn ihr fortzieht und ich nicht weiß, wie's euch geht?« Da sagten sie: »Die zwei goldenen Lilien bleiben hier, daran könnt ihr sehen, wie's uns geht: Sind sie frisch, so sind wir gesund; sind sie welk, so sind wir krank; fallen sie um, so sind wir tot.« Sie ritten fort und kamen in ein Wirtshaus, darin waren viele Leute, und als sie die zwei Goldkinder erblickten, fingen sie an zu lachen und zu spotten. Wie der eine das Gespött hörte, so schämte er sich, wollte nicht in die Welt, kehrte um und kam wieder heim zu seinem Vater. Der andere aber ritt fort und gelangte zu einem großen Wald. Und als er hineinreiten wollte, sprachen die Leute: »Es geht nicht, dass Ihr durchreitet, der Wald ist voll Räuber, die werden übel mit Euch umgehen, und gar, wenn sie sehen, dass Ihr golden seid und Euer Pferd auch, so werden sie Euch totschlagen.«

Er aber ließ sich nicht schrecken und sprach: »Ich muss und soll hindurch.« Da nahm er Bärenfelle und überzog sich und sein Pferd damit, dass nichts mehr vom Gold zu sehen war, und ritt getrost in den Wald hinein. Als er ein wenig fortgeritten war, so hörte er es in den Gebüschen rauschen und vernahm Stimmen, die miteinander sprachen. Von der einen Seite riefs: »Da ist einer«, von der andern aber: »Lass ihn laufen, das ist ein Bärenhäuter und arm und kahl wie eine Kirchenmaus, was sollen wir mit ihm anfangen!« So ritt das Goldkind glücklich durch den Wald, und geschah ihm kein Leid.

Eines Tages kam er in ein Dorf, darin sah er ein Mädchen, das war so schön, dass er nicht glaubte, es könnte ein schöneres auf der Welt sein. Und weil er eine so große Liebe zu ihm empfand, so ging er zu ihm und sagte: »Ich habe dich von ganzem Herzen lieb, willst du meine Frau werden?« Er gefiel aber auch dem Mädchen so sehr, dass es einwilligte und sprach: »Ja, ich will deine Frau werden und dir treu sein mein Lebelang.« Nun hielten sie Hochzeit zusammen, und als sie eben in der größten Freude waren, kam der Vater der Braut heim, und als er sah, dass seine Tochter Hochzeit machte, verwunderte er sich und sprach: »Wo ist der Bräutigam?« Sie zeigten ihm das Goldkind, das hatte aber noch seine Bärenfelle um. Da sprach der Vater zornig: »Nimmermehr soll ein Bärenhäuter meine Tochter haben«, und wollte ihn ermorden. Da bat ihn die Braut, was sie konnte, und sprach: »Er ist einmal mein Mann, und ich habe ihn von Herzen lieb«, bis er sich endlich besänftigen ließ. Doch aber kams ihm nicht aus den Gedanken, sodass er am andern Morgen früh aufstand und seiner Tochter Mann sehen wollte, ob er ein gemeiner und verlumpter Bettler wäre. Wie er aber hinblickte, sah er einen herrlichen, goldenen Mann im Bette, und die abgeworfenen Bärenfelle lagen auf der Erde. Da ging er zurück und dachte: »Wie gut ists, dass ich meinen Zorn bändigte, ich hätte eine große Missetat begangen.«

Dem Goldkind aber träumte, er zöge hinaus auf die Jagd nach einem prächtigen Hirsch, und als er am Morgen erwachte, sprach er zu seiner Braut: »Ich will hinaus auf die Jagd.« Ihr war angst, und sie bat ihn dazubleiben und sagte: »Leicht kann dir ein großes Unglück begegnen«, aber er antwortete: »Ich soll und muss fort.« Da stand er auf und zog hinaus in den Wald, und gar nicht lange, so hielt auch ein stolzer Hirsch vor ihm, ganz nach seinem Traume. Er legte an und wollte ihn schießen, aber der Hirsch sprang fort. Da jagte er ihm nach, über Graben und durch Gebüsche, und ward nicht müde den ganzen Tag; am Abend aber verschwand der Hirsch vor seinen Augen. Und als das Goldkind sich umsah, so stand er vor einem kleinen Haus, darin saß eine Hexe. Er klopfte an, und ein Mütterchen kam heraus und fragte: »Was wollt Ihr so spät noch mitten in dem großen Wald?« Er sprach: »Habt Ihr keinen Hirsch gesehen?« – »Ja«, antwortete sie, »den Hirsch kenn ich wohl«, und ein Hündlein, das mit ihr aus dem Haus gekommen war, bellte dabei den Mann heftig an. »Willst du schweigen, du böse Kröte«, sprach er, »sonst schieß ich dich tot.« Da rief die Hexe zornig: »Was, mein Hündchen willst du töten!«, und verwandelte ihn alsbald, dass er dalag wie ein Stein, und seine Braut erwartete ihn umsonst und dachte: »Es ist gewiss eingetroffen, was mir so Angst machte und so schwer auf dem Herzen lag.«

Daheim aber stand der andere Bruder bei den Goldlilien, als plötzlich eine davon umfiel. »Ach Gott«, sprach er »meinem Bruder ist ein großes Unglück zugestoßen, ich muss fort, ob ich ihn vielleicht errette.« Da sagte der Vater: »Bleib hier, wenn ich auch dich verliere, was soll ich anfangen?« Er aber antwortete: »Ich soll und muss fort.« Da setzte er sich auf sein goldenes Pferd und ritt fort und kam in den großen Wald, wo sein Bruder lag und Stein war. Die alte Hexe kam aus ihrem Haus, rief ihn an und wollte ihn auch berücken, aber er näherte sich nicht, sondern sprach: »Ich schieße dich nieder, wenn du meinen Bruder nicht wieder lebendig machst.« Sie rührte, so ungerne sie's auch tat, den Stein mit dem Finger an, und alsbald erhielt er sein menschliches Leben zurück. Die beiden Goldkinder aber freuten sich, als sie sich wiedersahen, küssten und herzten sich, und ritten zusammen fort aus dem Wald, der eine zu seiner Braut, der andere heim zu seinem Vater. Da sprach der Vater: »Ich wusste wohl, dass du deinen Bruder erlöst hattest, denn die goldene Lilie ist auf einmal wieder aufgestanden und hat fortgeblüht.« Nun lebten sie vergnügt, und es ging ihnen wohl bis an ihr Ende

52 Das singende springende Löweneckerchen

Es war einmal ein Mann, der hatte eine große Reise vor, und beim Abschied fragte er seine drei Töchter, was er ihnen mitbringen sollte. Da wollte die älteste Perlen, die zweite wollte Diamanten, die dritte aber sprach: »Lieber Vater, ich wünsche mir ein singendes springendes Löweneckerchen (Lerche).« Der Vater sagte: »Ja, wenn ich es kriegen kann, sollst du es haben«, küsste alle drei und zog fort. Als nun die Zeit kam, dass er wieder auf dem Heimweg war, so hatte er Perlen und Diamanten für die zwei ältesten gekauft, aber das singende springende Löweneckerchen für die jüngste hatte er umsonst allerorten gesucht, und das tat ihm leid, denn sie war sein liebstes Kind. Da führte ihn der Weg durch einen Wald, und mitten darin war ein prächtiges Schloss, und nah am Schloss stand ein Baum, ganz oben auf der Spitze des Baumes aber sah er ein Löweneckerchen singen und springen. »Ei, du kommst mir gerade recht«, sagte er ganz vergnügt und rief seinem Diener, er sollte hinaufsteigen und das Tierchen fangen. Wie er aber zu dem Baum trat, sprang ein Löwe darunter auf, schüttelte sich und brüllte, dass das Laub an den Bäumen zitterte. »Wer mir mein singendes springendes Löweneckerchen stehlen will«, rief er, »den fresse ich auf.« Da sagte der Mann: »Ich habe nicht gewusst, dass der Vogel dir gehört. Ich will mein Unrecht wiedergutmachen und mich mit schwerem Golde loskaufen, lass mir nur das Leben.« Der Löwe sprach: »Dich kann nichts retten, als wenn du mir zu eigen versprichst, was dir daheim zuerst begegnet; willst du das aber tun, so schenke ich dir das Leben und den Vogel für deine Tochter obendrein.« Der Mann aber weigerte sich und sprach: »Das könnte meine jüngste Tochter sein, die hat mich am liebsten und läuft mir immer entgegen, wenn ich nach Haus komme.« Dem Diener aber war angst und er sagte: »Muss Euch denn gerade Eure Tochter begegnen, es könnte ja auch eine Katze oder ein Hund sein.« Da ließ sich der Mann überreden, nahm das singende springende Löweneckerchen und versprach dem Löwen zu eigen, was ihm daheim zuerst begegnen würde.

Wie er daheim anlangte und in sein Haus eintrat, war das Erste, was ihm begegnete, niemand anders als seine jüngste, liebste Tochter; die kam gelaufen, küsste und herzte ihn, und als sie sah, dass er ein singendes springendes Löweneckerchen mitgebracht hatte, war sie außer sich vor Freude. Der Vater aber konnte sich nicht freuen, sondern fing an zu weinen und sagte: »Mein liebstes Kind, den kleinen Vogel habe ich teuer gekauft, ich habe dich dafür einem wilden Löwen versprechen müssen, und wenn er dich hat, wird er dich zerreißen und fressen«, und erzählte ihr da alles, wie es zugegangen war, und bat sie, nicht hinzugehen, es möchte auch kommen, was da wollte. Sie tröstete ihn aber und sprach: »Liebster Vater, was Ihr versprochen habt, muss auch gehalten werden. Ich will hingehen und will den Löwen schon besänftigen, dass ich wieder gesund zu Euch komme.« Am andern Morgen ließ sie sich den Weg zeigen, nahm Abschied und ging getrost in den Wald hinein. Der Löwe aber war ein verzauberter Königssohn und war bei Tag ein Löwe, und mit ihm wurden alle seine Leute Löwen, in der Nacht aber hatten sie ihre natürliche menschliche Gestalt. Bei ihrer Ankunft ward sie freundlich empfangen und in das Schloss geführt. Als die Nacht kam, war er ein schöner Mann, und die Hochzeit ward mit Pracht gefeiert. Sie lebten vergnügt miteinander, wachten in der Nacht und schliefen am Tag. Zu einer Zeit kam er und sagte: »Morgen ist ein Fest in deines Vaters Haus, weil deine älteste Schwester sich verheiratet, und wenn du Lust hast hinzugehen, so sollen dich meine Löwen hinführen.« Da sagte sie Ja, sie möchte gern ihren Vater wiedersehen, fuhr hin und ward von den Löwen begleitet.

Da war große Freude, als sie ankam, denn sie hatten alle geglaubt, sie wäre von dem Löwen zerrissen worden und schon lange nicht mehr am Leben. Sie erzählte aber, was sie für einen schönen Mann hätte und wie gut es ihr ginge, und blieb bei ihnen, solang die Hochzeit dauerte, dann fuhr sie wieder zurück in den Wald. Wie die zweite Tochter heiratete und sie wieder zur Hochzeit eingeladen war, sprach sie zum Löwen: »Diesmal will ich nicht allein sein, du musst mitgehen.« Der Löwe aber sagte, das wäre zu gefährlich für ihn, denn wenn dort der Strahl eines brennenden Lichts ihn berührte, so würde er in eine Taube verwandelt und müsste sieben Jahre lang mit den Tauben fliegen. »Ach«, sagte sie, »geh nur mit mir. Ich will dich schon hüten und vor allem Licht bewahren.« Also zogen sie zusammen und nahmen auch ihr kleines Kind mit. Sie ließ dort einen Saal mauern, so stark und dick, dass kein Strahl durchdringen konnte, darin sollt er sitzen, wann die Hochzeitslichter angesteckt würden. Die Tür aber war von frischem

Holz gemacht, das sprang und bekam einen kleinen Ritz, den kein Mensch bemerkte. Nun ward die Hochzeit mit Pracht gefeiert, wie aber der Zug aus der Kirche zurückkam mit den vielen Fackeln und Lichtern an dem Saal vorbei, da fiel ein haarbreiter Strahl auf den Königssohn, und wie dieser Strahl ihn berührt hatte, in dem Augenblick war er auch verwandelt, und als sie hineinkam und ihn suchte, sah sie ihn nicht, aber es saß da eine weiße Taube. Die Taube sprach zu ihr: »Sieben Jahr muss ich in die Welt fortfliegen, alle sieben Schritte aber will ich einen roten Blutstropfen und eine weiße Feder fallen lassen, die sollen dir den Weg zeigen, und wenn du der Spur folgst, kannst du mich erlösen.«

Da flog die Taube zur Tür hinaus, und sie folgte ihr nach, und alle sieben Schritte fiel ein rotes Blutströpfchen und ein weißes Federchen herab und zeigte ihr den Weg. So ging sie immerzu in die weite Welt hinein und schaute nicht um sich und ruhte sich nicht, und waren fast die sieben Jahre herum; da freute sie sich und meinte, sie wären bald erlöst, und war noch so weit davon. Einmal, als sie so fortging, fiel kein Federchen mehr und auch kein rotes Blutströpfchen, und als sie die Augen aufschlug, so war die Taube verschwunden. Und weil sie dachte: »Menschen können dir da nicht helfen«, so stieg sie zur Sonne hinauf und sagte zu ihr: »Du scheinst in alle Ritzen und über alle Spitzen, hast du keine weiße Taube fliegen sehen?« – »Nein«, sagte die Sonne, »ich habe keine gesehen, aber da schenk ich dir ein Kästchen, das mach auf, wenn du in großer Not bist.« Da dankte sie der Sonne und ging weiter, bis es Abend war und der Mond schien, da fragte sie ihn: »Du scheinst ja die ganze Nacht und durch alle Felder und Wälder, hast du keine weiße Taube fliegen sehen?« – »Nein«, sagte der Mond, »ich habe keine gesehen, aber da schenk ich dir ein Ei, das zerbrich, wenn du in großer Not bist.« Da dankte sie dem Mond und ging weiter, bis der Nachtwind herankam und sie anblies. Da sprach sie zu ihm: »Du wehst ja über alle Bäume und unter allen Blättern weg, hast du keine weiße Taube fliegen sehen?« – »Nein«, sagte der Nachtwind, »ich habe keine gesehen, aber ich will die drei andern Winde fragen, die haben sie vielleicht gesehen.« Der Ostwind und der Westwind kamen und hatten nichts gesehen, der Südwind aber sprach: »Die weiße Taube habe ich gesehen, sie ist zum Roten Meer geflogen, da ist sie wieder ein Löwe geworden, denn die sieben Jahre sind herum, und der Löwe steht dort im Kampf mit einem Lindwurm, der Lindwurm ist aber eine verzauberte Königstochter.« Da sagte der Nachtwind zu ihr: »Ich will dir Rat geben, geh zum Roten Meer, am rechten Ufer, da stehen große Ruten, die zähle, und die eilfte schneid dir ab und schlag den Lindwurm damit, dann kann ihn der Löwe bezwingen, und beide bekommen auch ihren menschlichen Leib wieder. Hernach schau dich um, und du wirst den Vogel Greif sehen, der am Roten Meer sitzt; schwing dich mit deinem Liebsten auf seinen Rücken, der Vogel wird euch übers Meer nach Haus tragen. Da hast du auch eine Nuss; wenn du mitten über dem Meere bist, lass sie herabfallen, alsbald wird sie aufgehen und ein großer Nussbaum wird aus dem Wasser hervorwachsen, auf dem sich der Greif ausruht. Und könnte er nicht ruhen, so wäre er nicht stark genug, euch hinüberzutragen, und wenn du vergisst, die Nuss herabzuwerfen, so lässt er euch ins Meer fallen.«

Da ging sie hin und fand alles, wie der Nachtwind gesagt hatte. Sie zählte die Ruten am Meer und schnitt die eilfte ab, damit schlug sie den Lindwurm, und der Löwe bezwang ihn: Alsbald hatten beide ihren menschlichen Leib wieder. Aber wie die Königstochter, die vorher ein Lindwurm gewesen war, vom Zauber frei war, nahm sie den Jüngling in den Arm, setzte sich auf den Vogel Greif und führte ihn mit sich fort. Da stand die arme Weitgewanderte und war wieder verlassen und setzte sich nieder und weinte. Endlich aber ermutigte sie sich und sprach: »Ich will noch so weit gehen, als der Wind weht, und so lange, als der Hahn kräht, bis ich ihn finde.« Und ging fort, lange, lange Wege, bis sie endlich zu dem Schloss kam, wo beide zusammen lebten; da hörte sie, dass bald ein Fest wäre, wo sie Hochzeit miteinander machen wollten. Sie sprach aber: »Gott hilft mir noch«, und öffnete das Kästchen, das ihr die Sonne gegeben hatte, da lag ein Kleid darin, so glänzend wie die Sonne selber. Da nahm sie es heraus und zog es an und ging hinauf in das Schloss, und alle Leute und die Braut selber sahen sie mit Verwunderung an; und das Kleid gefiel der Braut so gut, dass sie dachte, es könnte ihr Hochzeitskleid geben, und fragte, ob es nicht feil wäre? »Nicht für Geld und Gut«, antwortete sie, »aber für Fleisch und Blut.« Die Braut fragte, was sie damit meinte. Da sagte sie: »Lasst mich eine Nacht in der Kammer schlafen, wo der Bräutigam schläft.« Die Braut wollte nicht, und wollte doch gerne das Kleid haben; endlich willigte sie ein, aber der Kammerdiener musste dem Königssohn einen Schlaftrunk geben. Als es nun Nacht war und der Jüngling schon schlief, ward sie in die Kammer geführt. Da setzte sie sich ans Bett und sagte: »Ich bin dir nachgefolgt sieben Jahre, bin bei Sonne und Mond und bei den vier Winden gewesen und habe nach dir gefragt, und habe dir geholfen gegen den Lindwurm, willst du mich denn ganz vergessen?« Der Königssohn aber schlief so hart, dass es ihm nur vorkam, als rauschte der Wind draußen in den Tannenbäumen. Wie nun der Morgen anbrach, da ward sie wieder hinausgeführt und musste das goldene Kleid hingeben. Und als auch das nichts geholfen hatte, ward sie traurig, ging hinaus auf eine Wiese, setzte sich da hin und weinte. Und wie sie so saß, da fiel ihr das Ei noch ein, das ihr der Mond gegeben hatte. Sie schlug es auf, da kam eine Glucke heraus mit zwölf Küchlein ganz von Gold, die liefen herum und piepten und krochen der Alten wieder unter die Flügel, sodass nichts Schöneres auf der Welt zu sehen war. Da stand sie auf, trieb sie auf der Wiese vor sich her, so lange, bis die Braut aus dem Fenster sah, und da gefielen ihr die kleinen Küchlein so gut, dass sie gleich herabkam und fragte, ob sie nicht feil wären. »Nicht für Geld und Gut, aber für Fleisch und Blut; lasst mich noch eine Nacht in der Kammer schlafen, wo der Bräutigam schläft.« Die Braut sagte Ja und wollte sie betrügen wie am vorigen Abend. Als aber der Königssohn zu Bett ging, fragte er seinen Kammerdiener, was das Murmeln und Rauschen in der Nacht gewesen sei. Da erzählte der Kammerdiener alles, dass er ihm einen Schlaftrunk hätte geben müssen, weil ein armes Mädchen heimlich in der Kammer geschlafen hätte, und heute Nacht sollte er ihm wieder einen geben. Sagte der Königssohn: »Gieß den Trank neben das Bett aus.« Zur Nacht wurde sie wieder hereingeführt, und als sie anfing zu erzählen, wie es ihr traurig ergangen wäre, da erkannte er gleich an der Stimme seine liebe Gemahlin, sprang auf und rief: »Jetzt bin ich erst recht erlöst, mir ist gewesen wie in einem Traum, denn die fremde Königstochter hatte mich bezaubert, dass ich dich vergessen musste, aber Gott hat noch zu rechter Stunde die Betörung von mir genommen.« Da gingen sie beide in der Nacht heimlich aus dem Schloss, denn sie fürchteten sich vor dem Vater der Königstochter, der ein Zauberer war, und setzten sich auf den Vogel Greif, der trug sie über das Rote Meer, und als sie in der Mitte waren, ließ sie die Nuss fallen. Alsbald wuchs ein großer Nussbaum, darauf ruhte sich der Vogel, und dann führte er sie nach Haus, wo sie ihr Kind fanden, das war groß und schön geworden, und sie lebten von nun an vergnügt bis an ihr Ende.

53
Die Gänsemagd

Es lebte einmal eine alte Königin, der war ihr Gemahl schon lange Jahre gestorben, und sie hatte eine schöne Tochter. Wie die erwuchs, wurde sie weit über Feld an einen Königssohn versprochen. Als nun die Zeit kam, wo sie vermählt werden sollten und das Kind in das fremde Reich abreisen musste, packte ihr die Alte gar viel köstliches Gerät und Geschmeide ein, Gold und Silber, Becher und Kleinode, kurz alles, was nur zu einem königlichen Brautschatz gehörte, denn sie hatte ihr Kind von Herzen lieb. Auch gab sie ihr eine Kammerjungfer bei, welche mitreiten und die Braut in die Hände des Bräutigams überliefern sollte, und jede bekam ein Pferd zur Reise; aber das Pferd der Königstochter hieß Falada und konnte sprechen. Wie nun die Abschiedsstunde da war, begab sich die alte Mutter in ihre Schlafkammer, nahm ein Messerlein und schnitt damit in ihre Finger, dass sie bluteten. Darauf hielt sie ein weißes Läppchen unter und ließ drei Tropfen Blut hineinfallen, gab sie der Tochter und sprach: »Liebes Kind, verwahre sie wohl, sie werden dir unterwegs nottun.«

Also nahmen beide voneinander betrübten Abschied; das Läppchen steckte die Königstochter in ihren Busen vor sich, setzte sich aufs Pferd und zog nun fort zu ihrem Bräutigam. Da sie eine Stunde geritten waren, empfand sie heißen Durst und sprach zu ihrer Kammerjungfer: »Steig ab, und schöpfe mir mit meinem Becher, den du für mich mitgenommen hast, Wasser aus dem Bache, ich möchte gern einmal trinken.« – »Wenn Ihr Durst habt«, sprach die Kammerjungfer, »so steigt selber ab, legt Euch ans Wasser und trinkt, ich mag Eure Magd nicht sein.« Da stieg die Königstochter vor großem Durst herunter, neigte sich über das Wasser im Bach und trank und durfte nicht aus dem goldenen Becher trinken. Da sprach sie: »Ach Gott!« Da antworteten die drei Blutstropfen: »Wenn das deine Mutter wüsste, das Herz im Leibe tät ihr zerspringen.« Aber die Königsbraut war demütig, sagte nichts und stieg wieder zu Pferde. So ritten sie etliche Meilen weiter fort, aber der Tag war warm, die Sonne stach, und sie durstete bald von Neuem. Da sie nun an einen Wasserfluss kamen, rief sie noch einmal ihrer Kammerjungfer: »Steig ab und gib mir aus meinem Goldbecher zu trinken«, denn sie hatte aller bösen Worte längst vergessen. Die Kammerjungfer sprach aber noch hochmütiger: »Wollt Ihr trinken, so trinkt allein, ich mag nicht Eure Magd sein.« Da stieg die Königstochter hernieder vor großem Durst, legte sich über das fließende Wasser, weinte und sprach: »Ach Gott!«, und die Blutstropfen antworteten wiederum: »Wenn das deine Mutter wüsste, das Herz im Leibe tät ihr zerspringen.« Und wie sie so trank und sich recht überlehnte, fiel ihr das Läppchen, worin die drei Tropfen waren, aus dem Busen und floss mit dem Wasser fort, ohne dass sie es in ihrer großen Angst merkte. Die Kammerjungfer hatte aber zugesehen und freute sich, dass sie Gewalt über die Braut bekäme: Denn damit, dass diese die Blutstropfen verloren hatte, war sie schwach und machtlos geworden. Als sie nun wieder auf ihr Pferd steigen wollte, das da hieß Falada, sagte die Kammerfrau: »Auf Falada gehör ich, und auf meinen Gaul gehörst du«; und das musste sie sich gefallen lassen. Dann befahl ihr die Kammerfrau mit harten Worten, die königlichen Kleider auszuziehen und ihre schlechten anzulegen, und endlich musste sie sich unter freiem Himmel verschwören, dass sie am königlichen Hof keinem Menschen etwas davon sprechen wollte; und wenn sie diesen Eid nicht abgelegt hätte, wäre sie auf der Stelle umgebracht worden. Aber Falada sah das alles an und nahms wohl in Acht.

Die Kammerfrau stieg nun auf Falada und die wahre Braut auf das schlechte Ross, und so zogen sie weiter, bis sie endlich in dem königlichen Schloss eintrafen. Da war große Freude über ihre Ankunft, und der Königssohn sprang ihnen entgegen, hob die Kammerfrau vom Pferde und meinte, sie wäre seine Gemahlin. Sie ward die Treppe hinaufgeführt, die wahre Königstochter aber musste unten stehen bleiben. Da schaute der alte König am Fenster und sah sie im Hof halten und sah, wie sie fein war, zart und gar schön, ging alsbald hin ins königliche Gemach und fragte die Braut nach der, die sie bei sich hätte und da unten im Hofe stände, und wer sie wäre. »Die hab ich mir unterwegs mitgenommen zur Gesellschaft; gebt der Magd was zu arbeiten, dass sie nicht müßig steht.« Aber der alte König hatte keine Arbeit für sie und wusste nichts, als dass er sagte: »Da hab ich so einen kleinen Jungen, der hütet die Gänse, dem mag sie helfen.« Der Junge hieß Kürdchen (Konrädchen), dem musste die wahre Braut helfen Gänse hüten.

Bald aber sprach die falsche Braut zu dem jungen König: »Liebster Gemahl, ich bitte Euch, tut mir einen Gefallen.« Er antwortete: »Das will ich gerne tun.« – »Nun, so lasst den Schinder rufen und da dem Pferde, worauf ich hergeritten bin, den Hals abhauen, weil es mich unterwegs geärgert hat.« Eigentlich aber fürchtete sie, dass das Pferd sprechen möchte, wie sie mit der Königstochter umgegangen war. Nun war das so weit geraten, dass es geschehen und der treue Falada sterben sollte, da kam es auch der rechten Königstochter zu Ohr, und sie versprach dem Schinder heimlich ein Stück Geld, das sie ihm bezahlen wollte, wenn er ihr einen kleinen Dienst erwiese. In der Stadt war ein großes finsteres Tor, wo sie abends und morgens mit den Gänsen durchmusste: Unter das finstere Tor möchte er dem Falada seinen Kopf hinnageln, dass sie ihn doch noch mehr als einmal sehen könnte. Also versprach das der Schindersknecht zu tun, hieb den Kopf ab und nagelte ihn unter das finstere Tor fest.

Des Morgens früh, da sie und Kürdchen unterm Tor hinaustrieben, sprach sie im Vorbeigehen:

»O du Falada, da du hangest.«

Da antwortete der Kopf:

»O du Jungfer Königin, da du gangest,
wenn das deine Mutter wüsste,
ihr Herz tät ihr zerspringen.«

Da zog sie still weiter zur Stadt hinaus, und sie trieben die Gänse aufs Feld. Und wenn sie auf der Wiese angekommen war, saß sie nieder und machte ihre Haare auf, die waren eitel Gold, und Kürdchen sah sie und freute sich, wie sie glänzten, und wollte ihr ein paar ausraufen. Da sprach sie:

»Weh, weh, Windchen,
nimm Kürdchen sein Hütchen,
und lass 'n sich mit jagen,
bis ich mich geflochten und geschnatzt
und wieder aufgesatzt.«

Und da kam ein so starker Wind, dass er dem Kürdchen sein Hütchen wegwehte über alle Land, und es musste ihm nachlaufen. Bis es wiederkam, war sie mit dem Kämmen und Aufsetzen fertig, und er konnte keine Haare kriegen. Da war Kürdchen bös und sprach nicht mit ihr; und so hüteten sie die Gänse, bis dass es Abend ward, dann gingen sie nach Haus.

Den andern Morgen, wie sie unter dem finstern Tor hinaustrieben, sprach die Jungfrau:

»O du Falada, da du hangest.«

Falada antwortete:

»O du Jungfer Königin, da du gangest,
wenn das deine Mutter wüsste,
ihr Herz tät ihr zerspringen.«

Und in dem Feld setzte sie sich wieder auf die Wiese und fing an ihr Haar auszukämmen, und Kürdchen lief und wollte danach greifen, da sprach sie schnell:

»Weh, weh, Windchen,
nimm Kürdchen sein Hütchen,
und lass 'n sich mit jagen,
bis ich mich geflochten und geschnatzt
und wieder aufgesatzt.«

Da wehte der Wind und wehte ihm das Hütchen vom Kopf weit weg, dass Kürdchen nachlaufen musste; und als es wiederkam, hatte sie längst ihr Haar zurecht, und es konnte keins davon erwischen; und so hüteten sie die Gänse, bis es Abend ward.

Abends aber, nachdem sie heimgekommen waren, ging Kürdchen vor den alten König und sagte: »Mit dem Mädchen will ich nicht länger Gänse hüten.« – »Warum denn?«, fragte der alte König. »Ei, das ärgert mich den ganzen Tag.« Da befahl ihm der alte König zu erzählen, wie's ihm denn mit ihr ginge. Da sagte Kürdchen: »Morgens, wenn wir unter dem finsteren Tor mit der Herde durchkommen, so ist da ein Gaulskopf an der Wand, zu dem redet sie:

›Falada, da du hangest‹,

da antwortet der Kopf:

›O du Königsjungfer, da du gangest,
wenn das deine Mutter wüsste,
das Herz tät ihr zerspringen.‹«

Und so erzählte Kürdchen weiter, was auf der Gänsewiese geschähe, und wie es da dem Hut im Winde nachlaufen müsste.

Der alte König befahl ihm, den nächsten Tag wieder hinauszutreiben, und er selbst, wie es Morgen war, setzte sich hinter das finstere Tor und hörte da, wie sie mit dem Haupt des Falada sprach; und dann ging er ihr auch nach in das Feld und barg sich in einem Busch auf der Wiese. Da sah er nun bald mit seinen eigenen Augen, wie die Gänsemagd und der Gänsejunge die Herde getrieben brachte, und wie nach einer Weile sie sich setzte und ihre Haare losflocht, die strahlten von Glanz. Gleich sprach sie wieder:

»Weh, weh, Windchen,
fass Kürdchen sein Hütchen,
und lass 'n sich mit jagen,
bis dass ich mich geflochten und geschnatzt
und wieder aufgesatzt.«

Da kam ein Windstoß und fuhr mit Kürdchens Hut weg, dass es weit zu laufen hatte, und die Magd kämmte und flocht ihre Locken still fort, welches der alte König alles beobachtete. Darauf ging er unbemerkt zurück, und als abends die Gänsemagd heimkam, rief er sie beiseite und fragte, warum sie dem allem so täte. »Das darf ich Euch nicht sagen und darf auch keinem Menschen mein Leid klagen, denn so hab ich mich unter freiem Himmel verschworen, weil ich sonst um mein Leben gekommen wäre.« Er drang in sie und ließ ihr keinen Frieden, aber er konnte nichts aus ihr herausbringen. Da sprach er: »Wenn du mirs nicht sagen willst, so klag dem Eisenofen da dein Leid«, und ging fort. Da kroch sie in den Eisenofen, fing an zu jammern und zu weinen, schüttete ihr Herz aus und sprach: »Da sitze ich nun, von aller Welt verlassen, und bin doch eine Königstochter, und eine falsche Kammerjungfer hat mich mit Gewalt dahin gebracht, dass ich meine königlichen Kleider habe ablegen müssen, und hat meinen Platz bei meinem Bräutigam eingenommen, und ich muss als Gänsemagd gemeine Dienste tun. Wenn das meine Mutter wüsste, das Herz im Leib tät ihr zerspringen.« Der alte König stand aber außen an der Ofenröhre, lauerte ihr zu und hörte, was sie sprach. Da kam er wieder herein und hieß sie aus dem Ofen gehen. Da wurden ihr königliche Kleider angetan, und es schien ein Wunder, wie sie so schön war. Der alte König rief seinen Sohn und offenbarte ihm, dass er die falsche Braut hätte; die wäre bloß ein Kammermädchen, die wahre aber stände hier, als die gewesene Gänsemagd. Der junge König war herzensfroh, als er ihre Schönheit und Tugend erblickte, und ein großes Mahl wurde angestellt, zu dem alle Leute und guten Freunde gebeten wurden. Obenan saß der Bräutigam, die Königstochter zur einen Seite und die Kammerjungfer zur andern, aber die Kammerjungfer war verblendet und erkannte jene nicht mehr in dem glänzenden Schmuck. Als sie nun gegessen und getrunken hatten und gutes Muts waren, gab der alte König der Kammerfrau ein Rätsel auf, was eine solche wert wäre, die den Herrn so und so betrogen hätte, erzählte damit den ganzen Verlauf und fragte: »Welches Urteils ist diese würdig?« Da sprach die falsche Braut: »Die ist nichts Besseres wert, als dass sie splitternackt ausgezogen und in ein Fass gesteckt wird, das inwendig mit spitzen Nägeln beschlagen ist, und zwei weiße Pferde müssen vorgespannt werden, die sie Gasse auf, Gasse ab zu Tode schleifen.« – »Das bist du«, sprach der alte König, »und hast dein eigen Urteil gefunden, und danach soll dir widerfahren.« Und als das Urteil vollzogen war, vermählte sich der junge König mit seiner rechten Gemahlin, und beide beherrschten ihr Reich in Frieden und Seligkeit.

54
Der junge Riese

Ein Bauersmann hatte einen Sohn, der war so groß wie ein Daumen und ward gar nicht größer und wuchs in etlichen Jahren nicht ein Haarbreit. Einmal wollte der Bauer ins Feld gehen und pflügen, da sagte der Kleine: »Vater, ich will mit hinaus.« – »Du willst mit hinaus?«, sprach der Vater, »bleib du hier, dort bist du zu nichts nutz; du könntest mir auch verloren gehen.« Da fing der Däumling an zu weinen, und um Ruhe zu haben, steckte ihn der Vater in die Tasche und nahm ihn mit. Draußen auf dem Felde holte er ihn wieder heraus und setzte ihn in eine frische Furche. Wie er da so saß, kam über den Berg ein großer Riese daher. »Siehst du dort den großen Butzemann?«, sagte der Vater, und wollte den Kleinen schrecken, damit er artig wäre, »der kommt und holt dich.« Der Riese aber hatte mit seinen langen Beinen kaum ein paar Schritte getan, so war er bei der Furche. Er hob den kleinen Däumling mit zwei Fingern behutsam in die Höhe, betrachtete ihn und ging, ohne ein Wort zu sprechen, mit ihm fort. Der Vater stand dabei, konnte vor Schrecken keinen Laut hervorbringen und dachte nicht anders als sein Kind für verloren, alsodass er's sein Lebtag nicht wieder mit Augen sehen würde.

Der Riese aber trug es heim und ließ es an seiner Brust saugen, und der Däumling wuchs und ward groß und stark nach Art der Riesen. Nach Verlauf von zwei Jahren ging der Alte mit ihm in den Wald, wollte ihn versuchen und sprach: »Zieh dir eine Gerte heraus.« Da war der Knabe schon so stark, dass er einen jungen Baum mit den Wurzeln aus der Erde riss. Der Riese aber meinte: »Das muss besser kommen«, nahm ihn wieder mit und säugte ihn noch zwei Jahre. Als er ihn versuchte, hatte seine Kraft schon so zugenommen, dass er einen alten Baum aus der Erde brechen konnte. Das war dem Riesen noch immer nicht genug, er säugte ihn abermals zwei Jahre, und als er dann mit ihm in den Wald ging und sprach: »Nun reiß einmal eine ordentliche Gerte aus«, so riss der Junge den dicksten Eichenbaum aus der Erde, dass er krachte, und war ihm nur ein Spaß. »Nun ists genug«, sprach der Riese, »du hast ausgelernt«, und führte ihn zurück auf den Acker, wo er ihn geholt hatte. Sein Vater stand da hinter dem Pflug, der junge Riese ging auf ihn zu und sprach: »Sieht Er wohl, Vater, was Sein Sohn für ein Mann geworden ist.« Der Bauer erschrak und sagte: »Nein, du bist mein Sohn nicht, ich will dich nicht, geh weg von mir.« – »Freilich bin ich Sein Sohn, lass Er mich an die Arbeit, ich kann pflügen so gut als Er und noch besser.« – »Nein, nein, du bist mein Sohn nicht, du kannst auch nicht pflügen, geh weg von mir.« Weil er sich aber vor dem großen Mann fürchtete, ließ er den Pflug los, trat zurück und setzte sich zur Seite ans Land. Da nahm der Junge das Geschirr und drückte bloß mit einer Hand darauf, aber der Druck war so gewaltig, dass der Pflug tief in die Erde ging. Der Bauer konnte das nicht mit ansehen und rief ihm zu: »Wenn du

pflügen willst, musst du nicht so gewaltig drücken, das gibt schlechte Arbeit.« Der Junge aber spannte die Pferde aus, zog selber den Pflug und sagte: »Geh Er nur nach Haus, Vater, und lass Er die Mutter eine große Schüssel voll Essen kochen; ich will derweil den Acker schon umreißen.« Da ging der Bauer heim und bestellte das Essen bei seiner Frau; der Junge aber pflügte das Feld, zwei Morgen groß, ganz allein, und dann spannte er sich auch selber vor die Egge und eggte alles mit zwei Eggen zugleich. Wie er fertig war, ging er in den Wald und riss zwei Eichenbäume aus, legte sie auf die Schultern, und hinten und vorn eine Egge darauf, und hinten und vorn auch ein Pferd, und trug das alles, als wär es ein Bund Stroh, nach seiner Eltern Haus. Wie er in den Hof kam, erkannte ihn seine Mutter nicht und fragte: »Wer ist der entsetzliche große Mann?« Der Bauer sagte: »Das ist unser Sohn.« Sie sprach: »Nein, unser Sohn ist das nimmermehr, so groß haben wir keinen gehabt, unser war ein kleines Ding.« Sie rief ihm zu: »Geh fort, wir wollen dich nicht.« Der Junge schwieg still, zog seine Pferde in den Stall, gab ihnen Hafer und Heu, alles wie sichs gehörte. Als er fertig war, ging er in die Stube, setzte sich auf die Bank und sagte: »Mutter, nun hätte ich Lust zu essen, ists bald fertig?« Da sagte sie Ja und brachte zwei große, große Schüsseln voll herein, daran hätten sie und ihr Mann acht Tage lang satt gehabt. Der Junge aber aß sie allein auf und fragte, ob sie nicht mehr vorsetzen könnte. »Nein«, sagte sie, »das ist alles, was wir haben.« – »Das war ja nur zum Schmecken, ich muss mehr haben.« Sie getraute nicht, ihm zu widerstehen, ging hin und setzte einen großen Schweinekessel voll übers Feuer, und wie es gar war, trug sie es herein. »Endlich kommen noch ein paar Brocken«, sagte er und aß alles hinein; es war aber doch nicht genug, seinen Hunger zu stillen. Da sprach er: »Vater, ich sehe wohl, bei Ihm werd ich nicht satt, will Er mir einen Stab von Eisen verschaffen, der stark ist und den ich vor meinen Knien nicht zerbrechen kann, so will ich fort in die Welt gehen.« Der Bauer war froh, spannte seine zwei Pferde vor den Wagen und holte bei dem Schmied einen Stab so groß und dick, als ihn die zwei Pferde nur fortschaffen konnten. Der Junge nahm ihn vor die Knie und – ratsch! – brach er ihn wie eine Bohnenstange in der Mitte entzwei und warf ihn weg. Der Vater spannte vier Pferde vor und holte einen Stab so groß und dick, als ihn die vier Pferde fortschaffen konnten. Der Sohn knickte auch diesen vor dem Knie entzwei, warf ihn hin und sprach: »Vater, der kann mir nicht helfen, Er muss besser vorspannen und einen stärkern Stab holen.« Da spannte der Vater acht Pferde vor und holte einen so groß und dick, als ihn die acht Pferde herbeifahren konnten. Wie der Sohn den in die Hand nahm, brach er gleich oben ein Stück davon ab und sagte: »Vater, ich sehe, Er kann mir keinen Stab anschaffen, wie ich ihn brauche, ich will nicht länger bei Ihm bleiben.«

Da ging er fort und gab sich für einen Schmiedegesellen aus. Er kam in ein Dorf, darin wohnte ein Schmied, der war ein Geizmann, gönnte keinem Menschen etwas und wollte alles allein haben; zu dem trat er in die Schmiede und fragte, ob er keinen Gesellen brauchte. »Ja«, sagte der Schmied, sah ihn an und dachte: »Das ist ein tüchtiger Kerl, der wird gut vorschlagen und sein Brot verdienen.« Er fragte: »Wie viel willst du Lohn haben?« – »Gar keinen will ich haben«, antwortete er, »nur alle vierzehn Tage, wenn die andern Gesellen ihren Lohn bezahlt kriegen, will ich dir zwei Streiche geben, die musst du aushalten.« Das war der Geizmann von Herzen zufrieden und dachte damit viel Geld zu sparen. Am andern Morgen sollte der fremde Geselle zuerst vorschlagen, wie aber der Meister den glühenden Stab brachte und jener den ersten Schlag tat, so flog das Eisen voneinander und der Amboss sank in die Erde, so tief, dass sie ihn gar nicht wieder herausbringen konnten. Da ward der Geizmann bös und sagte: »Ei was, dich kann ich nicht brauchen, du schlägst gar zu grob, was willst du für den einen Zuschlag haben?« Da sprach er: »Ich will dir nur einen ganz kleinen Streich geben, weiter nichts.« Und hob seinen Fuß auf und gab ihm einen Tritt, dass er über vier Fuder Heu hinausflog. Darauf suchte er sich den dicksten Eisenstab aus, der in der Schmiede war, nahm ihn als einen Stock in die Hand und ging weiter.

Als er eine Weile gezogen war, kam er zu einem Vorwerk und fragte den Amtmann, ob er keinen Großknecht nötig hätte. »Ja«, sagte der Amtmann,

»ich kann einen brauchen; du siehst aus wie ein tüchtiger Kerl, der schon was vermag, wie viel willst du Jahrslohn haben?« Er antwortete wiederum, er verlangte gar keinen Lohn, aber alle Jahre wollte er ihm drei Streiche geben, die müsste er aushalten. Das war der Amtmann zufrieden, denn er war auch ein Geizhals. Am andern Morgen, da sollten die Knechte ins Holz fahren, und die andern Knechte waren schon auf, er aber lag noch im Bett. Da rief ihn einer an: »Steh auf, es ist Zeit, wir wollen ins Holz, und du musst mit.« – »Ach«, sagte er ganz grob und trotzig, »geht ihr nur hin, ich komme doch eher wieder als ihr alle miteinander.« Da gingen die andern zum Amtmann und erzählten ihm, der Großknecht läge noch im Bett und wollte nicht mit ins Holz fahren. Der Amtmann sagte, sie sollten ihn noch einmal wecken und ihn heißen die Pferde vorspannen. Der Großknecht sprach aber wie vorher: »Geht ihr nur hin, ich komme doch eher wieder als ihr alle miteinander.« Darauf blieb er noch zwei Stunden liegen, da stieg er endlich aus den Federn, holte sich aber erst zwei Scheffel voll Erbsen vom Boden, kochte sich einen Brei und aß den mit guter Ruhe, und wie das alles geschehen war, ging er hin, spannte die Pferde vor und fuhr ins Holz. Nicht weit vor dem Holz war ein Hohlweg, wo er durchmusste, da fuhr er den Wagen erst vorwärts, dann mussten die Pferde stillehalten, und er ging hinter den Wagen, nahm Bäume und Reisig und machte da eine große Hucke (Verhack), sodass kein Pferd durchkommen konnte. Wie er nun vors Holz kam, fuhren die andern eben mit ihren beladenen Wagen heraus und wollten heim, da sprach er zu ihnen: »Fahrt nur hin, ich komme doch eher als ihr nach Haus.« Er fuhr gar nicht weit ins Holz, riss gleich zwei der allergrößten Bäume aus der Erde, warf sie auf den Wagen und drehte um. Als er vor der Hucke anlangte, standen die andern noch da und konnten nicht durch. »Seht ihr wohl«, sprach er, »wärt ihr bei mir geblieben, so wärt ihr ebenso schnell nach Haus gekommen und hättet noch eine Stunde schlafen können.« Er wollte nun zufahren, aber seine Pferde konnten sich nicht durcharbeiten, da spannte er sie aus, legte sie oben auf den Wagen, nahm selber die Deichsel in die Hand, und – hüf! – zog er alles durch, und das ging so leicht, als hätt er Federn geladen. Wie er drüben war, sprach er zu den andern: »Seht ihr wohl, ich bin schneller hindurch als ihr«, fuhr weiter, und die andern mussten stehen bleiben. In dem Hof aber nahm er einen Baum in die Hand, zeigte ihn dem Amtmann und sagte: »Ist das nicht ein schönes Klafterstück?« Da sprach der Amtmann zu seiner Frau: »Der Knecht ist gut; wenn er auch lang schläft, er ist doch eher wieder da als die andern.«

Nun diente er dem Amtmann ein Jahr; wie das herum war und die andern Knechte ihren Lohn kriegten, sprach er, es wäre Zeit, er wollte sich auch seinen Lohn nehmen. Dem Amtmann ward aber angst vor den Streichen, die er kriegen sollte, und bat ihn inständig, er möchte sie ihm schenken, lieber wollte er selbst Großknecht werden, und er sollte Amtmann sein. »Nein«, sprach er, »ich will kein Amtmann werden, ich bin Großknecht und wills bleiben, ich will aber austeilen, was bedungen ist.« Der Amtmann wollte ihm geben, was er nur verlangte, aber es half nichts, der Großknecht sprach zu allem Nein. Da wusste sich der Amtmann nicht zu helfen und bat ihn um vierzehn Tage Frist, er wollte sich auf etwas besinnen. Der Großknecht sprach, die Frist sollte er haben. Der Amtmann berief alle seine Schreiber zusammen, sie sollten sich bedenken und ihm einen Rat geben. Die Schreiber besannen sich lange, endlich sagten sie, vor dem Großknecht wäre niemand seines Lebens sicher, der schlüge einen Menschen wie eine Mücke tot. Er sollte ihn heißen in den Brunnen steigen und ihn reinigen, wenn er unten wäre, wollten sie einen von den Mühlensteinen, die da lägen, herbeirollen und ihm auf den Kopf werfen, dann würde er nicht wieder an des Tages Licht kommen. Der Rat gefiel dem Amtmann, und der Großknecht war bereit, in den Brunnen hinabzusteigen. Als er unten auf dem Grund stand, rollten sie den größten Mühlenstein hinab und meinten, der Kopf wäre ihm eingeschlagen, aber er rief: »Jagt die Hühner vom Brunnen weg, die kratzen da oben im Sand und werfen mir die Körner in die Augen, dass ich nicht sehen kann.« Da rief der Amtmann: »Husch, husch!«, und tat, als scheuchte er die Hühner weg. Als der Großknecht mit seiner Arbeit fertig war, stieg er herauf und sagte: »Seht einmal, ich habe doch ein schönes Halsband um«, da war es der Mühlenstein, den er um den Hals trug. Der Großknecht wollte jetzt seinen Lohn nehmen, aber der Amtmann bat wieder um vierzehn Tage Bedenkzeit. Die Schreiber kamen zusammen und gaben den Rat, er sollte den Großknecht in die verwünschte Mühle schicken, um dort in der Nacht Korn zu mahlen: Von da wäre noch kein Mensch morgens lebendig herausgekommen. Der Anschlag gefiel dem Amtmann, er rief den Großknecht noch denselben Abend und hieß ihn acht Malter Korn in die Mühle fahren und in der Nacht noch mahlen; sie hättens nötig. Da ging der Großknecht auf den Boden und tat zwei Malter in seine rechte Tasche, zwei in die linke, vier nahm er in einem Quersack halb auf den Rücken, halb auf die Brust, und ging also beladen nach der verwünschten Mühle. Der Müller sagte ihm, bei Tag könnte er recht gut da mahlen, aber nicht in der Nacht, da wäre die Mühle verwünscht, und wer da noch hineingegangen wäre, den hätte man am Morgen tot darin gefunden. Er sprach: »Ich will schon durchkommen, macht Euch nur fort und legt Euch aufs Ohr.« Darauf ging er in die Mühle und schüttete das Korn auf. Gegen elf Uhr ging er in die Müllerstube und setzte sich auf die Bank. Als er ein Weilchen dagesessen hatte, tat sich auf einmal die Tür auf und kam eine große, große Tafel herein, und auf die Tafel stellte sich Wein und Braten und viel gutes Essen, alles von selber, denn es war niemand da, der's auftrug. Und danach rückten sich die Stühle herbei, aber es kamen keine Leute, bis auf einmal sah er Finger, die hantierten mit den Messern und Gabeln und legten Speisen auf die Teller, aber sonst konnte er nichts sehen. Da er hungrig war und die Speisen sah, so setzte er sich auch an die Tafel, aß mit und ließ sichs gut schmecken. Als er satt war und die andern ihre Schüsseln auch ganz leer gemacht hatten, da wurden die Lichter auf einmal alle ausgeputzt, das hörte er deutlich, und wie's nun stockfinster war, so kriegte er so etwas wie eine Ohrfeige ins Gesicht. Da sprach er: »Wenn noch einmal so etwas kommt, so teil ich auch wieder aus.« Und wie er zum zweiten Mal eine Ohrfeige kriegte, da schlug er gleichfalls mit hinein. Und so ging das fort die ganze Nacht, er nahm nichts umsonst, sondern gab reichlich zurück und schlug nicht faul um sich herum; bei Tagesanbruch aber hörte alles auf. Wie der Müller aufgestanden war, wollte er nach ihm sehen und verwunderte sich, dass er noch lebte. Da sprach er: »Ich habe mich satt gegessen, habe Ohrfeigen gekriegt, aber ich habe auch Ohrfeigen ausgeteilt.« Der Müller freute sich und sagte, nun wäre die Mühle erlöst, und wollt ihm gern zur Belohnung viel Geld geben. Er sprach aber: »Geld will ich nicht, ich habe doch genug.« Dann nahm er sein Mehl auf den Rücken, ging nach Haus und sagte dem Amtmann, er hätte die Sache ausgerichtet und wollte nun seinen bedungenen Lohn haben. Wie der Amtmann das hörte, da ward ihm erst recht angst: Er wusste sich nicht zu lassen, ging in der Stube auf und ab, und die Schweißtropfen liefen ihm von der Stirne herunter. Da machte er das Fenster auf nach frischer Luft. Ehe er sichs aber versah, hatte ihm der Großknecht einen Tritt gegeben, dass er durchs Fenster in die Luft hineinflog, immerfort, bis ihn niemand mehr sehen konnte. Da sprach der Großknecht zur Frau des Amtmanns: »Kommt er nicht wieder, so müsst Ihr den anderen Streich hinnehmen.« Sie rief: »Nein, nein, ich kanns nicht aushalten«, und machte das andere Fenster auf, weil ihr die Schweißtropfen die Stirne herunterliefen. Da gab er ihr einen Tritt, dass sie gleichfalls hinausflog, und da sie leichter war, noch viel höher als ihr Mann. Der Mann rief: »Komm doch zu mir.« Sie aber rief: »Komm du zu mir, ich kann nicht zu dir.« Und sie schwebten da in der Luft und konnte keins zum andern kommen, und ob sie da noch schweben, das weiß ich nicht; der junge Riese aber nahm seine Eisenstange und ging weiter.

55

Der König vom goldenen Berg

Ein Kaufmann, der hatte zwei Kinder, einen Buben und ein Mädchen, die waren beide noch klein und konnten noch nicht laufen. Es gingen aber zwei reich beladene Schiffe von ihm auf dem Meer, und sein ganzes Vermögen war darin, und wie er meinte, dadurch viel Geld zu gewinnen, kam die Nachricht, sie wären versunken. Da war er nun statt eines reichen Mannes ein armer Mann und hatte nichts mehr übrig als einen Acker vor der Stadt. Um sich sein Unglück ein wenig aus den Gedanken zu schlagen, ging er hinaus auf den Acker, und wie er da so auf und ab ging, stand auf einmal ein kleines schwarzes Männchen neben ihm und fragte, warum er so traurig wäre und was er sich so sehr zu Herzen nähme. Da sprach der Kaufmann: »Wenn du mir helfen könntest, wollt ich dir es wohl sagen.« – »Wer weiß«, antwortete das schwarze Männchen, »vielleicht helf ich dir.« Da erzählte der Kaufmann, dass ihm sein ganzer Reichtum auf dem Meer zugrunde gegangen wäre, und hätte er nichts mehr übrig als diesen Acker. »Bekümmere dich nicht«, sagte das Männchen. »Wenn du mir versprichst, das, was dir zu Haus am Ersten widers Bein stößt, in zwölf Jahren hierher auf den Platz zu bringen, sollst du Geld haben, so viel du willst.« Der Kaufmann dachte: »Was kann das anders sein als mein Hund?«, aber an seinen kleinen Jungen dachte er nicht und sagte Ja, gab dem schwarzen Mann Handschrift und Siegel darüber und ging nach Haus.

Als er nach Haus kam, da freute sich sein kleiner Junge so sehr darüber, dass er sich an den Bänken hielt, zu ihm herbeiwackelte und ihn an den Beinen fest packte. Da erschrak der Vater, denn es fiel ihm sein Versprechen ein, und er wusste nun, was er verschrieben hatte. Weil er aber immer noch kein Geld in seinen Kisten und Kasten fand, dachte er, es wäre nur ein Spaß von dem Männchen gewesen. Einen Monat nachher ging er auf den Boden und wollte altes Zinn zusammensuchen und verkaufen, da sah er einen großen Haufen Geld liegen. Nun war er wieder guter Dinge, kaufte ein, ward ein größerer Kaufmann als vorher und ließ Gott einen guten Mann sein. Unterdessen ward der Junge groß und dabei klug und gescheit. Je näher aber die zwölf Jahre herbeikamen, je sorgvoller ward der Kaufmann, sodass man ihm die Angst im Gesicht sehen konnte. Da fragte ihn der Sohn einmal, was ihm fehlte; der Vater wollte es nicht sagen, aber jener hielt so lange an, bis er ihm endlich sagte, er hätte ihn, ohne zu wissen, was er verspräche, einem schwarzen Männchen zugesagt und vieles Geld dafür bekommen. Er hätte seine Handschrift mit Siegel darüber gegeben, und nun müsste er ihn, wenn zwölf Jahre herum wären, ausliefern. Da sprach der Sohn: »O Vater, lasst Euch nicht bang sein, das soll schon gut werden, der Schwarze hat keine Macht über mich.«

Der Sohn ließ sich von dem Geistlichen segnen, und als die Stunde kam, gingen sie zusammen hinaus auf den Acker, und der Sohn machte einen Kreis und stellte sich mit seinem Vater hinein. Da kam das schwarze Männchen und sprach zu dem Alten: »Hast du mitgebracht, was du mir versprochen hast?« Er schwieg still, aber der Sohn fragte: »Was willst du hier?« Da sagte das schwarze Männchen: »Ich habe mit deinem Vater zu sprechen und nicht mit dir.« Der Sohn antwortete: »Du hast meinen Vater betrogen und verführt, gib die Handschrift heraus.« – »Nein«, sagte das schwarze Männchen, »mein Recht geb ich nicht auf.« Da redeten sie noch lange miteinander, endlich wurden sie einig, der Sohn, weil er nicht dem Erbfeind und nicht mehr seinem Vater zugehörte, sollte sich in ein Schiffchen setzen, das auf einem hinabwärts fließenden Wasser stände, und der Vater sollte es mit seinem eigenen Fuß fortstoßen, und dann sollte der Sohn dem Wasser überlassen bleiben. Da nahm er Abschied von seinem Vater, setzte sich in ein Schiffchen, und der Vater musste es mit seinem eigenen Fuß fortstoßen. Das Schiffchen schlug um, sodass der unterste Teil oben war, die Decke aber im Wasser; und der Vater glaubte, sein Sohn wäre verloren, ging heim und trauerte um ihn.

Das Schiffchen aber versank nicht, sondern floss ruhig fort, und der Jüngling saß sicher darin, und so floss es lange, bis es endlich an einem unbekannten Ufer festsitzen blieb. Da stieg er ans Land, sah ein schönes Schloss vor sich liegen und ging darauf los. Wie er aber hineintrat, war es verwünscht: Er ging durch alle Zimmer, aber sie waren leer, bis er in die letzte Kammer kam, da lag eine Schlange darin und ringelte sich. Die Schlange aber war eine verwünschte Jungfrau, die freute sich, wie sie ihn sah, und sprach zu ihm: »Kommst du, mein Erlöser? Auf dich habe ich schon zwölf Jahre gewartet; dies Reich ist verwünscht, und du musst es erlösen.« – »Wie kann ich das?«, fragte er. »Heute Nacht kommen zwölf schwarze Männer, die mit Ketten behangen sind, die werden dich fragen, was du hier machst, da schweig aber still und gib ihnen keine Antwort und lass sie mit dir machen, was sie wollen. Sie werden dich quälen, schlagen und stechen, lass alles geschehen, nur rede nicht; um zwölf Uhr müssen sie wieder fort. Und in der zweiten Nacht werden wieder zwölf andere kommen, in der dritten vierundzwanzig, die werden dir den Kopf abhauen: Aber um zwölf Uhr ist ihre Macht vorbei, und wenn du dann ausgehalten und kein Wörtchen gesprochen hast, so bin ich erlöst. Ich komme zu dir und habe in einer Flasche das Wasser des Lebens, damit bestreiche ich dich, und dann bist du wieder lebendig und gesund wie zuvor.« Da sprach er: »Gerne will ich dich erlösen.« Es geschah nun alles so, wie sie gesagt hatte: Die schwarzen Männer konnten ihm kein Wort abzwingen, und in der dritten Nacht ward die Schlange zu einer schönen Königstochter, die kam mit dem Wasser des Lebens und machte ihn wieder lebendig. Und dann fiel sie ihm um den Hals und küsste ihn, und war Jubel und Freude im ganzen Schloss. Da wurde ihre Hochzeit gehalten, und er war König vom goldenen Berge.

Also lebten sie vergnügt zusammen, und die Königin gebar einen schönen Knaben. Acht Jahre waren schon herum, da fiel ihm sein Vater ein, und sein Herz ward bewegt, und er wünschte, ihn einmal heimzusuchen. Die Königin wollte ihn aber nicht fortlassen und sagte: »Ich weiß schon, dass es mein Unglück ist«, er ließ ihr aber keine Ruhe, bis sie einwilligte. Beim Abschied gab sie ihm noch einen Wünschring und sprach: »Nimm diesen Ring und steck ihn an deinen Finger, so wirst du alsbald dahin versetzt, wo du dich hinwünschest, nur musst du mir versprechen, dass du ihn nicht gebrauchst, mich von hier weg zu deinem Vater zu wünschen.« Er versprach ihr das, steckte den Ring an seinen Finger und wünschte sich heim vor die Stadt, wo sein Vater lebte. Im Augenblick befand er sich auch dort und wollte in die Stadt. Wie er aber vors Tor kam, wollten ihn die Schildwachen nicht einlassen, weil er seltsame und doch so reiche und prächtige Kleider anhatte. Da ging er auf einen Berg, wo ein Schäfer hütete, tauschte mit diesem die Kleider und zog den alten Schäferrock an und ging also ungestört in die Stadt ein. Als er zu seinem Vater kam, gab er sich zu erkennen, der aber glaubte nimmermehr, dass es sein Sohn wäre, und sagte, er hätte zwar einen Sohn gehabt, der wäre aber längst tot, doch weil er sähe, dass er ein armer dürftiger Schäfer wäre, so wollte er ihm einen Teller voll zu essen geben. Da sprach der Schäfer zu seinen Eltern: »Ich bin wahrhaftig euer Sohn, wisst ihr kein Mal an meinem Leibe, woran ihr mich erkennen könnt?« – »Ja«, sagte die Mutter, »unser Sohn hatte eine Himbeere unter dem rechten Arm.« Er streifte das Hemd zurück, da sahen sie die Himbeere unter seinem rechten Arm und zweifelten nicht mehr, dass es ihr Sohn wäre. Darauf erzählte er ihnen, er wäre König vom goldenen Berge, und eine Königstochter wäre seine Gemahlin, und sie hätten einen schönen Sohn von sieben Jahren. Da sprach der Vater: »Nun und nimmermehr ist das wahr: Das ist mir ein schöner König, der in einem zerlumpten Schäferrock hergeht.« Da ward der Sohn zornig und drehte, ohne an sein Versprechen zu denken, den Ring herum und wünschte beide, seine Gemahlin und sein Kind, zu sich. In dem Augenblick waren sie auch da, aber die Königin, die klagte und weinte und sagte, er hätte sein Wort gebrochen und hätte sie unglücklich gemacht. Er sagte: »Ich habe es unachtsam getan und nicht mit bösem Willen«, und redete ihr zu; sie stellte sich auch, als gäbe sie nach, aber sie hatte Böses im Sinn.

Da führte er sie hinaus vor die Stadt auf den Acker und zeigte ihr das Wasser, wo das Schiffchen war abgestoßen worden, und sprach dann: »Ich bin müde, setze dich nieder, ich will ein wenig auf deinem Schoß schlafen.« Da legte er seinen Kopf auf ihren Schoß und sie lauste ihn ein wenig, bis er einschlief. Als er eingeschlafen war, zog sie erst den Ring von seinem Finger, dann zog sie den Fuß unter ihm weg und ließ nur den Toffel zurück. Hierauf nahm sie ihr Kind in den Arm und wünschte sich wieder in ihr Königreich. Als er erwachte, lag er da ganz verlassen, und seine Gemahlin und das Kind waren fort und der Ring vom Finger auch, nur der Toffel stand noch da zum Wahrzeichen. »Nach Haus zu deinen Eltern kannst du nicht wieder gehen«, dachte er, »die würden sagen, du wärst ein Hexenmeister; du willst aufpacken und gehen, bis du in dein Königreich kommst.« Also ging er fort und kam endlich zu einem Berg, vor dem drei Riesen standen und miteinander stritten, weil sie nicht wussten, wie sie ihres Vaters Erbe teilen sollten. Als sie ihn vorbeigehen sahen, riefen sie ihn an und sagten, kleine Menschen hätten klugen Sinn, er sollte ihnen die Erbschaft verteilen. Die Erbschaft aber bestand aus einem Degen, wenn einer den in die Hand nahm und sprach: »Köpf alle runter, nur meiner nicht«, so lagen alle Köpfe auf der Erde; zweitens aus einem Mantel, wer den anzog, war unsichtbar; drittens aus ein Paar Stiefeln, wenn man die angezogen hatte und sich wohin wünschte, so war man im Augenblick da. Er sagte: »Gebt mir die drei Stücke, damit ich probieren könnte, ob sie noch in gutem Stande sind.« Da gaben sie ihm den Mantel, und als er ihn umgehängt hatte, war er unsichtbar und war in eine Fliege verwandelt. Dann nahm er wieder seine Gestalt an und sprach: »Der Mantel ist gut, nun gebt mir das Schwert.« Sie sagten: »Nein, das geben wir nicht! Wenn du sprächst: »Köpf alle runter, nur meiner nicht!«, so wären unsere Köpfe alle herab und du allein hättest den deinigen noch.« Doch gaben sie es ihm unter der Bedingung, dass er's an einem Baum probieren sollte. Das tat er, und das Schwert zerschnitt den Stamm eines Baumes wie einen Strohhalm. Nun wollt er noch die Stiefeln haben, sie sprachen aber: »Nein, die geben wir nicht weg, wenn du sie angezogen hättest und wünschtest dich oben auf den Berg, so stünden wir da unten und hätten nichts.« – »Nein«, sprach er, »das will ich nicht tun.« Da gaben sie ihm auch die Stiefeln. Wie er nun alle drei Stücke hatte, so dachte er an nichts als an seine Frau und sein Kind und sprach so vor sich hin: »Ach wäre ich auf dem goldenen Berg«, und alsbald verschwand er vor den Augen der Riesen, und war also ihr Erbe geteilt. Als er nah beim Schloss war, hörte er Freudengeschrei, Geigen und Flöten, und die Leute sagten ihm, seine Gemahlin feierte ihre Hochzeit mit einem andern. Da ward er zornig und sprach: »Die Falsche, sie hat mich betrogen und mich verlassen, als ich eingeschlafen war.« Da hing er seinen Mantel um und ging unsichtbar ins Schloss hinein. Als er in den Saal eintrat, war da eine große Tafel mit köstlichen Speisen besetzt, und die Gäste aßen und tranken, lachten und scherzten. Sie aber saß in der Mitte in prächtigen Kleidern auf einem königlichen Sessel und hatte die Krone auf dem Haupt. Er stellte sich hinter sie, und niemand sah ihn. Wenn sie ihr ein Stück Fleisch auf den Teller legten, nahm er ihn weg und aß es; und wenn sie ihr ein Glas Wein einschenkten, nahm er's weg und tranks aus; sie gaben ihr immer, und sie hatte doch immer nichts, denn Teller und Glas verschwanden augenblicklich. Da ward sie bestürzt und schämte sie sich, stand auf und ging in ihre Kammer und weinte, er aber ging hinter ihr her. Da sprach sie: »Ist denn der Teufel über mir, oder kam mein Erlöser nie?« Da schlug er ihr ins Angesicht und sagte: »Kam dein Erlöser nie? Er ist über dir, du Betrügerin. Habe ich das an dir verdient?« Da machte er sich sichtbar, ging in den Saal und rief: »Die Hochzeit ist aus, der wahre König ist gekommen!« Die Könige, Fürsten und Räte, die da versammelt waren, höhnten und verlachten ihn. Er aber gab kurze Worte und sprach: »Wollt ihr hinaus oder nicht?« Da wollten sie ihn fangen und drangen auf ihn ein, aber er zog sein Schwert und sprach: »Köpf alle runter, nur meiner nicht.« Da rollten alle Köpfe zur Erde, und er war allein der Herr und war wieder König vom goldenen Berge.

56
Die Rabe

Es war einmal eine Königin, die hatte ein Töchterchen, das war noch klein und musste noch auf dem Arm getragen werden. Zu einer Zeit war das Kind unartig, und die Mutter mochte sagen, was sie wollte, es hielt nicht Ruhe. Da ward sie ungeduldig, und weil die Raben so um das Schloss herumflogen, öffnete sie das Fenster und sagte: »Ich wollte, du wärst eine Rabe und flögst fort, so hätt ich Ruhe.« Kaum hatte sie das Wort gesagt, so war das Kind in eine Rabe verwandelt und flog von ihrem Arm zum Fenster hinaus. Sie flog aber in einen dunkeln Wald und blieb lange Zeit darin und die Eltern hörten nichts von ihr. Danach führte einmal einen Mann sein Weg in diesen Wald, der hörte die Rabe rufen und ging der Stimme nach, und als er näher kam, sprach die Rabe: »Ich bin eine Königstochter von Geburt und bin verwünscht worden, du aber kannst mich erlösen.« – »Was soll ich tun?«, fragte er. Sie sagte: »Geh weiter in den Wald, und du wirst ein Haus finden, darin sitzt eine alte Frau, die wird dir Essen und Trinken reichen, aber du darfst nichts nehmen. Wenn du etwas issest oder trinkst, so verfällst du in einen Schlaf und kannst du mich nicht erlösen. Im Garten hinter dem Haus ist eine große Lohhucke, darauf sollst du stehen und mich erwarten. Drei Tage lang komm ich jeden Mittag um zwei Uhr zu dir in einem Wagen, der ist erst mit vier weißen Hengsten bespannt, dann mit vier roten und zuletzt mit vier schwarzen; wenn du aber nicht wach bist, sondern schläfst, so werde ich nicht erlöst.« Der Mann versprach alles zu tun, was sie verlangt hatte. Die Rabe aber sagte: »Ach, ich weiß es schon, du wirst mich nicht erlösen, du nimmst etwas von der Frau.« Da versprach der Mann noch einmal, er wollte gewiss nichts anrühren, weder von dem Essen noch von dem Trinken. Wie er aber in das Haus kam, trat die alte Frau zu ihm und sagte: »Armer Mann, was seid Ihr abgemattet, kommt und erquickt Euch, esset und trinket.« – »Nein«, sagte der Mann, »ich will nicht essen und nicht trinken.« Sie ließ ihm aber keine Ruhe und sprach: »Wenn Ihr dann nicht essen wollt, so tut einen Zug aus dem Glas, einmal ist keinmal.« Da ließ er sich überreden und trank. Nachmittags gegen zwei Uhr ging er hinaus in den Garten auf die

Lohhucke und wollte auf die Rabe warten. Wie er da stand, ward er auf einmal so müde und konnte es nicht überwinden und legte sich ein wenig nieder, doch wollte er nicht einschlafen. Aber kaum hatte er sich hingestreckt, so fielen ihm die Augen von selber zu, und er schlief ein und schlief so fest, dass ihn nichts auf der Welt hätte erwecken können. Um zwei Uhr kam die Rabe mit vier weißen Hengsten gefahren, aber sie war schon in voller Trauer und sprach: »Ich weiß, dass er schläft.« Und als sie in den Garten kam, lag er auch da auf der Lohhucke und schlief. Sie stieg aus dem Wagen, ging zu ihm und schüttelte ihn und rief ihn an, aber er erwachte nicht. Am andern Tag zur Mittagszeit kam die alte Frau wieder und brachte ihm Essen und Trinken, aber er wollte es nicht annehmen. Doch sie ließ ihm keine Ruhe und redete ihm so lange zu, bis er wieder einen Zug aus dem Glase tat. Gegen zwei Uhr ging er in den Garten auf die Lohhucke und wollte auf die Rabe warten, da empfand er auf einmal so große Müdigkeit, dass seine Glieder ihn nicht mehr hielten. Er konnte sich nicht helfen, musste sich legen und fiel in tiefen Schlaf. Als die Rabe daherfuhr mit vier braunen Hengsten, war sie schon in voller Trauer und sagte: »Ich weiß, dass er schläft.« Sie ging zu ihm hin, aber er lag da im Schlaf und war nicht zu erwecken. Am andern Tage sagte die alte Frau, was das wäre? Er äße und tränke nichts, ob er sterben wollte? Er antwortete: »Ich will und darf nicht essen und nicht trinken.« Sie stellte aber die Schüssel mit Essen und das Glas mit Wein vor ihm hin, und als der Geruch davon zu ihm aufstieg, so konnte er nicht widerstehen und tat einen starken Zug. Als die Zeit kam, ging er hinaus in den Garten auf die Lohhucke und wartete auf die Königstochter: Da ward er noch müder als die Tage vorher, legte sich nieder und schlief so fest, als wäre er ein Stein. Um zwei Uhr kam die Rabe und hatte vier schwarze Hengste, und die Kutsche und alles war schwarz. Sie war aber schon in voller Trauer und sprach: »Ich weiß, dass er schläft und mich nicht erlösen kann.« Als sie zu ihm kam, lag er da und schlief fest. Sie rüttelte ihn und rief ihn, aber sie konnte ihn nicht aufwecken. Da legte sie ein Brot neben ihn hin, dann ein Stück Fleisch, zum dritten eine Flasche Wein, und er konnte von allem so viel nehmen, als er wollte, es ward nicht weniger. Danach nahm sie einen goldenen Ring von ihrem Finger und steckte ihn an seinen Finger, und war ihr Name eingegraben. Zuletzt legte sie einen Brief hin, darin stand, was sie ihm gegeben hatte, und dass es nie all würde, und es stand auch darin: »Ich sehe wohl, dass du mich hier nicht erlösen kannst, willst du mich aber noch erlösen, so komm nach dem goldenen Schloss von Stromberg, es steht in deiner Macht, das weiß ich gewiss.« Und wie sie ihm das alles gegeben hatte, setzte sie sich in ihren Wagen und fuhr in das goldene Schloss von Stromberg.

Als der Mann aufwachte und sah, dass er geschlafen hatte, ward er von Herzen traurig und sprach: »Gewiss nun ist sie vorbeigefahren, und ich habe sie nicht erlöst.« Da fielen ihm die Dinge in die Augen, die neben ihm lagen, und er las den Brief, darin geschrieben stand, wie es zugegangen war. Also machte er sich auf und ging fort und wollte nach dem goldenen Schloss von Stromberg, aber er wusste nicht, wo es lag. Nun war er schon lange in der Welt herumgegangen, da kam er in einen dunkeln Wald und ging vierzehn Tage darin fort und konnte sich nicht herausfinden. Da ward es wieder Abend, und er war so müde, dass er sich an einen Busch legte und einschlief. Am andern Tag ging er weiter, und abends, als er sich wieder an einen Busch legen wollte, hörte er ein Heulen und Jammern, dass er nicht einschlafen konnte. Und wie die Zeit kam, wo die Leute Lichter anstecken, sah er eins schimmern, machte sich auf und ging ihm nach; da kam er vor ein Haus, das schien so klein, denn es stand ein großer Riese davor. Da dachte er bei sich: »Gehst du hinein und der Riese erblickt dich, so ist es leicht um dein Leben geschehen.« Endlich wagte er es und trat heran. Als der Riese ihn sah, sprach er: »Es ist gut, dass du kommst, ich habe lange nichts gegessen. Ich will dich gleich zum Abendbrot verschlucken.« – »Lass das lieber sein«, sprach der Mann, »ich lasse mich nicht gerne verschlucken; verlangst du zu essen, so habe ich genug, um dich satt zu machen.« – »Wenn das wahr ist«, sagte der Riese, »so kannst du ruhig bleiben; ich wollte dich nur verzehren, weil ich nichts anderes habe.« Da gingen sie und setzten sich an den Tisch, und der Mann holte Brot, Wein und Fleisch, das nicht all ward. »Das gefällt mir wohl«, sprach der Riese und aß nach Herzenslust. Danach sprach der Mann zu ihm: »Kannst du mir nicht sagen, wo das goldene Schloss von Stromberg ist?« Der Riese sagte: »Ich will auf meiner Landkarte nachsehen, darauf sind alle Städte, Dörfer und Häuser zu finden.« Er holte die Landkarte, die er in der Stube hatte, und suchte das Schloss, aber es stand nicht darauf. »Es tut nichts«, sprach er, »ich habe oben im Schranke noch größere Landkarten; darauf wollen wir suchen«; aber es war auch vergeblich.

Der Mann wollte nun weitergehen; aber der Riese bat ihn, noch ein paar Tage zu warten, bis sein Bruder heimkäme, der wäre ausgegangen, Lebensmittel zu holen. Als der Bruder heimkam, fragten sie nach dem goldenen Schloss von Stromberg; er antwortete: »Wenn ich gegessen habe und satt bin, dann will ich auf der Karte suchen.« Er stieg dann mit ihnen auf seine Kammer, und sie suchten auf seiner Landkarte, konnten es aber nicht finden; da holte er noch andere alte Karten, und sie ließen nicht ab, bis sie endlich das goldene Schloss von Stromberg fanden, aber es war viele tausend Meilen weit weg. »Wie werde ich nun dahin kommen?«, fragte der Mann. Der Riese sprach: »Zwei Stunden hab ich Zeit, da will ich dich bis in die Nähe tragen, dann aber muss ich wieder nach Haus und das Kind säugen, das wir haben.« Da trug der Riese den Mann bis etwa hundert Stunden vom Schloss und sagte: »Den übrigen Weg kannst du wohl allein gehen.« Dann kehrte er um, der Mann aber ging vorwärts Tag und Nacht, bis er endlich zu dem goldenen Schloss von Stromberg kam. Es stand aber auf einem gläsernen Berge, und die verwünschte Jungfrau fuhr in ihrem Wagen um das Schloss herum und ging dann hinein. Er freute sich, als er sie erblickte, und wollte zu ihr hinaufsteigen, aber wie er es auch anfing, er rutschte an dem Glas immer wieder herunter. Und als er sah, dass er sie nicht erreichen konnte, ward er ganz betrübt und sprach zu sich selbst: »Ich will hier unten bleiben und auf sie warten.« Also baute er sich eine Hütte und saß darin ein ganzes Jahr und sah die Königstochter alle Tage oben fahren, konnte aber nicht zu ihr hinaufkommen.

Da sah er einmal aus seiner Hütte, wie drei Räuber sich schlugen, und rief ihnen zu: »Gott sei mit euch!« Sie hielten bei dem Rufe inne, als sie aber niemand sahen, fingen sie wieder an sich zu schlagen, und das zwar ganz gefährlich. Da rief er abermals: »Gott sei mit euch!« Sie hörten wieder auf, guckten sich um, weil sie aber niemand sahen, fuhren sie auch wieder fort sich zu schlagen. Da rief er zum dritten Mal: »Gott sei mit euch!«, und dachte: »Du musst sehen, was die drei vorhaben«, ging hin und fragte, warum sie aufeinander losschlügen. Da sagte der eine, er hätte einen Stock gefunden, wenn er damit wider eine Tür schlüge, so spränge sie auf; der andere sagte, er hätte einen Mantel gefunden, wenn er den umhinge, so wäre er unsichtbar; der Dritte aber sprach, er hätte ein Pferd gefangen, damit könnte man überall hinreiten, auf den gläsernen Berg hinauf. Nun wüssten sie nicht, ob sie das in Gemeinschaft behalten oder ob sie sich trennen sollten. Da sprach der Mann: »Die drei Sachen will ich euch eintauschen: Geld habe ich zwar nicht, aber andere Dinge, die mehr wert sind! Doch muss ich vorher eine Probe machen, damit ich sehe, ob ihr auch die Wahrheit gesagt habt.« Da ließen sie ihn aufs Pferd sitzen, hingen ihm den Mantel um und gaben ihm den Stock in die Hand, und wie er das alles hatte, konnten sie ihn nicht mehr sehen. Da gab er ihnen tüchtige Schläge und rief: »Nun, ihr Bärenhäuter, da habt ihr, was euch gebührt. Seid ihr zufrieden?« Dann ritt er den Glasberg hinauf, und als er oben vor das Schloss kam, war es verschlossen – da schlug er mit dem Stock an das Tor, und alsbald sprang es auf. Er trat ein und ging die Treppe hinauf bis oben in den Saal, da saß die Jungfrau und hatte einen goldenen Kelch mit Wein vor sich. Sie konnte ihn aber nicht sehen, weil er den Mantel umhatte. Und als er vor sie kam, zog er den Ring, den sie ihm gegeben hatte, vom Finger und warf ihn in den Kelch, dass es klang. Da rief sie: »Das ist mein Ring, so muss auch der Mann da sein, der mich erlösen wird.« Sie suchten im ganzen Schloss und fanden ihn nicht, er war aber hinausgegangen, hatte sich aufs Pferd gesetzt und den Mantel abgeworfen. Wie sie nun vor das Tor kamen, sahen sie ihn und schrien vor Freude. Da stieg er ab und nahm die Königstochter in den Arm; sie aber küsste ihn und sagte: »Jetzt hast du mich erlöst, und morgen wollen wir unsere Hochzeit feiern.«

57
Die kluge Bauerntochter

Es war einmal ein armer Bauer, der hatte kein Land, nur ein kleines Häuschen und eine alleinige Tochter. Da sprach die Tochter: »Wir sollten den Herrn König um ein Stückchen Rottland bitten.« Da der König ihre Armut hörte, schenkte er ihnen auch ein Eckchen Rasen; den hackte sie und ihr Vater um und wollten ein wenig Korn und der Art Frucht darauf säen. Als sie den Acker beinah herum hatten, so fanden sie in der Erde einen Mörsel von purem Gold. »Hör«, sagte der Vater zu dem Mädchen, »weil unser Herr König ist so gnädig gewesen und hat uns diesen Acker geschenkt, so müssen wir ihm den Mörsel dafür geben.« Die Tochter aber wollte es nicht bewilligen und sagte: »Vater, wenn wir den Mörsel haben und haben den Stößer nicht, dann müssen wir auch den Stößer herbeischaffen, darum schweigt lieber still.« Er wollt ihr aber nicht gehorchen, nahm den Mörsel, trug ihn zum Herrn König und sagte, den hätte er gefunden in der Heide, ob er ihn als eine Verehrung annehmen wollte. Der König nahm den Mörsel und fragte, ob er nichts mehr gefunden hätte. »Nein«, antwortete der Bauer. Da sagte der König, er solle nun auch den Stößer herbeischaffen. Der Bauer sprach, den hätten sie nicht gefunden; aber das half ihm so viel, als hätt er's in den Wind gesagt, er ward ins Gefängnis gesetzt und sollte so lange da sitzen, bis er den Stößer herbeigeschafft hätte. Die Bedienten mussten ihm täglich Wasser und Brot bringen, was man so in dem Gefängnis kriegt, da hörten sie, wie der Mann als fortschrie: »Ach, hätt ich meiner Tochter gehört! Ach, ach, hätt ich meiner Tochter gehört!« Da gingen die Bedienten zum König und sprachen das, wie der Gefangene als fortschrie: »Ach, hätt ich doch meiner

Tochter gehört!«, und wollte nicht essen und nicht trinken. Da befahl er den Bedienten, sie sollten den Gefangenen vor ihn bringen, und da fragte ihn der Herr König, warum er also fortschrie: »Ach, hätt ich meiner Tochter gehört!« – »Was hat Eure Tochter denn gesagt?« – »Ja, sie hat gesprochen, ich sollte den Mörsel nicht bringen, sonst müsst ich auch den Stößer schaffen.« – »Habt Ihr so eine kluge Tochter, so lasst sie einmal herkommen.« Also musste sie vor den König kommen, der fragte sie, ob sie denn so klug wäre, und sagte, er wollte ihr ein Rätsel aufgeben: Wenn sie das treffen könnte, dann wollte er sie heiraten. Da sprach sie gleich Ja, sie wollts erraten. Da sagte der König: »Komm zu mir, nicht gekleidet, nicht nackend, nicht geritten, nicht gefahren, nicht in dem Weg, nicht außer dem Weg, und wenn du das kannst, will ich dich heiraten.« Da ging sie hin und zog sich aus splinternackend, da war sie nicht gekleidet, und nahm ein großes Fischgarn und setzte sich hinein und wickelte es ganz um sich herum, da war sie nicht nackend; und borgte einen Esel fürs Geld und band dem Esel das Fischgarn an den Schwanz, darin er sie fortschleppen musste, und war das nicht geritten und nicht gefahren; der Esel musste sie aber in der Fahrgleise schleppen, sodass sie nur mit der großen Zehe auf die Erde kam, und war das nicht in dem Weg und nicht außer dem Wege. Und wie sie so daherkam, sagte der König, sie hätte das Rätsel getroffen und es wäre alles erfüllt. Da ließ er ihren Vater los aus dem Gefängnis und nahm sie bei sich als seine Gemahlin und befahl ihr das ganze königliche Gut an.

Nun waren etliche Jahre herum, als der Herr König einmal auf die Parade zog, da trug es sich zu, dass Bauern mit ihren Wagen vor dem Schloss hielten, die hatten Holz verkauft; etliche hatten Ochsen vorgespannt, und etliche Pferde. Da war ein Bauer, der hatte drei Pferde, davon kriegte eins ein junges Füllchen, das lief weg und legte sich mitten zwischen zwei Ochsen, die vor dem Wagen waren. Als nun die Bauern zusammenkamen, fingen sie an sich zu zanken, zu schmeißen und zu lärmen, und der Ochsenbauer wollte das Füllchen behalten und sagte, die Ochsen hättens gehabt, und der andere sagte Nein, seine Pferde hättens gehabt, und es wäre sein. Der Zank kam vor den König, und er tat den Ausspruch, wo das Füllen gelegen hätte, da sollt es bleiben; und also bekams der Ochsenbauer, dems doch nicht gehörte. Da ging der andere weg, weinte und lamentierte über sein Füllchen. Nun hatte er gehört, wie dass die Frau Königin so gnädig wäre, weil sie auch von armen Bauersleuten gekommen wäre; ging er zu ihr und bat sie, ob sie ihm nicht helfen könnte, dass er sein Füllchen wiederbekäme. Sagte sie: »Ja, wenn Ihr mir versprecht, dass Ihr mich nicht verraten wollt, so will ichs Euch sagen. Morgen früh, wenn der König auf der Wachtparade ist, so stellt Euch hin mitten in die Straße, wo er vorbeikommen muss, nehmt ein großes Fischgarn und tut, als fischtet Ihr, und fischt also fort und schüttet das Garn aus, als wenn Ihrs voll hättet«, und sagte ihm auch, was er antworten sollte, wenn er vom König gefragt würde. Also stand der Bauer am andern Tag da und fischte auf einem trockenen Platz. Wie der König vorbeikam und das sah, schickte er seinen Laufer hin, der sollte fragen, was der närrische Mann vorhätte. Da gab er zur Antwort: »Ich fische.« Fragte der Laufer, wie er fischen könnte, es wäre ja kein Wasser da. Sagte der Bauer: »So gut als zwei Ochsen können ein Füllen kriegen, so gut kann ich auch auf dem trockenen Platz fischen.« Der Laufer ging hin und brachte dem König die Antwort; da ließ er den Bauer vor sich kommen und sagte ihm, das hätte er nicht von sich, von wem er das hätte, und sollts gleich bekennen. Der Bauer aber wollts nicht tun und sagte immer: Gott bewahr! Er hätt es von sich. Sie legten ihn aber auf ein Gebund Stroh und schlugen und drangsalten ihn so lange, bis er's bekannte, dass er's von der Frau Königin hätte. Als der König nach Haus kam, sagte er zu seiner Frau: »Warum bist du so falsch mit mir, ich will dich nicht mehr zur Gemahlin: Deine Zeit ist um, geh wieder hin, woher du gekommen bist, in dein Bauernhäuschen.« Doch erlaubte er ihr eins, sie sollte sich das Liebste und Beste mitnehmen, was sie wüsste, und das sollte ihr Abschied sein. Sie sagte: »Ja, lieber Mann, wenn du's so befiehlst, will ich es auch tun«, und fiel über ihn her und küsste ihn und sprach, sie wollte Abschied von ihm nehmen. Dann ließ sie einen starken Schlaftrunk kommen, Abschied mit ihm zu trinken: Der König tat einen großen Zug, sie aber trank nur ein wenig. Da geriet er bald in einen tiefen Schlaf, und als sie das sah, rief sie einen Bedienten und nahm ein schönes weißes Linnentuch und schlug ihn da hinein, und die Bedienten mussten ihn in einen Wagen vor die Türe tragen, und fuhr sie ihn heim in ihr Häuschen. Da legte sie ihn in ihr Bettchen, und er schlief Tag und Nacht in einem fort, und als er aufwachte, sah er sich um und sagte: »Ach Gott, wo bin ich denn?«, rief seinen Bedienten, aber es war keiner da. Endlich kam seine Frau vors Bett und sagte: »Lieber Herr König, Ihr habt mir befohlen, ich sollte das Liebste und Beste aus dem Schloss mitnehmen, nun hab ich nichts Besseres und Lieberes als dich, da hab ich dich mitgenommen.« Dem König stiegen die Tränen in die Augen, und er sagte: »Liebe Frau, du sollst mein sein und ich dein«, und nahm sie wieder mit ins königliche Schloss und ließ sich aufs Neue mit ihr vermählen; und werden sie ja wohl noch auf den heutigen Tag leben.

58
Das Wasser des Lebens

Es war einmal ein König, der war krank, und niemand glaubte, dass er mit dem Leben davonkäme. Er hatte aber drei Söhne, die waren darüber betrübt, gingen hinunter in den Schlossgarten und weinten. Da begegnete ihnen ein alter Mann, der fragte sie nach ihrem Kummer. Sie sagten ihm, ihr Vater wäre so krank, dass er wohl sterben würde, denn es wollte ihm nichts helfen. Da sprach der Alte: »Ich weiß ein Mittel, das ist das Wasser des Lebens; wenn er davon trinkt, so wird er wieder gesund. Es ist aber schwer zu finden.« Der Älteste sagte: »Ich will es schon finden«, ging zum kranken König und bat ihn, er möchte ihm erlauben auszuziehen, um das Wasser des Lebens zu suchen, denn das könnte ihn allein heilen. »Nein«, sprach der König, »die Gefahr dabei ist zu groß, lieber will ich sterben.« Er bat aber so lange, bis der König einwilligte. Der Prinz dachte in seinem Herzen: »Bringe ich das Wasser, so bin ich meinem Vater der Liebste und erbe das Reich.«

Also machte er sich auf, und als er eine Zeit lang fortgeritten war, stand da ein Zwerg auf dem Wege, der rief ihn an und sprach: »Wo hinaus so geschwind?« – »Dummer Knirps«, sagte der Prinz ganz stolz, »das brauchst du nicht zu wissen«, und ritt weiter. Das kleine Männchen aber war zornig geworden und hatte einen bösen Wunsch getan. Der Prinz geriet bald hernach in eine Bergschlucht, und je weiter er ritt, je enger taten sich die Berge zusammen, und endlich ward der Weg so eng, dass er keinen Schritt weiterkonnte; es war nicht möglich, das Pferd zu wenden oder aus dem Sattel zu steigen, und er saß da wie eingesperrt. Der kranke König wartete lange Zeit auf ihn, aber er kam nicht. Da sagte der zweite Sohn: »Vater, lasst mich ausziehen und das Wasser suchen«, und dachte bei sich: »Ist mein Bruder tot, so fällt das Reich mir zu.« Der König wollt ihn anfangs auch nicht ziehen lassen, endlich gab er nach. Der Prinz zog also auf demselben Weg fort, den sein Bruder eingeschlagen hatte, und begegnete auch dem Zwerg, der ihn anhielt und fragte, wohin er so eilig wollte. »Kleiner Knirps«, sagte der Prinz, »das brauchst du nicht zu wissen«, und ritt fort, ohne sich weiter umzusehen. Aber der Zwerg verwünschte ihn, und er geriet wie der andere in eine Bergschlucht und konnte nicht vorwärts und rückwärts. So gehts aber den Hochmütigen.

Als auch der zweite Sohn ausblieb, so erbot sich der jüngste, auszuziehen und das Wasser zu holen, und der König musste ihn endlich ziehen lassen. Als er dem Zwerg begegnete und dieser fragte, wohin er so eilig wolle, so hielt er an, gab ihm Rede und Antwort und sagte: »Ich suche das Wasser des Lebens, denn mein Vater ist sterbenskrank.« – »Weißt du auch, wo das zu finden ist?« – »Nein«, sagte der Prinz. »Weil du dich betragen hast, wie sichs geziemt, nicht übermütig wie deine falschen Brüder, so will ich dir Auskunft geben und dir sagen, wie du zu dem Wasser des Lebens gelangst. Es quillt aus einem Brunnen in dem Hofe eines verwünschten Schlosses, aber du dringst nicht hinein, wenn ich dir nicht eine eiserne Rute gebe und zwei Laiberchen Brot. Mit der Rute schlag dreimal an das eiserne Tor des Schlosses, so wird es aufspringen; inwendig liegen zwei Löwen, die den Rachen aufsperren, wenn du aber jedem ein Brot hineinwirfst, so werden sie still, und dann eile dich und hol von dem

Wasser des Lebens, bevor es zwölf schlägt, sonst schlägt das Tor wieder zu und du bist eingesperrt.« Der Prinz dankte ihm, nahm die Rute und das Brot und machte sich auf den Weg. Und als er anlangte, war alles so, wie der Zwerg gesagt hatte. Das Tor sprang beim dritten Rutenschlag auf, und als er die Löwen mit dem Brot gesänftigt hatte, trat er in das Schloss und kam in einen großen schönen Saal. Darin saßen verwünschte Prinzen, denen zog er die Ringe vom Finger, dann lag da ein Schwert und ein Brot, das nahm er weg. Und weiter kam er in ein Zimmer, darin stand eine schöne Jungfrau, die freute sich, als sie ihn sah, küsste ihn und sagte, er hätte sie erlöst und sollte ihr ganzes Reich haben, und wenn er in einem Jahre wiederkäme, so sollte ihre Hochzeit gefeiert werden. Dann sagte sie ihm auch, wo der Brunnen wäre mit dem Lebenswasser, er müsste sich aber eilen und daraus schöpfen, eh es zwölf schlüge. Da ging er weiter und kam endlich in ein Zimmer, wo ein schönes frischgedecktes Bett stand, und weil er müde war, wollt er erst ein wenig ausruhen. Also legte er sich und schlief ein. Als er erwachte, schlug es drei Viertel auf zwölf. Da sprang er ganz erschrocken auf, lief zu dem Brunnen und schöpfte daraus mit einem Becher, der daneben stand, und eilte, dass er fortkam. Wie er eben zum eisernen Tor hinausging, da schlugs zwölf, und das Tor schlug so heftig zu, dass es ihm noch ein Stück von der Ferse wegnahm.

Er aber war froh, dass er das Wasser des Lebens erlangt hatte, ging heimwärts und kam wieder an dem Zwerg vorbei. Als dieser das Schwert und das Brot sah, sprach er: »Damit hast du großes Gut gewonnen, mit dem Schwert kannst du ganze Heere schlagen, das Brot aber wird niemals all.« Der Prinz wollte ohne seine Brüder nicht zu dem Vater nach Haus kommen und sprach: »Lieber Zwerg, kannst du mir nicht sagen, wo meine zwei Brüder sind? Sie sind früher als ich nach dem Wasser des Lebens ausgezogen und sind nicht wiedergekommen.« – »Zwischen zwei Bergen stecken sie eingeschlossen«, sprach der Zwerg, »dahin habe ich sie verwünscht, weil sie so übermütig waren.« Da bat der Prinz so lange, bis der Zwerg sie wieder losließ, aber er warnte ihn und sprach: »Hüte dich vor ihnen, sie haben ein böses Herz.«

Als seine Brüder kamen, freute er sich und erzählte ihnen, wie es ihm ergangen wäre, dass er das Wasser des Lebens gefunden und einen Becher voll mitgenommen und eine schöne Prinzessin erlöst hätte, die wollte ein Jahr lang auf ihn warten, dann sollte Hochzeit gehalten werden, und er bekäme ein großes Reich. Danach ritten sie zusammen fort und gerieten in ein Land, wo Hunger und Krieg war, und der König glaubte schon, er müsste verderben, so groß war die Not. Da ging der Prinz zu ihm und gab ihm das Brot, womit er sein ganzes Reich speiste und sättigte, und dann gab ihm der Prinz auch das Schwert, damit schlug er die Heere seiner Feinde und konnte nun in Ruhe und Frieden leben. Da nahm der Prinz sein Brot und Schwert wieder zurück, und die drei Brüder ritten weiter. Sie kamen aber noch in zwei Länder, wo Hunger und Krieg herrschten, und da gab der Prinz den Königen jedes Mal sein Brot und Schwert und hatte nun drei Reiche gerettet. Und danach setzten sie sich auf ein Schiff und fuhren übers Meer. Während der Fahrt, da sprachen die beiden Ältesten unter sich: »Der Jüngste hat das Wasser des Lebens gefunden und wir nicht, dafür wird ihm unser Vater das Reich geben, das uns gebührt, und er wird unser Glück wegnehmen.« Da wurden sie rachsüchtig und verabredeten miteinander, dass sie ihn verderben wollten. Sie warteten, bis er einmal fest eingeschlafen war, da gossen sie das Wasser des Lebens aus dem Becher und nahmen es für sich, ihm aber gossen sie bitteres Meerwasser hinein.

Als sie nun daheim ankamen, brachte der Jüngste dem kranken König seinen Becher, damit er daraus trinken und gesund werden sollte. Kaum aber hatte er ein wenig von dem bittern Meerwasser getrunken, so ward er noch kränker als zuvor. Und wie er darüber jammerte, kamen die beiden ältesten Söhne und klagten den jüngsten an, er hätte ihn vergiften wollen, sie brächten ihm das rechte Wasser des Lebens, und reichten es ihm. Kaum hatte er davon getrunken, so fühlte er seine Krankheit verschwinden und war stark und gesund wie in seinen jungen Tagen. Danach gingen die beiden zu dem Jüngsten, verspotteten ihn und sagten: »Du hast zwar das Wasser des Lebens gefunden, aber du hast die Mühe gehabt und wir den Lohn; du hättest klüger sein und die Augen aufbehalten sollen, wir haben dirs genommen, während du auf dem Meere eingeschlafen warst, und übers Jahr, da holt sich einer von uns die schöne Königstochter. Aber hüte dich, dass du nichts davon verrätst, der Vater glaubt dir doch nicht, und wenn du ein einziges Wort sagst, so sollst du noch obendrein dein Leben verlieren, schweigst du aber, so soll dirs geschenkt sein.«

Der alte König war zornig über seinen jüngsten Sohn und glaubte, er hätte ihm nach dem Leben getrachtet. Also ließ er den Hof versammeln und das Urteil über ihn sprechen, dass er heimlich sollte erschossen werden. Als der Prinz nun einmal auf die Jagd ritt und nichts Böses vermutete, musste des Königs Jäger mitgehen. Draußen, als sie ganz allein im Wald waren und der Jäger so traurig aussah, sagte der Prinz zu ihm: »Lieber Jäger, was fehlt dir?« Der Jäger sprach: »Ich kanns nicht sagen und soll es doch.« Da sprach der Prinz: »Sage heraus, was es ist, ich will dirs verzeihen.« – »Ach«, sagte der Jäger, »ich soll Euch totschießen, der König hat mirs befohlen.« Da erschrak der Prinz und sprach: »Lieber Jäger, lass mich leben, da geb ich dir mein königliches Kleid, gib mir dafür dein schlechtes.« Der Jäger sagte: »Das will ich gerne tun, ich hätte doch nicht nach Euch schießen können.« Da tauschten sie die Kleider, und der Jäger ging heim, der Prinz aber ging weiter in den Wald hinein.

Über eine Zeit, da kamen zu dem alten König drei Wagen mit Gold und Edelsteinen für seinen jüngsten Sohn; sie waren aber von den drei Königen geschickt, die mit des Prinzen Schwert die Feinde geschlagen und mit seinem Brot ihr Land ernährt hatten, und die sich dankbar bezeigen wollten. Da dachte der alte König: »Sollte mein Sohn unschuldig gewesen sein?«, und sprach zu seinen Leuten: »Wäre er noch am Leben, wie tut mirs so leid, dass ich ihn habe töten lassen.« – »Er lebt noch«, sprach der Jäger, »ich konnte es nicht übers Herz bringen, Euern Befehl auszuführen«, und sagte dem König, wie es zugegangen war. Da fiel dem König ein Stein von dem Herzen, und er ließ in allen Reichen verkündigen, sein Sohn dürfte wiederkommen und sollte in Gnaden aufgenommen werden.

Die Königstochter aber ließ eine Straße vor ihrem Schloss machen, die war ganz golden und glänzend, und sagte ihren Leuten, wer darauf geradeswegs zu ihr geritten käme, das wäre der Rechte, und den sollten sie einlassen, wer aber daneben käme, der wäre der Rechte nicht, und den sollten sie auch nicht einlassen. Als nun die Zeit bald herum war, dachte der Älteste, er wollte sich eilen, zur Königstochter gehen und sich für ihren Erlöser ausgeben, da bekäme er sie zur Gemahlin und das Reich daneben. Also ritt er fort, und als er vor das Schloss kam und die schöne goldene Straße sah, dachte er: »Das wäre jammerschade, wenn du darauf rittest«, lenkte ab und ritt rechts nebenher. Wie er aber vor das Tor kam, sagten die Leute zu ihm, er wäre der Rechte nicht, er sollte wieder fortgehen. Bald darauf machte sich der zweite Prinz auf, und wie der zur goldenen Straße kam und das Pferd den einen Fuß daraufgesetzt hatte, dachte er: »Es wäre jammerschade, das könnte etwas abtreten«, lenkte ab und ritt links nebenher. Wie er aber vor das Tor kam, sagten die Leute, er wäre der Rechte nicht, er sollte wieder fortgehen. Als nun das Jahr ganz herum war, wollte der Dritte aus dem Wald fort zu seiner Liebsten reiten und bei ihr sein Leid vergessen. Also machte er sich auf und dachte immer an sie und wäre gerne schon bei ihr gewesen und sah die goldene Straße gar nicht. Da ritt sein Pferd mitten darüber hin, und als er vor das Tor kam, ward es aufgetan, und die Königstochter empfing ihn mit Freuden und sagte, er wär ihr Erlöser und der Herr des Königreichs, und ward die Hochzeit gehalten mit großer Glückseligkeit. Und als sie vorbei war, erzählte sie ihm, dass sein Vater ihn zu sich entboten und ihm verziehen hätte. Da ritt er hin und sagte ihm alles, wie seine Brüder ihn betrogen und er doch dazu geschwiegen hätte. Der alte König wollte sie strafen, aber sie hatten sich aufs Meer gesetzt und waren fortgeschifft und kamen ihr Lebtag nicht wieder.

59
Doktor Allwissend

Es war einmal ein armer Bauer namens Krebs, der fuhr mit zwei Ochsen ein Fuder Holz in die Stadt und verkaufte es für zwei Taler an einen Doktor. Wie ihm nun das Geld ausbezahlt wurde, saß der Doktor gerade zu Tisch; da sah der Bauer, wie er schön aß und trank, und das Herz ging ihm danach auf, und er wäre auch gern ein Doktor gewesen. Also blieb er noch ein Weilchen stehen und fragte endlich, ob er nicht auch könnte ein Doktor werden. »O ja«, sagte der Doktor, »das ist bald geschehen.« – »Was muss ich tun?«, fragte der Bauer. »Erstlich kauf dir ein Abc-Buch, so ist eins, wo vorn ein Göckelhahn drin ist; zweitens mache deinen Wagen und deine zwei Ochsen zu Geld und schaff dir damit Kleider an und was sonst zur Doktorei gehört; drittens lass dir ein Schild malen mit den Worten »Ich bin der Doktor Allwissend«, und lass das oben über deine Haustür nageln.« Der Bauer tat alles, wie's ihm geheißen war. Als er nun ein wenig gedoktert hatte, aber noch nicht viel, ward einem reichen großen Herrn Geld gestohlen. Da ward ihm von dem Doktor Allwissend gesagt, der in dem und dem Dorfe wohnte und auch wissen müsste, wo das Geld hingekommen wäre. Also ließ der Herr seinen Wagen anspannen, fuhr hinaus ins Dorf und fragte bei ihm an, ob er der Doktor Allwissend wäre. Ja, der wär er. – So sollte er mitgehen und das gestohlene Geld wiederschaffen. – O ja, aber die Grete, seine Frau, müsste auch mit. Der Herr war das zufrieden und ließ sie beide in den Wagen sitzen, und sie fuhren zusammen fort. Als sie auf den adligen Hof kamen, war der Tisch gedeckt, da sollte er erst mitessen. Ja, aber seine Frau, die Grete, auch, sagte er und setzte sich mit ihr hinter den Tisch. Wie nun der erste Bediente mit einer Schüssel schönem Essen kam, stieß der Bauer seine Frau an und sagte: »Grete, das war der Erste«, und meinte, es wäre derjenige, welcher das erste Essen brächte. Der Bediente aber meinte, er hätte damit sagen wollen: »Das ist der erste Dieb«, und weil er's nun wirklich war, ward ihm angst, und er sagte draußen zu seinen Kameraden: »Der Doktor weiß alles, wir kommen übel an. Er hat gesagt, ich wäre der Erste.« Der Zweite wollte gar nicht herein, er musste aber doch. Wie er nun mit seiner Schüssel hereinkam, stieß der Bauer seine Frau an: »Grete, das ist der Zweite.« Dem Bedienten ward ebenfalls angst, und er machte, dass er hinauskam. Dem Dritten gings nicht besser, der Bauer sagte wieder: »Grete, das ist der Dritte.« Der Vierte musste eine verdeckte Schüssel hereintragen, und der Herr sprach zum Doktor, er sollte seine Kunst zeigen und raten, was darunter läge; es waren aber Krebse. Der Bauer sah die Schüssel an, wusste nicht, wie er sich helfen sollte, und sprach: »Ach, ich armer Krebs!« Wie der Herr das hörte, rief er: »Da, er weiß es, nun weiß er auch, wer das Geld hat.«

Dem Bedienten aber ward gewaltig angst, und er blinzelte den Doktor an, er möchte einmal herauskommen. Wie er nun hinauskam, gestanden sie ihm alle viere, sie hätten das Geld gestohlen; sie wolltens ja gerne herausgeben und ihm eine schwere Summe dazu, wenn er sie nicht verraten wollte, es ginge ihnen sonst an den Hals. Sie führten ihn auch hin, wo das Geld versteckt lag. Damit war der Doktor zufrieden, ging wieder hinein, setzte sich an den Tisch und sprach: »Herr, nun will ich in meinem Buch suchen, wo das Geld steckt.« Der fünfte Bediente aber kroch in den Ofen und wollte hören, ob der Doktor noch mehr wüsste. Der saß aber und schlug sein Abc-Buch auf, blätterte hin und her und suchte den Göckelhahn. Weil er ihn nicht gleich finden konnte, sprach er: »Du bist doch darin und musst auch heraus.« Da glaubte der im Ofen, er wäre gemeint, sprang voller Schrecken heraus und rief: »Der Mann weiß alles.« Nun zeigte der Doktor Allwissend dem Herrn, wo das Geld lag, sagte aber nicht, wers gestohlen hatte, bekam von beiden Seiten viel Geld zur Belohnung und ward ein berühmter Mann.

60
Der Geist im Glas

Es war einmal ein armer Holzhacker, der arbeitete vom Morgen bis in die späte Nacht. Als er sich endlich etwas Geld zusammengespart hatte, sprach er zu seinem Jungen: »Du bist mein einziges Kind, ich will das Geld, das ich mit saurem Schweiß erworben habe, zu deinem Unterricht anwenden; lernst du etwas Rechtschaffenes, so kannst du mich im Alter ernähren, wenn meine Glieder steif geworden sind und ich daheimsitzen muss.« Da ging der Junge auf eine hohe Schule und lernte fleißig, sodass ihn seine Lehrer rühmten, und blieb eine Zeit lang dort. Als er ein paar Schulen durchgelernt hatte, doch aber noch nicht in allem vollkommen war, so war das bisschen Armut, das der Vater erworben hatte, draufgegangen, und er musste wieder zu ihm heimkehren. »Ach«, sprach der Vater betrübt, »ich kann dir nichts mehr geben und kann in der teuern Zeit auch keinen Heller mehr verdienen als das tägliche Brot.« – »Lieber Vater«, antwortete der Sohn, »macht Euch darüber keine Gedanken, wenns Gottes Wille also ist, so wirds zu meinem Besten ausschlagen; ich will mich schon dreinschicken.« Als der Vater hinaus in den Wald wollte, um etwas am Malterholz (am Zuhauen und Aufrichten) zu verdienen, so sprach der Sohn: »Ich will mit Euch gehen und Euch helfen.« – »Ja, mein Sohn«, sagte der Vater, »das sollte dir beschwerlich ankommen, du bist an harte Arbeit nicht gewöhnt, du hältst das nicht aus; ich habe auch nur eine Axt und kein Geld übrig, um noch eine zu kaufen.« – »Geht nur zum Nachbar«, antwortete der Sohn, »der leiht Euch seine Axt so lange, bis ich mir selbst eine verdient habe.«

Da borgte der Vater beim Nachbar eine Axt, und am andern Morgen, bei Anbruch des Tags, gingen sie zusammen hinaus in den Wald. Der Sohn half dem Vater und war ganz munter und frisch dabei. Als nun die Sonne über ihnen stand, sprach der Vater: »Wir wollen rasten und Mittag halten, hernach gehts noch einmal so gut.« Der Sohn nahm sein Brot in die Hand und sprach: »Ruht Euch nur aus, Vater, ich bin nicht müde, ich will in dem Wald ein wenig auf und ab gehen und Vogelnester suchen.« – »O du Geck«, sprach der Vater, »was willst du da herumlaufen, hernach bist du müde und kannst den Arm nicht mehr aufheben; bleib hier und setze dich zu mir.«

Der Sohn aber ging in den Wald, aß sein Brot, war ganz fröhlich und sah in die grünen Zweige hinein, ob er etwa ein Nest entdeckte. So ging er hin und her, bis er endlich zu einer großen gefährlichen Eiche kam, die gewiss schon viele hundert Jahre alt war, und die keine fünf Menschen umspannt hätten. Er blieb stehen und sah sie an und dachte: »Es muss doch mancher Vogel sein Nest hineingebaut haben.« Da deuchte ihn auf einmal, als hörte er eine Stimme. Er horchte und vernahm, wie es mit so einem recht dumpfen Ton rief: »Lass mich heraus, lass mich heraus.« Er sah sich ringsum, konnte aber nichts entdecken, doch es war ihm, als ob die Stimme unten aus der Erde hervorkäme. Da rief er: »Wo bist du?« Die Stimme antwortete: »Ich stecke da unten bei den Eichwurzeln. Lass mich heraus, lass mich heraus.« Der Schüler fing an, unter dem Baum aufzuräumen und bei den Wurzeln zu suchen, bis er endlich in einer kleinen Höhlung eine Glasflasche entdeckte. Er hob sie in die Höhe und hielt sie gegen das Licht, da sah er ein Ding, gleich einem Frosch gestaltet, das sprang darin auf und nieder. »Lass mich heraus, lass mich heraus«, riefs von Neuem, und der Schüler, der an nichts Böses dachte, nahm den Pfropfen von der Flasche ab. Alsbald stieg ein Geist heraus und fing an zu wachsen, und wuchs so schnell, dass er in wenigen Augenblicken als ein entsetzlicher Kerl, so groß wie der halbe Baum, vor dem Schüler stand. »Weißt du«, rief er mit einer fürchterlichen Stimme, »was dein Lohn dafür ist, dass du mich herausgelassen hast?« – »Nein«, antwortete der Schüler ohne Furcht, »wie soll ich das wissen?« – »So will ich dirs sagen«, rief der Geist, »den Hals muss ich dir dafür brechen.« – »Das hättest du mir früher sagen sollen«, antwortete der Schüler, »so hätte ich dich stecken lassen; mein Kopf aber soll vor dir wohl feststehen, da müssen mehr Leute gefragt werden.« – »Mehr Leute hin, mehr Leute her«, rief der Geist, »deinen verdienten Lohn, den sollst du haben. Denkst du, ich wäre aus Gnade da so lange Zeit eingeschlossen worden, nein, es war zu meiner Strafe; ich bin der großmächtige Merkurius, wer mich loslässt, dem muss ich den Hals brechen.« – »Sachte«, antwortete der Schüler, »so geschwind geht das nicht, erst muss ich auch wissen, dass du wirklich in der kleinen Flasche gesessen hast, und dass du der rechte Geist bist. Kannst du auch wieder hinein, so will ichs glauben, und dann magst du mit mir anfangen, was du willst.« Der Geist sprach voll Hochmut: »Das ist eine geringe Kunst«, zog sich zusammen und machte sich so dünn und klein, wie er anfangs gewesen war, alsodass er durch dieselbe Öffnung und durch den Hals der Flasche wieder hineinkroch. Kaum aber war er darin, so drückte der Schüler den abgezogenen Pfropfen wieder auf und warf die Flasche unter die Eichwurzeln an ihren alten Platz, und der Geist war betrogen.

Nun wollte der Schüler zu seinem Vater zurückgehen, aber der Geist rief ganz kläglich: »Ach, lass mich doch heraus, lass mich doch heraus.« – »Nein«, antwortete der Schüler, »zum zweiten Male nicht: Wer mir einmal nach dem Leben gestrebt hat, den lass ich nicht los, wenn ich ihn wieder eingefangen habe.« – »Wenn du mich freimachst«, rief der Geist, »so will ich dir so viel geben, dass du dein Lebtag genug hast.« – »Nein«, antwortete der Schüler, »du würdest mich betrügen

wie das erste Mal.« – »Du verscherzest dein Glück«, sprach der Geist, »ich will dir nichts tun, sondern dich reichlich belohnen.« Der Schüler dachte: »Ich wills wagen, vielleicht hält er Wort, und anhaben soll er mir doch nichts.« Da nahm er den Pfropfen ab, und der Geist stieg wie das vorige Mal heraus, dehnte sich auseinander und ward groß wie ein Riese. »Nun sollst du deinen Lohn haben«, sprach er und reichte dem Schüler einen kleinen Lappen, ganz wie ein Pflaster, und sagte: »Wenn du mit dem einen Ende eine Wunde bestreichst, so heilt sie, und wenn du mit dem andern Ende Stahl und Eisen bestreichst, so wird es in Silber verwandelt.« – »Das muss ich erst versuchen«, sprach der Schüler, ging an einen Baum, ritzte die Rinde mit seiner Axt und bestrich sie mit dem einen Ende des Pflasters – alsbald schloss sie sich wieder zusammen und war geheilt. »Nun, es hat seine Richtigkeit«, sprach er zum Geist, »jetzt können wir uns trennen.« Der Geist dankte ihm für seine Erlösung, und der Schüler dankte dem Geist für sein Geschenk und ging zurück zu seinem Vater.

»Wo bist du herumgelaufen?«, sprach der Vater. »Warum hast du die Arbeit vergessen? Ich habe es ja gleich gesagt, dass du nichts zustande bringen würdest.« – »Gebt Euch zufrieden, Vater, ich wills nachholen.« – »Ja nachholen«, sprach der Vater zornig, »das hat keine Art.« – »Habt acht, Vater, den Baum da will ich gleich umhauen, dass er krachen soll.« Da nahm er sein Pflaster, bestrich die Axt damit und tat einen gewaltigen Hieb: Aber weil das Eisen in Silber verwandelt war, so legte sich die Scheide um. »Ei, Vater, seht einmal, was habt Ihr mir für eine schlechte Axt gegeben, die ist ganz schief geworden.« Da erschrak der Vater und sprach: »Ach, was hast du gemacht! Nun muss ich die Axt bezahlen und weiß nicht, womit; das ist der Nutzen, den ich von deiner Arbeit habe.« – »Werdet nicht bös«, antwortete der Sohn, »die Axt will ich schon bezahlen.« – »O, du Dummbart«, rief der Vater, »wovon willst du sie bezahlen? Du hast nichts, als was ich dir gebe; das sind Studentenkniffe, die dir im Kopf stecken, aber vom Holzhacken hast du keinen Verstand.«

Über ein Weilchen sprach der Schüler: »Vater, ich kann doch nichts mehr arbeiten, wir wollen lieber Feierabend machen.« – »Ei was«, antwortete er, »meinst du, ich wollte die Hände in den Schoß legen wie du? Ich muss noch schaffen, du kannst dich aber heimpacken.« – »Vater, ich bin zum ersten Mal hier in dem Wald, ich weiß den Weg nicht allein, geht doch mit mir.« Weil sich der Zorn gelegt hatte, so ließ der Vater sich endlich bereden und ging mit ihm heim. Da sprach er zum Sohn: »Geh und verkauf die verschändete Axt und sieh zu, was du dafür kriegst, das Übrige muss ich verdienen, um sie dem Nachbar zu bezahlen.« Der Sohn nahm die Axt und trug sie in die Stadt zu einem Goldschmied, der probierte sie, legte sie auf die Waage und sprach: »Sie ist vierhundert Taler wert, so viel habe ich nicht bar.« Der Schüler sprach: »Gebt mir, was Ihr habt, das Übrige will ich Euch borgen.« Der Goldschmied gab ihm dreihundert Taler und blieb einhundert schuldig. Darauf ging der Schüler heim und sprach: »Vater, ich habe Geld, geht und fragt, was der Nachbar für die Axt haben will.« – »Das weiß ich schon«, antwortete der Alte, »einen Taler, sechs Groschen.« – »So gebt ihm zwei Taler zwölf Groschen, das ist das Doppelte und ist genug; seht Ihr, ich habe Geld im Überfluss«, und gab dem Vater einhundert Taler und sprach: »Es soll Euch niemals fehlen, lebt nach Eurer Bequemlichkeit.« – »Mein Gott«, sprach der Alte, »wie bist du zu dem Reichtum gekommen?« Da erzählte er ihm, wie alles zugegangen wäre und wie er im Vertrauen auf sein Glück einen so reichen Fang getan hätte. Mit dem übrigen Geld aber zog er wieder hin auf die hohe Schule und lernte weiter, und weil er mit seinem Pflaster alle Wunden heilen konnte, ward er der berühmteste Doktor auf der ganzen Welt.

61
Des Teufels rußiger Bruder

Ein abgedankter Soldat hatte nichts zu leben und wusste sich nicht mehr zu helfen. Da ging er hinaus in den Wald, und als er ein Weilchen gegangen war, begegnete ihm ein kleines Männchen, das war aber der Teufel. Das Männchen sagte zu ihm: »Was fehlt dir? Du siehst ja so trübselig aus.« Da sprach der Soldat: »Ich habe Hunger, aber kein Geld.« Der Teufel sagte: »Willst du dich bei mir vermieten und mein Knecht sein, so sollst du für dein Lebtag genug haben; sieben Jahre sollst du mir dienen, hernach bist du wieder frei. Aber eins sag ich dir, du darfst dich nicht waschen, nicht kämmen, nicht schnippen, keine Nägel und Haare abschneiden und kein Wasser aus den Augen wischen.« Der Soldat sprach: »Frisch dran, wenns nicht anders sein kann«, und ging mit dem Männchen fort, das führte ihn geradewegs in die Hölle hinein. Dann sagte es ihm, was er zu tun hätte: Er müsste das Feuer schüren unter den Kesseln, wo die Höllenbraten drinsäßen, das Haus rein halten, den Kehrdreck hinter die Türe tragen und überall auf Ordnung sehen – aber guckte er ein einziges Mal in die Kessel hinein, so würde es ihm schlimm ergehen. Der Soldat sprach: »Es ist gut, ich wills schon besorgen.« Da ging nun der alte Teufel wieder hinaus auf seine Wanderung, und der Soldat trat seinen Dienst an, legte Feuer zu, kehrte und trug den Kehrdreck hinter die Türe, alles, wie es befohlen war. Wie der alte Teufel wiederkam, sah er nach, ob alles geschehen war, zeigte sich zufrieden und ging zum zweiten Mal fort. Der Soldat schaute sich nun einmal recht um, da standen die Kessel ringsherum in der Hölle, und war ein gewaltiges Feuer darunter, und es kochte und brutzelte darin. Er hätte für sein Leben gerne hineingeschaut, wenn es ihm der Teufel nicht so streng verboten hätte; endlich konnte er sich nicht mehr anhalten, hob vom ersten Kessel ein klein bisschen den Deckel auf und guckte hinein. Da sah er seinen ehemaligen Unteroffizier darinsitzen: »Aha, Vogel«, sprach er, »treff ich dich hier? Du hast mich gehabt, jetzt hab ich dich«, ließ geschwind den Deckel fallen, schürte das Feuer und legte noch frisch zu. Danach ging er zum zweiten Kessel, hob ihn auch ein wenig auf und guckte, da saß sein Fähnrich darin: »Aha, Vogel, treff ich dich hier? Du hast mich gehabt, jetzt hab ich dich«, machte den Deckel wieder zu und trug noch einen Klotz herbei, der sollte ihm erst recht heiß machen. Nun wollte er auch sehen, wer im dritten Kessel säße, da wars gar ein General: »Aha, Vogel, treff ich dich hier? Du hast mich gehabt, jetzt hab ich dich«, holte den Blasbalg und ließ das Höllenfeuer recht unter ihm flackern. Also tat er sieben Jahr seinen Dienst in der Hölle, wusch sich nicht, kämmte sich nicht, schnippte sich nicht, schnitt sich die Nägel und Haare nicht und wischte sich kein Wasser aus den Augen; und die sieben Jahre waren ihm so kurz, dass er meinte, es wäre nur ein halbes Jahr gewesen. Als nun die Zeit vollends herum war, kam der Teufel und sagte: »Nun, Hans, was hast du gemacht?« – »Ich habe das Feuer unter den Kesseln geschürt, ich habe gekehrt und den Kehrdreck hinter die Türe getragen.« – »Aber du hast auch in die Kessel geguckt; dein Glück ist, dass du noch Holz zugelegt hast, sonst war dein Leben verloren; jetzt ist die Zeit herum, willst du wieder heim?« – »Ja«, sagte der Soldat, »ich wollt auch gerne sehen, was mein Vater daheim macht.« Sprach der Teufel: »Damit du deinen verdienten Lohn kriegst, geh und raffe dir deinen Ranzen voll Kehrdreck und nimms mit nach Haus. Du sollst auch gehen ungewaschen und ungekämmt, mit langen Haaren am Kopf und am Bart, mit ungeschnittenen Nägeln und mit trüben Augen, und wenn du gefragt wirst, woher du kämst, sollst du sagen: ›Aus der Hölle‹, und wenn du gefragt wirst, wer du wärst, sollst du sagen: ›Des Teufels rußiger Bruder, und mein König auch.‹ Der Soldat schwieg still und tat, was der Teufel sagte, aber er war mit seinem Lohn gar nicht zufrieden.

Sobald er nun wieder oben im Wald war, hob er seinen Ranzen vom Rücken und wollt ihn ausschütten: Wie er ihn aber öffnete, so war der Kehrdreck pures Gold geworden. »Das hätte ich mir nicht gedacht«, sprach er, war vergnügt und ging in die Stadt hinein. Vor dem Wirtshaus stand der Wirt, und wie ihn der herankommen sah, erschrak er, weil Hans so entsetzlich aussah, ärger als eine Vogelscheuche. Er rief ihn an und fragte: »Woher kommst du?« – »Aus der Hölle.« – »Wer bist du?« – »Dem Teufel sein rußiger Bruder, und mein König auch.« Nun wollte der Wirt ihn nicht einlassen, wie er ihm aber das Gold zeigte, ging er und klinkte selber die Türe auf. Da ließ sich Hans die beste Stube geben und köstlich aufwarten, aß und trank sich satt, wusch sich aber nicht und kämmte sich nicht, wie ihm der Teufel geheißen hatte, und legte sich endlich schlafen. Dem Wirt aber stand der Ranzen voll Gold vor Augen und ließ ihm keine Ruhe, bis er in der Nacht hinschlich und ihn wegstahl.

Wie nun Hans am andern Morgen aufstand, den Wirt bezahlen und weitergehen wollte, da war sein Ranzen weg. Er fasste sich aber kurz, dachte: »Du bist ohne Schuld unglücklich gewesen«, und kehrte wieder um, geradezu in die Hölle. Da klagte er dem alten Teufel seine Not und bat ihn um Hilfe. Der Teufel sagte: »Setze dich, ich will dich waschen, kämmen, schnippen, die Haare und Nägel schneiden und die Augen auswischen«, und als er mit ihm fertig war, gab er ihm den Ranzen wieder voll Kehrdreck und sprach: »Geh hin und sage dem Wirt, er sollte dir dein Gold wieder herausgeben, sonst wollt ich kommen und ihn abholen, und er sollte an deinem Platz das Feuer schüren.« Hans ging hinauf und sprach zum Wirt: »Du hast mein Gold gestohlen, gibst du's nicht wieder, so kommst du in die Hölle an meinen Platz und sollst aussehen so greulich wie ich.« Da gab ihm der Wirt das Gold und noch mehr dazu, und bat ihn, nur still davon zu sein; und Hans war nun ein reicher Mann.

Hans machte sich auf den Weg heim zu seinem Vater, kaufte sich einen schlechten Linnenkittel auf den Leib, ging herum und machte Musik, denn das hatte er beim Teufel in der Hölle gelernt. Es war aber ein alter König im Land, vor dem musst er spielen, und der geriet darüber in solche Freude, dass er dem Hans seine älteste Tochter zur Ehe versprach. Als die aber hörte, dass sie so einen gemeinen Kerl im weißen Kittel heiraten sollte, sprach sie: »Eh ich das tät, wollt ich lieber ins tiefste Wasser gehen.« Da gab ihm der König die Jüngste, die wollts ihrem Vater zuliebe gerne tun; und also bekam des Teufels rußiger Bruder die Königstochter, und als der alte König gestorben war, auch das ganze Reich.

62 Der Bärenhäuter

Es war einmal ein junger Kerl, der ließ sich als Soldat anwerben, hielt sich tapfer und war immer der vorderste, wenn es blaue Bohnen regnete. Solange der Krieg dauerte, ging alles gut, aber als Friede geschlossen war, erhielt er seinen Abschied, und der Hauptmann sagte, er könnte gehen, wohin er wollte. Seine Eltern waren tot und er hatte keine Heimat mehr, da ging er zu seinen Brüdern und bat, sie möchten ihm so lange Unterhalt geben, bis der Krieg wieder anfinge. Die Brüder aber waren hartherzig und sagten: »Was sollen wir mit dir? Wir können dich nicht brauchen, sieh zu, wie du dich durchschlägst.« Der Soldat hatte nichts übrig als sein Gewehr, das nahm er auf die Schulter und wollte in die Welt gehen. Er kam auf eine große Heide, auf der nichts zu sehen war als ein Ring von Bäumen; darunter setzte er sich ganz traurig nieder und sann über sein Schicksal nach. »Ich habe kein Geld«, dachte er, »ich habe nichts gelernt als das Kriegshandwerk, und jetzt, weil Friede geschlossen ist, brauchen sie mich nicht mehr; ich sehe voraus, ich muss verhungern.« Auf einmal hörte er ein Brausen, und wie er sich umblickte, stand ein unbekannter Mann vor ihm, der einen grünen Rock trug, recht stattlich aussah, aber einen garstigen Pferdefuß hatte. »Ich weiß schon, was dir fehlt«, sagte der Mann, »Geld und Gut sollst du haben, so viel du mit aller Gewalt durchbringen kannst, aber ich muss zuvor wissen, ob du dich nicht fürchtest, damit ich mein Geld nicht umsonst ausgebe.« – »Ein Soldat und Furcht, wie passt das zusammen?«, antwortete er. »Du kannst mich auf die Probe stellen.« – »Wohlan«, antwortete der Mann, »schau hinter dich.« Der Soldat kehrte sich um und sah einen großen Bär, der brummend auf ihn zutrabte. »Oho«, rief der Soldat, »dich will ich an der Nase kitzeln, dass dir die Lust zum Brummen vergehen soll«, legte an und schoss dem Bär auf die Schnauze, dass er zusammenfiel und sich nicht mehr regte. »Ich sehe wohl«, sagte der Fremde, »dass dirs an Mut nicht fehlt, aber es ist noch eine Bedingung dabei, die musst du erfüllen.« – »Wenn mirs an meiner Seligkeit nicht schadet«, antwortete der Soldat, der wohl merkte, wen er vor sich hatte, »sonst lass ich mich auf nichts ein.« – »Das wirst du selber sehen«, antwortete der Grünrock. »Du darfst in den nächsten sieben Jahren dich nicht waschen, dir Bart und Haare nicht kämmen, die Nägel nicht schneiden und kein Vaterunser beten. Dann will ich dir einen Rock und Mantel geben, den musst du in dieser Zeit tragen. Stirbst du in diesen sieben Jahren, so bist du mein, bleibst du aber leben, so bist du frei und bist reich dazu für dein Lebtag.« Der Soldat dachte an die große Not, in der er sich befand, und da er so oft in den Tod gegangen war, wollte er es auch jetzt wagen und willigte ein. Der Teufel zog den grünen Rock aus, reichte ihn dem Soldaten hin und sagte: »Wenn du den Rock an deinem Leibe hast und in die Tasche greifst, so wirst du die Hand immer voll Geld haben.« Dann zog er dem Bären die Haut ab und sagte: »Das soll dein Mantel sein und auch dein Bett, denn darauf musst du schlafen und darfst in kein anderes Bett kommen. Und dieser Tracht wegen sollst du Bärenhäuter heißen.« Hierauf verschwand der Teufel.

Der Soldat zog den Rock an, griff gleich in die Tasche und fand, dass die Sache ihre Richtigkeit hatte. Dann hing er die Bärenhaut um, ging in die Welt, war guter Dinge und unterließ nichts, was ihm wohl und dem Gelde wehe tat. Im ersten Jahr ging es noch leidlich, aber in dem zweiten sah er schon aus wie ein Ungeheuer. Das Haar bedeckte ihm fast das ganze Gesicht, sein Bart glich einem Stück grobem Filztuch, seine Finger hatten Krallen, und sein Gesicht war so mit Schmutz bedeckt, dass wenn man Kresse hineingesät hätte, sie aufgegangen wäre. Wer ihn sah, lief fort; weil er aber allerorten den Armen Geld gab, damit sie für ihn beteten, dass er in den sieben Jahren nicht stürbe, und weil er alles gut bezahlte, so erhielt er doch immer noch Herberge. Im vierten Jahr kam er in ein Wirtshaus, da wollte ihn der Wirt nicht aufnehmen und wollte ihm nicht einmal einen Platz im Stall anweisen, weil er fürchtete, seine Pferde würden scheu werden. Doch als der Bärenhäuter in die Tasche griff und eine Handvoll Dukaten herausholte, so ließ der Wirt sich erweichen und gab ihm eine Stube im Hintergebäude; doch musste er versprechen, sich nicht sehen zu lassen, damit sein Haus nicht in bösen Ruf käme.

Als der Bärenhäuter abends allein saß und von Herzen wünschte, dass die sieben Jahre herum wären, so hörte er in einem Nebenzimmer ein lautes Jammern. Er hatte ein mitleidiges Herz, öffnete die Türe und erblickte einen alten Mann, der heftig weinte und die Hände über dem Kopf zusammenschlug. Der Bärenhäuter trat näher, aber der Mann sprang auf und wollte entfliehen. Endlich, als er eine menschliche Stimme vernahm, ließ er sich bewegen, und durch freundliches Zureden brachte es der Bärenhäuter dahin, dass er ihm die Ursache seines Kummers offenbarte. Sein Vermögen war nach und nach geschwunden, er und seine Töchter mussten darben, und er war so arm, dass er den Wirt nicht einmal bezahlen konnte und ins Gefängnis sollte gesetzt werden. »Wenn Ihr weiter keine Sorgen habt«, sagte der Bärenhäuter, »Geld habe ich genug.« Er ließ den Wirt herbeikommen, bezahlte ihn und steckte dem Unglücklichen noch einen Beutel voll Gold in die Tasche.

Als der alte Mann sich aus seinen Sorgen erlöst sah, wusste er nicht, womit er sich dankbar beweisen sollte. »Komm mit mir«, sprach er zu ihm, »meine Töchter sind Wunder von Schönheit, wähle

dir eine davon zur Frau. Wenn sie hört, was du für mich getan hast, so wird sie sich nicht weigern. Du siehst freilich ein wenig seltsam aus, aber sie wird dich schon wieder in Ordnung bringen.« Dem Bärenhäuter gefiel das wohl, und er ging mit. Als ihn die Älteste erblickte, entsetzte sie sich so gewaltig vor seinem Antlitz, dass sie aufschrie und fortlief. Die Zweite blieb zwar stehen und betrachtete ihn von Kopf bis zu Füßen, dann aber sprach sie: »Wie kann ich einen Mann nehmen, der keine menschliche Gestalt mehr hat? Da gefiel mir der rasierte Bär noch besser, der einmal hier zu sehen war und sich für einen Menschen ausgab, der hatte doch einen Husarenpelz an und weiße Handschuhe. Wenn er nur hässlich wäre, so könnte ich mich an ihn gewöhnen.« Die Jüngste aber sprach: »Lieber Vater, das muss ein guter Mann sein, der Euch aus der Not geholfen hat, habt Ihr ihm dafür eine Braut versprochen, so muss Euer Wort gehalten werden.« Es war schade, dass das Gesicht des Bärenhäuters von Schmutz und Haaren bedeckt war, sonst hätte man sehen können, wie ihm das Herz im Leibe lachte, als er diese Worte hörte. Er nahm einen Ring von seinem Finger, brach ihn entzwei und gab ihr die eine Hälfte, die andere behielt er für sich. In ihre Hälfte aber schrieb er seinen Namen, und in seine Hälfte schrieb er ihren Namen, und bat sie, ihr Stück gut aufzuheben. Hierauf nahm er Abschied und sprach: »Ich muss noch drei Jahre wandern: Komm ich aber nicht wieder, so bist du frei, weil ich dann tot bin. Bitte aber Gott, dass er mir das Leben erhält.«

Die arme Braut kleidete sich ganz schwarz, und wenn sie an ihren Bräutigam dachte, so kamen ihr die Tränen in die Augen. Von ihren Schwestern ward ihr nichts als Hohn und Spott zuteil. »Nimm dich in Acht«, sprach die älteste, »wenn du ihm die Hand reichst, so schlägt er dir mit der Tatze darauf.« – »Hüte dich«, sagte die zweite, »die Bären lieben die Süßigkeit, und wenn du ihm gefällst, so frisst er dich auf.« – »Du musst nur immer seinen Willen tun«, hub die älteste wieder an, »sonst fängt er an zu brummen.« Und die zweite fuhr fort: »Aber die Hochzeit wird lustig sein, Bären, die tanzen gut.« Die Braut schwieg still und ließ sich nicht irre machen. Der Bärenhäuter aber zog in der Welt herum, von einem Ort zum andern, tat Gutes, wo er konnte, und gab den Armen reichlich, damit sie für ihn beteten. Endlich, als der letzte Tag von den sieben Jahren anbrach, ging er wieder hinaus auf die Heide und setzte sich unter den Ring von Bäumen. Nicht lange, so sauste der Wind, und der Teufel stand vor ihm und blickte ihn verdrießlich an; dann warf er ihm den alten Rock hin und verlangte seinen grünen zurück. »So weit sind wir noch nicht«, antwortete der Bärenhäuter, »erst sollst du mich reinigen.« Der Teufel mochte wollen oder nicht, er musste Wasser holen, den Bärenhäuter abwaschen, ihm die Haare kämmen und die Nägel schneiden. Hierauf sah er wie ein tapferer Kriegsmann aus und war viel schöner als je vorher.

Als der Teufel glücklich abgezogen war, so war es dem Bärenhäuter ganz leicht ums Herz. Er ging in die Stadt, tat einen prächtigen Sammetrock an, setzte sich in einen Wagen mit vier Schimmeln bespannt und fuhr zu dem Haus seiner Braut. Niemand erkannte ihn, der Vater hielt ihn für einen vornehmen Feldobrist und führte ihn in das Zimmer, wo seine Töchter saßen. Er musste sich zwischen den beiden ältesten niederlassen; sie schenkten ihm Wein ein, legten ihm die besten Bissen vor und meinten, sie hätten keinen schönern Mann auf der Welt gesehen. Die Braut aber saß in schwarzem Kleide ihm gegenüber, schlug die Augen nicht auf und sprach kein Wort. Als er endlich den Vater fragte, ob er ihm eine seiner Töchter zur Frau geben wollte, so sprangen die beiden ältesten auf, liefen in ihre Kammer und wollten prächtige Kleider anziehen, denn eine jede bildete sich ein, sie wäre die Auserwählte. Der Fremde, sobald er mit seiner Braut allein war, holte den halben Ring hervor und warf ihn in einen Becher mit Wein, den er ihr über den Tisch reichte. Sie nahm ihn an, aber als sie getrunken hatte und den halben Ring auf dem Grund liegen fand, so schlug ihr das Herz. Sie holte die andere Hälfte, die sie an einem Band um den Hals trug, hielt sie daran, und es zeigte sich, dass beide Teile vollkommen zueinander passten. Da sprach er: »Ich bin dein verlobter Bräutigam, den du als Bärenhäuter gesehen hast, aber durch Gottes Gnade habe ich meine menschliche Gestalt wiedererhalten und bin wieder rein geworden.« Er ging auf sie zu, umarmte sie und gab ihr einen Kuss. Indem kamen die beiden Schwestern in vollem Putz herein, und als sie sahen, dass der schöne Mann der Jüngsten zuteil geworden war, und hörten, dass das der Bärenhäuter war, liefen sie voll Zorn und Wut hinaus; die eine ersäufte sich im Brunnen, die andere erhenkte sich an einem Baum. Am Abend klopfte jemand an der Türe, und als der Bräutigam öffnete, so wars der Teufel im grünen Rock, der sprach: »Siehst du, nun habe ich zwei Seelen für deine eine.«

63
Der süße Brei

Es war einmal ein armes frommes Mädchen, das lebte mit seiner Mutter allein, und sie hatten nichts mehr zu essen. Da ging das Kind hinaus in den Wald, und begegnete ihm da eine alte Frau, die wusste seinen Jammer schon und schenkte ihm ein Töpfchen, zu dem sollt es sagen: »Töpfchen, koche«, so kochte es guten süßen Hirsenbrei, und wenn es sagte: »Töpfchen, steh«, so hörte es wieder auf zu kochen. Das Mädchen brachte den Topf seiner Mutter heim, und nun waren sie ihrer Armut und ihres Hungers ledig und aßen süßen Brei, sooft sie wollten. Auf eine Zeit war das Mädchen ausgegangen, da sprach die Mutter: »Töpfchen, koche«, da kocht es, und sie isst sich satt; nun will sie, dass das Töpfchen wieder aufhören soll, aber sie weiß das Wort nicht. Also kocht es fort, und der Brei steigt über den Rand hinaus und kocht immerzu, die Küche und das ganze Haus voll, und das zweite Haus und dann die Straße, als wollts die ganze Welt satt machen, und ist die größte Not, und kein Mensch weiß sich da zu helfen. Endlich, wie nur noch ein einziges Haus übrig ist, da kommt das Kind heim und spricht nur: »Töpfchen, steh«, da steht es und hört auf zu kochen; und wer wieder in die Stadt wollte, der musste sich durchessen.

64
Der arme Müllerbursch und das Kätzchen

In einer Mühle lebte ein alter Müller, der hatte weder Frau noch Kinder, und drei Müllerburschen dienten bei ihm. Wie sie nun etliche Jahre bei ihm gewesen waren, sagte er eines Tags zu ihnen: »Ich bin alt und will mich hinter den Ofen setzen: Zieht aus, und wer mir das beste Pferd nach Haus bringt, dem will ich die Mühle geben, und er soll mich dafür bis an meinen Tod verpflegen.« Der Dritte von den Burschen war aber der Kleinknecht, der ward von den andern für albern gehalten, dem gönnten sie die Mühle nicht; und er wollte sie hernach nicht einmal. Da zogen sie alle drei miteinan-

der aus, und wie sie vor das Dorf kamen, sagten die zwei zu dem albernen Hans: »Du kannst nur hierbleiben, du kriegst dein Lebtag keinen Gaul.« Hans aber ging doch mit, und als es Nacht war, kamen sie an eine Höhle, dahinein legten sie sich schlafen. Die zwei Klugen warteten, bis Hans eingeschlafen war, dann stiegen sie auf, machten sich fort und ließen Hänschen liegen und meintens recht fein gemacht zu haben. Ja, es wird euch doch nicht gut gehen! Wie nun die Sonne kam und Hans aufwachte, lag er in einer tiefen Höhle; er guckte sich überall um und rief: »Ach Gott, wo bin ich!« Da erhob er sich und krabbelte die Höhle hinauf, ging in den Wald und dachte: »Ich bin hier ganz allein und verlassen, wie soll ich nun zu einem Pferd kommen!« Indem er so in Gedanken dahinging, begegnete ihm ein kleines buntes Kätzchen, das sprach ganz freundlich: »Hans, wo willst du hin?« – »Ach, du kannst mir doch nicht helfen.« – »Was dein Begehren ist, weiß ich wohl«, sprach das Kätzchen, »du willst einen hübschen Gaul haben. Komm mit mir und sei sieben Jahre lang mein treuer Knecht, so will ich dir einen geben, schöner, als du dein Lebtag einen gesehen hast.« – »Nun, das ist eine wunderliche Katze«, dachte Hans, »aber sehen will ich doch, ob das wahr ist, was sie sagt.« Da nahm sie ihn mit in ihr verwünschtes Schlösschen und hatte da lauter Kätzchen, die ihr dienten; die sprangen flink die Treppe auf und ab, waren lustig und guter Dinge. Abends, als sie sich zu Tisch setzten, mussten drei Musik machen: eins strich den Bass, das andere die Geige, das dritte setzte die Trompete an und blies die Backen auf, so sehr es nur konnte. Als sie gegessen hatten, wurde der Tisch weggetragen, und die Katze sagte: »Nun komm, Hans, und tanze mit mir.« – »Nein«, antwortete er, »mit einer Miezekatze tanze ich nicht, das habe ich noch niemals getan.« – »So bringt ihn ins Bett«, sagte sie zu den Kätzchen. Da leuchtete ihm eins in seine Schlafkammer, eins zog ihm die Schuhe aus, eins die Strümpfe, und zuletzt blies eins das Licht aus. Am andern Morgen kamen sie wieder und halfen ihm aus dem Bett: Eins zog ihm die Strümpfe an, eins band ihm die Strumpfbänder, eins holte die Schuhe, eins wusch ihn, und eins trocknete ihm mit dem Schwanz das Gesicht ab. »Das tut recht sanft«, sagte Hans. Er musste aber auch der Katze dienen und alle Tage Holz kleinmachen; dazu kriegte er eine Axt von Silber, und die Keile und Säge von Silber, und der Schläger war von Kupfer. Nun, da machte er's klein, blieb da im Haus, hatte sein gutes Essen und Trinken, sah aber niemand als die bunte Katze und ihr Gesinde. Einmal sagte sie zu ihm: »Geh hin und mähe meine Wiese, und mache das Gras trocken«, und gab ihm von Silber eine Sense und von Gold einen Wetzstein, hieß ihn aber auch alles wieder richtig abliefern. Da ging Hans hin und tat, was ihm geheißen war; nach vollbrachter Arbeit trug er Sense, Wetzstein und Heu nach Haus und fragte, ob sie ihm noch nicht seinen Lohn geben wollte. »Nein«, sagte die Katze, »du sollst mir erst noch einerlei tun: Da ist Bauholz von Silber, Zimmeraxt, Winkeleisen und was nötig ist, alles von Silber, daraus baue mir erst ein kleines Häuschen.« Da baute Hans das Häuschen fertig und sagte, er hätte nun alles getan und hätte noch kein Pferd. Doch waren ihm die sieben Jahre herumgegangen wie ein halbes. Fragte die Katze, ob er ihre Pferde sehen wollte? – »Ja«, sagte Hans. Da machte sie ihm das Häuschen auf, und weil sie die Türe so aufmacht, da stehen zwölf Pferde, ach, die waren gewesen ganz stolz, die hatten geblänkt und gespiegelt, dass sich sein Herz im Leibe darüber freute. Nun gab sie ihm zu essen und zu trinken und sprach: »Geh heim, dein Pferd geb ich dir nicht mit; in drei Tagen aber komm ich und bringe dirs nach.« Also machte Hans sich auf, und sie zeigte ihm den Weg zur Mühle. Sie hatte ihm aber nicht einmal ein neues Kleid gegeben, sondern er musste sein altes lumpiges Kittelchen behalten, das er mitgebracht hatte und das ihm in den sieben Jahren überall zu kurz geworden war. Wie er nun heimkam, so waren die beiden andern Müllerburschen auch wieder da: Jeder hatte zwar sein Pferd mitgebracht, aber des einen seins war blind, des andern seins lahm. Sie fragten: »Hans, wo hast du dein Pferd?« – »In drei Tagen wirds nachkommen.« Da lachten sie und sagten: »Ja, du Hans, wo willst du ein Pferd herkriegen, das wird was Rechtes sein!« Hans ging in die Stube, der Müller sagte aber, er sollte nicht an den Tisch kommen, er wäre so zerrissen und zerlumpt, man müsste sich schämen, wenn jemand hereinkäme. Da gaben sie ihm ein bisschen Essen hinaus, und wie sie abends schlafen gingen, wollten ihm die zwei andern kein Bett geben, und er musste endlich ins Gänseställchen kriechen und sich auf ein wenig hartes Stroh legen. Am Morgen, wie er aufwacht, sind schon die drei Tage herum, und es kommt eine Kutsche mit sechs Pferden, ei, die glänzten, dass es schön war, und ein Bedienter, der brachte noch ein siebentes, das war für den armen Müllerbursch. Aus der Kutsche aber stieg eine prächtige Königstochter und ging in die Mühle hinein, und die Königstochter war das kleine bunte Kätzchen, dem der arme Hans sieben Jahr gedient hatte. Sie fragte den Müller, wo der Mahlbursch, der Kleinknecht wäre. Da sagte der Müller: »Den können wir nicht in die Mühle nehmen, der ist so verrissen und liegt im Gänsestall.« Da sagte die Königstochter, sie sollten ihn gleich holen. Also holten sie ihn heraus, und er musste sein Kittelchen zusammenpacken, um sich zu bedecken. Da schnallte der Bediente prächtige Kleider aus und musste ihn waschen und anziehen, und wie er fertig war, konnte kein König schöner aussehen. Danach verlangte die Jungfrau, die Pferde zu sehen, welche die andern Mahlburschen mitgebracht hatten, eins war blind, das andere lahm. Da ließ sie den Bedienten das siebente Pferd bringen; wie der Müller das sah, sprach er, so eins wär ihm noch nicht auf den Hof gekommen. »Und das ist für den dritten Mahlbursch«, sagte sie. »Da muss er die Mühle haben«, sagte der Müller, die Königstochter aber sprach, da wäre das Pferd, er sollte seine Mühle auch behalten; und nimmt ihren treuen Hans und setzt ihn in die Kutsche und fährt mit ihm fort. Sie fahren zuerst nach dem kleinen Häuschen, das er mit dem silbernen Werkzeug gebaut hat, da ist es ein großes Schloss, und ist alles darin von Silber und Gold; und da hat sie ihn geheiratet, und war er reich, so reich, dass er für sein Lebtag genug hatte. Darum soll keiner sagen, dass, wer albern ist, deshalb nichts Rechtes werden könne.

65
Hans mein Igel

Es war einmal ein Bauer, der hatte Geld und Gut genug, aber wie reich er war, so fehlte doch etwas an seinem Glück: Er hatte mit seiner Frau keine Kinder. Öfters, wenn er mit den andern Bauern in die Stadt ging, spotteten sie und fragten, warum er keine Kinder hätte. Da ward er endlich zornig, und als er nach Haus kam, sprach er: »Ich will ein Kind haben, und sollts ein Igel sein.« Da kriegte seine Frau ein Kind, das war oben ein Igel und unten ein Junge, und als sie das Kind sah, erschrak sie und sprach: »Siehst du, du hast uns verwünscht.« Da sprach der Mann: »Was kann das alles helfen, getauft muss der Junge werden, aber wir können keinen Gevatter dazu nehmen.« Die Frau sprach: »Wir können ihn auch nicht anders taufen als Hans mein Igel.« Als er getauft war, sagte der Pfarrer: »Der kann wegen seiner Stacheln in kein ordentlich Bett kommen.« Da ward hinter dem Ofen ein wenig Stroh zurechtgemacht und Hans mein Igel darauf gelegt. Er konnte auch an der Mutter nicht trinken, denn er hätte sie mit seinen Stacheln gestochen. So lag er da hinter dem Ofen acht Jahre, und sein Vater war ihn müde und dachte, wenn er nur stürbe; aber er starb nicht, sondern blieb da liegen. Nun trug es sich zu, dass in der Stadt ein Markt war, und der Bauer wollte hingehen, da fragte er seine Frau, was er ihr sollte mitbringen. »Ein wenig Fleisch und ein paar Wecke, was zum Haushalt gehört«, sprach sie. Darauf fragte er die Magd, die wollte ein paar Toffeln und Zwickelstrümpfe. Endlich sagte er auch: »Hans mein Igel, was willst du denn haben?« – »Väterchen«, sprach er, »bring mir doch einen Dudelsack mit.« Wie nun der Bauer wieder nach Haus kam, gab er der Frau, was er ihr gekauft hatte, Fleisch und Wecke, dann gab er der Magd die Toffeln und die Zwickelstrümpfe, endlich ging er hinter den Ofen und gab dem Hans mein Igel den Dudelsack. Und wie Hans mein Igel den Dudelsack hatte, sprach er: »Väterchen, geht doch vor die Schmiede und lasst mir meinen Göckelhahn beschlagen, dann will ich fortreiten und will nimmermehr wiederkommen.« Da war der Vater froh, dass er ihn loswerden sollte, und ließ ihm den Hahn beschlagen, und als er fertig war, setzte sich Hans mein Igel darauf, ritt fort, nahm auch Schweine und Esel mit, die wollt er draußen im Walde hüten. Im Wald aber musste der Hahn mit ihm auf einen hohen Baum fliegen, da saß er und hütete die Esel und Schweine, und saß lange Jahre, bis die Herde ganz groß war, und wusste sein Vater nichts von ihm. Wenn er aber auf dem Baum saß, blies er seinen Dudelsack und machte Musik, die war sehr schön. Einmal kam ein König vorbeigefahren, der hatte sich verirrt und hörte die Musik. Da verwunderte er sich darüber und schickte seinen Bedienten hin, er sollte sich einmal umgucken, wo die Musik herkäme. Er guckte sich um, sah aber nichts als ein kleines Tier auf dem Baum oben sitzen, das war wie ein Göckelhahn, auf dem ein Igel saß, und der machte die Musik. Da sprach der König zum Bedienten, er sollte fragen, warum er da säße und ob er nicht wüsste, wo der Weg in sein Königreich ginge. Da stieg Hans mein Igel vom Baum und sprach, er wollte den Weg zeigen, wenn der König ihm wollte verschreiben und versprechen, was ihm zuerst begegnete am königlichen Hofe, sobald er nach Haus käme. Da dachte der König: »Das kann ich leicht tun, Hans mein Igel verstehts doch nicht, und ich kann schreiben, was ich will.« Da nahm der König Feder und Tinte und schrieb etwas auf, und als es geschehen war, zeigte ihm Hans mein Igel den Weg, und er kam glücklich nach Haus. Seine Tochter aber, wie sie ihn von Weitem sah, war so voll Freuden, dass sie ihm entgegenlief und ihn küsste. Da gedachte er an Hans mein Igel und erzählte ihr, wie es ihm gegangen wäre, und dass er einem wunderlichen Tier hätte verschreiben sollen, was ihm daheim zuerst begegnen würde, und das Tier hätte auf einem Hahn wie auf einem Pferde gesessen und schöne Musik gemacht; er hätte aber geschrieben, es sollts nicht haben, denn Hans mein Igel könnt es doch nicht lesen. Darüber war die Prinzessin froh und sagte, das wäre gut, denn sie wäre doch nimmermehr hingegangen.

Hans mein Igel aber hütete die Esel und Schweine, war immer lustig, saß auf dem Baum und blies auf seinem Dudelsack. Nun geschah es, dass ein anderer König gefahren kam mit seinen Bedienten und Laufern, und hatte sich verirrt und wusste nicht wieder nach Haus zu kommen, weil der Wald so groß war. Da hörte er gleichfalls die schöne Musik von Weitem und sprach zu seinem Laufer, was das wohl wäre, er sollte einmal zusehen. Da ging der Laufer hin unter den Baum und sah den Göckelhahn sitzen und Hans mein Igel oben drauf. Der Laufer fragte ihn, was er da oben vorhätte. »Ich hüte meine Esel und Schweine; aber was ist Euer Begehren?« Der Laufer sagte, sie hätten sich verirrt und könnten nicht wieder ins Königreich, ob er ihnen den Weg nicht zeigen wollte. Da stieg Hans mein Igel mit dem Hahn vom Baum herunter und sagte zu dem alten König, er wolle ihm den Weg zeigen, wenn er ihm zu eigen geben wollte, was ihm zu Haus vor seinem königlichen Schlosse das Erste begegnen würde. Der König sagte Ja und unterschrieb sich dem Hans mein Igel, er sollte es haben. Als das geschehen war, ritt er auf dem Göckelhahn voraus und zeigte ihm den Weg, und gelangte der König glücklich wieder in sein Reich. Wie er auf den Hof kam, war große Freude darüber. Nun hatte er eine einzige Tochter, die war sehr schön, die lief ihm entgegen, fiel ihm um den Hals und küsste ihn und freute sich, dass ihr alter Vater wiederkam. Sie fragte ihn auch, wo er so lange in der Welt gewesen wäre, da erzählte er ihr, er hätte sich verirrt und wäre beinahe gar nicht wiedergekommen, aber als er durch einen großen Wald gefahren wäre, hätte einer, halb wie ein Igel, halb wie ein Mensch, rittlings auf einem Hahn in einem hohen Baum gesessen und schöne Musik gemacht, der hätte ihm fortgeholfen und den Weg gezeigt, er aber hätte ihm dafür versprochen, was ihm am königlichen Hofe zuerst begegnete, und das wäre sie, und das täte ihm nun so leid. Da versprach sie ihm aber, sie wollte gerne mit ihm gehen, wann er käme, ihrem alten Vater zuliebe.

Hans mein Igel aber hütete seine Schweine, und die Schweine bekamen wieder Schweine und wurden ihrer so viel, dass der ganze Wald voll war. Da wollte Hans mein Igel nicht länger im Walde leben und ließ seinem Vater sagen, sie sollten alle Ställe im Dorf räumen, denn er käme mit einer so gro-

ßen Herde, dass jeder schlachten könnte, der nur schlachten wollte. Da war sein Vater betrübt, als er das hörte, denn er dachte, Hans mein Igel wäre schon lange gestorben. Hans mein Igel aber setzte sich auf seinen Göckelhahn, trieb die Schweine vor sich her ins Dorf und ließ schlachten. Hu! Da war ein Gemetzel und ein Hacken, dass mans zwei Stunden weit hören konnte. Danach sagte Hans mein Igel: »Väterchen, lasst mir meinen Göckelhahn noch einmal vor der Schmiede beschlagen, dann reit ich fort und komme mein Lebtag nicht wieder.« Da ließ der Vater den Göckelhahn beschlagen und war froh, dass Hans mein Igel nicht wiederkommen wollte.

Hans mein Igel ritt fort in das erste Königreich; da hatte der König befohlen, wenn einer käme auf einem Hahn geritten und hätte einen Dudelsack bei sich, dann sollten alle auf ihn schießen, hauen und stechen, damit er nicht ins Schloss käme. Als nun Hans mein Igel dahergeritten kam, drangen sie mit den Bajonetten auf ihn ein, aber er gab dem Hahn die Sporen, flog auf, über das Tor hin vor des Königs Fenster, ließ er sich da nieder und rief ihm zu, er sollt ihm geben, was er versprochen hätte, sonst so wollt er ihm und seiner Tochter das Leben nehmen. Da gab der König seiner Tochter gute Worte, sie möchte zu ihm hinausgehen, damit sie ihm und sich das Leben rettete. Da zog sie sich weiß an, und ihr Vater gab ihr einen Wagen mit sechs Pferden und herrliche Bedienten, Geld und Gut. Sie setzte sich ein, und Hans mein Igel mit seinem Hahn und Dudelsack neben sie, dann nahmen sie Abschied und zogen fort, und der König dachte, er kriegte sie nicht wieder zu sehen. Es ging aber anders, als er dachte, denn als sie ein Stück Wegs von der Stadt waren, da zog ihr Hans mein Igel die schönen Kleider aus und stach sie mit seiner Igelhaut, bis sie ganz blutig war, sagte: »Das ist der Lohn für eure Falschheit, geh hin, ich will dich nicht«, und jagte sie damit nach Haus, und war sie beschimpft ihr Lebtag.

Hans mein Igel aber ritt weiter auf seinem Göckelhahn und mit seinem Dudelsack nach dem zweiten Königreich, wo er dem König auch den Weg gezeigt hatte. Der aber hatte bestellt, wenn einer käme wie Hans mein Igel, sollten sie das Gewehr präsentieren, ihn frei hereinführen, Vivat rufen und ihn ins königliche Schloss bringen. Wie ihn nun die Königstochter sah, war sie erschrocken, weil er doch gar zu wunderlich aussah, sie dachte aber, es wäre nicht anders, sie hätte es ihrem Vater versprochen. Da ward Hans mein Igel von ihr bewillkommt und ward mit ihr vermählt, und er musste mit an die königliche Tafel gehen, und sie setzte sich zu seiner Seite, und sie aßen und tranken. Wie's nun Abend ward, dass sie wollten schlafen gehen, da fürchtete sie sich sehr vor seinen Stacheln. Er aber sprach, sie sollte sich nicht fürchten, es geschähe ihr kein Leid, und sagte zu dem alten König, er sollte vier Mann bestellen, die sollten wachen vor der Kammertüre und ein großes Feuer anmachen, und wann er in die Kammer einginge und sich ins Bett legen wollte, würde er aus seiner Igelshaut herauskriechen und sie vor dem Bett liegen lassen. Dann sollten die Männer hurtig herbeispringen und sie ins Feuer werfen, auch dabeibleiben, bis sie vom Feuer verzehrt wäre. Wie die Glocke nun elfe schlug, da ging er in die Kammer, streifte die Igelshaut ab und ließ sie vor dem Bette liegen; da kamen die Männer und holten sie geschwind und warfen sie ins Feuer; und als sie das Feuer verzehrt hatte, da war er erlöst und lag da im Bett ganz als ein Mensch gestaltet, aber er war kohlschwarz wie gebrannt. Der König schickte zu seinem Arzt, der wusch ihn mit guten Salben und balsamierte ihn, da ward er weiß und war ein schöner junger Herr. Wie das die Königstochter sah, war sie froh, und am andern Morgen stiegen sie mit Freuden auf, aßen und tranken, und ward die Vermählung erst recht gefeiert, und Hans mein Igel bekam das Königreich von dem alten König.

Wie etliche Jahre herum waren, fuhr er mit seiner Gemahlin zu seinem Vater und sagte, er wäre sein Sohn; der Vater aber sprach, er hätte keinen, er hätte nur einen gehabt, der wäre aber wie ein Igel mit Stacheln geboren worden, und wäre in die Welt gegangen. Da gab er sich zu erkennen, und der alte Vater freute sich und ging mit ihm in sein Königreich.

Mein Märchen ist aus
und geht vor Gustchen sein Haus.

66

Die beiden Königskinder

Es war einmal ein König, der hatte einen kleinen Jungen bekommen. In dessen Sternbild hatte gestanden, er würde von einem Hirsch umgebracht werden, wenn er sechzehn Jahre alt wäre. Als er nun so herangewachsen war, da gingen die Jäger einmal mit ihm auf die Jagd. Im Walde kam der Königssohn von den andern ab. Auf einmal sah er da einen großen Hirsch, den wollte er schießen; er konnte ihn aber nicht treffen. Zuletzt war der Hirsch so lange vor ihm hergelaufen, bis er ganz aus dem Walde war. Da stand auf einmal so ein großer langer Mann statt des Hirsches da, der sagte: »Nun, das ist gut, dass ich dich habe; ich habe schon sechs Paar gläserne Schlittschuhe hinter dir entzweigejagt und habe dich nicht kriegen können.« Damit nahm er ihn mit sich und schleppte ihn durch ein großes Wasser bis vor ein großes Königsschloss; da musste er sich mit an den Tisch setzen und etwas essen. Als sie nun zusammen gegessen hatten, sagte der König: »Ich habe drei Töchter; bei der ältesten musst du eine Nacht wachen, von des abends neun Uhr bis morgens ums sechs Uhr; und ich komme jedes Mal, wenn die Glocke schlägt, selber und rufe, und wenn du mir dann keine Antwort gibst, so wirst du morgen umgebracht. Wenn du mir aber immer Antwort gibst, dann sollst du sie zur Frau haben.« Als nun die jungen Leute in die Schlafkammer kamen, da stand dort ein steinerner Christoph. Da sagte die Königstochter zu ihm: »Um neun Uhr kommt mein Vater, alle Stunden, bis es drei schlägt; und wenn er fragt, so gebt ihr ihm Antwort statt des Königssohnes.« Da nickte der steinerne Christoph mit dem Kopfe; erst ganz geschwind und dann immer langsamer, bis er zuletzt wieder still stand.

Am andern Morgen sagte der König zu ihm: »Du hast deine Sache gut gemacht; aber meine Tochter kann ich nicht hergeben, du müsstest denn noch eine Nacht bei der zweiten Tochter wachen; dann will ich mir mal überlegen, ob du meine älteste Tochter zur Frau haben kannst. Aber ich komme alle Stunden selber, und wenn ich dich rufe, so antworte mir; und wenn ich dich rufe, und du antwortest nicht, so soll dein Blut für mich fließen.« Und da gingen die beiden in die Schlafkammer. Da stand dort ein noch größerer steinerner Christoph; dem sagte die Königstochter: »Wenn mein Vater fragt, so antworte du!« Da nickte der große steinerne Christoph wieder mit dem Kopf ganz geschwind und dann immer langsamer, bis er zuletzt wieder stillstand. Und der Königssohn legte sich auf die Türschwelle, legte die Hand unter den Kopf und schlief ein. Am andern Morgen sagte der König zu ihm: »Du hast deine Sache zwar gut gemacht; aber meine Tochter kann ich nicht hergeben, du müsstest denn bei der jüngsten Königstochter eine Nacht wachen. Dann will ich mich bedenken, ob du meine zweite Tochter zur Frau haben kannst. Aber ich komme alle Stunden selbst, und wenn ich dich rufe, so antworte mir; und wenn ich dich rufe, und du antwortest nicht, so soll dein Blut für mich fließen.« Da gingen sie wieder zusammen auf ihre Schlafkammer.

Da war dort ein Christoph, noch viel größer und viel länger als bei den beiden andern. Zu dem sagte die Königstochter. »Wenn mein Vater ruft, so antwortest du!« Da nickte der große, lange steinerne Christoph wohl eine halbe Stunde lang mit dem Kopfe, bis der Kopf schließlich wieder still stand. Und der Königssohn legte sich auf die Türschwelle und schlief ein. Am andern Morgen sagte der König: »Du hast zwar gut gewacht, aber ich kann dir meine Tochter noch nicht geben; ich habe da einen großen Wald, und wenn du mir den von heute Morgen sechs bis abends sechs abholzest, so will ich mir die Sache bedenken.« Da gab er ihm eine gläserne Axt, einen gläsernen Keil und eine gläserne Holzhacke mit.

Wie er nun ins Holz gekommen war, hackte er einmal zu, da war die Axt entzwei; da nahm er den Keil und schlug einmal mit der Holzhacke darauf, da war er so kurz und so klein wie Sand. Da wurde er sehr betrübt und glaubte, er müsste nun sterben; und er setzte sich hin und weinte. Als es nun Mittag war, da sagte der König: »Eine von euch Mädchen muss ihm etwas zu essen bringen.« – »Nein«, sagten die beiden ältesten, »wir wollen ihm nichts bringen; die, bei der er die letzte Nacht gewacht hat, die kann ihm auch etwas bringen.« Da musste die Jüngste weg und ihm etwas zu Essen bringen. Wie sie nun in den Wald kam, da fragte sie ihn, wie es ihm gehe? Oh, sagte er, es gehe ihm ganz schlecht. Da sagte sie, er solle herkommen und erst ein bisschen essen; Nein, sagte er, das könne er nicht, er müsste ja doch sterben, essen wollte er nicht mehr. Da gab sie ihm so viele gute Worte, er möchte es doch versuchen; da kam er und aß etwas. Als er etwas gegessen hatte, da sagte sie: »Ich will dich erst ein bisschen kraulen, dann wirst du auf andere Gedanken kommen.« Als sie ihn nun kraulte, da ward er so müde und schlief ein. Und da nahm sie ihr Tuch und band einen Knoten hinein und schlug es dreimal auf die Erde und sagte: »Arbeiter, heraus!« Da kamen sogleich viele, viele Erdmännchen hervor und fragten, was die Königstochter befehle. Da sagte sie: »In der Zeit von drei Stunden muss der große Wald abgehauen und all das Holz in Stapel aufgesetzt sein!« Da gingen die Erdmännchen herum und boten ihre ganze Verwandtschaft auf, dass sie ihnen bei der Arbeit helfen sollte. Da fingen sie gleich an, und als die drei Stunden um waren, da war alles zu Ende; und da kamen sie wieder zur Königstochter und sagten es ihr. Da nahm sie wieder ihr weißes Tuch und sagte: »Arbeiter, nach Haus!« Da sind sie alle gleich wieder weg gewesen.

Als der Königssohn aufwachte, da war er von Herzen froh. Sie aber sagte zu ihm: »Wenn es nun sechs geschlagen hat, dann komm nach Haus!« Das hat er auch befolgt; und da fragte der König: »Hast du den Wald ab?« – »Ja«, sagte der Königssohn. Als sie dann bei Tisch saßen, da sagte der König: »Ich kann dir meine Tochter noch nicht zur Frau geben!«, er müsste noch etwas für sie tun. Da fragte er, was es denn sein solle? »Ich habe so einen großen Teich«, sagte der König, »da musst du am andern Morgen hin und musst ihn ausschlämmen, dass er so blank ist wie ein Spiegel, und es müssen auch allerhand Fische darin sein.« Am andern Morgen da gab ihm der König eine gläserne Schippe und sagte: »Um sechs Uhr muss der Teich fertig sein.«

Da ging er fort, und als er zu dem Teich gekommen war, da steckte er die Schippe in den Sumpf, da brach sie ab; da stach er mit der Hacke in den Sumpf; und da war sie wieder entzwei. Da wurde er ganz betrübt. Am Mittag brachte die jüngste Tochter ihm etwas zu essen und fragte ihn, wie es ihm gehe? Da sagte der Königssohn, es gehe ihm ganz schlecht und er werde wohl seinen Kopf verlieren müssen. »Das Geschirr ist mir wieder entzweigegangen.« Oh, sagte sie, er solle nur kommen und etwas essen. »Dann wirst du schon auf andere Gedanken kommen.« Nein, sagte er, essen könne er nicht, dazu sei er gar zu traurig. Da redete sie ihm wieder gut zu, bis er kam und etwas aß. Da kraulte sie ihn wieder, und er schlief ein. Da nahm sie wieder ihr Tuch, schlug einen Knoten darein und klopfte mit dem Knoten dreimal auf die Erde und sagte: »Arbeiter, heraus!« Da kamen gleich so viele, viele Erdmännchen, und alle fragten, was ihr Begehren wäre. In der Zeit von drei Stunden müssten sie den Teich ganz ausgeschlämmt haben, und er müsste so blank sein, dass man sich drin spiegeln könnte, und es müssten auch allerhand Fische darin sein. Da gingen die Erdmännchen hin und boten ihre Verwandtschaft auf, dass sie ihnen

helfen sollte; und in zwei Stunden war alles fertig. Da kamen sie wieder und sagten: »Wir haben getan, was uns befohlen war.« Da nahm die Königstochter das Tuch und schlug wieder dreimal auf die Erde und sagte: »Arbeiter, nach Haus!« Da gingen sie alle wieder weg.

Als nun der Königssohn aufwachte, da war der Teich fertig. Da ging die Königstochter auch weg und sagte, wenn es sechs wäre, dann solle er nach Hause kommen. Als er nun nach Hause kam, da fragte ihn der König: »Hast du den Teich fertig?« – »Ja«, sagte der Königssohn. Als sie nun wieder bei Tische saßen, da sagte der König: »Du hast den Teich zwar fertig, aber ich kann dir meine Tochter noch nicht geben; du musst erst noch etwas tun.« – »Was denn?«, fragte der Königssohn. Er hätte da einen großen Berg, sagte der König, da wären so viele Dornbüsche darauf, die müssten alle abgehauen werden; und oben auf dem Gipfel müsste er ein großes Schloss bauen, das müsste so schön sein, wie es sich ein Mensch nur denken könne; und alles Hausgerät und was sonst noch dazu gehörte, müsste darinnen sein.

Als er am andern Morgen aufstand, da gab ihm der König eine gläserne Axt und einen gläsernen Bohrer mit; um sechs Uhr aber, sagte der König, müsste er fertig sein. Als er nun den ersten Dornbusch mit der Axt anhieb, ging sie kurz und klein, dass die Stücke nur so um ihn herumflogen, und den Bohrer konnte er auch nicht brauchen. Da war er ganz betrübt und wartete auf seine Liebste, ob sie nicht käme und ihm aus der Not hülfe. Als es Mittag war, da kam sie auch und brachte ihm etwas zu essen; da ging er ihr entgegen und erzählte ihr alles und aß etwas und ließ sich von ihr kraulen und schlief ein.

Da nahm sie wieder den Knoten und schlug damit auf die Erde und sagte: »Arbeiter, heraus!« Da kamen wieder so viele Erdmännchen und fragten, was ihr Begehr sei? Da sagte sie: »In der Zeit von drei Stunden müsst ihr den ganzen Busch abholzen, und oben auf dem Berge da muss ein Schloss stehen, das muss so schön sein, wie man sichs nur denken kann, und alles Hausgerät und was sonst noch dazu gehört, muss darinnen sein.« Da gingen sie hin und boten ihre Verwandtschaft auf, dass sie helfen sollte; und als die Zeit um war, da war alles fertig. Da kamen sie zur Königstochter und sagten ihrs; und die Königstochter nahm das Tuch und schlug dreimal damit auf die Erde und sagte: »Arbeiter, nach Haus!« Da sind sie gleich wieder alle weg gewesen. Als nun der Königssohn aufwachte und alles sah, da war er so froh wie ein Vogel in der Luft.

Als es nun sechs geschlagen hatte, da gingen sie zusammen nach Hause. Da sagte der König: »Ist das Schloss auch fertig?« – »Ja«, sagte der Königssohn. Als sie nun bei Tische saßen, da sagte der König: »Meine jüngste Tochter kann ich nicht hergeben, ehe nicht die zwei älteren gefreit haben.« Da waren der Königssohn und die Königstochter ganz betrübt, und der Königssohn wusste sich gar nicht zu helfen. Aber als die Nacht gekommen war, da lief er mit der Königstochter fort. Als sie eine Weile fort waren, da schaute sich die Königstochter einmal um und sah ihren Vater hinter sich. »Oh«, sagte sie, »was sollen wir da machen? Mein Vater ist hinter uns und will uns einholen; ich will dich in einen Dornbusch verwandeln und mich in eine Rose; und mitten im Busch werde ich wohl sicher sein.« Wie nun der Vater an die Stelle kam, da stand dort ein Dornbusch und mittendrin eine Rose. Da wollte er die Rose abbrechen; doch da kam der Dorn und stach ihm in die Finger, dass er wieder nach Hause gehen musste. Da fragte seine Frau, warum er sie nicht mitgebracht hat? Da sagte er, er sei ganz in der Nähe gewesen, aber auf einmal, da hätte er sie aus dem Gesichte verloren, und da hätte dann ein Dornbusch und eine Rose dagestanden. Da sagte die Königin: »Hättest du nur die Rose abgebrochen; der Busch wäre dann schon mitgekommen.« Da ging er wieder fort und wollte die Rose herholen. Unterdes waren aber die beiden schon weit über Feld, und der König lief immer hinter ihnen her. Da schaute sich die Tochter wieder um und sah ihren Vater kommen. Da sagte sie: »Oh, wie sollen wir es nun machen? Ich will dich in eine Kirche verwandeln und mich in einen Pastor; da will ich auf der Kanzel stehen und predigen.« Als nun der König an die Stelle kam, da stand dort eine Kirche, und auf der Kanzel war ein Pastor, der predigte. Da hörte er sich die Predigt an und ging wieder nach Hause. Da fragte ihn die Königin, warum er sie nicht mitgebracht habe? Da sagte er: »Nein, ich bin ihnen so lange nachgelaufen, und als ich glaubte, ich hätte sie eingeholt, da stand eine Kirche und auf der Kanzel ein Pastor, der predigte.« – »Du hättest den Pastor nur bringen sollen«, sagte die Frau, »die Kirche wäre dann schon von selber gekommen. Wenn man dich schon schickt! Doch das kann jetzt nichts mehr helfen; da muss ich selber gehen.« Als sie nun eine Weile unterwegs war und die beiden von ferne sah, da guckte sich die Königstochter um und sah ihre Mutter kommen und sagte »Oh weh. Nun kommt meine Mutter selbst. Ich will dich in einen Teich verwandeln und mich in einen Fisch.« Wie die Mutter an die Stelle kam, war da ein großer Teich, und in der Mitte sprang ein Fischlein herum und guckte mit dem Kopf aus dem Wasser und war ganz lustig. Da wollte sie gern den Fisch kriegen; aber sie konnte ihn nicht fangen. Da war sie ganz böse und trank den ganzen Teich aus, damit sie den Fisch doch kriegte, aber da wurde ihr so übel, dass sie das ganze Wasser wieder ausspeien musste. Dann sagte sie: »Ich sehe wohl, dass hier nichts mehr helfen kann«, und sie möchten nur wieder zu ihr kommen. Da ging die Königin auch wieder nach Hause. Und die Königin gab ihrer Tochter drei Walnüsse und sagte: »Mit denen kannst du dir helfen, wenn du in höchster Not bist.« Und damit gingen die jungen Leute wieder zusammen fort.

Als sie nun wohl an die zehn Stunden gegangen waren, da kamen sie an das Schloss, aus dem der Königssohn war; und dabei war ein Dorf. Als sie da angekommen waren, da sagte der Königssohn: »Bleib hier, meine Liebste, ich will erst in das Schloss gehen, und dann will ich mit dem Wagen und den Bedienten kommen und dich abholen.« Als er nun in das Schloss kam, da wurden alle so froh, dass sie nun den Königssohn wiederhatten. Und er erzählte, dass er eine Braut hätte, und die wäre jetzt in dem Dorfe; sie sollten mit dem Wagen hinfahren und sie holen. Da spannten sie auch gleich an, und viele Bediente setzten sich auf den Wagen. Als nun der Königssohn einsteigen sollte, da gab ihm seine Mutter einen Kuss; da hatte er alles vergessen, was geschehen war und auch, was er tun wollte. Da befahl die Mutter, sie sollten wieder ausspannen, und da gingen sie alle wieder ins Haus. Das Mädchen aber sitzt im Dorfe und lauert und lauert und meint, er solle sie abholen, es kommt aber keiner. Da vermietete sich die Königstochter in der Mühle, die gehörte zum Schloss. Da musste sie alle Nachmittage am Wasser sitzen und Gefäße reinigen. Da kam einmal die Königin vom Schlosse hergegangen und ging am Wasser spazieren und sah das wackere Mädchen da sitzen. Da sagte sie: »Was ist das für ein Mädchen! Die gefällt mir gut!« Da guckten sie es alle an; aber kein Mensch erkannte es.

Es ging nun eine lange Zeit vorüber, dass das Mädchen ehrlich und treu bei dem Müller diente. Unterdes hatte die Königin eine Frau für ihren Sohn gesucht; die war von ganz weit her. Als nun die Braut ankam, da sollten sie gleich zusammengegeben werden. Es liefen viele Leute beisammen, die das alles sehen wollten. Da sagte das Mädchen zu dem Müller, er möchte ihr doch die Erlaubnis geben. Da sagte der Müller: »Geh nur ruhig hin!« Bevor sie aber wegging, machte sie eine von den drei Walnüssen auf; da lag ein so schönes Kleid darin; das zog sie an und ging damit in die Kirche, ganz dicht zum Altar. Auf einmal kommt die Braut mit dem Bräutigam, und sie setzen sich vor den Altar. Und als der Pastor sie einsegnen will, da sieht die Braut nach der Seite und sieht das Mädchen stehen. Da steht sie wieder auf und sagt, sie wolle sich nicht trauen lassen, bis sie nicht auch so ein prachtvolles Kleid hätte wie diese Dame. Da gingen sie wieder nach Hause und ließen die Dame fragen, ob sie das Kleid wohl verkaufte. Nein, verkaufen würde sie es nicht; aber verdienen könnte man sichs schon. Da fragte sie das Mädchen, was sie denn damit meinte. Da sagte sie, wenn sie nachts vor der Tür von dem Königssohn schlafen dürfte, dann könnte die Braut das Kleid wohl haben. Da sagte die Braut, Ja, das sollt sie nur tun. Da mussten die Bedienten dem Königssohn einen Schlaftrunk geben, und dann legte sich das Mädchen auf die Schwelle der Türe und erzählte weinend alles: Sie hätte den Wald für ihn abholzen lassen, sie hätte den Teich für ihn ausschlämmen lassen, sie hätte das Schloss für ihn gebaut, sie hätte ihn in einen Dornbusch verwandelt, dann in eine Kirche und zuletzt in einen Teich, und er hätte sie so geschwind vergessen. Der Königssohn aber hörte von alledem nichts. Die Diener aber waren aufgewacht und hatten alles gehört und wussten nicht, was das bedeuten sollte.

Am andern Morgen, als sie aufgestanden waren, da zog die Braut das Kleid an und fuhr mit dem Bräutigam zur Kirche. Unterdes machte das Mädchen die zweite Walnuss auf, und da lag ein noch schöneres Kleid darin; das zog sie wieder an und ging damit in die Kirche, gegenüber vom Altar. Und nun ging es genau so wie das vorige Mal. Und das Mädchen legte sich wieder eine Nacht auf die Türschwelle, die nach des Königssohn Stube ging; und die Bedienten sollten ihm wieder einen Schlaftrunk geben. Aber die Bedienten gaben ihm einen Trunk, von dem er wach blieb; und damit legte er sich zu Bette. Und die Müllersmagd auf der Türschwelle weinte wieder und sagte, was sie alles getan hätte. Das alles hörte der Königssohn, und er war ganz betrübt, und es fiel ihm alles wieder ein, was in der Vergangenheit geschehen war. Da wollte er zu ihr gehen, aber die Mutter hatte die Türe zugeschlossen. Am andern Morgen aber ging er gleich zu seiner Liebsten und erzählte ihr alles; und sie möchte doch nicht böse sein, dass er sie so lange vergessen hätte. Da machte die Königstochter die dritte Walnuss auf; da war ein noch viel schöneres Kleid darin. Das zog sie an und fuhr mit ihrem Bräutigam zur Kirche. Und da kamen viele Kinder, die gaben ihnen Blumen und legten ihnen bunte Bänder vor die Füße, und sie ließen sich einsegnen und hielten eine lustige Hochzeit. Aber die falsche Mutter und die unrechte Braut mussten weg. Und wer das zuletzt erzählt hat, dem ist der Mund noch warm.

67
Vom klugen Schneiderlein

Es war einmal eine Prinzessin gewaltig stolz; kam ein Freier, so gab sie ihm etwas zu raten auf, und wenn er's nicht erraten konnte, so ward er mit Spott fortgeschickt. Sie ließ auch bekannt machen, wer ihr Rätsel löste, sollte sich mit ihr vermählen, und möchte kommen, wer da wollte. Endlich fanden sich auch drei Schneider zusammen, davon meinten die zwei ältesten, sie hätten so manchen feinen Stich getan und hättens getroffen, da könnts ihnen nicht fehlen, sie müsstens auch hier treffen; der dritte war ein kleiner unnützer Springinsfeld, der nicht einmal sein Handwerk verstand, aber meinte, er müsste dabei Glück haben, denn woher sollts ihm sonst kommen. Da sprachen die zwei andern zu ihm: »Bleib nur zu Haus, du wirst mit deinem bisschen Verstande nicht weit kommen.« Das Schneiderlein ließ sich aber nicht irremachen und sagte, es hätte einmal seinen Kopf darauf gesetzt und wollte sich schon helfen und ging dahin, als wäre die ganze Welt sein.

Da meldeten sich alle drei bei der Prinzessin und sagten, sie sollte ihnen ihre Rätsel vorlegen, es wären die rechten Leute angekommen, die hätten einen feinen Verstand, dass man ihn wohl in eine Nadel fädeln könnte. Da sprach die Prinzessin: »Ich habe zweierlei Haar auf dem Kopf, von was für Farben ist das?« – »Wenns weiter nichts ist«, sagte der Erste: »Es wird schwarz und weiß sein, wie Tuch, das man Kümmel und Salz nennt.« Die Prinzessin sprach: »Falsch geraten, antworte der Zweite.« Da sagte der Zweite: »Ists nicht schwarz und weiß, so ists braun und rot, wie meines Herrn Vaters Bratenrock.« – »Falsch geraten«, sagte die Prinzessin, »antworte der Dritte, dem seh ichs an, der weiß es sicherlich.« Da trat das Schneiderlein keck hervor und sprach: »Die Prinzessin hat ein silbernes und ein goldenes Haar auf dem Kopf, und das sind die zweierlei Farben.« Wie die Prinzessin das hörte, ward sie blass und wäre vor Schrecken beinah hingefallen, denn das Schneiderlein hatte es getroffen, und sie hatte fest geglaubt, das würde kein Mensch auf der Welt herausbringen. Als ihr das Herz wiederkam, sprach sie: »Damit hast du mich noch nicht gewonnen, du musst noch eins tun: Unten im Stall liegt ein Bär, bei dem sollst du die Nacht zubringen; wenn ich dann morgen aufstehe und du bist noch lebendig, so sollst du mich heiraten.« Sie dachte aber, damit wollte sie das Schneiderlein loswerden, denn der Bär hatte noch keinen Menschen lebendig gelassen, der ihm unter die Tatzen gekommen war. Das Schneiderlein ließ sich nicht abschrecken, war ganz vergnügt und sprach: »Frisch gewagt ist halb gewonnen.«

Als nun der Abend kam, ward mein Schneiderlein hinunter zum Bären gebracht. Der Bär wollt auch gleich auf den kleinen Kerl los und ihm mit seiner Tatze einen guten Willkommen geben. »Sachte, sachte«, sprach das Schneiderlein, »ich will dich schon zur Ruhe bringen.« Da holte es ganz gemächlich, als hätt es keine Sorgen, welsche Nüsse aus der Tasche, biss sie auf und aß die Kerne. Wie der Bär das sah, kriegte er Lust und wollte auch Nüsse haben. Das Schneiderlein griff in die Tasche und reichte ihm eine Handvoll; es waren aber keine Nüsse, sondern Wackersteine. Der Bär steckte sie ins Maul, konnte aber nichts aufbringen, er mochte beißen, wie er wollte. »Ei«, dachte er, »was bist du für ein dummer Klotz! Kannst nicht einmal die Nüsse aufbeißen«, und sprach zum Schneiderlein: »Mein, beiß mir die Nüsse auf.« – »Da siehst du, was du für ein Kerl bist«, sprach das Schneiderlein, »hast so ein großes Maul und kannst die kleine Nuss nicht aufbeißen.« Da nahm es die Steine, war hurtig, steckte dafür eine Nuss in den Mund und knack, war sie entzwei. »Ich muss das Ding noch einmal probieren«, sprach der Bär, »wenn ichs so ansehe, ich mein, ich müssts auch können.« Da gab ihm das Schneiderlein abermals Wackersteine, und der Bär arbeitete und biss aus allen Leibeskräften hinein. Aber du glaubst auch

nicht, dass er sie aufgebracht hat. Wie das vorbei war, holte das Schneiderlein eine Violine unter dem Rock hervor und spielte sich ein Stückchen darauf. Als der Bär die Musik vernahm, konnte er es nicht lassen und fing an zu tanzen, und als er ein Weilchen getanzt hatte, gefiel ihm das Ding so wohl, dass er zum Schneiderlein sprach: »Hör, ist das Geigen schwer?« – »Kinderleicht, siehst du, mit der Linken leg ich die Finger auf und mit der Rechten streich ich mit dem Bogen drauflos, da gehts lustig, hopsasa, vivallalera!« – »So geigen«, sprach der Bär, »das möcht ich auch verstehen, damit ich tanzen könnte, sooft ich Lust hätte. Was meinst du dazu? Willst du mir Unterricht darin geben?« – »Von Herzen gern«, sagte das Schneiderlein, »wenn du Geschick dazu hast. Aber weis einmal deine Tatzen her, die sind gewaltig lang, ich muss dir die Nägel ein wenig abschneiden.« Da ward ein Schraubstock herbeigeholt, und der Bär legte seine Tatzen darauf, das Schneiderlein aber schraubte sie fest und sprach: »Nun warte, bis ich mit der Schere komme«, ließ den Bären brummen, so viel er wollte, legte sich in die Ecke auf ein Bund Stroh und schlief ein.

Die Prinzessin, als sie am Abend den Bären so gewaltig brummen hörte, glaubte nicht anders, als er brummte vor Freuden und hätte dem Schneider den Garaus gemacht. Am Morgen stand sie ganz unbesorgt und vergnügt auf, wie sie aber nach dem Stall guckt, so steht das Schneiderlein ganz munter davor und ist gesund wie ein Fisch im Wasser. Da konnte sie nun kein Wort mehr dagegen sagen, weil sie's öffentlich versprochen hatte, und der König ließ einen Wagen kommen, darin musste sie mit dem Schneiderlein zur Kirche fahren, und sollte sie da vermählt werden. Wie sie eingestiegen waren, gingen die beiden andern Schneider, die ein falsches Herz hatten und ihm sein Glück nicht gönnten, in den Stall und schraubten den Bären los. Der Bär in voller Wut rannte hinter dem Wagen her. Die Prinzessin hörte ihn schnauben und brummen; es ward ihr angst und sie rief: »Ach, der Bär ist hinter uns und will dich holen.« Das Schneiderlein war fix, stellte sich auf den Kopf, steckte die Beine zum Fenster hinaus und rief: »Siehst du den Schraubstock? Wann du nicht gehst, so sollst du wieder hinein.« Wie der Bär das sah, drehte er um und lief fort. Mein Schneiderlein fuhr da ruhig in die Kirche, und die Prinzessin ward ihm an die Hand getraut, und lebte er mit ihr vergnügt wie eine Heidlerche. Wers nicht glaubt, bezahlt einen Taler.

68
Das blaue Licht

Es war einmal ein Soldat, der hatte dem König lange Jahre treu gedient; als aber der Krieg zu Ende war und der Soldat, der vielen Wunden wegen, die er empfangen hatte, nicht weiter dienen konnte, sprach der König zu ihm: »Du kannst heimgehen, ich brauche dich nicht mehr: Geld bekommst du weiter nicht, denn Lohn erhält nur der, welcher mir Dienste dafür leistet.« Da wusste der Soldat nicht, womit er sein Leben fristen sollte, ging voll Sorgen fort und ging den ganzen Tag, bis er abends in einen Wald kam. Als die Finsternis einbrach, sah er ein Licht, dem näherte er sich und kam zu einem Haus, darin wohnte eine Hexe. »Gib mir doch ein Nachtlager und ein wenig Essen und Trinken«, sprach er zu ihr, »ich verschmachte sonst.« – »Oho!«, antwortete sie. »Wer gibt einem verlaufenen Soldaten etwas? Doch will ich barmherzig sein und dich aufnehmen, wenn du tust, was ich verlange.« – »Was verlangst du?«, fragte der Soldat. »Dass du mir morgen meinen Garten umgräbst.« Der Soldat willigte ein und arbeitete den folgenden Tag aus allen Kräften, konnte aber vor Abend nicht fertig werden. »Ich sehe wohl«, sprach die Hexe, »dass du heute nicht weiterkannst. Ich will dich noch eine Nacht behalten, dafür sollst du mir morgen ein Fuder Holz spalten und klein machen.« Der Soldat brauchte dazu den ganzen Tag, und abends machte ihm die Hexe den Vorschlag, noch eine Nacht zu bleiben. »Du sollst mir morgen nur eine geringe Arbeit tun, hinter meinem Hause ist ein alter wasserleerer Brunnen, in den ist mir mein Licht gefallen, es brennt blau und verlischt nicht, das sollst du mir wieder heraufholen.« Den andern Tag führte ihn die Alte zu dem Brunnen und ließ ihn in einem Korb hinab. Er fand das blaue Licht und machte ein Zeichen, dass sie ihn wieder hinaufziehen sollte. Sie zog ihn auch in die Höhe, als er aber dem Rand nahe war, reichte sie die Hand hinab und wollte ihm das blaue Licht abnehmen. »Nein«, sagte er und merkte ihre bösen Gedanken, »das Licht gebe ich dir nicht eher, als bis ich mit beiden Füßen auf dem Erdboden stehe.« Da geriet die Hexe in Wut, ließ ihn wieder hinab in den Brunnen fallen und ging fort.

Der arme Soldat fiel, ohne Schaden zu nehmen, auf den feuchten Boden, und das blaue Licht brannte fort, aber was konnte ihm das helfen? Er sah wohl, dass er dem Tod nicht entgehen würde. Er saß eine Weile ganz traurig, da griff er zufällig in seine Tasche und fand seine Tabakspfeife, die noch halb gestopft war. »Das soll mein letztes Vergnügen sein«, dachte er, zog sie heraus, zündete sie an dem blauen Licht an und fing an zu rauchen. Als der Dampf in der Höhle umhergezogen war, stand auf einmal ein kleines schwarzes Männchen vor ihm und fragte: »Herr, was befiehlst du?« – »Was habe ich dir zu befehlen?«, erwiderte der Soldat ganz verwundert. »Ich muss alles tun«, sagte das Männchen, »was du verlangst.« – »Gut«, sprach der Soldat, »so hilf mir zuerst aus dem Brunnen.« Das Männchen nahm ihn bei der Hand und führte ihn durch einen unterirdischen Gang, vergaß aber nicht, das blaue Licht mitzunehmen. Es zeigte ihm unterwegs die Schätze, welche die Hexe zusammengebracht und da versteckt hatte, und der Soldat nahm so viel Gold, als er tragen konnte. Als er oben war, sprach er zu dem Männchen: »Nun geh hin, bind die alte Hexe und führe sie vor das Gericht.« Nicht lange, so kam sie auf einem wilden Kater mit furchtbarem Geschrei schnell wie der Wind vorbeigeritten, und es dauerte abermals nicht lang, so war das Männchen zurück. »Es ist alles ausgerichtet«, sprach es, »und die Hexe hängt schon am Galgen – Herr, was befiehlst du weiter?«, fragte der Kleine. »In dem Augenblick nichts«, antwortete der Soldat, »du kannst nach Haus gehen. Sei nur gleich bei der Hand, wenn ich dich rufe.« – »Es ist nichts nötig«, sprach das Männchen, »als dass du deine Pfeife an dem blauen Licht anzündest, dann stehe ich gleich vor dir.« Darauf verschwand es vor seinen Augen.

Der Soldat kehrte in die Stadt zurück, aus der er gekommen war. Er ging in den besten Gasthof und ließ sich schöne Kleider machen, dann befahl er dem Wirt, ihm ein Zimmer so prächtig als möglich einzurichten. Als es fertig war und der Soldat es bezogen hatte, rief er das schwarze Männchen und sprach: »Ich habe dem König treu gedient, er aber hat mich fortgeschickt und mich hungern lassen, dafür will ich jetzt Rache nehmen.« – »Was soll ich tun?«, fragte der Kleine. »Spät abends, wenn die Königstochter im Bett liegt, so bring sie schlafend hierher, sie soll Mägdedienste bei mir tun.« Das Männchen sprach: »Für mich ist das ein Leichtes, für dich aber ein gefährliches Ding: Wenn das herauskommt, wird es dir schlimm ergehen.« Als es zwölf geschlagen hatte, sprang die Türe auf, und das Männchen trug die Königstochter herein. »Aha, bist du da?«, rief der Soldat. »Frisch an die Arbeit! Geh, hol den Besen und kehr die Stube.« Als sie fertig war, hieß er sie zu seinem Sessel kommen, streckte ihr die Füße entgegen und sprach: »Zieh mir die Stiefel aus«, warf sie ihr dann ins Gesicht, und sie musste sie aufheben, reinigen und glänzend machen. Sie tat aber alles, was er ihr befahl, ohne Widerstreben, stumm und mit halbgeschlossenen Augen. Bei dem ersten Hahnschrei trug sie das Männchen wieder in das königliche Schloss und in ihr Bett zurück.

Am andern Morgen, als die Königstochter aufgestanden war, ging sie zu ihrem Vater und erzählte ihm, sie hätte einen wunderlichen Traum gehabt: »Ich ward durch die Straßen mit Blitzesschnelle fortgetragen und in das Zimmer eines Soldaten gebracht, dem musste ich als Magd dienen und aufwarten und alle gemeine Arbeit tun, die Stube kehren und die Stiefel putzen. Es war nur ein Traum, und doch bin ich so müde, als wenn ich wirklich alles getan hätte.« – »Der Traum könnte wahr gewesen sein«, sprach der König, »ich will dir einen Rat geben, stecke deine Tasche voll Erbsen und mache ein klein Loch in die Tasche; wirst du wieder abgeholt, so fallen sie heraus und lassen die Spur auf der Straße.« Als der König so sprach, stand das Männchen unsichtbar dabei und hörte alles mit an. Nachts, als es die schlafende Königstochter wieder durch die Straßen trug, fielen zwar einzelne Erbsen aus der Tasche, aber sie konnten keine Spur machen, denn das listige Männchen hatte vorher in allen Straßen Erbsen verstreut. Die Königstochter aber musste wieder bis zum Hahnenschrei Mägdedienste tun.

Der König schickte am folgenden Morgen seine Leute aus, welche die Spur suchen sollten, aber es war vergeblich, denn in allen Straßen saßen die armen Kinder und lasen Erbsen auf und sagten: »Es hat heut Nacht Erbsen geregnet.« – »Wir müssen etwas anderes aussinnen«, sprach der König, »behalt deine Schuh an, wenn du dich zu Bett legst, und ehe du von dort zurückkehrst, verstecke einen davon; ich will ihn schon finden.« Das schwarze Männchen vernahm den Anschlag, und als der Soldat abends verlangte, er sollte die Königstochter wieder herbeitragen, riet es ihm ab und sagte, gegen diese List wüsste es kein Mittel, und wenn der Schuh bei ihm gefunden würde, so könnte es ihm schlimm ergehen. »Tue, was ich dir sage«, erwiderte der Soldat, und die Königstochter musste auch in der dritten Nacht wie eine Magd arbeiten; sie versteckte aber, ehe sie zurückgetragen wurde, einen Schuh unter das Bett.

Am andern Morgen ließ der König in der ganzen Stadt den Schuh seiner Tochter suchen. Er ward bei dem Soldaten gefunden und der Soldat selbst, der sich auf Bitten des Kleinen zum Tor hinausgemacht hatte, ward bald eingeholt und ins Gefängnis geworfen. Er hatte sein Bestes bei der Flucht vergessen, das blaue Licht und das Gold, und hatte nur noch einen Dukaten in der Tasche. Als er nun mit Ketten belastet an dem Fenster seines Gefängnisses stand, sah er einen seiner Kameraden vorbeigehen. Er klopfte an die Scheibe, und als er herbeikam, sagte er: »Sei so gut und hol mir das kleine Bündelchen, das ich in dem Gasthaus habe liegen lassen, ich gebe dir dafür einen Dukaten.« Der Kamerad lief hin, und brachte ihm das Verlangte. Sobald der Soldat wieder allein war, steckte er seine Pfeife an und ließ das schwarze Männchen kommen. »Sei ohne Furcht«, sprach es zu seinem Herrn, »geh hin, wo sie dich hinführen, und lass alles geschehen, nimm nur das blaue Licht mit.« Am andern Tag ward Gericht über den Soldaten gehalten, und obgleich er nichts Böses getan hatte, verurteilte ihn der Richter doch zum Tode. Als er nun hinausgeführt wurde, bat er den König um eine letzte Gnade. »Was für eine?«, fragte der König. »Dass ich auf dem Weg noch eine Pfeife rauchen darf.« – »Du kannst drei rauchen«, antwortete der König, »aber glaube nicht, dass ich dir das Leben schenke.« Da zog der Soldat seine Pfeife heraus und zündete sie an dem blauen Licht an, und wie ein paar Ringel vom Rauch aufgestiegen waren, so stand schon das Männchen da, hatte einen kleinen Knüppel in der Hand und sprach: »Was befiehlt mein Herr?« – »Schlag mir da

die falschen Richter und ihre Häscher zu Boden, und verschone auch den König nicht, der mich so schlecht behandelt hat.« Da fuhr das Männchen wie der Blitz, zickzack, hin und her, und wen es mit seinem Knüppel nur anrührte, der fiel schon zu Boden und getraute sich nicht mehr zu regen. Dem König ward angst, er legte sich auf das Bitten, und um nur das Leben zu behalten, gab er dem Soldaten das Reich und seine Tochter zur Frau.

69
Die sieben Schwaben

Einmal waren sieben Schwaben beisammen, der erste war der Herr Schulz, der zweite der Jackli, der dritte der Marli, der vierte der Jergli, der fünfte der Michal, der sechste der Hans, der siebente der Veitli; die hatten alle siebene sich vorgenommen, die Welt zu durchziehen, Abenteuer zu suchen und große Taten zu vollbringen. Damit sie aber auch mit bewaffneter Hand und sicher gingen, sahen sie's für gut an, dass sie sich zwar nur einen einzigen, aber recht starken und langen Spieß machen ließen. Diesen Spieß fassten sie alle siebene zusammen an, vorn ging der kühnste und männlichste, das musste der Herr Schulz sein, und dann folgten die andern nach der Reihe, und der Veitli war der Letzte. Nun geschah es, als sie im Heumonat eines Tags einen weiten Weg gegangen waren, auch noch ein gut Stück bis in das Dorf hatten, wo sie über Nacht bleiben mussten, dass in der Dämmerung auf einer Wiese ein großer Rosskäfer oder eine Hornisse nicht weit von ihnen hinter einer Staude vorbeiflog und feindlich brummelte. Der Herr Schulz erschrak, dass er fast den Spieß hätte fallen lassen und ihm der Angstschweiß am ganzen Leibe ausbrach. »Horcht, horcht«, rief er seinen Gesellen, »Gott, ich höre eine Trommel!« Der Jackli, der hinter ihm den Spieß hielt, und dem ich weiß nicht was für ein Geruch in die Nase kam, sprach: »Etwas ist ohne Zweifel vorhanden, denn ich schmeck das Pulver und den Zündstrick.« Bei diesen Worten hub der Herr Schulz an, die Flucht zu ergreifen, und sprang im Hui über einen Zaun; weil er aber gerade auf die Zinken eines Rechen sprang, der vom Heumachen da liegen geblieben war, so fuhr ihm der Stiel ins Gesicht und gab ihm einen ungewaschenen Schlag. »O wei, o wei«, schrie der Herr Schulz, »nimm mich gefangen, ich ergeb mich, ich ergeb mich!« Die andern sechs hüpften auch alle einer über den andern herzu und schrien: »Gibst du dich, so geb ich mich auch, gibst du dich, so geb ich mich auch.« Endlich, wie kein Feind da war, der sie binden und fortführen wollte, merkten sie, dass sie betrogen waren. Und damit die Geschichte nicht unter die Leute käme, und sie nicht genarrt und gespottet würden, verschwuren sie sich untereinander, so lang davon stillzuschweigen, bis einer unverhofft das Maul auftäte.

Hierauf zogen sie weiter. Die zweite Gefährlichkeit, die sie erlebten, kann aber mit der ersten nicht verglichen werden. Nach etlichen Tagen trug sie ihr Weg durch ein Brachfeld, da saß ein Hase in der Sonne und schlief, streckte die Ohren in die Höhe, und hatte die großen gläsernen Augen starr aufstehen. Da erschraken sie bei dem Anblick des grausamen und wilden Tieres insgesamt und hielten Rat, was zu tun das wenigst Gefährliche wäre. Denn so sie fliehen wollten, war zu besorgen, das Ungeheuer setzte ihnen nach und verschlänge sie alle mit Haut und Haar. Also sprachen sie: »Wir müssen einen großen und gefährlichen Kampf bestehen, frisch gewagt ist halb gewonnen!«, fassten alle siebene den Spieß an, der Herr Schulz vorn und der Veitli hinten. Der Herr Schulz wollte den Spieß noch immer anhalten, der Veitli aber war hinten ganz mutig geworden, wollte losbrechen und rief:

»Stoß zu in aller Schwabe Name,
sonst wünsch i, dass ihr möcht erlahme.«

Aber der Hans wusst ihn zu treffen und sprach:

»Beim Element, du hascht gut schwätze,
bischt stets der letscht beim Drachehetze.«

Der Michal rief:

»Es wird nit fehle um ein Haar,
so ischt es wohl der Teufel gar.«

Drauf kam an den Jergli die Reihe, der sprach:

»Ischt er es nit, so ischts sei Muter
oder des Teufels Stiefbruder.«

Der Marli hatte da einen guten Gedanken und sagte zum Veitli:

»Gang, Veitli, gang, gang du voran,
i will dahinte vor di stahn.«

Der Veitli hörte aber nicht drauf, und der Jackli sagte:

»Der Schulz, der muss der erschte sei,
denn ihm gebührt die Ehr allei.«

Da nahm sich der Herr Schulz ein Herz und sprach gravitätisch:

»So zieht denn herzhaft in den Streit,
hieran erkennt man tapfre Leut.«

Da gingen sie insgesamt auf den Drachen los. Der Herr Schulz segnete sich und rief Gott um Beistand an; wie aber das alles nicht helfen wollte und er dem Feind immer näher kam, schrie er in großer Angst: »Hau, hurlehau! Hau! Hauhau!« Davon erwachte der Has, erschrak und sprang eilig davon. Als ihn der Herr Schulz so feldflüchtig sah, da rief er voll Freude:

»Potz, Veitli, lueg, lueg, was isch das?
Das Ungehüer ischt a Has.«

Der Schwabenbund suchte aber weiter Abenteuer und kam an die Mosel, ein moosiges, stilles und tiefes Wasser, darüber nicht viel Brücken sind, sondern man an mehrern Orten sich muss in Schiffen überfahren lassen. Weil die sieben Schwaben dessen unberichtet waren, riefen sie einem Mann, der jenseits des Wassers seine Arbeit vollbrachte, zu, wie man doch hinüberkommen könnte. Der Mann verstand wegen der Weite und wegen ihrer Sprache nicht, was sie wollten, und fragte auf sein Trierisch: »Wat? Wat!« Da meinte der Herr Schulz, er spräche nicht anders als: »Wate, wate durchs Wasser«, und hub an, weil er der Vorderste war, sich auf den Weg zu machen und in die Mosel hineinzugehen. Nicht lang, so versank er in den Schlamm und in die antreibenden tiefen Wellen, seinen Hut aber jagte der Wind hinüber an das jenseitige Ufer, und ein Frosch setzte sich dabei und quakte: »Wat, wat, wat.« Die sechs andern hörten das drüben und sprachen: »Unser Gesell, der Herr Schulz, ruft uns. Kann er hinüberwaten, warum wir nicht auch?«, sprangen darum eilig alle zusammen in das Wasser und ertranken, alsodass ein Frosch ihrer sechse ums Leben brachte, und niemand von dem Schwabenbund wieder nach Haus kam.

70
Der Königssohn, der sich vor nichts fürchtet

Es war einmal ein Königssohn, dem gefiels nicht mehr daheim in seines Vaters Haus, und weil er vor nichts Furcht hatte, so dachte er: »Ich will in die weite Welt gehen, da wird mir Zeit und Weile nicht lang, und ich werde wunderliche Dinge genug sehen.« Also nahm er von seinen Eltern Abschied und ging fort, immerzu, von Morgen bis Abend, und es war ihm einerlei, wo hinaus ihn der Weg führte. Es trug sich zu, dass er vor eines Riesen Haus kam, und weil er müde war, setzte er sich vor die Türe und ruhte. Und als er seine Augen so hin- und hergehen ließ, sah er auf dem Hof des Riesen Spielwerk liegen: Das waren ein paar mächtige Kugeln und Kegel, so groß als ein Mensch. Über ein Weilchen bekam er Lust, stellte die Kegel auf und schob mit den Kugeln danach, schrie und rief, wenn die Kegel fielen, und war guter Dinge. Der Riese hörte den Lärm, streckte seinen Kopf zum Fenster heraus und erblickte einen Menschen, der nicht größer war als andere, und doch mit seinen Kegeln spielte. »Würmchen«, rief er, »was kegelst du mit meinen Kegeln? Wer hat dir die Stärke dazu gegeben?« Der Königssohn schaute auf, sah den Riesen an und sprach: »O du Klotz, du meinst wohl, du hättest allein starke Arme? Ich kann alles, wozu ich Lust habe.« Der Riese kam herab, sah dem Kegeln ganz verwundert zu und sprach: »Menschenkind, wenn du der Art bist, so geh und hol mir einen Apfel vom Baum des Lebens.« – »Was willst du damit?«, sprach der Königssohn. »Ich will den Apfel nicht für mich«, antwortete der Riese, »aber ich habe eine Braut, die verlangt danach; ich bin weit in der Welt umhergegangen und kann den Baum nicht finden.« – »Ich will ihn schon finden«, sagte der Königssohn, »und ich weiß nicht, was mich abhalten soll, den Apfel herunterzuholen.« Der Riese sprach: »Du meinst wohl, das wäre so leicht? Der Garten, worin der Baum steht, ist von einem eisernen Gitter umgeben, und vor dem Gitter liegen wilde Tiere, eins neben dem andern, die halten Wache und lassen keinen Menschen hinein.« – »Mich werden sie schon einlassen«, sagte der Königssohn. »Ja, gelangst du auch in den Garten und siehst den Apfel am Baum hängen, so ist er doch noch nicht dein: Es hängt ein Ring davor, durch den muss einer die Hand stecken, wenn er den Apfel erreichen und abbrechen will, und das ist noch keinem geglückt.« – »Mir solls schon glücken«, sprach der Königssohn.

Da nahm er Abschied von dem Riesen, ging fort über Berg und Tal, durch Felder und Wälder, bis er endlich den Wundergarten fand. Die Tiere lagen ringsumher, aber sie hatten die Köpfe gesenkt und schliefen. Sie erwachten auch nicht, als er herankam, sondern er trat über sie weg, stieg über das Gitter und kam glücklich in den Garten. Da stand mitten inne der Baum des Lebens, und die roten Äpfel leuchteten an den Ästen. Er kletterte an dem

Stamm in die Höhe, und wie er nach einem Apfel reichen wollte, sah er einen Ring davor hängen, aber er steckte seine Hand ohne Mühe hindurch und brach den Apfel. Der Ring schloss sich fest an seinen Arm, und er fühlte, wie auf einmal eine gewaltige Kraft durch seine Adern drang. Als er mit dem Apfel von dem Baum wieder herabgestiegen war, wollte er nicht über das Gitter klettern, sondern fasste das große Tor und brauchte nur einmal daran zu schütteln, so sprang es mit Krachen auf. Da ging er hinaus, und der Löwe, der davor gelegen hatte, war wach geworden und sprang ihm nach, aber nicht in Wut und Wildheit, sondern er folgte ihm demütig als seinem Herrn.

Der Königssohn brachte dem Riesen den versprochenen Apfel und sprach: »Siehst du, ich habe ihn ohne Mühe geholt.« Der Riese war froh, dass sein Wunsch so bald erfüllt war, eilte zu seiner Braut und gab ihr den Apfel, den sie verlangt hatte. Es war eine schöne und kluge Jungfrau, und da sie den Ring nicht an seinem Arm sah, sprach sie: »Ich glaube nicht eher, dass du den Apfel geholt hast, als bis ich den Ring an deinem Arm erblicke.« Der Riese sagte: »Ich brauche nur heimzugehen und ihn zu holen«, und meinte, es wäre ein Leichtes, dem schwachen Menschen mit Gewalt wegzunehmen, was er nicht gutwillig geben wollte. Er forderte also den Ring von ihm, aber der Königssohn weigerte sich. »Wo der Apfel ist, muss auch der Ring sein«, sprach der Riese, »gibst du ihn nicht gutwillig, so musst du mit mir darum kämpfen.«

Sie rangen lange Zeit miteinander, aber der Riese konnte dem Königssohn, den die Zauberkraft des Ringes stärkte, nichts anhaben. Da sann der Riese auf eine List und sprach: »Mir ist warm geworden bei dem Kampf, und dir auch, wir wollen im Flusse baden und uns abkühlen, eh wir wieder anfangen.« Der Königssohn, der von Falschheit nichts wusste, ging mit ihm zu dem Wasser, streifte mit seinen Kleidern auch den Ring vom Arm und sprang in den Fluss. Alsbald griff der Riese nach dem Ring und lief damit fort, aber der Löwe, der den Diebstahl bemerkt hatte, setzte dem Riesen nach, riss den Ring ihm aus der Hand und brachte ihn seinem Herrn zurück. Da stellte sich der Riese hinter einen Eichbaum, und als der Königssohn beschäftigt war, seine Kleider wieder anzuziehen, überfiel er ihn und stach ihm beide Augen aus.

Nun stand da der arme Königssohn, war blind und wusste sich nicht zu helfen. Da kam der Riese wieder herbei, fasste ihn bei der Hand wie jemand, der ihn leiten wollte, und führte ihn auf die Spitze eines hohen Felsens. Dann ließ er ihn stehen und dachte: »Noch ein paar Schritte weiter, so stürzt er sich tot, und ich kann ihm den Ring abziehen.« Aber der treue Löwe hatte seinen Herrn nicht verlassen, hielt ihn am Kleide fest und zog ihn allmählich wieder zurück. Als der Riese kam und den Toten berauben wollte, sah er, dass seine List vergeblich gewesen war. »Ist denn ein so schwaches Menschenkind nicht zu verderben!«, sprach er zornig zu sich selbst, fasste den Königssohn und führte ihn auf einem andern Weg nochmals zu dem Abgrund. Aber der Löwe, der die böse Absicht merkte, half seinem Herrn auch hier aus der Gefahr. Als sie nahe zum Rand gekommen waren, ließ der Riese die Hand des Blinden fahren und wollte ihn allein zurücklassen, aber der Löwe stieß den Riesen, dass er hinabstürzte und zerschmettert auf den Boden fiel.

Das treue Tier zog seinen Herrn wieder von dem Abgrund zurück und leitete ihn zu einem Baum, an dem ein klarer Bach floss. Der Königssohn setzte sich da nieder, der Löwe aber legte sich und spritzte mit seiner Tatze ihm das Wasser ins Antlitz. Kaum hatten ein paar Tröpfchen die Augenhöhlen benetzt, so konnte er wieder etwas sehen und bemerkte ein Vöglein, das flog ganz nah vorbei, stieß sich aber an einem Baumstamm; hierauf ließ es sich in das Wasser herab und badete sich darin, dann flog es auf, strich ohne anzustoßen zwischen den Bäumen hin, als hätte es sein Gesicht wiederbekommen. Da erkannte der Königssohn den Wink Gottes, neigte sich herab zu dem Wasser und wusch und badete sich darin das Gesicht. Und als er sich aufrichtete, hatte er seine Augen wieder so hell und rein, wie sie nie gewesen waren.

Der Königssohn dankte Gott für die große Gnade und zog mit seinem Löwen weiter in der Welt herum. Nun trug es sich zu, dass er vor ein Schloss kam, welches verwünscht war. In dem Tor stand eine Jungfrau von schöner Gestalt und feinem Antlitz, aber sie war ganz schwarz. Sie redete ihn an und sprach: »Ach, könntest du mich erlösen aus dem bösen Zauber, der über mich geworfen ist.« – »Was soll ich tun?«, sprach der Königssohn. Die Jungfrau antwortete: »Drei Nächte musst du in dem großen Saal des verwünschten Schlosses zubringen, aber es darf keine Furcht in dein Herz kommen. Wenn sie dich auf das Ärgste quälen und du hältst es aus, ohne einen Laut von dir zu geben, so bin ich erlöst; das Leben dürfen sie dir nicht nehmen.« Da sprach der Königssohn: »Ich fürchte mich nicht, ich wills mit Gottes Hilfe versuchen.« Also ging er fröhlich in das Schloss, und als es dunkel ward, setzte er sich in den großen Saal und wartete. Es war aber still bis Mitternacht, da fing plötzlich ein großer Lärm an, und aus allen Ecken und Winkeln kamen kleine Teufel herbei. Sie taten, als ob sie ihn nicht sähen, setzten sich mitten in die Stube, machten ein Feuer an und fingen an zu spielen. Wenn einer verlor, sprach er: »Es ist nicht richtig, es ist einer da, der nicht zu uns gehört, der ist schuld, dass ich verliere.« – »Wart, ich komme, du hinter dem Ofen«, sagte ein anderer. Das Schreien ward immer größer, sodass es niemand ohne Schrecken hätte anhören können. Der Königssohn blieb ganz ruhig sitzen und hatte keine Furcht. Doch endlich sprangen die Teufel von der Erde auf und fielen über ihn her, und es waren so viele, dass er sich ihrer nicht erwehren konnte. Sie zerrten ihn auf dem Boden herum, zwickten, stachen, schlugen und quälten ihn, aber er gab keinen Laut von sich. Gegen Morgen verschwanden sie, und er war so abgemattet, dass er kaum seine Glieder regen konnte. Als aber der Tag anbrach, da trat die schwarze Jungfrau zu ihm herein. Sie trug in ihrer Hand eine kleine Flasche, worin Wasser des Lebens war, damit wusch sie ihn, und alsbald fühlte er, wie alle Schmerzen verschwanden und frische Kraft in seine Adern drang. Sie sprach: »Eine Nacht hast du glücklich ausgehalten, aber noch zwei stehen dir bevor.« Da ging sie wieder weg, und im Weggehen bemerkte er, dass ihre Füße weiß geworden waren. In der folgenden Nacht kamen die Teufel und fingen ihr Spiel aufs Neue an: Sie fielen über den Königssohn her und schlugen ihn viel härter als in der vorigen Nacht, dass sein Leib voll Wunden war. Doch da er alles still ertrug, mussten sie von ihm lassen, und als die Morgenröte anbrach, erschien die Jungfrau und heilte ihn mit dem Lebenswasser. Und als sie wegging, sah er mit Freuden, dass sie schon weiß geworden war bis zu den Fingerspitzen. Nun hatte er nur noch eine Nacht auszuhalten, aber die war die schlimmste. Der Teufelsspuk kam wieder: »Bist du noch da?«, schrien sie. »Du sollst gepeinigt werden, dass dir der Atem stehen bleibt.« Sie stachen und schlugen ihn, warfen ihn hin und her und zogen ihn an Armen und Beinen, als wollten sie ihn zerreißen. Aber er duldete alles und gab keinen Laut von sich. Endlich verschwanden die Teufel, aber er lag da ohnmächtig und regte sich nicht, er konnte auch nicht die Augen aufheben, um die Jungfrau zu sehen, die hereinkam und ihn mit dem Wasser des Lebens benetzte und begoss. Aber auf einmal war er von allen Schmerzen befreit und fühlte sich frisch und gesund, als wäre er aus einem Schlaf erwacht, und wie er die Augen aufschlug, so sah er die Jungfrau neben sich stehen, die war schneeweiß und schön wie der helle Tag. »Steh auf«, sprach sie,

»und schwing dein Schwert dreimal über die Treppe, so ist alles erlöst.« Und als er das getan hatte, da war das ganze Schloss vom Zauber befreit, und die Jungfrau war eine reiche Königstochter. Die Diener kamen und sagten, im großen Saale wäre die Tafel schon zubereitet und die Speisen aufgetragen. Da setzten sie sich nieder, aßen und tranken zusammen, und abends ward in großen Freuden die Hochzeit gefeiert.

71 Die Alte im Wald

Es fuhr einmal ein armes Dienstmädchen mit seiner Herrschaft durch einen großen Wald, und als sie mitten darin waren, kamen Räuber aus dem Dickicht hervor und ermordeten, wen sie fanden. Da kamen alle miteinander um bis auf das Mädchen, das war in der Angst aus dem Wagen gesprungen und hatte sich hinter einen Baum verborgen. Wie die Räuber mit ihrer Beute fort waren, trat es herbei und sah das große Unglück. Da fing es an bitterlich zu weinen und sagte: »Was soll ich armes Mädchen nun anfangen, ich weiß mich nicht aus dem Wald herauszufinden, keine Menschenseele wohnt darin, so muss ich gewiss verhungern.« Es ging herum, suchte einen Weg, konnte aber keinen finden. Als es Abend war, setzte es sich unter einen Baum, befahl sich Gott und wollte da sitzen bleiben und nicht weggehen, möchte geschehen, was immer wollte. Als es aber eine Weile da gesessen hatte, kam ein weiß Täubchen zu ihm geflogen und hatte ein kleines goldenes Schlüsselchen im Schnabel. Das Schlüsselchen legte es ihm in die Hand und sprach: »Siehst du dort den großen Baum, daran ist ein kleines Schloss, das schließ mit dem Schlüsselchen auf, so wirst du Speise genug finden und keinen Hunger mehr leiden.« Da ging es zu dem Baum und schloss ihn auf und fand Milch in einem kleinen Schüsselchen und Weißbrot zum Einbrocken dabei, dass es sich satt essen konnte. Als es satt war, sprach es: »Jetzt ist es Zeit, wo die Hühner daheim auffliegen, ich bin so müde, könnt ich mich doch auch in mein Bett legen.« Da kam das Täubchen wieder geflogen und brachte ein anderes goldenes Schlüsselchen im Schnabel und sagte: »Schließ dort den Baum auf, so wirst du ein Bett finden.« Da schloss es auf und fand ein schönes weiches Bettchen; da betete es zum lieben Gott, er möchte es behüten in der Nacht, legte sich und schlief ein. Am Morgen kam das Täubchen zum dritten Mal, brachte wieder ein Schlüsselchen und sprach: »Schließ dort den Baum auf, da wirst du Kleider finden«, und wie es aufschloss, fand es Kleider mit Gold und Edelsteinen besetzt, so herrlich, wie sie keine Königstochter hat. Also lebte es da eine Zeit lang, und kam das Täubchen alle Tage und sorgte für alles, was es bedurfte, und war das ein stilles, gutes Leben.

Einmal aber kam das Täubchen und sprach: »Willst du mir etwas zuliebe tun?« – »Von Herzen gerne«, sagte das Mädchen. Da sprach das Täubchen: »Ich will dich zu einem kleinen Häuschen führen, da geh hinein, mittendrein am Herd wird eine alte Frau sitzen und Guten Tag sagen. Aber gib ihr beileibe keine Antwort, sie mag auch anfangen, was sie will, sondern geh zu ihrer rechten Hand weiter, da ist eine Türe, die mach auf, so wirst du in eine Stube kommen, wo eine Menge von Ringen allerlei Art auf dem Tisch liegt; darunter sind prächtige mit glitzerigen Steinen, die lass aber liegen und suche einen schlichten heraus, der auch darunter sein muss, und bring ihn zu mir her, so geschwind du kannst.« Das Mädchen ging zu dem Häuschen und trat zu der Türe ein. Da saß eine Alte, die machte große Augen, wie sie es erblickte, und sprach: »Guten Tag, mein Kind.« Es gab ihr aber keine Antwort und ging auf die Türe zu. »Wo hinaus?«, rief sie und fasste es beim Rock und wollte es festhalten. »Das ist mein Haus, da darf niemand herein, wenn ichs nicht haben will.« Aber das Mädchen schwieg still, machte sich von ihr los und ging gerade in die Stube hinein. Da lag nun auf dem Tisch eine übergroße Menge von Ringen, die glitzten und glimmerten ihm vor den Augen; es warf sie herum und suchte nach dem schlichten, konnte ihn aber nicht finden. Wie es so suchte, sah es die Alte, wie sie daherschlich und einen Vogelkäfig in der Hand hatte und damit fortwollte. Da ging es auf sie zu und nahm ihr den Käfig aus der Hand, und wie es ihn aufhob und hineinsah, saß ein Vogel darin, der hatte den schlichten Ring im Schnabel. Da nahm es den Ring und lief ganz froh damit zum Haus hinaus und dachte, das weiße Täubchen würde kommen und den Ring holen, aber es kam nicht. Da lehnte es sich an einen Baum und wollte auf das Täubchen warten, und wie es so stand, da war es, als würde der Baum weich und biegsam und senkte seine Zweige herab. Und auf einmal schlangen sich die Zweige um es herum und waren zwei Arme, und wie es sich umsah, war der Baum ein schöner Mann, der es umfasste und herzlich küsste und sagte: »Du hast mich erlöst und aus der Gewalt der Alten befreit, die eine böse Hexe ist. Sie hatte mich in einen Baum verwandelt, und alle Tage ein paar Stunden war ich eine weiße Taube, und solang sie den Ring besaß, konnte ich meine menschliche Gestalt nicht wiedererhalten.« Da waren auch seine Bedienten und Pferde von dem Zauber frei, die sie auch in Bäume verwandelt hatte, und standen neben ihm. Da fuhren sie fort in sein Reich, denn er war eines Königs Sohn, und sie heirateten sich und lebten glücklich.

72 Die drei Brüder

Es war ein Mann, der hatte drei Söhne und weiter nichts im Vermögen als das Haus, worin er wohnte. Nun hätte jeder gerne nach seinem Tode das Haus gehabt, dem Vater war aber einer so lieb als der andere, da wusste er nicht, wie er's anfangen sollte, dass er keinem zu nahe tät; verkaufen wollte er das Haus auch nicht, weils von seinen Voreltern war, sonst hätte er das Geld unter sie geteilt. Da fiel ihm endlich ein Rat ein, und er sprach zu seinen Söhnen: »Geht in die Welt und versucht euch, und lerne jeder sein Handwerk; wenn ihr dann wiederkommt, wer das beste Meisterstück macht, der soll das Haus haben.«

Das waren die Söhne zufrieden, und der Älteste wollte ein Hufschmied, der Zweite ein Barbier, der Dritte aber ein Fechtmeister werden. Darauf bestimmten sie eine Zeit, wo sie wieder nach Haus zusammenkommen wollten, und zogen fort. Es traf sich auch, dass jeder einen tüchtigen Meister fand, wo er was Rechtschaffenes lernte. Der Schmied musste des Königs Pferde beschlagen und dachte: »Nun kann dirs nicht fehlen, du kriegst das Haus.« Der Barbier rasierte lauter vornehme Herren und meinte auch, das Haus wäre schon sein. Der Fechtmeister kriegte manchen Hieb, biss aber die Zähne zusammen und ließ sichs nicht verdrießen, denn er dachte bei sich: »Fürchtest du dich vor einem Hieb, so kriegst du das Haus nimmermehr.« Als nun die gesetzte Zeit herum war, kamen sie bei ihrem Vater wieder zusammen, sie wussten aber nicht, wie sie die beste Gelegenheit finden sollten, ihre Kunst zu zeigen, saßen beisammen und ratschlagten. Wie sie so saßen, kam auf einmal ein Hase übers Feld dahergelaufen. »Ei«, sagte der Barbier, »der kommt wie gerufen«, nahm Becken und Seife, schaumte so lange, bis der Hase in die Nähe kam, dann seifte er ihn in vollem Laufe ein und rasierte ihm auch in vollem Laufe ein Stutzbärtchen, und dabei schnitt er ihn nicht und tat ihm an keinem Haare weh. »Das gefällt mir«, sagte der Vater. »Wenn sich die andern nicht gewaltig angreifen, so ist das Haus dein.« Es währte nicht lang, so kam ein Herr in einem Wagen dahergerennt in vollem Jagen. »Nun sollt Ihr sehen, Vater, was ich kann«, sprach der Hufschmied, sprang dem Wagen nach, riss dem Pferd, das in einem fortjagte, die vier Hufeisen ab und schlug ihm auch im Jagen vier neue wieder an. »Du bist ein ganzer Kerl«, sprach der Vater, »du machst deine Sachen so gut wie dein Bruder; ich weiß nicht, wem ich das Haus geben soll.« Da sprach der Dritte: »Vater, lasst mich auch einmal gewähren«, und weil es anfing zu regnen, zog er seinen Degen und schwenkte ihn in Kreuzhieben über seinen Kopf, dass kein Tropfen auf ihn fiel; und als der Regen stärker ward und endlich so stark, als ob man mit Mulden vom Himmel gösse, schwang er den Degen immer schneller und blieb so trocken, als säß er unter Dach und Fach. Wie der Vater das sah, erstaunte er und sprach: »Du hast das beste Meisterstück gemacht, das Haus ist dein.«

Die beiden andern Brüder waren damit zufrieden, wie sie vorher gelobt hatten, und weil sie sich einander so lieb hatten, blieben sie alle drei zusammen im Haus und trieben ihr Handwerk; und da sie so gut ausgelernt hatten und so geschickt waren, verdienten sie viel Geld. So lebten sie vergnügt bis in ihr Alter zusammen, und als der eine krank ward und starb, grämten sich die zwei andern so sehr darüber, dass sie auch krank wurden und bald starben. Da wurden sie, weil sie so geschickt gewesen waren und sich so lieb gehabt hatten, alle drei zusammen in ein Grab gelegt.

73
Der Teufel und seine Großmutter

Es war ein großer Krieg, und der König hatte viel Soldaten, gab ihnen aber wenig Sold, sodass sie nicht davon leben konnten. Da taten sich drei zusammen und wollten ausreißen. Einer sprach zum andern: »Wenn wir erwischt werden, so hängt man uns an den Galgenbaum. Wie wollen wirs machen?« Sprach der andere: »Seht dort das große Kornfeld, wenn wir uns da verstecken, so findet uns kein Mensch: Das Heer darf nicht hinein und muss morgen weiterziehen.« Sie krochen in das Korn, aber das Heer zog nicht weiter, sondern blieb rundherum liegen. Sie saßen zwei Tage und zwei Nächte im Korn und hatten so großen Hunger, dass sie beinah gestorben wären; gingen sie aber heraus, so war ihnen der Tod gewiss. Da sprachen sie: »Was hilft uns unser Ausreißen, wir müssen hier elendig sterben.« Indem kam ein feuriger Drache durch die Luft geflogen, der senkte sich zu ihnen herab und fragte sie, warum sie sich da versteckt hätten. Sie antworteten: »Wir sind drei Soldaten und sind ausgerissen, weil unser Sold gering war; nun müssen wir hier Hungers sterben, wenn wir liegen bleiben, oder wir müssen am Galgen baumeln, wenn wir herausgehen.« – »Wollt ihr mir sieben Jahre dienen«, sagte der Drache, »so will ich euch mitten durchs Heer führen, dass euch niemand erwischen soll.« – »Wir haben keine Wahl und müssens annehmen«, antworteten sie. Da packte sie der Drache in seine Klauen, führte sie durch die Luft über das Heer hinweg und setzte sie weit davon wieder auf die Erde; der Drache war aber niemand als der Teufel. Er gab ihnen ein kleines Peitschchen und sprach: »Peitscht und knallt ihr damit, so wird so viel Geld vor euch herumspringen, als ihr verlangt. Ihr könnt dann wie große Herren leben, Pferde halten und in Wagen fahren; nach Verlauf der sieben Jahre aber seid ihr mein eigen.« Dann hielt er ihnen ein Buch vor, in das mussten sie sich alle drei unterschreiben. »Doch will ich euch«, sprach er, »erst noch ein Rätsel aufgeben, könnt ihr das raten, sollt ihr frei sein und aus meiner Gewalt entlassen.« Da flog der Drache von ihnen weg, und sie reisten fort mit ihren Peitschchen, hatten Geld die Fülle, ließen sich Herrenkleider machen und zogen in der Welt herum. Wo sie waren, lebten sie in Freuden und Herrlichkeit, fuhren mit Pferden und Wagen, aßen und tranken, taten aber nichts Böses. Die Zeit verstrich ihnen schnell, und als es mit den sieben Jahren zu Ende ging, ward zweien gewaltig angst und bang, der Dritte aber nahms auf die leichte Schulter und sprach: »Brüder, fürchtet nichts, ich bin nicht auf den Kopf gefallen, ich errate das Rätsel.« Sie gingen hinaus aufs Feld, saßen da, und die zwei machten betrübte Gesichter. Da kam eine alte Frau daher, die fragte, warum sie so traurig wären. »Ach, was liegt Euch daran, Ihr könnt uns doch nicht helfen.« – »Wer weiß«, antwortete sie, »vertraut mir nur euren Kummer.« Da erzählten sie ihr, sie wären des Teufels Diener gewesen, fast sieben Jahre lang, der hätte ihnen Geld wie Heu geschafft, sie hätten sich ihm aber verschrieben und wären ihm verfallen, wenn sie nach den sieben Jahren nicht ein Rätsel auflösen könnten. Die Alte sprach: »Soll euch geholfen werden, so muss einer von euch in den Wald gehen, da wird er an eine eingestürzte Felsenwand kommen, die aussieht wie ein Häuschen, in das muss er eintreten, dann wird er Hilfe finden.« Die zwei Traurigen dachten: »Das wird uns doch nicht retten«, und blieben sitzen, der Dritte aber, der Lustige, machte sich auf und ging so weit in den Wald, bis er die Felsenhütte fand. In dem Häuschen aber saß eine steinalte Frau, die war des Teufels Großmutter, und fragte ihn, woher er käme und was er hier wollte. Er erzählte ihr alles, was geschehen war, und weil er ihr wohl gefiel, hatte sie Erbarmen und sagte, sie wollte ihm helfen. Sie hob einen großen Stein auf, der über einem Keller lag, und sagte: »Da verstecke dich, du kannst alles hören, was hier gesprochen wird, sitz nur still und rege dich nicht. Wann der Drache kommt, will ich ihn wegen der Rätsel befragen, mir sagt er alles; und dann achte auf das, was er antwortet.« Um zwölf Uhr nachts kam der Drache angeflogen und verlangte sein Essen. Die Großmutter deckte den Tisch und trug Trank und Speise auf, dass er vergnügt war, und sie aßen und tranken zusammen. Da fragte sie ihn im Gespräch, wie's den Tag ergangen wäre, und

wie viel Seelen er kriegt hätte. »Es wollte mir heute nicht recht glücken«, antwortete er, »aber ich habe drei Soldaten gepackt, die sind mir sicher.« – »Ja, drei Soldaten«, sagte sie, »die haben etwas an sich, die können dir noch entkommen.« Sprach der Teufel höhnisch: »Die sind mein, denen gebe ich noch ein Rätsel auf, das sie nimmermehr raten können.« – »Was ist das für ein Rätsel?«, fragte sie. »Das will ich dir sagen: In der großen Nordsee liegt eine tote Meerkatze, das soll ihr Braten sein; und von einem Walfisch die Rippe, das soll ihr silberner Löffel sein; und ein alter hohler Pferdefuß, das soll ihr Weinglas sein.« Als der Teufel zu Bett gegangen war, hob die alte Großmutter den Stein auf und ließ den Soldaten heraus. »Hast du auch alles wohl in Acht genommen?« – »Ja«, sprach er, »ich weiß genug und will mir schon helfen.« Darauf musste er auf einem andern Weg, durchs Fenster, heimlich und in aller Eile zu seinen Gesellen zurückgehen. Er erzählte ihnen, wie der Teufel von der alten Großmutter wäre überlistet worden, und wie er die Auflösung des Rätsels von ihm vernommen hätte. Da waren sie alle fröhlich und guter Dinge, nahmen die Peitsche und schlugen sich so viel Geld, dass es auf der Erde herumsprang. Als die sieben Jahre völlig herum waren, kam der Teufel mit dem Buche, zeigte die Unterschriften und sprach: »Ich will euch mit in die Hölle nehmen, da sollt ihr eine Mahlzeit haben. Könnt ihr mir raten, was ihr für einen Braten werdet zu essen kriegen, so sollt ihr frei und los sein und dürft auch das Peitschchen behalten.« Da fing der erste Soldat an: »In der großen Nordsee liegt eine tote Meerkatze, das wird wohl der Braten sein.« Der Teufel ärgerte sich, machte »hm! hm! hm!« und fragte den Zweiten: »Was soll aber euer Löffel sein?« – »Von einem Walfisch die Rippe, das soll unser silberner Löffel sein.« Der Teufel schnitt ein Gesicht, knurrte wieder dreimal »hm! hm! hm!« und sprach zum Dritten: »Wisst ihr auch, was euer Weinglas sein soll?« – »Ein alter Pferdefuß, das soll unser Weinglas sein.« Da flog der Teufel mit einem lauten Schrei fort und hatte keine Gewalt mehr über sie; aber die drei behielten das Peitschchen, schlugen Geld hervor, so viel sie wollten, und lebten vergnügt bis an ihr Ende.

74
Der Eisenofen

Zur Zeit, wo das Wünschen noch geholfen hat, ward ein Königssohn von einer alten Hexe verwünscht, dass er im Walde in einem großen Eisenofen sitzen sollte. Da brachte er viele Jahre zu, und konnte ihn niemand erlösen. Einmal kam eine Königstochter in den Wald, die hatte sich irregegangen und konnte ihres Vaters Reich nicht wiederfinden: Neun Tage war sie so herumgegangen und stand zuletzt vor dem eisernen Kasten. Da kam eine Stimme heraus und fragte sie: »Wo kommst du her, und wo willst du hin?« Sie antwortete: »Ich habe meines Vaters Königreich verloren und kann nicht wieder nach Haus kommen.« Da sprachs aus dem Eisenofen: »Ich will dir wieder nach Hause verhelfen, und zwar in einer kurzen Zeit, wenn du willst unterschreiben zu tun, was ich verlange. Ich bin ein größerer Königssohn als du eine Königstochter, und will dich heiraten.« Da erschrak sie und dachte: »Lieber Gott, was soll ich mit dem Eisenofen anfangen!« Weil sie aber gerne wieder zu ihrem Vater heimwollte, unterschrieb sie sich doch zu tun, was er verlangte. Er sprach aber: »Du sollst wiederkommen, ein Messer mitbringen und ein Loch in das Eisen schrappen.« Dann gab er ihr jemand zum Gefährten, der ging nebenher und sprach nicht, er brachte sie aber in zwei Stunden nach Haus. Nun war große Freude im Schloss, als die Königstochter wiederkam, und der alte König fiel ihr um den Hals und küsste sie. Sie war aber sehr betrübt und sprach: »Lieber Vater, wie mirs gegangen hat! Ich wäre nicht wieder nach Haus gekommen aus dem großen wilden Walde, wenn ich nicht wäre bei einen eisernen Ofen gekommen, dem habe ich mich müssen dafür unterschreiben, dass ich wollte wieder zu ihm zurückkehren, ihn erlösen und heiraten.« Da erschrak der alte König so sehr, dass er beinahe in eine Ohnmacht gefallen wäre, denn er hatte nur die einzige Tochter. Beratschlagten sich also, sie wollten die Müllerstochter, die schön wäre, an ihre Stelle nehmen; führten die hinaus, gaben ihr ein Messer und sagten, sie sollte an dem Eisenofen schaben. Sie schrappte auch vierundzwanzig Stunden lang, konnte aber nicht das Geringste herabbringen. Wie nun der Tag anbrach, riefs in dem Eisenofen: »Mich deucht, es ist Tag draußen.« Da antwortete sie: »Das deucht mich auch, ich meine, ich höre meines Vaters Mühle rappeln.« – »So bist du eine Müllerstochter – dann geh gleich hinaus und lass die Königstochter herkommen.« Da ging sie hin und sagte dem alten König, der draußen wollte sie nicht, er wollte seine Tochter. Da erschrak der alte König, und die Tochter weinte. Sie hatten aber noch eine Schweinehirtentochter, die war noch schöner als die Müllerstochter, der wollten sie ein Stück Geld geben, damit sie für die Königstochter zum eisernen Ofen ginge. Also ward sie hinausgebracht und musste auch vierundzwanzig Stunden lang schrappen; sie brachte aber nichts davon. Wie nun der Tag anbrach, riefs im Ofen: »Mich deucht, es ist Tag draußen.« Da antwortete sie: »Das deucht mich auch, ich meine, ich höre meines Vaters Hörnchen tüten.« – »So bist du eine Schweinehirtentochter. Geh gleich fort und lass die Königstochter kommen, und sag ihr, es sollt ihr widerfahren, was ich ihr versprochen hätte, und wenn sie nicht käme, sollte im ganzen Reich alles zerfallen und einstürzen und kein Stein auf dem andern bleiben.« Als die Königstochter das hörte, fing sie an zu weinen; es war aber nun nicht anders, sie musste ihr Versprechen halten. Da nahm sie Abschied von ihrem Vater, steckte ein Messer ein und ging zu dem Eisenofen in den Wald hinaus. Wie sie nun angekommen war, hub sie an zu schrappen, und das Eisen gab nach, und wie zwei Stunden vorbei waren, hatte sie schon ein kleines Loch geschabt. Da guckte sie hinein und sah einen so schönen Jüngling, ach, der glimmerte in Gold und Edelsteinen, dass er ihr recht in der Seele gefiel. Nun, da schrappte sie noch weiter fort und machte das Loch so groß, dass er herauskonnte. Da sprach er: »Du bist mein und ich bin dein, du bist meine Braut und hast mich erlöst.« Er wollte sie mit sich in sein Reich führen, aber sie bat sich aus, dass sie noch einmal dürfte zu ihrem Vater gehen, und der Königssohn erlaubte es ihr, doch sollte sie nicht mehr mit ihrem Vater sprechen als drei Worte, und dann sollte sie wiederkommen. Also ging sie heim, sie sprach aber mehr als drei Worte; da verschwand alsbald der Eisenofen und ward weit weggerückt über gläserne Berge und schneidende Schwerter; doch der Königssohn war erlöst und nicht mehr darin eingeschlossen. Danach nahm sie Abschied von ihrem Vater und nahm etwas Geld mit, aber nicht viel, ging wieder in den großen Wald und suchte den Eisenofen, allein der war nicht zu finden. Neun Tage suchte sie, da ward ihr Hunger so groß, dass sie sich nicht zu helfen wusste, denn sie hatte nichts mehr zu leben. Und als es Abend ward, setzte sie sich auf einen kleinen Baum und gedachte, darauf die Nacht hinzubringen, weil sie sich vor den wilden Tieren fürchtete. Als nun Mitternacht herankam, sah sie von fern ein kleines Lichtchen und dachte: »Ach, da wär ich wohl erlöst«, stieg vom Baum und ging dem Lichtchen nach; auf dem Weg aber betete sie. Da kam sie zu einem kleinen alten Häuschen, und war viel Gras darum gewachsen, und stand ein kleines Häufchen Holz davor. Dachte sie: »Ach, wo kommst du hier hin!«, guckte durchs Fenster hinein, so sah sie nichts darin als dicke und kleine Itschen (Kröten), aber einen Tisch, schön gedeckt mit Wein und Braten, und Teller und Becher waren von Silber. Da nahm sie sich das Herz und klopfte an. Alsbald rief die Dicke:

»Jungfer grün und klein,
Hutzelbein,
Hutzelbeins Hündchen,
hutzel hin und her,
lass geschwind sehen, wer draußen wär.«

Da kam eine kleine Itsche herbeigegangen und machte ihr auf. Wie sie eintrat, hießen alle sie willkommen, und sie musste sich setzen. Sie fragten: »Wo kommt Ihr her? Wo wollt Ihr hin?« Da erzählte sie alles, wie es ihr gegangen wäre, und weil sie das Gebot übertreten hätte, nicht mehr als drei Worte zu sprechen, wäre der Ofen weg samt dem Königssohn; nun wollte sie so lange suchen und über Berg und Tal wandern, bis sie ihn fände. Da sprach die alte Dicke:

»Jungfer grün und klein,
Hutzelbein,
Hutzelbeins Hündchen,
hutzel hin und her,
bring mir die große Schachtel her.«

Da ging die Kleine hin und brachte die Schachtel herbeigetragen. Hernach gaben sie ihr Essen und Trinken und brachten sie zu einem schönen gemachten Bett, das war wie Seide und Sammet, da legte sie sich hinein und schlief in Gottes Namen. Als der Tag kam, stieg sie auf, und gab ihr die alte Itsche drei Nadeln aus der großen Schachtel, die sollte sie mitnehmen; sie würden ihr nötig tun, denn sie müsste über einen hohen gläsernen Berg und über drei schneidende Schwerter und über ein großes Wasser: Wenn sie das durchsetzte, würde sie ihren Liebsten wiederkriegen. Nun gab sie hiermit drei Teile (Stücke), die sollte sie recht in Acht nehmen, nämlich drei große Nadeln, ein Pflugrad und drei Nüsse. Hiermit reiste sie ab, und wie sie vor den gläsernen Berg kam, der so glatt war, steckte sie die drei Nadeln als hinter die Füße und dann wieder vorwärts und gelangte so hinüber, und als sie hinüber war, steckte sie sie an einen Ort, den sie wohl in Acht nahm. Danach kam sie vor die drei schneidenden Schwerter, da stellte sie sich auf ihr Pflugrad und rollte hinüber. Endlich kam sie vor ein großes Wasser, und wie sie übergefahren war, in ein großes schönes Schloss. Sie ging hinein und hielt um einen Dienst an, sie wär eine arme Magd und wollte sich gerne vermieten; sie wusste aber, dass der Königssohn drinne war, den sie erlöst hatte aus dem eisernen Ofen im großen Wald. Also ward sie angenommen zum Küchenmädchen für geringen Lohn. Nun hatte der Königssohn schon wieder eine andere an der Seite, die wollte er heiraten, denn er dachte, sie wäre längst gestorben. Abends, wie sie aufgewaschen hatte und fertig war, fühlte sie in die Tasche und fand die drei Nüsse, welche ihr die alte Itsche gegeben hatte. Biss eine auf und wollte den Kern essen, siehe, da war ein stolzes königliches Kleid drin. Wie's nun die Braut hörte, kam sie und hielt um das Kleid an und wollte es kaufen und sagte, es wäre kein Kleid für eine Dienstmagd. Da sprach sie Nein, sie wollts nicht verkaufen, doch wann sie ihr einerlei (ein Ding) wollte erlauben, so sollte sie's haben, nämlich eine Nacht in der Kammer ihres Bräutigams zu schlafen. Die Braut erlaubt es ihr, weil das Kleid so schön war und sie noch keins so hatte. Wie's nun Abend war, sagte sie zu ihrem Bräutigam: »Das närrische Mädchen will in deiner Kammer schlafen.« – »Wenn du's zufrieden bist, bin ichs auch«, sprach er. Sie gab aber dem Mann ein Glas Wein, in das sie einen Schlaftrunk getan hatte. Also gingen beide in die Kammer schlafen, und er schlief so fest, dass sie ihn nicht erwecken konnte. Sie weinte die ganze Nacht und rief: »Ich habe dich erlöst aus dem wilden Wald und aus einem eisernen Ofen, ich habe dich gesucht und bin gegangen über einen gläsernen Berg, über drei schneidende Schwerter und über ein großes Wasser, ehe ich dich gefunden habe, und willst mich doch nicht hören.« Die Bedienten saßen vor der Stubentüre und hörten, wie sie so die ganze Nacht weinte, und sagtens am Morgen ihrem Herrn. Und wie sie im andern Abend aufgewaschen hatte, biss sie die zweite Nuss auf, da war noch ein weit schöneres Kleid drin; wie das die Braut sah, wollte sie es kaufen. Aber Geld wollte das Mädchen nicht und bat sich aus, dass es noch einmal in der Kammer des Bräutigams schlafen dürfte. Die Braut gab ihm aber einen Schlaftrunk, und er schlief so fest, dass er nichts hören konnte. Das Küchenmädchen weinte aber die ganze Nacht und rief: »Ich habe dich erlöst aus einem Walde und aus einem eisernen Ofen, ich habe dich gesucht und bin gegangen über einen gläsernen Berg, über drei schneidende Schwerter und über ein großes Wasser, ehe ich dich gefunden habe, und du willst mich doch nicht hören.« Die Bedienten saßen vor der Stubentüre und hörten, wie sie so die ganze Nacht weinte, und sagtens am Morgen ihrem Herrn. Und als sie am dritten Abend aufgewaschen hatte, biss sie die dritte Nuss auf, da war ein noch schöneres Kleid drin, das starrte von purem Gold. Wie die Braut das sah, wollte sie es haben, das Mädchen aber gab es nur hin, wenn es zum dritten Mal dürfte in der Kammer des Bräutigams schlafen. Der Königssohn aber hütete sich und ließ den Schlaftrunk vorbeilaufen. Wie sie nun anfing zu weinen und zu rufen: »Liebster Schatz, ich habe dich erlöst aus dem grausamen wilden Walde und aus einem eisernen Ofen«, so sprang der Königssohn auf und sprach: »Du bist die Rechte, du bist mein, und ich bin dein.« Darauf setzte er sich noch in der Nacht mit ihr in einen Wagen, und der falschen Braut nahmen sie die Kleider weg, dass sie nicht aufstehen konnte. Als sie zu dem großen Wasser kamen, da schifften sie hinüber, und vor den drei schneidenden Schwertern, da setzten sie sich aufs Pflugrad, und vor dem gläsernen Berg, da steckten sie die drei Nadeln hinein. So gelangten sie endlich zu dem alten kleinen Häuschen, aber wie sie hineintraten, wars ein großes Schloss: Die Itschen waren alle erlöst und lauter Königskinder und waren in voller Freude. Da ward Vermählung gehalten, und sie blieben in dem Schloss, das war viel größer als ihres Vaters Schloss. Weil aber der Alte jammerte, dass er allein bleiben sollte, so fuhren sie weg und holten ihn zu sich und hatten zwei Königreiche und lebten in gutem Ehestand.

Da kam eine Maus,
das Märchen war aus.

75
Die vier kunstreichen Brüder

Es war ein armer Mann, der hatte vier Söhne; wie die herangewachsen waren, sprach er zu ihnen: »Liebe Kinder, ihr müsst jetzt hinaus in die Welt, ich habe nichts, das ich euch geben könnte; macht euch auf und geht in die Fremde, lernt ein Handwerk und seht, wie ihr euch durchschlagt.« Da ergriffen die vier Brüder den Wanderstab, nahmen Abschied von ihrem Vater und zogen zusammen zum Tor hinaus. Als sie eine Zeit lang gewandert waren, kamen sie an einen Kreuzweg, der nach vier verschiedenen Gegenden führte. Da sprach der Älteste: »Hier müssen wir uns trennen, aber heut über vier Jahre wollen wir an dieser Stelle wieder zusammentreffen und in der Zeit unser Glück versuchen.«

Nun ging jeder seinen Weg, und dem Ältesten begegnete ein Mann, der fragte ihn, wo er hinauswollte und was er vorhätte. »Ich will ein Handwerk lernen«, antwortete er. Da sprach der Mann: »Geh mit mir und werde ein Dieb.« – »Nein«, antwortete er, »das gilt für kein ehrliches Handwerk mehr, und das Ende vom Lied ist, dass einer als Schwengel in der Feldglocke gebraucht wird.« – »Oh«, sprach der Mann, »vor dem Galgen brauchst du dich nicht zu fürchten: Ich will dich bloß lehren, wie du holst, was sonst kein Mensch kriegen kann, und wo dir niemand auf die Spur kommt.« Da ließ er sich überreden, ward bei dem Manne ein gelernter Dieb und ward so geschickt, dass vor ihm nichts sicher war, was er einmal haben wollte. Der zweite Bruder begegnete einem Mann, der dieselbe Frage an ihn tat, was er in der Welt lernen wollte. »Ich weiß es noch nicht«, antwortete er. »So geh mit mir und werde ein Sterngucker; nichts besser als das, es bleibt einem nichts verborgen.« Er ließ sich das gefallen und ward ein so geschickter Sterngucker, dass sein Meister, als er ausgelernt hatte und weiterziehen wollte, ihm ein Fernrohr gab und zu ihm sprach: »Damit kannst du sehen, was auf Erden und am Himmel vorgeht, und kann dir nichts verborgen bleiben.« Den dritten Bruder nahm ein Jäger in die Lehre und gab ihm in allem, was zur Jägerei gehört, so guten Unterricht, dass er ein ausgelernter Jäger ward. Der Meister schenkte ihm beim Abschied eine Büchse und sprach: »Die fehlt nicht; was du damit aufs Korn nimmst, das triffst du sicher.« Der jüngste Bruder begegnete gleichfalls einem Manne, der ihn anredete und nach seinem Vorhaben fragte. »Hast du nicht Lust, ein Schneider zu werden?« – »Dass ich nicht wüsste«, sprach der Junge, »das Krummsitzen von morgens bis abends, das Hin- und Herfegen mit der Nadel und das Bügeleisen will mir nicht in den Sinn.« – »Ei was«, antwortete der Mann, »du sprichst, wie du's verstehst. Bei mir lernst du eine ganz andere Schneiderkunst, die ist anständig und ziemlich, zum Teil sehr ehrenvoll.« Da ließ er sich überreden, ging mit und lernte die Kunst des Mannes aus dem Fundament. Beim Abschied gab ihm dieser eine Nadel und sprach: »Damit kannst du zusammennähen, was dir vorkommt, es sei so weich wie ein Ei oder so hart als Stahl; und es wird ganz zu einem Stück, dass keine Naht mehr zu sehen ist.«

Als die bestimmten vier Jahre herum waren, kamen die vier Brüder zu gleicher Zeit an dem Kreuzwege zusammen, herzten und küssten sich und kehrten heim zu ihrem Vater. »Nun«, sprach dieser ganz vergnügt, »hat euch der Wind wieder zu mir geweht?« Sie erzählten, wie es ihnen ergangen war, und dass jeder das Seinige gelernt hätte. Nun saßen sie gerade vor dem Haus unter einem großen Baum, da sprach der Vater: »Jetzt will ich euch auf die Probe stellen und sehen, was ihr könnt.« Danach schaute er auf und sagte zu dem zweiten Sohne: »Oben im Gipfel dieses Baumes sitzt zwischen zwei Ästen ein Buchfinkennest; sag mir, wie viel Eier liegen darin?« Der Sterngucker nahm sein Glas, schaute hinauf und sagte: »Fünfe sind's.« Sprach der Vater zum Ältesten: »Hol du die Eier herunter, ohne dass der Vogel, der darauf sitzt und brütet, gestört wird.« Der kunstreiche Dieb stieg hinauf und nahm dem Vöglein, das gar nichts davon merkte und ruhig sitzen blieb, die fünf Eier unter dem Leib weg und brachte sie dem Vater herab. Der Vater nahm sie, legte an jede Ecke des Tisches eins und das fünfte in die Mitte, und sprach zum Jäger: »Du schießest mir mit einem Schuss die fünf Eier in der Mitte entzwei.« Der Jäger legte seine Büchse an und schoss die Eier, wie es der Vater verlangt hatte, alle fünfe, und zwar in einem Schuss. Der hatte gewiss von dem Pulver, das um die Ecke schießt. »Nun kommt die Reihe an dich«, sprach der Vater zu dem vierten Sohn, »du nähst die Eier wieder zusammen und auch die jungen Vöglein, die darin sind, und zwar so, dass ihnen der Schuss nichts schadet.« Der Schneider holte seine Nadel und nähte, wie's der Vater verlangt hatte. Als er fertig war, musste der Dieb die Eier wieder auf den Baum ins Nest tragen und dem Vogel, ohne dass er etwas merkte, wieder unterlegen. Das Tierchen brütete sie vollends aus, und nach ein paar Tagen krochen die Jungen hervor und hatten da, wo sie vom Schneider zusammengenäht waren, ein rotes Streifchen um den Hals.

»Ja«, sprach der Alte zu seinen Söhnen, »ich muss euch über den grünen Klee loben, ihr habt eure Zeit wohl benutzt und was Rechtschaffenes gelernt – ich kann nicht sagen, wem von euch der Vorzug gebührt. Wenn ihr nur bald Gelegenheit habt, eure Kunst anzuwenden, da wird sichs ausweisen.« Nicht lange danach kam großer Lärm ins Land, die Königstochter wäre von einem Drachen entführt worden. Der König war Tag und Nacht darüber in Sorgen und ließ bekannt machen, wer sie zurückbrächte, sollte sie zur Gemahlin haben. Die vier Brüder sprachen untereinander: »Das wäre eine Gelegenheit, wo wir uns könnten sehen lassen«, wollten zusammen ausziehen und die Königstochter befreien. »Wo sie ist, will ich bald wissen«, sprach der Sterngucker, schaute durch sein Fernrohr und sprach: »Ich sehe sie schon, sie sitzt weit von hier auf einem Felsen im Meer, und neben ihr der Drache, der sie bewacht.« Da ging er zu dem König und bat um ein Schiff für sich und seine Brüder und fuhr mit ihnen über das Meer, bis sie zu dem Felsen hinkamen. Die Königstochter saß da, aber der Drache lag in ihrem Schoß und schlief. Der Jäger sprach: »Ich darf nicht schießen, ich würde die schöne Jungfrau zugleich töten.« – »So will ich mein Heil versuchen«, sagte der Dieb, schlich sich heran und stahl sie unter dem Drachen weg, aber so leis und behänd, dass das Untier nichts merkte, sondern fortschnarchte. Sie eilten voll Freude mit ihr aufs Schiff und steuerten in die offene See; aber der Drache, der bei seinem Erwachen die Königstochter nicht mehr gefunden hatte, hinter ihnen her und schnaubte wütend durch die Luft. Als er gerade über dem Schiff schwebte und sich herablassen wollte, legte der Jäger seine Büchse an und schoss ihm mitten ins Herz. Das Untier fiel tot herab, war aber so groß und gewaltig, dass es im Herabfallen das ganze Schiff zertrümmerte. Sie erhaschten glücklich noch ein paar Bretter und schwammen auf dem weiten Meer umher. Da war wieder große Not, aber der Schneider, nicht faul, nahm seine wunderbare Nadel, nähte die Bretter mit ein paar

großen Stichen in der Eile zusammen, setzte sich darauf und sammelte alle Stücke des Schiffs. Dann nähte er auch diese so geschickt zusammen, dass in kurzer Zeit das Schiff wieder segelfertig war und sie glücklich heimfahren konnten.

Als der König seine Tochter wieder erblickte, war große Freude. Er sprach zu den vier Brüdern: »Einer von euch soll sie zur Gemahlin haben, aber welcher das ist, macht unter euch aus.« Da entstand ein heftiger Streit unter ihnen, denn jeder machte Ansprüche. Der Sterngucker sprach: »Hätt ich nicht die Königstochter gesehen, so wären alle eure Künste umsonst gewesen: Darum ist sie mein.« Der Dieb sprach: »Was hätte das Sehen geholfen, wenn ich sie nicht unter dem Drachen weggeholt hätte: Darum ist sie mein.« Der Jäger sprach: »Ihr wärt doch samt der Königstochter von dem Untier zerrissen worden, hätte es meine Kugel nicht getroffen: Darum ist sie mein.« Der Schneider sprach: »Und hätte ich euch mit meiner Kunst nicht das Schiff wieder zusammengeflickt, ihr wärt alle jämmerlich ertrunken: Darum ist sie mein.« Da tat der König den Ausspruch: »Jeder von euch hat ein gleiches Recht, und weil ein jeder die Jungfrau nicht haben kann, so soll sie keiner von euch haben, aber ich will jedem zur Belohnung ein halbes Königreich geben.« Den Brüdern gefiel diese Entscheidung und sie sprachen: »Es ist besser so, als dass wir uneins werden.« Da erhielt jeder ein halbes Königreich, und sie lebten mit ihrem Vater in aller Glückseligkeit, solange es Gott gefiel.

76
Einäuglein, Zweiäuglein und Dreiäuglein

Es war eine Frau, die hatte drei Töchter, davon hieß die älteste Einäuglein, weil sie nur ein einziges Auge mitten auf der Stirn hatte, und die mittelste Zweiäuglein, weil sie zwei Augen hatte wie andere Menschen, und die jüngste Dreiäuglein, weil sie drei Augen hatte, und das dritte stand bei ihr gleichfalls mitten auf der Stirne. Darum aber, dass Zweiäuglein nicht anders aussah als andere Menschenkinder, konnten es die Schwestern und die Mutter nicht leiden. Sie sprachen zu ihm: »Du mit deinen zwei Augen bist nicht besser als das gemeine Volk, du gehörst nicht zu uns.« Sie stießen es herum und warfen ihm schlechte Kleider hin und gaben ihm nicht mehr zu essen, als was sie übrig ließen, und taten ihm Herzeleid an, wo sie nur konnten.

Es trug sich zu, dass Zweiäuglein hinaus ins Feld gehen und die Ziege hüten musste, aber noch ganz hungrig war, weil ihm seine Schwestern so wenig zu essen gegeben hatten. Da setzte es sich auf einen Rain und fing an zu weinen, und so zu weinen, dass zwei Bächlein aus seinen Augen herabflossen. Und wie es in seinem Jammer einmal aufblickte, stand eine Frau neben ihm, die fragte: »Zweiäuglein, was weinst du?« Zweiäuglein antwortete: »Soll ich nicht weinen? Weil ich zwei Augen habe wie andere Menschen, so können mich meine Schwestern und meine Mutter nicht leiden, stoßen mich aus einer Ecke in die andere, werfen mir alte Kleider hin und geben mir nichts zu essen, als was sie übrig lassen. Heute haben sie mir so wenig gegeben, dass ich noch ganz hungrig bin.« Sprach die weise Frau: »Zweiäuglein, trockne dir dein Angesicht, ich will dir etwas sagen, dass du nicht mehr hungern sollst. Sprich nur zu deiner Ziege:

›Zicklein, meck,
Tischlein, deck‹,

so wird ein sauber gedecktes Tischlein vor dir stehen und das schönste Essen darauf, dass du essen kannst, so viel du Lust hast.

Und wenn du satt bist und das Tischlein nicht mehr brauchst, so sprich nur:

»›Zicklein, meck,
Tischlein, weg‹,

so wirds vor deinen Augen wieder verschwinden.« Darauf ging die weise Frau fort. Zweiäuglein aber dachte: »Ich muss gleich einmal versuchen, ob es wahr ist, was sie gesagt hat, denn mich hungert gar zu sehr«, und sprach:

»Zicklein, meck,
Tischlein, deck«,

und kaum hatte sie die Worte ausgesprochen, so stand da ein Tischlein mit einem weißen Tüchlein gedeckt, darauf ein Teller mit Messer und Gabel und silbernem Löffel, die schönsten Speisen standen rundherum, rauchten und waren noch warm, als wären sie eben aus der Küche gekommen. Da

sagte Zweiäuglein das kürzeste Gebet her, das es wusste: »Herr Gott, sei unser Gast zu aller Zeit, Amen«, langte zu und ließ sichs wohl schmecken. Und als es satt war, sprach es, wie die weise Frau gelehrt hatte:

»Zicklein, meck,
Tischlein, weg.«

Alsbald war das Tischchen und alles, was darauf stand, wieder verschwunden. »Das ist ein schöner Haushalt«, dachte Zweiäuglein und war ganz vergnügt und guter Dinge.

Abends, als es mit seiner Ziege heimkam, fand es ein irdenes Schüsselchen mit Essen, das ihm die Schwestern hingestellt hatten, aber es rührte nichts an. Am andern Tag zog es mit seiner Ziege wieder hinaus und ließ die paar Brocken, die ihm gereicht wurden, liegen. Das erste Mal und das zweite Mal beachteten es die Schwestern gar nicht, wie es aber jedes Mal geschah, merkten sie auf und sprachen: »Es ist nicht richtig mit dem Zweiäuglein, das lässt jedes Mal das Essen stehen und hat doch sonst alles aufgezehrt, was ihm gereicht wurde; das muss andere Wege gefunden haben.« Damit sie aber hinter die Wahrheit kämen, sollte Einäuglein mitgehen, wenn Zweiäuglein die Ziege auf die Weide trieb, und sollte achten, was es da vorhätte, und ob ihm jemand etwas Essen und Trinken brächte.

Als nun Zweiäuglein sich wieder aufmachte, trat Einäuglein zu ihm und sprach: »Ich will mit ins Feld und sehen, dass die Ziege auch recht gehütet und ins Futter getrieben wird.« Aber Zweiäuglein merkte, was Einäuglein im Sinne hatte, und trieb die Ziege hinaus ins hohe Gras und sprach: »Komm, Einäuglein, wir wollen uns hinsetzen, ich will dir was vorsingen.« Einäuglein setzte sich hin und war von dem ungewohnten Weg und von der Sonnenhitze müde, und Zweiäuglein sang immer:

»Einäuglein, wachst du?
Einäuglein, schläfst du?«

Da tat Einäuglein das eine Auge zu und schlief ein. Und als Zweiäuglein sah, dass Einäuglein schlief und nichts verraten konnte, sprach es:

»Zicklein, meck,
Tischlein, deck«,

und setzte sich an sein Tischlein und aß und trank, bis es satt war, dann rief es wieder:

»Zicklein, meck,
Tischlein, weg«,

und alles war augenblicklich verschwunden. Zweiäuglein weckte nun Einäuglein und sprach: »Einäuglein, du willst hüten und schläfst dabei ein, derweil hätte die Ziege in alle Welt laufen können; komm, wir wollen nach Haus gehen.« Da gingen sie nach Haus, und Zweiäuglein ließ wieder sein Schüsselchen unangerührt stehen, und Einäuglein konnte der Mutter nicht verraten, warum es nicht essen wollte, und sagte zu seiner Entschuldigung: »Ich war draußen eingeschlafen.«

Am andern Tag sprach die Mutter zu Dreiäuglein: »Diesmal sollst du mitgehen und acht haben, ob Zweiäuglein draußen isst und ob ihm jemand Essen und Trinken bringt, denn essen und trinken muss es heimlich.« Da trat Dreiäuglein zum Zweiäuglein und sprach: »Ich will mitgehen und sehen, ob auch die Ziege recht gehütet und ins Futter getrieben wird.« Aber Zweiäuglein merkte, was Dreiäuglein im Sinne hatte, und trieb die Ziege hinaus ins hohe Gras und sprach: »Wir wollen uns dahin setzen, Dreiäuglein, ich will dir was vorsingen.« Dreiäuglein setzte sich und war müde von dem Weg und der Sonnenhitze, und Zweiäuglein hub wieder das vorige Liedlein an und sang:

»Dreiäuglein, wachst du?«

Aber statt es nun singen musste:

»Dreiäuglein, schläfst du?«,

sang es aus Unbedachtsamkeit:

»Zweiäuglein, schläfst du?«,

und sang immer:

»Dreiäuglein, wachst du?«
»Zweiäuglein, schläfst du?«

Da fielen dem Dreiäuglein seine zwei Augen zu und schliefen, aber das dritte, weil es von dem Sprüchlein nicht angeredet war, schlief nicht ein. Zwar tat es Dreiäuglein zu, aber nur aus List, gleich als schlief es auch damit, doch blinzelte es und konnte alles gar wohl sehen. Und als Zweiäuglein meinte, Dreiäuglein schliefe fest, sagte es sein Sprüchlein:

»Zicklein, meck,
Tischlein, deck«,

aß und trank nach Herzenslust und hieß dann das Tischlein wieder fortgehen,

»Zicklein, meck,
Tischlein, weg«,

und Dreiäuglein hatte alles mit angesehen. Da kam Zweiäuglein zu ihm, weckte es und sprach: »Ei, Dreiäuglein, du bist eingeschlafen? Du kannst gut hüten! Komm, wir wollen heimgehen.« Und als sie nach Haus kamen, aß Zweiäuglein wieder nicht, und Dreiäuglein sprach zur Mutter: »Ich weiß nun, warum das hochmütige Ding nicht isst. Wenn sie draußen zur Ziege spricht:

›Zicklein, meck,
Tischlein, deck‹,

so steht ein Tischlein vor ihr, das ist mit dem besten Essen besetzt, viel besser als wirs hier haben; und wenn sie satt ist, so spricht sie:

›Zicklein, meck,
Tischlein, weg‹,

und alles ist wieder verschwunden; ich habe alles genau mit angesehen. Zwei Augen hatte sie mir mit einem Sprüchlein eingeschläfert, aber das eine auf der Stirne, das war zum Glück wach geblieben.« Da rief die neidische Mutter: »Willst du's besser haben als wir? Die Lust soll dir vergehen!« Sie holte ein Schlachtmesser und stieß es der Ziege ins Herz, dass sie tot hinfiel.

Als Zweiäuglein das sah, ging es voller Trauer hinaus, setzte sich auf den Feldrain und weinte seine bitteren Tränen. Da stand auf einmal die weise Frau wieder neben ihm und sprach: »Zweiäuglein, was weinst du?« – »Soll ich nicht weinen!«, antwortete es. »Die Ziege, die mir jeden Tag, wenn ich Euer Sprüchlein hersagte, den Tisch so schön deckte, ist von meiner Mutter totgestochen; nun muss ich wieder Hunger und Kummer leiden.« Die weise Frau sprach: »Zweiäuglein, ich will dir einen guten Rat erteilen: Bitt deine Schwestern, dass sie dir das Eingeweide von der geschlachteten Ziege geben, und vergrab es vor der Haustür in die Erde, so wirds dein Glück sein.« Da verschwand sie, und Zweiäuglein ging heim und sprach zu den Schwestern: »Liebe Schwestern, gebt mir doch etwas von meiner Ziege, ich verlange nichts Gutes, gebt mir nur das Eingeweide.« Da lachten sie und sprachen: »Kannst du haben, wenn du weiter nichts willst.« Und Zweiäuglein nahm das Eingeweide und vergrubs abends in aller Stille nach dem Rate der weisen Frau vor die Haustüre.

Am andern Morgen, als sie insgesamt erwachten und vor die Haustüre traten, so stand da ein wunderbarer prächtiger Baum, der hatte Blätter von Silber, und Früchte von Gold hingen dazwischen, dass wohl nichts Schöneres und Köstlicheres auf der weiten Welt war. Sie wussten aber nicht, wie der Baum in der Nacht dahin gekommen war, nur Zweiäuglein merkte, dass er aus den Eingeweiden der Ziege aufgewachsen war, denn er stand gerade da, wo es sie in die Erde begraben hatte. Da sprach die Mutter zu Einäuglein: »Steig hinauf, mein Kind, und brich uns die Früchte von dem Baume ab.« Einäuglein stieg hinauf, aber wie es einen von den goldenen Äpfeln greifen wollte, so fuhr ihm der Zweig aus den Händen, und das geschah jedes Mal, sodass es keinen einzigen Apfel brechen konnte, es mochte sich anstellen, wie es wollte. Da sprach die Mutter: »Dreiäuglein, steig du hinauf, du kannst mit deinen drei Augen besser um dich schauen als Einäuglein.« Einäuglein rutschte herunter und Dreiäuglein stieg hinauf. Aber Dreiäuglein war nicht geschickter und mochte schauen, wie es wollte, die goldenen Äpfel wichen immer zurück. Endlich ward die Mutter ungeduldig und stieg selbst hinauf, konnte aber so wenig wie Einäuglein und Dreiäuglein die Frucht fassen und griff immer in die leere Luft. Da sprach Zweiäuglein: »Ich will mich einmal hinaufmachen, vielleicht gelingt mirs eher.« Die Schwestern riefen zwar: »Du mit deinen zwei Augen, was willst du wohl!« Aber Zweiäuglein stieg hinauf, und die goldenen Äpfel zogen sich nicht vor ihm zurück, sondern ließen sich von selbst in seine Hand herab, alsodass es einen nach dem andern abpflücken konnte und ein ganzes Schürzchen voll mit herunterbrachte. Die Mutter nahm sie ihm ab, und statt dass sie, Einäuglein und Dreiäuglein dafür das arme Zweiäuglein

hätten besser behandeln sollen, so wurden sie nur neidisch, dass es allein die Früchte holen konnte, und gingen noch härter mit ihm um.

Es trug sich zu, als sie einmal beisammen an dem Baum standen, dass ein junger Ritter daherkam. »Geschwind, Zweiäuglein«, riefen die zwei Schwestern, »kriech unter, dass wir uns deiner nicht schämen müssen«, und stürzten über das arme Zweiäuglein in aller Eil ein leeres Fass, das gerade neben dem Baume stand, und schoben die goldenen Äpfel, die es abgebrochen hatte, auch darunter. Als nun der Ritter näher kam, war es ein schöner Herr, der hielt still, bewunderte den prächtigen Baum von Gold und Silber und sprach zu den beiden Schwestern: »Wem gehört dieser schöne Baum? Wer mir einen Zweig davon gäbe, könnte dafür verlangen, was er wollte.« Da antworteten Einäuglein und Dreiäuglein, der Baum gehörte ihnen zu, und sie wollten ihm einen Zweig wohl abbrechen. Sie gaben sich auch beide große Mühe, aber sie waren es nicht imstande, denn die Zweige und Früchte wichen jedes Mal vor ihnen zurück. Da sprach der Ritter: »Das ist ja wunderlich, dass der Baum euch zugehört, und ihr doch nicht Macht habt, etwas davon abzubrechen.« Sie blieben dabei, der Baum wäre ihr Eigentum. Indem sie aber so sprachen, rollte Zweiäuglein unter dem Fasse ein paar goldene Äpfel heraus, sodass sie zu den Füßen des Ritters liefen, denn Zweiäuglein war bös, dass Einäuglein und Dreiäuglein nicht die Wahrheit sagten. Wie der Ritter die Äpfel sah, erstaunte er und fragte, wo sie herkämen. Einäuglein und Dreiäuglein antworteten, sie hätten noch eine Schwester, die dürfte sich aber nicht sehen lassen, weil sie nur zwei Augen hätte wie andere gemeine Menschen. Der Ritter aber verlangte sie zu sehen und rief: »Zweiäuglein, komm hervor.« Da kam Zweiäuglein ganz getrost unter dem Fass hervor, und der Ritter war verwundert über seine große Schönheit und sprach: »Du, Zweiäuglein, kannst mir gewiss einen Zweig von dem Baum abbrechen.« – »Ja«, antwortete Zweiäuglein, »das will ich wohl können, denn der Baum gehört mir.« Und stieg hinauf und brach mit leichter Mühe einen Zweig mit feinen silbernen Blättern und goldenen Früchten ab und reichte ihn dem Ritter hin. Da sprach der Ritter: »Zweiäuglein, was soll ich dir dafür geben?« – »Ach«, antwortete Zweiäuglein, »ich leide Hunger und Durst, Kummer und Not vom frühen Morgen bis zum späten Abend. Wenn ihr mich mitnehmen und erlösen wollt, so wäre ich glücklich.« Da hob der Ritter das Zweiäuglein auf sein Pferd und brachte es heim auf sein väterliches Schloss. Dort gab er ihm schöne Kleider, Essen und Trinken nach Herzenslust, und weil er es so lieb hatte, ließ er sich mit ihm einsegnen, und ward die Hochzeit in großer Freude gehalten.

Wie nun Zweiäuglein so von dem schönen Rittersmann fortgeführt ward, da beneideten die zwei Schwestern ihm erst recht sein Glück. »Der wunderbare Baum bleibt uns doch«, dachten sie. »Können wir auch keine Früchte davon brechen, so wird doch jedermann davor stehen bleiben, zu uns kommen und ihn rühmen; wer weiß, wo unser Weizen noch blüht!« Aber am andern Morgen war ihr Baum verschwunden und ihre Hoffnung dahin. Und wie Zweiäuglein zu seinem Kämmerlein hinaussah, so stand er zu seiner großen Freude davor und war ihm also nachgefolgt.

Zweiäuglein lebte lange Zeit vergnügt. Einmal kamen zwei arme Frauen zu ihm auf das Schloss und baten um ein Almosen. Da sah ihnen Zweiäuglein ins Gesicht und erkannte ihre Schwestern Einäuglein und Dreiäuglein, die so in Armut geraten waren, dass sie umherziehen und vor den Türen ihr Brot suchen mussten. Zweiäuglein aber hieß sie willkommen und tat ihnen Gutes und pflegte sie, alsodass die beiden von Herzen bereuten, was sie ihrer Schwester in der Jugend Böses angetan hatten.

77 Die zertanzten Schuhe

Es war einmal ein König, der hatte zwölf Töchter, eine immer schöner als die andere. Sie schliefen zusammen in einem Saal, wo ihre Betten nebeneinander standen, und abends, wenn sie darin lagen, schloss der König die Tür zu und verriegelte sie. Wenn er aber am Morgen die Türe aufschloss, so sah er, dass ihre Schuhe zertanzt waren, und niemand konnte herausbringen, wie das zugegangen war. Da ließ der König ausrufen, wers könnte ausfindig machen, wo sie in der Nacht tanzten, der sollte sich eine davon zur Frau wählen und nach seinem Tod König sein; wer sich aber meldete und es nach drei Tagen und Nächten nicht herausbrächte, der hätte sein Leben verwirkt. Nicht lange, so meldete sich ein Königssohn und erbot sich, das Wagnis zu unternehmen. Er ward wohl aufgenommen und abends in ein Zimmer geführt, das an den Schlafsaal stieß. Sein Bett war da aufgeschlagen, und er sollte achthaben, wo sie hingingen und tanzten; und damit sie nichts heimlich treiben konnten oder zu einem andern Ort hinausgingen, war auch die Saaltüre offen gelassen. Dem Königssohn fiels aber wie Blei auf die Augen und er schlief ein, und als er am Morgen aufwachte, waren alle zwölfe zum Tanz gewesen, denn ihre Schuhe standen da und hatten Löcher in den Sohlen. Den zweiten und dritten Abend gings nicht anders, und da ward ihm sein Haupt ohne Barmherzigkeit abgeschlagen. Es kamen hernach noch viele und meldeten sich zu dem Wagestück, sie mussten aber alle ihr Leben lassen. Nun trug sichs zu, dass ein armer Soldat, der eine Wunde hatte und nicht mehr dienen konnte, sich auf dem Weg nach der Stadt befand, wo der König wohnte. Da begegnete ihm eine alte Frau, die fragte ihn, wo er hinwollte. »Ich weiß selber nicht recht«, sprach er, und setzte im Scherz hinzu: »Ich hätte wohl Lust, ausfindig zu machen, wo die Königstöchter ihre Schuhe vertanzen, und darnach König zu werden.« – »Das ist so schwer nicht«, sagte die Alte, »du musst den Wein nicht trinken, der dir abends gebracht wird, und musst tun, als wärst du fest eingeschlafen.« Darauf gab sie ihm ein Mäntelchen und sprach: »Wenn du das umhängst, so bist du unsichtbar und kannst den zwölfen dann nachschleichen.« Wie der Soldat den guten Rat bekommen hatte, wards Ernst bei ihm, sodass er ein Herz fasste, vor den König ging und sich als Freier meldete. Er ward so gut aufgenommen wie die andern auch, und wurden ihm königliche Kleider angetan. Abends zur Schlafenszeit ward er in das Vorzimmer geführt, und als er zu Bette gehen wollte, kam die Älteste und brachte ihm einen Becher Wein. Aber er hatte sich einen Schwamm unter das Kinn gebunden, ließ den Wein da hineinlaufen, und trank keinen Tropfen. Dann legte er sich nieder, und als er ein Weilchen gelegen hatte, fing er an zu schnarchen wie im tiefsten Schlaf. Das hörten die zwölf Königstöchter, lachten, und die älteste sprach: »Der hätte auch sein Leben sparen können.« Danach standen sie auf, öffneten Schränke, Kisten und Kasten, und holten prächtige Kleider heraus, putzten sich vor den Spiegeln, sprangen herum und freuten sich auf den Tanz. Nur die Jüngste sagte: »Ich weiß nicht, ihr freut euch, aber mir ist so wunderlich zumut: Gewiss widerfährt uns ein Unglück.« – »Du bist eine Schneegans«, sagte die Älteste, »die sich immer fürchtet. Hast du vergessen, wie viel Königssöhne schon umsonst da gewesen sind? Dem Soldaten hätt ich nicht einmal brauchen einen Schlaftrunk zu geben, der Lümmel wäre doch nicht aufgewacht.« Wie sie alle fertig waren, sahen sie

erst nach dem Soldaten, aber der hatte die Augen zugetan, rührte und regte sich nicht, und sie glaubten nun ganz sicher zu sein. Da ging die Älteste an ihr Bett und klopfte daran: Alsbald sank es in die Erde, und sie stiegen durch die Öffnung hinab, eine nach der andern, die Älteste voran. Der Soldat, der alles mit angesehen hatte, zauderte nicht lange, hing sein Mäntelchen um und stieg hinter der Jüngsten mit hinab. Mitten auf der Treppe trat er ihr ein wenig aufs Kleid, da erschrak sie und rief: »Was ist das? Wer hält mich am Kleid?« – »Sei nicht so einfältig«, sagte die Älteste, »du bist an einem Haken hängen geblieben.« Da gingen sie vollends hinab, und wie sie unten waren, standen sie in einem wunderprächtigen Baumgang, da waren alle Blätter von Silber und schimmerten und glänzten. Der Soldat dachte: »Du willst dir ein Wahrzeichen mitnehmen«, und brach einen Zweig davon ab – da fuhr ein gewaltiger Krach aus dem Baume. Die Jüngste rief wieder: »Es ist nicht richtig, habt ihr den Knall gehört?« Die Älteste aber sprach: »Das sind Freudenschüsse, weil wir unsere Prinzen bald erlöst haben.« Sie kamen darauf in einen Baumgang, wo alle Blätter von Gold, und endlich in einen dritten, wo sie klarer Demant waren; von beiden brach er einen Zweig ab, wobei es jedes Mal krachte, dass die Jüngste vor Schrecken zusammenfuhr, aber die Älteste blieb dabei, es wären Freudenschüsse. Sie gingen weiter und kamen zu einem großen Wasser, darauf standen zwölf Schifflein, und in jedem Schifflein saß ein schöner Prinz, die hatten auf die zwölfe gewartet, und jeder nahm eine zu sich, der Soldat aber setzte sich mit der Jüngsten ein. Da sprach der Prinz: »Ich weiß nicht, das Schiff ist heute viel schwerer, und ich muss aus allen Kräften rudern, wenn ich es fortbringen soll.« – »Wovon sollte das kommen«, sprach die Jüngste, »als vom warmen Wetter, es ist mir auch so heiß zumut.« Jenseits des Wassers aber stand ein schönes hell erleuchtetes Schloss, woraus eine lustige Musik erschallte von Pauken und Trompeten. Sie ruderten hinüber, traten ein, und jeder Prinz tanzte mit seiner Liebsten; der Soldat aber tanzte unsichtbar mit, und wenn eine einen Becher mit Wein hielt, so trank er ihn aus, dass er leer war, wenn sie ihn an den Mund brachte; und der Jüngsten ward auch angst darüber, aber die Älteste brachte sie immer zum Schweigen. Sie tanzten da bis drei Uhr am andern Morgen, wo alle Schuhe durchgetanzt waren und sie aufhören mussten. Die Prinzen fuhren sie über das Wasser wieder zurück, und der Soldat setzte sich diesmal vornenhin zur Ältesten. Am Ufer nahmen sie von ihren Prinzen Abschied und versprachen, in der folgenden Nacht wiederzukommen. Als sie an der Treppe waren, lief der Soldat voraus und legte sich in sein Bett, und als die zwölf langsam und müde heraufgetrippelt kamen, schnarchte er schon wieder so laut, dass sie's alle hören konnten, und sie sprachen: »Vor dem sind wir sicher.« Da taten sie ihre schönen Kleider aus, brachten sie weg, stellten die zertanzten Schuhe unter das Bett und legten sich nieder. Am andern Morgen wollte der Soldat nichts sagen, sondern das wunderliche Wesen noch mit ansehen, und ging die zweite und die dritte Nacht wieder mit. Da war alles wie das erste Mal, und sie tanzten jedes Mal, bis die Schuhe entzwei waren. Das dritte Mal aber nahm er zum Wahrzeichen einen Becher mit. Als die Stunde gekommen war, wo er antworten sollte, steckte er die drei Zweige und den Becher zu sich und ging vor den König, die zwölfe aber standen hinter der Türe und horchten, was er sagen würde. Als der König die Frage tat: »Wo haben meine zwölf Töchter ihre Schuhe in der Nacht vertanzt?«, so antwortete er: »Mit zwölf Prinzen in einem unterirdischen Schloss«, berichtete, wie es zugegangen war, und holte die Wahrzeichen hervor. Da ließ der König seine Töchter kommen und fragte sie, ob der Soldat die Wahrheit gesagt hätte, und da sie sahen, dass sie verraten waren und Leugnen nichts half, so mussten sie alles eingestehen. Darauf fragte ihn der König, welche er zur Frau haben wollte. Er antwortete: »Ich bin nicht mehr jung, so gebt mir die Älteste.« Da ward noch am selbigen Tage die Hochzeit gehalten und ihm das Reich nach des Königs Tode versprochen. Aber die Prinzen wurden auf so viel Tage wieder verwünscht, als sie Nächte mit den zwölfen getanzt hatten.

78
Die weiße und die schwarze Braut

Eine Frau ging mit ihrer Tochter und Stieftochter über Feld, Futter zu schneiden. Da kam der liebe Gott als ein armer Mann zu ihnen gegangen und fragte: »Wo führt der Weg ins Dorf?« – »Wenn Ihr ihn wissen wollt«, sprach die Mutter, »so sucht ihn selber«, und die Tochter setzte hinzu: »Habt Ihr Sorge, dass Ihr ihn nicht findet, so nehmt Euch einen Wegweiser mit.« Die Stieftochter aber sprach: »Armer Mann, ich will dich führen, komm mit mir.« Da zürnte der liebe Gott über die Mutter und Tochter, wendete ihnen den Rücken zu und verwünschte sie, dass sie sollten schwarz werden wie die Nacht und hässlich wie die Sünde. Der armen Stieftochter aber war Gott gnädig und ging mit ihr, und als sie nahe am Dorf waren, sprach er einen Segen über sie und sagte: »Wähle dir drei Sachen aus, die will ich dir gewähren.« Da sprach das Mädchen: »Ich möchte gern so schön und rein werden wie die Sonne«; alsbald war sie weiß und schön wie der Tag. »Dann möchte ich einen Geldbeutel haben, der nie leer würde«; den gab ihr der liebe Gott auch, sprach aber: »Vergiss das Beste nicht.« Sagte sie: »Ich wünsche mir zum Dritten das ewige Himmelreich nach meinem Tode.« Das ward ihr auch gewährt, und also schied der liebe Gott von ihr.

Als die Stiefmutter mit ihrer Tochter nach Hause kam und sah, dass sie beide kohlschwarz und hässlich waren, die Stieftochter aber weiß und schön, so stieg die Bosheit in ihrem Herzen noch höher, und sie hatte nichts anders im Sinn, als wie sie ihr ein Leid antun könnte. Die Stieftochter aber hatte einen Bruder namens Reginer, den liebte sie sehr und erzählte ihm alles, was geschehen war. Nun sprach Reginer einmal zu ihr: »Liebe Schwester, ich will dich abmalen, damit ich dich beständig vor Augen sehe, denn meine Liebe zu dir ist so groß, dass ich dich immer anblicken möchte.« Da antwortete sie: »Aber ich bitte dich, lass niemand das Bild sehen.« Er malte nun seine Schwester ab und hing das Bild in seiner Stube auf; er wohnte aber in des Königs Schloss, weil er bei ihm Kutscher war. Alle Tage ging er davor stehen und dankte Gott für das Glück seiner lieben Schwester. Nun war aber gerade dem König, bei dem er diente, seine Gemahlin verstorben, die so schön gewesen war, dass man keine finden konnte, die ihr gliche, und der König war darüber in tiefer Trauer. Die Hofdiener bemerkten aber, dass der Kutscher täglich vor dem schönen Bilde stand, missgönntens ihm und meldeten es dem König. Da ließ dieser das Bild vor sich bringen, und als er sah, dass es in allem seiner verstorbenen Frau glich, nur noch schöner war, so verliebte er sich sterblich hinein. Er ließ den Kutscher vor sich kommen und fragte, wen das Bild vorstellte. Der Kutscher sagte, es wäre seine Schwester, so entschloss sich der König, keine andere als diese zur Gemahlin zu nehmen, gab ihm Wagen und Pferde und prächtige Goldkleider und schickte ihn fort, seine erwählte Braut abzuholen. Wie Reginer mit der Botschaft ankam, freute sich seine Schwester, allein die Schwarze war eifersüchtig über das Glück, ärgerte sich über alle Maßen und sprach zu ihrer Mutter: »Was helfen nun all Eure Künste, da Ihr mir ein solches Glück doch nicht verschaffen könnt.« – »Sei still«, sagte die Alte, »ich will dirs schon zuwenden.« Und durch ihre Hexenkünste trübte sie dem Kutscher die Augen, dass er halb blind war, und der Weißen verstopfte sie die Ohren, dass sie halb taub war. Darauf stiegen sie in den Wagen, erst die Braut in den herrlichen königlichen Kleidern, dann die Stiefmutter mit ihrer Tochter, und Reginer saß auf dem Bock, um zu fahren. Wie sie eine Weile unterwegs waren, rief der Kutscher:

»Deck dich zu, mein Schwesterlein,
dass Regen dich nicht nässt,
dass Wind dich nicht bestäubt,
dass du fein schön zum König kommst.«

Die Braut fragte: »Was sagt mein lieber Bruder?« – »Ach«, sprach die Alte, »er hat gesagt, du solltest dein gülden Kleid ausziehen und es deiner Schwester geben.« Da zog sie's aus und tats der Schwarzen an, die gab ihr dafür einen schlechten grauen Kittel. So fuhren sie weiter; über ein Weilchen rief der Bruder abermals:

»Deck dich zu, mein Schwesterlein,
dass Regen dich nicht nässt,
dass Wind dich nicht bestäubt
und du fein schön zum König kommst.«

Die Braut fragte: »Was sagt mein lieber Bruder?« – »Ach«, sprach die Alte, »er hat gesagt, du solltest deine güldene Haube abtun und deiner Schwester geben.« Da tat sie die Haube ab und tat sie der Schwarzen auf und saß im bloßen Haar. So fuhren sie weiter; wiederum über eine Weile rief der Bruder:

»Deck dich zu, mein Schwesterlein,
dass Regen dich nicht nässt,
dass Wind dich nicht bestäubt
und du fein schön zum König kommst.«

Die Braut fragte: »Was sagt mein lieber Bruder?« – »Ach«, sprach die Alte, »er hat gesagt, du möchtest einmal aus dem Wagen sehen.« Sie fuhren aber gerade auf einer Brücke über ein tiefes Wasser. Wie nun die Braut aufstand und aus dem Wagen sich herausbückte, da stießen sie die beiden hinaus, dass sie mitten ins Wasser stürzte. Als sie versunken war, in demselben Augenblick, stieg eine schneeweiße Ente aus dem Wasserspiegel hervor und schwamm den Fluss hinab. Der Bruder hatte gar nichts davon gemerkt und fuhr den Wagen weiter, bis sie an den Hof kamen. Da brachte er dem König die Schwarze als seine Schwester und meinte, sie wärs wirklich, weil es ihm trübe vor den Augen war und er doch die Goldkleider schimmern sah. Der König, wie er die grundlose Hässlichkeit an seiner vermeinten Braut erblickte, ward sehr bös und befahl, den Kutscher in eine Grube zu werfen, die voll Ottern und Schlangengezücht war. Die alte Hexe aber wusste den König doch so zu bestricken und durch ihre Künste ihm die Augen zu verblenden, dass er sie und ihre Tochter behielt, ja dass sie ihm ganz leidlich vorkam und er sich wirklich mit ihr verheiratete.

Einmal abends, während die schwarze Braut dem König auf dem Schoße saß, kam eine weiße Ente zum Gossenstein in die Küche geschwommen und sagte zum Küchenjungen:

»Jüngelchen, mach Feuer an,
dass ich meine Federn wärmen kann.«

Das tat der Küchenjunge und machte ihr ein Feuer auf dem Herd; da kam die Ente und setzte sich daneben, schüttelte sich und strich sich die Federn mit dem Schnabel zurecht. Während sie so saß und sich wohltat, fragte sie:

»Was macht mein Bruder Reginer?«

Der Küchenjunge antwortete:

»Liegt in der Grube gefangen
bei Ottern und bei Schlangen.«

Fragte sie weiter:

»Was macht die schwarze Hexe im Haus?«

Der Küchenjunge antwortete:

»Die sitzt warm
ins Königs Arm.«

Sagte die Ente:

»Dass Gott erbarm!«,

und schwamm den Gossenstein hinaus.

Den folgenden Abend kam sie wieder und tat dieselben Fragen und den dritten Abend noch einmal. Da konnte es der Küchenjunge nicht länger übers Herz bringen, ging zu dem König und entdeckte ihm alles. Der König aber wollte es selbst sehen, ging den andern Abend hin, und wie die Ente den Kopf durch den Gossenstein hereinstreckte, nahm er sein Schwert und hieb ihr den Hals durch, da ward sie auf einmal zum schönsten Mädchen, und glich genau dem Bild, das der Bruder von ihr gemacht hatte. Der König war voll Freuden; und weil sie ganz nass dastand, ließ er köstliche Kleider bringen und ließ sie damit bekleiden. Dann erzählte sie ihm, wie sie durch List und Falschheit wäre betrogen und zuletzt in den Fluss hinabgeworfen worden; und ihre erste Bitte war, dass ihr Bruder aus der Schlangenhöhle herausgeholt würde. Und als der König diese Bitte erfüllt hatte, ging er in die Kammer, wo die alte Hexe saß, und fragte: »Was verdient die, welche das und das tut?«, und erzählte, was geschehen war. Da war sie so verblendet, dass sie nichts merkte und sprach: »Die verdient, dass man sie nackt auszieht und in ein Fass mit Nägeln legt, und dass man vor das Fass ein Pferd spannt und das Pferd in alle Welt schickt.« Das geschah alles an ihr und ihrer schwarzen Tochter. Der König aber heiratete die weiße und schöne Braut und belohnte den treuen Bruder, indem er ihn zu einem reichen und angesehenen Mann machte.

79
Der Eisenhans

Es war einmal ein König, der hatte einen großen Wald bei seinem Schloss, darin lief Wild aller Art herum. Zu einer Zeit schickte er einen Jäger hinaus, der sollte ein Reh schießen, aber er kam nicht wieder. »Vielleicht ist ihm ein Unglück zugestoßen«, sagte der König und schickte den folgenden Tag zwei andere Jäger hinaus, die sollten ihn aufsuchen, aber die blieben auch weg. Da ließ er am dritten Tag alle seine Jäger kommen und sprach: »Streift durch den ganzen Wald und lasst nicht ab, bis ihr sie alle drei gefunden habt.«

Aber auch von diesen kam keiner wieder heim, und von der Meute Hunde, die sie mitgenommen hatten, ließ sich keiner wieder sehen. Von der Zeit an wollte sich niemand mehr in den Wald wagen, und er lag da in tiefer Stille und Einsamkeit, und man sah nur zuweilen einen Adler oder Habicht darüber hinfliegen. Das dauerte viele Jahre, da meldete sich ein fremder Jäger bei dem König, suchte eine Versorgung und erbot sich, in den gefährlichen Wald zu gehen. Der König aber wollte seine Einwilligung nicht geben und sprach: »Es ist nicht geheuer darin, ich fürchte, es geht dir nicht besser als den andern und du kommst nicht wieder heraus.« Der Jäger antwortete: »Herr, ich wills auf meine Gefahr wagen, von Furcht weiß ich nichts.«

Der Jäger begab sich also mit seinem Hund in den Wald. Es dauerte nicht lange, so geriet der Hund einem Wild auf die Fährte und wollte hinter ihm her. Kaum aber war er ein paar Schritte gelaufen, so stand er vor einem tiefen Pfuhl, konnte nicht weiter, und ein nackter Arm streckte sich aus dem Wasser, packte ihn und zog ihn hinab. Als der Jäger das sah, ging er zurück und holte drei Männer, die mussten mit Eimern kommen und das Wasser ausschöpfen. Als sie auf den Grund sehen konnten, so lag da ein wilder Mann, der braun am Leib war wie rostiges Eisen, und dem die Haare über das Gesicht bis zu den Knien herabhingen. Sie banden ihn mit Stricken und führten ihn fort in das Schloss. Da war große Verwunderung über den wilden Mann, der König aber ließ ihn in einen eisernen Käfig auf seinen Hof setzen und verbot bei Lebensstrafe, die Türe des Käfigs zu öffnen, und die Königin musste den Schlüssel selbst in Verwahrung nehmen. Von nun an konnte ein jeder wieder mit Sicherheit in den Wald gehen.

Der König hatte einen Sohn von acht Jahren, der spielte einmal auf dem Hof, und bei dem Spiel fiel ihm sein goldener Ball in den Käfig. Der Knabe lief hin und sprach: »Gib mir meinen Ball heraus.« – »Nicht eher«, antwortete der Mann, »als bis du mir die Türe aufgemacht hast.« – »Nein«, sagte der Knabe, »das tue ich nicht, das hat der König verboten«, und lief fort. Am andern Tag kam er wieder und forderte seinen Ball; der wilde Mann sagte: »Öffne meine Türe«, aber der Knabe wollte nicht. Am dritten Tag war der König auf die Jagd geritten, da kam der Knabe nochmals und sagte: »Wenn ich auch wollte, ich kann die Türe nicht öffnen, ich habe den Schlüssel nicht.« Da sprach der wilde Mann: »Er liegt unter dem Kopfkissen deiner Mutter, da kannst du ihn holen.« Der Knabe, der seinen Ball wiederhaben wollte, schlug alles Bedenken in den Wind und brachte den Schlüssel herbei. Die Türe ging schwer auf, und der Knabe klemmte sich den Finger. Als sie offen war, trat der wilde Mann heraus, gab ihm den goldenen Ball und eilte hinweg. Dem Knaben war angst geworden, er schrie und rief ihm nach: »Ach, wilder Mann, geh nicht fort, sonst bekomme ich Schläge.« Der wilde Mann kehrte um, hob ihn auf, setzte ihn auf seinen Nacken und ging mit schnellen Schritten in den Wald hinein. Als der König heimkam, bemerkte er den leeren Käfig und fragte die Königin, wie das zugegangen wäre. Sie wusste nichts davon, suchte den Schlüssel, aber er war weg. Sie rief den Knaben, aber niemand antwortete. Der König schickte Leute aus, die ihn auf dem Felde suchen sollten, aber sie fanden ihn nicht. Da konnte er leicht erraten, was geschehen war, und es herrschte große Trauer an dem königlichen Hof.

Als der wilde Mann wieder in dem finstern Wald angelangt war, so setzte er den Knaben von den Schultern herab und sprach zu ihm: »Vater und Mutter siehst du nicht wieder, aber ich will dich bei mir behalten, denn du hast mich befreit, und ich

habe Mitleid mit dir. Wenn du alles tust, was ich dir sage, so sollst du's gut haben. Schätze und Gold habe ich genug und mehr als jemand in der Welt.« Er machte dem Knaben ein Lager von Moos, auf dem er einschlief, und am andern Morgen führte ihn der Mann zu einem Brunnen und sprach: »Siehst du, der Goldbrunnen ist hell und klar wie Kristall. Du sollst dabeisitzen und achthaben, dass nichts hineinfällt, sonst ist er verunehrt. Jeden Abend komme ich und sehe, ob du mein Gebot befolgt hast.« Der Knabe setzte sich an den Rand des Brunnens, sah, wie manchmal ein goldner Fisch, manchmal eine goldne Schlange sich darin zeigte, und hatte acht, dass nichts hineinfiel. Als er so saß, schmerzte ihn einmal der Finger so heftig, dass er ihn unwillkürlich in das Wasser steckte. Er zog ihn schnell wieder heraus, sah aber, dass er ganz vergoldet war, und wie große Mühe er sich gab, das Gold wieder abzuwischen, es war alles vergeblich. Abends kam der Eisenhans zurück, sah den Knaben an und sprach: »Was ist mit dem Brunnen geschehen?« – »Nichts, nichts«, antwortete er und hielt den Finger auf den Rücken, dass er ihn nicht sehen sollte. Aber der Mann sagte: »Du hast den Finger in das Wasser getaucht: Diesmal mags hingehen, aber hüte dich, dass du nicht wieder etwas hineinfallen lässt.« Am frühsten Morgen saß er schon bei dem Brunnen und bewachte ihn. Der Finger tat ihm wieder weh, und er fuhr damit über seinen Kopf, da fiel unglücklicherweise ein Haar herab in den Brunnen. Er nahm es schnell heraus, aber es war schon ganz vergoldet. Der Eisenhans kam und wusste schon, was geschehen war. »Du hast ein Haar in den Brunnen fallen lassen«, sagte er. »Ich will dirs noch einmal nachsehen, aber wenns zum dritten Mal geschieht, so ist der Brunnen entehrt, und du kannst nicht länger bei mir bleiben.« Am dritten Tag saß der Knabe am Brunnen und bewegte den Finger nicht, wenn er ihm noch so weh tat. Aber die Zeit ward ihm lang, und er betrachtete sein Angesicht, das auf dem Wasserspiegel stand. Und als er sich dabei immer mehr beugte und sich recht in die Augen sehen wollte, so fielen ihm seine langen Haare von den Schultern herab in das Wasser. Er richtete sich schnell in die Höhe, aber das ganze Haupthaar war schon vergoldet und glänzte wie eine Sonne. Ihr könnt denken, wie der arme Knabe erschrak. Er nahm sein Taschentuch und band es um den Kopf, damit es der Mann nicht sehen sollte. Als er kam, wusste er schon alles und sprach: »Binde das Tuch auf.« Da quollen die goldenen Haare hervor, und der Knabe mochte sich entschuldigen, wie er wollte, es half ihm nichts. »Du hast die Probe nicht bestanden und kannst nicht länger hierbleiben. Geh hinaus in die Welt, da wirst du erfahren, wie die Armut tut. Aber weil du kein böses Herz hast und ichs gut mit dir meine, so will ich dir eins erlauben: Wenn du in Not gerätst, so geh zu dem Wald und rufe ›Eisenhans‹, dann will ich kommen und dir helfen. Meine Macht ist groß, größer als du denkst, und Gold und Silber habe ich im Überfluss.«

Da verließ der Königssohn den Wald und ging über gebahnte und ungebahnte Wege immerzu, bis er zuletzt in eine große Stadt kam. Er suchte da Arbeit, aber er konnte keine finden und hatte auch nichts erlernt, womit er sich hätte forthelfen können. Endlich ging er in das Schloss und fragte, ob sie ihn behalten wollten. Die Hofleute wussten nicht, wozu sie ihn brauchen sollten, aber sie hatten Wohlgefallen an ihm und hießen ihn bleiben. Zuletzt nahm ihn der Koch in Dienst und sagte, er könnte Holz und Wasser tragen und die Asche zusammenkehren. Einmal, als gerade kein anderer zur Hand war, hieß ihn der Koch die Speisen zur königlichen Tafel tragen, da er aber seine goldenen Haare nicht wollte sehen lassen, so behielt er sein Hütchen auf. Dem König war so etwas noch nicht vorgekommen, und er sprach: »Wenn du zur königlichen Tafel kommst, musst du deinen Hut abziehen.« – »Ach Herr«, antwortete er, »ich kann nicht, ich habe einen bösen Grind auf dem Kopf.« Da ließ der König den Koch herbeirufen, schalt ihn und fragte, wie er einen solchen Jungen hätte in seinen Dienst nehmen können; er sollte ihn gleich fortjagen. Der Koch aber hatte Mitleiden mit ihm und vertauschte ihn mit dem Gärtnerjungen.

Nun musste der Junge im Garten pflanzen und begießen, hacken und graben, und Wind und böses Wetter über sich ergehen lassen. Einmal im

Sommer, als er allein im Garten arbeitete, war der Tag so heiß, dass er sein Hütchen abnahm und die Luft ihn kühlen sollte. Wie die Sonne auf das Haar schien, glitzte und blitzte es, dass die Strahlen in das Schlafzimmer der Königstochter fielen und sie aufsprang, um zu sehen, was das wäre. Da erblickte sie den Jungen und rief ihn an: »Junge, bring mir einen Blumenstrauß.« Er setzte in aller Eile sein Hütchen auf, brach wilde Feldblumen ab und band sie zusammen. Als er damit die Treppe hinaufstieg, begegnete ihm der Gärtner und sprach: »Wie kannst du der Königstochter einen Strauß von schlechten Blumen bringen? Geschwind hole andere, und suche die schönsten und seltensten aus.« – »Ach nein«, antwortete der Junge, »die wilden riechen kräftiger und werden ihr besser gefallen.« Als er in ihr Zimmer kam, sprach die Königstochter: »Nimm dein Hütchen ab, es ziemt sich nicht, dass du ihn vor mir aufbehältst.« Er antwortete wieder: »Ich darf nicht, ich habe einen grindigen Kopf.« Sie griff aber nach dem Hütchen und zog es ab, da rollten seine goldenen Haare auf die Schultern herab, dass es prächtig anzusehen war. Er wollte fortspringen, aber sie hielt ihn am Arm und gab ihm eine Handvoll Dukaten. Er ging damit fort, achtete aber des Goldes nicht, sondern er brachte es dem Gärtner und sprach: »Ich schenke es deinen Kindern, die können damit spielen.« Den andern Tag rief ihm die Königstochter abermals zu, er sollte ihr einen Strauß Feldblumen bringen, und als er damit eintrat, grapste sie gleich nach seinem Hütchen und wollte es ihm wegnehmen, aber er hielt es mit beiden Händen fest. Sie gab ihm wieder eine Handvoll Dukaten, aber er wollte sie nicht behalten und gab sie dem Gärtner zum Spielwerk für seine Kinder. Den dritten Tag gings nicht anders, sie konnte ihm sein Hütchen nicht wegnehmen, und er wollte ihr Gold nicht.

Nicht lange danach ward das Land mit Krieg überzogen. Der König sammelte sein Volk und wusste nicht, ob er dem Feind, der übermächtig war und ein großes Heer hatte, Widerstand leisten könnte. Da sagte der Gärtnerjunge: »Ich bin herangewachsen und will mit in den Krieg ziehen, gebt mir nur ein Pferd.« Die andern lachten und sprachen: »Wenn wir fort sind, so suche dir eins, wir wollen dir eins im Stall zurücklassen.« Als sie ausgezogen waren, ging er in den Stall und zog das Pferd heraus; es war an einem Fuß lahm und hickelte hunkepuus, hunkepuus. Dennoch setzte er sich auf und ritt fort nach dem dunkeln Wald. Als er an den Rand desselben gekommen war, rief er dreimal »Eisenhans« so laut, dass es durch die Bäume schallte. Gleich darauf erschien der wilde Mann und sprach: »Was verlangst du?« – »Ich verlange ein starkes Ross, denn ich will in den Krieg ziehen.« – »Das sollst du haben und noch mehr, als du verlangst.« Dann ging der wilde Mann in den Wald zurück, und es dauerte nicht lange, so kam ein Stallknecht aus dem Wald und führte ein Ross herbei, das schnaubte aus den Nüstern und war kaum zu bändigen. Und hinterher folgte eine große Schar Kriegsvolk, ganz in Eisen gerüstet, und ihre Schwerter blitzten in der Sonne. Der Jüngling übergab dem Stallknecht sein dreibeiniges Pferd, bestieg das andere und ritt vor der Schar her. Als er sich dem Schlachtfeld näherte, war schon ein großer Teil von des Königs Leuten gefallen, und es fehlte nicht viel, so mussten die übrigen weichen. Da jagte der Jüngling mit seiner eisernen Schar heran, fuhr wie ein Wetter über die Feinde und schlug alles nieder, was sich ihm widersetzte. Sie wollten fliehen, aber der Jüngling saß ihnen auf dem Nacken und ließ nicht ab, bis kein Mann mehr übrig war. Statt aber zu dem König zurückzukehren, führte er seine Schar auf Umwegen wieder zu dem Wald und rief den Eisenhans heraus. »Was verlangst du?«, fragte der wilde Mann. »Nimm dein Ross und deine Schar zurück und gib mir mein dreibeiniges Pferd wieder.« Es geschah alles, was er verlangte, und er ritt auf seinem dreibeinigen Pferd heim. Als der König wieder in sein Schloss kam, ging ihm seine Tochter entgegen und wünschte ihm Glück zu seinem Sieg. »Ich bin es nicht, der den Sieg davongetragen hat«, sprach er, »sondern ein fremder Ritter, der mir mit seiner Schar zu Hilfe kam.« Die Tochter wollte wissen, wer der fremde Ritter wäre, aber der König wusste es nicht und sagte: »Er hat die Feinde verfolgt, und ich habe ihn nicht wieder gesehen.« Sie erkundigte sich bei dem Gärtner nach seinem Jungen, der lachte aber und sprach: »Eben ist er auf seinem dreibeinigen Pferd heimgekommen, und die andern haben gespottet und gerufen: »Da kommt unser Hunkepuus wieder an.« Sie fragten auch: »Hinter welcher Hecke hast du derweil gelegen und geschlafen?« Er sprach aber: »Ich habe das Beste getan, und ohne mich wäre es schlecht gegangen.« Da ward er noch mehr ausgelacht.«

Der König sprach zu seiner Tochter: »Ich will ein großes Fest ansagen lassen, das drei Tage währen soll, und du sollst einen goldenen Apfel werfen; vielleicht kommt der Unbekannte herbei.« Als das Fest verkündet war, ging der Jüngling hinaus zu dem Wald und rief den Eisenhans. »Was verlangst du?«, fragte er. »Dass ich den goldenen Apfel der Königstochter fange.« – »Es ist so gut, als hättest du ihn schon«, sagte Eisenhans, »du sollst auch eine rote Rüstung dazu haben und auf einem stolzen Fuchs reiten.« Als der Tag kam, sprengte der Jüngling heran, stellte sich unter die Ritter und ward von niemand erkannt. Die Königstochter trat hervor und warf den Rittern einen goldenen Apfel zu, aber keiner fing ihn als er allein, aber sobald er ihn hatte, jagte er davon. Am zweiten Tag hatte ihn Eisenhans als weißen Ritter ausgerüstet und ihm einen Schimmel gegeben. Abermals fing er allein den Apfel, verweilte aber keinen Augenblick, sondern jagte damit fort. Der König ward bös und sprach: »Das ist nicht erlaubt, er muss vor mir erscheinen und seinen Namen nennen.« Er gab den Befehl, wenn der Ritter, der den Apfel gefangen habe, sich wieder davonmachte, so sollte man ihm nachsetzen, und wenn er nicht gutwillig zurückkehrte, auf ihn hauen und stechen. Am dritten Tag erhielt er vom Eisenhans eine schwarze Rüstung und einen Rappen und fing auch wieder den Apfel. Als er aber damit fortjagte, verfolgten ihn die Leute des Königs, und einer kam ihm so nahe, dass er mit der Spitze des Schwertes ihm das Bein verwundete. Er entkam ihnen jedoch, aber sein Pferd sprang so gewaltig, dass der Helm ihm vom Kopf fiel, und sie konnten sehen, dass er goldene Haare hatte. Sie ritten zurück und meldeten dem König alles.

Am andern Tag fragte die Königstochter den Gärtner nach seinem Jungen. »Er arbeitet im Garten. Der wunderliche Kauz ist auch bei dem Fest gewesen und erst gestern abend wiedergekommen; er hat auch meinen Kindern drei goldene Äpfel gezeigt, die er gewonnen hat.« Der König ließ ihn vor sich fordern, und er erschien und hatte wieder sein Hütchen auf dem Kopf. Aber die Königstochter ging auf ihn zu und nahm es ihm ab, und da fielen seine goldenen Haare über die Schultern, und es war so schön, dass alle erstaunten. »Bist du der Ritter gewesen, der jeden Tag zu dem Fest gekommen ist, immer in einer andern Farbe, und der die drei goldenen Äpfel gefangen hat?«, fragte der König. »Ja«, antwortete er, »und da sind die Äpfel«, holte sie aus der Tasche und reichte sie dem König. »Wenn Ihr noch mehr Beweise verlangt, so könnt Ihr die Wunde sehen, die mir Eure Leute geschlagen haben, als sie mich verfolgten. Aber ich bin auch der Ritter, der Euch zum Sieg über die Feinde geholfen hat.« – »Wenn du solche Taten verrichten kannst, so bist du kein Gärtnerjunge: Sage mir, wer ist dein Vater?« – »Mein Vater ist ein mächtiger König und Goldes habe ich die Fülle, und so viel ich nur verlange.« – »Ich sehe wohl«, sprach der König, »ich bin dir Dank schuldig, kann ich dir etwas zu

Gefallen tun?« – »Ja«, antwortete er, »das könnt Ihr wohl, gebt mir Eure Tochter zur Frau.« Da lachte die Jungfrau und sprach: »Der macht keine Umstände, aber ich habe schon an seinen goldenen Haaren gesehen, dass er kein Gärtnerjunge ist«, ging dann hin und küsste ihn. Zu der Vermählung kam sein Vater und seine Mutter und waren in großer Freude, denn sie hatten schon alle Hoffnung aufgegeben, ihren lieben Sohn wiederzusehen. Und als sie an der Hochzeitstafel saßen, da schwieg auf einmal die Musik, die Türen gingen auf und ein stolzer König trat herein mit großem Gefolge. Er ging auf den Jüngling zu, umarmte ihn und sprach: »Ich bin der Eisenhans und war in einen wilden Mann verwünscht, aber du hast mich erlöst. Alle Schätze, die ich besitze, die sollen dein Eigentum sein.«

80
Das Eselein

Es lebte einmal ein König und eine Königin, die waren reich und hatten alles, was sie sich wünschten, nur keine Kinder. Darüber klagte sie Tag und Nacht und sprach: »Ich bin wie ein Acker, auf dem nichts wächst.« Endlich erfüllte Gott ihre Wünsche: Als das Kind aber zur Welt kam, sahs nicht aus wie ein Menschenkind, sondern war ein junges Eselein. Wie die Mutter das erblickte, fing ihr Jammer und Geschrei erst recht an, sie hätte lieber gar kein Kind gehabt als einen Esel und sagte, man sollt ihn ins Wasser werfen, damit ihn die Fische fräßen. Der König aber sprach: »Nein, hat Gott ihn gegeben, soll er auch mein Sohn und Erbe sein, nach meinem Tod auf dem königlichen Thron sitzen und die königliche Krone tragen.« Also ward das Eselein aufgezogen, nahm zu, und die Ohren wuchsen ihm auch fein hoch und grad hinauf. Es war aber sonst fröhlicher Art, sprang herum, spielte und hatte besonders seine Lust an der Musik, sodass es zu einem berühmten Spielmann ging und sprach: »Lehre mich deine Kunst, dass ich so gut die Laute schlagen kann als du.« – »Ach, liebes Herrlein«, antwortete der Spielmann, »das sollt Euch schwerfallen, Eure Finger sind nicht allerdings dazu gemacht und gar zu groß; ich sorge, die Saiten haltens nicht aus.« Es half keine Ausrede, das Eselein wollte und musste die Laute schlagen, war beharrlich und fleißig und lernte es am Ende so gut als sein Meister selber. Einmal ging das junge Herrlein nachdenksam spazieren und kam an einen Brunnen, da schaute es hinein und sah im spiegelhellen Wasser seine Eseleinsgestalt. Darüber ward es so betrübt, dass es in die weite Welt ging und nur einen treuen Gesellen mitnahm. Sie zogen auf und ab, zuletzt kamen sie in ein Reich, wo ein alter König herrschte, der nur eine einzige, aber wunderschöne Tochter hatte. Das Eselein sagte: »Hier wollen wir weilen«, klopfte ans Tor und rief: »Es ist ein Gast haußen, macht auf, damit er eingehen kann.« Als aber nicht aufgetan ward, setzte er sich hin, nahm seine Laute und schlug sie mit seinen zwei Vorderfüßen aufs Lieblichste. Da sperrte der Türhüter gewaltig die Augen auf, lief zum König und sprach: »Da draußen sitzt ein junges Eselein vor dem Tor, das schlägt die Laute so gut als ein gelernter Meister.« – »So lass mir den Musikant hereinkommen«, sprach der König. Wie aber ein Eselein hereintrat, fing alles an über den Lautenschläger zu lachen. Nun sollte das Eselein unten zu den Knechten gesetzt und gespeist werden, es ward aber unwillig und sprach: »Ich bin kein gemeines Stalleselein, ich bin ein vornehmes.« Da sagten sie: »Wenn du das bist, so setze dich zu dem Kriegsvolk.« – »Nein«, sprach es, »ich will beim König sitzen.« Der König lachte und sprach in gutem Mut: »Ja, es soll so sein, wie du verlangst, Eselein, komm her zu mir.« Danach fragte er: »Eselein, wie gefällt dir meine Tochter?« Das Eselein drehte den Kopf nach ihr, schaute sie an, nickte und sprach: »Aus der Maßen wohl, sie ist so schön, wie ich noch keine gesehen habe.« – »Nun, so sollst du auch neben ihr sitzen«, sagte der König. »Das ist mir eben recht«, sprach das Eselein und setzte sich an ihre Seite, aß und trank und wusste sich fein und säuberlich zu betragen. Als das edle Tierlein eine gute Zeit an des Königs Hof geblieben war, dachte es: »Was hilft das alles, du musst wieder heim«, ließ den Kopf traurig hängen, trat vor den König und verlangte seinen Abschied. Der König hatte es aber lieb gewonnen und sprach: »Eselein, was ist dir? Du schaust ja sauer wie ein Essigkrug. Bleib bei mir, ich will dir geben, was du verlangst. Willst du Gold?« – »Nein«, sagte das Eselein und schüttelte mit dem Kopf. »Willst du Kostbarkeiten und Schmuck?« – »Nein.« – »Willst du mein halbes Reich?« – »Ach nein.« Da sprach der König: »Wenn ich nur wüsste, was dich vergnügt machen könnte: Willst du meine schöne Tochter zur Frau?« – »Ach ja«, sagte das Eselein, »die möchte ich wohl haben«, war auf einmal ganz lustig und guter Dinge, denn das wars gerade, was es sich gewünscht hatte. Also ward eine große und prächtige Hochzeit gehalten. Abends, wie Braut und Bräutigam in ihr Schlafkämmerlein geführt wurden, wollte der König wissen, ob sich das Eselein auch fein artig und manierlich betrüge, und hieß einen Diener sich dort verstecken. Wie sie nun beide drinnen waren, schob der Bräutigam den Riegel vor die Türe, blickte sich um, und wie er glaubte, dass sie ganz allein wären, da warf er auf einmal seine Eselshaut ab und stand da als ein schöner königlicher Jüngling. »Nun siehst du«, sprach er, »wer ich bin, und siehst auch, dass ich deiner nicht unwert war.« Da ward die Braut froh, küsste ihn und hatte ihn von Herzen lieb. Als aber der Morgen herankam, sprang er auf, zog seine Tierhaut wieder über, und hätte kein Mensch gedacht, was für einer dahintersteckte. Bald kam auch der alte König gegangen: »Ei«, rief er, »ist das Eselein schon munter! Du bist wohl recht traurig«, sagte er zu seiner Tochter, »dass du keinen ordentlichen Menschen zum Mann bekommen hast?« – »Ach nein, lieber Vater, ich habe ihn so lieb, als wenn er der Allerschönste wäre, und will ihn mein Lebtag behalten.« Der König wunderte sich, aber der Diener, der sich versteckt hatte, kam und offenbarte ihm alles. Der König sprach: »Das ist nimmermehr wahr.« – »So wacht selber die folgende Nacht, Ihr werdets mit eigenen Augen sehen, und wisst Ihr was, Herr König, nehmt ihm die Haut weg und werft sie ins Feuer, so muss er sich wohl in seiner rechten Gestalt zeigen.« – »Dein Rat ist gut«, sprach der König, und abends, als sie schliefen, schlich er sich hinein, und wie er zum Bett kam, sah er im Mondschein einen stolzen Jüngling da ruhen, und die Haut lag abgestreift auf der Erde. Da nahm er sie weg und ließ draußen ein gewaltiges Feuer anmachen und die Haut hineinwerfen, und blieb selber dabei, bis sie ganz zu Asche verbrannt war. Weil er aber sehen wollte, wie sich der Beraubte anstellen würde, blieb er die Nacht über wach und lauschte. Als der Jüngling ausgeschlafen hatte, beim ersten Morgenschein, stand er auf und wollte die Eselshaut anziehen, aber sie war nicht zu finden. Da erschrak er und sprach voll Trauer und Angst: »Nun muss ich sehen, dass ich entfliehe.« Wie er hinaustrat, stand aber der König da und sprach: »Mein Sohn, wohin so eilig, was hast du im Sinn? Bleib hier, du bist ein so schöner Mann, du sollst nicht wieder von mir. Ich gebe dir jetzt mein Reich halb, und nach meinem Tod bekommst du es ganz.« – »So wünsch ich, dass der gute Anfang auch ein gutes Ende nehme«, sprach der Jüngling, »ich bleibe bei Euch.« Da gab ihm der Alte das halbe Reich, und als er nach einem Jahr starb, hatte er das ganze, und nach dem Tode seines Vaters noch eins dazu, und lebte in aller Herrlichkeit.

81
Die Rübe

Es waren einmal zwei Brüder, die dienten beide als Soldaten, und war der eine reich, der andere arm. Da wollte der Arme sich aus seiner Not helfen, zog den Soldatenrock aus und ward ein Bauer. Also grub und hackte er sein Stückchen Acker und säte Rübsamen. Der Same ging auf, und es wuchs da eine Rübe, die ward groß und stark und zusehends dicker und wollte gar nicht aufhören zu wachsen, sodass sie eine Fürstin aller Rüben heißen konnte, denn nimmer war so eine gesehen, und wird auch nimmer wieder gesehen werden. Zuletzt war sie so groß, dass sie allein einen ganzen Wagen anfüllte und zwei Ochsen daran ziehen mussten, und der Bauer wusste nicht, was er damit anfangen sollte und ob's sein Glück oder sein Unglück wäre. Endlich dachte er: »Verkaufst du sie, was wirst du Großes dafür bekommen, und willst du sie selber essen, so tun die kleinen Rüben denselben Dienst: Am besten ist, du bringst sie dem König und machst ihm eine Verehrung damit.« Also lud er sie auf den Wagen, spannte zwei Ochsen vor, brachte sie an den Hof und schenkte sie dem König. »Was ist das für ein seltsam Ding?«, sagte der König. »Mir ist viel Wunderliches vor die Augen gekommen, aber so ein Ungetüm noch nicht; aus was für Samen mag die gewachsen sein? Oder dir geräts allein und du bist ein Glückskind.« – »Ach nein«, sagte der Bauer, »ein Glückskind bin ich nicht, ich bin ein armer Soldat, der, weil er sich nicht mehr ernähren konnte, den Soldatenrock an den Nagel hing und das Land baute. Ich habe noch einen Bruder, der ist reich, und Euch, Herr König, auch wohl bekannt, ich aber, weil ich nichts habe, bin von aller Welt vergessen.« Da empfand der König Mitleid mit ihm und sprach: »Deiner Armut sollst du überhoben und so von mir beschenkt werden, dass du wohl deinem reichen Bruder gleichkommst.« Da schenkte er ihm eine Menge Gold, Äcker, Wiesen und Herden und machte ihn steinreich, sodass des andern Bruders Reich-

tum gar nicht konnte damit verglichen werden. Als dieser hörte, was sein Bruder mit einer einzigen Rübe erworben hatte, beneidete er ihn und sann hin und her, wie er sich auch ein solches Glück zuwenden könnte. Er wollts aber noch viel gescheiter anfangen, nahm Gold und Pferde und brachte sie dem König und meinte nicht anders, der würde ihm ein viel größeres Gegengeschenk machen, denn hätte sein Bruder so viel für eine Rübe bekommen, was würde es ihm für so schöne Dinge nicht alles tragen. Der König nahm das Geschenk und sagte, er wüsste ihm nichts wiederzugeben, das seltener und besser wäre als die große Rübe. Also musste der Reiche seines Bruders Rübe auf einen Wagen legen und nach Haus fahren lassen. Daheim wusste er nicht, an wem er seinen Zorn und Ärger auslassen sollte, bis ihm böse Gedanken kamen und er beschloss, seinen Bruder zu töten. Er gewann Mörder, die mussten sich in einen Hinterhalt stellen, und darauf ging er zu seinem Bruder und sprach: »Lieber Bruder, ich weiß einen heimlichen Schatz, den wollen wir miteinander heben und teilen.« Der andere ließ sichs auch gefallen und ging ohne Arg mit. Als sie aber hinauskamen, stürzten die Mörder über ihn her, banden ihn und wollten ihn an einen Baum hängen. Indem sie eben darüber waren, erscholl aus der Ferne lauter Gesang und Hufschlag, dass ihnen der Schrecken in den Leib fuhr und sie über Hals und Kopf ihren Gefangenen in den Sack steckten, am Ast hinaufwanden und die Flucht ergriffen. Er aber arbeitete oben, bis er ein Loch im Sack hatte, wodurch er den Kopf stecken konnte. Wer aber des Wegs kam, war nichts als ein fahrender Schüler, ein junger Geselle, der fröhlich sein Lied singend durch den Wald auf der Straße daherritt. Wie der oben nun merkte, dass einer unter ihm vorbeiging, rief er: »Sei mir gegrüßt zu guter Stunde.« Der Schüler guckte sich überall um, wusste nicht, wo die Stimme herschallte, endlich sprach er: »Wer ruft mir?« Da antwortete er aus dem Wipfel: »Erhebe deine Augen, ich sitze hier oben im Sack der Weisheit; in kurzer Zeit habe ich große Dinge gelernt, dagegen sind alle Schulen ein Wind. Um ein Weniges, so werde ich ausgelernt haben, herabsteigen und weiser sein als alle Menschen. Ich verstehe die Gestirne und Himmelszeichen, das Wehen aller Winde, den Sand im Meer, Heilung der Krankheit, die Kräfte der Kräuter, Vögel und Steine. Wärst du einmal darin, du würdest fühlen, was für Herrlichkeit aus dem Sack der Weisheit fließt.« Der Schüler, wie er das alles hörte, erstaunte und sprach: »Gesegnet sei die Stunde, wo ich dich gefunden habe, könnt ich nicht auch ein wenig in den Sack kommen?« Oben der antwortete, als tät er's nicht gerne: »Eine kleine Weile will ich dich wohl hineinlassen für Lohn und gute Worte, aber du musst doch noch eine Stunde warten, es ist ein Stück übrig, das ich erst lernen muss.« Als der Schüler ein wenig gewartet hatte, war ihm die Zeit zu lang und er bat, dass er doch möchte hineingelassen werden, sein Durst nach Weisheit wäre gar zu groß. Da stellte sich der oben, als gäbe er endlich nach, und sprach: »Damit ich aus dem Haus der Weisheit herauskann, musst du den Sack am Strick herunterlassen, so sollst du eingehen.« Also ließ der Schüler ihn herunter, band den Sack auf und befreite ihn, dann rief er selber: »Nun zieh mich recht geschwind hinauf«, und wollt geradstehend in den Sack einschreiten. »Halt!«, sagte der andere, »so gehts nicht an«, packte ihn beim Kopf, steckte ihn umgekehrt in den Sack, schnürte zu und zog den Jünger der Weisheit am Strick baumwärts, dann schwengelte er ihn in der Luft und sprach: »Wie stehts, mein lieber Geselle? Siehe, schon fühlst du, dass dir die Weisheit kommt, und machst gute Erfahrung, sitze also fein ruhig, bis du klüger wirst.« Damit stieg er auf des Schülers Pferd, ritt fort, schickte aber nach einer Stunde jemand, der ihn wieder herablassen musste.

82
Das Hirtenbüblein

Es war einmal ein Hirtenbübchen, das war wegen seiner weisen Antworten, die es auf alle Fragen gab, weit und breit berühmt. Der König des Landes hörte auch davon, glaubte es nicht und ließ das Bübchen kommen. Da sprach er zu ihm: »Kannst du mir auf drei Fragen, die ich dir vorlegen will, Antwort geben, so will ich dich ansehen wie mein eigen Kind, und du sollst bei mir in meinem königlichen Schloss wohnen.« Sprach das Büblein: »Wie lauten die drei Fragen?« Der König sagte: »Die erste lautet: Wie viel Tropfen Wasser sind in dem Weltmeer?« Das Hirtenbüblein antwortete: »Herr König, lasst alle Flüsse auf der Erde verstopfen, damit kein Tröpflein mehr daraus ins Meer lauft, das ich nicht erst gezählt habe, so will ich Euch sagen, wie viel Tropfen im Meere sind.« Sprach der König: »Die andere Frage lautet: Wie viel Sterne stehen am Himmel?« Das Hirtenbübchen sagte: »Gebt mir einen großen Bogen weiß Papier«, und dann machte es mit der Feder so viel feine Punkte darauf, dass sie kaum zu sehen und fast gar nicht zu zählen waren und einem die Augen vergingen, wenn man darauf blickte. Darauf sprach es: »So viel Sterne stehen am Himmel als hier Punkte auf dem Papier, zählt sie nur.« Aber niemand war dazu imstand. Sprach der König: »Die dritte Frage lautet: Wie viel Sekunden hat die Ewigkeit?« Da sagte das Hirtenbüblein: »In Hinterpommern liegt der Demantberg, der hat eine Stunde in die Höhe, eine Stunde in die Breite und eine Stunde in die Tiefe; dahin kommt alle hundert Jahr ein Vöglein und wetzt sein Schnäbelein daran, und wenn der ganze Berg abgewetzt ist, dann ist die erste Sekunde von der Ewigkeit vorbei.«

Sprach der König: »Du hast die drei Fragen aufgelöst wie ein Weiser und sollst fortan bei mir in meinem königlichen Schlosse wohnen, und ich will dich ansehen wie mein eigenes Kind.«

83
Die Sterntaler

Es war einmal ein kleines Mädchen, dem war Vater und Mutter gestorben, und es war so arm, dass es kein Kämmerchen mehr hatte, darin zu wohnen, und kein Bettchen mehr, darin zu schlafen, und endlich gar nichts mehr als die Kleider auf dem Leib und ein Stückchen Brot in der Hand, das ihm ein mitleidiges Herz geschenkt hatte. Es war aber gut und fromm. Und weil es so von aller Welt verlassen war, ging es im Vertrauen auf den lieben Gott hinaus ins Feld. Da begegnete ihm ein armer Mann, der sprach: »Ach, gib mir etwas zu essen, ich bin so hungerig.« Es reichte ihm das ganze Stückchen Brot und sagte: »Gott segne dirs«, und ging weiter. Da kam ein Kind, das jammerte und sprach: »Es friert mich so an meinem Kopfe, schenk mir etwas, womit ich ihn bedecken kann.« Da tat es seine Mütze ab und gab sie ihm. Und als es noch eine Weile gegangen war, kam wieder ein Kind und hatte kein Leibchen und fror, da gab es ihm seins; und noch weiter, da bat eins um ein Röcklein, das gab es auch von sich hin. Endlich gelangte es in einen Wald, und es war schon dunkel geworden, da kam noch eins und bat um ein Hemdlein, und das fromme Mädchen dachte: »Es ist dunkle Nacht, da sieht dich niemand, du kannst wohl dein Hemd weggeben«, und zog das Hemd ab und gab es auch noch hin. Und wie es so stand und gar nichts mehr hatte, fielen auf einmal die Sterne vom Himmel, und waren lauter harte blanke Taler. Und ob es gleich sein Hemdlein weggegeben, so hatte es ein neues an, und das war vom allerfeinsten Linnen. Da sammelte es sich die Taler hinein und war reich für sein Lebtag.

84
Das Dietmarsische Lügenmärchen

Ich will euch etwas erzählen. Ich sah zwei gebratene Hühner fliegen, flogen schnell und hatten die Bäuche gen Himmel gekehrt, die Rücken nach der Hölle, und ein Amboss und ein Mühlstein schwammen über den Rhein, fein langsam und leise, und ein Frosch saß und fraß eine Pflugschar zu Pfingsten auf dem Eis. Da waren drei Kerle, wollten einen Hasen fangen, gingen auf Krücken und Stelzen, der eine war taub, der zweite blind, der dritte stumm und der vierte konnte keinen Fuß rühren. Wollt ihr wissen, wie das geschah? Der Blinde, der sah zuerst den Hasen über Feld traben, der Stumme rief dem Lahmen zu, und der Lahme fasste ihn beim Kragen. Etliche, die wollten zu Land segeln und spannten die Segel im Wind und schifften über große Äcker hin: Da segelten sie über einen hohen Berg, da mussten sie elendig ersaufen. Ein Krebs jagte einen Hasen in die Flucht, und hoch auf dem Dach lag eine Kuh, die war hinaufgestiegen. In dem Lande sind die Fliegen so groß als hier die Ziegen. Mache das Fenster auf, damit die Lügen hinausfliegen.

85

Schneeweißchen und Rosenrot

Eine arme Witwe, die lebte einsam in einem Hüttchen, und vor dem Hüttchen war ein Garten, darin standen zwei Rosenbäumchen, davon trug das eine weiße, das andere rote Rosen; und sie hatte zwei Kinder, die glichen den beiden Rosenbäumchen, und das eine hieß Schneeweißchen, das andere Rosenrot. Sie waren aber so fromm und gut, so arbeitsam und unverdrossen, als je zwei Kinder auf der Welt gewesen sind: Schneeweißchen war nur stiller und sanfter als Rosenrot. Rosenrot sprang lieber in den Wiesen und Feldern umher, suchte Blumen und fing Sommervögel, Schneeweißchen aber saß daheim bei der Mutter, half ihr im Hauswesen oder las ihr vor, wenn nichts zu tun war. Die beiden Kinder hatten einander so lieb, dass sie sich immer an den Händen fassten, sooft sie zusammen ausgingen. Und wenn Schneeweißchen sagte: »Wir wollen uns nicht verlassen«, so antwortete Rosenrot: »So lange wir leben, nicht«, und die Mutter setzte hinzu: »Was das eine hat, solls mit dem andern teilen.« Oft liefen sie im Walde allein umher und sammelten rote Beeren, aber kein Tier tat ihnen etwas zuleid, sondern sie kamen vertraulich herbei: Das Häschen fraß ein Kohlblatt aus ihren Händen, das Reh graste an ihrer Seite, der Hirsch sprang ganz lustig vorbei, und die Vögel blieben auf den Ästen sitzen und sangen, was sie nur wussten. Kein Unfall traf sie: Wenn sie sich im Walde verspätet hatten und die Nacht sie überfiel, so legten sie sich nebeneinander auf das Moos und schliefen, bis der Morgen kam, und die Mutter wusste das und hatte ihrentwegen keine Sorge. Einmal, als sie im Walde übernachtet hatten und das Morgenrot sie aufweckte, da sahen sie ein schönes Kind in einem weißen, glänzenden Kleidchen neben ihrem Lager sitzen. Es stand auf und blickte sie ganz freundlich an, sprach aber nichts und ging in den Wald hinein. Und als sie sich umsahen, so hatten sie ganz nahe bei einem Abgrunde geschlafen und wären gewiss hineingefallen, wenn sie in der Dunkelheit noch ein paar Schritte weitergegangen wären. Die Mutter aber sagte ihnen, das müsste der Engel gewesen sein, der gute Kinder bewache.

Schneeweißchen und Rosenrot hielten das Hüttchen der Mutter so reinlich, dass es eine Freude war hineinzuschauen. Im Sommer besorgte Rosenrot das Haus und stellte der Mutter jeden Morgen, ehe sie aufwachte, einen Blumenstrauß vors Bett, darin war von jedem Bäumchen eine Rose. Im Winter zündete Schneeweißchen das Feuer an und hing den Kessel an den Feuerhaken, und der Kessel war von Messing, glänzte aber wie Gold, so rein war er gescheuert. Abends, wenn die Flocken fielen, sagte die Mutter: »Geh, Schneeweißchen, und schieb den Riegel vor«, und dann setzten sie sich an den Herd, und die Mutter nahm die Brille und las aus einem großen Buche vor, und die beiden Mädchen hörten zu, saßen und spannen; neben ihnen lag ein Lämmchen auf dem Boden, und hinter ihnen auf einer Stange saß ein weißes Täubchen und hatte seinen Kopf unter den Flügel gesteckt.

Eines Abends, als sie so vertraulich beisammensaßen, klopfte jemand an die Türe, als wollte er eingelassen sein. Die Mutter sprach: »Geschwind, Rosenrot, mach auf, es wird ein Wanderer sein, der Obdach sucht.« Rosenrot ging und schob den Riegel weg und dachte, es wäre ein armer Mann, aber der war es nicht, es war ein Bär, der seinen dicken schwarzen Kopf zur Türe hereinstreckte. Rosenrot schrie laut und sprang zurück, das Lämmchen blökte, das Täubchen flatterte auf, und Schneeweißchen versteckte sich hinter der Mutter Bett. Der Bär aber fing an zu sprechen und sagte: »Fürchtet euch nicht, ich tue euch nichts zuleid, ich bin halb erfroren und will mich nur ein wenig bei euch

wärmen.« – »Du armer Bär«, sprach die Mutter, »leg dich ans Feuer und gib nur acht, dass dir dein Pelz nicht brennt.« Dann rief sie: »Schneeweißchen, Rosenrot, kommt hervor, der Bär tut euch nichts, er meints ehrlich.« Da kamen sie beide heran, und nach und nach näherten sich auch das Lämmchen und Täubchen und hatten keine Furcht vor ihm. Der Bär sprach: »Ihr Kinder, klopft mir den Schnee ein wenig aus dem Pelzwerk«, und sie holten den Besen und kehrten dem Bär das Fell rein; er aber streckte sich ans Feuer und brummte ganz vergnügt und behaglich. Nicht lange, so wurden sie ganz vertraut und trieben Mutwillen mit dem unbeholfenen Gast. Sie zausten ihm das Fell mit den Händen, setzten ihre Füßchen auf seinen Rücken und walgerten ihn hin und her, oder sie nahmen eine Haselrute und schlugen auf ihn los, und wenn er brummte, so lachten sie. Der Bär ließ sichs aber gerne gefallen, nur wenn sie's gar zu arg machten, rief er: »Lasst mich am Leben, ihr Kinder:

Schneeweißchen, Rosenrot,
schlägst dir den Freier tot.«

Als Schlafenszeit war und die andern zu Bett gingen, sagte die Mutter zu dem Bär: »Du kannst in Gottes Namen da am Herde liegen bleiben, so bist du vor der Kälte und dem bösen Wetter geschützt.« Sobald der Tag graute, ließen ihn die beiden Kinder hinaus, und er trabte über den Schnee in den Wald hinein. Von nun an kam der Bär jeden Abend zu der bestimmten Stunde, legte sich an den Herd und erlaubte den Kindern, Kurzweil mit ihm zu treiben, so viel sie wollten; und sie waren so gewöhnt an ihn, dass die Türe nicht eher zugeriegelt ward, als bis der schwarze Gesell angelangt war.

Als das Frühjahr herangekommen und draußen alles grün war, sagte der Bär eines Morgens zu Schneeweißchen: »Nun muss ich fort und darf den ganzen Sommer nicht wiederkommen.« – »Wo gehst du denn hin, lieber Bär?«, fragte Schneeweißchen. »Ich muss in den Wald und meine Schätze vor den bösen Zwergen hüten; im Winter, wenn die Erde hart gefroren ist, müssen sie wohl unten bleiben und können sich nicht durcharbeiten, aber jetzt, wenn die Sonne die Erde aufgetaut und erwärmt hat, da brechen sie durch, steigen herauf, suchen und stehlen; was einmal in ihren Händen ist und in ihren Höhlen liegt, das kommt so leicht nicht wieder an des Tages Licht.« Schneeweißchen war ganz traurig über den Abschied, und als es ihm die Türe aufriegelte und der Bär sich hinausdrängte, blieb er an dem Türhaken hängen, und ein Stück seiner Haut riss auf, und da war es Schneeweißchen, als hätte es Gold durchschimmern gesehen, aber es war seiner Sache nicht gewiss. Der Bär lief eilig fort und war bald hinter den Bäumen verschwunden.

Nach einiger Zeit schickte die Mutter die Kinder in den Wald, Reisig zu sammeln. Da fanden sie draußen einen großen Baum, der lag gefällt auf dem Boden, und an dem Stamme sprang zwischen dem Gras etwas auf und ab, sie konnten aber nicht unterscheiden, was es war. Als sie näher kamen, sahen sie einen Zwerg mit einem alten verwelkten Gesicht und einem ellenlangen schneeweißen Bart. Das Ende des Bartes war in eine Spalte des Baums eingeklemmt, und der Kleine sprang hin und her wie ein Hündchen an einem Seil und wusste nicht, wie er sich helfen sollte. Er glotzte die Mädchen mit seinen roten feurigen Augen an und schrie: »Was steht ihr da! Könnt ihr nicht herbeigehen und mir Beistand leisten?« – »Was hast du angefangen, kleines Männchen?«, fragte Rosenrot. »Dumme neugierige Gans«, antwortete der Zwerg, »den Baum habe ich mir spalten wollen, um kleines Holz in der Küche zu haben; bei den dicken Klötzen verbrennt gleich das Bisschen Speise, das unsereiner braucht, der nicht so viel hinunterschlingt als ihr grobes, gieriges Volk. Ich hatte den Keil schon glücklich hineingetrieben, und es wäre alles nach Wunsch gegangen, aber das verwünschte Holz war zu glatt und sprang unversehens heraus, und der Baum fuhr so geschwind zusammen, dass ich meinen schönen weißen Bart nicht mehr herausziehen konnte; nun steckt er drin, und ich kann nicht fort. Da lachen die albernen glatten Milchgesichter! Pfui, was seid ihr garstig!« Die Kinder gaben sich alle Mühe, aber sie konnten den Bart nicht herausziehen, er steckte zu fest. »Ich will laufen und Leute herbeiholen«, sagte Rosenrot. »Wahnsinnige Schafsköpfe«, schnarrte der Zwerg, »wer wird gleich Leute herbeirufen, ihr seid mir schon um zwei zu viel; fällt euch nicht Besseres ein?« – »Sei nur nicht ungeduldig«, sagte Schneeweißchen, »ich will schon Rat schaffen«, holte sein Scherchen aus der Tasche und schnitt das Ende des Bartes ab. Sobald der Zwerg sich frei fühlte, griff er nach einem Sack, der zwischen den Wurzeln des Baumes steckte und mit Gold gefüllt war, hob ihn heraus und brummte vor sich hin: »Ungehobeltes Volk, schneidet mir ein Stück von meinem stolzen Barte ab! Lohns euch der Kuckuck!« Damit schwang er seinen Sack auf den Rücken und ging fort, ohne die Kinder nur noch einmal anzusehen.

Einige Zeit danach wollten Schneeweißchen und Rosenrot ein Gericht Fische angeln. Als sie nahe bei dem Bach waren, sahen sie, dass etwas wie eine große Heuschrecke nach dem Wasser zuhüpfte, als wollte es hineinspringen. Sie liefen heran und erkannten den Zwerg. »Wo willst du hin?«, sagte Rosenrot. »Du willst doch nicht ins Wasser?« – »Solch ein Narr bin ich nicht«, schrie der Zwerg, »seht ihr nicht, der verwünschte Fisch will mich hineinziehen!« Der Kleine hatte dagesessen und geangelt, und unglücklicherweise hatte der Wind seinen Bart mit der Angelschnur verflochten. Als gleich darauf ein großer Fisch anbiss, fehlten dem schwachen Geschöpf die Kräfte, ihn herauszuziehen: Der Fisch behielt die Oberhand und riss den Zwerg zu sich hin. Zwar hielt er sich an allen Halmen und Binsen, aber das half nicht viel, er musste den Bewegungen des Fisches folgen, und war in beständiger Gefahr, ins Wasser gezogen zu werden. Die Mädchen kamen zu rechter Zeit, hielten ihn fest und versuchten den Bart von der Schnur loszumachen, aber vergebens, Bart und Schnur waren fest ineinander verwirrt. Es blieb nichts übrig, als das Scherchen hervorzuholen und den Bart abzuschneiden, wobei ein kleiner Teil desselben verloren ging. Als der Zwerg das sah, schrie er sie an: »Ist das Manier, ihr Lorche, einem das Gesicht zu schänden? Nicht genug, dass ihr mir den Bart unten abgestutzt habt, jetzt schneidet ihr mir den besten Teil davon ab: Ich darf mich vor den Meinigen gar nicht sehen lassen. Dass ihr laufen müsstet und die Schuhsohlen verloren hättet!« Dann holte er einen Sack Perlen, der im Schilfe lag, und ohne ein Wort weiter zu sagen, schleppte er ihn fort und verschwand hinter einem Stein.

Es trug sich zu, dass bald hernach die Mutter die beiden Mädchen nach der Stadt schickte, Zwirn, Nadeln, Schnüre und Bänder einzukaufen. Der Weg führte sie über eine Heide, auf der hier und da mächtige Felsenstücke zerstreut lagen. Da sahen sie einen großen Vogel in der Luft schweben, der langsam über ihnen kreiste, sich immer tiefer herabsenkte und endlich nicht weit bei einem Felsen niederstieß. Gleich darauf hörten sie einen durchdringenden, jämmerlichen Schrei. Sie liefen herzu und sahen mit Schrecken, dass der Adler ihren alten Bekannten, den Zwerg, gepackt hatte und ihn forttragen wollte. Die mitleidigen Kinder hielten gleich das Männchen fest und zerrten sich so lange mit dem Adler herum, bis er seine Beute fahren ließ. Als der Zwerg sich von dem ersten Schrecken erholt hatte, schrie er mit seiner kreischenden Stimme: »Konntet ihr nicht säuberlicher mit mir umgehen? Gerissen habt ihr an meinem dünnen Röckchen, dass es überall zerfetzt und durchlöchert ist, unbeholfenes und täppisches Gesindel, das ihr seid!« Dann nahm er einen Sack mit Edelsteinen und schlüpfte wieder unter den Felsen in seine Höhle. Die Mädchen waren an seinen Undank schon gewöhnt, setzten ihren Weg fort und verrichteten ihr Geschäft in der Stadt. Als sie beim Heimweg wieder auf die Heide kamen, überraschten sie den Zwerg, der auf einem reinlichen Plätzchen seinen Sack mit Edelsteinen ausgeschüttet und nicht gedacht hatte, dass so spät noch jemand daherkommen würde. Die Abendsonne schien über die glänzenden Steine, sie schimmerten und leuchteten so prächtig in allen Farben, dass die Kinder stehen blieben und sie betrachteten. »Was steht ihr da und habt Maulaffen feil!«, schrie der Zwerg, und sein aschgraues Gesicht ward zinnoberrot vor Zorn. Er wollte mit seinen Scheltworten fortfahren, als sich ein lautes Brummen hören ließ und ein schwarzer Bär aus dem Walde herbeitrabte. Erschrocken sprang der Zwerg auf, aber er konnte nicht mehr zu seinem Schlupfwinkel gelangen, der Bär war schon in seiner Nähe. Da rief er in Herzensangst: »Lieber Herr Bär, verschont mich, ich will Euch alle meine Schätze geben, sehet, die schönen Edelsteine, die da liegen. Schenkt mir das Leben, was habt Ihr an mir kleinem schmächtigen Kerl? Ihr spürt mich nicht zwischen den Zähnen; da, die beiden gottlosen Mädchen packt, das sind für Euch zarte Bissen, fett wie junge Wachteln, die fresst in Gottes Namen.« Der Bär kümmerte sich um seine Worte nicht, gab dem boshaften Geschöpf einen einzigen Schlag mit der Tatze, und es regte sich nicht mehr.

Die Mädchen waren fortgesprungen, aber der Bär rief ihnen nach: »Schneeweißchen und Rosenrot, fürchtet euch nicht, wartet, ich will mit euch gehen.« Da erkannten sie seine Stimme und blieben stehen, und als der Bär bei ihnen war, fiel plötzlich die Bärenhaut ab, und er stand da als ein schöner Mann und war ganz in Gold gekleidet. »Ich bin eines Königs Sohn«, sprach er, »und war von dem gottlosen Zwerg, der mir meine Schätze gestohlen hatte, verwünscht, als ein wilder Bär in dem Walde zu laufen, bis ich durch seinen Tod erlöst würde. Jetzt hat er seine wohlverdiente Strafe empfangen.«

Schneeweißchen ward mit ihm vermählt und Rosenrot mit seinem Bruder, und sie teilten die großen Schätze miteinander, die der Zwerg in seine Höhle zusammengetragen hatte. Die alte Mutter lebte noch lange Jahre ruhig und glücklich bei ihren Kindern. Die zwei Rosenbäumchen aber nahm sie mit, und sie standen vor ihrem Fenster und trugen jedes Jahr die schönsten Rosen, weiß und rot.

86
Der faule Heinz

Heinz war faul, und obgleich er weiter nichts zu tun hatte, als seine Ziege täglich auf die Weide zu treiben, so seufzte er dennoch, wenn er nach vollbrachtem Tagewerk abends nach Hause kam. »Es ist in Wahrheit eine schwere Last«, sagte er, »und ein mühseliges Geschäft, so eine Ziege jahraus, jahrein bis in den späten Herbst ins Feld zu treiben. Und wenn man sich noch dabei hinlegen und schlafen könnte! Aber nein, da muss man die Augen aufhaben, damit sie die jungen Bäume nicht beschädigt, durch die Hecke in einen Garten dringt oder gar davonläuft. Wie soll da einer zur Ruhe kommen und seines Lebens froh werden!« Er setzte sich, sammelte seine Gedanken und überlegte, wie er seine Schultern von dieser Bürde frei machen könnte. Lange war alles Nachsinnen vergeblich, plötzlich fiels ihm wie Schuppen von den Augen. »Ich weiß, was ich tue«, rief er aus, »ich heirate die dicke Trine, die hat auch eine Ziege und kann meine mit austreiben, so brauche ich mich nicht länger zu quälen.«

Heinz erhob sich also, setzte seine müden Glieder in Bewegung, ging quer über die Straße, denn weiter war der Weg nicht, wo die Eltern der dicken Trine wohnten, und hielt um ihre arbeitsame und tugendreiche Tochter an. Die Eltern besannen sich nicht lange: »Gleich und gleich gesellt sich gern«, meinten sie und willigten ein. Nun ward die dicke Trine Heinzens Frau und trieb die beiden Ziegen aus. Heinz hatte gute Tage und brauchte sich von keiner andern Arbeit zu erholen als von seiner eigenen Faulheit. Nur dann und wann ging er mit hinaus und sagte: »Es geschieht bloß, damit mir die Ruhe hernach desto besser schmeckt, man verliert sonst alles Gefühl dafür.« Aber die dicke Trine war nicht minder faul. »Lieber Heinz«, sprach sie eines Tages, »warum sollen wir uns das Leben ohne Not sauer machen und unsere beste Jugendzeit verkümmern? Ist es nicht besser, wir geben die beiden Ziegen, die jeden Morgen einen mit ihrem Meckern im besten Schlafe stören, unserm Nachbar, und der gibt uns einen Bienenstock dafür? Den Bienenstock stellen wir an einen sonnigen Platz hinter das Haus und bekümmern uns weiter nicht darum. Die Bienen brauchen nicht gehütet und nicht ins Feld getrieben zu werden: Sie fliegen aus, finden den Weg nach Haus von selbst wieder und sammeln Honig, ohne dass es uns die geringste Mühe macht.« – »Du hast wie eine verständige Frau gesprochen«, antwortete Heinz, »deinen Vorschlag wollen wir ohne Zaudern ausführen. Außerdem schmeckt und nährt der Honig besser als die Ziegenmilch und lässt sich auch länger aufbewahren.«

Der Nachbar gab für die beiden Ziegen gerne einen Bienenstock. Die Bienen flogen unermüdlich vom frühen Morgen bis zum späten Abend aus und ein und füllten den Stock mit dem schönsten Honig, sodass Heinz im Herbst einen ganzen Krug voll herausnehmen konnte.

Sie stellten den Krug auf ein Brett, das oben an der Wand in ihrer Schlafkammer befestigt war, und weil sie fürchteten, er könnte ihnen gestohlen werden oder die Mäuse könnten darüber geraten, so holte Trine einen starken Haselstock herbei und legte ihn neben ihr Bett, damit sie ihn, ohne unnötigerweise aufzustehen, mit der Hand erreichen und die ungebetenen Gäste von dem Bette aus verjagen könnte.

Der faule Heinz verließ das Bett nicht gerne vor Mittag: »Wer früh aufsteht«, sprach er, »sein Gut verzehrt.« Eines Morgens, als er so am hellen Tage noch in den Federn lag und von dem langen Schlaf ausruhte, sprach er zu seiner Frau: »Die Weiber lieben die Süßigkeit, und du naschest von dem Honig, es ist besser, ehe er von dir allein ausgegessen wird, dass wir dafür eine Gans mit einem jungen Gänslein erhandeln.« – »Aber nicht eher«, erwiderte Trine, »als bis wir ein Kind haben, das sie hütet. Soll ich mich etwa mit den jungen Gänsen plagen und meine Kräfte dabei unnötigerweise zusetzen?«

– »Meinst du«, sagte Heinz, »der Junge werde Gänse hüten? Heutzutage gehorchen die Kinder nicht mehr, sie tun nach ihrem eigenen Willen, weil sie sich klüger dünken als die Eltern, gerade wie jener Knecht, der die Kuh suchen sollte und drei Amseln nachjagte.« – »Oh«, antwortete Trine, »dem soll es schlecht bekommen, wenn er nicht tut, was ich sage. Einen Stock will ich nehmen und mit ungezählten Schlägen ihm die Haut gerben. Siehst du, Heinz«, rief sie in ihrem Eifer und fasste den Stock, mit dem sie die Mäuse verjagen wollte, »siehst du, so will ich auf ihn losschlagen.« Sie holte aus, traf aber unglücklicherweise den Honigkrug über dem Bette. Der Krug sprang wider die Wand und fiel in Scherben herab, und der schöne Honig floß auf den Boden. »Da liegt nun die Gans mit dem jungen Gänslein«, sagte Heinz, »und braucht nicht gehütet zu werden. Aber ein Glück ist es, dass mir der Krug nicht auf den Kopf gefallen ist, wir haben alle Ursache, mit unserm Schicksal zufrieden zu sein.« Und da er in einer Scherbe noch etwas Honig bemerkte, so langte er danach und sprach ganz vergnügt: »Das Restchen, Frau, wollen wir uns noch schmecken lassen und dann nach dem gehabten Schrecken ein wenig ausruhen, was tuts, wenn wir etwas später als gewöhnlich aufstehen, der Tag ist doch noch lang genug.« – »Ja«, antwortete Trine, »man kommt immer noch zu rechter Zeit. Weißt du, die Schnecke war einmal zur Hochzeit eingeladen, machte sich auf den Weg, kam aber zur Kindtaufe an. Vor dem Hause stürzte sie noch über den Zaun und sagte: »Eilen tut nicht gut«.«

87
Der Vogel Greif

Es war einmal ein König – wo der regiert und wie er geheißen hat, weiß ich nimmer –, der hatte keinen Sohn, nur eine einzige Tochter, die war immer krank, und kein Doktor konnte sie heilen. Da wurde dem König geweissagt, seine Tochter werde sich an Äpfeln gesund essen. Da ließ er durchs ganze Land bekannt machen: Wer seiner Tochter Äpfel bringe, dass sie sich daran gesund essen könne, der bekäme sie zur Frau und würde König werden. Das hörte auch ein Bauer, der drei Söhne hatte. Da sprach er zum Ältesten: »Geh auf den Speicher hinauf, nimm einen Handkorb voll von den schönsten Äpfeln mit den roten Backen und trag sie zu Hof; vielleicht kann sich die Königstochter gesund daran essen, und du darfst sie heiraten und wirst König.« Der Bursche machte es auch so und nahm den Weg unter die Füße. Als er eine Zeit lang gegangen war, begegnete er einem kleinen eisgrauen Männlein; das fragte ihn, was er da im Handkorb hätte. Da sagte Ulrich – denn so hieß er –: »Froschschenkel.« Das Männlein sagte darauf: »Nun, so sollens welche sein und bleiben«, und ging weiter. Endlich kam Ulrich vors Schloss und ließ sich anmelden: Er habe Äpfel, die die Tochter gesund machen würden, wenn sie davon äße. Das freute den König gewaltig, und er ließ den Ulrich vor sich kommen. Aber, o weh! als er aufdeckte, hatte er statt Äpfel Froschschenkel im Korb, die noch zappelten. Darüber wurde der König böse und ließ ihn zum Haus hinausjagen. Als er heimkam, erzählte er dem Vater, wie es ihm ergangen war. Da schickte der Vater den nächstältesten Sohn, der Samuel hieß; aber dem erging es genauso wie Ulrich. Es begegnete ihm auch das kleine eisgraue Männlein, und das fragte ihn, was er da im Korbe habe. Der Samuel sagte: »Schweineborsten«; und das eisgraue Männlein sagte: »Nun, so sollens welche sein und bleiben.« Als er nun vors Königsschloss kam und sagte, er habe Äpfel, an denen sich die Königstochter gesund essen könne, so wollten sie ihn nicht einlassen und sagten, es sei schon einer da gewesen und habe sie zum Narren gehalten, Samuel aber bestand darauf, er habe gewiss Äpfel, sie sollten ihn nur einlassen. Endlich glaubten sie ihm und führten ihn vor den König. Aber als er seinen Korb aufdeckte, so hatte er eben Schweinsborsten. Da wurde der König so furchtbar zornig, dass er den Samuel aus dem Haus peitschen ließ. Als er heimkam, erzählte er, wie es ihm ergangen war. Da kam der jüngste Bub, den sie nur immer den dummen Hans nannten, und fragte den Vater, ob er auch mit Äpfeln gehen dürfe. »Ja«, sagte da der Vater, »du wärst der rechte Kerl dazu! Wenn die Gescheiten nichts ausrichten, was wolltest denn du ausrichten!« Der Bub ließ aber nicht nach: »Doch Vater, ich will auch gehen.« – »Geh mir doch weg, du dummer Kerl, du musst warten, bis du gescheiter wirst«, sagte darauf der Vater und kehrte ihm den Rücken. Der Hans aber zupfte ihn hinten am Kittel: »Doch, Vater, ich will auch gehen.« – »Nun, meinetwegen, so geh; du wirst wohl wieder zurückkommen«, gab der Vater unwirsch zur Antwort. Der Bub aber freute sich sehr und sprang hoch auf. »Ja, tu jetzt noch wie ein Narr; du wirst von einem Tag zum andern immer dümmer«, sagte der Vater wieder. Das machte aber dem Hans nichts aus, und er ließ sich in seiner Freude nicht stören. Weil es aber auf die Nacht zuging, so dachte er, er wolle warten bis zum Morgen, er komme heute doch nimmer an den Hof. Nachts im Bett konnte er nicht schlafen; und wenn er auch einmal eine Weile eingeschlummert war, so träumte ihm von schönen Jungfrauen, von Schlössern, Gold und Silber und allerhand solchen Sachen. Morgens in der Frühe machte er sich auf den Weg, und gleich darauf begegnete ihm ein kleines mürrisches Männchen in einem eisgrauen Gewand und fragte ihn, was er da im Korbe hätte. Der Hans gab ihm zu Antwort, er habe Äpfel, an denen sich die Königstochter gesund essen wolle. »Nun«, sagte das Männlein, »so sollen es solche sein und bleiben.« Aber am Hofe wollten sie den Hans durchaus nicht einlassen; denn es seien schon zwei da gewesen und hätten gesagt, sie brächten Äpfel, und da hätte der eine Froschschenkel und der andere Schweineborsten gehabt. Der Hans aber ließ nicht nach mit Bitten, er habe gewiss keine Froschschenkel, sondern die schönsten Äpfel, die im ganzen Königreich wüchsen.

Weil er nun so treuherzig redete, so dachte der Torhüter, der könne nicht lügen; sie ließen ihn also ein und hatten auch recht daran getan. Denn als der Hans seinen Korb vor dem König aufdeckte, da lagen goldgelbe Äpfel darin. Der König freute sich und ließ gleich seiner Tochter davon bringen und harrte nun in banger Erwartung, bis man ihm Bericht brächte, was sie für Wirkung getan hätten. Aber nicht lange Zeit verging, so gab ihm jemand Bericht; aber wer ist es gewesen? Die Tochter selbst! Sobald sie von den Äpfeln gegessen hatte, war sie gesund aus dem Bette gesprungen. Was der König für eine Freude hatte, lässt sich gar nicht beschreiben. Aber nun wollte er dem Hans die Tochter nicht zur

Frau geben und sagte, er müsse ihm zuvor noch einen Nachen machen, der auf dem trockenen Land noch besser ginge als im Wasser. Der Hans nahm die Bedingung an und ging heim und erzählte, wie es ihm ergangen sei. Da schickte der Vater den Ulrich ins Holz, um einen solchen Nachen zu machen. Er arbeitete fleißig und pfiff dazu. Um Mittag, als die Sonne am höchsten stand, kam ein kleines eisgraues Männlein und fragte, was er da mache. Der Ulrich gab ihm zur Antwort: »Rührlöffel.« Das eisgraue Männlein sagte: »Nun, so sollens welche sein und bleiben.« Am Abend meinte Ulrich, er hätte jetzt einen Nachen gemacht; aber als er sich hineinsetzen wollte, so warens lauter Rührlöffel. Am andern Tag ging der Samuel in den Wald; aber es ging ihm genauso wie dem Ulrich. Am dritten Tag ging der dumme Hans. Er schaffte recht fleißig, sodass der ganze Wald von seinen kräftigen Schlägen widerhallte; dazu sang und pfiff er recht lustig. Da kam wieder das kleine Männlein zu Mittag, wo es am heißesten war, und fragte, was er da mache. »Einen Nachen, der auf dem trockenen Land besser geht als auf dem Wasser«; und wenn er damit fertig sei, so bekomme er die Königstochter zur Frau. »Nun«, sagte das Männlein, »dann soll es so einer werden und bleiben.«

Am Abend, als die Sonne im Goldglanz unterging, war der Hans auch fertig mit seinem Nachen und mit allem, was dazugehörte. Er setzte sich hinein und ruderte der Königsstadt zu. Der Nachen aber ging so geschwind wie der Wind. Der König sah es von Weitem, wollte aber dem Hans seine Tochter noch nicht geben und sagte, er müsse erst noch hundert Hasen vom frühen Morgen bis zum späten Abend hüten; und wenn ihm einer fortkäme, so bekomme er die Tochter nicht. Der Hans wars zufrieden, und gleich am andern Tage ging er mit seiner Herde auf die Weide und passte sehr genau auf, dass ihm keiner davonliefe. Es dauerte aber gar nicht lange, so kam eine Magd vom Schloss und sagte zum Hans, er solle ihr geschwind einen Hasen geben, sie hätten Besuch bekommen. Der Hans merkte aber wohl, wo das hinauswollte, und sagte, er gäbe keinen her; der König könne dann morgen seinem Besuch mit Hasenpfeffer aufwarten. Die Magd aber ließ nicht nach und am Ende fing sie an zu schimpfen. Da sagte der Hans, wenn die Königstochter selber komme, so wolle er einen Hasen geben. Das sagte die Magd im Schloss; und die Königstochter ging selbst. Unterdessen aber kam zum Hans wieder das kleine Männlein und fragte ihn, was er da tue. Ha, er müsse da hundert Hasen hüten, dass ihm keiner davonlaufe; und dann dürfe er die Königstochter heiraten und wäre König. »Gut«, sagte das Männlein; »da hast du ein Pfeifchen, und wenn dir einer fortläuft, so pfeif nur, dann kommt er wieder zurück«. Als nun die Königstochter kam, gab ihr der Hans einen Hasen in die Schürze. Aber wie sie etwa hundert Schritte weg war, pfiff der Hans, und der Hase sprang ihr aus der Schürze und – hast du nicht gesehen? – wieder zu der Herde. Als es nun Abend war, pfiff der Hasenhirt noch einmal und schaute, ob alle da seien, und trieb sie dann zum Schloss. Der König wunderte sich, wie nur der Hans imstande gewesen sei, hundert Hasen zu hüten, ohne dass ihm einer davongelaufen sei. Er wollte ihm aber die Tochter trotzdem nicht geben und sagte, er müsse ihm erst noch eine Feder aus dem Schwanz des Vogel Greif bringen. Der Hans machte sich gleich auf den Weg und marschierte recht rüstig vorwärts. Am Abend kam er zu einem Schloss; da fragte er um ein Nachtlager, denn damals gab es noch keine Wirtshäuser. Da sagte ihm der Herr vom Schloss mit Freuden zu und fragte ihn, wohin er wolle. Der Hans gab darauf zur Antwort: »Zum Vogel Greif.« – »So, zum Vogel Greif? Man sagt immer, der wisse alles, und ich habe den Schlüssel zu einer eisernen Geldkiste verloren: Ihr könnt doch so gut sein und ihn fragen, wo er sei.« – »Ja freilich«, sagte der Hans, »das will ich schon tun.« Am frühen Morgen ging er von dort weiter und kam unterwegs zu einem anderen Schloss, in dem er wieder über Nacht blieb. Als die Leute dort vernahmen, dass er zum Vogel Greif wolle, sagten sie, es sei im Hause eine Tochter krank, und sie hätten schon alle Mittel gebraucht; aber es wolle keines anschlagen; er solle doch so gut sein und den Vogel Greif fragen, was die Tochter wieder gesund machen könne. Der Hans sagte, das wolle er gerne tun, und ging weiter. Da kam er zu einem Wasser, und anstatt einer Fähre war da ein großer, großer Mann, der alle Leute hinübertragen musste. Der Mann fragte den Hans, wo seine Reise hinginge. »Zum Vogel Greif«, sagte der Hans. »Nun, wenn Ihr zu ihm kommt«, sagte da der Mann, »so fragt ihn auch, warum ich alle Leute über das Wasser tragen muss.« Da sagte der Hans: »Ja, bei Gott, ja, das will ich schon tun.« Da nahm ihn der Mann auf die Achsel und trug ihn hinüber. Endlich kam nun der Hans zum Haus vom Vogel Greif; aber da war nur die Frau daheim, und der Vogel Greif selber nicht. Da fragte ihn die Frau, was er wolle. Da erzählte ihr der Hans alles: dass er eine Feder holen sollte aus dem Schwanz des Vogel Greif; und dann hätten sie in einem Schloss den Schlüssel zu einer Geldkiste verloren, und er solle den Vogel Greif fragen, wo der Schlüssel sei; dann sei in einem andern Schloss eine Tochter krank und er sollte wissen, was die Tochter gesund machen könne; dann sei nicht weit von hier ein Wasser und ein Mann dabei, der die Leute hinübertragen müsse, und er möchte gern wissen, warum dieser Mann alle Leute hinübertragen müsse. Da sagte die Frau: »Ja schaut, mein guter Freund, es kann kein Christ mit dem Vogel Greif reden, er frisst sie alle; wenn Ihr aber wollt, so könnt Ihr Euch unter sein Bett legen, und zur Nacht, wenn er recht fest schläft, so könnt Ihr dann herauflangen und ihm eine Feder aus dem Schwanz reißen; und wegen der Sachen, die Ihr wissen solltet, will ich ihn selber fragen.« Der Hans war das alles zufrieden und legte sich unters Bett. Am Abend kam der Vogel Greif heim, und wie er in die Stube kam, so sagte er: »Frau, da riechts nach Mensch.« – »Ja«, sagte da die Frau, »'s ist heut einer da gewesen, aber er ist wieder fort;« und da sagte der Vogel Greif nichts mehr. Mitten in der Nacht, als der Vogel Greif recht schnarchte, langte Hans hinauf und riss ihm eine Feder aus dem Schwanz. Da schreckte der Vogel Greif plötzlich auf und sagte: »Frau, es riecht nach Mensch, und es ist mir, als habe mich jemand am Schwanz gezerrt.« Da sagte die Frau: »Du hast gewiss geträumt, und ich hab dir ja heut schon gesagt, es war ein Mensch da; aber er ist wieder fort. Der hat mir allerhand Sachen erzählt. Sie hätten in einem Schloss den Schlüssel zu einer Geldkiste verloren und könnten ihn nicht mehr finden.« – »Oh, die Narren«, sagte der Vogel Greif, »der Schlüssel liegt im Holzhaus hinter der Tür unter einem Holzstoß.« – »Und dann hat er auch gesagt, in einem Schloss sei eine Tochter krank, und sie wüssten kein Mittel, um sie gesund zu machen.« – »Oh, die Narren«, sagte der Vogel Greif, »unter der Kellerstiege hat eine Kröte ein Nest von ihren Haaren gemacht, und wenn sie die Haare wiederbekommt, so wird sie gesund.« – »Und dann hat er auch noch gesagt, es sei an einem Ort ein Wasser und ein Mann dabei, der müsse alle Leute darübertragen.« – »Oh, der Narr«, sagte der Vogel Greif, »täte er nur einmal einen mitten hineinstellen, er brauchte dann keinen mehr hinüberzutragen.« Am Morgen früh stand der Vogel Greif auf und ging fort. Da kam der Hans unter dem Bett vor und hatte eine schöne Feder; auch hatte er gehört, was der Vogel Greif gesagt hatte von dem Schlüssel und der Tochter und dem Manne. Die Frau vom Vogel Greif erzählte ihm da alles noch einmal, dass er nichts vergesse, und dann ging er heimwärts. Zuerst kam er zu dem Mann am Wasser. Der fragte ihn gleich, was der Vogel Greif gesagt habe; da sagte der Hans, er solle ihn erst hinübertragen, er wolle es ihm dann drüben sagen. Da trug ihn der Mann hinüber. Als er drüben war, sagte ihm der Hans, er sollte nur einmal einen mitten hinein ins Wasser stellen, so müsste der dann keinen mehr hinübertragen. Da freute sich der Mann sehr und sagte zum Hans, er wolle ihn zum Dank noch einmal hin- und zurücktragen. Da sagte der Hans Nein, er wolle ihm die Mühe ersparen, er sei so schon mit ihm zufrieden, und ging weiter. Da kam er zum Schloss, wo die Tochter krank war; die nahm er auf die Schulter, denn sie konnte nicht laufen, und trug sie die Kellerstiege hinunter und nahm das Krötennest unter der untersten Stufe vor und gab es der Tochter in die Hände: Und die sprang ihm von der Schulter herunter und vor ihm die Stiege hinauf und war ganz gesund. Jetzt hatten der Vater und die Mutter eine große Freude und machten dem Hans Geschenke von Gold und Silber; und was er nur immer wollte, das gaben sie ihm. Als nun der Hans in das andere Schloss kam, ging er gleich ins Holzhaus und fand richtig hinter der Tür unter dem Holzstoß den Schlüssel und brachte ihn dem Herrn. Der freute sich auch nicht wenig und gab dem Hans zur Belohnung viel von dem Gold, das in der Kiste war, und sonst noch allerhand Sachen, wie Kühe und Schafe und Geißen.

Als der Hans zum König kam mit all den Sachen, mit dem Geld und dem Gold und Silber, und den Kühen, Schafen und Geißen, da fragte ihn der König, wo er nur das alles bekommen habe. Da sagte der Hans, der Vogel Greif gebe einem, so viel man wolle. Da dachte der König, er könne das auch brauchen, und machte sich auf den Weg zum Vogel Greif. Aber als er zu dem Wasser kam, da war er eben der Erste, der nach dem Hans kam, und der Mann stellte ihn mitten im Wasser ab und ging fort. Und der König ertrank. Der Hans aber heiratete die Tochter und wurde König.

88
Der starke Hans

Es war einmal ein Mann und eine Frau, die hatten nur ein einziges Kind und lebten in einem abseits gelegenen Tale ganz allein. Es trug sich zu, dass die Mutter einmal ins Holz ging, Tannenreiser zu lesen, und den kleinen Hans, der erst zwei Jahre alt war, mitnahm. Da es gerade in der Frühlingszeit war und das Kind seine Freude an den bunten Blumen hatte, so ging sie immer weiter mit ihm in den Wald hinein. Plötzlich sprangen aus dem Gebüsch zwei Räuber hervor, packten die Mutter und das Kind und führten sie tief in den schwarzen Wald, wo jahraus, jahrein kein Mensch hinkam. Die arme Frau bat die Räuber inständig, sie mit ihrem Kinde freizulassen, aber das Herz der Räuber war von Stein: Sie hörten nicht auf ihr Bitten und Flehen und trieben sie mit Gewalt an weiterzugehen. Nachdem sie etwa zwei Stunden durch Stauden und Dörner sich hatten durcharbeiten müssen, kamen sie zu einem Felsen, wo eine Türe war, an welche die Räuber klopften, und die sich alsbald öffnete. Sie mussten durch einen langen dunkelen Gang und kamen endlich in eine große Höhle, die von einem Feuer, das auf dem Herd brannte, erleuchtet war. An der Wand hingen

Schwerter, Säbel und andere Mordgewehre, die in dem Lichte blinkten, und in der Mitte stand ein schwarzer Tisch, an dem vier andere Räuber saßen und spielten, und obenan saß der Hauptmann. Dieser kam, als er die Frau sah, herbei, redete sie an und sagte, sie sollte nur ruhig und ohne Angst sein, sie täten ihr nichts zuleid, aber sie müsste das Hauswesen besorgen, und wenn sie alles in Ordnung hielte, so sollte sie es nicht schlimm bei ihnen haben. Darauf gaben sie ihr etwas zu essen und zeigten ihr ein Bett, wo sie mit ihrem Kinde schlafen könnte.

Die Frau blieb viele Jahre bei den Räubern, und Hans ward groß und stark. Die Mutter erzählte ihm Geschichten und lehrte ihn in einem alten Ritterbuch, das sie in der Höhle fand, lesen. Als Hans neun Jahr alt war, machte er sich aus einem Tannenast einen starken Knüttel und versteckte ihn hinter das Bett. Dann ging er zu seiner Mutter und sprach: »Liebe Mutter, sage mir jetzt einmal, wer mein Vater ist, ich will und muss es wissen.« Die Mutter schwieg still und wollte es ihm nicht sagen, damit er nicht das Heimweh bekäme; sie wusste auch, dass die gottlosen Räuber den Hans doch nicht fortlassen würden; aber es hätte ihr fast das Herz zersprengt, dass Hans nicht sollte zu seinem Vater kommen. In der Nacht, als die Räuber von ihrem Raubzug heimkehrten, holte Hans seinen Knüttel hervor, stellte sich vor den Hauptmann und sagte: »Jetzt will ich wissen, wer mein Vater ist, und wenn du mirs nicht gleich sagst, so schlag ich dich nieder.« Da lachte der Hauptmann und gab dem Hans eine Ohrfeige, dass er unter den Tisch kugelte.

Hans machte sich wieder auf, schwieg und dachte: »Ich will noch ein Jahr warten und es dann noch einmal versuchen, vielleicht gehts besser.« Als das Jahr herum war, holte er seinen Knüttel wieder hervor, wischte den Staub ab, betrachtete ihn und sprach: »Es ist ein tüchtiger wackerer Knüttel.« Nachts kamen die Räuber heim, tranken Wein, einen Krug nach dem anderen, und fingen an die Köpfe zu hängen. Da holte der Hans seinen Knüttel herbei, stellte sich wieder vor den Hauptmann und fragte ihn, wer sein Vater wäre. Der Hauptmann gab ihm abermals eine so kräftige Ohrfeige, dass Hans unter den Tisch rollte, aber es dauerte nicht lange, so war er wieder oben und schlug mit seinem Knüttel auf den Hauptmann und die Räuber, dass sie Arme und Beine nicht mehr regen konnten. Die Mutter stand in einer Ecke und war voll Verwunderung über seine Tapferkeit und Stärke. Als Hans mit seiner Arbeit fertig war, ging er zu seiner Mutter und sagte: »Jetzt ist mirs Ernst gewesen, aber jetzt muss ich auch wissen, wer mein Vater ist.« – »Lieber Hans«, antwortete die Mutter, »komm, wir wollen gehen und ihn suchen, bis wir ihn finden.« Sie nahm dem Hauptmann den Schlüssel zu der Eingangstüre ab, und Hans holte einen großen Mehlsack, packte Gold, Silber, und was er sonst noch für schöne Sachen fand, zusammen, bis er voll war, und nahm ihn dann auf den Rücken. Sie verließen die Höhle, aber was tat Hans die Augen auf, als er aus der Finsternis heraus in das Tageslicht kam und den grünen Wald, Blumen und Vögel und die Morgensonne am Himmel erblickte. Er stand da und staunte alles an, als wenn er nicht recht gescheit wäre. Die Mutter suchte den Weg nach Haus, und als sie ein paar Stunden gegangen waren, so kamen sie glücklich in ihr einsames Tal und zu ihrem Häuschen. Der Vater saß unter der Türe, er weinte vor Freude, als er seine Frau erkannte und hörte, dass Hans sein Sohn war, die er beide längst für tot gehalten hatte. Aber Hans, obgleich erst zwölf Jahr alt, war doch einen Kopf größer als sein Vater. Sie gingen zusammen in das Stübchen, aber kaum hatte Hans seinen Sack auf die Ofenbank gesetzt, so fing das ganze Haus an zu krachen, die Bank brach ein und dann auch der Fußboden, und der schwere Sack sank in

den Keller hinab. »Gott behüte uns«, rief der Vater, »was ist das? Jetzt hast du unser Häuschen zerbrochen.« – »Lasst Euch keine grauen Haare darüber wachsen, lieber Vater«, antwortete Hans, »da in dem Sack steckt mehr, als für ein neues Haus nötig ist.« Der Vater und Hans fingen auch gleich an, ein neues Haus zu bauen, Vieh zu erhandeln und Land zu kaufen und zu wirtschaften. Hans ackerte die Felder, und wenn er hinter dem Pflug ging und ihn in die Erde hineinschob, so hatten die Stiere fast nicht nötig zu ziehen. Den nächsten Frühling sagte Hans: »Vater, behaltet alles Geld und lasst mir einen zentnerschweren Spazierstab machen, damit ich in die Fremde gehen kann.« Als der verlangte Stab fertig war, verließ er seines Vaters Haus, zog fort und kam in einen tiefen und finstern Wald. Da hörte er etwas knistern und knastern, schaute um sich und sah eine Tanne, die von unten bis oben wie ein Seil gewunden war; und wie er die Augen in die Höhe richtete, so erblickte er einen großen Kerl, der den Baum gepackt hatte und ihn wie eine Weidenrute umdrehte. »He!«, rief Hans. »Was machst du da droben?« Der Kerl antwortete: »Ich habe gestern Reiswellen zusammengetragen und will mir ein Seil dazu drehen.« – »Das lass ich mir gefallen«, dachte Hans, »der hat Kräfte«, und rief ihm zu, »lass du das gut sein und komm mit mir.« Der Kerl kletterte von oben herab und war einen ganzen Kopf größer als Hans, und der war doch auch nicht klein. »Du heißest jetzt Tannendreher«, sagte Hans zu ihm. Sie gingen darauf weiter und hörten etwas klopfen und hämmern, so stark, dass bei jedem Schlag der Erdboden zitterte. Bald darauf kamen sie zu einem mächtigen Felsen, vor dem stand ein Riese und schlug mit der Faust große Stücke davon ab. Als Hans fragte, was er da vorhätte, antwortete er: »Wenn ich nachts schlafen will, so kommen Bären, Wölfe und anderes Ungeziefer der Art, die schnuppern und schnuffeln an mir herum und lassen mich nicht schlafen, da will ich mir ein Haus bauen und mich hineinlegen, damit ich Ruhe habe.« – »Ei jawohl«, dachte Hans, »den kannst du auch noch brauchen«, und sprach zu ihm: »Lass das Hausbauen gut sein und geh mit mir, du sollst der Felsenklipperer heißen!« Er willigte ein, und sie strichen alle drei durch den Wald hin, und wo sie hinkamen, da wurden die wilden Tiere aufgeschreckt und liefen vor ihnen weg. Abends kamen sie in ein altes verlassenes Schloss, stiegen hinauf und legten sich in den Saal schlafen. Am andern Morgen ging Hans hinab in den Garten, der war ganz verwildert und stand voll Dörner und Gebüsch. Und wie er so herumging, sprang ein Wildschwein auf ihn los. Er gab ihm aber mit seinem Stab einen Schlag, dass es gleich niederfiel. Dann nahm er es auf die Schulter und brachte es hinauf; da steckten sie es an einen Spieß, machten sich einen Braten zurecht und waren guter Dinge. Nun verabredeten sie, dass jeden Tag, der Reihe nach, zwei auf die Jagd gehen sollten und einer daheimbleiben und kochen, für jeden neun Pfund Fleisch. Den ersten Tag blieb der Tannendreher daheim, und Hans und der Felsenklipperer gingen auf die Jagd. Als der Tannendreher beim Kochen beschäftigt war, kam ein kleines altes zusammengeschrumpeltes Männchen zu ihm auf das Schloss und forderte Fleisch. »Pack dich, Duckmäuser«, antwortete er, »du brauchst kein Fleisch.« Aber wie verwunderte sich der Tannendreher, als das kleine unscheinbare Männlein an ihm hinaufsprang und mit Fäusten so auf ihn losschlug, dass er sich nicht wehren konnte, zur Erde fiel und nach Atem schnappte. Das Männlein ging nicht eher fort, als bis es seinen Zorn völlig an ihm ausgelassen hatte. Als die zwei andern von der Jagd heimkamen, sagte ihnen der Tannendreher nichts von dem alten Männchen und den Schlägen, die er bekommen hatte, und dachte: »Wenn sie daheimbleiben, so können sie's auch einmal mit der kleinen Kratzbürste versuchen«, und der bloße Gedanke machte ihm schon Vergnügen. Den folgenden Tag blieb der Steinklipperer daheim, und dem ging es gerade so wie dem Tannendreher, er ward von dem Männlein übel zugerichtet, weil er ihm kein Fleisch hatte geben wollen. Als die andern abends nach Haus kamen, sah es ihm der Tannendreher wohl an, was er erfahren hatte, aber beide schwiegen still und dachten: »Der Hans muss auch von der Suppe kosten.« Der Hans, der den nächsten Tag daheimbleiben musste, tat seine Arbeit in der Küche, wie sichs gebührte, und als er oben stand und den Kessel abschaumte, kam das Männchen und forderte ohne Weiteres ein Stück Fleisch. Da dachte Hans: »Es ist ein armer Wicht, ich will ihm von meinem Anteil geben, damit die andern nicht zu kurz kommen«, und reichte ihm ein Stück Fleisch. Als es der Zwerg verzehrt hatte, verlangte er nochmals Fleisch, und der gutmütige Hans gab es ihm und sagte, da wäre noch ein schönes Stück, damit sollte er zufrieden sein. Der Zwerg forderte aber zum dritten Mal. »Du wirst unverschämt«, sagte Hans und gab ihm nichts. Da wollte der boshafte Zwerg an ihm hinaufspringen und ihn wie den Tannendreher und Felsenklipperer behandeln, aber er kam an den Unrechten. Hans gab ihm, ohne sich anzustrengen, ein paar Hiebe, dass er die Schlosstreppe hinabsprang. Hans wollte ihm nachlaufen, fiel aber, so lang er war, über ihn hin. Als er sich wieder aufgerichtet hatte, war ihm der Zwerg voraus. Hans eilte ihm bis in den Wald nach und sah, wie er in eine Felsenhöhle schlüpfte. Hans kehrte nun heim, hatte sich aber die Stelle gemerkt. Die beiden andern, als sie nach Haus kamen, wunderten sich, dass Hans so wohlauf war. Er erzählte ihnen, was sich zugetragen hatte, und da verschwiegen sie nicht länger, wie es ihnen ergangen war. Hans lachte und sagte: »Es ist euch ganz recht, warum seid ihr so geizig mit eurem Fleisch gewesen? Aber es ist eine Schande, ihr seid so groß und habt euch von dem Zwerge Schläge geben lassen.« Sie nahmen darauf Korb und Seil und gingen alle drei zu der Felsenhöhle, in welche der Zwerg geschlüpft war, und ließen den Hans mit seinem Stab im Korb hinab. Als Hans auf dem Grund angelangt war, fand er eine Türe, und als er sie öffnete, saß da eine bildschöne Jungfrau, nein so schön, dass es nicht zu sagen ist, und neben ihr saß der Zwerg und grinste den Hans an wie eine Meerkatze. Sie aber war mit Ketten gebunden und blickte ihn so traurig an, dass Hans großes Mitleid empfand und dachte: »Du musst sie aus der Gewalt des bösen Zwerges erlösen«, und gab ihm einen Streich mit seinem Stab, dass er tot niedersank. Alsbald fielen die Ketten von der Jungfrau ab, und Hans war wie verzückt über ihre Schönheit. Sie erzählte ihm, sie wäre eine Königstochter, die ein wilder Graf aus ihrer Heimat geraubt und hier in den Felsen eingesperrt hätte, weil sie nichts von ihm hätte wissen wollen; den Zwerg aber hätte der Graf zum Wächter gesetzt, und er hätte ihr Leid und Drangsal genug angetan. Darauf setzte Hans die Jungfrau in den Korb und ließ sie hinaufziehen. Der Korb kam wieder herab, aber Hans traute den beiden Gesellen nicht und dachte: »Sie haben sich schon falsch gezeigt und dir nichts von dem Zwerg gesagt, wer weiß, was sie gegen dich im Schild führen.« Da legte er seinen Stab in den Korb, und das war sein Glück, denn als der Korb halb in der Höhe war, ließen sie ihn fallen, und hätte Hans wirklich darin gesessen, so wäre es sein Tod gewesen. Aber nun wusste er nicht, wie er sich aus der Tiefe herausarbeiten sollte, und wie er hin und her dachte, er fand keinen Rat. »Es ist doch traurig«, sagte er, »dass du da unten verschmachten sollst.« Und als er so auf und

ab ging, kam er wieder zu dem Kämmerchen, wo die Jungfrau gesessen hatte, und sah, dass der Zwerg einen Ring am Finger hatte, der glänzte und schimmerte. Da zog er ihn ab und steckte ihn an, und als er ihn am Finger umdrehte, so hörte er plötzlich etwas über seinem Kopf rauschen. Er blickte in die Höhe und sah da Luftgeister schweben, die sagten, er wäre ihr Herr, und fragten, was sein Begehren wäre. Hans war anfangs ganz verstummt, dann aber sagte er, sie sollten ihn hinauftragen. Augenblicklich gehorchten sie, und es war nicht anders, als flöge er hinauf. Als er aber oben war, so war kein Mensch mehr zu sehen, und als er in das Schloss ging, so fand er auch dort niemand. Der Tannendreher und der Felsenklipperer waren fortgeeilt und hatten die schöne Jungfrau mitgeführt. Aber Hans drehte den Ring, da kamen die Luftgeister und sagten ihm, die zwei wären auf dem Meer. Hans lief und lief in einem fort, bis er zu dem Meeresstrand kam, da erblickte er weit, weit auf dem Wasser ein Schiffchen, in welchem seine treulosen Gefährten saßen. Und im heftigen Zorn sprang er, ohne sich zu besinnen, mitsamt seinem Stab ins Wasser und fing an zu schwimmen, aber der zentnerschwere Stab zog ihn tief hinab, dass er fast ertrunken wäre. Da drehte er noch zu rechter Zeit den Ring, alsbald kamen die Luftgeister und trugen ihn so schnell wie der Blitz in das Schiffchen. Da schwang er seinen Stab und gab den bösen Gesellen den verdienten Lohn und warf sie hinab ins Wasser; dann aber ruderte er mit der schönen Jungfrau, die in den größten Ängsten gewesen war, und die er zum zweiten Male befreit hatte, heim zu ihrem Vater und ihrer Mutter und ward mit ihr verheiratet, und haben sich alle gewaltig gefreut.

89 Das Waldhaus

Ein armer Holzhauer lebte mit seiner Frau und drei Töchtern in einer kleinen Hütte an dem Rande eines einsamen Waldes. Eines Morgens, als er wieder an seine Arbeit wollte, sagte er zu seiner Frau: »Lass mir mein Mittagsbrot von dem ältesten Mädchen hinaus in den Wald bringen, ich werde sonst nicht fertig. Und damit es sich nicht verirrt«, setzte er hinzu, »so will ich einen Beutel mit Hirsen mitnehmen und die Körner auf den Weg streuen.« Als nun die Sonne mitten über dem Walde stand, machte sich das Mädchen mit einem Topf voll Suppe auf den Weg. Aber die Feld- und Waldsperlinge, die Lerchen und Finken, Amseln und Zeisige hatten den Hirsen schon längst aufgepickt, und das Mädchen konnte die Spur nicht finden. Da ging es auf gut Glück immer fort, bis die Sonne sank und die Nacht einbrach. Die Bäume rauschten in der Dunkelheit, die Eulen schnarrten, und es fing an ihm angst zu werden. Da erblickte es in der Ferne ein Licht, das zwischen den Bäumen blinkte. »Dort sollten wohl Leute wohnen«, dachte es, »die mich über Nacht behalten«, und ging auf das Licht zu. Nicht lange, so kam es an ein Haus, dessen Fenster erleuchtet waren. Es klopfte an, und eine raue Stimme rief von innen: »Herein«. Das Mädchen trat auf die dunkle Diele und pochte an der Stubentür.

»Nur herein«, rief die Stimme, und als es öffnete, saß da ein alter eisgrauer Mann an dem Tisch, hatte das Gesicht auf die beiden Hände gestützt, und sein weißer Bart floss über den Tisch herab fast bis auf die Erde. Am Ofen aber lagen drei Tiere, ein Hühnchen, ein Hähnchen und eine bunt gescheckte Kuh. Das Mädchen erzählte dem Alten sein Schicksal und bat um ein Nachtlager. Der Mann sprach:

»Schön Hühnchen,
schön Hähnchen,
und du, schöne bunte Kuh,
was sagst du dazu?«

»Duks!«, antworteten die Tiere, und das musste wohl heißen: »Wir sind es zufrieden«, denn der Alte sprach weiter: »Hier ist Hülle und Fülle, geh hinaus an den Herd und koch uns ein Abendessen.« Das Mädchen fand in der Küche Überfluss an allem und kochte eine gute Speise, aber an die Tiere dachte es nicht. Es trug die volle Schüssel auf den Tisch, setzte sich zu dem grauen Mann, aß und stillte seinen Hunger. Als es satt war, sprach es: »Aber jetzt bin ich müde, wo ist ein Bett, in das ich mich legen und schlafen kann?« Die Tiere antworteten:

»Du hast mit ihm gegessen,
du hast mit ihm getrunken,
du hast an uns gar nicht gedacht,
nun sieh auch, wo du bleibst die Nacht.«

Da sprach der Alte: »Steig nur die Treppe hinauf, so wirst du eine Kammer mit zwei Betten finden, schüttle sie auf und decke sie mit weißem Linnen, so will ich auch kommen und mich schlafen legen.« Das Mädchen stieg hinauf, und als es die Betten geschüttelt und frisch gedeckt hatte, legte es sich in das eine, ohne weiter auf den Alten zu warten. Nach einiger Zeit aber kam der graue Mann, beleuchtete das Mädchen mit dem Licht und schüttelte mit dem Kopf. Und als er sah, dass es fest eingeschlafen war, öffnete er eine Falltüre und ließ es in den Keller sinken.

Der Holzhauer kam am späten Abend nach Hause und machte seiner Frau Vorwürfe, dass sie ihn den ganzen Tag habe hungern lassen. »Ich habe keine Schuld«, antwortete sie, »das Mädchen ist mit dem Mittagsessen hinausgegangen, es muss sich verirrt haben. Morgen wird es schon wiederkommen.« Vor Tag aber stand der Holzhauer auf, wollte in den Wald und verlangte, die zweite Tochter sollte ihm diesmal das Essen bringen. »Ich will einen Beutel mit Linsen mitnehmen«, sagte er, »die Körner sind größer als Hirsen, das Mädchen wird sie besser sehen und kann den Weg nicht verfehlen.« Zur Mittagszeit trug auch das Mädchen die Speise hinaus, aber die Linsen waren verschwunden: Die Waldvögel hatten sie, wie am vorigen Tag, aufgepickt und keine übrig gelassen. Das Mädchen irrte im Walde umher, bis es Nacht ward, da kam es ebenfalls zu dem Haus des Alten, ward hereingerufen und bat um Speise und Nachtlager. Der Mann mit dem weißen Bart fragte wieder die Tiere:

»Schön Hühnchen,
schön Hähnchen,
und du, schöne bunte Kuh,
was sagst du dazu?«

Die Tiere antworteten abermals: »Duks«, und es geschah alles wie am vorigen Tag. Das Mädchen kochte eine gute Speise, aß und trank mit dem Alten und kümmerte sich nicht um die Tiere. Und als es sich nach seinem Nachtlager erkundigte, antworteten sie:

»Du hast mit ihm gegessen,
du hast mit ihm getrunken,
du hast an uns gar nicht gedacht,
nun sieh auch, wo du bleibst die Nacht.«

Als es eingeschlafen war, kam der Alte, betrachtete es mit Kopfschütteln und ließ es in den Keller hinab.

Am dritten Morgen sprach der Holzhacker zu seiner Frau: »Schicke mir heute unser jüngstes Kind mit dem Essen hinaus, das ist immer gut und gehorsam gewesen, das wird auf dem rechten Weg bleiben, und nicht wie seine Schwestern, die wilden Hummeln, herumschwärmen.« Die Mutter wollte nicht und sprach: »Soll ich mein liebstes Kind auch noch verlieren?« – »Sei ohne Sorge«, antwortete er, »das Mädchen verirrt sich nicht, es ist zu klug und verständig; zum Überfluss will ich Erbsen mitnehmen und ausstreuen, die sind noch größer als Linsen und werden ihm den Weg zeigen.« Aber als das Mädchen mit dem Korb am Arm hinauskam, so hatten die Waldtauben die Erbsen schon im Kropf, und es wusste nicht, wohin es sich wenden sollte. Es war voll Sorgen und dachte beständig daran, wie der arme Vater hungern und die gute Mutter jammern würde, wenn es ausbliebe. Endlich, als es finster ward, erblickte es das Lichtchen und kam an das Waldhaus. Es bat ganz freundlich, sie möchten es über Nacht beherbergen, und der Mann mit dem weißen Bart fragte wieder seine Tiere:

»Schön Hühnchen,
schön Hähnchen,
und du, schöne bunte Kuh,
was sagst du dazu?«

»Duks«, sagten sie. Da trat das Mädchen an den Ofen, wo die Tiere lagen, und liebkoste Hühnchen und Hähnchen, indem es mit der Hand über die glatten Federn hinstrich, und die bunte Kuh kraulte es zwischen den Hörnern. Und als es auf Geheiß des Alten ein gute Suppe bereitet hatte und die Schüssel auf dem Tisch stand, so sprach es: »Soll ich mich sättigen und die guten Tiere sollen nichts haben? Draußen ist die Hülle und Fülle, erst will ich für sie sorgen.« Da ging es, holte Gerste und streute sie dem Hühnchen und Hähnchen vor, und brachte der Kuh wohlriechendes Heu, einen ganzen Arm voll. »Lassts euch schmecken, ihr lieben Tiere«, sagte es, »und wenn ihr durstig seid, sollt ihr auch einen frischen Trunk haben.« Dann trug es einen Eimer voll Wasser herein, und Hühnchen und Hähnchen sprangen auf den Rand, steckten den Schnabel hinein und hielten den Kopf dann in die Höhe, wie die Vögel trinken, und die bunte Kuh tat auch einen herzhaften Zug. Als die Tiere gefüttert waren, setzte sich das Mädchen zu dem Alten an den Tisch und aß, was er ihm übrig gelassen hatte. Nicht lange, so fing Hühnchen und Hähnchen an, das Köpfchen zwischen die Flügel zu stecken, und die bunte Kuh blinzelte mit den Augen. Da sprach das Mädchen: »Sollen wir uns nicht zur Ruhe begeben?

Schön Hühnchen,
schön Hähnchen,
und du, schöne bunte Kuh,
was sagst du dazu?«

Die Tiere antworteten: »Duks,

du hast mit uns gegessen,
du hast mit uns getrunken,
du hast uns alle wohl bedacht,
wir wünschen dir eine gute Nacht.«

Da ging das Mädchen die Treppe hinauf, schüttelte die Federkissen und deckte frisches Linnen auf, und als es fertig war, kam der Alte und legte sich in das eine Bett, und sein weißer Bart reichte ihm bis an die Füße. Das Mädchen legte sich in das andere, tat sein Gebet und schlief ein.

Es schlief ruhig bis Mitternacht, da ward es so unruhig in dem Hause, dass das Mädchen erwachte. Da fing es an in den Ecken zu knittern und zu knattern, und die Türe sprang auf und schlug an die Wand, die Balken dröhnten, als wenn sie aus ihren Fugen gerissen würden, und es war, als wenn die Treppe herabstürzte, und endlich krachte es, als wenn das ganze Dach zusammenfiele. Da es aber wieder still ward und dem Mädchen nichts zuleid geschah, so blieb es ruhig liegen und schlief wieder ein. Als es aber am Morgen bei hellem Sonnenschein aufwachte, was erblickten seine Augen? Es lag in einem großen Saal, und ringsumher glänzte alles in königlicher Pracht: An den Wänden wuchsen auf grünseidenem Grund goldene Blumen in die Höhe, das Bett war von Elfenbein und die Decke darauf von rotem Samt, und auf einem Stuhl daneben standen ein Paar mit Perlen gestickte Pantoffel. Das Mädchen glaubte, es wäre ein Traum, aber es traten drei reich gekleidete Diener herein und fragten, was es zu befehlen hätte. »Geht nur«, antwortete das Mädchen, »ich will gleich aufstehen und dem Alten eine Suppe kochen und dann auch schön Hühnchen, schön Hähnchen und die schöne bunte Kuh füttern.« Es dachte, der Alte wäre schon aufgestanden, und sah sich nach seinem Bette um, aber er lag nicht darin, sondern ein fremder Mann. Und als es ihn betrachtete und sah, dass er jung und schön war, erwachte er, richtete sich auf und sprach: »Ich bin ein Königssohn und war von einer bösen Hexe verwünscht worden, als ein alter eisgrauer Mann in dem Wald zu leben; niemand durfte um mich sein als meine drei Diener in der Gestalt eines Hühnchens, eines Hähnchens und einer bunten Kuh. Und nicht eher sollte die Verwünschung aufhören, als bis ein Mädchen zu uns käme, so gut von Herzen, dass es nicht gegen die Menschen allein, sondern auch gegen die Tiere sich liebreich bezeigte, und das bist du gewesen, und heute um Mitternacht sind wir durch dich erlöst und das alte Waldhaus ist wieder in meinen königlichen Palast verwandelt worden.« Und als sie aufgestanden waren, sagte der Königssohn den drei Dienern, sie sollten hinfahren und Vater und Mutter des Mädchens zur Hochzeitsfeier herbeiholen. »Aber wo sind meine zwei Schwestern?«, fragte das Mädchen. »Die habe ich in den Keller gesperrt, und morgen sollen sie in den Wald geführt werden und sollen bei einem Köhler so lange als Mägde dienen, bis sie sich gebessert haben und auch die armen Tiere nicht hungern lassen.«

90 Die Lebenszeit

Als Gott die Welt geschaffen hatte und allen Kreaturen ihre Lebenszeit bestimmen wollte, kam der Esel und fragte: »Herr, wie lange soll ich leben?« – »Dreißig Jahre«, antwortete Gott, »ist dir das recht?« – »Ach Herr«, erwiderte der Esel, »das ist eine lange Zeit. Bedenke mein mühseliges Dasein: vom Morgen bis in die Nacht schwere Lasten tragen, Kornsäcke in die Mühle schleppen, damit andere das Brot essen, mit nichts als mit Schlägen und Fußtritten ermuntert und aufgefrischt zu werden! Erlass mir einen Teil der langen Zeit.« Da erbarmte sich Gott und schenkte ihm achtzehn Jahre. Der Esel ging getröstet weg, und der Hund erschien. »Wie lange willst du leben?«, sprach Gott zu ihm. »Dem Esel sind dreißig Jahre zu viel, du aber wirst damit zufrieden sein.« – »Herr«, antwortete der Hund, »ist das dein Wille? Bedenke, was ich laufen muss, das halten meine Füße so lange nicht aus; und habe ich erst die Stimme zum Bellen verloren und die Zähne zum Beißen, was bleibt mir übrig, als aus einer Ecke in die andere zu laufen und zu knurren?« Gott sah, dass er recht hatte, und erließ ihm zwölf Jahre. Darauf kam der Affe. »Du willst wohl gerne dreißig Jahre leben?«, sprach der Herr zu ihm. »Du brauchst nicht zu arbeiten wie der Esel und der Hund und bist immer guter Dinge.« – »Ach Herr«, antwortete er, »das sieht so aus, ist aber anders. Wenns Hirsenbrei regnet, habe ich keinen Löffel. Ich soll immer lustige Streiche machen, Gesichter schneiden, damit die Leute lachen, und wenn sie mir einen Apfel reichen und ich beiße hinein, so ist er sauer. Wie oft steckt die Traurigkeit hinter dem Spaß! Dreißig Jahre halte ich das nicht aus.« Gott war gnädig und schenkte ihm zehn Jahre.

Endlich erschien der Mensch, war freudig, gesund und frisch und bat Gott, ihm seine Zeit zu bestimmen. »Dreißig Jahre sollst du leben«, sprach der Herr, »ist dir das genug?« – »Welch eine kurze Zeit!«, rief der Mensch. »Wenn ich mein Haus gebaut habe und das Feuer auf meinem eigenen Herde brennt, wenn ich Bäume gepflanzt habe, die blühen und Früchte tragen, und ich meines Lebens froh zu werden gedenke, so soll ich sterben! O Herr, verlängere meine Zeit.« – »Ich will dir die achtzehn Jahre des Esels zulegen«, sagte Gott. »Das ist nicht genug«, erwiderte der Mensch. »Du sollst auch die zwölf Jahre des Hundes haben.« – »Immer noch zu wenig.« – »Wohlan«, sagte Gott, »ich will dir noch die zehn Jahre des Affen geben, aber mehr erhältst du nicht.« Der Mensch ging fort, war aber nicht zufriedengestellt.

Also lebt der Mensch siebenzig Jahr. Die ersten dreißig sind seine menschlichen Jahre, die gehen schnell dahin; da ist er gesund, heiter, arbeitet mit Lust und freut sich seines Daseins. Hierauf folgen die achtzehn Jahre des Esels, da wird ihm eine Last nach der andern aufgelegt: Er muss das Korn tragen, das andere nährt, und Schläge und Tritte sind der Lohn seiner treuen Dienste. Dann kommen die zwölf Jahre des Hundes, da liegt er in den Ecken, knurrt und hat keine Zähne mehr zum Beißen. Und wenn diese Zeit vorüber ist, so machen die zehn Jahre des Affen den Beschluss. Da ist der Mensch schwachköpfig und närrisch, treibt alberne Dinge und wird ein Spott der Kinder.

91
Die Gänsehirtin am Brunnen

Es war einmal ein steinaltes Mütterchen, das lebte mit seiner Herde Gänse in einer Einöde zwischen Bergen und hatte da ein kleines Haus. Die Einöde war von einem großen Wald umgeben, und jeden Morgen nahm die Alte ihre Krücke und wackelte in den Wald. Da war aber das Mütterchen ganz geschäftig, mehr als man ihm bei seinen hohen Jahren zugetraut hätte, sammelte Gras für seine Gänse, brach sich das wilde Obst ab, so weit es mit den Händen reichen konnte, und trug alles auf seinem Rücken heim. Man hätte meinen sollen, die schwere Last müsste sie zu Boden drücken, aber sie brachte sie immer glücklich nach Haus. Wenn ihr jemand begegnete, so grüßte sie ganz freundlich: »Guten Tag, lieber Landsmann, heute ist schönes Wetter. Ja, Ihr wundert Euch, dass ich das Gras schleppe, aber jeder muss seine Last auf den Rücken nehmen.« Doch die Leute begegneten ihr nicht gerne und nahmen lieber einen Umweg, und wenn ein Vater mit seinem Knaben an ihr vorüberging, so sprach er leise zu ihm: »Nimm dich in Acht vor der Alten, die hats faustdick hinter den Ohren, es ist eine Hexe.«

Eines Morgens ging ein hübscher junger Mann durch den Wald. Die Sonne schien hell, die Vögel sangen, und ein kühles Lüftchen strich durch das Laub, und er war voll Freude und Lust. Noch war ihm kein Mensch begegnet, als er plötzlich die alte Hexe erblickte, die am Boden auf den Knien saß und Gras mit einer Sichel abschnitt. Eine ganze Last hatte sie schon in ihr Tragtuch geschoben, und daneben standen zwei Körbe, die mit wilden Birnen und Äpfeln angefüllt waren. »Aber Mütterchen«, sprach er, »wie kannst du das alles fortschaffen?« – »Ich muss sie tragen, lieber Herr«, antwortete sie, »reicher Leute Kinder brauchen es nicht. Aber beim Bauer heißts:

Schau dich nicht um,
dein Buckel ist krumm.

Wollt Ihr mir helfen?«, sprach sie, als er bei ihr stehen blieb. »Ihr habt noch einen geraden Buckel und junge Beine, es wird Euch ein Leichtes sein. Auch ist mein Haus nicht so weit von hier. Hinter dem Berge dort steht es auf einer Heide. Wie bald seid Ihr da hinaufgesprungen.« Der junge Mann empfand Mitleiden mit der Alten. »Zwar ist mein Vater kein Bauer«, antwortete er, »sondern ein reicher Graf, aber damit Ihr seht, dass die Bauern nicht allein tragen können, so will ich Euer Bündel aufnehmen.« – »Wollt Ihrs versuchen«, sprach sie, »so soll mirs lieb sein. Eine Stunde weit werdet Ihr freilich gehen müssen, aber was macht Euch das aus! Dort die Äpfel und Birnen müsst Ihr auch tragen.« Es kam dem jungen Grafen doch ein wenig bedenklich vor, als er von einer Stunde Wegs hörte, aber die Alte ließ ihn nicht wieder los, packte ihm das Tragtuch auf den Rücken und hing ihm die beiden Körbe an den Arm. »Seht Ihr, es geht ganz leicht«, sagte sie. »Nein, es geht nicht leicht«, antwortete der Graf und machte ein schmerzliches Gesicht, »der Bündel drückt ja so schwer, als wären lauter Wackersteine darin, und die Äpfel und Birnen haben ein Gewicht, als wären sie von Blei; ich kann kaum atmen.« Er hatte Lust, alles wieder abzulegen, aber die Alte ließ es nicht zu. »Seht einmal«, sprach sie spöttisch, »der junge Herr will nicht tragen, was ich alte Frau schon so oft fortgeschleppt habe. Mit schönen Worten sind sie bei der Hand, aber wenns Ernst wird, so wollen sie sich aus dem Staub machen. Was steht Ihr da«, fuhr sie fort, »und zaudert, hebt die Beine auf. Es nimmt Euch niemand den Bündel wieder ab.« Solange er auf ebener Erde ging, wars noch auszuhalten, aber als sie an den Berg kamen und steigen mussten, und die Steine hinter seinen Füßen hinabrollten, als wären sie lebendig, da gings über seine Kräfte. Die Schweißtropfen standen ihm auf der Stirne und liefen ihm bald heiß, bald kalt über den Rücken hinab. »Mütterchen«, sagte er, »ich kann nicht weiter, ich will ein wenig ruhen.« – »Nichts da«, antwortete die Alte, »wenn wir angelangt sind, so könnt Ihr ausruhen, aber jetzt müsst Ihr vorwärts. Wer weiß, wozu Euch das gut ist.« – »Alte, du wirst unverschämt«, sagte der Graf und wollte das Tragtuch abwerfen, aber er bemühte sich vergeblich: Es hing so fest an seinem Rücken, als wenn es angewachsen wäre. Er drehte und wendete sich, aber er konnte es nicht wieder loswerden. Die Alte lachte dazu und sprang ganz vergnügt auf ihrer Krücke herum. »Erzürnt Euch nicht, lieber Herr«, sprach sie, »Ihr werdet ja so rot im Gesicht wie ein Zinshahn. Tragt Euern Bündel mit Geduld, wenn wir zu Hause angelangt sind, so will ich Euch schon ein gutes Trinkgeld geben.« Was wollte er machen? Er musste sich in sein Schicksal fügen und geduldig hinter der Alten herschleichen. Sie schien immer flinker zu werden und ihm seine Last immer schwerer. Auf einmal tat sie einen Satz, sprang auf das Tragtuch und setzte sich oben darauf; wie zaundürre sie war, so hatte sie doch mehr Gewicht als die dickste Bauerndirne.

Dem Jünglinge zitterten die Knie, aber wenn er nicht fortging, so schlug ihn die Alte mit einer Gerte und mit Brennnesseln auf die Beine. Unter beständigem Ächzen stieg er den Berg hinauf und langte endlich bei dem Haus der Alten an, als er eben niedersinken wollte. Als die Gänse die Alte erblickten, streckten sie die Flügel in die Höhe und die Hälse voraus, liefen ihr entgegen und schrien ihr »Wulle, wulle.« Hinter der Herde mit einer Rute in der Hand ging eine bejahrte Trulle, stark und groß, aber hässlich wie die Nacht. »Frau Mutter«, sprach sie zur Alten, »ist Euch etwas begegnet? Ihr seid so lange ausgeblieben.« – »Bewahre, mein Töchterchen«, erwiderte sie, »mir ist nichts Böses begegnet, im Gegenteil, der liebe Herr da hat mir meine Last getragen; denk dir, als ich müde war, hat er mich selbst noch auf den Rücken genommen. Der Weg ist uns auch gar nicht lang geworden, wir sind lustig gewesen und haben immer Spaß miteinander gemacht.« Endlich rutschte die Alte herab, nahm dem jungen Mann den Bündel vom Rücken und die Körbe vom Arm, sah ihn ganz freundlich an und sprach: »Nun setzt Euch auf die Bank vor die Türe und ruht Euch aus. Ihr habt Euern Lohn redlich verdient, der soll auch nicht ausbleiben.« Dann sprach sie zu der Gänsehirtin: »Geh du ins Haus hinein, mein Töchterchen, es schickt sich nicht, dass du mit einem jungen Herrn allein bist, man muss nicht Öl ins Feuer gießen; er könnte sich in dich verlieben.« Der Graf wusste nicht, ob er weinen oder lachen sollte. »Solch ein Schätzchen«, dachte er, »und wenn es dreißig Jahre jünger wäre, könnte doch mein Herz nicht rühren.« Indessen hätschelte und streichelte die Alte ihre Gänse wie Kinder und ging dann mit ihrer Tochter in das Haus. Der Jüngling streckte sich auf die Bank unter einem wilden Apfelbaum. Die Luft war lau und mild, ringsumher breitete sich eine grüne Wiese aus, die mit Himmelsschlüsseln, wildem Thymian und tausend andern Blumen übersät war. Mittendurch rauschte ein klarer Bach, auf dem die Sonne glitzerte, und die weißen Gänse gingen auf und ab spazieren oder pudelten sich im Wasser. »Es ist recht lieblich hier«, sagte er, »aber ich bin so müde, dass ich die Augen nicht aufbehalten mag, ich will ein wenig schlafen. Wenn nur kein Windstoß kommt und bläst mir meine Beine vom Leib weg, denn sie sind mürb wie Zunder.«

Als er ein Weilchen geschlafen hatte, kam die Alte und schüttelte ihn wach. »Steh auf«, sagte sie, »hier kannst du nicht bleiben. Freilich habe ich dirs sauer genug gemacht, aber das Leben hats doch nicht gekostet. Jetzt will ich dir deinen Lohn geben; Geld und Gut brauchst du nicht, da hast du etwas anderes.« Damit steckte sie ihm ein Büchslein in die Hand, das aus einem einzigen Smaragd geschnitten war. »Bewahrs wohl«, setzte sie hinzu, »es wird dir Glück bringen.« Der Graf sprang auf, und da er fühlte, dass er ganz frisch und wieder bei Kräften war, so dankte er der Alten für ihr Geschenk und machte sich auf den Weg, ohne sich nach dem schönen Töchterchen auch nur einmal umzublicken. Als er schon eine Strecke weg war, hörte er noch aus der Ferne das lustige Geschrei der Gänse.

Der Graf musste drei Tage in der Wildnis herumirren, ehe er sich herausfinden konnte. Da kam er in eine große Stadt, und weil ihn niemand kannte, ward er in das königliche Schloss geführt, wo der König und die Königin auf dem Thron saßen. Der Graf ließ sich auf ein Knie nieder, zog das smaragdene Gefäß aus der Tasche und legte es der Königin zu Füßen. Sie hieß ihn aufstehen, und er musste ihr das Büchslein hinaufreichen. Kaum aber hatte sie es geöffnet und hineingeblickt, so fiel sie wie tot zur Erde. Der Graf ward von den Dienern des Königs festgehalten und sollte in das Gefängnis geführt werden, da schlug die Königin die Augen auf und rief, sie sollten ihn freilassen, und jedermann sollte hinausgehen, sie wollte insgeheim mit ihm reden.

Als die Königin allein war, fing sie bitterlich an zu weinen und sprach: »Was hilft mir Glanz und

Ehre, die mich umgeben, jeden Morgen erwache ich mit Sorgen und Kummer. Ich habe drei Töchter gehabt, davon war die jüngste so schön, dass sie alle Welt für ein Wunder hielt. Sie war so weiß wie Schnee, so rot wie Apfelblüte, und ihr Haar so glänzend wie Sonnenstrahlen. Wenn sie weinte, so fielen nicht Tränen aus ihren Augen, sondern lauter Perlen und Edelsteine. Als sie fünfzehn Jahr alt war, da ließ der König alle drei Schwestern vor seinen Thron kommen. Da hättet Ihr sehen sollen, was die Leute für Augen machten, als die Jüngste eintrat, es war, als wenn die Sonne aufging. Der König sprach: ›Meine Töchter, ich weiß nicht, wann mein letzter Tag kommt, ich will heute bestimmen, was eine jede nach meinem Tode erhalten soll. Ihr alle habt mich lieb, aber welche mich von euch am liebsten hat, die soll das Beste haben.‹ Jede sagte, sie hätte ihn am liebsten. ›Könnt ihr mirs nicht ausdrücken‹, erwiderte der König, ›wie lieb ihr mich habt? Daran werde ichs sehen, wie ihrs meint.‹ Die Älteste sprach: ›Ich habe den Vater so lieb wie den süßesten Zucker.‹ Die Zweite: ›Ich habe den Vater so lieb wie mein schönstes Kleid.‹ Die Jüngste aber schwieg. Da fragte der Vater: ›Und du, mein liebstes Kind, wie lieb hast du mich?‹ – ›Ich weiß es nicht‹, antwortete sie, ›und kann meine Liebe mit nichts vergleichen.‹ Aber der Vater bestand darauf, sie müsste etwas nennen. Da sagte sie endlich: ›Die beste Speise schmeckt mir nicht ohne Salz, darum habe ich den Vater so lieb wie Salz.‹ Als der König das hörte, geriet er in Zorn und sprach: ›Wenn du mich so liebst als Salz, so soll deine Liebe auch mit Salz belohnt werden.‹ Da teilte er das Reich zwischen den beiden Ältesten, der Jüngsten aber ließ er einen Sack mit Salz auf den Rücken binden, und zwei Knechte mussten sie hinaus in den wilden Wald führen. Wir haben alle für sie gefleht und gebeten«, sagte die Königin, »aber der Zorn des Königs war nicht zu erweichen. Wie hat sie geweint, als sie uns verlassen musste! Der ganze Weg ist mit Perlen besät worden, die ihr aus den Augen geflossen sind. Den König hat bald hernach seine große Härte gereut, und hat das arme Kind in dem ganzen Wald suchen lassen, aber niemand konnte sie finden. Wenn ich denke, dass sie die wilden Tiere gefressen haben, so weiß ich mich vor Traurigkeit nicht zu fassen; manchmal tröste ich mich mit der Hoffnung, sie sei noch am Leben und habe sich in einer Höhle versteckt oder bei mitleidigen Menschen Schutz gefunden. Aber stellt Euch vor, als ich Euer Smaragdbüchslein aufmachte, so lag eine Perle darin, gerade der Art, wie sie meiner Tochter aus den Augen geflossen sind, und da könnt Ihr Euch vorstellen, wie mir der Anblick das Herz bewegt hat. Ihr sollt mir sagen, wie Ihr zu der Perle gekommen seid.« Der Graf erzählte ihr, dass er sie von der Alten im Walde erhalten hätte, die ihm nicht geheuer vorgekommen wäre und eine Hexe sein müsste; von ihrem Kinde aber hätte er nichts gehört und gesehen. Der König und die Königin fassten den Entschluss, die Alte aufzusuchen; sie dachten, wo die Perle gewesen wäre, da müssten sie auch Nachricht von ihrer Tochter finden.

Die Alte saß draußen in der Einöde bei ihrem Spinnrad und spann. Es war schon dunkel geworden, und ein Span, der unten am Herd brannte, gab ein sparsames Licht. Auf einmal wards draußen laut, die Gänse kamen heim von der Weide und ließen ihr heiseres Gekreisch hören. Bald hernach trat auch die Tochter herein. Aber die Alte dankte ihr kaum und schüttelte nur ein wenig mit dem Kopf. Die Tochter setzte sich nieder, nahm ihr Spinnrad und drehte den Faden so flink wie ein junges Mädchen. So saßen beide zwei Stunden und sprachen kein Wort miteinander. Endlich raschelte etwas am Fenster, und zwei feurige Augen glotzten herein. Es war eine alte Nachteule, die dreimal »Uhu« schrie. Die Alte schaute nur ein wenig in die Höhe, dann sprach sie: »Jetzt ists Zeit, Töchterchen, dass du hinausgehst, tu deine Arbeit.«

Sie stand auf und ging hinaus. Wo ist sie denn hingegangen? Über die Wiesen immer weiter bis in das Tal. Endlich kam sie zu einem Brunnen, bei dem drei alte Eichbäume standen. Der Mond war indessen rund und groß über dem Berg aufgestiegen, und es war so hell, dass man eine Stecknadel hätte finden können. Sie zog eine Haut ab, die auf ihrem Gesicht lag, bückte sich dann zu dem Brunnen und fing an sich zu waschen. Als sie fertig war, tauchte sie auch die Haut in das Wasser und legte sie dann auf die Wiese, damit sie wieder im Mondschein bleichen und trocknen sollte. Aber wie war das Mädchen verwandelt! So was habt ihr nie gesehen! Als der graue Zopf abfiel, da quollen die goldenen Haare wie Sonnenstrahlen hervor und breiteten sich, als wärs ein Mantel, über ihre ganze Gestalt. Nur die Augen blitzten heraus, so glänzend wie die Sterne am Himmel, und die Wangen schimmerten in sanfter Röte wie die Apfelblüte.

Aber das schöne Mädchen war traurig. Es setzte sich nieder und weinte bitterlich. Eine Träne nach der andern drang aus seinen Augen und rollte zwischen den langen Haaren auf den Boden. So saß es da und wäre lange sitzen geblieben, wenn es nicht in den Ästen des nahe stehenden Baumes geknittert und gerauscht hätte. Sie sprang auf wie ein Reh, das den Schuss des Jägers vernimmt. Der Mond ward gerade von einer schwarzen Wolke bedeckt, und im Augenblick war das Mädchen wieder in die alte Haut geschlüpft und verschwand wie ein Licht, das der Wind ausbläst.

Zitternd wie ein Espenlaub lief sie zu dem Haus zurück. Die Alte stand vor der Türe, und das Mädchen wollte ihr erzählen, was ihm begegnet war, aber die Alte lachte freundlich und sagte: »Ich weiß schon alles.« Sie führte es in die Stube und zündete einen neuen Span an. Aber sie setzte sich nicht wieder zu dem Spinnrad, sondern sie holte einen Besen und fing an zu kehren und zu scheuern. »Es muss alles rein und sauber sein«, sagte sie zu dem Mädchen. »Aber, Mutter«, sprach das Mädchen, »warum fangt Ihr in so später Stunde die Arbeit an? Was habt Ihr vor?« – »Weißt du denn, welche Stunde es ist?«, fragte die Alte. »Noch nicht Mitternacht«, antwortete das Mädchen, »aber schon elf Uhr vorbei.« – »Denkst du nicht daran«, fuhr die Alte fort, »dass du heute vor drei Jahren zu mir gekommen bist? Deine Zeit ist aus, wir können nicht länger beisammenbleiben.« Das Mädchen erschrak und sagte: »Ach, liebe Mutter, wollt Ihr mich verstoßen? Wo soll ich hin? Ich habe keine Freunde und keine Heimat, wohin ich mich wenden kann. Ich habe alles getan, was Ihr verlangt habt, und Ihr seid immer zufrieden mit mir gewesen: Schickt mich nicht fort.« Die Alte wollte dem Mädchen nicht sagen, was ihm bevorstand. »Meines Bleibens ist nicht länger hier«, sprach sie zu ihm, »wenn ich aber ausziehe, muss Haus und Stube sauber sein, darum halt mich nicht auf in meiner Arbeit. Deinetwegen sei ohne Sorgen, du sollst ein Dach finden, unter dem du wohnen kannst, und mit dem Lohn, den ich dir geben will, wirst du auch zufrieden sein.« – »Aber sagt mir nur, was ist vor?«, fragte das Mädchen weiter. »Ich sage dir nochmals, störe mich nicht in meiner Arbeit. Rede kein Wort weiter, geh in deine Kammer, nimm die Haut vom Gesicht und zieh das seidene Kleid an, das du trugst, als du zu mir kamst, und dann harre in deiner Kammer, bis ich dich rufe.«

Aber ich muss wieder von dem König und der Königin erzählen, die mit dem Grafen ausgezogen waren und die Alte in der Einöde aufsuchen wollten. Der Graf war nachts in dem Walde von ihnen abgekommen und musste allein weitergehen. Am andern Tag kam es ihm vor, als befände er sich auf dem rechten Weg. Er ging immerfort, bis die Dunkelheit einbrach, da stieg er auf einen Baum und wollte da übernachten, denn er war besorgt, er möchte sich verirren. Als der Mond die Gegend erhellte, so erblickte er eine Gestalt, die den Berg herabwandelte. Sie hatte keine Rute in der Hand, aber er konnte doch sehen, dass es die Gänsehirtin war, die er früher bei dem Haus der Alten gesehen hatte. »Oho!«, rief er, »da kommt sie, und habe ich erst die eine Hexe, so soll mir die andere auch nicht entgehen.« Wie erstaunte er aber, als sie zu dem Brunnen trat, die Haut ablegte und sich wusch, als die goldenen Haare über sie herabfielen, und sie so schön war, wie er noch niemand auf der Welt gesehen hatte. Kaum dass er zu atmen wagte, aber er streckte den Hals zwischen dem Laub so weit vor, als er nur konnte, und schaute sie mit unverwandten Blicken an. Ob er sich zu weit überbog oder sonst schuld war, plötzlich krachte der Ast, und in demselben Augenblick schlüpfte das Mädchen in die Haut, sprang wie ein Reh davon, und da der Mond sich zugleich bedeckte, so war sie seinen Blicken entzogen.

Kaum war sie verschwunden, so stieg der Graf von dem Baum herab und eilte ihr mit behänden Schritten nach. Er war noch nicht lange gegangen, so sah er in der Dämmerung zwei Gestalten über die Wiese wandeln. Es war der König und die Königin, die hatten aus der Ferne das Licht in dem Häuschen der Alten erblickt und waren drauf zugegangen. Der Graf erzählte ihnen, was er für Wunderdinge bei dem Brunnen gesehen hätte, und sie zweifelten nicht, dass das ihre verlorene Tochter gewesen wäre. Voll Freude gingen sie weiter und kamen bald bei dem Häuschen an. Die Gänse saßen ringsherum, hatten den Kopf in die Flügel gesteckt und schliefen, und keine regte sich nicht. Sie schauten zum Fenster hinein, da saß die Alte ganz still und spann, nickte mit dem Kopf und sah sich nicht um. Es war ganz sauber in der Stube, als wenn da die kleinen Nebelmännlein wohnten, die keinen Staub auf den Füßen tragen. Ihre Tochter aber sahen sie nicht. Sie schauten das alles eine Zeit lang an, endlich fassten sie sich ein Herz und klopften leise ans Fenster. Die Alte schien sie erwartet zu haben, sie stand auf und rief ganz freundlich: »Nur herein, ich kenne Euch schon.« Als sie in die Stube eingetreten waren, sprach die Alte: »Den weiten Weg hättet Ihr Euch sparen können, wenn Ihr Euer Kind, das so gut und liebreich ist, nicht vor drei Jahren ungerechterweise verstoßen hättet. Ihr hats nichts geschadet, sie hat drei Jahre lang die Gänse hüten müssen; sie hat nichts Böses dabei gelernt, sondern ihr reines Herz behalten. Ihr aber seid durch die Angst, in der Ihr gelebt habt, hinlänglich gestraft.« Dann ging sie an die Kammer und rief: »Komm heraus, mein Töchterchen.« Da ging die Türe auf, und die Königstochter trat heraus in ihrem seidenen Gewand mit ihren goldenen Haaren und ihren leuchtenden Augen, und es war, als ob ein Engel vom Himmel käme.

Sie ging auf ihren Vater und ihre Mutter zu, fiel ihnen um den Hals und küsste sie: Es war nicht anders, sie mussten alle vor Freude weinen. Der junge Graf stand neben ihnen, und als sie ihn erblickte, ward sie so rot im Gesicht wie eine Moosrose; sie wusste selbst nicht warum. Der König sprach: »Liebes Kind, mein Königreich habe ich verschenkt, was soll ich dir geben?« – »Sie braucht nichts«, sagte die Alte, »ich schenke ihr die Tränen, die sie um Euch geweint hat, das sind lauter Perlen, schöner, als sie im Meer gefunden werden, und sind mehr wert als Euer ganzes Königreich. Und zum Lohn für ihre Dienste gebe ich ihr mein Häuschen.« Als die Alte das gesagt hatte, verschwand sie vor ihren Augen. Es knatterte ein wenig in den Wänden, und als sie sich umsahen, war das Häuschen in einen prächtigen Palast verwandelt, und eine königliche Tafel war gedeckt, und die Bedienten liefen hin und her.

Die Geschichte geht noch weiter, aber meiner Großmutter, die sie mir erzählt hat, war das Gedächtnis schwach geworden, sie hatte das Übrige vergessen. Ich glaube immer, die schöne Königstochter ist mit dem Grafen vermählt worden, und sie sind zusammen in dem Schloss geblieben und haben da in aller Glückseligkeit gelebt, so lange Gott wollte. Ob die schneeweißen Gänse, die bei dem Häuschen gehütet wurden, lauter Mädchen waren (es brauchts niemand übelzunehmen), welche die Alte zu sich genommen hatte, und ob sie jetzt ihre menschliche Gestalt wieder erhielten und als Dienerinnen bei der jungen Königin blieben, das weiß ich nicht genau, aber ich vermute es doch. So viel ist gewiss, dass die Alte keine Hexe war, wie die Leute glaubten, sondern eine weise Frau, die es gut meinte. Wahrscheinlich ist sie es auch gewesen, die der Königstochter schon bei der Geburt die Gabe verliehen hat, Perlen zu weinen statt der Tränen. Heutzutage kommt das nicht mehr vor, sonst könnten die Armen bald reich werden.

92
Die Nixe im Teich

Es war einmal ein Müller, der führte mit seiner Frau ein vergnügtes Leben. Sie hatten Geld und Gut, und ihr Wohlstand nahm von Jahr zu Jahr noch zu. Aber Unglück kommt über Nacht: Wie ihr Reichtum gewachsen war, so schwand er von Jahr zu Jahr wieder hin, und zuletzt konnte der Müller kaum noch die Mühle, in der er saß, sein Eigentum nennen. Er war voll Kummer, und wenn er sich nach der Arbeit des Tages niederlegte, so fand er keine Ruhe, sondern wälzte sich voll Sorgen in seinem Bett. Eines Morgens stand er schon vor Tagesanbruch auf, ging hinaus ins Freie und dachte, es sollte ihm leichter ums Herz werden. Als er über dem Mühldamm dahinschritt, brach eben der erste Sonnenstrahl hervor, und er hörte in dem Weiher etwas rauschen. Er wendete sich um und erblickte ein schönes Weib, das sich langsam aus dem Wasser erhob. Ihre langen Haare, die sie über den Schultern mit ihren zarten Händen gefasst hatte, flossen an beiden Seiten herab und bedeckten ihren weißen Leib. Er sah wohl, dass es die Nixe des Teichs war, und wusste vor Furcht nicht, ob er davongehen oder stehen bleiben sollte. Aber die Nixe ließ ihre sanfte Stimme hören, nannte ihn bei Namen und fragte, warum er so traurig wäre. Der Müller war anfangs verstummt; als er sie aber so freundlich sprechen hörte, fasste er sich ein Herz und erzählte ihr, dass er sonst in Glück und Reichtum gelebt hätte, aber jetzt so arm wäre, dass er sich nicht zu raten wüsste. »Sei ruhig«, antwortete die Nixe, »ich will dich reicher und glücklicher machen, als du je gewesen bist, nur musst du mir versprechen, dass du mir geben willst, was eben in deinem Hause jung geworden ist.« – »Was kann das anders sein«, dachte der Müller, »als ein junger Hund oder ein junges Kätzchen?«, und sagte ihr zu, was sie verlangte. Die Nixe stieg wieder in das Wasser hinab, und er eilte getröstet und gutes Mutes nach seiner Mühle. Noch hatte er sie nicht erreicht, da trat die Magd aus der Haustüre und rief ihm zu, er sollte sich freuen, seine Frau hätte ihm einen kleinen Knaben geboren. Der Müller stand wie vom Blitz gerührt, er sah wohl, dass die tückische Nixe das gewusst und ihn betrogen hatte. Mit gesenktem Haupt trat er zu dem Bett seiner Frau, und als sie ihn fragte: »Warum freust du dich nicht über den schönen Knaben?«, so erzählte er ihr, was ihm begegnet war, und was für ein Versprechen er der Nixe gegeben hatte. »Was hilft mir Glück und Reichtum«, fügte er hinzu, »wenn ich mein Kind verlieren soll? Aber was kann ich tun?« Auch die Verwandten, die herbeigekommen waren, Glück zu wünschen, wussten keinen Rat.

Indessen kehrte das Glück in das Haus des Müllers wieder ein. Was er unternahm, gelang, es war, als ob Kisten und Kasten von selbst sich füllten und das Geld im Schrank über Nacht sich mehrte. Es dauerte nicht lange, so war sein Reichtum größer als je zuvor. Aber er konnte sich nicht ungestört darüber freuen: Die Zusage, die er der Nixe getan hatte, quälte sein Herz. Sooft er an dem Teich vorbeikam, fürchtete er, sie möchte auftauchen und ihn an seine Schuld mahnen. Den Knaben selbst ließ er nicht in die Nähe des Wassers. »Hüte dich«, sagte er zu ihm, »wenn du das Wasser berührst, so kommt eine Hand heraus, hascht dich und zieht dich hinab.« Doch als Jahr auf Jahr verging und die Nixe sich nicht wieder zeigte, so fing der Müller an sich zu beruhigen.

Der Knabe wuchs zum Jüngling heran und kam bei einem Jäger in die Lehre. Als er ausgelernt hatte und ein tüchtiger Jäger geworden war, nahm ihn der Herr des Dorfes in seine Dienste. In dem Dorf war ein schönes und treues Mädchen, das gefiel dem Jäger, und als sein Herr das bemerkte, schenkte er ihm ein kleines Haus; die beiden hielten Hochzeit, lebten ruhig und glücklich und liebten sich von Herzen.

Einstmals verfolgte der Jäger ein Reh. Als das Tier aus dem Wald in das freie Feld ausbog, setzte er ihm nach und streckte es endlich mit einem Schuss nieder. Er bemerkte nicht, dass er sich in der Nähe des gefährlichen Weihers befand, und ging, nachdem er das Tier ausgeweidet hatte, zu dem Wasser, um seine mit Blut befleckten Hände zu waschen. Kaum aber hatte er sie hineingetaucht, als die Nixe emporstieg, lachend mit ihren nassen Armen ihn umschlang und so schnell hinabzog, dass die Wellen über ihm zusammenschlugen.

Als es Abend war und der Jäger nicht nach Haus kam, so geriet seine Frau in Angst. Sie ging aus, ihn zu suchen, und da er ihr oft erzählt hatte, dass er sich vor den Nachstellungen der Nixe in Acht nehmen müsste und nicht in die Nähe des Weihers sich wagen dürfte, so ahnte sie schon, was geschehen war. Sie eilte zu dem Wasser, und als sie am Ufer seine Jägertasche liegen fand, da konnte sie nicht länger an dem Unglück zweifeln. Wehklagend und händeringend rief sie ihren Liebsten mit Namen, aber vergeblich; sie eilte hinüber auf die andere Seite des Weihers und rief ihn aufs Neue; sie schalt die Nixe mit harten Worten, aber keine Antwort erfolgte. Der Spiegel des Wassers blieb ruhig, nur das halbe Gesicht des Mondes blickte unbeweglich zu ihr herauf.

Die arme Frau verließ den Teich nicht. Mit schnellen Schritten, ohne Rast und Ruhe, umkreiste sie ihn immer von Neuem, manchmal still, manchmal einen heftigen Schrei ausstoßend, manchmal in leisem Wimmern. Endlich waren ihre Kräfte zu Ende: Sie sank zur Erde nieder und verfiel in einen tiefen Schlaf. Bald überkam sie ein Traum.

Sie stieg zwischen großen Felsblöcken angstvoll aufwärts; Dornen und Ranken hakten sich an ihre Füße, der Regen schlug ihr ins Gesicht, und der Wind zauste ihr langes Haar. Als sie die Anhöhe erreicht hatte, bot sich ein ganz anderer Anblick dar. Der Himmel war blau, die Luft mild, der Boden senkte sich sanft hinab, und auf einer grünen, bunt beblümten Wiese stand eine reinliche Hütte. Sie ging darauf zu und öffnete die Türe, da saß eine Alte mit weißen Haaren, die ihr freundlich winkte. In dem Augenblick erwachte die arme Frau. Der Tag war schon angebrochen, und sie entschloss sich gleich, dem Traume Folge zu leisten. Sie stieg mühsam den Berg hinauf, und es war alles so, wie sie es in der Nacht gesehen hatte. Die Alte empfing sie freundlich und zeigte ihr einen Stuhl, auf den sie sich setzen sollte. »Du musst ein Unglück erlebt haben«, sagte sie, »weil du meine einsame Hütte aufsuchst.« Die Frau erzählte ihr unter Tränen, was ihr begegnet war. »Tröste dich«, sagte die Alte, »ich will dir helfen: Da hast du einen goldenen Kamm. Harre, bis der Vollmond aufgestiegen ist, dann geh zu dem Weiher, setze dich am Rand nieder und strähle dein langes schwarzes Haar mit diesem Kamm. Wenn du aber fertig bist, so lege ihn am Ufer nieder, und du wirst sehen, was geschieht.«

Die Frau kehrte zurück, aber die Zeit bis zum Vollmond verstrich ihr langsam. Endlich erschien die leuchtende Scheibe am Himmel, da ging sie hin-

aus an den Weiher, setzte sich nieder und kämmte ihre langen schwarzen Haare mit dem goldenen Kamm, und als sie fertig war, legte sie ihn an den Rand des Wassers nieder. Nicht lange, so brauste es aus der Tiefe, eine Welle erhob sich, rollte an das Ufer und führte den Kamm mit sich fort. Es dauerte nicht länger, als der Kamm nötig hatte auf den Grund zu sinken, so teilte sich der Wasserspiegel, und der Kopf des Jägers stieg in die Höhe. Er sprach nicht, schaute aber seine Frau mit traurigen Blicken an. In demselben Augenblick kam eine zweite Welle herangerauscht und bedeckte das Haupt des Mannes. Alles war verschwunden, der Weiher lag so ruhig wie zuvor, und nur das Gesicht des Vollmondes glänzte darauf.

Trostlos kehrte die Frau zurück, doch der Traum zeigte ihr die Hütte der Alten. Abermals machte sie sich am nächsten Morgen auf den Weg und klagte der weisen Frau ihr Leid. Die Alte gab ihr eine goldene Flöte und sprach: »Harre, bis der Vollmond wiederkommt, dann nimm diese Flöte, setze dich an das Ufer, blas ein schönes Lied darauf, und wenn du damit fertig bist, so lege sie auf den Sand; du wirst sehen, was geschieht.«

Die Frau tat, wie die Alte gesagt hatte. Kaum lag die Flöte auf dem Sand, so brauste es aus der Tiefe; eine Welle erhob sich, zog heran und führte die Flöte mit sich fort. Bald darauf teilte sich das Wasser, und nicht bloß der Kopf, auch der Mann bis zur Hälfte des Leibes stieg hervor. Er breitete voll Verlangen seine Arme nach ihr aus, aber eine zweite Welle rauschte heran, bedeckte ihn und zog ihn wieder hinab.

»Ach, was hilft es mir«, sagte die Unglückliche, »dass ich meinen Liebsten nur erblicke, um ihn wieder zu verlieren.« Der Gram erfüllte aufs Neue ihr Herz, aber der Traum führte sie zum dritten Mal in das Haus der Alten. Sie machte sich auf den Weg, und die weise Frau gab ihr ein goldenes Spinnrad, tröstete sie und sprach: »Es ist noch nicht alles vollbracht, harre bis der Vollmond kommt, dann nimm das Spinnrad, setze dich an das Ufer und spinn die Spule voll, und wenn du fertig bist, so stelle das Spinnrad nahe an das Wasser, und du wirst sehen, was geschieht.«

Die Frau befolgte alles genau. Sobald der Vollmond sich zeigte, trug sie das goldene Spinnrad an das Ufer und spann emsig, bis der Flachs zu Ende und die Spule mit dem Faden ganz angefüllt war. Kaum aber stand das Rad am Ufer, so brauste es noch heftiger als sonst in der Tiefe des Wassers, eine mächtige Welle eilte herbei und trug das Rad mit sich fort. Alsbald stieg mit einem Wasserstrahl der Kopf und der ganze Leib des Mannes in die Höhe. Schnell sprang er ans Ufer, fasste seine Frau an der Hand und entfloh. Aber kaum hatten sie sich eine kleine Strecke entfernt, so erhob sich mit entsetzlichem Brausen der ganze Weiher und strömte mit reißender Gewalt in das weite Feld hinein. Schon sahen die Fliehenden ihren Tod vor Augen, da rief die Frau in ihrer Angst die Hilfe der Alten an, und in dem Augenblick waren sie verwandelt, sie in eine Kröte, er in einen Frosch. Die Flut, die sie erreicht hatte, konnte sie nicht töten, aber sie riss sie beide voneinander und führte sie weit weg.

Als das Wasser sich verlaufen hatte und beide wieder den trocknen Boden berührten, so kam ihre menschliche Gestalt zurück. Aber keiner wusste, wo das andere geblieben war; sie befanden sich unter fremden Menschen, die ihre Heimat nicht kannten. Hohe Berge und tiefe Täler lagen zwischen ihnen. Um sich das Leben zu erhalten, mussten beide die Schafe hüten. Sie trieben lange Jahre ihre Herden durch Feld und Wald und waren voll Trauer und Sehnsucht.

Als wieder einmal der Frühling aus der Erde hervorgebrochen war, zogen beide an einem Tag mit ihren Herden aus, und der Zufall wollte, dass sie einander entgegenzogen. Er erblickte an einem fernen Bergesabhang eine Herde und trieb seine Schafe nach der Gegend hin. Sie kamen in einem Tal zusammen, aber sie erkannten sich nicht, doch freuten sie sich, dass sie nicht mehr so einsam waren. Von nun an trieben sie jeden Tag ihre Herde nebeneinander. Sie sprachen nicht viel, aber sie fühlten sich getröstet. Eines Abends, als der Vollmond am Himmel schien und die Schafe schon ruhten, holte der Schäfer die Flöte aus seiner Tasche und blies ein schönes, aber trauriges Lied. Als er fertig war, bemerkte er, dass die Schäferin bitterlich weinte. »Warum weinst du?«, fragte er. »Ach«, antwortete sie, »so schien auch der Vollmond, als ich zum letzten Mal dieses Lied auf der Flöte blies und das Haupt meines Liebsten aus dem Wasser hervorkam.« Er sah sie an, und es war ihm, als fiele eine Decke von den Augen, er erkannte seine liebste Frau; und als sie ihn anschaute und der Mond auf sein Gesicht schien, erkannte sie ihn auch. Sie umarmten und küssten sich, und ob sie glückselig waren, braucht keiner zu fragen.

93 Die Geschenke des kleinen Volkes

Ein Schneider und ein Goldschmied wanderten zusammen und vernahmen eines Abends, als die Sonne hinter die Berge gesunken war, den Klang einer fernen Musik, die immer deutlicher ward; sie tönte ungewöhnlich, aber so anmutig, dass sie aller Müdigkeit vergaßen und rasch weiterschritten. Der Mond war schon aufgestiegen, als sie zu einem Hügel gelangten, auf dem sie eine Menge kleiner Männer und Frauen erblickten, die sich bei den Händen gefasst hatten und mit größter Lust und Freudigkeit im Tanze herumwirbelten. Sie sangen dazu auf das Lieblichste; und das war die Musik, die die Wanderer gehört hatten. In der Mitte saß ein Alter, der etwas größer war als die Übrigen, der einen buntfarbigen Rock trug, und dem ein eisgrauer Bart über die Brust herabhing. Die beiden blieben voll Verwunderung stehen und sahen dem Tanz zu. Der Alte winkte, sie sollten eintreten, und das kleine Volk öffnete bereitwillig seinen Kreis. Der Goldschmied, der einen Höcker hatte und wie alle Buckeligen keck genug war, trat herzu, der Schneider empfand zuerst einige Scheu und hielt sich zurück, doch als er sah, wie es so lustig herging, fasste er sich ein Herz und kam nach. Alsbald schloss sich der Kreis wieder, und die Kleinen sangen und tanzten in den wildesten Sprüngen weiter, der Alte aber nahm ein breites Messer, das an seinem Gürtel hing, wetzte es, und als es hinlänglich geschärft war, blickte er sich nach den Fremdlingen um. Es ward ihnen angst, aber sie hatten nicht lange Zeit, sich zu besinnen, der Alte packte den Goldschmied und schor in der größten Geschwindigkeit ihm Haupthaar und Bart glatt hinweg; ein Gleiches geschah hierauf dem Schneider. Doch ihre Angst verschwand, als der Alte nach vollbrachter Arbeit beiden freundlich auf die Schulter klopfte, als wollte er sagen, sie hätten es gut gemacht, dass sie ohne Sträuben alles willig hätten geschehen lassen. Er zeigte mit dem Finger auf einen Haufen Kohlen, der zur Seite lag, und deutete ihnen durch Gebärden an, dass sie ihre Taschen damit füllen sollten. Beide gehorchten, obgleich sie nicht wussten, wozu ihnen die Kohlen dienen sollten, und gingen dann weiter, um ein Nachtlager zu suchen. Als sie ins Tal gekommen waren, schlug die Glocke des benachbarten Klosters zwölf Uhr: Augenblicklich verstummte der Gesang, alles war verschwunden, und der Hügel lag in einsamem Mondschein.

Die beiden Wanderer fanden eine Herberge und deckten sich auf dem Strohlager mit ihren Röcken zu, vergaßen aber wegen ihrer Müdigkeit, die Kohlen zuvor herauszunehmen. Ein schwerer Druck auf ihren Gliedern weckte sie früher als gewöhnlich. Sie griffen in die Taschen und wollten ihren Augen nicht trauen, als sie sahen, dass sie nicht mit Kohlen, sondern mit reinem Gold angefüllt waren; auch Haupthaar und Bart waren glücklich wieder in aller Fülle vorhanden. Sie waren nun reiche Leute geworden, doch besaß der Goldschmied, der seiner habgierigen Natur gemäß die Taschen besser gefüllt hatte, noch einmal so viel als der Schneider. Ein Habgieriger, wenn er viel hat, verlangt noch mehr, der Goldschmied machte dem Schneider den Vorschlag, noch einen Tag zu verweilen, am Abend wieder hinauszugehen, um sich bei dem Alten auf dem Berge noch größere Schätze zu holen. Der Schneider wollte nicht und sagte: »Ich habe genug und bin zufrieden. Jetzt werde ich Meister, heirate meinen angenehmen Gegenstand (wie

er seine Liebste nannte) und bin ein glücklicher Mann.« Doch wollte er, ihm zu Gefallen, den Tag noch bleiben. Abends hing der Goldschmied noch ein paar Taschen über die Schulter, um recht einsacken zu können, und machte sich auf den Weg zu dem Hügel. Er fand wie in der vorigen Nacht das kleine Volk bei Gesang und Tanz, der Alte schor ihn abermals glatt und deutete ihm an, Kohlen mitzunehmen. Er zögerte nicht, einzustecken, was nur in seine Taschen gehen wollte, kehrte ganz glückselig heim und deckte sich mit dem Rock zu. »Wenn das Gold auch drückt«, sprach er, »ich will das schon vertragen«, und schlief endlich mit dem süßen Vorgefühl ein, morgen als steinreicher Mann zu erwachen. Als er die Augen öffnete, erhob er sich schnell, um die Taschen zu untersuchen, aber wie erstaunte er, als er nichts herauszog als schwarze Kohlen, er mochte so oft hineingreifen, als er wollte. »Noch bleibt mir das Gold, das ich die Nacht vorher gewonnen habe«, dachte er und holte es herbei, aber wie erschrak er, als er sah, dass es ebenfalls wieder zu Kohle geworden war. Er schlug sich mit der schwarzbestäubten Hand an die Stirne, da fühlte er, dass der ganze Kopf kahl und glatt war wie der Bart. Aber sein Missgeschick war noch nicht zu Ende, er merkte erst jetzt, dass ihm zu dem Höcker auf dem Rücken noch ein zweiter ebenso großer vorn auf der Brust gewachsen war. Da erkannte er die Strafe seiner Habgier und begann laut zu weinen. Der gute Schneider, der davon aufgeweckt ward, tröstete den Unglücklichen, so gut es gehen wollte, und sprach: »Du bist mein Geselle auf der Wanderschaft gewesen, du sollst bei mir bleiben und mit von meinem Schatz zehren.« Er hielt Wort, aber der arme Goldschmied musste sein Lebtag die beiden Höcker tragen und seinen kahlen Kopf mit einer Mütze bedecken.

94
Die wahre Braut

Es war einmal ein Mädchen, das war jung und schön, aber seine Mutter war ihm früh gestorben, und die Stiefmutter tat ihm alles gebrannte Herzeleid an. Wenn sie ihm eine Arbeit auftrug, sie mochte noch so schwer sein, so ging es unverdrossen daran und tat, was in seinen Kräften stand. Aber es konnte damit das Herz der bösen Frau nicht rühren, immer war sie unzufrieden, immer war es nicht genug. Je fleißiger es arbeitete, je mehr ward ihm aufgelegt, und sie hatte keinen andern Gedanken, als wie sie ihm eine immer größere Last aufbürden und das Leben recht sauer machen wollte.

Eines Tages sagte sie zu ihm: »Da hast du zwölf Pfund Federn, die sollst du abschleißen, und wenn du nicht heute Abend damit fertig bist, so wartet eine Tracht Schläge auf dich. Meinst du, du könntest den ganzen Tag faulenzen?« Das arme Mädchen setzte sich zu der Arbeit nieder, aber die Tränen flossen ihm dabei über die Wangen herab, denn es sah wohl, dass es unmöglich war, mit der Arbeit in einem Tage zu Ende zu kommen. Wenn es ein Häufchen Federn vor sich liegen hatte, und es seufzte oder schlug in seiner Angst die Hände zusammen, so stoben sie auseinander, und es musste sie wieder auflesen und von Neuem anfangen. Da stützte es einmal die Ellbogen auf den Tisch, legte sein Gesicht in beide Hände und rief: »Ist denn niemand auf Gottes Erdboden, der sich meiner erbarmt?« Indem hörte es eine sanfte Stimme, die sprach: »Tröste dich, mein Kind, ich bin gekommen, dir zu helfen.« Das Mädchen blickte auf, und eine alte Frau stand neben ihm. Sie fasste das Mädchen freundlich an der Hand und sprach: »Vertraue mir nur an, was dich drückt.« Da sie so herzlich sprach, so erzählte ihr das Mädchen von seinem traurigen Leben, dass ihm eine Last auf die andere gelegt würde und es mit den aufgegebenen Arbeiten nicht mehr zu Ende kommen könnte. »Wenn ich mit diesen Federn heute Abend nicht fertig bin, so schlägt mich die Stiefmutter; sie hat mirs angedroht, und ich weiß, sie hält Wort.« Ihre Tränen fingen wieder an zu fließen, aber die gute Alte sprach: »Sei unbesorgt, mein Kind, ruhe dich aus, ich will derweil deine Arbeit verrichten.« Das Mädchen legte sich auf sein Bett und schlief bald ein. Die Alte setzte sich an den Tisch bei die Federn, hu!, wie flogen sie von den Kielen ab, die sie mit ihren dürren Händen kaum berührte. Bald war sie mit den zwölf Pfund fertig. Als das Mädchen erwachte, lagen große schneeweiße Haufen aufgetürmt, und alles war im Zimmer reinlich aufgeräumt, aber die Alte war verschwunden. Das Mädchen dankte Gott und saß still, bis der Abend kam. Da trat die Stiefmutter herein und staunte über die vollbrachte Arbeit. »Siehst du, Trulle«, sprach sie, »was man ausrichtet, wenn man fleißig ist? Hättest du nicht noch etwas anderes vornehmen können? Aber da sitzest du und legst die Hände in den Schoß.« Als sie hinausging, sprach sie: »Die Kreatur kann mehr als Brot essen, ich muss ihr schwerere Arbeit auflegen.«

Am andern Morgen rief sie das Mädchen und sprach: »Da hast du einen Löffel, damit schöpfe mir den großen Teich aus, der bei dem Garten liegt. Und wenn du damit abends nicht zurand gekommen bist, so weißt du, was erfolgt.« Das Mädchen nahm den Löffel und sah, dass er durchlöchert war, und wenn er es auch nicht gewesen wäre, es hätte nimmermehr damit den Teich ausgeschöpft. Es machte sich gleich an die Arbeit, kniete am Wasser, in das seine Tränen fielen, und schöpfte. Aber die gute Alte erschien wieder, und als sie die Ursache von seinem Kummer erfuhr, sprach sie: »Sei getrost, mein Kind, geh in das Gebüsch und lege dich schlafen, ich will deine Arbeit schon tun.« Als die Alte allein war, berührte sie nur den Teich: Wie ein Dunst stieg das Wasser in die Höhe und vermischte sich mit den Wolken. Allmählich ward der Teich leer, und als das Mädchen vor Sonnenuntergang erwachte und herbeikam, so sah es nur noch die Fische, die in dem Schlamm zappelten. Es ging zu der Stiefmutter und zeigte ihr an, dass die Arbeit vollbracht wäre. »Du hättest längst fertig sein sollen«, sagte sie und ward blass vor Ärger, aber sie sann etwas Neues aus.

Am dritten Morgen sprach sie zu dem Mädchen: »Dort in der Ebene musst du mir ein schönes Schloss bauen, und zum Abend muss es fertig sein.« Das Mädchen erschrak und sagte: »Wie kann ich ein so großes Werk vollbringen?« – »Ich dulde keinen Widerspruch«, schrie die Stiefmutter. »Kannst du mit einem durchlöcherten Löffel einen Teich ausschöpfen, so kannst du auch ein Schloss bauen. Noch heute will ich es beziehen, und wenn etwas fehlt, sei es das Geringste in Küche oder Keller, so weißt du, was dir bevorsteht.« Sie trieb das Mädchen fort, und als es in das Tal kam, so lagen da die Felsen übereinander aufgetürmt; mit aller seiner Kraft konnte es den kleinsten nicht einmal bewegen. Es setzte sich nieder und weinte, doch hoffte es auf den Beistand der guten Alten. Sie ließ auch nicht lange auf sich warten, kam und sprach ihm Trost ein: »Lege dich nur dort in den Schatten und schlaf, ich will dir das Schloss schon bauen. Wenn es dir Freude macht, so kannst du selbst darin wohnen.« Als das Mädchen weggegangen war, rührte die Alte die grauen Felsen an. Alsbald regten sie sich, rückten zusammen und standen da, als hätten Riesen die Mauer gebaut. Darauf erhob sich das Gebäude, und es war, als ob unzählige Hände unsichtbar arbeiteten und Stein auf Stein legten. Der Boden dröhnte, große Säulen stiegen von selbst in die Höhe und stellten sich nebeneinander in Ordnung. Auf dem Dach legten sich die Ziegeln zurecht, und als es Mittag war, drehte sich schon die große Wetterfahne wie eine goldene Jungfrau mit fliegendem Gewand auf der Spitze des Turms. Das Innere des Schlosses war bis zum Abend vollendet. Wie es die Alte anfing, weiß ich nicht, aber die Wände der Zimmer waren mit Seide und Sammet bezogen, bunt gestickte Stühle standen da und reich verzierte Armsessel an Tischen von Marmor, kristallne Kronleuchter hingen von der Bühne herab und spiegelten sich in dem glatten Boden, grüne Papageien saßen in goldenen Käfigen, und fremde Vögel, die lieblich sangen. Überall war eine Pracht, als wenn ein König da einziehen sollte. Die Sonne wollte eben untergehen, als das Mädchen erwachte und ihm der Glanz von tausend Lichtern entgegenleuchtete. Mit schnellen Schritten kam es heran und trat durch das geöffnete Tor in das Schloss. Die Treppe war mit rotem Tuch belegt und das goldene Geländer mit blühenden Bäumen besetzt. Als es die Pracht der Zimmer erblickte, blieb es wie erstarrt stehen. Wer weiß, wie lang es so gestanden hätte, wenn ihm nicht der Gedanke an die Stiefmutter gekommen wäre. »Ach«, sprach es zu sich selbst, »wenn sie doch endlich zufriedengestellt wäre und mir das Leben nicht länger zur Qual machen wollte.« Das Mädchen ging und zeigte ihr an, dass das Schloss fertig wäre. »Gleich will ich einziehen«, sagte sie und erhob sich von ihrem Sitz. Als sie in das Schloss eintrat, musste sie die Hand vor die Augen halten, so blendete sie der Glanz. »Siehst du«, sagte sie zu dem Mädchen, »wie leicht dirs geworden ist, ich hätte dir etwas Schwereres aufgeben sollen.« Sie ging durch alle Zimmer und spürte in allen Ecken, ob etwas fehlte oder mangelhaft wäre, aber sie konnte nichts auffinden. »Jetzt wollen wir hinabsteigen«, sprach sie und sah das Mädchen mit boshaften Blicken an, »Küche und Keller muss noch untersucht werden, und hast du etwas vergessen, so sollst du deiner Strafe nicht entgehen.« Aber das Feuer brannte auf dem Herd, in den Töpfen kochten die Speisen, Kluft und Schippe waren angelehnt, und an den Wänden das blanke Geschirr von Messing aufgestellt. Nichts fehlte, selbst nicht der Kohlenkasten und die Wassereimer. »Wo ist der Eingang zum Keller?«, rief sie. »Wo der nicht mit Weinfässern reichlich angefüllt ist, so wird dirs schlimm ergehen.« Sie hob selbst die Falltüre auf und stieg die Treppe hinab, aber kaum hatte sie zwei Schritte getan, so stürzte die schwere Falltüre, die nur angelehnt war, nieder. Das Mädchen hörte einen Schrei, hob die Türe schnell auf, um ihr zu Hilfe zu kommen, aber sie war hinabgestürzt, und es fand sie entseelt auf dem Boden liegen.

Nun gehörte das prächtige Schloss dem Mädchen ganz allein. Es wusste sich in der ersten Zeit gar nicht in seinem Glück zu finden, schöne Kleider hingen in den Schränken, die Truhen waren mit Gold und Silber oder mit Perlen und Edelsteinen angefüllt, und es hatte keinen Wunsch, den es nicht erfüllen konnte. Bald ging der Ruf von der Schönheit und dem Reichtum des Mädchens durch die ganze Welt. Alle Tage meldeten sich Freier, aber keiner gefiel ihr. Endlich kam auch der Sohn eines Königs, der ihr Herz zu rühren wusste, und sie verlobte sich mit ihm. In dem Schlossgarten stand eine grüne Linde, darunter saßen sie eines Tages vertraulich zusammen, da sagte er zu ihr: »Ich will heimziehen und die Einwilligung meines Vaters zu unserer Vermählung holen; ich bitte dich, harre mein hier unter dieser Linde, in wenigen Stunden bin ich wieder zurück.« Das Mädchen küsste ihn auf den linken Backen und sprach: »Bleib mir treu, und lass dich von keiner andern auf diesen Backen küssen. Ich will hier unter der Linde warten, bis du wieder zurückkommst.«

Das Mädchen blieb unter der Linde sitzen, bis die Sonne unterging, aber er kam nicht wieder zurück. Sie saß drei Tage von Morgen bis Abend und erwartete ihn, aber vergeblich. Als er am vierten Tag noch nicht da war, so sagte sie: »Gewiss ist ihm ein Unglück begegnet, ich will ausgehen und ihn suchen und nicht eher wiederkommen, als bis ich ihn gefunden habe.« Sie packte drei von ihren schönsten Kleidern zusammen, eins mit glänzenden Sternen gestickt, das zweite mit silbernen Monden, das dritte mit goldenen Sonnen, band eine Handvoll Edelsteine in ihr Tuch und machte sich auf. Sie fragte allerorten nach ihrem Bräutigam, aber niemand hatte ihn gesehen, niemand wusste von ihm. Weit und breit wanderte sie durch die Welt, aber sie fand ihn nicht. Endlich vermietete sie sich bei einem Bauer als Hirtin und vergrub ihre Kleider und Edelsteine unter einem Stein.

Nun lebte sie als eine Hirtin, hütete ihre Herde, war traurig und voll Sehnsucht nach ihrem Geliebten. Sie hatte ein Kälbchen, das gewöhnte sie an sich, fütterte es aus der Hand, und wenn sie sprach:

»Kälbchen, Kälbchen, knie nieder,
vergiss nicht deine Hirtin wieder,
wie der Königssohn die Braut vergaß,
die unter der grünen Linde saß«,

so kniete das Kälbchen nieder und ward von ihr gestreichelt.

Als sie ein paar Jahre einsam und kummervoll gelebt hatte, so verbreitete sich im Lande das Gerücht, dass die Tochter des Königs ihre Hochzeit feiern wollte. Der Weg nach der Stadt ging an dem Dorf vorbei, wo das Mädchen wohnte, und es trug sich zu, als sie einmal ihre Herde austrieb, dass der Bräutigam vorüberzog. Er saß stolz auf seinem Pferd und sah sie nicht an, aber als sie ihn ansah, so erkannte sie ihren Liebsten. Es war, als ob ihr ein scharfes Messer in das Herz schnitte. »Ach«, sagte sie, »ich glaubte, er wäre mir treu geblieben, aber er hat mich vergessen.«

Am andern Tag kam er wieder des Wegs. Als er in ihrer Nähe war, sprach sie zum Kälbchen:

»Kälbchen, Kälbchen, knie nieder,
vergiss nicht deine Hirtin wieder,
wie der Königssohn die Braut vergaß,
die unter der grünen Linde saß.«

Als er die Stimme vernahm, blickte er herab und hielt sein Pferd an. Er schaute der Hirtin ins Gesicht, hielt dann die Hand vor die Augen, als wollte er sich auf etwas besinnen, aber schnell ritt er weiter und war bald verschwunden. »Ach«, sagte sie, »er kennt mich nicht mehr«, und ihre Trauer ward immer größer.

Bald darauf sollte an dem Hofe des Königs drei Tage lang ein großes Fest gefeiert werden, und das ganze Land ward dazu eingeladen. »Nun will ich das Letzte versuchen«, dachte das Mädchen, und als der Abend kam, ging es zu dem Stein, unter dem es seine Schätze vergraben hatte. Sie holte das Kleid mit den goldnen Sonnen hervor, legte es an und schmückte sich mit den Edelsteinen. Ihre Haare, die sie unter einem Tuch verborgen hatte, band sie auf, und sie fielen in langen Locken an ihr herab. So ging sie nach der Stadt und ward in der Dunkelheit von niemand bemerkt. Als sie in den hell erleuchteten Saal trat, wichen alle voll Verwunderung zurück, aber niemand wusste, wer sie war. Der Königssohn ging ihr entgegen, doch er erkannte sie nicht. Er führte sie zum Tanz und war so entzückt über ihre Schönheit, dass er an die andere Braut gar nicht mehr dachte. Als das Fest vorüber war, verschwand sie im Gedränge und eilte vor Tagesanbruch in das Dorf, wo sie ihr Hirtenkleid wieder anlegte.

Am andern Abend nahm sie das Kleid mit den silbernen Monden heraus und steckte einen Halbmond von Edelsteinen in ihre Haare. Als sie auf dem Fest sich zeigte, wendeten sich alle Augen nach ihr, aber der Königssohn eilte ihr entgegen, und ganz voll Liebe erfüllt tanzte er mit ihr allein und blickte keine andere mehr an. Ehe sie wegging, musste sie ihm versprechen, den letzten Abend nochmals zum Fest zu kommen. Als sie zum dritten Mal erschien, hatte sie das Sternenkleid an, das bei jedem ihrer Schritte funkelte, und Haarband und Gürtel waren Sterne von Edelsteinen. Der Königssohn hatte schon lange auf sie gewartet und drängte sich zu ihr hin. »Sage mir nur, wer du bist«, sprach er, »mir ist, als wenn ich dich schon lange gekannt hätte.« – »Weißt du nicht«, antwortete sie, »was ich tat, als du von mir schiedest?« Da trat sie zu ihm heran und küsste ihn auf den linken Backen. In dem Augenblick fiel es wie Schuppen von seinen Augen, und er erkannte die wahre Braut. »Komm«, sagte er zu ihr, »hier ist meines Bleibens nicht länger«, reichte ihr die Hand und führte sie hinab zu dem Wagen. Als wäre der Wind vorgespannt, so eilten die Pferde zu dem Wunderschloss. Schon von Weitem glänzten die erleuchteten Fenster. Als sie bei der Linde vorbeifuhren, schwärmten unzählige Glühwürmer darin, sie schüttelte ihre Äste und sendete ihre Düfte herab. Auf der Treppe blühten die Blumen, aus dem Zimmer schallte der Gesang der fremden Vögel, aber in dem Saal stand der ganze Hof versammelt, und der Priester wartete, um den Bräutigam mit der wahren Braut zu vermählen.

95
Die Wichtelmänner

Erstes Märchen

Es war ein Schuster ohne seine Schuld so arm geworden, dass ihm endlich nichts mehr übrig blieb als Leder zu einem einzigen Paar Schuhe. Nun schnitt er am Abend die Schuhe zu und wollte sie den nächsten Morgen in Arbeit nehmen, und weil er ein gutes Gewissen hatte, so legte er sich ruhig zu Bett, befahl sich dem lieben Gott und schlief ein. Morgens, nachdem er sein Gebet verrichtet hatte und sich zur Arbeit niedersetzen wollte, so standen die beiden Schuhe ganz fertig auf seinem Tisch. Er verwunderte sich, wusste nicht, was er dazu sagen sollte, und nahm die Schuhe in die Hand, um sie näher zu betrachten: Sie waren so sauber gearbeitet, dass kein Stich daran falsch war, gerade als wenn es ein Meisterstück sein sollte. Bald darauf trat auch schon ein Käufer ein, und weil ihm die Schuhe so gut gefielen, so bezahlte er mehr als gewöhnlich dafür, und der Schuster konnte von dem Geld Leder zu zwei Paar Schuhen erhandeln. Er schnitt sie abends zu und wollte den nächsten Morgen mit frischem Mut an die Arbeit gehen, aber er brauchte es nicht, denn als er aufstand, waren sie schon fertig, und blieben auch nicht die Käufer aus, die ihm so viel Geld gaben, dass er Leder zu vier Paar Schuhen einkaufen konnte. Er fand frühmorgens auch die vier Paar fertig, und so gings immer fort: Was er abends zuschnitt, das war am Morgen verarbeitet, also dass er bald wieder sein ehrliches Auskommen hatte und endlich ein wohlhabender Mann ward. Nun geschah es eines Abends, nicht lange vor Weihnachten, als der Mann wieder zugeschnitten hatte, dass er vor Schlafengehen zu seiner Frau sprach: »Wie wärs, wenn wir diese Nacht aufblieben um zu sehen, wer uns solche hilfreiche

Hand leistet?« Die Frau wars zufrieden und steckte ein Licht an, darauf verbargen sie sich in den Stubenecken hinter den Kleidern, die da aufgehängt waren, und gaben acht. Als es Mitternacht war, da kamen zwei kleine niedliche nackte Männlein, setzten sich vor des Schusters Tisch, nahmen alle zugeschnittene Arbeit zu sich und fingen an mit ihrem Fingerlein so behänd und schnell zu stechen, zu nähen, zu klopfen, dass der Schuster vor Verwunderung die Augen nicht abwenden konnte. Sie ließen nicht nach, bis alles zu Ende gebracht war und fertig auf dem Tische stand, dann sprangen sie schnell fort.

Am andern Morgen sprach die Frau: »Die kleinen Männer haben uns reich gemacht, wir müssten uns doch dankbar dafür bezeigen. Sie laufen so herum, haben nichts am Leib und müssen frieren. Weißt du was? Ich will Hemdlein, Rock, Wams und Höslein für sie nähen, auch jedem ein Paar Strümpfe stricken; mach du jedem ein Paar Schühlein dazu.« Der Mann war das wohl zufrieden. Abends, wie sie alles fertig hatten, legten sie die Geschenke statt der zugeschnittenen Arbeit zusammen auf den Tisch und versteckten sich dann, um mit anzusehen wie sich die Männlein dazu anstellen würden. Um Mitternacht kamen sie herangesprungen und wollten sich gleich an die Arbeit machen; als sie aber kein zugeschnittenes Leder, sondern die niedlichen Kleidungsstücke fanden, verwunderten sie sich erst, dann aber bezeigten sie eine gewaltige

Freude. Mit der größten Geschwindigkeit zogen sie sich an, strichen die schönen Kleider am Leib und sangen:

»Sind wir nicht Knaben glatt und fein?
Was sollen wir länger Schuster sein!«

Dann hüpften und tanzten sie und sprangen über Stühle und Bänke. Endlich tanzten sie zur Türe hinaus. Von nun an kamen sie nicht wieder, dem Schuster aber ging es wohl, so lang er lebte, und es glückte ihm alles, was er unternahm.

Zweites Märchen

Es war einmal ein armes Dienstmädchen, das war fleißig und reinlich, kehrte alle Tage das Haus und schüttete das Kehricht auf einen großen Haufen vor die Türe. Eines Morgens, als es eben wieder an die Arbeit gehen wollte, fand es einen Brief darauf, und weil es nicht lesen konnte, so stellte es den Besen in die Ecke und brachte den Brief seiner Herrschaft, und da war es eine Einladung von den Wichtelmännern, die baten das Mädchen, ihnen ein Kind aus der Taufe zu heben. Das Mädchen wusste nicht, was es tun sollte, endlich auf vieles Zureden, und weil sie ihm sagten, so etwas dürfe man nicht abschlagen, so willigte es ein. Da kamen drei Wichtelmänner und führten es in einen hohlen Berg, wo die Kleinen lebten. Es war da alles klein, aber so zierlich und prächtig, dass es nicht zu sagen ist. Die Kindbetterin lag in einem Bett von schwarzem Ebenholz mit Knöpfen von Perlen, die Decken waren mit Gold gestickt, die Wiege war von Elfenbein, die Wanne von Gold. Das Mädchen stand nun Gevatter und wollte dann wieder nach Haus gehen, die Wichtelmännlein baten es aber inständig drei Tage bei ihnen zu bleiben. Es blieb also und verlebte die Zeit in Lust und Freude, und die Kleinen taten ihm alles zuliebe. Als es sich nun auf den Rückweg machen wollte, steckten sie ihm die Taschen erst ganz voll Gold und führten es dann wieder zum Berge heraus. Als es nach Haus kam, wollte es seine Arbeit beginnen, nahm den Besen in die Hand, der noch in der Ecke stand, und fing an zu kehren. Da kamen fremde Leute aus dem Haus, die fragten, wer es wäre und was es da zu tun hätte. Da war es nicht drei Tage, wie es gemeint hatte, sondern sieben Jahre bei den kleinen Männern im Berge gewesen, und seine vorige Herrschaft war in der Zeit gestorben.

Drittes Märchen

Einer Mutter war ihr Kind von den Wichtelmännern aus der Wiege geholt und ein Wechselbalg mit dickem Kopf und starren Augen hineingelegt, der nichts als essen und trinken wollte. In ihrer Not ging sie zu ihrer Nachbarin und fragte sie um Rat. Die Nachbarin sagte, sie sollte den Wechselbalg in die Küche tragen, auf den Herd setzen, Feuer anmachen, und in zwei Eierschalen Wasser kochen; das bringe den Wechselbalg zum Lachen, und wenn er lache, dann sei es aus mit ihm. Die Frau tat alles, wie die Nachbarin gesagt hatte. Wie sie die Eierschalen mit Wasser über das Feuer setzte, sprach der Klotzkopf:

»Nun bin ich so alt
wie der Westerwald,
und hab nicht gesehen,
dass jemand in Schalen kocht.«

Und fing an darüber zu lachen. Indem er lachte, kam auf einmal eine Menge von Wichtelmännerchen, die brachten das rechte Kind, setzten es auf den Herd und nahmen den Wechselbalg wieder mit fort.

96
Der Hase und der Igel

Diese Geschichte ist lügenhaft zu erzählen, Kinder, aber wahr ist sie doch, denn mein Großvater, von dem ich sie habe, pflegte immer, wenn er sie mir erzählte, dabei zu sagen: »Wahr muss sie doch sein, mein Sohn, denn sonst könnte man sie ja nicht erzählen.« Die Geschichte aber hat sich so zugetragen: Es war an einem Sonntagmorgen in der Herbstzeit, just als der Buchweizen blühte: Die Sonne war golden am Himmel aufgegangen, der Morgenwind ging warm über die Stoppeln, die Lerchen sangen in der Luft, die Bienen summten in dem Buchweizen, und die Leute gingen in ihrem Sonntagsstaat in die Kirche, kurz, alle Geschöpfe waren vergnügt und der Swinegel auch. Der Swinegel aber stand vor seiner Tür, hatte die Arme übereinandergeschlagen, guckte dabei in den Morgenwind hinaus und trällerte ein Liedchen vor sich hin, so gut und so schlecht, als nun eben am lieben Sonntagmorgen ein Swinegel zu singen pflegt. Indem er nun noch so halbleise vor sich hinsang, fiel ihm auf einmal ein, er könne wohl, während seine Frau die Kinder wüsche und anzöge, ein bisschen im Felde spazieren und zusehen, wie seine Steckrüben ständen. Die Steckrüben waren aber das Nächste bei seinem Hause, und er pflegte mit seiner Familie davon zu essen, deshalb sah er sie als die seinigen an. Der Swinegel machte die Haustür hinter sich zu und schlug den Weg nach dem Felde ein. Er war noch nicht sehr weit vom Hause weg und wollte just um den Schlehenbusch, der da vor dem Felde liegt, nach dem Steckrübenacker hinaufschlendern, als ihm der Hase begegnete, der in ähnlichen Geschäften ausgegangen war, nämlich um seinen Kohl zu besehen. Als der Swinegel des Hasen ansichtig wurde, bot er ihm einen freundlichen guten Morgen. Der Hase aber, der nach seiner Weise ein vornehmer Herr war und und grausam hochfahrig dazu, antwortete nichts auf des Swinegels Gruß, sondern sagte zum Swinegel, wobei er eine gewaltige höhnische Miene annahm: »Wie kommt es denn, dass du schon bei so frühem Morgen im Felde rumläufst?« – »Ich gehe spazieren«, sagte der Swinegel. »Spazieren?«, lachte der Hase. »Mich deucht, du könntest deine Beine auch wohl zu besseren Dingen gebrauchen.« Diese Antwort verdross den Swinegel ungeheuer, denn alles kann er vertragen, aber auf seine Beine lässt er nichts kommen, eben weil sie von Natur schief sind. »Du bildest dir wohl ein«, sagte nun der Swinegel zum Hasen, »dass du mit deinen Beinen mehr ausrichten kannst?«

»Das denk ich«, sagte der Hase. »Das kommt auf einen Versuch an«, meinte der Swinegel, »ich wette, wenn wir wettlaufen, ich laufe an dir vorbei.« – »Das ist zum Lachen, du mit deinen schiefen Beinen!«, sagte der Hase. »Aber meinetwegen mags sein, wenn du so übergroße Lust hast. Was gilt die Wette?« – »Einen Golddukaten und eine Flasche Schnaps«, sagte der Swinegel. »Angenommen«, sprach der Hase, »schlag ein, und dann kanns gleich losgehen.« – »Nein, so große Eile hat es nicht«, meinte der Swinegel, »ich bin noch ganz nüchtern; erst will ich nach Hause gehen und ein bisschen frühstücken. In einer halben Stunde bin ich wieder hier auf dem Platze.« Darauf ging der Swinegel, denn der Hase war es zufrieden.

Unterwegs dachte der Swinegel bei sich: »Der Hase verlässt sich auf seine langen Beine, aber ich will ihn schon kriegen. Er ist zwar ein vornehmer Herr, aber doch nur ein dummer Kerl, und bezahlen soll er doch.« Als nun der Swinegel zu Hause ankam, sagte er zu seiner Frau: »Frau, zieh dich schnell an, du musst mit mir ins Feld hinaus.« – »Was gibt es denn?«, fragte die Frau. »Ich habe mit dem Hasen um einen Golddukaten und eine Flasche Schnaps

gewettet, ich will mit ihm um die Wette laufen, und da sollst du dabei sein.« – »O mein Gott, Mann«, schrie dem Swinegel seine Frau, »bist du nicht klug, hast du denn ganz den Verstand verloren? Wie kannst du mit dem Hasen um die Wette laufen wollen?« – »Halts Maul, Weib«, sagte der Swinegel, »das ist meine Sache. Schwatz nicht in Männergeschäfte. Marsch, zieh dich an, und dann komm mit.« Was sollte dem Swinegel seine Frau machen? Sie musste wohl folgen, sie mochte wollen oder nicht. Als sie nun miteinander unterwegs waren, sprach der Swinegel zu seiner Frau: »Nun pass auf, was ich dir sagen werde. Sieh, auf dem langen Acker dort wollen wir unseren Wettlauf machen. Der Hase läuft nämlich in der einen Furche und ich in der andern, und von oben fangen wir an zu laufen. Nun hast du weiter nichts zu tun, als du stellst dich hier unten in die Furche, und wenn der Hase auf der andern Seite ankommt, so rufst du ihm entgegen: »Ich bin schon hier!«

Damit waren sie bei dem Acker angelangt, der Swinegel wies seiner Frau ihren Platz an und ging nun den Acker hinauf. Als er oben ankam, war der Hase schon da. »Kann es losgehen?«, fragte der Hase. »Jawohl«, erwiderte der Swinegel. »Dann nur zu!« Und damit stellte sich jeder in seine Furche. Der Hase zählte: »Eins, zwei, drei!«, und los ging er wie ein Sturmwind den Acker hinunter. Der Swinegel aber lief nur ungefähr drei Schritte, dann duckte er sich in die Furche nieder und blieb ruhig sitzen. Als nun der Hase im vollen Laufe unten am Acker ankam, rief ihm dem Swinegel seine Frau entgegen: »Ich bin schon hier!« Der Hase stutzte und verwunderte sich nicht wenig. Er meinte nicht anders, als wäre es der Swinegel selbst, der ihm das zurufe, denn bekanntlich sieht dem Swinegel seine Frau geradeso aus wie ihr Mann. Der Hase aber meinte: »Das geht nicht mit rechten Dingen zu.« Er rief: »Noch einmal gelaufen, wieder herum!« Und fort ging es wieder wie ein Sturmwind, sodass ihm die Ohren am Kopfe flogen. Dem Swinegel seine Frau blieb ruhig auf ihrem Platze. Als nun der Hase oben ankam, rief ihm der Swinegel entgegen: »Ich bin schon hier!« Der Hase aber, ganz außer sich vor Ärger, schrie: »Noch mal gelaufen, wieder herum!« – »Mir recht«, antwortete der Swinegel, »meinetwegen so oft, als du Lust hast.« So lief der Hase dreiundsiebzig Mal, und der Swinegel hielt es immer mit ihm aus. Jedes Mal wenn der Hase unten oder oben ankam, sagte der Swinegel oder seine Frau: »Ich bin schon hier.«

Zum vierundsiebzigsten Mal aber kam der Hase nicht mehr zu Ende. Mitten auf dem Acker stürzte er zur Erde, das Blut floss ihm aus dem Halse, und er blieb tot auf dem Platze. Der Swinegel aber nahm seinen gewonnenen Golddukaten und die Flasche Branntwein, rief seine Frau aus der Furche ab, und beide gingen vergnügt nach Hause, und wenn sie nicht gestorben sind, leben sie noch.

So begab es sich, dass auf der Buxtehuder Heide der Swinegel den Hasen zu Tode gelaufen hat, und seit jener Zeit hat es sich kein Hase wieder einfallen lassen, mit dem Buxtehuder Swinegel um die Wette zu laufen.

Die Lehre aber aus dieser Geschichte ist erstens, dass sich keiner, und wenn er sich auch noch so vornehm dünkt, soll beikommen lassen, sich über einen geringen Mann lustig zu machen, und wäre es auch nur ein Swinegel. Und zweitens, dass es geraten ist, wenn einer freit, dass er sich eine Frau aus seinem Stande nimmt, die just so aussieht wie er selbst. Wer also ein Swinegel ist, der muss darauf sehen, dass seine Frau auch ein Swinegel sei.

97
Das Meerhäschen

Es war einmal eine Königstochter, die hatte in ihrem Schloss hoch unter der Zinne einen Saal mit zwölf Fenstern, die gingen nach allen Himmelsgegenden, und wenn sie hinaufstieg und umherschaute, so konnte sie ihr ganzes Reich übersehen. Aus dem ersten sah sie schon schärfer als andere Menschen, in dem zweiten noch besser, in dem dritten noch deutlicher, und so immer weiter, bis in dem zwölften, wo sie alles sah, was über und unter der Erde war, und ihr nichts verborgen bleiben konnte. Weil sie aber stolz war, sich niemand unterwerfen wollte und die Herrschaft allein behalten, so ließ sie bekannt machen, es sollte niemand ihr Gemahl werden, der sich nicht so vor ihr verstecken könnte, dass es ihr unmöglich wäre, ihn zu finden. Wer es aber versuche und sie entdecke ihn, so werde ihm das Haupt abgeschlagen und auf einen Pfahl gesteckt. Es standen schon siebenundneunzig Pfähle mit toten Häuptern vor dem Schloss, und in langer Zeit meldete sich niemand. Die Königstochter war vergnügt und dachte: »Ich werde nun für mein Lebtag frei bleiben.« Da erschienen drei Brüder vor ihr und kündigten ihr an, dass sie ihr Glück versuchen wollten. Der Älteste glaubte sicher zu sein, wenn er in ein Kalkloch krieche, aber sie erblickte ihn schon aus dem ersten Fenster, ließ ihn herausziehen und ihm das Haupt abschlagen. Der Zweite kroch in den Keller des Schlosses, aber auch diesen erblickte sie aus dem ersten Fenster, und es war um ihn geschehen: Sein Haupt kam auf den neunundneunzigsten Pfahl. Da trat der Jüngste vor sie hin und bat, sie möchte ihm einen Tag Bedenkzeit geben, auch so gnädig sein, es ihm zwei Mal zu schenken, wenn sie ihn entdecke. Misslinge es ihm zum dritten Mal, so wolle er sich nichts mehr aus seinem Leben machen. Weil er so schön war und so herzlich bat, so sagte sie: »Ja, ich will dir das bewilligen, aber es wird dir nicht glücken.«

Den folgenden Tag sann er lange nach, wie er sich verstecken wollte, aber es war vergeblich. Da ergriff er seine Büchse und ging hinaus auf die Jagd. Er sah einen Raben und nahm ihn aufs Korn; eben wollte er losdrücken, da rief der Rabe: »Schieß nicht, ich will dirs vergelten!« Er setzte ab, ging weiter und kam an einen See, wo er einen großen Fisch überraschte, der aus der Tiefe herauf an die Oberfläche des Wassers gekommen war. Als er angelegt hatte, rief der Fisch: »Schieß nicht, ich will dirs vergelten!« Er ließ ihn untertauchen, ging weiter und begegnete einem Fuchs, der hinkte. Er schoss und verfehlte ihn, da rief der Fuchs: »Komm lieber her und zieh mir den Dorn aus dem Fuß.« Er tat es zwar, wollte aber dann den Fuchs töten und

ihm den Balg abziehen. Der Fuchs sprach: »Lass ab, ich will dirs vergelten!« Der Jüngling ließ ihn laufen, und da es Abend war, kehrte er heim.

Am andern Tag sollte er sich verkriechen, aber wie er sich auch den Kopf darüber zerbrach, er wusste nicht wohin. Er ging in den Wald zu dem Raben und sprach: »Ich habe dich leben lassen, jetzt sage mir, wohin ich mich verkriechen soll, damit mich die Königstochter nicht sieht.« Der Rabe senkte den Kopf und bedachte sich lange. Endlich schnarrte er: »Ich habs heraus!« Er holte ein Ei aus seinem Nest, zerlegte es in zwei Teile und schloss den Jüngling hinein; dann machte er es wieder ganz und setzte sich darauf. Als die Königstochter an das erste Fenster trat, konnte sie ihn nicht entdecken, auch nicht in den folgenden, und es fing an ihr bange zu werden, doch im elften erblickte sie ihn. Sie ließ den Raben schießen, das Ei holen und zerbrechen, und der Jüngling musste herauskommen. Sie sprach: »Einmal ist es dir geschenkt, wenn du es nicht besser machst, so bist du verloren.«

Am folgenden Tag ging er an den See, rief den Fisch herbei und sprach: »Ich habe dich leben lassen, nun sage, wohin soll ich mich verbergen, damit mich die Königstochter nicht sieht.« Der Fisch besann sich, endlich rief er: »Ich habs heraus! Ich will dich in meinem Bauch verschließen.« Er verschluckte ihn und fuhr hinab auf den Grund des Sees. Die Königstochter blickte durch ihre Fenster, auch im elften sah sie ihn nicht und war bestürzt, doch endlich im zwölften entdeckte sie ihn. Sie ließ den Fisch fangen und töten, und der Jüngling kam zum Vorschein. Es kann sich jeder denken, wie ihm zumut war. Sie sprach: »Zweimal ist dirs geschenkt, aber dein Haupt wird wohl auf den hundertsten Pfahl kommen.«

An dem letzten Tag ging er mit schwerem Herzen aufs Feld und begegnete dem Fuchs. »Du weißt alle Schlupfwinkel zu finden«, sprach er, »ich habe dich leben lassen, jetzt rat mir, wohin ich mich verstecken soll, damit mich die Königstochter nicht findet.« – »Ein schweres Stück«, antwortete der Fuchs und machte ein bedenkliches Gesicht. Endlich rief er: »Ich habs heraus!« Er ging mit ihm zu einer Quelle, tauchte sich hinein und kam als ein Marktkrämer und Tierhändler heraus. Der Jüngling musste sich auch in das Wasser tauchen und ward in ein kleines Meerhäschen verwandelt. Der Kaufmann zog in die Stadt und zeigte das artige Tierchen. Es lief viel Volk zusammen, um es anzusehen. Zuletzt kam auch die Königstochter, und weil sie großen Gefallen daran hatte, kaufte sie es und gab dem Kaufmann viel Geld dafür. Bevor er es ihr hinreichte, sagte er zu ihm: »Wenn die Königstochter ans Fenster geht, so krieche schnell unter ihren Zopf.« Nun kam die Zeit, wo sie ihn suchen sollte. Sie trat nach der Reihe an die Fenster, vom ersten bis zum elften, und sah ihn nicht. Als sie ihn auch bei dem zwölften nicht sah, war sie voll Angst und Zorn und schlug es so gewaltig zu, dass das Glas in allen Fenstern in tausend Stücke zersprang und das ganze Schloss erzitterte.

Sie ging zurück und fühlte das Meerhäschen unter ihrem Zopf, da packte sie es, warf es zu Boden und rief: »Fort, mir aus den Augen!« Es lief zum Kaufmann, und beide eilten zur Quelle, wo sie sich untertauchten und ihre wahre Gestalt zurückerhielten. Der Jüngling dankte dem Fuchs und sprach: »Der Rabe und der Fisch sind blitzdumm gegen dich, du weißt die rechten Pfiffe, das muss wahr sein!«

Der Jüngling ging geradezu in das Schloss. Die Königstochter wartete schon auf ihn und fügte sich ihrem Schicksal. Die Hochzeit ward gefeiert, und er war jetzt der König und Herr des ganzen Reichs. Er erzählte ihr niemals, wohin er sich zum dritten Mal versteckt und wer ihm geholfen hatte, und so glaubte sie, er habe alles aus eigener Kunst getan und hatte Achtung vor ihm, denn sie dachte bei sich: »Der kann doch mehr als du!«

98
Der Trommler

Eines Abends ging ein junger Trommler ganz allein auf dem Feld und kam an einen See, da sah er an dem Ufer drei Stückchen weiße Leinewand liegen. »Was für feines Leinen«, sprach er und steckte eins davon in die Tasche. Er ging heim, dachte nicht weiter an seinen Fund und legte sich zu Bett. Als er eben einschlafen wollte, war es ihm, als nennte jemand seinen Namen. Er horchte und vernahm eine leise Stimme, die ihm zurief: »Trommeler, Trommeler, wach auf.« Er konnte, da es finstere Nacht war, niemand sehen, aber es kam ihm vor, als schwebte eine Gestalt vor seinem Bett auf und ab. »Was willst du?«, fragte er. »Gib mir mein Hemdchen zurück«, antwortete die Stimme, »das du mir gestern Abend am See weggenommen hast.« – »Du sollst es wiederhaben«, sprach der Trommler, »wenn du mir sagst, wer du bist.« – »Ach«, erwiderte die Stimme, »ich bin die Tochter eines mächtigen Königs, aber ich bin in die Gewalt einer Hexe geraten und bin auf den Glasberg gebannt. Jeden Tag muss ich mit meinen zwei Schwestern im See baden, aber ohne mein Hemdchen kann ich nicht wieder fortfliegen. Meine Schwestern haben sich fortgemacht, ich aber habe zurückbleiben müssen. Ich bitte dich, gib mir mein Hemdchen wieder.« – »Sei ruhig, armes Kind«, sprach der Trommler, »ich will dirs gerne zurückgeben.« Er holte es aus seiner Tasche und reichte es ihr in der Dunkelheit hin. Sie erfasste es hastig und wollte damit fort. »Weile einen Augenblick«, sagte er, »vielleicht kann ich dir helfen.« – »Helfen kannst du mir nur, wenn du auf den Glasberg steigst und mich aus der Gewalt der Hexe befreist. Aber zu dem Glasberg kommst du nicht, und wenn du auch ganz nahe daran wärst, so kommst du nicht hinauf.« – »Was ich will, das kann ich«, sagte der Trommler, »ich habe Mitleid mit dir, und ich fürchte mich vor nichts. Aber ich weiß den Weg nicht, der nach dem Glasberg führt.« – »Der Weg geht durch den großen Wald, in dem die Menschenfresser hausen«, antwortete sie, »mehr darf ich dir nicht sagen.« Darauf hörte er, wie sie fortschwirrte.

Bei Anbruch des Tages machte sich der Trommler auf, hing seine Trommel um und ging ohne Furcht geradezu in den Wald hinein. Als er ein Weilchen gegangen war und keinen Riesen erblickte, so dachte er: »Ich muss die Langschläfer aufwecken«, hing die Trommel vor und schlug einen Wirbel, dass die Vögel aus den Bäumen mit Geschrei aufflogen. Nicht lange, so erhob sich auch ein Riese in die Höhe, der im Gras gelegen und geschlafen hatte, und war so groß wie eine Tanne. »Du Wicht«, rief er ihm zu, »was trommelst du hier und weckst mich aus dem besten Schlaf?« – »Ich trommle«, antwortete er, »weil viele Tausende hinter mir herkommen, damit sie den Weg wissen.« – »Was wollen die hier in meinem Wald?«, fragte der Riese. »Sie wollen dir den Garaus machen und den Wald von einem Ungetüm, wie du bist, säubern.« – »Oho«, sagte der Riese, »ich trete euch wie Ameisen tot.« – »Meinst du, du könntest gegen sie etwas ausrichten?«, sprach der Trommler. »Wenn du dich bückst, um einen zu packen, so springt er fort und versteckt sich; wie du dich aber niederlegst und schläfst, so kommen sie aus allen Gebüschen herbei und kriechen an dir hinauf. Jeder hat einen Hammer von Stahl am Gürtel stecken, damit schlagen sie dir den Schädel ein.« Der Riese ward verdrießlich und dachte: »Wenn ich mich mit dem listigen Volk befasse, so könnte es doch zu meinem Schaden ausschlagen. Wölfen und Bären drücke ich die Gurgel zusammen, aber vor den Erdwürmern kann ich mich nicht schützen.« – »Hör, kleiner Kerl«, sprach er, »zieh wieder ab, ich verspreche dir, dass ich dich und deine Gesellen in Zukunft in Ruhe lassen will, und hast du noch einen Wunsch, so sags mir, ich will dir wohl etwas zu Gefallen tun.« – »Du hast lange Beine«, sprach der Trommler, »und kannst schneller laufen als ich, trag mich zum Glasberge, so will ich den Meinigen ein Zeichen zum Rückzug geben, und sie sollen dich diesmal in Ruhe lassen.« – »Komm her, Wurm«, sprach der Riese, »setz dich auf meine Schulter, ich will dich tragen, wohin du verlangst.« Der Riese hob ihn hinauf, und der Trommler fing oben an nach Herzenslust auf der Trommel zu wirbeln. Der Riese dachte: »Das wird das Zeichen sein, dass das andere Volk zurückgehen soll.« Nach einer Weile stand ein zweiter Riese am Weg, der nahm den Trommler dem ersten ab und steckte ihn in sein Knopfloch. Der Trommler fasste den Knopf, der wie eine Schüssel groß war, hielt sich daran und schaute ganz lustig umher. Dann kamen sie zu einem Dritten, der nahm ihn aus dem Knopfloch und setzte ihn auf den Rand seines Hutes; da ging der Trommler oben auf und ab und sah über die Bäume hinaus, und als er in blauer Ferne einen Berg erblickte, so dachte er: »Das ist gewiss der Glasberg«, und er war es auch. Der Riese tat noch ein paar Schritte, so waren sie an dem Fuß des Berges angelangt, wo ihn der Riese absetzte. Der Trommler verlangte, er sollte ihn auch auf die Spitze des Glasberges tragen, aber der Riese schüttelte mit dem Kopf, brummte etwas in den Bart und ging in den Wald zurück.

Nun stand der arme Trommler vor dem Berg, der so hoch war, als wenn drei Berge aufeinandergesetzt wären, und dabei so glatt wie ein Spiegel, und wusste keinen Rat, um hinaufzukommen.

Er fing an zu klettern, aber vergeblich, er rutschte immer wieder herab. »Wer jetzt ein Vogel wäre«, dachte er, aber was half das Wünschen, es wuchsen ihm keine Flügel. Indem er so stand und sich nicht zu helfen wusste, erblickte er nicht weit von sich zwei Männer, die heftig miteinander stritten. Er ging auf sie zu und sah, dass sie wegen eines Sattels uneins waren, der vor ihnen auf der Erde lag, und den jeder von ihnen haben wollte. »Was seid ihr für Narren«, sprach er, »zankt euch um einen Sattel und habt kein Pferd dazu.« – »Der Sattel ist wert, dass man darum streitet«, antwortete der eine von den Männern, »wer darauf sitzt und wünscht sich irgendwohin, und wärs am Ende der Welt, der ist im Augenblick angelangt, wie er den Wunsch ausgesprochen hat. Der Sattel gehört uns gemeinschaftlich, die Reihe, darauf zu reiten, ist an mir, aber der andere will es nicht zulassen.« – »Den Streit will ich bald austragen«, sagte der Trommler, ging eine Strecke weit und steckte einen weißen Stab in die Erde. Dann kam er zurück und sprach: »Jetzt lauft nach dem Ziel: Wer zuerst dort ist, der reitet zuerst.« Beide setzten sich in Trab, aber kaum waren sie ein paar Schritte weg, so schwang sich der Trommler auf den Sattel, wünschte sich auf den Glasberg, und ehe man die Hand umdrehte, war er dort. Auf dem Berg oben war eine Ebene, da stand ein altes steinernes Haus, und vor dem Haus lag ein großer Fischteich, dahinter aber ein finsterer Wald. Menschen und Tiere sah er nicht, es war alles still, nur der Wind raschelte in den Bäumen, und die Wolken zogen ganz nah über seinem Haupt weg. Er trat an die Türe und klopfte an. Als er zum dritten Mal geklopft hatte, öffnete eine Alte mit braunem Gesicht und roten Augen die Türe; sie hatte eine Brille auf ihrer langen Nase und sah ihn scharf an, dann fragte sie, was sein Begehren wäre. »Einlass, Kost und Nachtlager«, antwortete der Trommler. »Das sollst du haben«, sagte die Alte, »wenn du dafür drei Arbeiten verrichten willst.« – »Warum nicht?«, antwortete er. »Ich scheue keine Arbeit, und wenn sie noch so schwer ist.« Die Alte ließ ihn ein, gab ihm Essen und abends ein gutes Bett. Am Morgen, als er ausgeschlafen hatte, nahm die Alte einen Fingerhut von ihrem dürren Finger, reichte ihn dem Trommler hin und sagte: »Jetzt geh an die Arbeit und schöpfe den Teich draußen mit diesem

Fingerhut aus. Aber ehe es Nacht wird, musst du fertig sein, und alle Fische, die in dem Wasser sind, müssen nach ihrer Art und Größe ausgesucht und nebeneinandergelegt sein.« – »Das ist eine seltsame Arbeit«, sagte der Trommler, ging aber zu dem Teich und fing an zu schöpfen. Er schöpfte den ganzen Morgen, aber was kann man mit einem Fingerhut bei einem großen Wasser ausrichten, und wenn man tausend Jahre schöpft? Als es Mittag war, dachte er: »Es ist alles umsonst, und ist einerlei, ob ich arbeite oder nicht«, hielt ein und setzte sich nieder. Da kam ein Mädchen aus dem Haus gegangen, stellte ihm ein Körbchen mit Essen hin und sprach: »Du sitzest da so traurig, was fehlt dir?« Er blickte es an und sah, dass es wunderschön war. »Ach«, sagte er, »ich kann die erste Arbeit nicht vollbringen, wie wird es mit den andern werden? Ich bin ausgegangen, eine Königstochter zu suchen, die hier wohnen soll, aber ich habe sie nicht gefunden; ich will weitergehen.« – »Bleib hier«, sagte das Mädchen, »ich will dir aus deiner Not helfen. Du bist müde, lege deinen Kopf in meinen Schoß und schlaf. Wenn du wieder aufwachst, so ist die Arbeit getan.« Der Trommler ließ sich das nicht zweimal sagen. Sobald ihm die Augen zufielen, drehte sie einen Wunschring und sprach: »Wasser herauf, Fische heraus.« Alsbald stieg das Wasser wie ein weißer Nebel in die Höhe und zog mit den andern Wolken fort, und die Fische schnalzten, sprangen ans Ufer und legten sich nebeneinander, jeder nach seiner Größe und Art. Als der Trommler erwachte, sah er mit Erstaunen, dass alles vollbracht war. Aber das Mädchen sprach: »Einer von den Fischen liegt nicht bei seinesgleichen, sondern ganz allein. Wenn die Alte heute Abend kommt und sieht, dass alles geschehen ist, was sie verlangt hat, so wird sie fragen: ›Was soll dieser Fisch allein?‹ Dann wirf ihr den Fisch ins Angesicht und sprich: ›Der soll für dich sein, alte Hexe.‹« Abends kam die Alte, und als sie die Frage getan hatte, so warf er ihr den Fisch ins Gesicht. Sie stellte sich, als merkte sie es nicht, und schwieg still, aber sie blickte ihn mit boshaften Augen an. Am andern Morgen sprach sie: »Gestern hast du es zu leicht gehabt, ich muss dir schwerere Arbeit geben. Heute musst du den ganzen Wald umhauen, das Holz in Scheite spalten und in Klaftern legen, und am Abend muss alles fertig sein.« Sie gab ihm eine Axt, einen Schläger und zwei Keile. Aber die Axt war von Blei, der Schläger und die Keile waren von Blech. Als er anfing zu hauen, so legte sich die Axt um, und Schläger und Keile drückten sich zusammen. Er wusste sich nicht zu helfen, aber mittags kam das Mädchen wieder mit dem Essen und tröstete ihn. »Lege deinen Kopf in meinen Schoß«, sagte sie, »und schlaf; wenn du aufwachst, so ist die Arbeit getan.« Sie drehte ihren Wunschring, in dem Augenblick sank der ganze Wald mit Krachen zusammen, das Holz spaltete sich von selbst und legte sich in Klaftern zusammen; es war, als ob unsichtbare Riesen die Arbeit vollbrächten. Als er aufwachte, sagte das Mädchen: »Siehst du, das Holz ist geklaftert und gelegt; nur ein einziger Ast ist übrig, aber wenn die Alte heute Abend kommt und fragt, was der Ast solle, so gib ihr damit einen Schlag und sprich: ›Der soll für dich sein, du Hexe.‹« Die Alte kam: »Siehst du«, sprach sie, »wie leicht die Arbeit war; aber für wen liegt der Ast noch da?« – »Für dich, du Hexe«, antwortete er und gab ihr einen Schlag damit. Aber sie tat, als fühlte sie es nicht, lachte höhnisch und sprach: »Morgen früh sollst du alles Holz auf einen Haufen legen, es anzünden und verbrennen.« Er stand mit Anbruch des Tages auf und fing an das Holz herbeizuholen, aber wie kann ein einziger Mensch einen ganzen Wald zusammentragen? Die Arbeit rückte nicht fort. Doch das Mädchen verließ ihn nicht in der Not: Es brachte ihm mittags seine Speise, und als er gegessen hatte, legte er seinen Kopf in den Schoß und schlief ein. Bei seinem Erwachen brannte der ganze Holzstoß in einer ungeheuern Flamme, die ihre Zungen bis in den Himmel ausstreckte. »Hör mich an«, sprach das Mädchen, »wenn die Hexe kommt, wird sie dir allerlei auftragen. Tust du ohne Furcht, was sie verlangt, so kann sie dir nichts anhaben, fürchtest du dich aber, so packt dich das Feuer und verzehrt dich. Zuletzt, wenn du alles getan hast, so packe sie mit beiden Händen und wirf sie mitten in die Glut.« Das Mädchen ging fort, und die Alte kam herangeschlichen. »Hu! Mich friert«, sagte sie, »aber das ist ein Feuer, das brennt, das wärmt mir die alten Knochen, da wird mir wohl. Aber dort liegt ein Klotz, der will nicht brennen, den hol mir heraus. Hast du das noch getan, so bist du frei und kannst ziehen, wohin du willst. Nur munter hinein.« Der Trommler besann sich nicht lange, sprang mitten in die Flammen, aber sie taten ihm nichts, nicht einmal die Haare konnten sie ihm versengen. Er trug den Klotz heraus und legte ihn hin. Kaum aber hatte das Holz die Erde berührt, so verwandelte es sich, und das schöne Mädchen stand vor ihm, das ihm in der Not geholfen hatte, und an den seidenen goldglänzenden Kleidern, die es anhatte, merkte er wohl, dass es die Königstochter war. Aber die Alte lachte giftig und sprach: »Du meinst, du hättest sie, aber du hast sie noch nicht.« Eben wollte sie auf das Mädchen losgehen und es fortziehen, da packte er die Alte mit beiden Händen, hob sie in die Höhe und warf sie den Flammen in den Rachen, die über ihr zusammenschlugen, als freuten sie sich, dass sie eine Hexe verzehren sollten.

Die Königstochter blickte darauf den Trommler an, und als sie sah, dass es ein schöner Jüngling war, und bedachte, dass er sein Leben daran gesetzt hatte, um sie zu erlösen, so reichte sie ihm die Hand und sprach: »Du hast alles für mich gewagt, aber ich will auch für dich alles tun. Versprichst du mir deine Treue, so sollst du mein Gemahl werden. An Reichtümern fehlt es uns nicht, wir haben genug an dem, was die Hexe hier zusammengetragen hat.« Sie führte ihn in das Haus, da standen Kisten und Kasten, die mit ihren Schätzen angefüllt waren. Sie ließen Gold und Silber liegen und nahmen nur die Edelsteine. Sie wollte nicht länger auf dem Glasberg bleiben. Da sprach er zu ihr: »Setze dich zu mir auf meinen Sattel, so fliegen wir hinab wie Vögel.« – »Der alte Sattel gefällt mir nicht«, sagte sie, »ich brauche nur an meinem Wunschring zu drehen, so sind wir zu Haus.« – »Wohlan«, antwortete der Trommler, »so wünsch uns vor das Stadttor.« Im Nu waren sie dort, der Trommler aber sprach: »Ich will erst zu meinen Eltern gehen und ihnen Nachricht geben, harre mein hier auf dem Feld, ich will bald zurück sein.« – »Ach«, sagte die Königstochter, »ich bitte dich, nimm dich in Acht, küsse deine Eltern bei deiner Ankunft nicht auf die rechte Wange, denn sonst wirst du alles vergessen, und ich bleibe hier allein und verlassen auf dem Feld zurück.« – »Wie kann ich dich vergessen?«, sagte er und versprach ihr in die Hand, recht bald wiederzukommen. Als er in sein väterliches Haus trat, wusste niemand, wer er war, so hatte er sich verändert, denn die drei Tage, die er auf dem Glasberg zugebracht hatte, waren drei lange Jahre gewesen. Da gab er sich zu erkennen, und seine Eltern fielen ihm vor Freude um den Hals, und er war so be-

wegt in seinem Herzen, dass er sie auf beide Wangen küsste und an die Worte des Mädchens nicht dachte. Wie er ihnen aber den Kuss auf die rechte Wange gegeben hatte, verschwand ihm jeder Gedanke an die Königstochter. Er leerte seine Taschen aus und legte Hände voll der größten Edelsteine auf den Tisch. Die Eltern wussten gar nicht, was sie mit dem Reichtum anfangen sollten. Da baute der Vater ein prächtiges Schloss, von Gärten, Wäldern und Wiesen umgeben, als wenn ein Fürst darin wohnen sollte. Und als es fertig war, sagte die Mutter: »Ich habe ein Mädchen für dich ausgesucht, in drei Tagen soll die Hochzeit sein.« Der Sohn war mit allem zufrieden, was die Eltern wollten.

Die arme Königstochter hatte lange vor der Stadt gestanden und auf die Rückkehr des Jünglings gewartet. Als es Abend ward, sprach sie: »Gewiss hat er seine Eltern auf die rechte Wange geküsst und hat mich vergessen.« Ihr Herz war voll Trauer, sie wünschte sich in ein einsames Waldhäuschen und wollte nicht wieder an den Hof ihres Vaters zurück. Jeden Abend ging sie in die Stadt und ging an seinem Haus vorüber; er sah sie manchmal, aber er kannte sie nicht mehr. Endlich hörte sie, wie die Leute sagten: »Morgen wird seine Hochzeit gefeiert.« Da sprach sie: »Ich will versuchen, ob ich sein Herz wiedergewinne.« Als der erste Hochzeitstag gefeiert ward, da drehte sie ihren Wunschring und sprach: »Ein Kleid, so glänzend wie die Sonne.« Alsbald lag das Kleid vor ihr und war so glänzend, als wenn es aus lauter Sonnenstrahlen gewebt wäre. Als alle Gäste sich versammelt hatten, so trat sie in den Saal. Jedermann wunderte sich über das schöne Kleid, am meisten die Braut, und da schöne Kleider ihre größte Lust waren, so ging sie zu der Fremden und fragte, ob sie es ihr verkaufen wollte. »Für Geld nicht«, antwortete sie, »aber wenn ich die erste Nacht vor der Türe verweilen darf, wo der Bräutigam schläft, so will ich es hingeben.« Die Braut konnte ihr Verlangen nicht bezwingen und willigte ein, aber sie mischte dem Bräutigam einen Schlaftrunk in seinen Nachtwein, wovon er in tiefen Schlaf verfiel. Als nun alles still geworden war, so kauerte sich die Königstochter vor die Türe der Schlafkammer, öffnete sie ein wenig und rief hinein:

»Trommler, Trommler, hör mich an,
hast du mich denn ganz vergessen?
Hast du auf dem Glasberg nicht bei mir gesessen?
Habe ich vor der Hexe nicht bewahrt dein Leben?
Hast du mir auf Treue nicht die Hand gegeben?
Trommler, Trommler, hör mich an.«

Aber es war alles vergeblich, der Trommler wachte nicht auf, und als der Morgen anbrach, musste die Königstochter unverrichteter Dinge wieder fortgehen. Am zweiten Abend drehte sie ihren Wunschring und sprach: »Ein Kleid, so silbern als der Mond.« Als sie mit dem Kleid, das so zart war wie der Mondschein, bei dem Fest erschien, erregte sie wieder das Verlangen der Braut und gab es ihr für die Erlaubnis, auch die zweite Nacht vor der Türe der Schlafkammer zubringen zu dürfen.

Da rief sie in nächtlicher Stille:

»Trommler, Trommler, hör mich an,
hast du mich denn ganz vergessen?
Hast du auf dem Glasberg nicht bei mir gesessen?
Habe ich vor der Hexe nicht bewahrt dein Leben?
Hast du mir auf Treue nicht die Hand gegeben?
Trommler, Trommler, hör mich an.«

Aber der Trommler, von dem Schlaftrunk betäubt, war nicht zu erwecken. Traurig ging sie den Morgen wieder zurück in ihr Waldhaus. Aber die Leute im Haus hatten die Klage des fremden Mädchens gehört und erzählten dem Bräutigam davon. Sie sagten ihm auch, dass es ihm nicht möglich gewesen wäre, etwas davon zu vernehmen, weil sie ihm einen Schlaftrunk in den Wein geschüttet hätten.

Am dritten Abend drehte die Königstochter den Wunschring und sprach: »Ein Kleid, flimmernd wie Sterne.« Als sie sich darin auf dem Fest zeigte, war die Braut über die Pracht des Kleides, das die andern weit übertraf, ganz außer sich und sprach: »Ich soll und muss es haben.« Das Mädchen gab es, wie die andern, für die Erlaubnis, die Nacht vor der Türe des Bräutigams zuzubringen. Der Bräutigam aber trank den Wein nicht, der ihm vor dem Schlafengehen gereicht wurde, sondern goss ihn hinter das Bett. Und als alles im Haus still geworden war, so hörte er eine sanfte Stimme, die ihn anrief:

»Trommler, Trommler, hör mich an,
hast du mich denn ganz vergessen?
Hast du auf dem Glasberg nicht bei mir gesessen?
Habe ich vor der Hexe nicht bewahrt dein Leben?
Hast du mir auf Treue nicht die Hand gegeben?
Trommler, Trommler, hör mich an.«

Plötzlich kam ihm das Gedächtnis wieder. »Ach«, rief er, »wie habe ich so treulos handeln können. Aber der Kuss, den ich meinen Eltern in der Freude meines Herzens auf die rechte Wange gegeben habe, der ist schuld daran, der hat mich betäubt.« Er sprang auf, nahm die Königstochter bei der Hand und führte sie zu dem Bett seiner Eltern. »Das ist meine rechte Braut«, sprach er, »wenn ich die andere heirate, so tue ich großes Unrecht.« Die Eltern, als sie hörten, wie alles sich zugetragen hatte, willigten ein. Da wurden die Lichter im Saal wieder angezündet, Pauken und Trompeten herbeigeholt, die Freunde und Verwandten eingeladen wiederzukommen, und die wahre Hochzeit ward mit großer Freude gefeiert. Die erste Braut behielt die schönen Kleider zur Entschädigung und gab sich zufrieden.

99
Die Kristallkugel

Es war einmal eine Zauberin, die hatte drei Söhne, die sich brüderlich liebten. Aber die Alte traute ihnen nicht und dachte, sie wollten ihr ihre Macht rauben. Da verwandelte sie den Ältesten in einen Adler, der musste auf einem Felsengebirge hausen, und man sah ihn manchmal am Himmel in großen Kreisen auf- und niederschweben. Den Zweiten verwandelte sie in einen Walfisch, der lebte im tiefen Meer, und man sah nur, wie er zuweilen einen mächtigen Wasserstrahl in die Höhe warf. Beide hatten nur zwei Stunden jeden Tag ihre menschliche Gestalt. Der dritte Sohn, da er fürchtete, sie möchte ihn auch in ein reißendes Tier verwandeln, in einen Bären oder einen Wolf, so ging er heimlich fort. Er hatte aber gehört, dass auf dem Schloss der goldenen Sonne eine verwünschte Königstochter säße, die auf Erlösung harrte. Es müsste aber jeder sein Leben daran wagen; schon dreiundzwanzig Jünglinge wären eines jämmerlichen Todes gestorben und nur noch einer übrig, dann dürfte keiner mehr kommen. Und da sein Herz ohne Furcht war, so fasste er den Entschluss, das Schloss von der goldenen Sonne aufzusuchen. Er war schon lange Zeit herumgezogen und hatte es nicht finden können, da geriet er in einen großen Wald und wusste nicht, wo der Ausgang war. Auf einmal erblickte er in der Ferne zwei Riesen, die winkten ihm mit der Hand, und als er zu ihnen kam, sprachen sie: »Wir streiten um einen Hut, wem er zugehören soll, und da wir beide gleich stark sind, so kann keiner den andern überwältigen. Die kleinen Menschen sind klüger als wir, daher wollen wir dir die Entscheidung überlassen.« – »Wie könnt ihr euch um einen alten Hut streiten?«, sagte der Jüngling. »Du weißt nicht, was er für Eigenschaften hat, es ist ein Wünschhut, wer den aufsetzt, der kann sich hinwünschen, wohin er will, und im Augenblick ist er dort.« – »Gebt mir den Hut«, sagte der Jüngling, »ich will ein Stück Wegs gehen, und wenn ich euch dann rufe, so lauft um die Wette, und wer am Ersten bei mir ist, dem soll er gehören.« Er setzte den Hut auf und ging fort, dachte aber an die Königstochter, vergaß die Riesen und ging immer weiter. Einmal seufzte er aus Herzensgrund und rief: »Ach, wäre ich doch auf dem Schloss der goldenen Sonne!« Und kaum waren die Worte über seine Lippen, so stand er auf einem hohen Berg vor dem Tor des Schlosses.

Er trat hinein und ging durch alle Zimmer, bis er in dem letzten die Königstochter fand. Aber wie erschrak er, als er sie anblickte: Sie hatte ein aschgraues Gesicht voll Runzeln, trübe Augen und rote Haare. »Seid Ihr die Königstochter, deren Schönheit alle Welt rühmt?«, rief er aus. »Ach«, erwiderte sie, »das ist meine Gestalt nicht, die Augen der Menschen können mich nur in dieser Hässlichkeit erblicken, aber damit du weißt, wie ich aussehe, so schau in den Spiegel, der lässt sich nicht irremachen, der zeigt dir mein Bild, wie es in Wahrheit ist.« Sie gab ihm den Spiegel in die Hand, und er sah darin das Abbild der schönsten Jungfrau, die auf der Welt war, und sah, wie ihr vor Traurigkeit die Tränen über die Wangen rollten. Da sprach er: »Wie kannst du erlöst werden? Ich scheue keine Gefahr.« Sie sprach: »Wer die kristallne Kugel erlangt und hält sie dem Zauberer vor, der bricht damit seine Macht, und ich kehre in meine wahre Gestalt zurück. Ach«, setzte sie hinzu, »schon so mancher ist darum in seinen Tod gegangen, und du, junges Blut, du jammerst mich, wenn du dich in die großen Gefährlichkeiten begibst.« – »Mich kann nichts abhalten«, sprach er, »aber sage mir, was ich tun muss.« – »Du sollst alles wissen«, sprach die Königstochter. »Wenn du den Berg, auf dem das Schloss steht, hinabgehst, so wird unten an einer Quelle ein wilder Auerochs stehen, mit dem musst du kämpfen. Und wenn es dir glückt, ihn zu töten, so wird sich aus ihm ein feuriger Vogel erheben, der trägt in seinem Leib ein glühendes Ei, und in dem Ei steckt als Dotter die Kristallkugel. Er lässt aber das Ei nicht fallen, bis er dazu gedrängt wird, fällt es aber auf die Erde, so zündet es und verbrennt alles in seiner Nähe, und das Ei selbst zer-

schmilzt und mit ihm die kristallne Kugel, und all deine Mühe ist vergeblich gewesen.«

Der Jüngling stieg hinab zu der Quelle, wo der Auerochse schnaubte und ihn anbrüllte. Nach langem Kampf stieß er ihm sein Schwert in den Leib, und er sank nieder. Augenblicklich erhob sich aus ihm der Feuervogel und wollte fortfliegen, aber der Adler, der Bruder des Jünglings, der zwischen den Wolken daherzog, stürzte auf ihn herab, jagte ihn nach dem Meer hin und stieß ihn mit seinem Schnabel an, sodass er in der Bedrängnis das Ei fallen ließ. Es fiel aber nicht in das Meer, sondern auf eine Fischerhütte, die am Ufer stand, und die fing gleich an zu rauchen und wollte in Flammen aufgehen. Da erhoben sich im Meer haushohe Wellen, strömten über die Hütte und bezwangen das Feuer. Der andere Bruder, der Walfisch, war herangeschwommen und hatte das Wasser in die Höhe getrieben. Als der Brand gelöscht war, suchte der Jüngling nach dem Ei und fand es glücklicherweise: Es war noch nicht geschmolzen, aber die Schale war von der plötzlichen Abkühlung durch das kalte Wasser zerbröckelt, und er konnte die Kristallkugel unversehrt herausnehmen.

Als der Jüngling zu dem Zauberer ging und sie ihm vorhielt, so sagte dieser: »Meine Macht ist zerstört, und du bist von nun an der König vom Schloss der goldenen Sonne. Auch deinen Brüdern kannst du die menschliche Gestalt damit zurückgeben.« Da eilte der Jüngling zu der Königstochter, und als er in ihr Zimmer trat, so stand sie da in vollem Glanz ihrer Schönheit, und beide wechselten voll Freude ihre Ringe miteinander.

100
Jungfrau Maleen

Es war einmal ein König, der hatte einen Sohn, der warb um die Tochter eines mächtigen Königs, die hieß Jungfrau Maleen und war wunderschön. Weil ihr Vater sie einem andern geben wollte, so ward sie ihm versagt. Da sich aber beide von Herzen liebten, so wollten sie nicht voneinander lassen, und die Jungfrau Maleen sprach zu ihrem Vater: »Ich kann und will keinen andern zu meinem Gemahl nehmen.« Da geriet der Vater in Zorn und ließ einen finstern Turn bauen, in den kein Strahl von Sonne oder Mond fiel. Als er fertig war, sprach er: »Darin sollst du sieben Jahre lang sitzen, dann will ich kommen und sehen, ob dein trotziger Sinn gebrochen ist.« Für die sieben Jahre ward Speise und Trank in den Turn getragen, dann ward sie und ihre Kammerjungfer hineingeführt und eingemauert und also von Himmel und Erde geschieden. Da saßen sie in der Finsternis, wussten nicht, wann Tag oder Nacht anbrach. Der Königssohn ging oft um den Turn herum und rief ihren Namen, aber kein Laut drang von außen durch die dicken Mauern. Was konnten sie anders tun als jammern und klagen? Indessen ging die Zeit dahin, und an der Abnahme von Speise und Trank merkten sie, dass die sieben Jahre ihrem Ende sich näherten. Sie dachten, der Augenblick ihrer Erlösung wäre gekommen, aber kein Hammerschlag ließ sich hören und kein Stein wollte aus der Mauer fallen: Es schien, als ob ihr Vater sie vergessen hätte. Als sie nur noch für kurze Zeit Nahrung hatten und einen jämmerlichen Tod voraussahen, da sprach die Jungfrau Maleen: »Wir müssen das Letzte versuchen und sehen, ob wir die Mauer durchbrechen.« Sie nahm das Brotmesser, grub und bohrte an dem Mörtel eines Steins, und wenn sie müd war, so löste sie die Kammerjungfer ab. Nach langer Arbeit gelang es ihnen, einen Stein herauszunehmen, dann einen zweiten und dritten, und nach drei Tagen fiel der erste Lichtstrahl in ihre Dunkelheit, und endlich war die Öffnung so groß, dass sie hinausschauen konnten. Der Himmel war blau, und eine frische Luft wehte ihnen entgegen, aber wie traurig sah ringsumher alles aus: Das Schloss ihres Vaters lag in Trümmern, die Stadt und die Dörfer waren, so weit man sehen konnte, verbrannt, die Felder weit und breit verheert, keine Menschenseele ließ sich erblicken. Als die Öffnung in der Mauer so groß war, dass sie hindurchschlüpfen konnten, so sprang zuerst die Kammerjungfer herab, und dann folgte die Jungfrau Maleen. Aber wo sollten sie sich hinwenden? Die Feinde hatten das ganze Reich verwüstet, den König verjagt und alle Einwohner erschlagen. Sie wanderten fort, um ein anderes Land zu suchen, aber sie fanden nirgend ein Obdach oder einen Menschen, der ihnen einen Bissen Brot gab, und ihre Not war so groß, dass sie ihren Hunger an einem Brennnesselstrauch stillen mussten. Als sie nach langer Wanderung in ein anderes Land kamen, boten sie überall ihre Dienste an, aber wo sie anklopften, wurden sie abgewiesen, und niemand wollte sich ihrer erbarmen. Endlich gelangten sie in eine große Stadt und gingen nach dem königlichen Hof. Aber auch da hieß man sie weitergehen, bis endlich der Koch sagte, sie könnten in der Küche bleiben und als Aschenputtel dienen.

Der Sohn des Königs, in dessen Reich sie sich befanden, war aber gerade der Verlobte der Jungfrau Maleen gewesen. Der Vater hatte ihm eine andere Braut bestimmt, die ebenso hässlich von Angesicht als bös von Herzen war. Die Hochzeit war festgesetzt und die Braut schon angelangt, bei ihrer großen Hässlichkeit aber ließ sie sich vor niemand sehen und schloss sich in ihre Kammer ein, und die Jungfrau

Maleen musste ihr das Essen aus der Küche bringen. Als der Tag herankam, wo die Braut mit dem Bräutigam in die Kirche gehen sollte, so schämte sie sich ihrer Hässlichkeit und fürchtete, wenn sie sich auf der Straße zeigte, würde sie von den Leuten verspottet und ausgelacht. Da sprach sie zur Jungfrau Maleen: »Dir steht ein großes Glück bevor: Ich habe mir den Fuß vertreten und kann nicht gut über die Straße gehen. Du sollst meine Brautkleider anziehen und meine Stelle einnehmen, eine größere Ehre kann dir nicht zuteil werden.« Die Jungfrau Maleen aber schlug es aus und sagte: »Ich verlange keine Ehre, die mir nicht gebührt.« Es war auch vergeblich, dass sie ihr Gold anbot. Endlich sprach sie zornig: »Wenn du mir nicht gehorchst, so kostet es dir dein Leben. Ich brauche nur ein Wort zu sagen, so wird dir der Kopf vor die Füße gelegt.« Da musste sie gehorchen und die prächtigen Kleider der Braut samt ihrem Schmuck anlegen. Als sie in den königlichen Saal eintrat, erstaunten alle über ihre große Schönheit, und der König sagte zu seinem Sohn: »Das ist die Braut, die ich dir ausgewählt habe, und die du zur Kirche führen sollst.« Der Bräutigam erstaunte und dachte: »Sie gleicht meiner Jungfrau Maleen, und ich würde glauben, sie wäre es selbst, aber die sitzt schon lange im Turn gefangen oder ist tot.« Er nahm sie an der Hand und führte sie zur Kirche. An dem Wege stand ein Brennnesselbusch, da sprach sie:

»Brennnettelbusch,
Brennnettelbusch so klene,
wat steist du hier allene?
Ik hef de Tyt geweten,
da hef ik dy ungesaden
ungebraden eten.«

»Was sprichst du da?«, fragte der Königssohn. »Nichts«, antwortete sie, »ich dachte nur an die Jungfrau Maleen.« Er verwunderte sich, dass sie von ihr wusste, schwieg aber still. Als sie an den Steg vor dem Kirchhof kamen, sprach sie:

»Karkstegels, brik nich,
bün de rechte Brut nich.«

»Was sprichst du da?«, fragte der Königssohn. »Nichts«, antwortete sie, »ich dachte nur an die Jungfrau Maleen.« – »Kennst du die Jungfrau Maleen?« – »Nein«, antwortete sie, »wie sollte ich sie kennen, ich habe nur von ihr gehört.« Als sie an die Kirchtüre kamen, sprach sie abermals:

»Karkendär, brik nich,
bün de rechte Brut nich.«

»Was sprichst du da?«, fragte er. »Ach«, antwortete sie, »ich habe nur an die Jungfrau Maleen gedacht.« Da zog er ein kostbares Geschmeide hervor, legte es ihr an den Hals und hakte die Kettenringe ineinander. Darauf traten sie in die Kirche, und der Priester legte vor dem Altar ihre Hände ineinander und vermählte sie. Er führte sie zurück, aber sie sprach auf dem ganzen Weg kein Wort. Als sie wieder in dem königlichen Schloss angelangt waren, eilte sie in die Kammer der Braut, legte die prächtigen Kleider und den Schmuck ab, zog ihren grauen Kittel an und behielt nur das Geschmeide um den Hals, das sie von dem Bräutigam empfangen hatte.

Als die Nacht herankam und die Braut in das Zimmer des Königssohns sollte geführt werden, so ließ sie den Schleier über ihr Gesicht fallen, damit er den Betrug nicht merken sollte. Sobald alle Leute fortgegangen waren, sprach er zu ihr: »Was hast du doch zu dem Brennnesselbusch gesagt, der an dem Wege stand?« – »Zu welchem Brennnesselbusch?«, fragte sie. »Ich spreche mit keinem Brennnesselbusch.« – »Wenn du es nicht getan hast, so bist du die rechte Braut nicht«, sagte er. Da half sie sich und sprach:

»Mut heruet na myne Maegt,
de my myn Gedanken draegt.«

Sie ging hinaus und fuhr die Jungfrau Maleen an: »Dirne, was hast du zu dem Brennnesselbusch gesagt?« – »Ich sagte nichts als:

Brennnettelbusch,
Brennnettelbusch so klene,
wat steist du hier allene?
Ik hef de Tyt geweten,
da hef ik dy ungesaden
ungebraden eten.«

Die Braut lief in die Kammer zurück und sagte: »Jetzt weiß ich, was ich zu dem Brennnesselbusch gesprochen habe«, und wiederholte die Worte, die sie eben gehört hatte. »Aber was sagtest du zu dem Kirchensteg, als wir darübergingen?«, fragte der Königssohn. »Zu dem Kirchensteg?«, antwortete sie. »Ich spreche mit keinem Kirchensteg.« – »Dann bist du auch die rechte Braut nicht.« Sie sagte wiederum:

»Mut heruet na myne Maegt,
de my myn Gedanken draegt«,

lief hinaus und fuhr die Jungfrau Maleen an: »Dirne, was hast du zu dem Kirchsteg gesagt?« – »Ich sagte nichts als:

Karkstegels, brik nich,
bün de rechte Brut nich.«

»Das kostet dich dein Leben«, rief die Braut, eilte aber in die Kammer und sagte: »Jetzt weiß ich, was ich zu dem Kirchensteg gesprochen«, und wiederholte die Worte. »Aber was sagtest du zur Kirchentür?« – »Zur Kirchentür?«, antwortete sie. »Ich spreche mit keiner Kirchentür.« – »Dann bist du auch die rechte Braut nicht.« Sie ging hinaus, fuhr die Jungfrau Maleen an: »Dirne, was hast du zu der Kirchentür gesagt?« – »Ich sagte nichts als:

Karkendär, brik nich,
bün de rechte Brut nich.«

»Das bricht dir den Hals«, rief die Braut und geriet in den größten Zorn, eilte aber zurück in die Kammer und sagte: »Jetzt weiß ich, was ich zu der Kirchentür gesprochen habe«, und wiederholte die Worte. »Aber wo hast du das Geschmeide, das ich dir an der Kirchentür gab?« – »Was für ein Geschmeide?«, antwortete sie, »du hast mir kein Geschmeide gegeben.« – »Ich habe es dir selbst um den Hals gelegt und selbst eingehakt. Wenn du das nicht weißt, so bist du die rechte Braut nicht.« Er zog ihr den Schleier vom Gesicht, und als er ihre grundlose Hässlichkeit erblickte, sprang er erschrocken zurück und sprach: »Wie kommst du hierher? Wer bist du?« – »Ich bin deine verlobte Braut, aber weil ich fürchtete, die Leute würden mich verspotten, wenn sie mich draußen erblickten, so habe ich dem Aschenputtel befohlen, meine Kleider anzuziehen und statt meiner zur Kirche zu gehen.« – »Wo ist das Mädchen?«, sagte er. »Ich will es sehen, geh und hol es hierher.« Sie ging hinaus und sagte den Dienern, das Aschenputtel sei eine Betrügerin, sie sollten es in den Hof hinabführen und ihm den Kopf abschlagen. Die Diener packten es und wollten es fortschleppen, aber es schrie so laut um Hilfe, dass der Königssohn seine Stimme vernahm, aus seinem Zimmer herbeieilte und den Befehl gab, das Mädchen augenblicklich loszulassen. Es wurden Lichter herbeigeholt, und da bemerkte er an ihrem Hals den Goldschmuck, den er ihr vor der Kirchentür gegeben hatte. »Du bist die rechte Braut«, sagte er, »die mit mir zur Kirche gegangen ist: Komm mit mir in meine Kammer.« Als sie beide allein waren, sprach er: »Du hast auf dem Kirchgang die Jungfrau Maleen genannt, die meine verlobte Braut war. Wenn ich dächte, es wäre möglich, so müsste ich glauben, sie stände vor mir: Du gleichst ihr in allem.« Sie antwortete: »Ich bin die Jungfrau Maleen, die um dich sieben Jahre in der Finsternis gefangen gesessen, Hunger und Durst gelitten und so lange in Not und Armut gelebt hat: Aber heute bescheint mich die Sonne wieder. Ich bin dir in der Kirche angetraut und bin deine rechtmäßige Gemahlin.« Da küssten sie einander und waren glücklich für ihr Lebtag. Der falschen Braut ward zur Vergeltung der Kopf abgeschlagen.

Der Turn, in welchem die Jungfrau Maleen gesessen hatte, stand noch lange Zeit, und wenn die Kinder vorübergingen, so sangen sie:

»Kling, klang, kloria,
wer sitt in dissen Toria?
Dar sitt en Königsdochter in,
die kann ik nich to seen krygn.
De Muer, de will nich bräken,
de Steen, de will nich stechen.
Hänschen mit de bunte Jak,
kumm unn folg my achterna.«

Inhalt

Für meinen Bruder Peter

Von Herzen Dank an meinen Mann Jens,
unsere Kinder Sophia, Jason, Alban und Merlind
und an Uschi Weismann

Daniela Drescher, die 1966 in München geborene Künstlerin und Maltherapeutin, ist durch ihre Bilderbücher inzwischen weltweit bekannt und aus dem Kinderbuchprogramm des Verlags Urachhaus längst nicht mehr wegzudenken. Ihre stimmungsvollen Bilder laden Kinder wie Erwachsene zum Eintauchen und Weiterträumen ein. Es ist ein bewusst gesetztes Gegengewicht zu dem Nüchternen, Hektischen unserer heutigen Zeit. Und ebenso bewusst ist die Natur in ihrer Vielfalt so präzise und sorgfältig abgebildet, dass man Pflanzen und Tiere genau studieren kann. Diese Mischung macht die Bilder unverwechselbar und pädagogisch wertvoll. Und was vielleicht am wichtigsten ist: Daniela Drescher malt nichts, wovon sie nicht von Herzen überzeugt ist.
Wenn man in Blaubeuren an dem Haus vorbeikommt, in dem sie mit ihrem Mann und ihren vier Kindern wohnt, würde es einen nicht erstaunen, plötzlich einem der Wesen aus ihren Büchern zu begegnen. Auf einer kleinen Anhöhe gelegen, in einem prächtigen Blumengarten voller Kleinvögel und Insekten steht es da, wie zum Beweis, dass die wunderbare Welt, die Daniela Drescher malt, tatsächlich existiert – wenn man ihr Raum gibt.

Die vorliegende Ausgabe folgt dem Text der siebten Auflage der Kinder- und Hausmärchen von 1857.
Lediglich Orthografie und Interpunktion wurden den neuen Regeln der deutschen Rechtschreibung angepasst.

Die Auswahl der Märchen besorgte Frank Berger.

ISBN 978-3-8251-7823-9

10. Auflage 2025
Erschienen im Verlag Urachhaus
Landhausstraße 82 · 70190 Stutgart
www.urachhaus.com

Bei Fragen zur Produktsicherheit wenden Sie sich bitte an info@urachhaus.com
Gestaltung und Satz: Uschi Weismann
Druck und Einband: Grafisches Centrum Cuno, Calbe
Printed in Germany

MIX
Papier | Fördert gute Waldnutzung
FSC® C043106

Druckprodukt mit finanziellem
Klimabeitrag
ClimatePartner.com/13493-2505-1019